Gerd Ströhmann

Erziehungsrituale der Hutterischen Täufergemeinschaft

Historisch-vergleichende Studien zum internationalen Bildungsdialog

herausgegeben von

Prof. Dr. Reinhard Golz

(Universität Magdeburg)

und

Prof. Dr. Rudolf W. Keck

(Universität Hildesheim)

Band 2

LIT

Gerd Ströhmann

Erziehungsrituale der Hutterischen Täufergemeinschaft

Gemeindepädagogik im Kontext verschiedener Zeiten und Kulturen

LIT

Umschlagbild: Aufnahme des Verfassers in Hutt. Kolonie in Manitoba (Abzug vom Dia)

Die Deutsche Bibliothek – CIP-Einheitsaufnahme

Ströhmann, Gerd
Erziehungsrituale der Hutterischen Täufergemeinschaft : Gemeindepädagogik im Kontext verschiedener Zeiten und Kulturen / Gerd Ströhmann. – Münster : LIT, 1999
   (Historisch-vergleichende Studien zum internationalen Bildungsdialog ; 2.)
   Zugl.: Hildesheim, Univ., Diss., 1997
   ISBN 3-8258-3978-8

NE: GT

© LIT VERLAG
Grevener Str. 179   48159 Münster Tel. 0251–23 50 91 Fax 0251–23 19 72

VORWORT DER HERAUSGEBER

Erziehung zwischen den Kulturen - wie kaum eine pädagogische Praxis haben die Hutterer in ihrer Geschichte Kontinuität trotz wechselnder Um- und Lebenswelten bewiesen. Hutterischer Lebenszuschnitt zeigt, was Erziehung bewirken kann im Schnittpunkt verschiedener Kulturen, eine theologisch geprägte Sonderwelt im Kreuzungsfeld der konfessionellen abendländischen Traditionen.

Die Arbeit, die nach dem Zuschnitt der Erziehung in der Hutterischen Gemeinschaft fragt, hat von dem Tatbestand auszugehen, daß es eigene Erziehungsschriften, die eine spezifische Hutterer-Pädagogik aufweisen würden, nicht gibt. Unter dieser prinzipiellen Einschränkung fragt sie nach der erzieherischen Potenz im Zusammenhang der Hutterischen Lebensgemeinschaft, d.h. sie möchte sie aufweisen anhand von Ritualen, Gemeindephänomenen und Situationen, die das Hutterische Zusammenleben prägen. Es geht also darum, eine Hutterer-Pädagogik als immanentes Potential indirekt aus der Gemeindepraxis zu erschließen. Auf diesem Wege zieht der Verfasser analytisch die Quellen zur Geschichte der Hutterischen Gemeinschaft heran und präsentiert eine Gesamtdarstellung, die in der Geschichte der Pädagogik eine Lücke schließt. Aus theologischer Sicht kann die Täufer-Bewegung gleichwohl als gut untersuchter Bereich gelten. Für die erziehungswissenschaftliche Seite setzt allein die Arbeit von Bodo Hildebrand (1993) positive Akzente. Doch die Arbeit Ströhmann verfolgt eine andere Intention, dies vor allem durch seine Anbindung an den zentralen Begriff der „Heiligung" und der Gemeindepraxis. Als herausragend erfaßt sie dabei das Erwählungsbewußtsein der Hutterer, ihre Eliten- und Inselhaftigkeit in Verbindung mit der Gemeindezucht - pädagogische Kategorien, die theologisch gewendet in der Theosis, der „Ein-Bildung" in Gott, ihr Zentrum finden. Schon hier wird deutlich, daß eine besonderer Einengung auf Kindheit und Jugend nicht nötig ist, vielmehr verfolgt die Arbeit einen andragogischen und eben gemeindebezogenen Weg. Insgesamt kommt ein Gemeindeleben zur Darstellung, das durch Arbeit und Ein- bzw. Unterordnung geprägt ist; es erweist sich in einer dialektischen Spannung zu den Prinzipien der Gleichheit, des Bedürfnisses und der Sparsamkeit, der kooperativen und individuellen Leistung und ihrer Kontrolle. Es gelingt dem Verfasser, das Gemeindeleben als einen ganzheitlichen „Erziehungsort" darzustellen - durch Arbeit und Gottesdienst, durch Lied und Rituale, beim Heiraten wie beim Sterben, geprägt - und entsprechend deren pädagogische Relevanz aufzuweisen.

Im Resümee spricht der Verfasser von der Hutterischen Gemeinde als einer typischen „Schnittmengengesellschaft" mit zwei Gesichtern als „Herrschaftsbereich

Christi" im religiös-theologischen Sinne und als eben auch „profitorientierte"
Produktionsgemeinschaft - zwei Seiten, die exemplarisch sind für alle normativ
geprägten Kulturen, die im Falle der Hutterischen Sonderwelt nur deutlicher in
Erscheinung treten. Die Geschichte der Hutterer führt vor Augen, daß nur in der
ständigen theologischen Rückbindung die Chance der kulturellen Identität und
Kontinuität besteht.

Hildesheim, 1. Juli 1998

Für die Herausgeber   Prof. Dr. Rudolf W. Keck

VORWORT DES VERFASSERS

In der vorliegenden Arbeit wurde der Versuch unternommen, die gemeindepädagogische Praxis einer traditionsgeleiteten Glaubensgemeinschaft in ihrer Vergangenheits- und Gegenwartswirksamkeit zu untersuchen. Sie wurde dem Promotionsausschuß der Universität Hildesheim unter dem Titel „Erziehungsrituale der Hutterischen Täufergemeinschaft" im Juli 1986 vorgelegt und aufgrund der Gutachten von Herrn Prof. Dr. Rudolf W. Keck (Hildesheim), Herrn Prof. Dr. Dr. Werner Brändle (Hildesheim) und Herrn Prof. Dr. Christoph Bizer (Göttingen) als Dissertation angenommen. Das Dissertationsverfahren wurde am 4. Juli 1997 abgeschlossen.

Ich möchte auf diesem Wege allen danken, die mir bei der Vorbereitung und Durchführung der Arbeit mit Beratung und Hilfe zur Seite standen.

Berlin, im Mai 1998   Gerd Ströhmann

INHALTSVERZEICHNIS

X

XII

TEIL II

Gemeindepädagogische Praxis der Hutterischen Täufergemeinschaft

XVI

ABKÜRZUNGEN

ÄC	Älteste Chronik der Hutterischen Brüder
AföG	Archiv für österreichische Geschichte
ARG	Archiv für Reformationsgeschichte
AT	Altes Testament
DHE	Die Hutterischen Episteln
EEK	Evangelischer Erwachsenenkatechismus
GBW	Geschichtsbücher der Wiedertäufer
GGB	Das Große Geschichtbuch der Hutterischen Brüder
JVC	James Valley Colony / Manitoba
KGB	Das Klein—Geschichtsbuch der Hutterischen Brüder
LdHB	Die Lieder der Hutterischen Brüder
ME	The Mennonite Encyclopedia
MGB	Mennonitische Geschichtsblätter
MQR	The Mennonite Quarterly Review
NT	Neues Testament
RGG	Die Religion in Geschichte und Gegenwart
RR	Ridemann: Rechenschaft
QfRG	Quellen für Reformationsgeschichte
QGT	Quellen der Geschichte der Täufer
TRE	Theologische Realenzyklopädie
TRT	Taschenlexikon Religion und Theologie
WAB	Walpot: Das Große Artikelbuch
WPB	Walpot: Prozeßbüchlein

EINLEITUNG (TITUS 2,11/12)

1 ZUM THEMA: BEGRÜNDUNG UND ENTWICKLUNG

Die vorliegende Arbeit wurde unter dem Arbeitstitel „Erziehungsrituale der Hutterischen Täufergemeinschaft" konzipiert. Sie will das Erziehungshandeln einer christlichen Gemeinschaft untersuchen, gemeindepädagogische Akzente setzen. Mit ihrem Bezug auf die deutsche Täuferbewegung des Reformationszeitalters zielt sie auf ein weithin verdrängtes, vergessenes Phänomen deutscher Geschichte. Das Wort „Täufer" begegnet gewissen Verständnisschwierigkeiten, das Wort „Wiedertäufer" hingegen ruft ganz allgemein bestimmte, negative Assoziationen wach, die mit der Erinnerung an die Wiedertäuferherrschaft in Münster verbunden sind. Wie gehören beide Begriffe zusammen? Das Thema verlangt eine begriffliche Klärung. Der Begriff „Täufer" wird auf der Basis täuferischen Selbstverständnisses gewählt, das davon ausgeht, daß es keine direkte biblische Begründung für die Taufe von Kindern oder Unmündigen gibt, sondern daß in apostolischer Zeit ausschließlich Glaubenstaufen bezeugt sind. Nach täuferischem Verständnis hat die Kindertaufe keine schriftgemäße Basis. Darum, wenn Kindertaufe nicht biblisch begründbar ist, kann Erwachsenentaufe nicht Wiedertaufe sein, sondern ist primäre, ursprüngliche Glaubenstaufe! Der Begriff „Wiedertäufer" ist also zu relativieren, er erwächst aus der gegnerischen Argumentation.[1] Darum wird in dieser Arbeit der Begriff „Täufer" gewählt, für den bereits im 16. Jahrhundert Belege zu finden sind.[2] Ergänzend sei gesagt, daß sich in der angelsächsischen Literatur der Begriff „Anabaptists" als wertungsfreie Abgrenzung zu den „Baptists", die aus einer anderen Entwicklungslinie kommen, durchgesetzt hat.

Das Thema wurde auf die hutterische Täufergemeinschaft eingegrenzt; denn

1. Die Hutterische Gemeinschaft versteht sich im Sinne dieser Definition als Täufergemeinschaft. Sie hat neben den Mennoniten historische Konstanz und Kontinuität entwickelt, die man als Kriterium eines gewissen „Erfolges" werten könnte. Sie besteht trotz rücksichtsloser Verfolgung durch Staatsapparate und etablierte Kir-

---

1 Zieglschmid, A. J.F.: Das Klein-Geschichtsbuch der Hutterischen Brüder, Philadelphia 1947, S. 356 (zitiert als KGB)

2 Franck, Sebastian: Chronika—Zeitbuch unnd Geschichtbibell von anbegyn bis in dis gegewertig MDXXXVI iar ..., 1536, S. 193 ff., "Von Widertäuffern oder Täuffern" /Reprograph. Nachdruck der Originalausgabe von Ulm 1536, Darmstadt 1969

2

chen heute noch als selbständige Kirche in der Form „kommunistischer" Produktionsgenossenschaften in den USA und in Kanada.[3]

2. Ihre Gemeinden, die Bruderhöfe, waren und sind auch heute noch von der Umwelt abgesondert. Sie können als Staat im Staate bezeichnet werden. Innerhalb dieser festgefügten Gemeinschaften haben die Hutterer in der Vergangenheit Lebensformen entwickelt, die oft im Gegensatz zu den Lebensformen der „Welt" stehen. Da diese z.T. unverändert bis in die Gegenwart hinein beibehalten wurden, hat man die Hutterer zum Objekt vielfältiger Untersuchungen soziologischer, historischer, religionswissenschaftlicher, volkskundlicher, erziehungs- und musikwissenschaftlicher Art gemacht.

3. Die Gemeinschaft fand im 16. Jahrhundert Zuflucht unter dem Schutz mährischer Adliger im Gebiet der heutigen Republiken Tschechien und Slowakei. Die Untersuchung wird sich in der Hauptsache auf die Ansiedlungen dieses Raumes[4] und auf die Zeit ihrer bedeutsamsten „Vorsteher" Jakob Hutter, Peter Ridemann, Peter Walpot, Andreas Ehrenpreis beziehen, aber auch an die Gegenwart heranführen. Unter dem Regiment Walpots erreichte die Gemeinschaft einen Höhepunkt ihres Wirkens, die sogenannten „Goldenen Jahre".

2 ZUR QUELLENLAGE

Es ist erforderlich, eine Bemerkung zur Quellenlage zu machen. Die Brüder, die aus Glaubensgründen keinerlei Privatbesitz haben, schränkten ihren „Kommunismus" im Blick auf den Privatbesitz an Literatur offensichtlich ein. Literarische Erzeugnisse wurden im allgemeinen bei den Hutterern selber verfaßt und geschrieben bzw. durch Abschreiben vervielfältigt, gebunden, weitergegeben und auch von den Eltern auf die Kinder vererbt. Bücher wurden auch als beweglicher Besitz bei den vielen Vertreibungen, die die Gemeinschaft durchlebte, mitgenommen.[5] Wo das nicht möglich war, waren die Brüder bemüht, ihre Schriften anderweitig fremdem Zugriff zu entziehen. So ist es zu erklären, daß eine Vielzahl originaler Handschriften bzw. sehr alter Abschriften heute noch in den Bruderhöfen und auch in vielen europäischen Bibliotheken, insbesondere in Tschechien, der Slowakei und in Ungarn, zu finden sind. Im Prinzip sind viele dieser Schriften zugänglich, zumal die Mennonitische Forschungsstelle in Weierhof/Pfalz und das Zentralarchiv der Mennonitenkirchen in Goshen, Indiana (USA) viele Handschriften, die in Bibliotheken Osteuropas zu finden sind,

---

3 Hofer, John: The History of the Hutterites, Revised Edition, Altona (Man.)1988, S. 92-99

4 Vgl. Zenan, J. J.: Historical Topographie of Moravian Anabaptism, Repr. from MQR, Vol.XL, pp 266-278, Vol.XLI, pp 40-78, 116-160

5 Friedmann, Robert: Die Schriften der Hutterischen Täufergemeinschaften, Wien 1965, S. 7

auf Microfilmen erfaßt haben. Eine Anzahl von Schriften, die heute in Amerika in Bibliotheken oder in Privatbesitz sind, wurden in diesem Jahrhundert zum Druck freigegeben. Daneben haben die Hutterer eine große Anzahl ihrer Schriften im Eigenverlag herausgegeben. Sie werden durch das James Valley Book Centre, Elie, Manitoba vertrieben. Alle bekannten hutterischen Schriften wurden katalogisiert, inhaltlich beschrieben und mit Standortangaben versehen.[6] Viel vergleichende Arbeit wurde geleistet. Viele dieser Schriften und auch Schriften nichthutterischer Täuferführer wurden textkritisch untersucht.[7] Hutterische Schriften wurden, soweit nicht als Ansprachen, Lieder, Briefe oder Rechenschaften persönlichen Glaubens verfaßt, anonym als Kollektivschriften, die die Meinung der Gemeinde wiedergeben, geschrieben. Der Autor tritt hinter den Inhalt zurück. Die Frage der Autorenschaft soll deshalb unberücksichtigt bleiben. Da wir uns nicht die Untersuchung philologischer Besonderheiten, auch nicht die Erstellung textkritisch-diplomatischer Ausgaben zum Ziele gesetzt haben, sondern die Herausarbeitung gemeindepädagogischer Aspekte, benutzten wir überwiegend Neudrucke und Kopien von Originalschriften, weil in ihnen die wesentlichen Tendenzen des pädagogischen Handelns nachweisbar sind. Soweit es möglich war, wurde auch auf Originalschriften zurückgegriffen.

Die Gemeinde und ihre Schriften sind in ihrem zeitlichen Kontext zu sehen. Die hutterische Theologie hat eine Reihe von Anleihen bei anderen Täufergruppen gemacht, vieles wurde genannt oder ungenannt in das hutterische Schrifttum aufgenommen und verarbeitet. In der vorliegenden Arbeit werden deshalb nicht nur hutterische Schriften, sondern auch solche aus dem literarischen Kontext herangezogen.

3 ZUM FORSCHUNGSSTAND

Die Täuferbewegung gehört zu den gut bearbeiteten Bereichen der deutschen Kirchengeschichte. Reformation, Bauernkrieg, Münsterisches Täuferreich haben für die historische Forschung eine allgemeine Signalwirkung ausgeübt und relativ früh zu immer neuen Anläufen historischer Durchleuchtung aufgefordert. Diese Entwicklung hält auch in der Gegenwart an. In diesem Zusammenhang fand auch das Täufertum[8], dieses facettenreiche Phänomen europäisch-deutscher Vergangenheit, in einer Vielzahl deutender Spezialuntersuchungen, die verschiedenen täuferischen Bewegungen, die Grundzüge ihres Denkens und die Reaktionen der Obrigkeiten betreffend, immer neue Beachtung. Apokalyptische Visionen und revolutionäre Entwicklungen des

---

6 Vgl. Friedmann, Robert: a.a.O.; das gilt für die Zeit bis 1965

7 Vgl. dazu die Veröffentlichungen im ARG, in "Quellen und Forschungen zur Reformationsgeschichte", "Quellen der Geschichte der Täufer" und in Periodika: MQR und MGB

8 Vgl. dazu Goertz, Hans-Jürgen: Die Täufer. Geschichte und Deutung, München 1980

4

frühen 16. Jahrhunderts[9], aus unterschiedlichen religiös-sozialen Impulsen und dem persönlichen Charisma radikaler Reformatoren[10] gespeist, wurden wiederholt zu jenen „Stillen im Lande" in Beziehung gesetzt, die nichts anderes wollten, als ein evangeliumgemäßes Leben zu führen. So konnte ein umstrittenes Bild[11] der Täuferbewegung entstehen, das bis in die Gegenwart hinein auch negative Deutungen nach sich zieht. Spezielle hutterische Themen nehmen in diesem weiten Spektrum einen relativ kleinen Bereich ein.

Die erziehungsrelevanten Ansätze, die bereits mit den Anfängen des Hutterertums verknüpft sind, wurden in unterschiedlicher Weise untersucht und je nach Zielstellung als Haupt- oder Nebengegenstand behandelt.[12] 1993 wurde in einer Veröffentlichung unter dem Titel „Erziehung zur Gemeinschaft"[13] dieses Zentralproblem hutterischen Erziehungswesens in einer Längsschnittuntersuchung bearbeitet und die den Fortbestand der Gemeinschaft sichernden Elemente hutterischer Kindererziehung überzeugend entwickelt. Hildebrand beginnt seine Arbeit mit der für Autoren von Täufermonographien fast obligatorisch zu nennenden Retrospektive auf die Entstehung der Hutterischen Kirche und das Leben in der Gütergemeinschaft, auf die verschiedenen Wanderbewegungen der Gemeinschaft, auf ihren zeitweiligen Zerfall und ihr Wiedererstarken bis hin zur Konsolidierung der Gemeinden in diesem Jahrhundert in Kanada und in den USA. Er wendet sich dann den Anfängen des hutterischen Erziehungs- und Schulsystems im 16. Jahrhundert zu. Dazu referiert er in Kürze, was Waltner, der hier mit seiner Arbeit über „Schulordnungen of the 16th and 17th Centuries"[14] erwähnt werden muß, über Ursachen, Zeitpunkt und Funktionieren der hutterischen Internatsschulen als gemeindeeigenes Erziehungssystem ins einzelne gehend dargelegt hat. Hildebrand geht dann auf die verschiedenen Schriften hutterischer Apologeten gegen die Angriffe evangelischer und katholischer Theologen auf die Praxis der hutterischen Kindererziehung ein. Lag der Schwerpunkt der Erziehung in der Frühzeit der Gemeinde auf der nichtfamiliären Kollektiverziehung, so hat er sich

---

9 van Dülmen, Richard: Reformation als Revolution. Soziale Bewegung und religiöser Radilalismus in der deutschen Reformation, München 1977

10 Goertz, Hans-Jürgen: Radikale Reformatoren, München 1978

11 Goertz, Hans-Jürgen (Hg.): Umstrittenes Täufertum 1525-1975. Neue Forschungen, Göttingen 1975

12 .Vgl.u.a. Wiswedel, Wilhelm: Das Schulwesen der Huterischen Brüder in Mähren, in:ARG, Bd. XXXVIII (1940), S. 38-60; Hostetler, John A.: Hutterite Society, Baltimore 1974; Waltner, Gary James: The Educational System Of The Hutterian Anabaptists And Their Schulordnungen Of The 16th and 17th Centuries, University of South Dacota, 1975; Kelbert, Heinz: Die fortschrittlich-demokratische Erziehung und Berufsbildung in den Gemeinschaften der Wiedertäufer im Mittelalter, Berlin 1954

13 Hildebrand, Bodo: Erziehung zur Gemeinschaft, Geschichte und Gegenwart des Erziehungswesens der Hutterer, Pfaffenweiler 1993

14 Waltner: a.a.O. (s.Fn. 12)

in Nordamerika, insbesondere in der Gegenwart auf die Erziehung zur Gemeinschaft verlagert, die durch Familie, Schule und Gemeinde in gleicher Weise getragen wird. Diesen speziellen Sozialisationsprozeß, der von der Kleinkindbetreuung über die Vorschulerziehung bis zum Ende der Deutschen Schule reicht, legt Hildebrand dar. Er beschreibt die Bedeutung des deutschen Lehrers in seiner zentralen Funktion als Erzieher der Heranwachsenden, und er skizziert die verschiedenen Erziehungsfelder in der Gemeinde, neben denen die öffentliche (d.h. die staatlich verordnete, in jedem Bruderhof arbeitende) englische Schule von ihrem Erziehungswert her gesehen, zweitrangig bleibt. Ihr kommt die Erfüllung des Informationsauftrages zu. Dann wird über die Schulzeit hinaus die Berufsausbildung sowohl in historischer Zeit als auch in der Gegenwart beschrieben. Die Erziehung zur Gemeinschaft endet mit der Taufe, durch die der junge Hutterer als mündig und verantwortlich in die Gemeinschaft aufgenommen wird. In einem weiteren Teil referiert Hildebrand die Probleme, die aus der Konfrontation der so verschiedenen Erziehungskulturen der hutterischen Gemeinschaft und der Staaten im nördlichen Amerika erwachsen. Hier legt er die Krise der Deutschen Schule dar, die problematische Situation in einer sich zunehmend anglisierenden Gemeinschaft. Er behandelt die Fragen des Deutschlehrernachwuchses, der traditionsgemäß aus der Gemeindepopulation durch Wahl bestimmt wird, und seiner fachlichen Befähigung und schließlich die Koordinationsarbeit des Hutterischen Erziehungskomitees und die Probleme akademischer Bildung sowie bilingualer Unterrichtsprogramme. Ein Anhang mit verschiedenen Materialien über die Unterrichtung und Behandlung von Schulkindern, mit Texten von Erziehungsliedern rundet die Arbeit ab.

Auch die Arbeit von Lieseberg[15] über die Märtyrerlieder der Hutterer soll hier wegen ihrer didaktischen Schlußfolgerungen erwähnt werden. Lieseberg zeichnet in großen Zügen eine Geschichte des täuferischen Märtyrerliedes, beginnend bei den frühen Kritikern der Täufer, Erhard und Fischer. Sie verfolgt dann die Entwicklung über Wackernagel, Koch und Wolkan bis hin zu Brednich, der neben anderen den hutterischen Gemeindegesang in seiner gegenwärtigen Form untersucht hat. Diesem Einstieg entsprechend ist sie bemüht, das gesamte Spektrum des Märtyrerliedes zu erfassen, also auch vor- und nichttäuferische Märtyrerlieder, wobei diese nur randständig behandelt werden. Das täuferische Märtyrerlied wird dagegen in seinen konfessionellen Ausprägungen und Entstehungsphasen behandelt. Die Untersuchung geht dem Liedschema hinsichtlich seines Aufbaus, der Erzählelemente und der Darstellungsweise nach und zeigt die Bedeutung der Einzelelemente in ihrer Formelhaftigkeit, Wortwahl und Metaphorik, ihrem chronikalen Stil und ihrem besonders im hutterischen Liedgut fast regelmäßig ein Lied begleitenden bzw. abschließenden didaktischen Sequenzen. In dem Kontext erkennt man die multifunktionale Bedeutung der Lieder als identitätsstiftend, als Mittel der Lehre und damit der „Gemeinde-

---

15 Lieseberg, Ursula: Studien zum Märtyrerlied des Täufer im 16. Jahrhundert, Frankfurt a. M. 1991

bildung, -erhaltung und -vermehrung"[16] als Medium der Information, des Trostes, des Gotteslobes und der Märtyrerverehrung. Die Autorin setzt sich dann ausführlich mit den verschiedenen Liedgattungen auseinander, die sie an vorliegenden Gattungstheorien qualifiziert. Neben inhaltlichen Bestimmungen wendet sie ihre Aufmerksamkeit der Herkunft der Melodien und in Kürze auch der eigentlichen Darbietungsebene, sowie der formalen Liedgestaltung durch Metrik, Reim, Akrosticha, Bildhaftigkeit und Länge der Lieder zu. In einem besonderen Kapitel kommt sie der „Pflicht" zum historischen Rückblick nach. In diesem Zusammenhang verweist sie darauf, daß es die hutterische Gemeindeführung bis heute verstanden hat, geistliche Lieder, unter diesen Begriff werden die von ihr untersuchten Märtyrerlieder subsumiert, „als eine erzieherische und gemeinschaftsbildende Kraft ausgiebig zu nutzen."[17] Ein Ausblick auf das Märtyrerlied des 17. Jahrhunderts schließt die Untersuchung ab.

Die Darlegung der beiden Arbeiten hinsichtlich ihrer Zielrichtungen und Methoden zeigt, daß die eigene Arbeit die Inhalte wohl tangiert, auch in ihr handeln besondere Kapitel von der Geschichte der Gemeinde, der Entstehung des hutterischen Erziehungssytems, und es werden hutterische Lieder analysiert, aber es wird auch deutlich werden, daß die eigenen Untersuchungen im Vergleich zu Lieseberg andere Zielstellungen verfolgen: Es geht nicht um Definitionen der Liedgattungen, nicht um die Herausarbeitung von Strukturen, wenngleich diese für die inhaltliche Analyse benötigt werden, nicht um formale Gleichheiten oder Nachweise über die Herkunft von Liedern, sondern um die *Liedinhalte*, die für die Gemeinde und damit für den einzelnen Gläubigen in ihr *erziehungsbedeutsam* werden, um die Vermittlung von Glaubenserkenntnissen, christlich-sittlichen Werthaltungen und um Identifikationsmöglichkeiten.

In Bezug auf Hildebrand setzt diese Arbeit genau da ein, wo seine Untersuchung abschließt, nämlich bei der Erziehung *durch* die Gemeinschaft, das heißt, bei der Weiterführung der *Erziehung durch die lebenslange Zugehörigkeit* zur hutterischen Gemeinde. Darin liegt der Unterschied! Allerdings gibt es eine Reihe von Berührungspunkten. Sie werden in der Übereinstimmung der Erziehungsorte und -maßnahmen sichtbar, dort, wo die Gemeinde im Unterschied zur Kindererziehung ihren Anspruch an den Einzelnen sichtbar macht und dieser seine subjektiven Strebungen, Wünsche und Neigungen den regulierend-erzieherischen Maßnahmen der Gemeindezucht unterordnen muß. Aufs Ganze gesehen geht also die vorliegende Arbeit über die genannten hinaus; im ersten Falle, weil das Märtyrerlied auch Aussagen zu einer möglichen Lebensvollendung zuläßt, die, das betrifft die Arbeit von Hildebrand und führt zugleich über sie hinaus, durch einen lebenslangen Erziehungsprozeß angebahnt und geleitet wird.

---

[16] Die Autorin zitiert an dieser Stelle Brednich, Erziehung durch Gesang, und Kemper, Deutsche Lyrik der frühen Neuzeit, Bd.1

[17] Lieseberg: a.a.O., S. 20

Eine Marburger Arbeit[18], die der Frage nachgeht, inwieweit gesellschaftliche Utopien und Pädagogik in einem direkten Zusammenhang zu sehen sind, sollte ebenfalls erwähnt werden. In einer Analyse radikal-reformerischer Utopien und Experimente, die von den Hussiten und Taboriten über Müntzer, Gaismair und Hergot bis zu den Täufern reichen, wird versucht, das Demokratieverständnis des „gemeinen Mannes" und in diesem Zusammenhang das Verhältnis „von obrigkeitlich verordneter Pädagogik und einer ‚Pädagogik von unten' , wie sie sich in den Vorstellungen der aufbegehrenden Untertanen im Bauernkrieg äußern könnte"[19], zu bestimmen. Ob die These, Utopien seien „geeignete Quellen zur Kennzeichnung alternativer pädagogischer Ideen"[20], durch den weitgespannten Gang der Untersuchung bestätigt wird, ob die Anwendung des Begriffs „Befreiungspädagogik" zur Umschreibung dieser Ideen gerechtfertigt ist und diese als „Antizipation des Erziehungswesens im utopischen Staat"[21] gelten können, soll nicht beurteilt werden; denn unsere eigene Arbeit hebt sich von Inhalt und Ergebnissen dadurch ab, daß sie sich nicht einer Utopie zuwendet, sondern sich auf die Realitäten der hutterischen Täufergemeinschaft bezieht und deren gemeindepädagogische Konzeption als ein primär innergemeindlich wirkendes System untersucht, ohne dessen gesellschaftsrelevantes Potential ausblenden zu wollen.

Faßt man die frühe Neuzeit in Europa ins Auge und damit die Entstehungszeit der Hutterer, dann wird deutlich, daß der vormoderne Kommunismus nicht nur ein Kapitel in der Geschichte sozialer Utopien darstellt, sondern daß er während des Zeitalters der Reformation im deutschsprachigen Mitteleuropa neben verschiedenen schwärmerischen Realisationsversuchen sowohl als Bestandteil verschiedener Reformprogramme als auch als Ziel jener, die eine „biblische Utopie der Auserwählten" anstrebten[22], eine beachtliche Konkretheit erlangte. Deshalb muß die Gütergemeinschaft, die zum Charakteristikum der hutterischen Täufergemeinschaft wurde, in einem weiten zeitlichen Kontext gesehen werden. Der Kommunismus der Brüder wird dann zu einem partiellen Phänomen, das in seiner eigentlichen Bedeutung weit über die hutterische Variante hinausreicht und deshalb im Zusammenhang mit anderen gesellschaftlichen Wertvorstellungen (Eid, Taufe, Amt)[23] von den Obrigkeiten

---

18 Staeck, Frank / Welsch, Caroline: Ketzer, Täufer, Utopisten, Pfaffenweiler 1991

19 Staeck / Welsch: a.a.O., S. 12

20 ibid.: S. 301

21 ibid.: S. 293 f.

22 Seibt, Ferdinand: Utopica, Modelle totaler Sozialplanung, Düsseldorf 1972; Scribner, Robert W.: Die Täufer und der vormoderne Kommunismus, in: MGB, 50. Jg. 1993, mit Bezug auf die Hutterer bes. S. 22-46

23 Zur Polemik gegen das Täufertum vgl. Grieser, Dale J.: Seducers of the simple Folk: The Polemical War against Anabaptism (1525-1540), Cambridge/Mass., 1993. Die Sor-

als eine grundsätzliche Bedrohung bestehender Herrschafts- und Gesellschaftsstrukturen empfunden wurde. Die wirksamsten Umsetzungen des Gleichheitsgedankens, die hutterische Gütergemeinschaft und der münsterische Kriegskommunismus, werden detailliert von Plümper und Stayer dokumentiert.[24]

Daneben wurden die Produktivkräfte und die Wirtschaftsbeziehungen[25] der Hutterer untersucht, ihre Sozialstruktur[26], ihr missionarisches Wirken.[27]

Die Frage nach den Mitteln und Methoden der Einhausung erwachsener Gläubiger in die Gemeinschaft, ihre Erziehung bzw. Umerziehung im Sinne des christlich-kommunistischen Gemeindeideals, ihre teilweise Ausrichtung *auf* und Einschulung *in* neue berufliche Aufgabenbereiche sowie die Entwicklung und Stabilisierung kollektiver Bedürfnisstrukturen blieben ausgeblendet.

4 ZUR FRAGESTELLUNG

Genau diese Frage soll gestellt werden; sie ist nicht nur vor historischem Hintergrunde zu stellen; denn sie ist für die hutterischen Gemeinden auch gegenwartsbedeutsam. Sie ist allerdings in ihren letzten, subjektiv-menschlichen Begründungen trotz eines umfänglichen Quellenmaterials nur teilweise zu klären.

Es ist davon auszugehen, daß Bestand und Funktionieren der Bruderschaft in Vergangenheit und Gegenwart vom Erzogensein der Brüder und Schwestern als kollektiver Individuen abhing, von der Art, wie Eigennutz dem Gemeinwohl untergeordnet

---

ge um den Bestand der gesellschaftlichen Ordnung war der eigentliche Grund für die Kontroverse mit den Täufern.

[24] Plümper, Hans-Dieter: Die Gütergemeinschaft bei den Täufern des 16. Jahrhunderts, Göppinger Akademische Beiträge Nr.62, Göppingen 1972; Stayer, James F.: The German Peasants War and Anabaptist Community of Goods, Montreal/Kingston 1991. Ergänzend zum gesamten Problemkreis sei verwiesen auf Goertz, Hans-Jürgen: Alles gehört allen. Das Experiment Gütergemeinschaft vom 16. Jahrhundert bis heute, München 1984; Wurm, Shalom: Das Leben in den historischen Kommunen, Köln 1977;

[25] Hruby, Franz: Die Wiedertäufer in Mähren, Sonderdruck aus dem Arch. f. Ref.-Gesch.,Leipzig 1935; ab Seite 24 wird zunehmend von der wirtschaftlichen Bedeutung der Gemeinschaft berichtet; Bayerisches Nationalmuseum(Hg.): Die Hutterischen Täufer—Geschichtlicher Hintergrund und handwerkliche Leistung, 1985, S. 74-176

[26] Clasen, Claus-Peter: Die Wiedertäufer im Herzogtum Württemberg und in benachbarten Herrschaften—Ausbreitung, Geisteswelt, Soziologie, Stuttgart 1965, bes. S. 118-145; Dedic, Paul: The Social Background of the Austrian Anabaptists, MQR XIII, 1939, S. 5-20; Peachy, Paul: Die soziale Herkunft der Schweizer Täufer der Reformationszeit, Karlsruhe 1954, S. 22-72

[27] Schäufele, Wolfgang: Das missionarische Bewußtsein und Wirken der Täufer, Beiträge zur Geschichte und Lehre der Reformierten Kirche, Bd.21, Neukirchen-Vluyn 1966

wurde, wie persönliche oder Gruppenkonflikte gelöst wurden, wie die Arbeitsmoral auf einem gleichbleibend hohen Niveau gehalten wurde, mit welchen Mitteln der Einzelne gegenüber den Verlockungen der „Welt"[28] immunisiert wurde, welches Gruppenbewußtsein den Bestand der Bruderschaft seit nunmehr über 450 Jahren gesichert hat.

Unser Interesse richtet sich also zentral auf die Frage nach den Funktions- und Steuerungsmechanismen der Gemeinschaft, nach den Korrektur- und Konfliktlösungsstrategien in der Gruppe als Anfrage an die Funktionsfähigkeit dieser Gemeinde.

Diese Anfrage ist auch deshalb von Bedeutung, weil sich nicht nur in der Vergangenheit Gemeinschaften mit ähnlicher Eigentumsstruktur auf Dauer als existenzunfähig erwiesen, sondern auch, weil in diesem Jahrhundert der Verfall des sozialistischen Gesellschaftssystems offenkundig wurde und damit sein Ziel, die Errichtung einer kommunistischen Gesellschaft, einmal mehr in den Bereich der Utopie verwiesen wurde. Die Hutterer sind unter ihren Bedingungen ein Beweis dafür, daß Utopie Wirklichkeit werden kann, wenngleich die Größenverhältnisse berücksichtigt werden müssen. Entscheidend ist aber, daß sie ihr Alltagsleben stets in Einheit mit ihrem Leben als christlicher Gemeinde realisiert haben; denn „es gibt keinen anderen Weg zum Glauben als den Gehorsam gegen den Ruf Jesu."[29] So war es für sie stets bedeutsam, den Glauben in Werken des alltäglichen Lebens zu erweisen, das Leben zu einem vernünftigen Gottesdienst werden zu lassen. Sie schufen Denkmodelle und Praxisansätze für eine Erziehung zum praktischen Christsein. Sie sichtbar zu machen, soll ein Ergebnis dieser Arbeit sein.

5 MODELLVORSTELLUNG

Die gesamte Arbeit wurde im Bereich der Gemeindepädagogik angesiedelt, d.h. zwischen Theologie und Pädagogik; denn Gemeindepädagogik ist das Gebiet, in dem Theologie und Pädagogik eine fruchtbare Verbindung eingehen können. Es zeigte sich allerdings, daß Begriffe und Denkmodelle, die in der Theologie beheimatet sind, im Rahmen unserer Zielstellung nur sehr begrenzte Verwendung finden können, weil Heiligung ein Begriff ist, dessen unterschiedliche inhaltliche Dimensionen eine Ableitung erziehungsrelevanter Begriffe selbst da problematisch werden lassen, wo es um Erziehungsmaßnahmen der christlichen Gemeinde geht, also um Maßnahmen der Gemeindezucht. Obgleich Beziehungen zwischen beiden Aussageweisen und Handlungsformen bestehen, hätten sich unzulässige Vermischungen theologischer und erziehungswissenschaftlicher Bestimmungen und Gedankenführungen ergeben. Es

---

[28] Zur Definition von "Welt" vgl. Bonhoeffer, Dietrich: Nachfolge, Gütersloh 1994, S. 34; Fn.23

[29] Bonhoeffer: a.a.O., S. 46

geht aber zunächst um eine klare Abgrenzung der Begriffe und Zielstellungen und um eine möglichst eindeutige Charakterisierung der Arbeit und ihrer Zielstellungen als den Erziehungswissenschaften zugehörig. Das soll in einem besonderen Kapitel geschehen, in dem eine Definition von Heiligung gesucht werden soll, die es erlaubt, im Rahmen des Heiligungsgeschehens erziehungsrelevante Anteile des menschlichen Handelns, d. h. des individuellen und gemeindlichen Handelns, zu erarbeiten und als Erziehungshandeln zu bestimmen.

Unter diesen Voraussetzungen soll die diese Arbeit tragende Modellvorstellung entwickelt weren. Dabei wird davon ausgegangen, daß sich das Christenleben in Phasen entwickelt:

1. der Initialphase der Rechtfertigung,

2. dem lebenslangen Prozeß der Heiligung durch gehorsame Nachfolge und

3. der Vollendung des Menschen in der Theosis.

Der Schwerpunkt dieser Arbeit wird das Alltagsleben in der hutterischen Gemeinde betreffen, also die Phase der Heiligung durch gehorsame Nachfolge und die Maßnahmen, durch die die Gemeinde individuelle und kollektive Entwicklungen beeinflußt.

6 DARSTELLUNGSGRUNDSÄTZE

Was bereits anderen Ortes bearbeitet wurde, wird da, wo es erforderlich wird, zum Zwecke der Veranschaulichung in kürzest möglicher Form dargestellt. Im historischen Teil geht es z.B um die Sozialstruktur der Täufergemeinden, um die soziale Herkunft der Täuferführer. Zu diesem ganzen Problemkreis liegen Untersuchungen für Württemberg, die Schweiz und Österreich vor. Es ist darum nicht nötig, diese Darstellungen zu wiederholen. Es genügt, auf die Tendenzen innerhalb der Täuferbewegung hinzuweisen, die von einer Gemeinschaft von Humanisten und Theologen[30] wegführen. Aus der Theologie der Hutterer sollen Zentralbegriffe dargestellt werden, deren thematische Bedeutsamkeit sich abzeichnet. Schriften unterschiedlicher Entstehungszeit werden berücksichtigt, sofern sie erkennbare Trends bestätigen. Wo es möglich ist, sollen Quellen für sich selber sprechen, sollen Quellen Quellen absichern bzw. ihre Aussagen erläutern. Im pädagogischen Teil werden Beziehungen zur Gegenwart hergestellt, um von der gegenwärtigen Lebenspraxis in den kanadischen Kolonien rückschließend Zugänge zu den historischen Erscheinungsformen des Hutterertums zu finden. Die Fakten, die dabei verwendet werden, wurden während zweier Besuche in verschiedenen Bruderhöfen in Manitoba und Saskatchewan 1994 und 1996 durch Beobachtungen, Gespräche und halboffene Interviews gewonnen.

---

[30] Peachy: a.a.O., S. 22-72

Die Untersuchung bezieht sich also nicht auf die Analyse der Kinderzucht, sondern sie hat die Steuerungsmechanismen für die erziehende Formung der ganzen Gemeinde zum Gegenstande. An dieser Stelle soll auf ein Problem hingewiesen werden, daß sich beim Schreiben der Arbeit entwickelte. Die Systematik der Arbeit läßt gewiß zu wünschen übrig. Wollte man aber im Sinne einer Systematisierung am Ende „die Teile fein in der Hand" (Goethe) halten, dann müßte man die Ganzheitlichkeit des hutterischen Lebensverständnisses und die komplexe Verflochtenheit seiner Beziehungen außer Acht lassen. Das sollte vermieden werden. Darum gibt es im Text Überschneidungen, es gibt Wiederholungen und auch thematische Sprünge, die aber aus Gründen des Verstehens eines aktuellen Textes für erforderlich gehalten werden.

Zwangsläufig spielt auch unsere eigene religiöse Sichtweise und Überzeugung als ein methodisches Element in die Darstellungsweise der Arbeit hinein. Wir müssen selbst erfahren haben, *was* Christsein seinem tiefsten Wesen nach bedeutet, um den Weg des hutterischen Menschen in seinem Gott-Mensch-Verhältnis verstehen zu können. Nur auf dieser Basis war es möglich, in die Welt hutterischen Denkens und Handelns einzudringen bzw. von den Hutterern in ihr Leben hineingenommen zum werden, mit ihnen „hutterisch" zu leben. Allein dadurch ergaben sich die Voraussetzungen, die vorliegende Arbeit zu schreiben und über bloß historische Tatbestände hinausgehend das „Atmosphärische" der Kolonien zu erfühlen. Aber an diesem Punkte endet auch die Beweisbarkeit unserer Untersuchungen!

TEIL I
DAS SYSTEM DER HUTTERISCHEN TÄUFERGEMEINSCHAFT

1 SOZIALGESCHICHTLICHE AUSGANGSLAGE

1.1 DIE FREIEN GEMEINDEN IN DER KIRCHENGESCHICHTE

Das Besondere an der Fragestellung, der es hier nachzugehen gilt, ist, daß es einen Anfang vor dem Anfang gibt! Die deutschen Täufergemeinden sind als freie Gemeinden zwar Kinder ihrer Zeit, aber sie sind nicht wurzel-, nicht vorbildlos. Sie sind eingebunden in den Weg der freien christlichen Gemeinden[1] durch die Zeit und durch die Geschichte der Kirche. Sie sind verbunden mit Gemeinden, die der Versuchung widerstanden, mit den Mächtigen dieser Welt zu paktieren, die ihre Seinsrechtfertigung aus der Verwirklichung urchristlicher Prinzipien und evangeliumsgemäßer Nachfolge Christi ableiteten. Es sind „geschichtlich feststellbare Gruppen von Menschen, die das Evangelium Christi durch Verkündiger gehört und im Glauben angenommen haben, sich von der heidnischen Lebensweise trennen, und, wie es im Neuen Testament heißt, Früchte des Glaubens tragen."[2] Solche freien Gemeinden waren u.a. die Gemeinden in Jerusalem und Antiochien, in Korinth, Ephesus und Rom, die nicht organisatorische Vernetzung, sondern das Bewußtsein der Gliedschaft am Leibe Christi einte. Die Gemeinden setzen sich als Freiwilligkeits- und Bekenntnisgemein-

---

[1] Die Ausführungen dieses Kapitels nehmen Bezug auf die nachstehend genannten Veröffentlichungen:

1) Grundmann, Herbert: Ketzergeschichte des Mittelalters, Göttingen 1953

2) Geiser, S. H.: Die taufgesinnten Gemeinden im Rahmen der allgemeinen Kirchengeschichte, Cournegay 1971

3) Haendler, Gert: Die abendländische Kirche in der Zeit der Völkerwanderung, Berlin 1983

4) Halm, Christoph Ulrich, Geschichte der Ketzer im Mittelalter, Bd.I und II, Stuttgart 1847

5) Molnar, Amadeo: Die Waldenser, Geschichte und europäisches Ausmaß einer Ketzerbewegung, Berlin 1973

6) Werner, Ernst: Pauperes Christi, Studien zu sozialreligiösen Bewegungen im Zeitalter des Reformpapsttums, Leipzig 1956

7) Westin, Gunnar: Der Weg der freien christlichen Gemeinden durch die Jahrhunderte, Kassel 1956

[2] Westin: a.a.O., S. 11

den durch ihren urchristlichen, von evangeliumsgemäßer Nachfolge geprägten Lebensstil erkennbar von der heidnischen Umwelt ab. Sehr früh entwickeln sich aber auch zentralistische und hierarchische Bestrebungen, die in der Anerkennung der Kirche durch den römischen Staat ihre Bestätigung finden. Die frühen Formen christlichen Gemeindelebens werden in der Folgezeit durch die sich etablierende Amtskirche in nebenkirchliche Bewegungen abgedrängt, wo sie in ungebrochener Tradition als z.T. blutig verfolgte Ketzerbewegungen bis in das Zeitalter der Reformation hineinreichen.

1.2 DIE ENTSTEHUNG DER TÄUFERBEWEGUNG IM UMFELD DER REFORMATION

Die Reformation Martin Luthers ist als letztes Glied einer Kette vorlaufender Reformbestrebungen in verschiedenen Ländern Europas zu werten. Ihr erfolgreicher Verlauf wird begünstigt durch eine gesamtgesellschaftliche Krisensituatuion, die staatliche und kirchliche Obrigkeiten in ihrer Handlungsfähigkeit zeitweilig einschränken. Was als rein kirchliche Entwicklung beginnt, zeitigt sehr bald weiterführende Folgen: Die freigesetzten gesellschaftlichen Energien radikalisieren sich und führen zu Ergebnissen, die den von den Reformatoren gedachten Bezugsrahmen sprengen. Parallel zu sozialen Unruhen und auch in Verflechtung mit ihnen entwickeln sich in vielen Landesteilen radikale nebenkirchliche Gemeinschaften, die unter dem Begriff „linker Flügel" zu subsumieren sind. Dazu rechnet man Täufer, Spiritualisten, Schwärmer und Antitrinitarier. Eine Mehrheit dieses „linken Flügels" verbindet die positive Einstellung zur Erwachsenentaufe zu einer formalen Einheit, aber die eigentlichen Täufer bilden innerhalb dieser Gruppe eine Minderheit. Die Anfänge des Täufertums sind im Umfeld der Zürcher Reformation zu finden. Es entsteht in der Auseinandersetzung mit Zwingli und der von ihm betriebenen reformatorischen Praxis. Eine Gruppe junger Radikaler um Felix Mantz und Conrad Grebel, Söhne angesehener Ratsherren, streben aus biblizistischer Sicht eine Weiterführung der Reformation hin zu urchristlichen Gemeindeformen an. Da Zwingli und die Stadtobrigkeit ihrem Drängen nicht nachgeben, gehen sie einen eigenen Weg. Es kommt zum Bruch mit Zwingli. Er erwächst nicht aus prinzipiellen Glaubensunterschieden, sondern aus einer unterschiedlichen Einschätzung der Geltungsweite der heiligen Schrift. Am 21. Januar 1525, zwei Jahre nach der obrigkeitlichen Einführung der Reformation in Zürich, treffen sich Zwinglis ehemalige Bundesgenossen. Sie beten zusammen. Einer der Anwesenden, Jörg Blaurock, ein ehemaliger Priester, bittet Grebel, ihn zu taufen. Dieser vollzieht die Taufe. Dann tauft Blaurock die übrigen Versammelten. So entsteht in Zollikon die erste Täufergemeinde.[3]

---

3 Blanke, Fritz: Büder in Christo. Die Geschichte der ältesten Täufergemeinde, Zürich 1955, S. 22 f.

1.3 AUSBREITUNG UND DIFFERENZIERUNG DER TÄUFERBEWEGUNG

Sehr bald bildeten sich in verschiedenen Schweizer Kantonen, im süddeutschen Raum und in den Habsburger Landen eine Vielzahl kleiner Gemeinden von ernsten Christen, die mit der Forderung nach Freiheit von staatlichem und hierarchischem Zwang und dem Ideal der Bildung von Freiwilligkeitsgemeinden auftraten. Ihr gemeinsames Kennzeichen war die Spättaufe. Das bedeutete gleichzeitig Ablehnung und Infragestellung der Kirche als objektiver, die Volksmassen unabhängig von ihrer ethischen Würdigkeit einschließender Heilsanstalt, des weiteren die Forderung und Handhabung strenger Gemeindezucht und des Gemeindebanns zum Aufbau der Gemeinde der Heiligen. Letztlich bedeutete es Konfrontation mit den etablierten Mächten von Kirche und Staat. Die Breitenwirkung des täuferischen Gedankengutes wird verständlich, wenn man davon ausgeht, daß es neben einer Vielzahl von Menschen, die mit den Ergebnissen der Reformation unzufrieden waren, zahleiche Gedanken- und Organisationszusammenhänge gab, die aus altevangelischer, waldensisch-hussitischer Tradition hervorgegangen waren und die in der Täuferbewegung die Möglichkeit zur Entfaltung ihrer eigenen Programme sahen.[4] In dem Maße, wie sie sich ausbreitete, nahmen die Verfolgungen in den einzelnen Landesteilen zu. Das kaiserliche Edikt vom 4. Januar 1528 und das Mandat des Reichstages von Speyer vom 25.April 1529 boten die Rechtsgrundlagen für reichsweite Maßnahmen zur blutigen Unterdrückung der „Wiedertäufer" und waren beredte Zeunisse für „die Nervosität der herrschenden Klasse"[5] in den Jahren nach dem Bauernkrieg. Vor dem Hintergrunde der großen sozialen Bewegungen des frühen 16. Jahrhunderts fanden die Predigten der Täufer bereitwillige Aufnahme im Volk, und sie wurden unter dem Einfluß lokaler Gegebenheiten und in Bindung an verschiedene Täuferapostel zu sozialen, politischen und revolutionären Aussagen, die sehr unterschiedliche Ausprägungen der Täuferbewegung und ihrer Lehren und Glaubenssätze zur Folge hatten. Der von einer Täufersynode gefundene Minimalkonsens des „Schleitheimer Bekenntnisses" hatte in zeitlich-räumlichem Abstand von Schleitheim bei vielen Gruppen nur noch bedingte Wirksamkeit, andere Gruppen hatten ihn überhaupt nicht zur Kenntnis genommen. So meint man heute fälschlich, wenn man von den deutschen Täufern spricht, ein komplexes, historisches Phänomen dessen zum Teil selbständige Wurzeln[6] , dessen unterschiedliche soziologischen und religiösen Entfaltungen und differierenden politischen Verhaltensweisen meist unzureichende Beachtung finden. Es muß erwähnt werden, daß innerhalb dieser weiten Fächerung auch immer Gegenkräfte wirksam waren, daß antitäuferische, schwärmerische Gedanken in die Täufer-

---

[4] Molnar: a.a.O., bes. S. 330-334

[5] Zschäbitz, Gerhard: Zur mitteldeutschen Wiedertäuferbewegung nach dem großen Bauernkrieg, Berlin 1958, S. 144

[6] Vgl. dazu Stayer, James, Packull, Werner O., Deppermann, Klaus: From Monogenesis to Polygenesis. The Historical Discussion of Anabaptist Origins, in: MQR 1975

bewegung eindrangen und sie, trotz verschiedener Abwehrversuche, aufs Ganze gesehen diskreditierten und unwirksam machten. Wohl die einschneidendste Fehlentwicklung zu Lasten der Täufer ging von Melchior Hoffmann aus, einem Kürchnermeister und ehemaligen lutherischen Prädikanten, der mit der Reformation das nördliche Europa durchwandert hatte und schließlich von Luther enttäuscht 1530 in Straßburg Zuflucht und Wiedertaufe fand. Er traf in Straßburg auf Gesinnungsgenossen, die es ihm ermöglichten, sein eigenes theologisches Glaubens- und Überzeugungskonglomerat um radikale, schwärmerisch-chiliastische Elemente anzureichern und daraus die Ideologie zu formen, die bei seinen zahlreichen niederländischen und niederdeutschen Anhängern jene Radikalisierung bewirkte, die in das Debakel von Münster einmündete.[7] Die „Melchioriten" schufen in ihrem „neuen Jerusalem" eine kommunistische Theokratie[8] mit alttestamentlichen Bezügen und schadeten durch ihre aggressiven Aktionen gegen das Reich[9] der eigentlichen Täuferbewegung, die in der Folgezeit zu einer Sache des Untergrundes wurde. In dieser historischen Situation trat der friesische Priester Menno Simons[10] auf den Plan und sammelte die im niederdeutch-niederländischen Raum verfolgten Täufer in selbständigen Gemeinden. Sie wurden in der Folgezeit zu den „Stillen im Lande".

Zusammenfassung:

Die Täuferbewegung entsteht als Folgewirkung der Reformation. Ihre Ausbreitung von Zürich aus wurde begünstigt durch das Vorhandensein von Reststrukturen mittelalterlicher Waldenserpropaganda. Es bildeten sich Freiwilligkeitsgemeinden, die durch ihre Existenz die Ergebnisse der Reformation in Frage stellen. Innerhalb der gesamten nebenkirchlichen Bewegung kommt es im Zusammenhang mit den sozialen Auseinandersetzungen um 1525 zu einer weitgefächerten Differenzierung, wodurch sich, sofern das Schleitheimer Bekenntnis den Glaubens- und Lebenskonsens der Gemeinden darstellt, eine Vielzahl von Gemeinden als nicht zur Täuferbewegung gehörig disqualifiziert. Die bedeutsamste Fehlentwicklung ging von Melchior Hoffmann aus, dessen chiliastisch-radikales Gedankengut zur Errichtung einer kommunistischen Theokratie in Münster führt. Die Obrigkeit reagiert mit blutigen Unterdrük-

---

7 Vgl. dazu Deppermann, Klaus: Melchior Hoffmann. Soziale Unruhen und apokalyptische Visionen im Zeitalter der Reformation, Göttingen 1979: Der Werdegang Hofmanns zum Synkretisten wird überzeugend dargelegt.

8 Zum münsterischen Kriegskommunismus vgl. Plümper: a.a.O., ab S. 159

9 Vogler, Günter: Das Täuferreich in Münster als Problem der Politik im Reich. Beobachtungen anhand reichsständischer Korrespondenzen der Jahre 1534 / 35, in : MGB, 42. Jg., 1985, S. 7ff.

10 Brandsma, Jan Anke: Menno Simons von Witmarsum, Marxdorf 1983; Horst, Irvin B.: Menno Simons. Der neue Mensch in der Gemeinschaft, in: Goertz H.-J.(Hg.): Radikale Reformatoren, München 1978, S. 179-189

kungsmaßnahmen gegen alle Erscheinungsformen des „linken Flügels" der Reformation. So wird das Täufertum in den Folgejahrzehnten zu einer Sache des Untergrundes.

1.4 DIE MÄHRISCHE ARCHE

Es war die zentrale geographische Lage als Bindeglied zwischen Süddeutschland, Österreich und Schlesien, die Böhmen und Mähren zu Zentren freiheitlichen Denkens und religöser Toleranz machte. Neue Ideen von reisenden Händlern, Handwerkern und Scholaren ins Land gebracht, wurden öffentlich diskutiert und oft genug vom Adel des Landes und dem wohlhabenden, selbstbewußten Städtebürgertum übernommen.

Hundert Jahre vor der Reformation entstand das Hussitentum mit seinen verschiedenen Aktionsströmen und mit ihm eine von Rom unabhängige Nationalkirche, die Utraquisten. Aus der hussitischen Tradition sozialer und religiöser Erneuerung entstand dann um die Mitte des 15. Jahrhunderts die Brüderunität[1], deren letzter und bekanntester Bischof Jan Amos Comenius war. Schon während des 15. Jahrhunderts hatten verfolgte Minderheiten, Pikarden und Waldenser[2] in den tschechischen Landesteilen Zuflucht gefunden, die tschechischen Radikalen hatten in Zusammenarbeit mit den Waldensern eine ökumenische Reform der Kirche angestrebt.[3] Alle diese Voraussetzungen ließen auch noch im 16. Jahrhundert Böhmen und Mähren als eine Arche religiöser Toleranz und Freiheit erscheinen. Nach 1525 flohen Tausende oberdeutscher Täufer nach Mähren, wo ihnen Adlige auf ihren Besitzungen Schutz und Freiheit der religiösen Betätigung gewährten. Diese Freiheit blieb sogar dann noch in einem gewissen Umfange bestehen, als der Katholik Ferdinand I. 1526 den Thron von Böhmen und Ungarn bestieg; denn sowohl die militärische Bedrohung durch die Türken im Osten als auch die protestantische Entwicklung in Deutschland ließen dem Habsburger keine Möglichkeiten, seine Erblande zu rekatholisieren.

Die Täufer sammelten sich in den Jahren zwischen 1525 und 1528 in der mährischen Stadt Nikolsburg (Mikulov), die zum Besitz des Barons von Lichtenstein gehörte. Diese Sammlung wurde von den Täufern jedoch nicht als zufällig gesehen, „dann wir achten, das vns Gott nit on vrsach in dises Landt geführt hat, dem er sonderlich vil Freyheit, den glauben betreffend, für vil andere landt geben hat, also, das weder Künig noch Kaiser yetzt macht hat demselbigen Regel vnd Ordnung zu geben, sunder ein yedlicher seines glaubens geleben mag, vnd wie er weiss auff das treuli-

---

1   Molnar: a.a.O., S. 293

2   Peschke, Erhard: Kirche und Welt in der Theologie der Böhmischen Brüder, Berlin 1981, S. 12; Molnar: a.a O., S. 265

3   Molnar: a.a.O., S. 277

chest Gott zu dienen."[4] Sehr bald zeichneten sich in dieser Zentrale des Täufertums Differenzen ab. Zwei Hauptfraktionen standen sich, von prominenten Führern geleitet, gegenüber: die Schwertler und die Stäbler.[5] „Stäbler, die geben für, ain Christ könne mit guetem gewissen vnd nach dem wort gottes kain schwert waffen noch krieg füren, sonder soll ain Stab sich genuegen lassen."[6] „Aber die zu Nicolsburg behielten das Schwert, daher sy die Schwertler genannt werden, ietz aber Sabather heißen, die den recht Münsterischen Geist haben!"[7] Man muß diesen Gegensatz vor dem aktuellen politischen Hintergrunde drohender kriegerischer Auseinandersetzungen der Habsburger mit Türken und Protestanten sehen, um die Brisanz einer Schwertverweigerung, die zugleich eine Kriegssteuerverweigerung[8] war, zu erkennen. An der Spitze der „Schwertler" stand Dr. Balthasar Hubmair, vormals katholischer Priester und Wallfahrtsprediger, dann Reformator von Waldshut. Einer der Führer der pazifistischen Gruppe war Hans Hut, der, aus dem unmittelbaren Personenkreis um Thomas Müntzer kommend, nach Frankenhausen (1525) während seiner Flucht mit Täufern in Berührung gekommen war, in Augsburg von Hans Denck am 25.6.1525 getauft, einer der erfolgreichsten Prediger der Täuferbewegung geworden war. „Das Volk aber hat sich zur selben Zeit heftig gemehrt und gesammlet, daß auch solches dem König Ferdinandus ist angezeigt worden."[9] Baron von Lichtenstein fürchtete einen offenen Konflikt, und so forderte er die kleinere, die pazifistische Gruppe -die Stäbler- auf, das Gebiet seiner Besitzungen zu verlassen. Die größere Gruppe hatte sich für das Recht des Schwertgebrauchs im Dienste der Selbstverteidigung entschieden. Sie hatte damit ein wesentliches Prinzip des Täufertums aufgegeben[10] und zeigte mit diesem Zugeständnis eine mögliche Tendenz im Blick auf Anpassung an die sie umgebende „Welt". Es dauerte tatsächlich nur wenige Jahrzehnte, daß diese Mehrheitsfraktion zur völligen Bedeutungslosigkeit verkümmerte und schließlich spurlos verschwand. Hubmair, der den Kompromiß gesucht hatte, wurde 1527 in Wien verbrannt, seine Frau ertränkt.

Die Stäbler fanden nach ihrem erzwungenen Fortgang aus Nikolsburg Zuflucht bei den benachbarten Baronen von Kaunitz. Aus dieser Gruppe entwickelte sich nach

---

4 Beck, Josef: Die Geschichtsbücher der Wiedertäufer in Österreich-Ungarn ... , Wien 1883, 5.Buch, S. 172 (zit. als GBW)

5 Zieglschmid, A. J.F. (Hg.): Das Klein-Geschichtsbuch der Hutterischen Brüder, Philadephia 1947, S. 18 (zit. als KGB)

6 ibid., zit. n. Seb. Franck, Catal Haeret. (1576)

7 GBW: S. 73

8 Wolkan, Rudolf (Hg): Das große Geschichtbuch der Hutterischen Brüder, Cayley, Alberta 1974, S. 37f. (zit. als GGB)

9 GGB: S. 37; KGB: S. 8

10 Vgl. Jenny, Beatrice: Das Schleitheimer Täuferbekenntnis 1527, Thayngen 1951, S. 14 ff.(Art.6)

weiteren Teilungen die erste hutterische Gemeinde. Ihre Besonderheit bestand darin, daß sie stets -durch die Jahrhunderte hindurch- den „schmalen Pfad" der Nachfolge Christi ging, daß sie konsequent die Ideale der Bergpredigt zu verwirklichen suchte, selbst dann, wenn es „vernünftiger" gewesen wäre, den Weg gemäßigter Anpassung einzuschlagen.

Zusammenfassung:

Die zentrale Lage und das Zusammentreffen verschiedener Reformbewegungen ließen Böhmen und Mähren im katholischen Europa des ausgehenden Mittelalters zu Zentren religiöser Toleranz und freiheitlichen Denkens werden. Ein Ergebnis dieser Entwicklung war im 15. Jahrhundert das Hussitentum mit seinen verschiedenen Folgewirkungen. Im 16. Jahrhundert bot Mähren, begünstigt durch die politische Gesamtkonstellation, vielen Tausenden deutschsprachiger Täufer einen relativ sicheren Zufluchtsort, aber die Täuferbewegung differenzierte sich in Mähren ebenso wie im übrigen Reichsgebiet in verschiedene Fraktionen, deren bedeutendste die der Schwertler und der Stäbler waren.

1.5 DIE URSPRÜNGE DER TÄUFERBEWEGUNG AUS HUTTERISCHER SICHT

Die Hutterer haben sehr früh begonnen, die Geschichte ihrer Gemeinschaft zu schreiben. „Die älteste Chronik der Hutterischen Brüder"[1] hatte eine Reihe von Autoren, ihr erster, Caspar Braitmichl, wird hier besonders zu hören sein. Er wurde 1538 zum Diener der Notdurft gewählt, nach 1538 zum Diener des Wortes, und er starb 1573 in Austerlitz (Slavkov). Nach einer Eintragung aus dem Jahre 1548[2] stammte er aus Schlesien. Fast fünfzig Jahre Hutterergeschichte sind sein Werk. Er berichtet über die Entstehung der gesamten Täuferbewegung aus seiner besonderen Sicht, aus einem gesamtgeschichtlich-ecclesiologischen Zusammenhang, der bei der Erschaffung des Menschengeschlechtes beginnt und in klarer Durchführung des göttlichen Willens und Heilsplanes direkt zur Täuferbewegung und zur Gründung der hutterischen Gemeinden führt. Die Berichterstattung ist von einer theoretischen Konzeption getragen, nach der Geschichte als Handeln Gottes an der gefallenen Menschheit zu sehen ist mit dem Ziele der endzeitlichen Aufrichtung seines Königreiches und der Wiederherstellung seines eigenen Volkes. Dieses Volk wird in der letzten Zeit abgesondert und auf seine Aufgabe vorbereitet. In der Chronik heißt es: „Weil aber Gott ein einigs Volk abgesondert von allen Völkern haben wollte, hat er den rechten wahren Mor-

---

[1] Zieglschmid, A.F. J.: Die älteste Chronik der Hutterischen Brüder. ... New York 1943, (zit. als ÄC); Wolkan: a.a.O.; die Darstellungen des folgenden Kapitelteils basieren auf den Berichten dieser beiden Bücher, vgl. besonders die Seiten 32-118 und 242-256 des GGB

[2] ÄC: S. 320; GGB: S. 242

genstern des Lichts seiner Wahrheit in völligem Schein wieder hervor wollen bringen im besten Alter dieser Welt, besonders in deutschen Nationen und Landen, dieselben mit seinem Wort heimzusuchen und den Grund göttlicher Wahrheit zu offenbaren, damit sein heiliges Werk vor jedermann bekannt und offenbar wurde, hub es sich im Schweizerland aus sonderlicher Erweckung und Anrichtung Gottes erstlichen also an: Es begab sich, daß ...“[3], und dann folgen die Ereignisse um Ulrich Zwingli und den Zürcher Täuferkreis aus hutterischer Sicht. Die Reformation hatte diese gottgewollte Endphase wohl eingeleitet, und Luther und Zwingli hatten alle Tücke und Büberei der päpstlichen Heiligkeit an den Tag gebracht, „gleich als wenn sie's mit Donnerschlägen alles wollen zu Boden schlagen; aber dargegen kein besseres aufgericht, sondern alsbald sie sich an den weltlichen Gewalt gehängt, auf menschlich Hilf vertröstet, ist es ihnen nicht anders gewesen, als ob einer einen alten Kessel flicket, das Loch nur ärger wird, und haben ein ganz frech Volk zu sündigen erzogen ... Gleichnisweis zu reden, dem Papst den Krug aus der Hand geschlagen, die Scherben selbst darinnen behalten ... Doch wie schön der Anfang immer war, sind sie bald des Sakramentes halb in zwei ruchlose Völker zerteilet, ... Denn kein Besserung des Lebens ward bei ihnen gar nicht gespüret, sondern ein stolz aufgeblasen Wissen. Andre zu verachten, Fleischessen, Weibernehmen, Papst, Münch und Pfaffen (wie sie es denn wohl verdient haben) ausschelten, was ihr höchster Gottesdienst.“[4] Aus der evangelischen Verkündigung erwuchs also kein erneuertes Volk, sondern nur Aufgeblasenheit und geschwollenes Wesen.[5] Die Hutterer glaubten deshalb, Gott würde sein Volk durch andere Mittel wiederherstellen. Braitmichl erzählt um 1560 von den Ereignissen, die um 1525 zur Entstehung der Täuferbewegung führten. Er stellt eine klare personelle Beziehung zwischen dem Geschehen in Zürich und den hutterischen Anfängen her. „Der Jörg vom Hause Jakob oder Blaurock“, erster Getaufter und Täufer des Zürcher Kreises[6] zog nach seiner Vertreibung in die Grafschaft Tirol, um „ ...aus göttlichem Anregen das evangelische Wort und den Grund der Wahrheit ... zu kündigen und zu predigen.“[7] Die von ihm geleitete Tiroler Bruderschaft wurde schließlich der innere Kern der hutterischen Gemeinschaft. So zieht der Chronist fast 40 Jahre nach den Ereignissen von 1525 eine Verbindungslinie zwischen dem Hutterertum und den Sekundärwirkungen der Zürcher Reformation. Auf der Verbindungslinie begegnen uns die Namen der Männer, die zum Zürcher Täuferkreis gehörten oder zu ihm in Verbindung standen: Blaurock, Hubmair und Reublin, einst Prädikant in Wytikon. Es sind die bereits erwähnten Auseinandersetzungen um den Schwertgebrauch, die die Stäbler veranlassen, sich 1528 von der Gemeinde in Nikolsburg abzuson-

---

3   ÄC: S. 45; GGB: S. 33f.
4   ÄC: S. 42f.; GGB: S. 32f.
5   Codex Habanus (Bratislava B), fol. 34r-34v
6   ÄC: S. 47; GGB: S. 35
7   GGB: S. 36

dern.[8] In dieser Situation aktueller Not wird die Form gemeinschaftlichen Lebens begründet, die bis heute das besondere Merkmal der Hutterer geblieben ist. Die älteste Chronik berichtet: „Zu der Zeit haben dise Männer ein Mantel vor dem Volck nieder gebrait / vnd yedermann hat sein vermögen dargelegt / mit willigem gemüet / Vngezwungen, zu vnderhaltung der Notdurfftigen / nach der leer der Propheten und Apostlen. Esaie 23; Act. 2,4 vnnd 5."[9] Eine neue Zuflucht fand diese Gruppe von etwa 200 Personen in Austerlitz, das den Herren von Kaunitz gehörte.

An dieser Stelle ist es wichtig, die weitere Entwicklung detaillierter zu beschreiben, weil aus den „Austerlitzer Brüdern" die erste eigentliche hutterische Gemeinde hervorging. 1530 trennte sich eine Gruppe von etwa 150 Personen von den Austerlitzern.[10] Zentralfigur dieser Entwicklung war der bereits erwähnte Reublin, der entgegen der Anordnung der Gemeindeleitung mit der Wortverkündigung begonnen hatte und gleichzeitig Kritik an einigen Mißständen in der Gemeinde übte. Die Auseinandersetzung über die Rechtsstandpunkte führte zur Spaltung. An der Spitze der neuen Gruppe standen Wilhelm Reublin und Jörg Zaunring, ein Diener des Wortes, den Jakob Hutter aus Tirol nach Mähren geschickt hatte. Sie verließen Austerlitz und fanden eine neue Zuflucht in Auspitz (Hustopece).[11] Das GGB schreibt dazu: „Also hat Gott abermals eine Absünderung und Läuterung gemacht, die Frommen von den Unfrommen ausgeführt."[12] Aber bald wurde ein neuer Einschnitt nötig: Wilhelm Reublin wurde des Verstoßes gegen die Gütergemeinschaft überführt. Eine Schwester, der er während einer Erkrankung sein Geheimnis entdeckt hatte, verriet ihn.[13] Hutter, der inzwischen aus Tirol gekommen war, unternahm den Versuch, die Spaltung der Austerlitzer und der Auspitzer Gruppe aufzuheben, aber er blieb erfolglos. So vertraute er die Auspitzer Brüder der Obhut Jörg Zaunrings an und zog zurück nach Tirol. Das war 1531! Noch im gleichen Jahre wurde Jörg Zaunring, weil er seine Ehefrau, die Ehebruch begangen hatte, nicht verstoßen, sondern ihr verziehen hatte, von der Gemeinde ausgeschlossen; denn „da hat die ganze gemeinde einhellig erkennt; weil Christi Glieder nicht Hurenglieder sein sollen, daß sie billig ausgeschlossen und von der Gemeinde hinaus getan würden. Also hatte die Gmein zu dieser Zeit kein Hirten, Lehrer oder Diener des Wortes mehr gehabt ..."[14] Noch einmal kam Hutter, um den Auspitzer Brüdern zu helfen. Mit ihm kam sein Gefährte

---

8   GGB: S. 38 und 62

9   ÄC: S. 87; GGB: S. 63

10   GGB: S. 68

11   GGB: S. 69

12   ibid.

13   GGB: S. 70; vgl. zu den verschiedenen Spaltungen während der Frühzeit der Täufergemeinde in Mähren Packull, Werner O.: Zwietracht in der 'Gemeinde Gottes'. Die hutterischen Spaltungen von 1531 und 1533, in: MGB,51. Jg. 1994, S. 7-23

14   GGB: S. 72

Simon Schützinger, dem die Gemeinde anvertraut wurde. Hutter zog wieder nach Tirol, doch nicht für lange, die Bedingungen für die täuferische Missionsarbeit hatten sich verschlechtert. Das Jahr 1533 ist die Zeit der größten Verfolgungen in Tirol. Fronleichnam berieten die Brüder in Gufidaun, wie sie ihre Anhänger nach Mähren bringen könnten.[15] Im Juli zog eine Gruppe trotz bewachter Wege nach Mähren und erreichte ihr Ziel. Unter diesen Bedingungen verließ auch Jakob Hutter „mit etlichen Personen"[16]das Land und kam am 11.August 1533 in Auspitz an, wo er zunächst mit Freuden aufgenommen wurde. Aber das Verhältnis änderte sich bald: Hutter meldete Führungsansprüche an! „Nach … etlichen Tagen … wollt er nach seiner Bewilligung anfangen, etliche Ding in der Gmeinde zu bessern. Da widerstund ihm der Schützinger und täts ihm wehren. Um der Ursach wegen wollt der Jakob ein Wissen haben, ob sie ihn zu einem Hirten haben wollten oder nicht. Denn still zu stehen und sein Amt nicht zu brauchen wär er nicht frei."[17] Als Schützinger schließlich die Leiter der Austerlitzer Brüder, Gabriel Ascherham und Philipp Blauärmel, auf seine Seite bringt, zeichnen sich neue Auseinandersetzungen ab. In dieser Situation schreibt die älteste Chronik: „Gott kam ins mitel vnd warff den Schützing ins beth vn schwere Kranckheit."[18] Da handelt Hutter! Er vermutet aus aktuellem Anlaß, Schützingers Frau könne Geld versteckt haben. So …zeiget ers den Ältesten an und sprach: Wenn ihr mir in der Kraft Gottes wöllt beistehn, so wollen wir das Werk angreifen und um und um beschauen. Des waren die Ältesten froh und sprachen zu ihm, er sölls nur tun und soll gleich in seiner Kammer anheben, darnach bei allen Ältesten, auch bei dem Simon. Und da solches geschah und sie zu Simon kamen, begehrten sie an ihn, daß er sie auch wollt schauen lassen. Das bewilliget er ihnen gern. Als sie aber in einer Truhen sucheten, fanden sie von Lailachen und Pfaiten nur gar zu viel Überfluß; auch vier Pfund Berner, alles Sechser. Da sprach ihnen der Jakob zu im Namen und in der Kraft des Herrn, er sollt sein Herz freien und offenbaren, ob er das Geld hätt gewißt und was noch weiter vorhanden wär nicht bergen. Da bekennt er, er hätts gewißt und zog damit unter dem Dach bei 40 Gulden herfür. Ob welchem der Jakob und die anderen Diener alle gar herzlich erschraken, denn sie solches bei ihm wissend nicht vertraut hätten, nachdem er andere Gelassenheit und Gemeinschaft gelehrt, doch selber nicht gehalten hätt."[19] Am 5.Oktober 1533 wurden Schützinger und „dergleichen andere faule Glieder aus der Gemeinde getan." Am 12. Oktober 1533 nahm die Gemeinde in Auspitz nach ernstlichem Gebet „den Jakob Hutter als Schenkung Gottes auf, daß er ihr Bischof und Hirt sein sollte."[20] Das Regiment Hutters diente der

---

[15] GGB: S. 75, Fn.2

[16] GGB: S. 76

[17] GGB: S. 76f.

[18] GGB: S. 80

[19] ÄC: S. 110; GGB: S. 80f.

[20] GGB: S. 80

inneren Ordnung und Festigung der Gemeinde. Er wirkte bis zum Jahre 1535 als Hirte und wurde dann, weil er sich nach einem Schreiben an den mährischen Landeshauptmann[21] in erhöhter Gefahr befand, von der Gemeinde erneut nach Tirol geschickt.

Sein letzter Brief, den er aus Tirol an die Gemeinde schickte, zeigt, wie er selber seinen Dienst in der Gemeinde verstanden hatte: „Gott ... hat mir gegeben und vertraut sein göttlich ewiges Wort in mein Herz und in meinen Mund und die himmlischen Güter seiner Gottheit und seines heiligen Geistes ... und hat mich gesetzt zu einem Wächter, Hirten und Pfleger über sein heiliges Volk, über seine heilige auserwählte christliche Gemein."[22] Sein Nachfolger im Amt wurde Hans Amon, ein Tuchmacher, der die Gemeinschaft bis zu seinem Tode 1542 leitete. Danach wurde Leonhard Lanzenstil in das Amt des Vorstehers berufen, das er unter zeitweiliger Assistenz von Peter Ridemann bis zum Jahre 1565 innehatte. Die Gemeinde wuchs durch Zuzüge und durch Vereinigungen mit anderen Gruppen, aber ihre Entwicklung verlief nicht ungestört. Hans Amon hatte 1535 sein Amt in einer Krisenzeit angetreten, und während der Amtszeit Lanzenstils gab es in den Jahren zwischen 1547 und 1552 die zweite, ernsthafte Gefährdung der Gemeinde durch Vertreibungen, Arbeits- und Aufenthaltsverbote. Es war eine Zeit, da hatte man alle, die nicht eingekerkert waren, „verjagt und vertrieben von eim Land ins ander, von eim Ort zum andern. Mußten gleich sein wie die Eulen und Nachtraben, die bei Tag nicht wandlen dörfen. Mußten oftmals heimlich in Felsen und Steinklüften, in wilden Wäldern, in Gruben und Löchern der Erden sich aufhalten und verkriechen. Man suchet sie mit Hunden und Schergen, man stellet ihnen nach wie den Vögeln in den Lüften, damit mans begriff; und das ohn alle Schuld ..."[23]

Ab 1552 beginnt dann für die Gemeinde eine Phase relativer Stabilisierung, die von der Mitte der sechziger Jahre an in die „Goldenen Jahre" der Hutterer überleitet.

Zusammenfassung:

1. Die Hutterer schrieben die Geschichte der entstehenden Täuferbewegung und ihre eigene Geschichte aus der Sicht des erwählten, endzeitlichen Gottesvolkes. Die Reformation wird als endgeschichtliches Phänomen gesehen. Die Kritik der Reformatoren an der gesellschaftlichen und religiösen Situation wird von den Hutterern durchaus positiv gewertet, die daraus resultierenden gesellschaftlichen und individuellen

---

21 GGB: S. 110-114 (Brief an den mährischen Landeshauptmann)

22 Fischer, Hans-Georg: Jakob Huter—sein Leben und Wirken—ein Zeugnis evangelischer Frömmigkeit im 16. Jahrhundert, Diss. d. theol.Fak. d.Uni. Wien , 1949, S. 48 (Briefanhang VIII/1); vgl. Die Hutterischen Epistel, Vol I, S. 64 (zit.als DHE)

23 GGB: S. 187

Lebensformen entsprechen aber nach ihrer Meinung nicht der proklamierten Neuorientierung des Menschen in seinem Verhältnis zu Gott.

2. Das Bündnis, das die Reformationskirchen sehr bald mit den Obrigkeiten eingehen, führt zum Konflikt mit den Täufern. Viele von ihnen verlassen ihre Heimatländer und finden einen Freiraum für die Verwirklichung ihrer Glaubensüberzeugungen unter dem Schutze mährischer Adliger in und um Nikolsburg.

3. Die Hutterer stellen zwar direkte personale Beziehungen zwischen den Anfängen der Täuferbewegung und der eigenen Gemeinde her, aber die eigentliche Entwicklung der hutterischen Gemeinde beginnt erst nach mehreren Spaltungen der Täufergruppen im Streit um die Orthopraxie christlich-täuferischen Lebens und auch um Führungsansprüche innerhalb der Gruppen. Gleichzeitig wird die totale Gütergemeinschaft zu einem Kriterium rechten Glaubens.

1.6 DIE SOZIALSTRUKTUR DER TÄUFERGEMEINDEN

Im Blick auf die Sozialstruktur der Gemeinde ist zwischen ihrer eigentlichen Geschichte und ihrer Vorgeschichte zu unterscheiden. Die hutterische Gemeinschaft wurde erst nach dem ersten großen Entwicklungsschub der Täuferbewegung in Deutschland gegründet. Eine große Zahl prominenter Täuferführer war zu dieser Zeit nicht mehr am Leben, doch ihre Ideen, ihre Briefe, Zeugnisse und Schriften waren, sofern sie der hutterischen Doktrin und Gemeindestruktur entsprachen, in den Lehrfundus der Hutterer eingegangen, und ihre Erwähnung ist deshalb bei der Darstellung der hutterischen Gemeinde von Bedeutung. Die Täuferbewegung begann ihren Weg als eine Bewegung, die *alle* Schichten des Volkes erfaßte. Die Führung lag aber anfänglich überwiegend in den Händen von Theologen und Humanisten. Sehr bald jedoch füllten sich die Protokolle der mannigfachen Gerichtsakten aus Wiedertäuferprozessen mit den Namen Namenloser, deren bürgerl. Stand nicht immer erkennbar ist.

Einzugsbereich

Oberdeutschland: Ein Hauptfeld hutterischer Agitation und auch eines der hauptsächlichsten Reservoirs, aus denen sich von 1527 an die Gemeinden in Mähren rekrutierten, war Tirol. Hierüber liegen fundierte Untersuchungen vor.[1] Die hutterische Gemeinschaft war in besonderer Weise geprägt durch die Person Jakob Hutters, der Tiroler war, und durch starke Zuzüge aus dem Tiroler Bereich. Aber auch aus dem

---

1 Clasen, Claus-Peter: Die Wiedertäufer im Herzogtum Württemberg und in benachbarten Herrschaften—Ausbreitung, Geisteswelt, Soziologie, Stuttgart 1965; Peachy, Paul: Die soziale Herkunft der Schweizer Täufer in der Reformationszeit (Eine religionssoziologische Untersuchung), Karlsruhe 1954

übrigen oberdeutschen Sprachraum fanden die mährischen Täufergruppen Zuzug. Die Abwanderung von Taufgesinnten aus Tirol war wegen der Achtsamkeit der Behörden schwierig, deshalb wurden die Emigranten von bestimmten Führern zu „Völkern" zusammengeschlossen und dann über Inn und Donau und durch die mährischen Wälder bis in das „gelobte Land" des Täufertums gebracht. Allein Jakob Hutter führte in den Jahren zwischen 1529 und 1535 mehrere Hundert Auswanderer nach Mähren. Später gab es regelrechte Auswandererjahre, so z.B. 1587, wo etwa 1600 Personen „von deutch- und oberländischem Landvolk"[2] in den hutterischen Siedlungen eintrafen. Dieser Trend wird angesichts der rigorosen Unterdrückungsmaßnahmen durch die Obrigkeiten verständlich. Im Februar 1530 berichtete allein die Tiroler Regierung für den Zeitraum der letzten zwei Jahre von 700 Exekutionen[3] durch Verbrennen, Enthaupten und Ertränken, eine andere Quelle spricht sogar von 1000 Opfern.[4]

Schichtenspezifität:

Diese Massenzuwanderung bewirkte eine Homogenisierung der Gemeinschaft unter Ausklammerung der Oberschichten. Die hutterische Doktrin der „Christlichen Gemeinschaft" erleichterte den Angehörigen der Unterklassen gegenüber den Besitzenden den Zugang zur Gemeinschaft, ohne jene aber grundsätzlich auszuschließen. Das belegt im Blick auf die Gesamtzeit der Hutterer in Mähren (1527-1618) eine Tabelle über Auswanderer aus dem Herzogtum Württemberg, die eine Übersicht über die Einkommensverhältnisse der Zuwanderer gibt im Vergleich zu denen, die im Lande verblieben und unabhängig von ihrer tatsächlichen Zugehörigkeit zu täuferischen Sondergruppen nach der bedeutendsten Gruppe als „Schweizer Brüder" bezeichnet werden.[5]

Tabelle 1

Vermögen von–bis	0-50	51–150	151–300	301–500	> 500 fl
Hutterische Brüder	118	70	31	16	3
Schweizer Brüder	65	60	35	62	2

Aus der Tabelle ist ein Überwiegen einkommensschwächerer Bevölkerungsschichten ersichtlich, das bedeutet aber nicht, daß die Gemeinde ausschließlich ein

---

2 Christoph, Erhard, Gründliche kurtzverfaste Historia …, Ingolstadt 1587, zit. n. Dedic, Paul: The Social Background of the Austrian Anabaptists, in MQR XIII, 1939, S. 6

3 Loserth, J: Der Anabaptismus in Tirol, Wien 1981, S. 494

4 Kirchmaier: Fontes rerum Austriacarum, I, S. 487

5 Hruby, Franz: Die Wiedertäufer in Mähren, Leipzig 1935, S. 143

Konglomerat besitz- und bildungsloser Schichten, eine Gemeinschaft aus Elementen der Stadt- und Landarmut war. Gerichtsakten jener Jahre enthalten eine Fülle von Berichten über Verfahren, die Verwaltung, den Verkauf oder die Konfiskation von Täufergütern betreffend. In Bezug auf Hutter selber heißt es, er habe „immer ein Völkl nach dem andern, mit samt allen ihren Vermögen geschickt, um mit den Gläubigen Gemeinschaft zu halten."[6] Unter verschiedenen Täufern, die sich 1555 nach Mähren begaben, waren zwei Brüder, Remigius und Stoffel Hüge, in der Lage, eine beträchtliche Summe als einen Teil ihres Besitzes mitzunehmen, der zurückgelassene Teil hatte immer noch den Wert von 12.000 fl. (Gulden).[7] 1560 verließen verschiedene Auswanderer Schlanders „mit viel Geld"[8], Loserth schreibt „mit großer Barschaft".[9] Die Zahl der Beispiele könnte anhand von Archivmaterial vergrößert werden, aber hier sollte nur exemplarisch gezeigt werden, daß die hutterische Bruderschaft nicht ausschließlich aus Besitzlosen bestand. Das ist gewiß bedeutsam im Blick auf die Funktionsfähigkeit der Gesamtbruderschaft, deren Glaubens- und Arbeitsethos durch die Herkunft ihrer Mitglieder mitbestimmt wurde.

Egalisierende Faktoren:

Wie ist die die Gesamtstruktur der Gemeinde zu beschreiben? Wenn man davon ausgeht, daß die Bruderschaft zu Beginn der 30er Jahre zwei bis dreitausend Mitglieder hatte, deren Zahl sich in den Jahren um 1570 vervielfacht hatte, dann erscheinen die hier angeführten Einzelfälle als unbedeutende Ausnahmen. In der Regel, nämlich unter Berücksichtigung der Fluchtumstände, kann davon ausgegangen werden, daß eine große Zahl von Ankömmlingen ohne nennenswerten Besitz an Sachwerten in Mähren eintraf. Das bedeutete, daß von dieser Gegebenheit, ebenso wie von der Gemeinschaftsdoktrin der Hutterer, ein egalisierender Effekt ausging, der verschiedene Individuen unabhängig von ihrer vormaligen Schichtzugehörigkeit zu einer Gemeinschaft von Gleichbesitzenden oder „Brüdern" machte. Beide Begriffe beschreiben allerdings nur unzureichend das Faktum partizipatorischer Gleichheit; denn sie beziehen sich jeweils nur auf einen Bereich menschlicher Existenz, der eine schwerpunktmäßig auf die ökonomische Grundlage des Gemeinschaftslebens, Besitz, Produktion, Distribution, Konsumtion betreffend, der andere überwiegend auf das soziale Gefüge und die resultierenden Interaktionsprozesse der Gruppe, oder überhöht ausgedrückt, ökonomische Basis und geistlich-religiöser Überbau schaffen, von unterschiedlichen Polen her wirkend, in dialektischer Wechselwirkung ein Bedingungsgefüge, das geeignet ist, menschliche Existenz nicht nur human-möglich, sondern auch christlich-attraktiv zu machen. Deshalb wäre es nötig,

---

[6] GGB: S. 66

[7] Loserth, J.: a.a.O., S. 184; vgl. auch "Der Kommunismus der mährischenWiedertäufer", in: Arch. f. österr. Gesch.LXXIX, S. 66

[8] Loesche: Tirolensia, Wien—Leizig 1926, S. 23

[9] Vgl. Arch. f.österr. Gesch. LXXIX; S. 68

einen gemeinsamen Nenner zu finden, der das Leben und seine Gestaltungsbedingungen sowohl in materieller als auch geistig-geistlicher, also ideeller Hinsicht beschreibt. Von verschiedenen Autoren wurde unter Vernachlässigung der soziologisch-religiösen Komponente für die von den Hutterern geübte Form gemeinsamen Lebens der Begriff „Kommunismus"gewählt.[10] Das Wort an sich wäre von seinem utopischen Begriffsverständnis her geeignet für die Beschreibung der Hutterergesellschaft, aber es müßte dafür aus seinen durch die atheistische Kommunismusidee gegebenen Vorbelastungen gelöst werden, indem man jene weltanschaulich-religiöse und damit anthropologisch-soziologische Komponente, die in der marxistischen Kommunismustheorie stets auf der Basis dialektisch-materialistischer Weltanschauung gegeben war, als christlich-jesuanisch vereindeutigt und damit auf soziologische Strukturen der urchristlichen Gemeinde zurückführt, die die Hutterer als restituiertes Gottesvolk sein wollen. Unter dieser Voraussetzung wäre das Wort „Kommunismus" begrifflich neu zu sehen, und auch die daraus folgende Nomenklatur (Kollektiv etc.) wäre dann in besonderen Spezifizierungen anwendungsfähig. Zum Zwecke der klaren Unterscheidung sollte noch einmal die urchristliche Wurzel betont und der Kommunismus der Hutterer als christlicher oder theokratischer Kommunismus deklariert, die in dieser Lebensform lebenden Glieder der „communio sanctorum" als *christliche Kommunisten* bezeichnet werden.

Gleichheitsprinzip:

Das gemeinsame Ziel dieser christlichen Kommunisten war der Aufbau und die Erhaltung einer religiös-sozialen Gemeinschaft, in der das Gleichheitsprinzip das überwiegend leitende Prinzip ist, sowohl im Blick auf die Persönlichkeitsentwicklung des Einzelnen (ideelles Prinzip) als auch auf den gesamten Bereich der Produktion materieller Güter und des gemeinschaftlichen Konsums (materielles Prinzip). Das Gleichheitsprinzip ist insofern „überwiegend" leitendes Prinzip als es in der Bruderschaft zu jeder Zeit Differenzierungskriterien für die Versorgung von Funktionsträgern und besonderen Personengruppen gab, deren Sonderversorgung aus einer funktionsgegebenen, physiologischen oder situativen Notwendigkeit zu begründen war. Dagegen gab es keine Versorgung nach dem Leistungsprinzip, sondern jeder arbeitete im Bewußtsein persönlicher Unmittelbarkeit seines Dienstes vor Gott *nach seinen Fähigkeiten*, und er wurde versorgt nach seinen von der Gemeinschaft in Ordnungen definierten *Bedürfnissen* und den situativen Gegebenheiten.

Individuelles Leistungsprinzip:

Waren durch dieses Prinzip auch die Unterschiede hinsichtlich des Besitzes und der Versorgung weitestgehend eliminiert, so blieben doch die Unterschiede bezüglich der

---

[10] Vgl. dazu Loserth, Plümper a.a.O., Müller, Lydia: Der Kommunismus der mährischem Wiedertäufer, Leipzig 1927

individuellen Fähigkeiten für den Bestand der Gemeinschaft von großer Bedeutung; denn jeder brachte einen spezifischen Fundus an beruflichen Motivationen und technischem Know-how ein, der durch sein Wirksamwerden den kollektiven Wohlstand aller begründete und sicherte. Was hingegen wenig ins Gewicht fiel, waren Ausbildungserfahrung und Berufskenntnisse akademisch-wissenschaftlichen Inhaltes, also Oberschicht- oder Herrschaftswissen; denn der die Lebensformen der Gemeinschaft bestimmende Consensus lag in der Handarbeit. Diese Tendenz brachte die Bruderschaft in den Geruch der Bildungsfeindlichkeit, weil sie „auß vbermut alle hohe Schulen / freye Künste / vnnd gelehrte Leute verwerffen"[11], doch ist dieser Vorwurf in seiner Gesamtheit unrichtig. Abgesehen von dem für seine Zeit vorbildlich zu nennenden Schulwesen der Brüder, das von der Kleinkinderziehung bis zur Berufsausbildung reichte, muß man der Gemeinschaft eine auf eine handwerkliche Produktion ausgerichtete, praxisorientierte Bildungsstruktur bestätigen, ohne die das komplizierte Gemeinwesen mit seiner Vielzahl für den Markt bestimmter Produktionsprozesse und seinen Dienstleistungen im Auftrage mährischer Adliger nicht funktionsfähig gewesen wäre. Das heißt aber, daß theoretisch-universitäre Bildung nicht dem hutterischen Bildungsideal entsprach, daß es also einen „Mangel an Hochgelehrten in der Gemein" gab.[12] Umgekehrt wird man allerdings auch das Fehlen von „Ungelehrten" feststellen müssen; denn es war schon einer besonderen Erwähnung wert, wenn ein Bruder ein Analphabet war, wie im Falle Niklas Geyersbühlers, der 1567 in Innsbruck hingerichtet wurde.[13] Friedmann berichtet, daß 74 Autoren von fast 400 existierenden Briefen überwiegend Handwerker und Bauern waren. Es sei auch erwähnt, daß es insbesondere zwei Theoriefelder waren, auf denen Hutterer literarische Leistungen erbrachten: die Theologie und die Geschichte. Aber auch auf diesen Gebieten wird deutlich, daß die Theorie im Dienste der Praxis steht; denn die historische Tradition der Brüder mit ihren klaren Vorstellungen vom weltüberwindenden Glauben der Märtyrer wurde für sie zu einer Quelle der eigenen religiösen Stärke. Die Geschichtsbücher der Hutterer zeugen heute noch von dem Wert, den die Brüder gerade diesem Zweig des Wissens zuerkannten. Ihre theologischen Traktate hingegen dienten sehr sachlichen Zwecken: der Erbauung und der Verteidigung der Gemeinde. Sie wurden von Laien verfaßt und zeigen unter dieser Voraussetzung eine erstaunliche Weite und Tiefe der Gedankenführung. Aber die Hutterer hielten es für nutzlos, Wissen um der Wissenschaft willen zu erwerben und Dispute um des Disputierens willen zu führen.[14] Zusammenfassend ist zu sagen, daß bei aller möglichen Unterschiedlichkeit der Individuen im Blick auf das materielle Prinzip (Leben in der

---

11 Fischer, Christoph Andreas: Viervndfunfftzig Erhebliche Vrsachen / Warumb die Widertauffer nicht sein im Land zu leyden. Ingolstadt MDCVII, S. 64 f. (20. Ursach); vgl. Dedic, Paul: a.a.O., S. 6

12 Friedmann, Robert: Die Briefe der österr. Täufer, Leipzig 1929, S. 55

13 Vgl. Gross, Leonard: The Golden Years of the Hutterites, Scottdale 1980, S. 63

14 Vgl. Gross: a.a.O., S. 151-153: The Encounter with the Polish Brethren

Diesseitigkeit) jeder zwei Grundvoraussetzungen zu erbringen hatte: 1.eine praxisorientierte Minimalbildung und 2.eine produktionsbezogene Einsatzfähigkeit, Verwertbarkeit, Industriosität. Alle das ideelle Prinzip betreffenden Persönlichkeitsmerkmale bleiben hier ausgeklammert.

Die Rolle der Handwerker in der Gemeinde:

Welcher Personenkreis erfüllt diese Voraussetzungen? Um die Frage in Annäherung beantworten zu können, wurden für die Zeit von 1531-1580 die Berufe und Namen von 190 Personen gesichtet, die in der Gemeinde an exponierter Stelle tätig waren (Leitung, Verwaltung, Verkündigung). Für die Untersuchung standen folgende Quellen zur Verfügung: 1.Das große Geschichtsbuch (GGB), 2.Die älteste Chronik (ÄC), 3.Die Geschichtsbücher der Wiedertäufer in Österreich-Ungarn (GBW). Die Namen der Personen geben in vielen Fällen Auskunft über die berufliche Qualifikation und damit über den Sozialstatus. Sie treten in verschiedenen Formen auf. Da ist zunächst der Familienname, der durch eine Appellation ergänzt werden kann. Dieses Appellativum kann den eigentlichen Familiennamen verdrängen bzw. ersetzen. In anderen Fällen ist überhaupt kein Familienname bekannt. Statt dessen wird das Appellativ an den Vornamen angehängt. So heißt im ersten Falle Hans Amon gelegentlich auch Hans Tuchmacher, im zweiten Falle Leonhart Lanzenstil auch Leonhart Sailer, die hutterischen Schriften nennen ihn jedoch überwiegend Sailer, und im dritten Falle übernimmt das Appellativum die Funktion des Familiennamens: Jakob Hueter (mhd. huotaere = Hutmacher). „Die Appellativnamen kennzeichnen meistens einen Beruf und gestatten somit einen Einblick in die weit und breit hochgeschätzte hutterische Werktätigkeit während des 16. und 17. Jahrhunderts."[15] Daneben geben sie Auskünfte über persönliche Eigenarten (Klein-Hänsel), die Kleidung (Blaurock) und die Herkunft (Kitzbühler) ihrer Träger. In 84 Fällen fielen die Namen unter die Kategorien eins und zwei. Hier war die berufliche Zuordnung eindeutig, die verbleibenden 106 Fälle bezogen sich auf die Kategorie drei. Bei einzelnen Personen dieser Namensgruppe lassen Texthinweise den Schluß zu, daß der Appellativname mit dem tatsächlichen Beruf des Namensträgers identisch ist: Jakob Hueter war von Beruf Hutmacher, Bernhard Klampfferer war Klempner.

Die Auszählung zeitigte folgendes Ergebnis:

---

[15] ÄC: S. XXIX

Tabelle 2: Berufsnennungen für die Jahre 1531-1580

Quelle	Summe	Handwerker	Bauern	Arbeiter	Sonstige
GGB/ÄC	123	102	8	8	5
GBW	67	60	2	4	1

Anm.: Unter Sonstige fallen 3 Geistliche, 2 Beamte, 1 Arzt

Die Übersicht zeigt, daß die Bruderschaft zu einem bedeutenden Teil aus spezialisierten Handwerkern bestand und daß die Leitung der Gemeinde ausschließlich in ihren Händen lag. Dieser Sachverhalt legt den Schluß nahe, daß in der Sozialschicht der Handwerker Pesönlichkeitsmerkmale vorhanden waren, die in besonderer Weise den Bestand der Bruderschaft garantierten und auch Leitungstätigkeit ermöglichten. Um die Rolle der Handwerker noch einmal besonders zu zeigen, sollen hier, unter Berücksichtigung auch der vorhutterischen Phase, einige „Funktionäre" vorgestellt werden: Es war der Einfluß Hans Huts, eines reisenden *Buchhändlers*, der zur Spaltung der Nikolsburger Täuferschaft führte. Die Führer der neuen Gruppen waren Gabriel Ascherham, ein bayerischer *Kürschner*, und Philipp Blauärmel, ein *Weber*, wahrscheinlich aus dem Elsaß, und schließlich Jakob Hutter, dessen Gemeinschaft sehr bald die „Gabrieler" und die „Philipper" in sich aufnahm. Hutter war der erste Älteste der Gemeinschaft, ihm folgte im Amt Hans Amon, ein *Tuchmacher* aus Bayern, der die Bruderschaft bis 1542 führte. Danach wurde der *Seiler* Leonhardt Lantzenstil in das Amt des Vorstehers berufen. Sein Assistent, Peter Ridemann, der Verfasser der „Rechenschaft", war *Schuhmacher*, und Caspar Braitmichl, der Chronist der Gemeinschaft, war *Schneider* von Beruf. Peter Walpot, oft Peter Schörer genannt, gehörte als *Tuchscherer* zur Textilarbeiterbranche, lediglich für Hans Krähl, der die Gemeinde während der Zeit ihrer größten wirtschaftlichen Blüte bis 1583 führte, gibt es keine Angabe seines Berufes. Hier könnte eine Ausnahme vorgelegen haben; denn sein Apellativname „Kitzbühler" weist auf einen ländlichen Herkunftsraum, wodurch die Möglichkeit einer ursprünglich landwirtschaftlichen Berufstätigkeit denkbar wäre. Die Mehrzahl der Führer und Wortführer, ihrer Agitatoren (Missionare) waren, das läßt sich bis ins 17. Jahrhundert hinein verfolgen, Handwerker. Sie brachten die Bruderschaft, vielleicht weil sie Gottesdienst und Arbeit in der Gemeinde in unlösbarer Verflechtung sahen[16], weil Arbeitsgemeinschaft immer auch Gottesdienst- und Lebensgemeinschaft war, in ihrer aus dem Handwerk entstandenen, sachbezogenen Rationalität und durch unzünftlerische, frühkapitalistisch-manufakturelle Produktionsweise, zu großer wirtschaftlicher Bedeutung. Eine Kirche der Gläubigen, eine Produktionsgemeinschaft, eine Lebens- und Erziehungsgemeinschaft, erfolgreich, prinzipienfest, widerstandsfähig, ein Phänomen und oft auch ein Ärgernis, das war und das ist die hutterische Gemeinschaft bis in die Gegenwart.

---

16 Vgl. dazu Vontobel: Das Arbeitsethos der deutschen Protestanten, Zürich/Bern 1946

Nichtzünftlerische Gruppen:

Doch sollen jetzt auch die anderen Gruppen berücksichtigt werden. Im Zusammenhang mit den Handwerkern muß eine ihnen verwandte Gruppe erwähnt werden, deren Abgrenzung zu den Handwerkern im 16. Jahnhundert wahrscheinlich anders gezogen wurde als heute, schärfer, objektiver durch Zunftbestimmungen. Die Bezeichnung *Arbeiter* schloß damals jede Vergleichbarkeit mit spezialisiertem beruflichem Können aus, während heute Forstarbeiter, Bergarbeiter und ähnliche Berufe mit dem Begriff Facharbeiter assoziiert werden. Der Personenkreis ist zusammen mit unfreien Knechten, Mägden und Helfern aus ländlichen oder städtischen Betrieben zu sehen. Manche von ihnen besaßen einen bescheidenen Besitz, nannten eine Hütte oder eine vergleichbare Unterkunft ihr eigen, wie aus Protokollen von Konfiskationen, insbesondere in Tirol, hervorgeht. Im März 1528 verließ bspw. eine Gruppe von 60 Arbeitern der Bergwerke von Rattenberg/Tirol ihre Heimat und ging nach Mähren.[17] Ihnen war es wohl leichter als Besitzenden, Anschluß an die Gemeinde in Mähren zu finden, aber das Hauptmotiv ihrer Entscheidung war nicht *Verbesserung des Lebens*, sondern *Besserung des Lebens* im Sinne der Heiligung. Die Gruppe der Arbeiter muß als wesentlicher Bestandteil der Bruderschaftspopulation berücksichtigt werden.

Dann muß auch dem Eindruck begegnet werden, als sei der Bevölkerungsanteil bäuerlicher Herkunft in der Gemeinschaft völlig bedeutungslos gewesen. Dem widerspricht die Tatsache, daß es Hunderte von Fällen von Konfiskation bäuerlichen Eigentums gab, das nach Mähren geflohenen Täufern gehört hatte. Ein weiteres Argument für Häufigkeit und Wichtigkeit der bäuerlichen Schicht in der Gemeinde ist darin zu sehen, daß der mährische Adel den Wert landwirtschaftlicher Fachkenntnisse der Hutterer sehr wohl erkannte und nutzte. Die Adligen bevorzugten die Brüder auf ihren Besitzungen als Inspektoren, Wirtschaftsleiter, Aufseher, Kellermeister, Verwalter u.ä., sie beschäftigten sie nicht nur wegen ihrer Integrität, sondern auch wegen ihrer Praxiserfahrungen. Wenn diese vielleicht auch teilweise darauf zurückzuführen waren, daß jedes Mitglied der Gemeinde in praktischen Tätigkeiten ausgebildet wurde, so wären die landwirtschaftlichen Fähigkeiten doch unerklärbar, wollte man die Nachwirkung der bäuerlichen Tradition aus den Heimatländern verneinen, die insbesondere bei Zuwanderern aus Tirol und der Schweiz von Bedeutung waren.

Als nächste Gruppe seien die *Geistlichen* erwähnt, die allerdings in vorhutterischer Zeit und für die Entstehungsphase der Gemeinde eine Rolle spielen. Ihre Namen sind hier von untergeordneter Bedeutung, doch in direktem Zusammenhang mit der hutterischen Gemeinschaft verdienen drei Geistliche Erwähnung: Der erste ist Leonhard Lochmaier, der getauft wurde, nachdem er acht Jahre als katholischer Priester gewirkt hatte, und der dann als hutterischer Missionar in Mähren, Unterösterreich und in der Slowakei arbeitete bis zu seinem Märtyrertod im November 1538 in Brixen.[18] Der

---

17 Kopialbuch Causa Domini II und III an versch. Stellen, Reg. Arch. Innsbruck
18 GGB: S. 139-142

zweite ist der Bayer Leonhardt Dax, der 15 Jahre als katholischer Priester, zuletzt in Tirol gedient hatte, und sich den Hutterern 1558 anschloß. 1566 schickte ihn die Gemeinschaft mit missionarischem Auftrag in die Pfalz. Dort wurde er verhaftet und inhaftiert. Während seiner Verhöre gab er ein mutiges Zeugnis für seine täuferischen Überzeugungen. Er ist einer der wenigen Geistlichen, die als Angehörige der Täuferbewegung im allgemeinen und der hutterischen Gemeinschaft im besonderen ein friedliches Ende fanden. Er starb 1574 in Mähren.[19] Der dritte Geistliche in der hutterischen Gemeinde ist „Christian Zwickl oder Dietl genannt aus der Grafschaft Tirol, so vorhin ein Pfaff gewesen"[20], der am 23.Mai 1575 „mit Auflegen der Ältesten Händ ins Amt und Dienst des Evangelii bestätigt" wurde.[21] Als letzte Gruppe seien die *Adligen* erwähnt. Einige Namen zeigen, daß sie in der Gemeinschaft nicht grundsätzlich fehlen. 1539 floh die Witwe Agnes von Waltenhofen aus der alten Familie derer von Trautmannsdorf mit ihrer Tochter zur Gemeinde nach Mähren. Michael Feldtaler, vormals Verwalter des Fürstentums Falkenstein, wurde 1564 zum Diener des Wortes gewählt[22] und genoß bis zu seinem Tode 1587 im Bruderhof hohes Ansehen. Das GGB erwähnt einen weiteren Adligen, der aus Italien zur Gemeinde kam und bei dem Versuch, seine Frau, die er zurückgelassen hatte, nachzuholen, in Venedig gefangen genommen und ertränkt wurde.[23]

Zusammenfassung:

1. In der hutterischen Gemeinschaft bewirkten, anders als in der übrigen Täuferbewegung, verschiedene egalisierende Faktoren die Aufhebung der Besitzunterschiede und damit eine Homogenisierung der Sozialstruktur und die Entwicklung kommunistischer Lebensformen in Anlehnung an das Vorbild der Urgemeinde.

2. Das Leben der Gemeinschaft wurde bestimmt durch die Einheit aller Lebensbereiche, der ideellen wie der materiellen, so waren bspw. Gottesdienst und Arbeit unlösbar miteinander verbunden und aufeinander bezogen.

3. Zu den Voraussetzungen, die das Leben in der Gemeinschaft ermöglichten, gehörten unter ökonomischem Aspekt eine praxisorientierte Minimalbildung aller Mitglieder und die Verwertbarkeit des Einzelnen im Produktionsprozeß.

4. Die Personengruppe, die offenbar am besten den gestellten Anforderungen kollektiven Lebens entsprach, war die Gruppe der Handwerker, die sich dadurch exponier-

---

19 GGB: S. 325 f.; vgl. dazu Dax' Verantwortung in Alzey in Ölmützer Cod. 180, Bl. 60-130; Graner Cod. III-124, Bl. 311-397

20 GGB: S. 362

21 GGB: S. 367

22 GGB: S. 304 und 316

23 GGB: S. 316f.; GBW: S. 249

te, daß ihre Vertreter in verschiedenen Zusammenhängen (Führungsaufgaben, Missionseinsätze) besondere Erwähnung finden. Die Leitung der Gesamtbruderschaft lag in den Händen von Handwerkern. Ein zweites Standbein hat die Bruderschaft in ihren Mitgliedern bäuerlicher Herkunft. Daneben sind auch Mitglieder anderer sozialer Herkunft zu nennen, z.B. Geistliche und Adlige.

1.7 Die Goldenen Jahre und der Vorsteher Peter Walpot

Wenn man die Geschichte der hutterischen Kirche einigermaßen kontinuierlich darstellen und damit auch die Konturen der Gemeinschaft schärfer zeichnen will, dann kommt man nicht umhin, über „die Goldenen Jahre" und den bedeutendsten Vorsteher dieser Zeit, Peter Walpot, zu berichten; denn sein Name ist geradezu gleichbedeutend mit dieser Zeit größten personellen Zuwachses, höchster wirtschaftlicher Produktivität und intensivster missionarischer Einflußnahme auf die Umwelt, verbunden mit theologischer Auseinandersetzung.[1] Walpot war gebürtiger Tiroler, stammte aus Klausen im Eysacktal. Als etwa achtjähriger Knabe wird er Augenzeuge der Hinrichtung Jörg Blaurocks in Gufidaun bei Klausen (6.9.1529).[2] Diese Kenntnis ist die einzige Information aus seiner Kindheit und Jugend. Relativ früh muß er zum Täufertum konvertiert sein; denn 1542 wurde er im Alter von 24 Jahren zum Diener des Wortes gewählt.[3] Wo Peter Walpot die für seine Zeit und seinen Stand unüblichen Führungsqualitäten erwarb, die ihn später für das Amt des Vorstehers qualifizierten, wo seine fundierte Kenntnis der Bibel, der Kirchengeschichte und der zeitgenössischen Polemik, darüber können nur Vermutungen geäußert werden. Im 16. Jahrhundert zeigten Textilarbeiter -Peter Walpot war Wollscherer- ein starkes Interesse an religiösen Tagesfragen. Es wäre denkbar, daß er seine Fähigkeiten im Dialog mit ihnen während eventueller Wander- und Reisejahre erwarb. Wie immer sein Lernprozeß verlief und seine Erfahrungen sich entwickelten, sehr bald wurde er unter den Hutterern als ein Mann von besonderen Fähigkeiten anerkannt. Wolf Sailer, ein hutterischer Liederdichter, verfaßte schon vor 1550 ein Lied für Peter Walpot mit Akrostich „Peter W", in dem er ihn auffordert, in „gfährlich Zeit Und Streit. Ritterlich Fleiß, nach Christen Weis ... Durch Gottes Stärk ..." im Glauben und in der Hoffnung dem Wüten der Gottlosen zu widerstehen, und er äußert den Wunsch, daß der heilige Geist sein Werk in Walpot fördern möge.[4] 1545 wird Peter Walpot als einer der Teilnehmer am Glaubensgespräch mit den Gabrielern, einer Bruderschaft, die

---

1 Vgl. dazu Gross, Leonardt: a.a.O.

2 Jenny, Beatrice: a.a.O., S. 33; KGB, S. 56

3 GBW: S. 153/198

4 Die Lieder der Hutterischen Brüder, hg. von den Hutterischen Brüdern in Kanada. Mcmillan Colony, Cayley, Alberta , 1974, S. 186f. (zit. als LdHB)

sich um diese Zeit den Hutterern anschließen wollte, genannt.[5] 1546 ensteht sein frühester Brief, er ist an Anthoni Keim, einen Schneider, gerichtet, der mit drei Glaubensbrüdern in Wien inhaftiert ist.[6] Walpot ermutigt die vier Gefangenen, treu im Glauben zu bleiben und an der unbesiegbaren Stärke Gottes festzuhalten, wenn es nötig sein sollte, bis in den Tod. Er schreibt warnend, wie der Teufel die Kinder des Lichtes versucht, um „zu sehen, wie er sie zu Fall bringen kann ..., darum will er das Schwert ziehen, um die Seelen der Menschen zu töten."[7] In einem späteren, dem Sinne nach ähnlichen Schreiben an Paul Glock, einem für 19 Jahre in Hohenwittlingen/Wttbg. inhaftierten hutterischen Missionar, ermutigt er Glock, „getröstet zu sein in dem Herrn ..., denn er befiehlt und alle Winde stehen still."[8] Gegen Ende dieses Briefes enthüllt Walpot etwas über seine Aktivitäten in der Mitte der 40er Jahre. 1546 war er mit seiner Frau Gretel und sechs anderen Missionaren auf einer Reise in Schlesien. Zur gleichen Zeit diente er auch als Missionar im Gebiet von Danzig.[9] Man kann mit großer Wahrscheinlichkeit sagen, daß Walpot der Autor der „Fünff Artickel/Darumb Der Gröst Streit ist Zwischen vnns vnd der Wellt ..." ist[10], die 1547 erstmals veröffentlicht wurden und in denen eine Zusammenfassung der bedeutsamsten theologischen und praktischen Positionen der Hutterer, in denen sie von der „Welt" abweichen, dargelegt wurden. Nach Ridemanns Tod 1556 tritt er an dessen Stelle als spiritueller Führer der Bruderschaft an die Seite des amtierenden Vorstehers Leonhard Lanzenstil. Er verfaßte auch die Verteidigungsschrift, mit der die Hutterer auf die Anklagen lutherischer Theologen gegen die Bruderschaft antworteten, das „Prozeßbüchlein".[11] 1565 wählte die Bruderschaft Walpot in das höchste Amt, das des Vorstehers. Während der Amtszeit Walpots durchlebt die Bruderschaft erstmals eine Periode friedlicher Entwicklung und wirtschaftlicher Prosperität. Missionare durchwandern von Mähren aus Deutschland, die Schweiz, Polen und Österreich. Die Zahl der getauften Hutterer wächst durch Zuzüge auf etwa 30 000 Personen an. Neumühl (Nove Mlyny) in Mähren wird Wohnsitz des Vorstehers. Von hier aus führt er eine umfangreiche Korrespondenz mit Gefangenen, Missionaren, Sympathisanten. Die Briefe werden von wandernden Missionaren an die Zielorte gebracht. Hier wer-

---

5 ÄC: S. 252-256

6 ÄC: S. 265f.

7 zit. n. Cod. Hab. 5 (Bratislava B) Fol.32r und 38v—39r

8 ibid., Fol.40r

9 ÄC: S. 616

10 Peter Walpot: Das Grosse Artikelbuch, Neumühl, Mähren, 1577, in: Glaubenszeugnisse oberdeutscher Taufgesinnter, Bd.II, hg. von Friedmann, Robert, Gütersloh 1967, (zit.als WAB)

11 Der volle Titel lautet: Handbüchlein Wider Den Prozeß, Der Zu Worms Am Rhein, Wider Die Brüder, So Man Die Hutterischen Nennt, Ausgangen Ist im Jahr: ANNO 1557. Der Text liegt in der Faksimiliekopie einer Abschrift aus dem Jahre 1758 vor. (zit. als WPB)

den die Archive, die Bücherei angelegt, Neumühl wird durch seine Anwesenheit das kulturelle, administrative und wohl auch das wirtschaftliche Zentrum der ganzen Bruderschaft. Hier wird das medizinische Zubehör produziert, nicht nur für die Bedürfnisse der Bruderschaft, sondern auch für die vielen Nicht-Hutterer, denen hutterische Ärzte dienten.[12] In Neumühl gibt es Brennöfen für die Produkte der berühmten hutterischen Töpfer. Das Dorf mit seinem weitgefächerten Spektrum von Gewerbeerzeugnissen, die in jener Zeit hergestellt wurden und für die ein aufnahmebereiter Markt bei den mährischen Herren und auch bei anderen Adligen bestand, muß die Zeitgenossen stärkstens beeindruckt haben. Die ganze frühindustrielle Kultur von Neumühl muß auch dem hutterischen Geschichtsschreiber vor Augen gestanden haben, wenn er über das hochorganisierte und differenzierte Produktionsprogramm dieser Jahre spricht: „Man hätt auch sonst allerlei andere ehrliche, nutzliche Handwerk, als da waren Mauerer, Hufschmied, Sengsenschmied, Sichelschmied, Kupferschmied, Schlosser, Uhrmacher, Messerer, Klampferer, Rotgärber, Weißgärber, Kürschner, Schuester, Sattler, Riemer, Täschner, Stellmacher, Faßbinder, Tischler, Drechsler, Hutmacher, Tuchmacher, Tuchscherer, Schneider, Deckenmacher, Weber, Seiler, Siebmacher, Glaser, Töpfer, Brauer, Bader, Barbiere und Ärzte. Die einzelnen Handwerke hatten jeweils in ihrer Werkstatt einen Vorarbeiter, der die Arbeit annahm, einrichtete, wieder ausgab, nach ihrem Wert verkaufte und der Gemeinde den Erlös übergab."[13]

Vierunddreißig Berufe werden an dieser Stelle im GGB[14] erwähnt. Sie müssen um Müller, Meier, Fuhrleute, landwirtschaftliche Berufe und verschiedene soziale Tätigkeiten ergänzt werden. Durch gut ausgearbeitete Gemeindeordnungen wurde das vielgestaltige Gemeindeleben gesteuert. Wohl die älteste Ordnung ist die Schuhmacherordnung[15], sie wurde 1561 erlassen. Sie regelt die Arbeit der Schumacher, sowie der Einkäufer und Verkäufer. 1571 wurde die Müllerordnung erlassen[16] und 1574 die Zimmermannsordnung.[17] In der Zeit Peter Walpots entsteht auch eine der ersten Schulordnungen, durch die Walpot offensichtliche Mißstände im System der Versorgung und Erziehung der Gemeindekinder abstellen will. Sie tritt 1578 in Kraft und ist richtungweisend für spätere Ordnungen. Am 15.November 1568 hält er in Niembschitz (Nemcicky) vor Ältesten und Schulmeistern eine Rede, um die Arbeit

---

12 Vgl. dazu Mais, Adolf: Das Hausbuch von Neumühl 1558-1610, das älteste Grundbuch der huterischen Brüder, in: Jahrbuch der Gesellschaft für die Geschichte des Protestantismus in Österreich, 1964, S. 66-88; Anm.: 1970 gab es in Nove Mlyny noch 2 Gebäude aus den goldenen Jahren: eine Destillerie und eine große Kellerei.

13 KGB: S. 435; zur gesamtwirtschaftlichen Entwicklung vgl. Hruby: a.a.O.

14 GGB: S. 334

15 GBW: S. 213

16 GBW: S. 260

17 GBW: S. 267

der Schulen in allen Gemeinden zu vereinheitlichen.[18] In den 70er Jahren gibt Walpot einen Katechismus für Schulkinder heraus, der noch heute in hutterischen Bruderhöfen in Gebrauch ist, dazu einige Kindergebete und Lieder. 1577, kurz vor seinem Tode, vollendet er die neben der Ridemannschen „Rechenschaft" bedeutsamste dogmatische Schrift der Hutterer „Das große Artikelbuch", das eine wesentlich detailliertere Ausführung der 1547 erschienen „5 Artikel" darstellt. Am 30. Januar 1578 stirbt Peter Walpot. Er hinterläßt eine Gemeinschaft, die er im Geiste Jakob Hutters geführt hat.

Zusammenfassung:

Peter Walpot ist von 1567-1578 der Vorsteher der hutterischen Gemeinschaft. Unter seiner Leitung tritt sie in ihre goldenen Jahre ein. Walpot stammt aus Tirol, er wird 1542 Diener des Wortes und bewährt sich in verschiedenen missionarischen Aufträgen. Als Vorsteher macht er Neumühl zum administrativen, wirtschaftlichen und kulturellen Mittelpunkt der Gemeinde. Von hier aus entwickelt die Gemeinde ausgedehnte missionarische Tätigkeiten. Walpot korrespondiert mit Gefangenen und Sympathisanten in vielen Ländern Europas. Mit verschiedenen verwandten Bruderschaften führt er Anschlußverhandlungen. Er verfaßt wichtige dogmatische Schriften. Sein besonderes Interesse gilt den hutterischen Schulen. Ihnen gibt er eine zukunftweisende Schulordnung und einen Katechismus, der noch heute in hutterischen Schulen gilt.

---

[18] Saliger, W.: Peter Scherers (Schörers) Rede, welche er mit anderen Aeltesten den Schulmeistern zu Niemtschitz in Mähren am 15. November 1568 gehalten hat, und die Schulordnung von 1578. In: Mittlg. d. Ges. f. dtsch. Erz.- u. Schulgesch., Jg. XI, Berlin 1901, S. 112-127; Bender, Harold S. (Hg.): A Hutterian Schooldiscipline of 1578 ..., in: MQR V (1931); S. 241 ff.; vgl. auch: Codex III-96, Blatt 54r, 54v, 57r, 58r, 59r, 60r u.a.O.

1.8 DIE ENTSTEHUNG DES HUTTERISCHEN SCHULWESENS

Das hutterische Schulwesen findet seinen Ursprung in einer Situation wirtschaftlicher Zwänge, die aus dem Streit der Nikolsburger Täuferschaft um den Gebrauch des Schwertes entstanden war. Die Gruppe, die nach Austerlitz abgewandert war, hatte ihren Besitz für geringes Entgelt veräußern oder ihn einfach zurücklassen müssen. So verfügte sie über sehr wenig Barvermögen. Die Menschen waren gezwungen, jede Art von Arbeit, die sich bot, anzunehmen, um das Überleben der Gemeinschaft zu gewährleisten. Die ÄC berichtet für das Jahr 1531: „Sie haben aber große Not und Hunger erdulden müssen; denn sie waren der Land- und Weingartenarbeit ganz unberichtet. Dazu hatten sie keine Zehrung, derhalben mußten sie oft mit Wasser und einem kleinen Stückchen Brots den ganzen Tag in harter Arbeit für gut haben. Dennoch nahmen sie sich der Kranken und Kinder an …"[1] Da etwa 70 Kinder zur Gemeinschaft gehörten, war also für die Zeit, in der ihre Eltern ihrer täglichen Arbeit nachgingen, das Problem ihrer Versorgung und Beaufsichtigung zu lösen. So entstand die erste Tagesschuleinrichtung. Die Quellen sagen indes wenig bezüglich des exakten Zeitpunktes der Gründung der ersten Schulen der Gemeinschaft aus. Für Austerlitz dürfte es bereits das Jahr 1529 gewesen sein; denn das Interesse an der Erziehung der Kinder war vorhanden. Die Brüder klagten darüber, daß die Kinderzucht schlecht sei.[2] Auch in Auspitz, ab 1531, wird es wohl sehr bald zur Gründung einer Tageseinrichtung für die Kinder gekommen sein, zumal die ökonomische Notwendigkeit, wie oben angedeutet, ein zwingendes Motiv war. Später veränderten sich generell die Gründe für den Betrieb gemeinschaftseigener Schulen. Das religiöse Motiv gewann den Vorrang vor dem ökonomischen. Peter Ridemann schreibt um 1545: „Aber in andere Schulen lassen wir sie nit gehen, dieweil man nur weltliche Weisheit, Kunst und Übung darinnen treibet und der göttlichen geschwiegen wird."[3] Peter Walpot beschreibt im Zusammenhang mit der Erörterung des Problems der Mischehen die Gefahr, die den Kindern der Gläubigen in einer Koedukation mit den Kinder der „Welt" erwächst. Gläubige Ehepartner müßten oft tolerieren, „daß ihre Kinder mit Heidenkindern gemeinsam erzogen werden, die sich Federn an die Hüte stecken, die in Häusern der Abgötterei tanzen gehen und so aufwachsen, wie die Welt, halsstarrig werden …"[4] Die Zitate zeigen, daß die Hutterer später anders als in den Anfangsjahren aus grundsätzlichen Erwägungen ihre Schulen unterhielten. Es ging in dieser Frage um den wahren Glauben, den nur Gläubige (im hutter. Sinne) vermitteln konnten, um die religiöse Identität, um die Sicherung der Kontinuität der Gruppe. Weltliche Weisheit, die Kinder in zeitgenössischen Schulen lernen konnten, war kein Ersatz für die religiöse Erziehung und wurde nur als Ablenkung vom Wesentlichen empfunden.

---

1   ÄC: S. 96

2   ÄC: S. 93

3   RR: S. 140

4   Gross: a.a.O., S. 175 (Rückübersetzung aus dem Englischen)

Die Entwicklung der hutterischen Internatsschule:

Der nächste Schritt in der Entwicklung des hutterischen Schulsystems war der Übergang von der Tagesschule zur Internatsschule. Auch hier zeigt keine Quelle das Datum oder die Ursache dieser Veränderung an, aber aus den begleitenden Umständen können Schlüsse gezogen werden. 1531 kam es zu der erwähnten Spaltung, die ca. 150 Personen nach Auspitz führte. Dort „fingen sie an, sich zu versammeln, auch ihre Kinder zu versorgen mit einem gottesfürchtigen Bruder und etlichen Schwestern in der Zucht und Lehre an den Herrn zu weisen, doch des nachts waren sie bei ihren Eltern an der Ruhe."[5] 1534 schrieb der Schulmeister von Auspitz, Hyronimus Käls, aus der Gefangenschaft einen Brief an seine Schulkinder, in dem er nachdrücklich Gehorsam gegen die Eltern empfahl und Grüße an die Mütter sandte.[6] Diese Bemerkung zeigt, daß die Kinder um diese Zeit zwar beschult wurden, aber ansonsten bei ihren Eltern lebten. Für das Jahr 1536 berichtet die Chronik, daß die Hutterer an zwei Siedlungsorten, in Gostal (Podivin) und in Rohrbach (Hrusovany) nahe Selowitz (Zidlochovic) „ihre Kinder zusammengetan, und gottesfürchtigen Schwestern anvertraut (hätten, um) sie in christlicher Zucht und Vermahnung an den Herrn zu weisen, und mit allem Fleiß zu erziehen."[7] Es heißt in der Chronik „zusammengetan" und „anvertraut", beide Worte weisen auf die Tatsache hin, daß die Kinder von diesem Zeitpunkt an, internatsmäßig betreut wurden. Braitmichel, der mehr als 30 Jahre danach über diese Anfangszeit berichtet, hielt wahrscheinlich nur das für erwähnenswert, was in seiner Zeit von der Norm abwich, nämlich, daß die Kinder bei ihren Eltern lebten. Die Internatsschule hingegen war um 1560 die Norm, darum bleibt sie unerwähnt. Zwei Jahre später (1538) sendet ein hutterischer Missionar, Leonhard Lochmaier, einen Brief an seine Frau und trägt ihr „Grüße auf für die lieben kleinen Kinder in der Schule und an ihre Kindsmüetter", d.h. an die „Mütter", die die Kinder in der Schule zu versorgen hatten. Diese Aussage hat nur einen Sinn, wenn vorauszusetzen ist, daß die Kinder ständig in der Schule lebten.[8] Diese Vermutung, die hutterischen Internatsschulen betreffend, ist um so wahrscheinlicher, als einige Jahre danach, 1540, Peter Ridemann in seiner „Rechenschaft" eine ausführliche Aussage zum hutterischen Erziehungssystem und zu den Internatsschulen macht.[9] Demnach müßten diese Schulen zwischen 1531 und 1540 entstanden sein. Nach 1540 stellen sie

---

5   ÄC: S. 97

6   Waltner, Gary James: The Educational System of the Hutterian Anabaptists and their Schulordnungen of the 16th and 17th Centuries, University of South Dakota 1975, S. 95-100, Mais, Adolf: Gefängnis und Tod der in Wien hingerichteten Wiedertäufer in ihren Briefen und Liedern, in: Jahrbuch des Vereines für Geschichte der Stadt Wien, Bd.19/20, Jg.1963/64

7   ÄC: S:165

8   Wolkan, Rudolf: Die Hutterer, 1918, S. 139 f.

9   RR: S. 140 f.

jedenfalls die Regelschulen in der Gemeinde dar bis zur Aufhebung des gemeindlichen Kommunismus um 1680. Über die Besonderheiten dieser Internatsschulen, über die Versorgung und Erziehung der Kinder im Sinne der Gemeinschaft berichten Ridemann und die verschiedenen Schulordnungen. Die Erziehung beginnt, sobald die Kinder „der Brüsten entwöhnet" sind[10], und sie endet nach dem Abschluß der beruflichen Ausbildung. Während dieser ganzen Zeit unterliegen die Kinder ausschließlich der pädagogischen Verantwortung der Schule, während der Einfluß der Eltern, die ihre Kinder nur in regelmäßigen zeitlichen Abständen sehen, unerheblich bleibt. Neben den „Techniken", die die Kinder erlernen, dient der Unterricht ganz wesentlich dem Ziele, sie mehr und mehr in der Erkenntnis Gottes zu unterweisen.[11] Für die meisten hutterischen Gemeinschaftseinrichtungen gibt es vergleichbare historische Beispiele, aber es gibt keinen anderen bekannten Fall so intensiver kollektiver Erziehung, wenn man von den reinen Staatsutopien absieht. Aus späteren Quellenberichten geht hervor, daß es gewisse Widerstände gab, weil die Eltern diese Einrichtung als einen drastischen Eingriff in ihre private Lebenssphäre betrachteten.[12] Der Übergang zur Internatssschule muß also von Impulsen getragen worden sein, die nicht vor dem Hintergrunde ökonomischer Zweckerwägungen zu erklären sind; denn der wirtschaftliche Nutzen, der sich aus der vollen Übernahme der Erziehungs- und Versorgungsfunktionen durch die Gemeinschaft ergab, stand in keinem Verhältnis zu dem persönlichen Opfer, das von den Familien gefordert wurde. Hier sei nur festgehalten, daß diese Schulform, die in ihrem Aufbau und in ihrer Funktionsweise für mehr als 150 Jahre prinzipiell unverändert blieb, trotz gewisser Widerstände seitens der Eltern an die Bedürfnisse der hutterischen Gemeinschaft angepaßt war. Die schulische Erziehung zur Gemeinschaft bildete die Grundlage für die Effizienz der später einsetzenden Gemeindezucht, durch die Störungen im Zusammenleben der Erwachsenen weitestgehend ausgeschaltet wurden. Die Schule war für die zweite und nachfolgende Generationen der erste und grundlegende Schritt auf dem Wege eines Hutterers in ein lebenslanges Erziehungsverhältnis, durch das ein sich heiligendes Individuum in das heilige Kollektiv, in die Gemeinschaft der Heiligen eingehaust wurde.

---

10 ibid.

11 Vgl. Waltner: a.a.O., Anhang Schulordnungen; Saliger: a.a.O.; dgl. Hildebrandt und Kelbert a.a.O.

12 Bossert, Gustav: Quellen zur Geschichte der Wiedertäufer, Bd.I, Herzogtum Württemberg, in: Quellen und Forschungen zur Reformationsgeschichte, Bd.XIII, Leipzig 1930, S. 185 f.,412,807; Franz, Günter: Wiedertäuferakten 1527- 1626, in: Urkundliche Quellen zur Reformationsgeschichte, Bd.4, Marburg 1951, S. 315; Claus Braidl's Schulordnung von 1596 stellt fest, "das sich auch etliche funden haben die ihre Kinder selber haben wöllen niederlegen und auffheben …" Zit. n. Waltner: a.a.O., S. 35

40

Zusammenfassung:

Das hutterische Erziehungssystem findet seinen Ursprung in einer Situation wirtschaftlicher Zwänge. Die Gemeinde rationalisiert die Fürsorge- und Erziehungsarbeit an den Kindern, um sowohl ihren erzieherischen Aufgaben gerecht zu werden als auch weibliche Arbeitskräfte für den Produktionsprozeß freizustellen. Neben dem ökonomischen Motiv muß jedoch von Anfang an vorrangig ein religiöses Motiv gesehen werden, das im Zusammenhang mit dem in der Gemeinde vorhandenen Erwählungsbewußtsein und den Maßnahmen zur Festigung des kommunistischen Gemeindeprinzips steht. Aus dieser Motivation erwachsen nach 1536 die Internatsschulen, die den Heranwachsenden vom Kleinkindalter bis zur Adoleszenz auf seine künftige Rolle im hutterischen Kollektiv vorbereiten. Die Internatsschule bleibt für etwa 150 Jahre die hutterische Regelschule.

1.9 RÜCKZUG UND ISOLATION—STRATEGIEN DES ÜBERLEBENS

Am 30. Januar 1578 entschlief Peter Walpot zu Neumühl in Mähren. „Seines Alters ist er fast gewesen im sechzigsten Jahr und ist ihm die Gemein des Herrn befohlen gewesen 13 Jahr nach des Leonhard Sailers Abschaid von dieser Erden. Im Dienst des Worts aber ist er gestanden in die 36 Jahr. Er war ein treuer Hirt, ein treffentlicher Lehrer und gottseliger Regierer der ganzen Gemein, ein fast wohlerfahrener Mann in allen Sachen, guts Austrags, freundlich und bescheiden gegen männiglich, auch ernsthaft, da es die Not erforderte, voraus aber reichlich begabt von Gott mit seinem Wort und Lehr, damit er die Gemein Gottes reichlich erfreuet und erbauet ...“[1] Sein Nachfolger im Amt wurde am 5.2.1578 durch Gemeindewahl der Bruder Hans Krähl, genannt Kitzbühler, der die Gemeinde in eine weitere Phase guter Jahre leitete. Man kann die Zeit friedlicher Entwicklung und wachsenden Wohlstandes bis in die beginnenden 90er Jahre rechnen, wenn es auch gelegentliche Zwischenfälle und Beschwernisse gab. So klagt der Chronist über Steuererhöhungen[2], die der Gemeinde jedoch kaum Wohlstandsminderungen eintrugen. Es gab Auseinandersetzungen mit Grundherren über Zahlungsmodi[3], die bis zur zeitweiligen Aufgabe von Niederlassungen führten. Insgesamt jedoch wuchs die Gemeinde und konnte ihren wirtschaftlichen Status konsolidieren. Das Jahr 1579 ist insofern erwähnenswert, als in diesem Jahre „das Geschlecht der Jesuiter, das böse Natterngezücht oder Heuschrecken, davon die Offenbarung Johannes verkündet, auch zu Nikolsburg einkommen" ist.[4] Mit den Jesuiten war die Kraft auf den Plan getreten, die die Bruderschaft

---

1 KGB: S. 105

2 Plümper: a.a.O., S. 208

3 So in Paraditz und Sabatisch, vgl. dazu KGB: S. 115 und 110

4 KGB: S. 107

bis in die letzten Stunden ihrer Existenz auf habsburgischem Territorium (das ist der 3.10.1767) bedrängte und zu ideologischen Auseinandersetzungen herausforderte.

Des Trübsals Wiederkehr:

Während der Führung Claus Braidls, der 1583 in das Amt des Vorstehers gewählt wurde, ergab sich „Des Tübsals Wiederkehr", so jedenfalls ist das Zwischenkapitel des KGB[5] überschrieben, das über die Jahre von 1593 bis 1618 berichtet. In dieser Zeit wurden die Brüder durch Steuern und Kontributionen belastet, ihre Höfe lagen in Bereichen kriegerischer Auseinandersetzungen zwischen dem Hause Habsburg und dem Osmanischen Reich. Einen Höhepunkt dieser negativen Entwicklung stellt das Jahr 1605 dar, in dem der Chronist von Tag zu Tag von Überfällen und Brandschatzungen der hutterischen Haushaben berichtet. „Unter diesem Drang, Angst, Not und Trübsal, welcher bei drei Monat lang gewähret, ist die Gemein des Herrn um 16 klein und großer Haushaben, unter denen 11 Schulen gewesen, kommen, die alle vom Feind beraubt, zerschleitzt und abgebrennt worden sein, dadurch die Gemein in merklichen Schaden gekommen ist. Die Summa der gefangenen Brüder, Schwestern und Kinder waren ungefähr bei 240 Personen."[6]

Diese Zeit der Trübsal leitet dann in die Wirren des Dreißigjährigen Krieges über. Die Gemeinde wurde 1618 mit neuen Steuern belegt. Jede Haushabe hatte zu den bisher üblichen 100 fl. weitere 50 fl. Je Haushabe zu entrichten, „und das war von jedem Haushaben, deren wir dieser Zeit 40 in Mähren bewohneten, hundertundfunfzig fl., tuet ein Jahr 6000 Taler."[7] Dazu kamen in steigendem Maße die unmittelbaren Belastungen, die sich aus Einquartierungen, Plünderungen u.ä. ergaben.[8] Hof um Hof wird geplündert, Gewalttat folgt auf Gewalttat, durch List, Erpressung und Gewalt wird die Gemeinde um große Teile ihres Besitzes gebracht. Eine große Anzahl von Höfen geht schon in den ersten Kriegsjahren zugrunde. Schließlich verrät einer der Vorsteher, Rudolph Hirtzel, das Versteck des Gemeindeschatzes.[9] Die Berichte der schrecklichen Geschehnisse reihen sich von nun an lückenlos aneinander. Die Chroniken der Brüder werden, wenn auch gelegentlich die Frage nach der Möglichkeit eines Widerstandes anklingt, zu einem Spiegel der Martyrien eines wehrlosen Volkes.

---

5   KGB: S:119-128

6   KGB: S. 123

7   KGB: S. 129

8   KGB: S. 131 f.

9   KGB: S. 141 f.

Vertreibung aus Mähren:

Im Jahre 1622 trifft die Hutterer dann schließlich das Ausweisungsmandat Ferdinands II., das eine fast hundert Jahre währende Entwicklung der Bruderschaft in Mähren beendet. „Also wurden wir im Monat Octobris dies 1622. Jahrs aus Gebot des Kaisers Ferdinandi, durch Trieb und Anregen des Kardinalen von Dietrichstein, aus 24 Haushaltungen in Mähren[10] und zwar aus den meisten gleichsam mit leeren Händen um Glaubens willen verfolgt und vertrieben ..." Der Vermögensverlust, den die Gemeinde durch diese Maßnahme erlitt, belief sich auf „über die dreimal hunderttausend 64000 Taler"(= 364 000 Taler).[11] Die Brüder weichen aus. Das Zentrum der Gemeinde wird in diesen kriegerischen Jahren das Gebiet Oberungarns in der heutigen Slowakei, aber auch dort ist sie eingebunden in die Auseinandersetzungen der kriegführenden Parteien, die bis um die Jahrhundertmitte Länder und Leute heimsuchen. Am 4.10.1639 wurde in Andreas Ehrenpreis ein Mann zum Vorsteher der Gemeinde gewählt, der die inneren Ordnungen der Gemeinde festigen, neu zur Geltung bringen, Vergessenes wieder in Erinnerung rufen und damit dem spürbaren Verfall der Gemeinde entgegenwirken wollte; denn die Zeit des Dreißigjährigen Krieges hatte auch der Gemeinde Gottes ihre demoralisierenden Wirkungen eingeprägt. Ehrenpreis sammelte die alten Ordnungen, erneuerte sie, wo es nötig war, und erinnerte daran, daß sich diese Ordnungen 100 Jahre lang im Leben der Gemeinde bewährt hatten. Das Werk, das Ehrenpreis betrieb und dem wir die Kenntnis der alten Gemeindeordnungen verdanken, hat ihn allerdings nur weniger als drei Jahrzehnte überlebt. Die so schwer heimgesuchte Gemeinde kam auch in den Jahren nach 1648 nicht zur Ruhe und gab vermutlich um 1688 ihren wichtigsten Glaubens- und Lebensgrundsatz, die Gütergemeinschaft, auf. Der Chronist bemerkt dazu: „Weil nun diese Nachkömmling des Jakob Hueters Gemein in vielen Stucken abgewichen und nit treulich in dem Lichte der göttlichen Wahrheit gewandlet haben, hat ihnen der Herr endlich sein Licht und Gnad entzogen und sie mit Dunkelheit und Finsterniß überschüttet, und sein je länger je weiter von einem Unrechten ins andere gefallen, bis sie mit der Zeit auch den Namen verloren und haben sich zur päpstlichen Religion müssen bekennen, wie im Folgenden an seinem Ort ein wenig soll vermeldet werden."[12] In den Jahren zwischen 1725 und 1733 erzwangen die Jesuiten in den meisten Gemeinden die Einführung der Kindertaufe. Zwar ließen sich die meisten Erwachsenen nochmals taufen, sie wurden also im eigentlichen Sinne zu Wiedertäufern, aber die Gemeinschaft verfiel dennoch zusehends.

---

10 KGB: S. 147; Fn. Zahl der Haushaben
11 KGB: S. 149
12 KGB: S. 223

Die Gemeinde in Siebenbürgen:

Hier soll nun ein Blick auf die Gemeinde in Winz geworfen werden, weil sie das Bindeglied darstellt zu jener Erneuerungsbewegung, die der verfließenden Bruderschaft durch eine Gruppe kärtnerischer „Transmigranten" zuwuchs. Im Jahre 1621 hatte Fürst Gabor Bethlen 185 Hutterer nach Siebenbürgen geholt und sie in Winz angesiedelt. Der Bruderhof, dessen Existenzbedingungen in einem Freibrief vom 2. Juli 1622 genau umschrieben wurden, entwickelte sich zu einem bedeutsamen Zentrum handwerklicher Produktion. Die Erzeugnisse der Schlosser, Messerschmiede, Weber, Seiler, Kürschner, Riemer, Binder und Goldschmiede, insbesondere aber die kunstvollen Erzeugnisse der hutterischen Töpfer waren im Lande bekannt und begehrt. Schon in Oberungarn waren die Hutterer für ihre weißen Zinnglasuren-Keramiken bekannt, in Winz erzeugten die hutterischen Hafner zunächst Fayencen im Stil der oberungarischen Werkstätten; dann aber wurden Formen und Muster entwickelt, die den Wünschen der Türken angepaßt waren. Bei diesen erfreuten sich die „Winzer Habaner Krüge und Geschirre" der größten Wertschätzung, und sie rangierten sogar vor chinesischen Erzeugnissen.[13] Trotz vielfacher Türkeneinfälle und anderer kriegerischer Belastungen war die Existenz des Bruderhofes im Verlaufe des 17. Jahrhunderts nie ernstlich gefährdet. Erst während der Karuzzenkriege ab 1687 gab es Rückschläge: Die Zahl der Mitglieder sank, die Produktion ging zurück, die Gütergemeinschaft wurde 1695 aufgegeben, die Gemeinde verarmte, aber sie blieb dem hutterischen Glauben treu. 1738 starben 57 Mitglieder der Gemeinde an der Pest. Die 36 Überlebenden wählten 1742 den 28 Jahre alten Joseph Kuhr zu ihrem Diener des Wortes und stellten ihn dem Ältesten Märtl Roth zur Seite. Mit der Wahl Joseph Kuhrs hatte die Gemeinde den Mann in den Dienst des Wortes berufen, dessen visionäre Kraft, dessen Mut und Einfallsreichtum es zu danken ist, daß die hutterische Gemeinde ihre Fortsetzung bis in die Gegenwart gefunden hat.

Um die Situation der Gemeinde in Winz einschätzen zu können, muß man berücksichtigen, daß sich vor dem Hintergrunde der bestehenden Machtkonstellationen des 16. Jahrhunderts in Siebenbürgen ein religiöser Freiraum gebildet hatte, in dem es zu einem vertraglich geregelten Nebeneinander von Katholiken, Lutheranern, Calvinisten und Unitariern gekommen war. Daneben existierten als geduldete Konfessionen die griechisch-orthodoxe Kirche und ab 1622 im Raume Winz[14]-allerdings auf diesen beschränkt-, die hutterische Kirche. Um die Mitte des 18. Jahrhunderts im Zusammenhang mit allgemeinen Rekatholisierungsbestrebungen wandte die österreichische Regierung ihr Augenmerk den Täufern von Winz zu. Die bereits in Oberungarn erfolgreich eingesetzten Methoden zu ihrer Rückführung in den Schoß der katholischen

---

13 Klusch, Horst: Siebenbürgische Töpferkunst, Bukarest 1980, S. 68 ff.

14 Landtagsbeschluß vom 1.5.1622, vgl. Buchinger, Erich: Die Geschichte der Kärntner Hutterischen Brüder in Siebenbürgen und in der Walachei (1755-1770), in Rußland und in Amerika, Klagenfurt 1982, S. 154

Kirche wurden unter der Leitung des Jesuitenpaters Delpini nun auch in Winz angewandt: Bedrohungen, Verhaftungen, Ausweisungen, zwangsweise Zuführung zur
Predigt, Wegnahme der Kinder und deren Zwangserziehung in einem eigens zu diesem Zwecke errichteten Waisenhaus, Militäreinquartierungen, Schläge.

Erneuerung der Gemeinde:

In dieser schwierigen Situation und bevor Joseph Kuhr, der Prediger, verhaftet und
nach Polen ausgewiesen wurde, kam es zu einer bedeutsamen Begegnung mit einigen
aus dem Bezirk Spittal in Kärnten deportierten „Transmigranten". Transmigranten,
das war der Verwaltungsterminus für jene Kärntner, die in den Jahren von 1734 bis
1737 unter Karl V. und erneut seit 1752 unter Maria Theresia wegen ihres lutherischen Glaubens nach Siebenbürgen deportiert wurden. Alle Versuche, sie in Siebenbürgen anzusiedeln und sie mit Ländereien aus den Landreserven des sächsischen,
lutherischen Bevölkerungsteils zu versorgen, schlugen aus verschiedensten Gründen
fehl. Die Transmigranten mußten mit steigender Verbitterung erleben, wie die Regierung alle ursprünglichen Zusagen fallen ließ, ihr zurückgelassener Besitz durch staatliche Verwalter verschleudert wurde und sie selber mehr und mehr auf die Stufe
besitzloser Tagelöhner herabgedrückt und von ihren sächsischen Glaubensgenossen
als Arbeitskraftreserve behandelt wurden. Viele von ihnen lebten in größter Armut.
Zudem wurde nur dem eine Ansiedlung in Aussicht gestellt, der bereit war, einen
Treueeid auf die Kaiserin zu leisten. „Als nun die Emigränten höreten, dz sie sollten
der Kaiserin Treu schwören, kam es ihnen wunderlich und seltsam vor und wollten
nit einwilligen; dann sie waren um des Evangelions willen aus ihrem Vaterlande
ausgezogen, dz sie frei nach demselben leben konnten; und da wollte man sie gleich
wider dz Evangelion zum Schwören treiben."[15] Was nun die weitere Geschichte des
Winzer Bruderhofes betrifft, wurde durch die besagte Begegnung mit zwei arbeitsu-
chenden Kärtnern, Andreas Wurz und Georg Waldner, beide waren in ihrer Heimat
begüterte Bauern gewesen, Joseph Kuhr ermutigt, das zu tun, was die Hutterer von
Winz seit der Ausstellung des Freibriefes im Jahre 1622 nicht tun durften und nie
getan hatten: die Lehre Jakob Hutters weiterzugeben, zu missionieren! Er durchbrach
das bestehende Verbot, weil er in diesen jungen, glaubensstarken und zutiefst unzu-
friedenen Bauern und ihren Familien, die Menschen sah, die Gott dazu ausersehen
hatte, die vom Verfließen bedrohte hutterische Glaubensgemeinschaft mit ihrem
Potential an unverbrauchten Kräften zu erneuern. Die Kärntner verließen unter Beachtung möglicher Vorsichtsmaßnahmen ihre Wohnorte, entzogen sich zwangsweiser
Rückführung und zogen alle in die Dörfer Kreuz, Stein und Eibisdorf, so daß zu
Beginn des Jahres 1762 dort insgesamt 56 Personen lebten, die mit der hutterischen
Gemeinde in Verbindung standen. In Kreuz beschlossen die neuen Gläubigen, eine
„Gmain" nach der von Jakob Hutter geschaffenen „rechten christlichen Ordnung" zu
schaffen, d.h., die Gütergemeinschaft einzurichten. Für das Amt des Lehrers und

---

15 KGB: S. 271

Predigers wurde Hans Kleinsasser, einer aus der Gruppe der Kärntner, erwählt und nach einer Zeit der Versuchung als Diener des Wortes bestätigt. Kleinsasser war nun bestrebt, die „christliche Ordnung" in die Tat umzusetzen, während der Jesuit Delpini durch allerlei Maßnahmen die Gemeinde in Winz in die Liquidation getrieben hatte.[16] Danach wandte er sich der Gemeinde in Kreuz zu. Auf dem Höhepunkt der Konfrontation mit den Behörden kamen Joseph Kuhr und ein weiterer Bruder (Johannes Stahl) trotz drohender Todesstrafe nach Kreuz zurück und berichteten von den Lebensmöglichkeiten jenseits der Karpathen in den Fürstentümern Moldau und Walachei.[17]

Flucht in das Fürstentum Moldau:

So beschloß die Gemeinde unter Gebet und Abwägung aller Risiken, Siebenbürgen zu verlassen.[18] „Solcher Auszug ist geschehen den dritten Tag des Monats Octobris im 1767. Jahr um 10 Uhr vormittag." Die ganze Gemeinde reiste an Kronstadt vorbei auf die Karpathen zu, deren Überquerung am 13.Oktober begann. Zwei walachische Führer brachten die Gruppe auf nächtlichen Schleichpfaden durch das unwegsame Gebirge über die Grenze in das Fürstentum Moldau.[19] Während der nächsten zwei Jahre versuchten die Hutterer, an verschiedenen Orten einen Bruderhof zu gründen, aber als sich erste Erfolge ihrer Arbeit zeigten, gerieten sie zwischen die Fronten des russisch-türkischen Krieges und wurden aller Habe beraubt. Schließlich stellten sie sich Anfang 1770 unter den Schutz der russischen Armee und erhielten die Erlaubnis, nach Rußland zu ziehen.[20]

Neubegründung der Gütergemeinschaft und erneuter Niedergang:

In Wischenka an der Desna, das sie am 1.August 1770 erreichten, nordöstlich von Kiew, fanden sie auf einem Gute des Grafen Rumjanzow einen geeigneten Ort, um ein Leben „in der Einfalt Christi nach Ordnung und Gebrauch der ersten apostolischen Kirchen in Einigkeit des heiligen Geistes ...", durch „Gemeinschaft der zeitli-

---

[16] Schmidt, Wilhelm: Die Stiftung des katholischen Theresianischen Waisenhauses zu Hermannstadt, gelegentlich der ersten Säcularfeier desselben, actenmäßig dargestellt, 1869 (Selbstverlag); Klima, Dr.Helmut: Das Verhalten der Wiener Regierung unter Maria Theresia gegen die Siebenbürger Wiedertäufer und Herrnhuter. Ein Beitrag zur Theresianischen Religionspolitik, in: Südostforschungen, Bd.VII, 1942

[17] KGB: S. 292 ff.

[18] KGB: S. 299 ff.

[19] ibid.

[20] KGB: S. 305-327

46

chen Güter und Absünderung von der Welt ..."[21] zu realisieren. Von hier aus unternahmen sie in der Zeit zwischen 1782 und 1795 insgesamt sieben Reisen nach Siebenbürgen und Oberungarn, um zurückgebliebene Glaubensgenossen nach Rußland zu holen. Das Ergebnis dieser Missionsreisen belief sich auf 56 Personen.[22] Auf ihren Fahrten hatten die Brüder auch Verbindungen zu mennonitischen Gemeinden in Ostpreußen geknüpft, von wo ebenfalls mehrere Gruppen von Zuwanderern nach Wischenka kamen. „Die Zugezogenen aus Sabatisch und Preußen verheirateten sich mit den Winzern und Kärtnern und bildeten bald eine einzige durch Verwandtschaft eng verbundene Gemeinschaft."[23] Um so erstaunlicher ist es, daß diese ideale Gemeinschaft sehr bald in eine tiefe Krise geriet. Durch den Tod des Grundherren von Wischenka, des Grafen Pjotr Nikolajewitsch Rumjanzow, drohte den Hutterern unter seinem Nachfolger durch verschiedene Verwaltungsmaßnahmen die Gefahr, in die persönliche Unfreiheit abzusinken. Ihre Zinsbelastung wurde verdoppelt, und es wurde von ihnen ein Beitrag für die Rekrutierung erwartet. Die Brüder wandten sich an den Hof in Petersburg und erhielten durch einen Ukas Alexanders I. vom 22.Mai 1801 das Recht, unter ähnlichen Bedingungen wie mennonitische Siedler (Privileg Pauls I. v.6.9.1800) auf Kronland in Raditschewa zu siedeln. In Raditschewa, 16 km von Wischenka entfernt, wurde ein neuer Bruderhof gebaut. „Es wurde alles, wie es das liebliche und schöne Werk der Gemeinschaft erfordert, eingerichtet, das unsere Vorfahren einem Bienenstock verglichen haben: Eine Kleine und Große Schul samt Lehrstuben wurden nach bewährtem altem Muster gegründet und die Werkstätten angelegt, als Weber-, Hafner-, Schneider-, Schuster-, Drechsler-, Huter-, Gerber-, Spinn- und Besenbinderstuben; eine Schmiede, ein Wasch- und Bachhaus sowie eine Eßstuben waren bald fertiggestellt, desgleichen auch eine Kindsmütterstuben. All dieses, wie sich ein jeder wohl denken kann, hat viel Arbeit und Schweiß gekostet; aber dennoch haben sie alles mit Freuden und Lust getan und dankten Gott von Herzen, daß er ihnen so treulich und väterlich geholfen."[24] „Johannes Waldner war der Älteste und Vorsteher der Gemein. Sein Gehilfe im Dienst des Evangelions war Andreas Wurz, der auch der Schul als ein treuer Lehrer vorgestanden ist bis an sein End. Er lehrte die Kinder das Lesen, Schreiben, Rechnen, Singen und Beten, wozu er schöne Gaben hatte."[25] „Es stund also die Gemein in einer herrlichen und schönen Verfassung"[26] aber der neue Hof hatte einen wesentlichen Nachteil: Das ihm zugehörige Land war zu knapp bemessen. Im Jahre 1802 zählte die Gemeinde „44 Familien mit einem Bestande von 99 männlichen und 103 weiblichen Seelen. Sie hätten eine

---

21 KGB: S. 299

22 KGB: S. 374

23 Buchinger, a.a.O., S. 275

24 KGB: S. 411 f.

25 KGB: S. 412

26 ibid.

Landzuteilung von 2860 Desjatinen erhalten müssen; allein in der Tat wurde nicht mehr als 753 Desjatinen angewiesen ... auf beiden Ufern der Desna."[27] Bis in das zweite Jahrzehnt hinein funktionierte dennoch das System der Gütergemeinschaft, aber nachdem Männer in die Leitung des Hofes nachrückten, die in ihrer Kindheit das Leben im Eigentum kennengelernt hatten, wurde in der Gemeinde der Ruf nach Neuerungen laut. Es scheint sinnvoll, diese Phase der „Neuerungen" eingehender zu betrachten; denn es ist nicht einleuchtend, Eigentumserfahrung für den Zerfall der Gütergemeinschaft verantwortlich zu machen, wenn man bedenkt, daß alle, die die hutterische Gemeinde begründeten und in Zeiten härtester Verfolgung während der ersten Hälfte des 16. Jahrhunderts an der hutterischen Ordnung gemeinsamen Eigentums festhielten, aus dem Eigentum kamen, also sowohl in der Kindheit als auch im Erwachsensein Eigentumserfahrung gesammelt hatten. Der Chronist schreibt dazu: „Als nun diese lieben Männer und Alten ... ihren Lauf vollendet, einen guten Kampf gekämpft ... und zur ewigen Ruhe eingangen (dazu noch viele andere fromme und treue Brüder und Schwestern mit ihnen, ... die den Nutzen und Wohlstand der Gemein im Geistlichen und Zeitlichen im Auge hatten), wurden andere an ihre Stellen erwählt. Diesen wurde der Dienst der Gemein befohlen und aufgetragen, den Nutzen und Wohlstand der Gemein nach dem Vorbild ihrer Vorgänger zu suchen; aber es fand und erzeiget sich bald bei den meisten nicht dieselbe Treue, Aufrichtigkeit und noch Fleiß wie bei den Alten in ihren ihnen anvertrauten Ämtern und Pflichten, dieweil sie nicht recht wachsam waren und in der ruhigen, schönen Zeit, die sie jetzt genossen, einschliefen ... Und so wuchs mit der Zeit auf Eigenlieb, Eigensucht und Untreu in der Gemein, meistenteils bei den Fürgestellten im Handwerk. Da dadurch die Einnahmen immer mehr verringert wurden, traten Schwierigkeiten auf, der Gemein Notdurft zu decken und erstatten zu können; die Gemein begann, mit raschen Schritten zu verarmen."[28] Schließlich entstanden Streitigkeiten zwischen den führenden Brüdern, und die Gemeinde zerbrach.

Übergang ins Eigentum:

So kam es 1818 unter der Führung der Brüder Jacob und Darius Walther zum Wegzug von 30 Familien unter Mitnahme ihres Anteils am Gemeinschaftsgut des Bruderhofes, um im Eigentum zu siedeln. Der Resthof war nach diesem Aderlaß nicht mehr lebensfähig. „Da nun Gott nicht länger zusehen wollte, so hat er seinen Schutz von ihnen genommen, und ist alles durch Feuer vernichtet worden ... So ging der lieben Alten saurer Schweiß und Arbeit in Rauch und Flammen auf. Dies geschah Anno 1819."[29] Die Schwierigkeiten, mit denen die hutterische Gemeinde in der Folgezeit zu kämpfen hatte, brauchen hier nicht im einzelnen berichtet zu werden. Interessant

---

27 A. Klaus: Unsere Kolonien, S. 61, zit. n. KGB: S. 411

28 KGB: S. 422 f.

29 KGB: S. 424

ist ein Bericht aus der Feder eines Unbeteiligten, der die Ursachen dieser Entwicklung erhellt. Da heißt es, „daß die Vorschriften strenger Sittlichkeit und unzerstörbarer Einmütigkeit ... nicht mehr streng beobachtet wurden." Das seltene Beispiel der Eintracht, „zwischen mehreren Dutzend Familien zur Zeit, als man die Vorfahren ... zur Annahme des Katholizismus zwingen wollte, ... während des kurzen Aufenthaltes in der Walachei", und auch als „sie noch kein eigenes Land besaßen und einen Teil ihres Erwerbs zur Entrichtung der Abgaben an den Gutsbesitzer verwenden mußten", war vergangen, und mit dem Wohlstand, der aus Landbesitz, dem Genuß örtlicher Vorteile bei nur unbedeutenden Steuern erwuchs, hatten unter den Familien der Gemeinschaft einige die Möglichkeit gefunden, „auf Rechnung der Arbeitsamkeit anderer zu leben, indem sie sich der Erfüllung ihrer Pflichten unter verschiedenen Vorwänden entzogen. Damals erwachte in vielen die Neigung, Privateigentum zu erwerben."[30] Der Bericht ist in mehrfacher Hinsicht interessant. Er verweist zum ersten auf die identifikatorische Kraft, die die Gruppe in der religiösen Auseinandersetzung mit den Vertretern der katholischen Kirche entwickelte. Jeder Einzelne wie die Gruppe als ganze fand in immer neuen Diskussionen, in der täglichen Unterbeweisstellung ihrer aus biblischem Wurzelboden erwachsenden Handlungskompetenz die notwendige Kraft, um dem von der „Welt" gestellten Gegenbild gegenüber das eigene Christsein zu verifizieren. Die kirchliche Antithese bewirkte die „ideologische" Einheit der Gemeinde, in der Abgrenzung vom Gegenbild vergewisserte man sich seiner Identität als Gottesvolk. Er zeigt zum andern, daß materielle Gefährdung unter Gleichgesinnten zur Bildung von Notgemeinschaften führt, die in belastenden Situationen eine hohe Konsistenz und Abwehrbereitschaft entwickeln. Es verweist zum dritten in indirekter Form auf die Bedeutsamkeit verinnerlichter Transzendenzbezüge, die bei den Hutterern durch ein umfassendes Lehr-System repräsentiert werden, deren Veräußerlichung bzw. Verflachung zum Verlust der Gruppenidentität, zur Aufhebung der Gruppennormen und damit zum Zerbrechen der Gemeinschaft führten. Wenn das Gottesbild verblaßt, verlieren auch die innerweltlichen Strukturen, ethische Grundsätze und ihre moralischen Verwirklichungen, ihre Verbindlichkeit.

Hier sei nur noch erwähnt, daß sich verschiedene Wanderungen in die Nähe mennonitischer Siedlungsgebiete anschlossen, daß die Hutterer „im Eigentum" lebten, aber auch, daß es bald wieder zu Versuchen kam, die Gütergemeinschaft neu zu beleben. Da diese Versuche von den tüchtigsten Landwirten getragen waren, führten sie zur Gründung verschiedener Bruderhöfe. Als sich mit einem Ukas Zar Alexanders II. eine Einschränkung der Kolonistenfreiheiten und die Gefahr einer Russifizierung abzeichnete, suchten die Hutterer und viele Mennoniten nach neuen Siedlungsgebieten. In der Zeit vom 14.04. bis zum 27.07.1873 waren zehn mennonitische und zwei hutterische Vertreter in den USA, dort fanden sie das Land, das ihren Vorstellungen entsprach.

---

30 A. Klaus: a.a.O., S. 65-77, zit nach KGB: S. 426-429

Auswanderung nach Amerika:

Schon im August 1874 begann die Auswanderung der Hutterer in die USA. Im August wurde im Bonne Homme County am Missouri in Süd-Dakota der erste Bruderhof gegründet (Schmiedeleut). Eine 2.Gruppe (Darius-Walther-Gruppe) gründete 1875 den Wolf-Creek-Bruderhof am James River, und 1877 gründeten 13 Familien den Old-Elmspring-Bruderhof (Lehrerleut) ebenfalls in Süd-Dakota. Daneben gab es viele Hutterer, die schon in Rußland im Eigentum gelebt hatten und sich auch in Amerika nicht den Bruderhöfen anschlossen, die Prärieleute. In den folgenden Jahrzehnten wurde eine Vielzahl von Tochterkolonien gegründet. Eine Zeit friedlicher Entwicklung ermöglichte es, das System des christlichen Kommunismus in vielen Bruderhöfen auszubauen, während man in Europa die Hutterer vergaß. Noch einmal gab es einen Rückschlag in der Entwicklung, noch einmal wurden die Hutterer Märtyrer ihres Glaubens: Am 6.April 1917 erkärten die USA Deutschland und seinen Verbündeten den Krieg. Ein großangelegter Propagandafeldzug erfaßte das Land, um die Kriegsbereitschaft der amerikanischen Bevölkerung zu wecken. „Übernacht wurden die ‚feigen Ausländer' (yellow foreigners) in der Meinung der Überpatrioten zu ‚Verrätern an Gott und Vaterland' (traitors to God and country). Von der Ausbreitung von Gerüchten ging man jetzt zu offenen Feindseligkeiten über."[31] Man übte in jeder Form Druck auf die Bruderhöfe aus, überfiel die Siedlungen, stahl das Vieh, um sie auf diese Weise an Kriegsanleihen zu beteiligen. Die jungen Brüder, die sich dem Rufe der Regierung folgend in verschiedene Militärlager verfügten, wurden schikaniert, man schnitt ihnen die Bärte ab, spieh ihnen ins Gesicht, setzte sie brutalen Gewalttätigkeiten aus und brachte sie schließlich in Militärgefängnisse, wo sie mit ungewöhnlicher Grausamkeit behandelt wurden. Das bedeutete für die Brüder Joseph und Michael Hofer den Tod, für viele andere monatelange Kerkerhaft. In einer Bittschrift an Präsident Wilson legten die Bruderhöfe gemeinsam ihre Glaubens- und Lebensgrundsätze dar und versuchten, ihre durch Gewissensentscheidungen bestimmte Ablehnung jeglicher Kriegshandlung zu erläutern. Da sich die Antwort bis in das Jahr 1918 verzögerte, suchten die Hutterer nach Auswanderungsmöglichkeiten nach Kanada. In den Jahren zwischen 1918 und 1925 wanderte der Großteil der hutterischen Gemeinden, nachdem sie etwa 44 Jahre in Süd-Dakota seßhaft gewesen waren, nach Kanada aus, so daß von 17 Bruderhöfen nur noch zwei in den USA verblieben. In Kanada entwickelten sich die Bruderhöfe, hier Colonies genannt, in Alberta, Saskatchewan und Manitoba, aber auch in den USA stieg ihre Zahl wieder an.

Damit soll der Überblick über die Geschichte der Hutterer und ihrer Wanderungen auf der Suche nach einer Lebensmöglichkeit in der „rechten christlichen Ordnung" beendet sein.

---

31 KGB: S. 477

Die Hutterischen Bruderhöfe in der Gegenwart:

Heute leben die Hutterer auf dem amerikanischen Kontinent in über 300 Bruderhöfen[32] in relativer Abgeschiedenheit von ihrer Umwelt, sie sprechen noch das Deutsch ihrer Vorfahren, durchsetzt mit Leihwörtern aus den Sprachen ihrer verschiedenen Gastländer, aber das amerikanische Zeitalter hat auch für sie begonnen. Der Entwicklungsstand ihrer landwirtschaftlichen Produktivkräfte entspricht völlig dem Stand des ausgehenden 20. Jahrhunderts, und sie sind durch ihre kommunistische Wirtschaftsform -wie einst in Mähren-,[33] der Mehrzahl ihrer Konkurrenten überlegen. So zeichnet sich für sie ein Weg in die Zukunft ab. Die Hutterer, die in den vergangenen Jahrhunderten stets bemüht waren, als die Stillen im Lande zu leben, sind dabei, ihre ursprüngliche Sendung wiederzuentdecken. Kontakte zu den Stätten der eigenen Vergangenheit werden hergestellt, Verbindungen zu Gruppierungen mit ähnlicher Gemeinschaftsstruktur werden gepflegt, Ansätze missionarischer Tätigkeit sind erkennbar. Die Hutterer, das kann man mit einiger Vorsicht sagen, sind nicht ein Relikt vergangener Jahrhunderte von sprachgeschichtlicher oder volkskundlicher Relevanz, sondern sie sind eine lebendige, wachsende Gemeinschaft, deren auf tiefe Christusgläubigkeit gegründete Lebensform eine Vorbildfunktion für eine künftige Gesellschaft haben könnte.

Zusammenfassung:

1. Die Hutterer erlebten während der zweiten Hälfte des 16. Jahrhunderts ihre „Goldenen Jahre", Jahre des Wachstums und der wirtschaftlichen Prosperität. In den zahlreichen Kriegen des 17. Jahrhunderts verarmte die Gemeinschaft, sie wurde 1622 aus ihrem Hauptsiedlungsgebiet in Mähren vertrieben. Sie büßte ihre wirtschaftliche Bedeutung teilweise ein, ihre Mitgliederzahl sank, ihr missionarischer Eifer erlosch, und die von Jakob Hutter gegebene innere Ordnung der Gemeinde verlor an Bedeutung. Verschiedene Versuche, die alten Ordnungen zu erhalten, hatten nur zeitweilig Erfolg.

2. Der Schwerpunkt der Gemeinde lag im 17. Jahrhundert in Oberungarn. 1621 wurde in Winz in Siebenbürgen ein Bruderhof gegründet, dessen handwerkliche Erzeugnisse in hohem Ansehen standen. Um 1680 wurde die kommunistische Wirtschaftsordnung von den meisten Gemeinden aufgegeben. Nach 1725 zeigten sich erste Erfolge von Rekatholisierungsmaßnahmen durch den Jesuitenorden. In der ersten Hälfte des 18. Jahrhunderts verfiel auch die Gemeinde in Winz. Um 1750 begannen die

---

[32] Zur Gliederung der hutterischen Kirche in Amerika vgl. KGB: S. 480; dgl. Hofer, John: a.a.O., S. 92-99

[33] Anm.: Schon in Mähren wurde gegen die Hutterer der Vorwurf erhoben, daß sie den Handwerkern "daz brot vorm muendt abschnitten", vgl. dazu Fischer, Christoph Andreas: a.a.O., S. 22 f. und GBW: S. 171

Jesuiten mit ihren Versuchen, diese letzte hutterische Gemeinde in die katholische Kirche zurückzuführen.

3. Im Jahre 1756 hatte sich eine Gruppe kärntnerischer Transmigranten dem hutterischen Glauben angeschlossen. Diese Gruppe führte die hutterische Tradition fort. Sie flüchtete, verstärkt um eine Anzahl von Althutterern, zunächst in die Walachei, dann in die Ukraine, wo 1770 ein Bruderhof gegründet wurde. Er wurde 1802 aufgegeben und ein neuer Hof in Raditschewa gegründet. Wegen gemeindeinterner Streitigkeiten wurde der Grundsatz des Gemeineigentums aufgegeben, die Gemeinde verarmte. Schließlich zogen die Hutterer in ein neues Siedlungsgebiet, wo verschiedene Versuche zur Wiederbelebung der Gütergemeinschaft unternommen wurden. Im Jahre 1870 drohte ein Ukas Alexanders II., die Privilegien der Kolonisten einzuschränken. Deshalb wanderten die Hutterer nach Amerika aus, wo sie in der Folgezeit eine Vielzahl von Bruderhöfen gründeten und diese bis in die Gegenwart hinein bewirtschafteten.

2 THEOLOGISCH—ANTHROPOLOGISCHE GRUNDLAGEN

2.1 DER APOLOGETISCHE CHARAKTER DER TÄUFERTHEOLOGIE

Die hutterische Glaubenslehre bildet die Grundlage für alle weiteren Überlegungen im Sinne der Thematik dieser Arbeit; denn das Leben der Gemeinschaft wie des einzelnen Gläubigen ist nur aus der Gesamtheit religiöser Vorstellungen, hervorgegangen aus den theologischen Leitgedanken der Gemeinschaft, zu verstehen. Sie wurde noch nie in systematischer Form dargestellt. Sie gehört zum Gesamtbereich täuferischer Theologie und ist wie diese nicht Ergebnis systematischer theologischer Reflexionen, sondern sie entstand unter den Lebensbedingungen einer Dissedenten- und Märtyrerkirche in der Auseinandersetzung mit den Großkirchen. Aus dieser Ursprungssituation kommend, trägt sie häufig den Charakter des Provisorischen, des Apologetischen und des Pragmatischen. Ihr literarischer Fundus besteht aus einer Vielzahl von Schriften, die unter Berücksichtigung der konkreten Entstehungsbedingungen gewisse Varianten im dogmatischen Bereich aufweisen, hingegen in den Bereichen christlicher Ethik und praktischer Theologie ein großes Maß an Übereinstimmungen zeigen.

2.2 TÄUFERTHEOLOGIE UND HUTTERISCHE THEOLOGIE—
GEMEINSAMKEITEN UND BESONDERHEITEN

Das eigentliche Täufertum:

Das Täufertum des 16. Jahrhunderts zeichnete sich durch eine bunte Vielgestaltigkeit aus. Diese Tatsache hat dazu geführt, in der neueren Täuferforschung „mehrere Entstehungs- und Ausbreitungsherde anzunehmen, im Zürcher Täufertum also nicht die Keimzelle der Gesamtbewegung zu sehen."[1] Dieser Anschauung soll hier nicht nachgegangen werden, sondern, da die Entstehung der Hutterer aus dem radikaltäuferischen Kongregationalismus der Schweiz ableitbar ist, wird die ursprüngliche monokausale Entstehungsthese beibehalten. Das erscheint vor dem Hintergrunde der definitorischen Abgrenzungen des Täufertums von den übrigen Aktionsströmen des „linken Flügels" der Reformation gerechtfertigt. Deshalb bedarf es keiner Herausarbeitung theologischer Polaritäten, die biblisch oder spirituell begründet, innerhalb dieses Flügels auftreten. Dagegen ist eine Heraushebung des Täufertums aus dem durch das gemeinsame Merkmal „Spättaufe" entstandene Konglomerat erforderlich.

Das Merkmal *Taufe* erhält bei den Täufern neben seinem formalen, Institution begründenden Charakter ein persönlichkeitsbestimmendes Element, sie wird zur „Glaubenstaufe". Der Unterschied ist im Vergleich verschiedener Taufverständnisse aufweisbar (z.B. bei Hut, Hoffmann, Ridemann) und führt zu Konsequenzen im Blick auf den Begriff „Täufer". Mit der neutestamentlichen Taufpraxis letzterer korreliert eine *restituierte Kirche* nach urchristlich-apostolischem Vorbild und ein *biblizistisches Schriftverständnis*.[2] Durch diese Bestimmungsfaktoren -neutestamentliche Taufe, Kirche und Schriftverständnis- fallen die Gruppierungen, die dem Biblizismus der Täufer die Bedeutung des „inneren Wortes" gleichberechtigt oder dominant gegenüberstellen (Spiritualisten), die dem eschatologischen Prinzip das chiliastische entgegensetzen (Schwärmer), die Taufe in eine „Versiegelung" zur Errettung aus dem Endgericht Gottes umfunktionieren und die die Trinität unitarisch deuten (Antitrinitarier); aus der Gruppe der eigentlichen Täufer heraus. Gleichzeitig sind damit die wesentlichen Gemeinsamkeiten aller Täufergruppen umrissen.

---

1 Goertz, Hans-Jürgen (Hg.): Umstrittenes Täufertum 1525-1975, Göttingen 1975, S. 10; vgl. dazu James M. Stayer, Werner O. Packull, Klaus Deppermann: From Monogenesis to Polygenesis. The Historical Discussion of Anabaptist Origins, in: MQR 1975

2 Vgl. Wenger, John C.: Der Biblizismus der Täufer, in: Hershberger, Guy F. (Hg.): Das Täufertum, Erbe und Verpflichtung, Stuttgart 1963, S. 161-172

Gemeinsamkeiten in der Theologie der Täufergemeinden:

Es sind dies die oberdeutschen und die niederdeutschen Täufergemeinden, die Schweizer Brüder, der Marpeck-Kreis, die Hutterischen Brüder, die Mennoniten und die niederländischen Taufgesinntengemeinden. Alle diese Gruppen verbindet das prinzipiell gleiche Verständnis von Taufe und Abendmahl, die Praxis der Gemeindezucht, die Tendenz zur Absonderung von der Welt, die kritische Einstellung zur Obrigkeit und die demokratisch-bruderschaftliche Verfassung der Gemeinden mit ihrer Bestimmung des Hirtenamtes. Sie alle sind Täufer gemäß Definition, ihre Glaubenslehren basieren auf der Grundlage des Apostolikums. Sie leben in der Tradition des Schleitheimer Bekenntnisses.

Die Schleitheimer Artikel—Die Bekenntnisschrift des frühen Täufertums:

Die Schleitheimer Artikel, die das früheste Zeugnis täuferischen, d.h. nichtkatholischen Glaubens, darstellen, entstehen vor jeder anderen evangelisch-reformatorischen Bekenntnisbildung. Ihre Abfassung wird auf den 24. Februar 1527 datiert.[3] Die Absicht der Artikel ist es, die Gläubigen zu stärken, ihnen Tost und Beständigkeit in aller Trübsal bis ans Ende zu geben und die Liebhaber Gottes und die Kinder des Lichtes, wie es in der Adresse heißt, gegen die Welt und gegen falsche Brüder abzugrenzen.

Taufe, Herrenmahl, Bann, Absonderung von der Welt, Hirtenamt, Obrigkeit und Eid sind die Gegenstände, die in den Artikeln auf biblischer Grundlage erörtert werden. Sie begegnen uns auch in den theologischen Abhandlungen der Hutterer, aber sie sind keine Abkömmlinge des Reformationszeitalters, sondern sie wurzeln im weiten Spektrum der freien Gemeinden und wurden schon lange vor der Reformation in mittelalterlichen Sektenbewegungen vertreten, die die Restitution urchristlicher Verhältnisse für die Gesamtkirche, die Rückkehr zu den Prinzipien und Lebensformen des Urchristentums forderten. Dabei tauchte bei den in Dalmatien und Bosnien lebenden Bogomilen auch schon der Gedanke der Gütergemeinschaft auf, der dann zur Besonderheit hutterischen Glaubens wurde.

Die Schleitheimer Artikel sind kein Spiegel des täuferischen Glaubens in seiner Gesamtheit, aber sie geben das wieder, worauf die Täufer in ihrer Argumentation besonderen Nachdruck legten. Sie umreißen die kritischen Themen ihres Glaubens, in denen sie sich von den Reformationskirchen unterscheiden. Darum müssen sie in theologischer Hinsicht als unvollständig bezeichnet werden. Was den rechten Glauben betrifft, die „fides orthodoxa", sagen die Artikel im eigentlichen Sinne nichts aus. Sie legen vielmehr ihr Augenmerk auf die ethischen Aspekte des Christseins, auf das rechte Tun. Durch das Bewußtmachen und Einschleifen neutestamentlicher Hand-

---

3 Jenny, Beatrice: Das Schleitheimer Täuferbekenntnis 1527, Thayngen 1951, S. 18

lungsmuster, durch ihre Orthopraxie, unterscheiden sie sich von den Bekenntnissen der Großkirchen.

Die Besonderheiten:

Die verschiedenen Gruppen haben sich durch die Entwicklung theologischer Spezifika ihr jeweils charakteristisches Profil gegeben. Diese Besonderheiten im einzelnen darzustellen ist allerdings nicht erforderlich; denn nur die Praxis der Gütergemeinschaft bei den Hutterern ist im Rahmen dieser Arbeit von Bedeutung. Die Hutterer haben außer dieser Sonderlehre keine den ökumenischen Konsens sprengenden Lehren entwickelt. Die hutterischen Autoren betonen nicht nur die Verflochtenheit der eigenen Geschichte in den Weg der freien Gemeinden, sie verweisen auch darauf, daß ihre eigenen Lehren schon früher gelehrt und geglaubt wurden. Die Kirchenväter Tertullian, Cyprian und Hyronimus sind ihnen dafür ebenso Zeugen wie die Reihe der Ketzer, die aufgestanden waren[4], um „wider den Wust und Greuel Babyloniae, der schändlichen Huren"[5] ihre Stimmen zu erheben. Aber auch aus den Berührungen zu Zeitgenossen nahmen die Hutterer viele Ideen in ihren theologischen Fundus auf. Luther und Zwingli sind hier zu nennen[6], desgleichen die prominenten vorhutterischen Täuferführer Grebel, Manz, Blaurock, Hubmeier, ja sogar „Thomas Münzer, Johannes Denck, Ludwig Hetzer vnd andere geleerte Menner mer mit inen" haben tiefer über Wesen und Fortgang der Reformation nachgedacht und über die Schaffung einer heiligen, reinen, von den Greueln der Welt abgesonderten Gemeinde, die ein ganz abgestorbenes Leben nach der Regel Christi führt[7] und die dadurch realiter Realpräsenz des Leibes Christi in der Welt bietet. Weil Gemeinde so eng mit dem Leib-Christi-Verständnis korreliert, wird die Schaffung einer heiligen Gemeinde ständiges Handlungsziel hutterischer Glaubenspraxis. In dem Bemühen um seine durchgängige Konkretisierung liegt eine weitere Besonderheit praktischer Theologie bei den Hutterern, die in den übrigen Kirchen der Reformation zeitgleich kaum Entsprechungen findet. An dieser Stelle soll der Versuch unternommen werden, das Schriftverständnis der Hutterer zu charakterisieren. Es ist im Zusammenhang des täuferischen Schriftverständnisses überhaupt zu sehen. Es muß biblizistisch genannt werden, das heißt, biblische Aussagen werden zumeist wörtlich verstanden und als unmittelbare Lebensnormen gewertet. Hier sei auf die Auseinandersetzungen zwischen Zwingli und die Zürcher Täufergruppe verwiesen, die u.a. dadurch entstanden, weil Konrad Grebel vor dem Hintergrunde seines Schriftverständnisses das Abendmahl am Abend gefeiert wissen wollte. Das Beispiel zeigt, zu welchen Verengungen biblizistische Sicht führen kann, aber es läßt auch erkennnen, daß Werte und Normen

---

4   GGB: S. 26; 29 f.

5   ibid.: S. 32

6   Vgl. Müller, Lydia: a.a.O., S. XIII

7   GBW: S. 12, Fn. 2

der Bibel nicht personaler Beliebigkeit unterliegen. Täuferisches Schriftverständnis zielt deshalb „auf eine freie Kirche von Bekehrten, die sich einer aufrichtigen Nachfolge des Herrn Jesu verschrieben haben, an das Gesetz der Liebe und an widerstandsloses Leiden gebunden fühlen, und bestebt sind, Salz und Licht in einer verderbten Gesellschaft zu sein ... Die Täufer waren darauf aus, das Reich Christi hier und jetzt in der Gemeinschaft der Kirche zu errichten ..."[8] Diese Sichtweise gründet im Neuen Testament, insbesondere in der Bergpredigt, demzufolge besitzt das Alte Testament bei den Täufern „nicht im gleichen Sinne Verbindlichkeit wie das Neue Testament und gilt, sofern es nicht mit dem Neuen Testament übereinstimmt, als überwunden und unmaßgeblich."[9] Der amerikanische Täuferforscher John Horsch stellt dazu fest: „Sie erkannten, daß das Verhältnis von Altem und Neuem Testament das von Verheißung und Erfüllung, von Typus und Schatten zur Wirklichkeit, von Schachtarbeit zum Bau selbst ist ... Das Alte Testament enthielt Lebensregeln für vormessianische Zeiten. Die Forderungen des Neuen Testamentes ... sind weiterreichend und vollkommener als das mosaische Gesetz, und was auch immer vom Alten Testament verbindlich bleibt, wird auch im Neuen Testament gelehrt."[10] Der neutestamentliche Biblizismus wird damit zu einem wesentlichen Kriterium der Bestimmung dessen, was täuferisch ist, und Peter Ridemann bindet in diesen Rahmen das hutterische Schriftverständnis ein, wenn er sagt: „Dieweil nun das Alte Testament seiner Dunkle und Unvollkommenheit halb endet, so hat Gott ein vollkommners aufgerichtet, geoffenbaret und an Tag gebracht, das nun ungeändert bleibt und ewiglich besteht, wie er auch zuvor verheißen hat: ... Dieses Testament, das die kindliche Freiheit hat, des wir auch Kinder sein so wir anders uns die Versieglung dieses Testamentes führen lassen und uns seiner Wirkung unterwerfen oder begeben ... Derhalben die, so den Geist nit haben, dieses Testaments nit Kinder sein."[11]

Zusammenfassung:

Die gesamte frühe Täufertheologie ist geprägt durch die Auseinandersetzungen mit den Großkirchen der Reformation und dem Katholizismus. Ihre Lehrinhalte bewegen sich im ökumenischen Rahmen, ihre besonderen Aussagen beziehen sich auf eine überwiegend neutestamentlich begründete Orthopraxie, die auf die Schaffung einer heiligen, von der Welt abgesonderten, den Leib Christi repräsentierenden Gemeinde abzielt. Neutestamentliche Taufpraxis, restituierte Kirche und ein biblizistisches Schriftverständnis mit besonderer Betonung des Neuen Testamentes sind gemeinsame Merkmale aller täuferischen Gruppierungen in Abgrenzung zu anderen Aktionsströmen des „linken Flügels" der Reformation. Als verbindende und

---

8   Wenger, John C.: a.a.O., S. 172

9   Bender, Harold S. : Bible, in: ME, Vol.I, S. 323

10   MQR, Januar 1931, V, S. 20 f.

11   RR: S. 69 f.

verbindliche Bekenntnisschrift des frühen Täufertums gelten die Schleitheimer Artikel. Sie greifen Themen auf, die ihre Wurzeln sowohl im frühen Christentum als auch in mittelalterlichen Ordens- und Sektenbewegungen haben. Die Herauslösung der Gemeinde Christi aus dem Zuständigkeitsbereich des Staates, der extreme Pazifismus und die Praxis der Eidesverweigerung provozieren durch ihre gesellschaftsrelevanten Auswirkungen repressive Maßnahmen der Obrigkeiten gegen die Täufer. Nur die hutterische Theologie hat in dem besonderen Dogma der Gütergemeinschaft ein den gesamttäuferischen Rahmen sprengendes, mithin separierendes Element entwickelt.

2.3 ZENTRALTHEMEN HUTTERISCHER THEOLOGIE -TAUFE UND GÜTERGEMEINSCHAFT -VOR DEM HINTERGRUNDE EINES DUALISTISCHEN WELT- UND MENSCHENVERSTÄNDNISSES

Es gibt in der täuferischen Theologie eine Vielzahl von Themen, denen man den Rang eines Zentralthemas zusprechen möchte: Gemeinde, Nachfolge, Gehorsam, Leidensbereitschhaft etc. . Hier fiel die Entscheidung zugunsten der Taufe, weil sie konstitutiv für das Christsein ist, und für die Gütergemeinschaft, weil sie das Spezifikum hutterischen Glaubens ist. Beide dienen dem Aufbau und der Sicherung der heiligen Gemeinde, des Volkes, das Gott „ihm selbst von der Welt abgesünderet und zur Sundertraut erwählet hat …"[1] Deshalb wird neben dem *Eingliederungsritual* „Taufe" das *Sicherungselement* „Gütergemeinschaft" als quasidogmatischer Bestandteil der Glaubenslehre theologisch entfaltet. Damit sind die zentralen Themen hutterischer Theologie angesprochen. Der Taufritus stellt den Akt totaler Einleibung in die Gemeinde Jesu dar, das System der Gütergemeinschaft sichert das Leben des Individuums in der Gemeinde und das Leben der Gemeinde in der Vollkommenheit Christi. Während das Taufverständnis im Kontext allgemeiner täuferischer Theologie zu sehen ist, führt die Lehre von der Gütergemeinschaft die hutterische Kirche in eine Trennung von allen Kirchen.

Die Taufe:

Am Sakrament der Taufe entzündete sich vorrangig die Auseinandersetzung der Kirchen mit den Täufern, insbesondere den Hutterern. Nach den frühen Taufgesprächen[2], die ohne Ergebnisse im Sinne der großkirchlichen Taufpraxis blieben, wurden

---

1 Der volle Titel des zweiten Teils der Rechenschaft, als selbständige Schrift von Peter Ridemann verfaßt, lautet: Wie Gott ein Volk, das er ihm selbst von der Welt abgesünderet und zur Sundertraut erwählet hat, haben will." In: RR: S. 149-261

2 Disputationen zwischen Vertretern der reformierten Kirchen und den Täufern ziehen sich durch das ganze 16. Jhd., Begegnungen mit den lutherischen Kirchen gab es nicht.

die Auseinandersetzungen härter und seitens der offiziellen Kirchen -durch staatliche Erlasse gegen die „Wiedertäufer" verstärkt-, mit Vehemenz betrieben. In der Tauffrage, im Falle der Hutterer auch im Zusammenhang mit der Gütergemeinschaft, ging es um Grundsatzfragen des evangelischen Glaubens. In jedem Bekenntnis, jeder Rechenschaft, in den Protokollen zu Täuferverhören wurden die Positionen stets neu umrissen, weil der Taufpraxis letztlich nicht nur heilsbegründende, sondern auch institutionssichernde Bedeutung zukam. Auf offizieller Seite traten namhafte Theologen gegen die Hutterer an. Hier sind Philipp Melanchthon, Johannes Brenz, Jacob Andreae u.a. zu nennen, die 1557 mit ihren Erkärungen unter dem Titel „Prozess wie es soll gehalten werden mit den Wiedertäufern / Durch etliche Gelehrte so zu Worms versammelt gewesen, gestellt"[3], eine Situation totaler Verfolgung herbeizuführen suchten. Die Hutterer wurden dadurch und auch sonst immer wieder gezwungen, ihren biblisch begründeten Standpunkt zu Taufe und Gütergemeinschaft darzulegen. Zu den immer wieder lesenswerten Schriften gehören die Ausführungen von Ulrich Stadler[4] und Andreas Ehrenpreis.[5] In der Phase beginnender Orthodoxie unternahmen es sowohl Ridemann als auch Walpot, die theologischen Aspekte der Tauflehre zu präzisieren. Das geschah im Rahmen zeitentsprechender Verbildlichung und gelegentlicher Verunglimpfung. So gilt als Grundaussage zur Praxis der Kindertaufe, sie sei „eben ein Affenspill".[6] „Kindtstauffen ist ein gelächter, gespöt und ein schmach des rechten tauffs Christi"; denn wie man einem Neugeborenen nicht die bürgerliche Geschäftsfähigkeit zuerkennt, es auch nicht den Untertaneneid schwören läßt oder es als Kriegsknecht einsetzt, so kann es auch nicht in die Listen der Kämpfer im Krieg „wider die welt und den teuffel" eingeschrieben werden. „Item, denen man irdische güeter nit vertraut, denen kann man auch die göttlichen so baldt nit vertrauen."[7] Taufe kann also nur Glaubenstaufe sein; denn der Eintritt in das Christsein setzt Wissens- und Entscheidungsmündigkeit und klares Wissen um den Ernst eines Lebens in der Nachfolge Christi voraus: „Das fordert ein christliches Leben und kein Kinderspiel,

---

Die Diskussionen mit der katholischen Kirche fanden im Rahmen von Kreuzverhören gefangener Täufer statt. Disputationen nach ME II: S. 70-74: 1. August 1525 Basel; 2. 10. Juni 1527 Basel; 3. 17. Januar 1528 Bern; 4. 17. Januar 1525 Zürich; 5. 20. März 1525 Zürich; 6. 6.-8. November 1525 Zürich; 7. 20.-22. Dezember 1530 St. Gallen; 8. 1.-9. Juli 1532 Zofingen; 9. 11.-17. Mai 1538 Bern; 10. 28. Mai—19. Juni 1571 Frankenthal

3 Das Treffen fand zwischen 11.Sept. und 7.Okt. 1557 statt: Vgl. Wiswedel, Wilhelm: The Anabaptits Answer Melanchthon, -The Handbuechlein of 1558- in: MQR 1955, S. 212-231

4 Schriften von Ulrich Stadler, in: Müller, Lydia: a.a.O., S. 211-236

5 Ehrenpreis, Andreas: Kurze Antwort an Daniel Zwicker; in: DHE, Elie 1988, Vol. III, S. 372-376; derselbe: Antwort an Daniel Zwicker, ibid.: S. 377-416

6 WAB: S. 64, Zeile 17; RR: S. 190

7 WAB: S. 64, Absatz 8

58

sondern lauter Ernst, Mannlichkeit und Tapferkeit. Es giltet nicht Schimpfen oder Kurzweilen wie die ganze Welt tut"[8], sondern es erwächst die Verpflichtung, „darinnen der Mensch den teiffel den dienst auffsagt und in glauben sich Christo eines heiligen löbens got zu dienen ergibt."[9] Darum gilt es, das Risiko christlicher Existenz im voraus zu kalkulieren; denn „im Haus Christi will Gott, daß ehe man solchen Bund mit ihm aufrichtet, ... ein itzlicher wisse, was er tue und handle."(Luk.14,18-20)[10] Um in einer solchen Ernstsituation die Taufe begehren zu können, bedarf es einer festen Glaubensgrundlage; „dan wo der Glaube nit ist, da hilft der tauff nichts."[11] Die Frage nach dem Ewigkeitsschicksal ungetaufter Kinder, die zu den wirksamsten Argumenten für die Kindertaufe zählt, wird von den Hutterern mit Hinweis auf die Notwendigkeit vorlaufender Glaubensentscheidung, d.h. vorausgehender Buße und Wiedergeburt beantwortet. Christus setzt „allein die leer und bueß, nit das der tauff außgenommen sey, sondern das die leer und bueß vorgeen soll und der tauff nachvolgt. Dan die menschen sollen vor dem tauff bueß tuen, wie der apostel Petrus zun juden sagt: Thuet bueß und laß sich ein jedlicher tauffen."[12] Die Taufe wird dann zum „bundtzaichen eines glaubigen."[13] Zu den klassischen Belegstellen für den „Bund eines guten Gewissens mit Gott" gehören Titus 3,5 und 1.Petr.3,21. Doch „wird oder mag niemands mit dem Gnadenbund verzeichnet oder getauft werden, er sei den zuvor Christo geboren durch das Wort der Wahrheit."[14] Auch die Frage nach der Situation ungetaufter Kinder bleibt nicht unbeantwortet. Die sehr ausführliche, an das Problem der Erbsünde gekoppelte Argumentationskette mündet in die zusammenfassende Feststellung ein, daß Kinder noch nicht glauben können, deshalb kann das Wort „Wer nit glaubt, der wirt verdambt" nicht auf Kinder bezogen werden. „Dan Christus spricht inen das reich Gottes zue on glauben, on predig, on zaichen in die gmain und on tauff." (Mt. 19,14; Luk. 18,16)[15] Die aber -das sind die Vertreter offizieller Theologie-, „die sie on iren kindertauff verdammen, die greuffen Gott in sein urtl und sind verirrer und verkeerer des worts Gottes, ein unverschambter wiester greuel der lugerey."[16] In fast nicht zu überschauender Folge werden dann biblische

---

8 Schlafer, Hans: Grund und Ursach der Taufe (Tauflehr' in der Abschrift von Johannes Stahl, geschrieben, den 24. März 1975), Starland Gemein, S. 38

9 WPB: S. 81

10 RR: S. 199; WAB: S. 96, Zeile 69

11 WAB: S. 75, Zeile 36

12 ibid.: S. 118

13 ibid.: S. 88, Zeile 52; WPB: S. 81

14 RR: S. 198

15 WAB: S. 75 f., Abs. 36

16 ibid.

Argumente für die Glaubenstaufe aufgeführt[17]. Einige der sie herausfordernden Antithesen gehören interessanterweise noch heute in das Argumentationspotential der Vertreter der Kindertaufe (z.B."Haustaufe", Apg.16,14 f.; 16,30 u. 34; 1.Kor.1,16). Gegen die Praxis der Kindertaufe spricht auch der Grundsatz der Freiwilligkeit, für den täuferisch-hutterisches Glaubensverständnis einstehen. Während die Beschneidung als Ausdruck des Gesetzes ein Symbol der Knechtschaft ist, ist die Taufe Christi „ein bundt der liebe und freywilligkeit, darzue niemandts gezwungen oder auf eine andre weiß darbeybracht noch behalten werden soll. Dan der apostel geschicht sagt, die sein wort geern (sich!) annamen, lüesen sich tauffen."[18] Damit setzt sich hutterische Theologie zugunsten einer Selbstbetimmung in Glaubensfragen von der Kindertaufe ab. Welche inhaltliche Bestimmung erfährt die Taufe? Die Hutterer unterscheiden zwischen innerer und äußerer Taufe. „Durch den eusserlichen werden wir eingenomen in die kirchen Gottes, wir weren sonst heyden. Der ander ist, da man getaufft wirt mit dem heilligen geist und mit feur. Darumben ist der tauff ein anheblich zaichen der menschen, die werden glaubig oder unglaubig, geb, was Gott naher mit inen handlen wölle."[19] Beide werden allerdings als eine Einheit gesehen; denn „der eusserliche wassertauff ist vom innerlichen nit abgeschaiden oder zu taillen. Wo der innerliche tauff nit ist und sich nit zaiget durch den glauben, bekeerung und erkanntnis Gottes, da kann der Wassertauf auch nit warhafftig geben werden."[20] So wird die Wassertaufe zu einer Bestätigung des Glaubens[21], der Glaube aber zur Voraussetzung für die Taufe. Das ist eine Schwerpunktverschiebung: Glaube ruht nicht auf der Taufe, sondern Taufe auf dem Glauben. Taufe ist „göttliches Pfand und Wahrzeichen" (Heidelberger Kat. 1536) des Glaubens. Die Geisttaufe hingegen ist das Werk Gottes, auf das der Mensch im Akt der Wassertaufe die Antwort „seines Gehorsams, seiner Umkehr, seiner Hoffnung" gibt.[22] Der Wunsch nach Lebenserneuerung, der durch die Bereitschaft zur Buße anhebt und sich in der Taufe nach außen manifestiert, realisiert sich durch „Ertödtung, absterbung des sindlichen fleisches, auf dz waß der Mensch noch iberigs im fleisch zu löben haben möcht nicht den sinden und listen sundern nach got löbe, damit ein jedlicher so in tot Christy getaufft ist ... möcht sagen: Ich bin aber ... dem gesatz der sünden gestorben auf dz ich got löbe ..."(Gal.2,19f.)[23] Das, was aus der Taufe folgt, wird im paulinischen Sinne

---

17 WAB: S. 116 ff. Abs. 123; vgl. dazu Fußnoten; Argumente, die für die Praxis der Kindertaufe schon in neutestamentlicher Zeit sprechen, bringt Cullmann, Oscar: Die Tauflehre des Neuen Testaments, Zürich 1948

18 WAB: S. 82, Abs. 44

19 WAB: S: 87, Abs.52

20 ibid.: S. 88

21 ibid.

22 Barth, Karl, zit. nach Evangelischer Erwachsenenkatechismus: S. 1069

23 WPB: S. 84 f.

verstanden. Rechtfertigende Gnade ist stets das Primäre, die Werke, die folgen, treten niemals an ihre Stelle, sind also niemals Mittel zum Zweck, sondern immer Ausdruck einer „Existenz im Dank" (Buber).

Die alttestamentliche Beschneidung soll hier erwähnt werden, die als Ritual der Eingliederung in eine ethnische Gruppe bzw. in eine Kultgemeinschaft, unabhängig von der persönlichen Zustimmung oder Überzeugung des Betroffenen vorgenommen wurde. Den Täufern bedeutet die Taufe ebenfalls Eingliederung in den Leib Christi, doch es wird stets die eigenverantwortliche Zustimmung des Katechumenen zur Taufhandlung betont und auf die Schwerpunktverschiebung zugunsten des Glaubens hingewiesen. Auch die Zeichenhaftigkeit der Taufhandlung wurde im Gegensatz zum sakramentalen Verständnis hervorgehoben. Das wurde für notwendig erachtet, weil dadurch typische Merkmale benannt wurden, die auch dem hutterischen Taufritus eignen. Wenn wir die christliche Taufe mit der Beschneidung vergleichen, dann konnte das auf Argumente reformierter Theologen zurückgeführt werden, die Kolosser 2,11 als formelle Basis dafür betrachteten, das Paulus die Taufe als „Beschneidung Christi" gesehen und damit „die Einheit des Bundes"[24] akzeptiert habe. „Der eine göttliche Bund, der jenseits der Zeit und der äusserlichen Änderungen sich immer gleich bleibt, drückt sich einmal so, einmal anders aus; da sein Wesen überzeitlich ist, liegt die Gleichheit der Bundessakramente tiefer als ihre Ungleichheit."[25] Was also für Abraham galt (Gen. 17), gilt auch für seinen Samen, deshalb, so argumentierte man, mußten in Analogie zur Beschneidung, die Kinder getauft werden, einerseits, -das ist die heilsökonomische Sicht-, um dem Gottesvolke zuzugehören, andererseits, weil sie aus ethnisch-genealogischer Sicht zum Gottesvolke gehörten. Für die Reformatoren war der Gottesvolksgedanke ganz im mittelalterlichen Sinne nur in Koinzidenz mit dem Staatsvolkgedanken zu denken, und Taufe wurde in Abwandlung des blutigen Sakramentes der Beschneidung zum bestimmenden Merkmal einer durch Geburt vorgegebenen ontischen Volkszugehörigkeit. Was die Eingliederung in das Gottesvolk betrifft, besteht der Unterschied zur täuferischen Sicht nicht in dem Faktum an sich, sondern in der Deutung dessen, was Gottesvolk ist. Die Täufer und mit ihnen in betonter Weise die Hutterer verstanden sich als Bundesvolk Gottes im historisch-ecclesiologischen Sinne. Hier galten nicht ethnische oder geographische Strukturen, nicht biologische Erbgänge, sondern Erwählt- und Berufensein in eine eschatologische Gemeinschaft der Heiligen.[26] Aber die Taufe bleibt „Bad der Wiedergeburt", sie bleibt das Signum der *neuen* Geburt, der Taufakt markiert den Beginn des neuen Lebens als Kind Gottes und als Teil des Volkes Gottes; denn keiner wird das ohne die schützende Gemeinschaft der Heiligen. Das restituierte geistliche Leben

---

24 So lautet eine Kapitelüberschrift in Yoder, John H.: Täufertum und Reformation im Gespräch, Zürich 1968, S. 34

25 ibid.

26 Vgl. zur Vielgestaltigkeit des paulinischen Gemeindebegriffes: Klaiber, Walter: Rechtfertigung und Gemeinde, Göttingen 1982,

unterliegt ähnlichen Wachstumsgesetzen wie im biologischen Bereich. Es durchläuft verschiedene Wachstumsphasen, und es werden grundlegende Fähigkeiten und Qualitäten erworben, die den „erwachsenen" Christen auszeichnen sollen. In der Geschichte der christlichen Kirchen ist diese Lebensentsprechung trotz neutestamentlicher Warnungen (Hebr.5,12-14; 1.Petr.2,2) nur selten berücksichtigt worden. Nach Katechumenat und Taufe war der Christ „fertig". Geistliches Wachstum blieb subjektivem Heiligungsstreben überlassen. Als Ergebnis dieser Mißachtung geistlicher Wachstumsgesetze waren die „Christen" anzutreffen, die bis heute wesentlich das Bild des „christlichen Abendlandes" mitbestimmen. Anstelle des Typos Christi, der (um-)weltbestimmend wirkt, tritt der säkulare Christ, der ohne jedes Transzendenzbedürfnis sich innerweltlichen Spielregeln unterwirft. Aus dem Transzendenzbedürfnis aber erwachsen primär die Motive, die im Leben des Christen die Wachstumsprozesse initiieren und ermöglichen, deren Ausgangs- und Zielpunkt Gott ist. Weil aber „das Evangelium keine allgemeine Wahrheit ist, die ich mir selber sagen kann, sondern weil es dem Menschen, der von Hause aus nichts vom Geist Gottes versteht (1.Kor.2,14), gesagt werden muß, darum bedarf ich des christlichen Bruders. ... Gottes Gemeinschaft gibt es nur in Christus, dieser aber ist nur gegenwärtig in seiner Gemeinde, ..."[27] die in der Welt als heilige Abendmahlsgemeinschaft den Leib Christi bildet. Darum, und darin liegt eine weitere Ähnlichkeit mit dem alttestamentlichen Gottesvolk, sind sie ausgesondert aus der Welt (Art.4)[28], abgesondert von allem Unreinen. Damit aus der Gemeinde Gottes keine Versammlung von Sündern werde, wird durch das Amt des Hirten (Art.5) der Bann als ständiges Mittel der Selbstreinigung (Art. 2) gebraucht. Der Eintritt in diese Kirche geschieht durch das Wirken des heiligen Geistes, und er ist es auch, der das Wesen dieser Kirche bestimmt: Es ist Lichthaltigkeit[29], die sich als geistgewirkte Gerechtigkeit, Wahrheit und Heiligkeit kundtut und der Darstellung des ungeteilten Wesens Gottes in der Welt dient. Durch die Existenz der hutterischen Gemeinde ragt Gottes Wirklichkeit in die sündige Welt hinein.[30]

Keiner begehrt in dieser Gemeinde mehr sich selber zu leben, „noch das Seine zu suchen, sondern je einer dem andern, und jetzt nicht mehr viel, sondern einer sein in Christo. Damit in uns Menschen, die wir wider die Natur das Göttliche beweisen in der Tat erkannt werden von der Welt: die Einigkeit des Vaters mit dem Sohn und heiligen Geist, nämlich, das, wie wir im Sohn und im Vater eines sein."[31] So verstehen sie sich als Wiederherstellung des erwählten Gottesvolkes, darum Abgrenzung

---

27 Kreck, Walter: Grundfragen der Ecclesiologie, München 1981, S. 158 f.

28 Vgl. die entsprechenden Artikel des Schleitheimer Bekenntnisses bei Jenny; Beatrice: a.a.O.

29 Vgl. dazu Heimann, Franz: a.a.O., S. 27 f.

30 DHE: Vol. I, S. 79 f. (Jakob Hutter, 1535)

31 ibid.: S. 80

gegenüber der Welt, doch nicht Rückzug in die Wüste wie jene jüdische Gemeinde der Heiligen in Qumran, ängstlich darum benüht, jede Ansteckung durch die böse Welt zu vermeiden. Sie gingen in die Welt, um Gottes Liebe und Heiligkeit zu bezeugen trotz des Wissens um ihre Gefährdung angesichts von Verführung und Verfolgung durch Kirche und Staat. Ihr Schutz gegenüber diesen Mächten lag in der immer intensiver werdenden Gemeinschaft mit Gott und untereinander.[32] Innerhalb der Gemeinschaft gilt nämlich die rettende Gnade Gottes, die sie heiligt (Lev.22,32 f.), durch die sie das „Volk des Eigentums" geworden sind, an dem sich Gottes Eigentumsrecht schon verwirklicht hat. Als solches sind sie heilig und wollen diese Heiligkeit in Dienstgemeinschaft und Vorwegnahme des Gottesreiches bewahren (Lev.19,2). In diese Gemeinschaft wird man nicht hineingeboren, obgleich die entwicklungsbedingte Situation im 20. Jahrhundert und die von der hutterischen Kirche derzeit praktizierte Erziehung der Heranwachsenden diesen Schluß nahelegen könnte. Man wird in sie aufgrund freier, willentlicher Entscheidung aufgenommen, „eingeleibt", weil Gemeinde Leib Christi ist. Die Hutterer sind vom Anfang ihres Bestehens an eine traditionsgeleitete Gruppe, sind es aber in der Gegenwart in ganz besonderem Maße. In solchen Gruppen werden „die Einzelindividuen durch überkommene, sehr konkrete, oft kasuistische soziale Werte, die durch ihre institutionelle Veräußerlichung in Sitte, Brauchtum, Zeremoniell usw. auf den einzelnen in lange gleichbleibenden Situationen einwirken", geleitet.[33] Das Taufritual, das relativ früh in der Entwicklung der Gemeinschaft geschaffen wurde, sicherte den geordneten Eintritt in die Gemeinschaft und ihren Bestand. Es verpflichtete den Taufbewerber, sich den gott- und menschengegebenen Ordnungen in Gehorsam unter-zu-ordnen, den Moralkodex, die christliche Ethik, zu beachten, das kultische Zeremoniell in Gottesdienst und Gebet zu pflegen, Qualifikationsnachweise zu erbringen bzw. Qualifikationen zu erwerben, die der materiellen Sicherung der Gemeinschaft dienten, und schließlich, - das wurde mit zunehmender Länge des Traditionszeitraumes erforderlich-, für die Tradierung überkommenen sowie hinzugekommenen Brauchtums Sorge zu tragen.

Die Gütergemeinschaft:

Die Gütergemeinschaft wurde eingangs als *Sicherungselement* bezeichnet. Damit wurde sie soziologisch, nicht theologisch zugeordnet. Erst durch die Einordnung in die Ecclesiologie kann ihre theologische Bestimmung erfolgen. Gewiß, es gab historische Vorbilder für die Gütergemeinschaft[34], die letztlich über die Apostelgemeinde hinaus bis ins Altertum reichen, aber die Motive waren meist anders gelagert. Das gilt

---

32 Vgl. dazu Klaiber, Walter: Wo Leben noch Leben ist, Stuttgart 1984, S. 71

33 Schelsky, Helmut—Einführung, S. 9, in: Riesmann, David: Die einsame Masse, Rowohlt 1961

34 Vgl. dazu Wurm, Shalom: Das Leben in den historischen Kommunen, Köln 1977; Seibt, Ferdinand: Utopica—Modelle totaler Sozialplanung, Düsseldorf, 1972

sogar für die Urgemeinde in Jerusalem, deren Konsumkommunismus vor dem Hintergrunde der Parusieerwartung funktionierte. Die Hutterer berufen sich zwar immer wieder auf dieses Vorbild (Apg. 2,44; 4,32 und 37), aber die eigentliche Motivation findet nicht nur in dem aus dem buchstabengemäßen Schriftverständnis erwachsenden Willen zur Nachahmung eines historischen Vorbildes und auch nicht in einer ökonomischen Notwendigkeit ihren Grund, sondern sie besteht in der praktischen Umsetzung der Worte Jesu und seiner Jünger. Darum gehen alle soziologischen, ökonomischen oder politischen Erklärungsversuche dieses die Jahrhunderte überdauernden Phänomens an seinem Wesenskern vorbei. Die Durchsicht der hutterischen Schriften des 16. und 17. Jahrhunderts geben wohl den Hinweis auf die Entstehung der Gütergemeinschaft in einer akuten wirtschaftlichen Notsituation, aber man kann daraus nicht ihre dauerhafte Installation ableiten. Wäre Not das alleinige Motiv gewesen, wäre sie wohl mit der Verbesserung der wirtschaftlichen Verhältnisse wieder aufgegeben worden. Aber das geschah nicht! Im Gegenteil: Sie wird durch die radikalen Organisationsmaßnahmen Jakob Hutters im Jahre 1533 erst eigentlich zur Grundlage des hutterischen Gemeindelebens. Man wird also theologisch argumentieren müssen; denn ausschließlich innerweltliche Agenzien/Motive vermögen kaum deutlich zu machen, warum dieses großartige Unternehmen gemeinschaftlichen Lebens seinen Anfang nahm, wodurch es sich allen Widernissen und Wirrnissen zum Trotz behauptete und während fast eines Jahrhunderts missionarische Kraft und außerordentliche Attraktivität entwickelte. Neben den Motiven von aktueller Not und gegebenem historischem Vorbild ergeben die Schriften der Hutterer die folgenden starken Motive:

1. die schöpfungsgemäße Bestimmung des Menschen, 2. das Gesetzesmotiv, 3. die vom Evangelium gebotene brüderliche Liebe, 4. die Besserung des Lebens durch Gelassenheit, 5. Gehorsam gegen Gottes Gebote als Ausdruck neuen Lebens.

Zu 1: Die schöpfungsgemäße Bestimmung des Menschen: Ridemann, der mit seinen Überlegungen der Gemeinschaft der Heiligen die Gütergemeinschaft als eine auf der Basis der Liebe zu verwirklichende Aufgabe stellt, leitet diese aus einer naturrechtlichen Voraussetzung ab. Die Schöpfung bezeugt noch heute, „daß Gott anfänglich dem Menschen nichts Eigens, sonder gemein zu sein geordnet hat."[35] Der Mensch hat allerdings diese schöpfungsgemäße Position aufgekündigt, seine Hybris zielt auf die Vergötzung der Schöpfung und auf ihre Besitzergreifung, auch über die Grenzen der Erde hinaus. Daß aber die „Sonne mit allem Lauf des Himmels ... vom Menschen nit eingezogen sein, ist die Ursach, daß sie ihm zu hoch denn daß er sie in seinen Gewalt hätt bringen mögen, gewesen sein, sonst er sie -so böse war er durch das unrechte Annehmen geworden (1.Gen. 3,2-6)- sowohl als die anderen an sich gezogen und eigen gemacht hätt."[36] Dieses widerrechtliche „Annehmen", die Besitzergreifung dessen, was außerhalb der Verfügungsfreiheit des Menschen liegt, wird

---

[35] RR: S. 92

[36] RR: S. 93

nach Ridemanns Ansicht zur Ursache der Trennung von Gott. Er folgert dann: Der Mensch kann in seinem Sterben nichts mit sich nehmen, deshalb soll er sein Herz nicht an das Zeitliche hängen, „niemands fremdes Gut begehren."[37] „Derhalben der, (Mark.8,34-38) so Christus anhangen und nachfolgen will, solches Annehmen der Kreatur und Eigentumb verlassen muß …"(Luk.14,33)[38] Will der Mensch aber in das Bild Gottes zurückgeführt werden, muß er zunächst lassen, was ihn von Gott wegge-führt hat, „das ist das Annehmen und Einziehen der Kreatur"[39], das Anhäufen und Festhalten privaten Besitzes. Und er betont noch einmal, „daß wie alle Heiligen in geistlichen Gaben Gemeinschaft haben, noch viel mehr im Zeitlichen beweisen sol-len …, daß sie der Gemeinschaft Christi teilhaftig und in Gottes Bild erneuert sein."[40]

Zu 2: Das Gesetzesmotiv: Das naturrechtliche Motiv findet eine gewisse Fortset-zung in dem Gedanken der Besitzgleichheit, der sich im mosaischen Gesetz findet und auch aus historischen Fakten des Alten wie des Neuen Testamentes abgeleitet werden kann. Das geschichtlich verifizierbare Handeln Gottes läuft immer wieder auf die Nivellierung von Besitzunterschieden hinaus, und die daraus erwachsende Be-sitzgleichheit wird zur Grundlage gemeinschaftlichen Eigentums. In einer Frühfas-sung des Artikelbuches[41] werden die wesentlichsten Belegstellen für die Untermaue-rung der Praxis der Gütergemeinschaft angeführt, und es ist interessant, einige Ge-dankenführungen kennenzulernen. Das Faktum gleicher Versorgung Israels während seiner Wüstenwanderung (Ex.16) wird angeführt: Keiner hatte Mangel, aber niemand konnte Nahrung über den täglichen Bedarf hinaus ansammeln. Der Gedanke gleichen und gemeinen Nutzens „in der Wüsten dieser Welt"[42] ergibt sich beinahe zwangsläu-fig. Einen weiteren Gesichtspunkt bietet die Praxis des Sabbathjahres, den gemein-samen Konsum landwirtschaftlicher Erträge betreffend (Lev. 25,6-7). Die hutterische Folgerung heißt: „Darum wir auch alle Güter, so uns Gott beschert in dieser Zeit, aus christlicher Lieb gemein haben und genießen sollen mit unserm Bruder, Nächsten, Hausgenossen, und solche nimmer wie vor, in den sechs Jahren, für eigen einziehen oder sammeln."[43] Das alttestamentliche Armutsverbot für Israel „Es soll allerding kein Armer unter euch sein" (Deut.15,4) hat neben seinem caritativen einen gemein-schaftsstiftenden Aspekt; denn „wie vollkommener sollen wir solches im neuen Te-stament erfüllen durch christliche Gemeinschaft."[44] Dabei muß stets bedacht werden,

---

[37] ibid.

[38] ibid.

[39] RR: S. 94

[40] ibid.

[41] GGB: S. 208-240; ÄC: S. 270-316

[42] GGB: S. 219

[43] ibid.

[44] ibid.

daß christliche Gemeinschaft Gütergemeinschaft meint und voraussetzt. Ein Hauptargument aber bietet das Erb- und Besitzverbot die Priesterschaft betreffend (Num.18, bes.V.20; Jos.13,14; Hes.44,28). „Der Herr spricht zu Israel: ‚Die Priester sollen kein Erbteil haben. Ja, ich soll ihr Erbteil sein, sonst sollent ihr ihnen keine Besitzung unter dem Volk eingeben, denn ich bin ihr Besitzung.' Das ist ein Concordantia auf das ganz Volk in Christo Jesu, die zugleich alle ein königlich Priestertum Gottes und Christi sein. Jenes Priestertum erhielt sich untereinander mit dem Opfer, welches, wenn es geopfert, nimmer dessen war, der es opfert. Also jetzund die christlich Kirchen."[45] So wird bspw. die Arbeit des Einzelnen als das rechte Almosen und Opfer verstanden, deren Ertrag dem Erhalt der Witwen und Waisen, der Arbeitsunfähigen in der Gemeinde dient. Aber auch das Neue Testament wird, der Akzentuierung des Schriftverständnisses entsprechend, in die Argumentationskette eingeklinkt. Besitzlosigkeit (Lk.14), Almosengeben (Lk.12), Bereitschaft zum Teilen (Lk.3), geistliche Armut (Mt.5), Abkehr vom Mammon (Mt.6; Lk.6), Ruf in die Nachfolge (Mt.8,19; Mk.10;Lk.18), alle Lehren, Gleichnisse und zeichenhaften Taten Jesu (Mt.14,15; Joh.6), ebenso die Taten und Briefe der Apostel dienen der Begründung dieses Glaubensgrundsatzes und damit der Sicherung christlicher Gemeinschaft, wie sie in der hutterischen Kirche Gestalt gewonnen hat.[46]

Zu 3: Das Motiv brüderlicher Liebe: An gleicher Stelle wird der Gedanke der Gütergemeinschaft auf Jesu Doppelgebot der Liebe (Mt.22,37-39; Mk.12,29-31; Lk.10,27) zurückgeführt.[47] Dabei erweist sich das unscheinbare Präfixoid „Selbst" als der Schlüsselbegriff, der den Zugang zum Verständnis und zu den Möglichkeiten wahrer Gemeinschaft eröffnet. Selbst-Liebe ist die notwendige Voraussetzung jeglicher Nächsten- und Menschenliebe. Wo sie sich in Altruismus verflüchtigt, wird personbezogene Nächstenliebe ebenso unmöglich wie in ihrer egoistischen Verabsolutierung. Dennoch muß sie in dieser Ausschließlichkeit begriffen und gleichzeitig in der unbedingten Verklammerung zur altruistischen Variante gesehen werden, um in der Aussage Jesu „wie dich selbst" die Gleichung zu erkennen, die Gemeinschaft begründet. „Das wörtlen ‚selbs' (sich, selbs) begreufft in sich ein warhafftige gmainschafft und alle werkh der lieb und barmhertzigkeit, so ein mensch dem andern erzaigen kan und mag. Ja, lieben den nachsten wie sich selbs, das ist die mueter warer gmainschafft und aller gueten dingen. Wo diese lieb von Got außgossen ist in die hertzen, da leernet sie ein war gmainschafft durch den heilligen geist und das band des früdens; da begeert man kain vortaill vor dem nächsten zu haben, sonder ein gleichheit und gmaine sorg für einander. Das ist den nächsten nit geliebt wie sich selbs, da einer aus aignutz ein aigenthumb will besitzen, behalten und haben. Dan der lieb ist ein bandt der vollkommenheit, ..."[48] „wo sie wohnet, wirkt sie nicht

---

45 GGB: S. 219 f.

46 Vgl. dazu GGB: S. 220-226

47 GGB: S. 222

48 WAB: S. 191, Abs. 43

halbe, sonder vollkommene und ganze Gemeinschaft."[49] Was aber heißt Gemeinschaft? Sie ist nichts anderes, „denn daß die, so Gemeinschaft haben alles gemein und zugleich miteinander haben, keiner ihm selber nichts, sonder alles einer dem andern hat, gleichwie der Vater ihm selber nichts, sonder alles was er hat, das hat er dem Sohne, also wiederumb der Sohn nichts ihm selber, sonder alles, was er hat, das hat er dem Vater und allen, so mit ihm Gemeinschaft haben. (Joh.17;Röm.8,10-11;1.Joh.1,2-3) Also auch alle die, so mit ihm Gemeinschaft haben, nichts ihnen selbst, sonder alles ihrem Meister haben und denen allen, so mit ihnen Gemeinschaft haben, auf daß sie im Sohne eins sein wie der Sohn im Vater." (Eph.4,1-16; Joh.16,13-15)[50] Die Einheit von Vater und Sohn -sie muß trinitarisch verstanden werden; denn die Hutterer setzen sich betont von den antitrinitarischen Strömungen ihrer Zeit ab-, wird also zum eigentlich bestimmenden Element für den Gedanken und die Praxis der Gemeinschaft. Sie ist göttlicher Wille und gilt „im Himmel wie auf Erden." Die völlige Gemeinschaft der Jünger mit ihrem Meister ist nur ein Analogon der göttlichen Einheit und wie diese nicht aufzuheben und nicht aufspaltbar. Wahre Kirche und Gemeinschaft der Heiligen werden dabei gleichgesetzt, die einzelnen Glieder sind eins im Sohne, sind als Gemeinschaft Leib Christi, haben damit auch in Gott Gemeinschaft. Die Gaben des Christus sind aber nicht einem Glied allein, sondern allen Gliedern, dem ganzen Leib geheiliget und gegeben.[51] Alle Gaben Gottes, nicht allein die geistlichen Gaben, werden dem Menschen nicht zu privatem Nutzen gegeben, daß er sie „allein haben soll, sonder allen seinen Genossen, ... auf daß ... nit einer Überfluß und der ander Mangel habe ..."(2.Kor.8,7-15)[52] Es gelten da keine Ausflüchte; „denn solange die Güter mein sind, sind sie nicht gemein; und so sie gemein sind, sind sie nicht mein, sondern unser."[53]

Zu 4: Die Besserung des Lebens durch Gelassenheit: Gemeinschaft, sie ist im hutterischen Sinne nur als Gütergemeinschaft denkbar, muß in unlösbarer Beziehung zum Begriff der Gelassenheit gesehen werden. Die Liebe wirkt nicht nur vollkommene Gemeinschaft, sondern ebenso vollkommene Gelassenheit. Als wichtiges Wort im Sprachgebrauch der mittelalterlichen Mystik bezeichnete es die Haltung eines Menschen, der sich selbst und die Welt „gelassen" und sich statt dessen Gott „gelassen" hat. Dabei erfuhr die ursprünglich aktive Bedeutung einen Bedeutungswandel hin zum Passivischen, der personale Tiefe, Selbstauslieferung, Unterstellung unter den Willen Gottes bis hin zur Todesbereitschaft beinhaltete. Diese religiöse Bedeutung des Wortes reicht bis in die Neuzeit. So formuliert Luther: „ ... bis der mensch werde ganz gelassen, frei, willenlos, und nichts mehr weiß denn das er Gottes willen ge-

---

49 WAB: S. 188, Abs. 38; GGB: S. 221

50 RR: S. 40 f.

51 RR: S. 92

52 ibid.

53 Ehrenpreis, Andreas: Kurze Antwort an Daniel Zwicker, in: DHE, Vol.3, S. 373

warte."[54] In der Gegenwart hat diese Grundbedeutung wiederum eine Öffnung hin zu einem aktiveren Verständnis erfahren; denn, losgelöst von seiner Gott- oder Schicksalsbezogenheit, erfährt es eine säkulare, oft psychologisch zu wertende Deutung. Es wird zu einem Synonym für Loslösung von (meist) psychischen Problemen, für Gelöstheit, für Selbstbefreiung zur Selbstbestimmung, für Selbstentfaltung durch Überwindung von Angst, für seelisch-geistige Distanz.[55] Im hutterischen Sinne von „Gelassenheit" erfährt diese Tendenz eine Vorwegnahme durch die erneute Hinwendung zu einer stärker aktiven Bedeutung, die aber ganz eng an das göttliche Prinzip der Liebe angebunden ist. Diese positive Interpretation von Gelassenheit wurde hauptsächlich durch Hans Denck in das Täufertum eingeführt und von den Täufern desto lieber aufgegriffen, als sie auf dieser Grundlage das in der Folge ihrer Einstellungen zu Gehorsam und Nachfolge auf dem engen Pfad (Mt.7,13f.) zu erwartende Martyrium besser akzeptieren und freudiger ertragen konnten.[56] Ein Beispiel dieser Einstellung liefert Michael Sattlers Brief an die „Gemeine Gottes in Horb", in dem er schreibt: „In solcher gefahr habe ich mich ganz in des Herrn Willen gegeben, und mich um seines Zeugnisses willen mit allen meinen Mitbrüdern und meiner ehelichen Schwester zum Tode bereitet; ... darum habe ich für nötig erachtet, euch mit solcher Ermahnung aufzumuntern, um uns im Streite Gottes nachzufolgen, damit ihr euch damit trösten und in des Herrn Züchtigung nicht müde werden mögt."[57] In den Täuferkirchen bleibt diese Tendenz, Gelassenheit in engster Verbindung zum Martyrium zu sehen, bedeutungstragend, aber im hutterischen Sprachgebrauch gewinnt der Terminus „Gelassenheit" einen zusätzlichen Bezug zu den irdischen Dingen, zum Besitz materieller Güter, ja, er erfährt geradezu eine Bedeutungsverengung auf diesen Teil menschlicher Existenz, der gegenüber dem Leben letztendlich zweitrangig bleibt! Er wird gleichbedeutend mit Verzicht eines Menschen auf weltlichen Besitz, mit anderen Worten, er beinhaltet „völlige persönliche Armut."[58] In der bereits genannten Kurzfassung des „Artikelbuches" wird unter der Überschrift „Von der wahren Gelassenheit und christlichen Gemeinschaft der Güter" völlige Besitzgleichheit in der Gemeinschaft gefordert, was dann allerdings zur Folge hat, daß die „völlige persönliche Armut" durch den kollektiven Besitz aufgehoben wird. Wir erwähnten das Armutsverbot (Deut.15,4). Bedeutsam aber ist die Verklammerung von Gelassenheit und Gütergemeinschaft. Sie wird in zahllosen Wiederholungen beschworen, irgendwelche mystischen Anklänge sind darin nicht zu erkennen, sondern Gelassenheit wird zum Impulsgeber und Instrument gemeinsamen Lebens. Doch wird der Gedanke an mögliches Martyrium nicht aufgegeben. Unter dem Stichwort „Märtyrertod" finden sich im „Klein-Geschichtsbuch" 21 Indexverweise, zur „Gelassenheit" sechs, wobei

---

[54] Zit. n. Götze, Alfred (Hg.): Trübners Deutsches Wörterbuch, Berlin 1939, Bd.3, S. 75

[55] Vgl. Lauster, Peter: Wege zur Gelassenheit, rororo- Sachbuch Nr. 7961

[56] Vgl. Friedmann, Robert: Gelassenheit, in: ME, Vol. II: S. 448 f.

[57] v. Braght, Jan Tielemann: Märtyrerspiegel ..., Teil II, S. 6

[58] Friedmann, Robert: a.a.O., S. 449

dem ersten dieser Hinweise programmatische Bedeutung zukommen könnte; denn da heißt es: Wir sollen „täglich des Herren Werk und Kreuz erwarten, wie wir uns denn unter sein Zucht ergeben und verwilliget haben, alles, was er uns zuschicket, mit Danksagung annehmen und mit Geduld tragen …"[59] Ulrich Stadler schreibt in diesem Zusammenhang: „Alle gaben und güeter, … gmain zu haben under inen, darzue gehören freie, gelassne und völlige herzen in Christo, … die alles mit allen kindern Gottes gmain haben, gern außtailen und außsträuen, sich auch gern dulden und leiden mit den fromen."[60] Ja, und das ist die eigentliche Logik des Lebens in der Gütergemeinschaft, dadurch daß der Hutterer im Sinne der Bergpredigt von jeglicher Sorge um das Privateigentum und die Dinge der täglichen Notdurft total entlastet wird, gewinnt er genau die Freiheit, die in das Loslassenkönnen führt. Er wird frei für den Dienst am Nächsten, für den Dienst in der heiligen Gemeinschaft und für sie. Eine Reihe menschlicher Eigenschaften, auf die man gemeinhin nicht verzichten zu können glaubt, weil sie den menschlichen Antriebsstrukturen zugerechnet werden, werden abgebaut, sublimiert, auf geistliche Ziele gelenkt.[61] Statt dessen dienen die gemeindlichen Ordnungen „alle zeit zur bessrung dem volk …, … damit das aigentumb, nämlich das sein, mein, dein in des Herren hauß nit erfunden werde, sunder gleiche lieb, gleiche sorg, austailung und ware gmainschaft mit allen güetern des vaters nach seinem willen."[62] Die Hutterer wachten über dieser aus ihrem strikten Biblizismus gewonnenen Lebenshaltung und tun das noch heute; „denn die Apostel haben …dem Volk die wahre Gelassenheit auf das treulichest fürgeschrieben …"(Phil.2,1-11)[63] Dabei wird jede Verweigerung oder Abweichung als Ungehorsam gegen den ausdrücklichen Befehl Jesu verstanden. Wer Eigentum hat, folgt Christus nicht nach, denn unter den Jüngern Jesu gab es keinen Besitzenden; zudem sagt der Prediger Salomo: „Wer reichthumb liebt, der wirt kein nutz darvon haben."(Pred.5,9)[64] In der „Theologia Deutsch", auf die sich die hutterische Vorstellung von Gelassenheit im Zusammenhang mit Gütergemeinschaft bezieht, heißt es: „Wer nit aygenwill, so wer kein aygenschafft (Eigentum). In dem himelreich ist nichts aigens, derhalben ist gnueg warer früdt und alle gottsälligkeit. … Item, wer was aygens hat oder haben will oder geern het, der ist selbs aygen, nemlich des, so er begeert oder hat. Und wer nit aygens hat oder haben will und nichts begeert zu haben,

---

59 KGB: S. 16

60 Müller, Lydia: a.a.O., S. 222 und 225

61 Anmerkung: Es war faszinierend zu sehen, wie gestandene Männer, die für große agrarindustrielle Unternehmungen oder für bestimmte Abteilungen innerhalb dieser Betriebe volle Verantwortung tragen, jede Gelegenheit nutzen, über biblische Themen zu reden. Wo Privatunternehmer wahrscheinlich über betriebliche oder technische Probleme diskutieren würden, eifern sie mit ihrer ganzen Person um Gottes Wort.

62 Müller, Lydia: a.a.O., S. 225

63 RR: S. 95

64 WAB: S. 189, Abs. 38

der ist ledig und frey und niemands aygen. Item Christus (sagt): Volge mir. Wer im aber volgen soll, der mueß alles lassen, dann in im war auch alles gelassen."[65] Im eigentlichen Sinne wird hier eine Analyse der menschlichen Freiheitsbedingungen vorgenommen -es werden die Abhängigkeiten aufgewiesen, in die Menschen durch Besitz absinken-, sie wird ergänzt durch die Mahnung, die Güter zu besitzen, „nit wie ein knecht, sonder wie ein herr, und nit von ihnen besessen werdent."[66] So wird die Aufgabe privaten Eigentums zur Voraussetzung für die Erlangung der Vollkommenheit (Mt.19,16ff.; Mk.10,17ff.; Lk.18,18ff). Die Erzählung vom reichen Jüngling, den Jesus auffordert, vor der Nachfolge seine Güter zu verkaufen und in Almosen umzuwandeln, kommt für die Lehre von der Gütergemeinschaft eine bedeutsame Rolle zu. Denn es ist klar, „das die, so iren taill erhalten, irem aygentumb nit absagen können und den geistlich armen in warer gemainschafft und gleichen nutz nit dargeben mögen, nit junger und nachvolger Christi werden mögen. Darum alles verkauffen ist ein gmain gebott und nit nuer ein rath."[67] Was Gott den Menschen verleiht, sollen sie gemeinsam haben und zu gleichem Nutzen darlegen.[68] Dieses rigorose Gemeinschaftsverständnis erfordert von dem einzelnen Gläubigen einschneidende Verzichtleistungen, stellt seine individuellen Strebungen und Bedürfnisse, seine Lust-Unlustbilanz in den Prüfstand und verlangt von ihm eine bedingungslose Hingabe des eigenen Willens an den Christus, konkret, an den Leib Christi, das ist die hutterische Gemeinde! Unter welchen Bedingungen, welchen Einflüssen ist der Mensch dazu in der Lage? Das fünfte Motiv, das die hutterischen Schriften herausstellen, ist der Gehorsam.

Zu 5: Der Gehorsam gegen Gottes Gebote als Ausdruck eines neuen Lebens: Gehorsam ist göttliches, nicht menschliches Werk. Durch dieses Werk Gottes, das seinen klarsten Ausdruck darin findet, daß Christus „uns nun selbst erkauft hat", werden Menschen aus den Banden des Teufels erlöst und mit Gott versöhnt. Einerseits gewinnen sie Freiheit, andererseits werden sie durch Christus in eine neue Beziehung eingebunden, in der sie ihre „Glieder ihm gänzlich dazu begeben haben, daß sie auf ihn warten, sein Werk zu dulden und ... seinen Willen zu leiden."[69] Das ist Gehorsam, während „Verlassung des Gehorsams Gottes" Sünde ist[70], ja, „Ungehorsam ist die Mutter aller Sünde."[71] „So kommt nun alles Heil aus dem Gehorsam, das Verderben aber aus dem Ungehorsam."[72] Gütergemeinschaft wird so zum eigentlichen

---

[65] WAB: S. 237

[66] WAB: S. 237, Zeile 15-16

[67] WAB: S. 188, Zeile 16-20

[68] WAB: S. 180, Abs. 20

[69] RR: S: 20 f.

[70] RR: S. 55

[71] RR: S. 56

[72] DHE, Vol I: S. 143

Prüfstein für den Gehorsam; denn sie ist nur da möglich, wo alle bereit sind, ihre „Gedanken unter den Gehorsam Christi gefangen nehmen" zu lassen (2.Kor.10,5), den Eigenwillen aufzugeben und sich ganz dem Willen Gottes zu unterwerfen, wohin auch immer dieser Weg führen mag. Es ist wohl das tiefste geistliche Prinzip, dessen Verwirklichung ein Mensch erstreben kann, sich völlig göttlicher Führung auszuliefern und anzuvertrauen, den „Leib, Gut, Kind, Ehr' und Weib" aufzugeben (Luther). Man kann nicht „alle Dinge gemein haben und ein jedlicher etwas zu seiner Notdurft behalten", das reimt „sich zusammen, wie weiß und schwarz."[73] Diese Versuchung der vorsorglichen Sicherung war es wohl, der Ananias und Saphira (Apg.5) und auch einige Führer in der frühen Zeit der Gemeinschaft erlagen. Die Briefe hutterischer Märtyrer spiegeln an unzähligen Stellen das Verlangen, allein Gott gehorsam zu sein und in Verwirklichung dieses Gehorsams teilzuhaben am Leiden Christi, ihm ähnlich zu werden.(Phil.3,21; Röm.6,5) Diese gelassene Leidensbereitschaft, das Leidenscharisma, aus dem Willen zu unbedingtem Gehorsam geboren, wirkte im Huttertum während vieler Generationen bis in die Gegenwart hinein. Auch in diesem Jahrhundert gab es noch um des Gehorsams gegen Christi Gebot willen hutterische Märtyrer, und in der heutigen Generation wird dieses Bekenntnis, wenn auch mit einer gewissen Nachdenklichkeit, zumindest verbal aufrechterhalten. Es gereicht dem frühen Täufertum zur Ehre, daß es die Möglichkeit einer Verflachung des Gehorsamsbegriffes durchaus gesehen hat. In der Abhandlung „Von zweierlei Gehorsam"[74] wird zwischen kindlichem Gehorsam und knechtischem Gehorsam unterschieden und die Kinder Gottes werden vor einem Abgleiten in den knechtischen Gehorsam gewarnt. Doch schlagen wir noch einmal die Brücke zur Gelassenheit, wenn wir aus dem Abschiedsbrief eines in Wien hingerichteten Hutterers an seine Ehefrau zitieren und damit gleichzeitig die Beziehung zum Gehorsamsmotiv herstellen. Unter Bezugnahme auf die Opferung Isaaks wird der Gehorsam Abrahams gepriesen, und dann heißt es: „Also will der Herr ein gelassnen Menschen haben, der sein Hertz allein an Gott gehenckht vnd an kein Creatur. Dan Christus spricht, wer nit verlast Hauß vnd Hoff, Wisen vnd Äckher, Gelt, Guet, Weib vnnd Kindt, darzue sein aigen Leben, der kan mein Junger nit sein."[75] Gehorsam als ein Wesenszug gelassenen Lebens (und Sterbens!) bzw. Gelassenheit als Folge des Gehorsams kommt auch in dem folgenden Zitat zum Ausdruck: „ ...es hat am ersten wohl ein Ansehen, daß wir bald sterben müßten. Aber Gott hat ihren Ratschlag bisher zerstreut; was er aber weiter mit uns fürhat, weiß er am besten. Er mach's mit uns, wie es sein guter Wille ist, dem wollen

---

[73] DHE, Vol. III: S. 373

[74] Vgl. Wenger, John (Hg.): Two Kinds of Obedience—An Anabaptist Tract on Christian Freedom, in MQR, Januar 1947, XXI; S. 18-22

[75] Mais, Adolf: Gefängnis und Tod der in Wien hingerichteten Wiedertäufer (Epistel von Hans Staudach, zit. n. Cod. Hab. 17, fol.212-213v), in: Jahrbuch des Vereines für Geschichte der Stadt Wien, Bd.19/20, Jg.1963/64, S. 154

wir mit seiner Hilf' gehorsam sein ..."[76] Die Welt zu betreten „nur wie eine Brücke"
(Eichendorff) stellt den Menschen in eine tägliche innere Auseinandersetzung, die
den Einsatz aller seiner Willenskräfte erfordert. Gewiß, die Gütergemeinschaft bietet
dem Individuum gewisse Sicherheiten und ein großes Maß an persönlicher Geborgenheit, aber sie verlangt dafür den Verzicht auf manche Annehmlichkeit, die aus
dem Vorrecht, nach eigenem Willen zu leben, und aus persönlichem Besitz erwächst.
Das alte Huttererwort „Gottes wort wär nit so schwär, wenn nur der aygenwill nit
wär'", nimmt in einer Abwandlung direkt auf die Gemeinschaft Bezug: „Die Gemeinschaft wär nit schwer, Wenn nur der Eigennutz nit wär."[77] Vielleicht ist der
Eigennutz überhaupt eine der Grundtorheiten menschlichen Daseins; denn „wenn
nicht Gemeinnutz so viel wert wie Eigennutz, den er begehrt, den halt ich für einen
närrischen Gauch; denn was gemeinsam, ist eigen auch."[78] Es stellt zweifellos eine
harte Konsequenz dar, wenn den Menschen gesagt wird, daß Jesus nicht gelehrt habe,
um das eigene Brot zu bitten, sondern um das „gemainschäfftliche brodt. Das seindt
falsch beeter, die bitten: Gib uns unser brodt, und wen sie es empfahen für aigen
haben. Wer aigens hat, darff Gott nit bitten."[79] Eine Hutterin bekannte in einem
Gespräch, daß es in der Form gemeinschaftlichen Lebens durchaus Schwierigkeiten
gebe, wie sie auch in der „Welt" üblich sind, wenn es beispielsweise um die Einstellung zu den ‚eigenen' Kindern geht, eine Konfliktmöglichkeit, die die alten Hutterer
durch die Art der gemeindlichen Erziehung minimierten, und daß daraus resultierende Konflikte oft mit Beten aufgearbeitet werden müssen. Sie sagte dann: „Wenn du
weißt, du hast wen beleidigt, dann mußt du geh'n abbitten und schau'n, daß du wieder zusammenkommst, und das ist ein höllisches Leben, wenn du in die Gmein willst
leben. Du arbeitest jeden Tag mit alle Leute, und wenn du nicht im Frieden bist, das
geht bis auf Mark und Bein. Du mußt einfach wieder zusammenkommen!"(Sarah
H.,Manitoba) Die Transparenz aller Beziehungen in der Lebensgemeinschaft eines
Bruderhofes führt dazu, daß man die Motive, Denk- und Handlungsweisen des anderen, seine eventuellen Vorbehalte und Ressentiments deutlicher spürt als in der Anonymität der Außenwelt, daß es unmöglich wird, Versöhnung vorzutäuschen. Wenn
die Echtheit innerer Haltung vor der Komplexität eines „offenen Lebens" bestehen
muß, dann sind Gehorsam und Liebe, Gelassenheit und das Bewußtsein schöpfungsgemäßer Gleichheit gefordert, oder aber es wird „ein höllisches Leben", in dem es zu
einer Umkehrung der Persönlichkeitsstruktur eines Menschen in allen ihren Funktionen vom Positiven zum Negativen kommt.

So erweist sich Gütergemeinschaft nicht als ein Gegenstand der Ökonomie, sondern zu allererst als ein Gegenstand der Ecclesiologie und, weil Gemeinde „soma

---

76 DHE, Vol I: S. 325

77 Horsch, John: The Hutterian Brethren, a Story of Loyalty and Martyrdom, in: MQR,
    Januar 1947, XXXI; S. 25 und 34

78 Brant, Sebastian: Das Narrenschiff, Stuttgart 1980, S. 43

79 WAB: S: 184

Christou" ist, der Christologie. Dennoch oder gerade deswegen hat sie eine Fülle weltwirksamer Folgeerscheinungen: Aus ihr resultiert eine strikt kommunistische Wirtschaftsform, eine kollektive und auf das Leben im Kollektiv ausgerichtete Erziehung der Kinder wie der Erwachsenen, eine isolationistische Verwaltungsautonomie und eine rigoristische Ablehnung weltlicher Zuständigkeiten. Durch sie wird sehr umfänglich der täuferische Grundsatz der Absonderung verwirklicht. Kontakte zur nichthutterischen Welt werden nur unter speziellen Zielstellungen und durch besonders ausgewählte und vorbereitete Personen gepflegt. Diese selektive Kontaktnahme zur „Welt" wird vor dem Hintergrunde der hutterischen Weltsicht allerdings verständlich; denn ebenso wie sich Gemeinde und Staat antithetisch gegenüberstehen, so auch die wahre Kirche Christi und die gottentfremdete Welt.

Das dualistische Weltbild:

Die hutterischen Schriften, insbesondere die hutterischen Lieder zeichnen in ihrer Gesamtheit ein dualistisches Weltbild, hinter dem als bewirkende Prinzipien der gute Gott und das schlechthin Böse in der Gestalt des Satans erkennbar werden. Positive wie negative Teileinheiten werden allerdings nicht in ihren Binnenstrukturen gesehen, sondern in pauschalierten Ganzheiten der einen oder der anderen Art, die sich ebenfalls antagonistisch verhalten: Was gut ist ist gut, was schlecht ist, schlecht. Es gibt keine Zwischentöne, keine Übergänge oder Vermischungen. In derselben Gegensätzlichkeit werden die Menschen und ihre Institutionen gesehen: der Staat und seine Kirchen einerseits, die Gemeinde Gottes andererseits, Weltmensch und Gotteskind ebenso. Eine differenziertere Betrachtungsweise ist den Hutterern im Blick auf das Ganze der Gesellschaft fremd. Ein Beispiel neben vielen anderen gibt hierfür das Lied von Peter Ridemann „Wollen von Zerstörung singen ..."[80], in dem er ein Bild des sündigen Erdkreises und seiner Bewohner zeichnet. Allerdings ist bemerkenswert, daß Ridemann an anderer Stelle[81] das gesellschaftliche Sein sehr bewußt von der übrigen Schöpfung abhebt: „All Kreatur, wo die nur ist, / Des uns ein klar herrlich Lehr ist, / In dein Gehorsam bleibet." Allein „der Mensch, der die Erkenntnis hat, / ... verläßt willig den Schöpfer sein, / So er der Sünd anhanget ..."

Die menschliche Gesellschaft erweist sich trotz mannigfacher Hüllformen als widerchristlich: „Viel lan sich Christen nennen, / die sie doch gar nicht sein, Allein tun an sich nehmen / Erdichten falschen Schein / Und führen zum Deckel Christi Nam ..."[82]

Darum erinnert er bezugnehmend auf die Sünden Israels und den Josephus-Bericht von der Zerstörung Jerusalems und an die Warnungen Jesu (Mt.3,10; Luk.9,3;

---

[80] LdHB: S. 529
[81] LdHB: S. 511 / 4 und 5 (hinter dem Schrägstrich werden die Strophen genannt)
[82] LdHB: S. 534 / 55

Joh.15,6): „Zugleich ihr Völker allgemein, / Daß ihr die Buß tut wirken, / Ihr Jung, Alt, Groß und Klein. / Die Axt liegt an dem Baume, / Welcher nicht Fruchte tragt, / Der wird bald abgehauen, / Die Reb´ das Feuer nagt …"[83]

Die didaktisch-paränetische Absicht klingt hier an. Sie warnt vor den Folgen der Sünde, doch sie sieht Sünde nicht mehr als Verhängnis, sondern als ein aus freier Willensentscheidung gewachsenes Defizit, dessen eigenverantwortliche Verursachung eines euphemischen „Deckels" bedarf. Die abgrundtiefe Verworfenheit des Menschen, und hier hat er sehr direkt seine Zeitgenossen „Im ganzen deutschen Lande"[84] vor Augen, das Gesamt der Bosheit wird dann in sehr differenzierten Tönen eines ausführlichen Kataloges menschlicher Laster beschrieben, die ihr Vorbild bei Rabelais, Brant oder Villon finden könnten. Das Leben außerhalb der Gottesgemeinde gleicht „ganz heidnischem Leben" und äußert sich in Geiz, Schinderei, Wucher, Lügen, Trügen, Fressen, Saufen, Unzucht, Hurerei, Ehebrechen, Hoffart, Raub, Diebstahl, Mordbrennen, Kriegsspiel, Zorn, Neid, Haß, Zauberei, Nachreden, Gotteslästerung u. a. m..[85] Demgegenüber steht der Gottesheld, der „Liebhaber der Wahrheit"[86], der mit Christus abgestorben ist „den weltlichen Satzungen und allem fleischlichen Sinn und Fürnehmen." Er ist „eingezweigt und gewurzelt und unbeweglich" in Christo.[87] Dieser Dualismus kann nicht überbrückt werden, er kann nur überwunden werden, indem man sich für die eine oder die andere Seite entscheidet und auf diese Weise „des Teufels Bildnus an sich" nimmt[88] oder aber Gottes Bild, durch das der Mensch bezeugt, daß er Gott gehört, ja, seiner Art und Natur wurde.[89] Taufe und Gütergemeinschaft werden vor dem Hintergrunde solcher Gegensätzlichkeit nicht nur zu zentralen Themen der Theologie, sondern sie bilden in erster Linie den Horizont eines Lebensentwurfes, in dem der Mensch durch bewußte Absage an die Gott entfremdete Welt in eine Gemeinschaft kollektiver Heiligung eintritt, in eine Gemeinschaft von Menschen, „die aus göttlicher Anregung bewegt worden, sich zu versammeln und zusammen zu verfügen, damit ja eines dem andern durch die Gnade, die ihm geben ist, dienen möchte zu der Besserung."[90]

---

83 LdHB: S. 533 / 49-50

84 LdHB: S. 534 / 56

85 ibid. / 52-53

86 DHE, Vol. III, S. 373

87 DHE, Vol. I, S. 185

88 RR: S. 53

89 DHE, Vol. I, S. 128

90 ibid.: S. 80

74

Zusammenfassung:

1. Taufe und Gütergemeinschaft in Verbindung mit einem besonderen Leib-Christi-Verständnis begegnen uns als Zentralthemen der hutterischen Theologie. Die Wassertaufe wird zur Bestätigung empfangenen Glaubens und zum Signum der Einfügung in den Leib Christi, die Gemeinde. Taufe kann nach hutterischer Ansicht deshalb nur an Menschen vorgenommen werden, die in der Lage sind, eine eigene und selbständige Entscheidung für Christus und ein Leben der Erneuerung in der Nachfolge Christi zu führen.

2. Der Glaubensgrundsatz der Gütergemeinschaft kann nur vor dem Hintergrunde dieser Entscheidung als ein theologisch-ecclesiologisch zu deutendes Phänomen verstanden werden, das der Sicherung des Lebens in der Vollkommenheit Christi dient. Es wird aus unterschiedlichen Motiven gespeist. Sowohl die schöpfungsgemäße Gleichheit aller Menschen als auch die Weisungen und Vorbilder der heiligen Schrift führen in logischer Konsequenz zur Gütergemeinschaft. Wer zudem die Liebe Christi in seinem Leben erfahren hat, kann nicht auf der Ungleichheit des Besitzes materieller Güter beharren, weil das dem Prinzip der Gottes- und der Nächstenliebe widersprechen würde. Die Erfahrung göttlicher Liebe löst zudem den Menschen aus den Bindungen des Besitzes, er kann in wahrer Gelassenheit und in unbedingtem Gehorsam gegen das Wort Jesu in der Welt Gliedschaft am Leib des Christus repräsentieren. Die Einheit dieser Motive ermöglicht das Leben in der Gemeinschaft und läßt heilige Gemeinde in allen ihren Gliedern wachsen. Gütergemeinschaft ist ihrem Wesen nach geistliches Prinzip, doch sie hat konkrete Auswirkungen, weil sie die Gemeinde von allen anderen Kirchen und von der Außenwelt absondert.

2.4 Anthropologische Umsetzungen der theologischen Zentralthemen vor dem Hintergrunde des hutterischen Menschenbildes und zeitgleicher Entwürfe

In dieses dualistische Weltgefüge ragt sehr unpassend die Aussage hinein: „So nün Christus also ist, wie von im geschriben ist, so müßend die glider ouch also syn, dar mitt syn lib gantz und einig blibe zuo siner selbs besserung und erbuwung.“[1] Die Einheit des Leibes Christi wird der Zerspaltenheit und damit der Beliebigkeit von Welt und Zeit entgegengestellt. In der Gemeinde gilt der Dualismus nicht, vielmehr wirkt die Grundsatzforderung, daß „die glider ouch also syn müßend“ und weist damit auf das Bild des Christus. In seinem Leibe kann es keine prinzipiellen Unterschiede geben, keine Zonen, die noch der Sünde und damit dem Teufel gehören; „dann eyn jglichs reich, das inn jm selbst zerteylt ist, wirt zerstoert werden“[2]

---

[1] Jenny, Beatrice: S. 16, Zeile 227-229

[2] ibid.: Zeile 225-226

(Mt.12,25-26; Mk.3,24-26; Lk.11,17-18), wo aber „syn lib gantz und einig blibe", da geschieht das „zuo siner selbs besserung und erbuwung." Es gilt der Grundsatz der wesentlichen Einheit von Haupt und Gliedern, der in klarer Differenzierung zur Welt die Ambivalenz des Seins in der Welt aufhebt: Wie Christus gesinnt sein (Phil.2,5), in Ganzheit denken und handeln, das garantiert, daß „kein spaltung in dem lip sige, dar mit er zerstöret werden."[3]

Gottesebenbildlichkeit als Ziel:

Immer wieder begegnet uns in den hutterischen Schriften die Christusförmigkeit bzw. die Gottesebenbildlichkeit als Motiv und Ziel des Glaubenslebens, daß „der Mensch mit Gott eins (werde) und Gott mit ihm."[4] Es obliegt ihm, „sich in Gottes Bild zu beweisen mit seinem ganzen Leben"; denn „dies ist ein herrlich Bild, des wir uns billig alle freuen und Begier danach haben sollen."[5] Hier muß festgestellt werden, daß es sich nicht um eine Verbildlichung Gottes oder um eine Aussage, die Vergöttlichung des Menschen betreffend, handelt, sondern um die Rückbesinnung auf die gottgewollte, schöpfungsgemäße Bestimmung des Menschen; denn die Gottheit ist nicht Fleisch und Blut gleich, wie Fleisch und Blut nicht „Bild und Gleichnis der Gottheit sei, denn es (das Fleisch ist) von der Erde genommen und irdisch."[6] So wird in vernunftbetonter Form einer Überhöhung des Körperlichen entgegengewirkt und die Möglichkeit der Hypostase ausgeschlossen. Die Bestimmung des Menschen, Ebenbild Gottes zu sein, liegt nicht in der Gottgleichheit, sondern in seiner Vergeistigung; denn Gott ist Geist (Joh.4,24), und er gab dem Menschen „den Geist seiner Wahrheit, ein Bild seiner Klarheit, der den irdischen Körper regieren, sich durch ihn beweisen ... sollt ..."[7] Solange der Mensch nun „in der Wahrheit und Gottes Gehorsam lebet und wandlet und sich durch den Geist regieren, führen und beherrschen läßt, solange hat er und trägt Gottes Bildnis."[8]

Die Bedeutung der Willensfreiheit:

Das Verlassen dieser geistigen Sphäre führt zum Verlust der Gottesebenbildlichkeit. Die Annahme, es sei möglich, in der Distanz zu Gott in einem werteneutralen Raum, jenseits von Gut und Böse zu existieren, trügt; denn der Mensch nimmt da, wo er „die

---

3 ibid.: S. 15 f., Zeile 222-225

4 RR: S. 63

5 RR: S. 52

6 ibid.

7 RR: S. 52 f.

8 RR: S. 53

Sünde wählt, ... des Teufels Bild an sich" und verläßt das göttliche Bild[9], „Gottes Reinigkeit und Heiligkeit" und gehorcht dem Teufel. Das so neu begründete Abhängigkeitsverhältnis darf nicht in Anlehnung an Luthers Postulat „Vom unfreien Willen" gesehen werden; der „Aygenwill" wird in hutterischen Texten ausdrücklich realisiert, aber der Mensch ist auch ständig gefordert, zwischen essentieller Bestimmung und existentiellen Möglichkeiten zu entscheiden. Der Wille ist zwar frei, aber die Gehorsamsleistung, die aus einer willentlichen Entscheidung erwächst, ist stets auf die (Auf-)Forderungen bezogen, die an das Individuum situationsbedingt herangetragen werden. Es geht also nicht um das fraglose Tun dessen, was geboten oder verboten ist, sondern um die ständig neue Willensentscheidung zum Tun des Guten oder zum Lassen des Bösen.[10] Die „Verlassung des Gehorsams Gottes"[11] wird als Ungehorsam definiert, die Trennung des menschlichen Willens vom Willen Gottes als die Sünde, aus der alles Unrecht in der Welt erwächst.[12] Das subjektive Gefühl von selbstbetimmtem Handeln wird damit zur Illusion; denn „Ungehorsam ist die Mutter aller Sünde"[13], wer aber Sünde tut, der ist der Sünde Knecht (Joh.8,34; 2.Petr.2,19). Hier wird deutlich, daß nicht Gott oder der Teufel den Menschen reitet, dieses Bild ist zu undifferenziert, sondern daß wesentliche Binnenstrukturen der Persönlichkeit beteiligt sind: der Wille als Entscheidungsinstanz, als Steuerungselement des Handelns, und das wiederum in Abhängigkeit von Erkenntnisprozessen, d.h. letztlich vom Wissen um den Willen Gottes und die Bestimmung des Menschen. Mit solchem Wissen ist der Mensch aus der Beliebigkeit seiner Werturteile, seines Wollens und Handelns herausgehoben. Durch die Erkenntnis des Willens Gottes werden absolute Werte sichtbar, die das Leben des Gottesmenschen im Sinne der Jesusnachfolge bestimmen sollen.

Sünde als Folge eines Willensdefizites:

Hier entwickelt sich nun „vor dem noch ungewissen Hintergrund eines völlig reinen Menschentums" eine rationale Auffassung von Sünde; sie wird nicht mehr als unvermeidbar, als jenes „mythische Wesen" (Freud) von zerstörerischer Kraft gesehen, sondern als eine menschliche Handlung, die aus charakterlicher Schwäche, Unwissenheit, Böswilligkeit, Dummheit oder Leichtsinn erwächst und deshalb auch durch rechte Belehrung, rechte Zucht, rechte Hilfe und rechte Entscheidung vermieden werden kann. Diese Annahme ist zwar von großer praktischer Bedeutung für die Erziehung von Menschen, sie verleitete jedoch nicht zu der übersteigerten Forderung praktischer Sündlosigkeit, sondern sie führte zu einem theoretischen Postulat. Was

---

9 ibid.

10 Brunstäd, Friedrich: Willensfreiheit, in: RGG,Tübingen 1931. Bd.V, S. 1941 f.

11 RR: S. 55

12 RR: S. 55 f.

13 RR: S. 56

für die Schweizer Brüder gesagt wird, kann auch für die Hutterer gelten: „Perfektionisten im strengen Sinne des Begriffes sind die Täufer nicht gewesen. Den Anspruch, nach Buße und Taufe nicht mehr sündigen zu können, haben sie nicht erhoben.“[14] Es ist also wichtig zu „wissen, woher uns die säligkeit kombt, nämlich durch den Verdienst Christi“, und es ist von noch größerer Wichtigkeit, dieses Wissen in die Tat umzusetzen, lebendige Wirklichkeit werden zu lassen. „ ...so müssen wir eigentlich das wissen vollziehen, ... in seine (Jesu) fueßstapfen tretten, das joch an uns nemen, die handt an den pflueg legen, nimmer zurück sechen, den alten Adam ausziechen, ein neues leben an uns nemen, bueß tun, bueß tun, ... ablassen von der ungerechtigkeit, creutz tragen, kinder Gottes werden, ... so werden wir Erben Gottes und miterben Christi.“[15] Der Schreiber dieser Zeilen stellt den hier genannten Kriterien der Nachfolgeethik die Ergebnisse *jener* Ethik gegenüber, die glaubt, ausschließlich aus der Vergebung leben zu können, ohne „Früchte des Geistes“ bringen zu müssen, und fragt: „Was aber ist euer joch, pflueg, creuz und die grest bueß ...? Fressen, saufen, spillen, hueren, eebrechen, spaltung, sekten, neid, haß, hoffart, pilder eeren, zorn, feindschaft, mord, gotteslestern, schenden, fluechen, schwören, liegen, betriegen, nachreden, bluetvergießen, immer den andern veruntreuen, verurtlen, verfüeren, undertrucken, schinden und schaben, beißen und kratzen ... Deren kainer das reich Gottes erben wirt.“[16] Die harte Gegensätzlichkeit dieser Aussagen führt genau zu dem Punkt, den Paulus anspricht, wenn er sagt, daß die Ungerechten das Reich Gottes nicht erben werden. Die Ungerechten das sind die, die den offenbaren Willen selbst da, wo sie ihn tun könnten, ungetan lassen. Angesichts der massierten Lasterhaftigkeit wird jede Berührungsangst gegenüber dem ethischen Rigorismus der Gemeinde bedeutungslos. Es wäre nahezu unverständlich, wollte man den christlichen Tugenden nun noch mit Vorbehalten begegnen, zumal die Welt mit ihrem Tun dem Gericht und der Rache Gottes anheim fallen wird.

„ ... Denn es muß Babel fallen, / Es hat kein Helfer nicht. / Muß an ihr g'rochen werden / Vieler unschuldig Blut, / Das sie goß auf Erden / In ihrem stolzen Mut.“[17]

Der heidnischen Lebensform wird also trotz des anfänglichen Bußrufes keine Chance zur Veränderung geboten, „das Geheimnis der Bosheit“ (2.Thess.2,7) wächst bis zu seiner endlichen Überwindung. Mit dieser Tendenz stehen die hutterischen Schriften in deutlicher apokalyptischer Tradition. Der Gläubige ist auch nach seiner Rechtfertigung durch Christus nicht nur und nicht automatisch gut, was in der Polarität zum säkularen Menschenbild zu vermuten wäre, sondern er ist ständiger Versu-

---

14 Muralt, Leonard v.: Glaube und Lehre der Schweizerischen Wiedertäufer in der Reformationszeit. 1938, S. 3

15 Müller, Lydia: a.a.O., S. 260 f.

16 ibid.

17 LdHB: S. 534 / 64-64

chung durch den Teufel ausgesetzt, der mit „viel suptiler List"[18] versucht, den Gläubigen zurückzuführen „zu seim gottlosen Haufen."[19] Das Medium dieser Gefährdung ist das eigene Fleisch, die innewohnende sündliche Begierde, die den Antipoden der Christusförmigkeit darstellt.

Erbsünde als Prädisponiertheit:

Darum soll an dieser Stelle auf das Problem der Erbsünde eingegangen werden, zwar „das wort erbsünd hat in der ganzen heiligen geschrift keinen grund",[20] dennoch hat es in der hutterischen Theologie seinen Platz gefunden. Die Forderung, daß „der Mensch mit Gott eins (werde) und Gott mit ihm"[21], das muß immer wieder betont werden, ist ihrem Charakter nach eine idealtypische Forderung, weil die Erbsünde, so bekennen und lehren die Hutterer, bewirke, „daß alle Menschen, keinen denn den einzigen Christum ausgenommen, eine sündige Art von Adam haben."[22] Diese Adamserbschaft besteht in einer prinzipiellen Neigung zur Sünde, in der Tatsache, „daß wir alle von Natur zum Bösen und Sünden geneigt sein und Lust haben" (4.Esra 3,21-22).[23] Sie ist nahezu als ein genetisches Faktum zu betrachten, das aber, wäre der Mensch rein und gut geblieben, wie ihn Gott geschaffen hatte, nicht entstanden wäre, weil dann „auch die besamung one lust und böse begüerd abgangen" wäre.[24] Die Erbsünde wird deshalb „allen Menschen ein Ursach des zeitlichen Todes, denn sie sonst ins Leben geschaffen waren, ..."[25] In der Argumentation um die Frage der Kindertaufe spielen die Überlegungen zur Erbsünde eine bedeutsame Rolle, im „Prozeßbüchlein" wird Erbsünde unter verschiedenen Aspekten dargestellt[26], im vorliegenden Darstellungszusammenhang genügt die Feststellung, daß Erbsünde in der Triebstruktur des Menschen die Antriebsinstanz ist, die den Willen des Menschen durch das Medium „Fleisch und seel"[27] von Gott wegrichtet, „dieweil sie den Menschen in alle Sünde führet"[28]ihn,[29] wie wir eingangs sagten, zum Agenten der Sünde

---

18 LdHB: S. 718 / 5

19 ibid. / 6

20 Stadler, Ulrich, in: Müller, Lydia: a.a.O., S. 233

21 RR: S. 63

22 RR: S. 56

23 Anm.: Die genannte Bibelstelle (Froschauer) ist im 4. Esrabuch nicht auffindbar, aber der Inhalt des gesamten 3. Kapitels entspricht der Aussage Ridemanns.

24 Stadler, Ulrich, in: Müller, Lydia: a.a.O., S: 228

25 RR: S. 57

26 WPB: S. 126-133

27 Stadler, Ulrich, in: Müller Lydia: a.a.O., S. 232

28 RR: S. 58

macht.[30] Dazu stellt Jakob Hutter fest: „Obwol in allen glaubigen die böse naigung und die bösen lust in irem fleisch aufquellen und sich erregen, so verwilligen sie doch nit darein, sonder es ist inen ein schmerzen und streiten mit allem ernst darwider und tempfen und trucken sie nieder durch die kraft des geistes, wie Paulus zeugt und spricht: Welche aber Christi sind, die haben ir fleisch gecreuziget sambt den lusten und begierden …"(Gal. 5,24)[31] Der Christ hat also die Möglichkeit und deshalb auch die Pflicht, gegen diese Neigung anzukämpfen. Das Kraftpotential Christi steht ihm dabei zur Verfügung. „Weil wir schon jetzt im Streite stan, / Mit unserm Fleisch viel zu kämpfen han / In mannicherlei Probe …",

muß Christi Wort Kraft geben, und damit kann man „ … sein selbst gewaltig … sein, / Des Fleisches Lust bezwingen frei, / Das hilf uns Herr obsiegen."[32]

Es bleibt festzustellen, daß trotz bewußter Entscheidung im Sinne der Nachfolgeethik die Instanz oder „Bewegung der sündlichen Neigung" in ihrer Potentialität erhalten bleibt und sich „in allen Menschen erreget."[33] Das gesamte menschliche Wertesystem wird deshalb in eine Gegensätzlichkeit eingeordnet. Die diesen Werten verpflichteten Menschen entwickeln unterschiedliche persönliche Tugenden oder Laster und laufen individuell oder kollektiv auf gegensätzlichen Wegen ebensolchen Zielen entgegen. Am Ende steht für den Einzelnen das Gericht, in dem ihm Segen oder Fluch zugesprochen wird; „Denn zween Weg sind uns fürgelegt, / Sein einander entgegen schlecht, / Nur einer geht zum Leben. / Der ander ins Verderben trägt / Den jetzund viel wöllen wandeln schlecht, / Die ihn die Sünd erwählen …"[34]

Auch hier ist die Trennung absolut, die Gäubigen aber werden ermahnt: „Darum sucht mit Fleiß euer Heil …"[35] In der Gesamtheit dieses „dualen Systems" erfährt der Hutterer seine Positionierung, seine Wertbestimmung, seine Identifikationsmöglichkeit in Abgrenzung gegen das Feindbild „Welt" und „Weltmensch". Aus historischen Prozessen ist die disziplinierende Wirkung bekannt, die von Abgrenzungen zu kollektiven Gegenbildern ausgeht. Darum gehört die systematische Vermittlung des Gegenbildes zu den pädagogisch wirksamen Intentionen der hutterischen Schriften .

---

29 Hutter, Jakob, in: Müller, Lydia: a.a.O.: S. 188

30 Hutter, Jakob, in: Müller, Lydia: a.a.O.: S. 188

31 Hutter, Jakob, in: Müller, Lydia: a.a.O.: S. 188

32 LdHB: S. 718 / 4

33 RR: S. 57

34 LdHB: S. 506 /2

35 ibid. / 4

Persönlichkeitsmerkmale unterschiedlicher Ordnung:

Im folgenden soll der Versuch unternommen werden, ein Leitbild des Menschen zu zeichnen, wie es der Weltsicht der Hutterer und damit den Eigenschaften entspricht, die vor dem Hintergrunde von Taufe und Gütergemeinschaft gefordert sind; denn gerade letztere erfordert in hohem Maße Eigenschaften, die nicht aus dem Bewußtsein persönlicher Rechtfertigung erwachsen, sondern durch gezielten Willenseinsatz zu entwickeln sind. „In jeder Weise lag der Akzent auf der Identifikation mit Christus statt auf einer forensischen Zueignung, die nur geringfügige oder gar keine Auswirkungen auf den jeweiligen Charakter des Gläubigen hatte."[36] Betrachten wir die zahlreichen Tugend- bzw. Lasterkataloge hutterischer Schriften, dann zeigen sie trotz ihrer Vielgestaltigkeit nur selten persönlichkeitsbezogene Spezifität. Weil solche Spezifika kaum in Erscheinung treten, kann auch nicht das Bild eines bestimmten Hutterers in seiner befindlichkeits- und situationsbedingten Tagesabhängigkeit gezeichnet werden. Kurzlebige Reaktionen sind in unserem Zusammenhang ohne Wert; denn sie wirken nicht über sich selbst hinaus und tragen nicht zur Erhellung einer Persönlichkeit bei. Ein höherer Wert ist jenen Verhaltensweisen beizumessen, die aus Persönlichkeitsmerkmalen erwachsen, also Strukturen erkennen lassen. Als Persönlichkeitsmerkmal bezeichnen wir hier das Insgesamt solcher Einstellungen, Haltungen und musterhaften Handlungsbereitschaften einer Person, die auch unter veränderten Bedingungen beibehalten werden und einen relativ feststehenden Teil der Persönlichkeit bilden. Das sind verfestigte Tugenden, Laster, Meinungen, Einstellungen. Sie treten auf dieselbe oder ähnliche Weise zu unterschiedlichen Anlässen in Erscheinung und sind keinen plötzlichen Veränderungen unterworfen, mit ihnen kann man „rechnen". Sie sollen als Habitualisierungen bezeichnet werden. Mit ihrer Hilfe kann eine Vielzahl von Personen beschrieben werden. Da aber auf dieser Ebene bereits kollektive Strukturen erkennbar werden -das ist insbesondere in den Märtyrerliedern der Fall-, kann nicht die Grundeinstellung einer *bestimmten* Person analysiert werden, sondern nur die kollektiv wirksamen Persönlichkeitsmerkmale. Hierher gehören bspw. Aussagen über den Leib, daß man ihm „wenig wein, rueh und müesigang" geben solle[37], daß man den „leib abbrechen, in im zaun halten (solle), damit er nit gäll (geil) und muetwillig werde" oder „das man nit widrumb im fleisch lebendig werde und also der sünden diene ..."[38] Diese und ähnliche Meinungen zeigen zwar gewisse inhaltliche Varianten und sind auch unterschiedlich hinsichtlich ihrer Rigorosität formuliert, aber gleichzeitig offenbaren sie einen gewissen Grad von Stabilität und weisen damit auf die hinter ihnen sichtbar werdende Grundhaltung eines

---

36 Peachy, Paul: Die gegenwärtige Wiedergewinnung des täuferischen Leitbildes. In: Hershberger, Guy F., a.a.O., S. 313

37 Stadler Ulrich: in: Müller, Lydia: a.a.O., S. 218

38 ibid.

Menschen hin; sie bilden eine Attitüde.[39] Mahnungen, die Herzen nicht zu beschweren mit Fressen und Saufen und Sorgen der Nahrung[40], abwertende Aussagen über die natürlichen „begierlichkeiten", die zwar notwendig seien „als exempelweiß bey einem thier eessen, trinckhen, schlaffen"[41], und über die, die wohl natürlich seien, „aber nit nottwendig, nämlich die liebe der leiber" gehen als habitualisierte Meinungen unter den Gesichtspunkten von Mäßigkeit und (sexueller) Enthaltsamkeit ebenfalls in diese Ättitüde ein. Man müßte diese Attitüde als „Leibfeindlichkeit" bzw. als Bereitschaft zur Askese bezeichnen. Hingegen würde gemäß dem Katalog der Begehrlichkeiten „die begierlichkeit und lieb des geeldts ... weder nattürlich noch nottwendig, sonder überflüssig" sein. Das würde auf eine andere Grundhaltung zielen, nämlich auf Bedürfnislosigkeit, Bereitschaft zur Besitzlosigkeit. Man kann diese Zuordnung allerdings nicht absolut sehen, weil beide, Bedürfnislosigkeit und Askesebereitschaft, einander in einer Art „Überattitüde" begegnen könnten, in der Gelassenheit. Wir siedeln deshalb die Gelassenheit anstelle der Bedürfnislosigkeit auf diesem Level an, weil Gelassenheit tatsächlich auf das Loslassen von Besitz und „völlige persönliche Armut" abzielt. In gewissen Persönlichkeitsbereichen wird schon auf der untersten Ebene eine Festlegung und Vereindeutigung der Reaktionsweisen erkennbar, wie es sonst erst auf dem „habitual opinion level" möglich wird. Wir können deshalb davon ausgehen, daß in der Geschlossenheit eines hutterischen Lebensraumes manche individuellen Unterschiede wenig oder gar nicht in Erscheinung treten. Es ist nicht nur die Gleichheit der Kleidung, die Ähnlichkeit bestimmter (Körper-)Haltungen und Bewegungen, sondern auch Meinungen (z.B. zur Benutzung von Massenmedien, Einkaufsverhalten u.a.) weisen ein hohes Maß von Übereinstimmung sowohl bei den Geschlechtern als auch bei den verschiedenen Altersgruppen auf. Alle diese Gleichheiten dienen der Festigung und inneren Sicherung der Gemeinschaft. Nur der ist tauglich zum Mitbauen am Hause des Herrn, dessen „ungelassnes herz samt dem mamon behackt und beschnitten"[42] wird. Man muß ihm seine Fehler und Mängel treulich anzeigen, damit er „gleich gesünnet und ainerlai farb werd mit allen heilig gelassnen kindern Gottes."[43] Es ist deshalb faktisch unmöglich, einen Hutterer in abstracto, gewissermaßen auf Literaturbasis zu beschreiben. Nur in der Kenntnis von persönlichen Großzügigkeiten, Freundlichkeiten, Verengungen, Ängsten, u.ä. können spezifische Unterscheidungen getroffen werden; denn der heute lebende Hutterer ist ein Mensch mit sehr individuellen Verhaltensweisen. Doch die Persönlichkeitsmerkmale der verschiedenen Ebenen sind auf ein höch-

---

39 Vgl. dazu Allport, Gordon W.: Attitudes, in: A Handbook of Social Psychology, Worcester 1935; dgl. Eysenck, Hans Jürgen: Psychology of Politics, London 1957, S. 111-113

40 DHE, Vol.I, S. 188

41 Zu den folgenden Zitatteilen vgl.: WAB, S. 232/144

42 Stadler, Ulrich, in: Müller, Lydia: a.a.O., S. 226

43 ibid.

stes Ziel hin strukturiert. Aber auch auf der untersten Ebene, wo normalerweise Variabilität und individuelle Verschiedenheiten am deutlichsten ins Auge fallen, weil die Konstanz der Erscheinungen am geringsten ist, treten in der hutterischen Persönlichkeitsstruktur bereits steuernde Einflüsse aus übergeordneten Strukturelementen auf. Geht man jetzt den umgekehrten Weg von der Spitze der Hierarchie zur Basis, dann wirkt auf oberster Ebene die Willensfreiheit als Freiheit in Christus (Gal.5, 1,13). In der Willenseinheit mit dem Christus und seiner Gemeinde realisiert sich bereits Christusförmigkeit, aber sie muß auf die unteren Ebenen, die nachgeordneten Persönlichkeitsmerkmale transponiert werden. Auf der nächsten Ebene wird der Gehorsam, der stets individueller Gehorsam ist, zu dem zentralen Persönlichkeitsmerkmal, das das Wesen einer christlichen Persönlichkeit bestimmt. Auf gleicher Ebene, auf Attitüdenebene, sind solche Persönlichkeitsmerkmale zu finden, aus denen habitualisierte Verhaltensformen erwachsen. Dazu müssen wir Vertrauen, Gelassenheit, Liebe, Neigung zur Askese, Toleranz und biblisch begründeten Konservativismus rechnen. Hier dürfte eine gewisse Grenze im Blick auf exakte Zuordnungsmöglichkeiten erreicht sein, weil, da die Attitüden in wechselseitiger Abhängigkeit zu sehen sind, die Persönlichkeitsmerkmale auf der nächstniederen Ebene nicht eindeutig zugeordnet werden können; denn gewiß gehen die Attitüden mit sehr unterschiedlichen Wichtungen in die Merkmale ein. So wird die folgende Zuordnung eher als willkürlich zu bezeichnen sein. Aus einem grundsätzlichen Vertrauen können Glaubensbereitschaft, Hoffnungsfähigkeit, Dankbarkeit, Bereitschaft zum Lob Gottes erwachsen, aus der Gelassenheit werden sich das Loslassenkönnen (Besitzlosigkeit), Demut, Ehrlichkeit, Selbstlosigkeit entwickeln, die Liebe zieht Freundlichkeit, Güte, Selbstbejahung, Akzeptanz und Nächstenliebe nach sich, die Neigung zur Askese wird mit Eigenschaften wie Nüchternheit, Mäßigkeit, Sparsamkeit, Fleiß (Arbeitsamkeit), Ordnungsliebe, aber auch mit Tapferkeit, Standhaftigkeit (Steifheit), Mut und Leidensbereitschaft korrespondieren, Toleranz mit Akzeptanz, mit fremden Kulturen zu kommunizieren bei gleichzeitiger Fähigkeit und Bereitschaft, den eigenen Standpunkt zu vertreten und zu bewahren, und, um das Bild nicht ausschließlich positiv zu (ver)zeichnen, beinhalten Biblizismus / Konservativismus neben ihrer Gemeinschaft wie Individuum bewahrenden Wirkung auch die Neigung zu Formalismen, zu Lohndenken und zu isolationistischen Tendenzen. In alle diese Persönlichkeitsmerkmale geht, das sagten wir einleitend, die aus der Freiheit in Christus gewonnene Willensentscheidung des Individuums ein. Das Spektrum der Persönlichkeitsmerkmale ließe sich erweitern, doch soll jetzt eine Zusammenfassung versucht werden.

Zusammenfassung:

1. Im Rahmen des dualistischen Weltbildes sind Taufe und Gütergemeinschaft die Elemente, die die hutterischen Positionen gegenüber der gefallenen Welt markieren. Sie können diese Wirkung allerdings nur im Zusammenhang mit bestimmten anthropologischen Voraussetzungen entfalten. Dazu gehören die Pesönlichkeitsmerkmale,

die Entwicklung und Sein einer Person in Richtung auf das Ziel „Gottesebenbildlichkeit" ausrichten.

2. Das Zentralthema hutterischer Anthropologie handelt deshalb von der wesentlichen Einheit von Haupt und Gliedern, wie sie in der trinitarischen Einheit Gottes präformiert ist. Wie Christus in der Einheit mit dem Vater lebt, so der wiedergeborene Mensch in Einheit mit Christus, dessen präsenter Leib die Gemeinde ist. Aus dieser Partizipation erwächst die Willenseinheit, die, weil partizipativ gesehen, den Willen des Gläubigen christusförmig werden läßt. Dem Willen kommt damit zentral steuernde Bedeutung zu. Er definiert den gesamten Bereich menschlichen Handelns als einen Prozeß, der weltverantwortlich und weltverbunden im Sinne der Nachfolgeethik verläuft.

3. Sünde wird unter der Prämisse prinzipieller Willensfreiheit zu einem Defizit der Persönlichkeitsstruktur, doch bleibt die Erbsünde als Ergebnis der adamitischen Natur aller Menschen auch im Nachfolger Christi als sündliche Neigung erhalten, die, solange irdisches Leben währt, wirksam bleibt. In Abwehr dieser anlagemäßig vorgegebenen Gegenkräfte fungiert die Willensinstanz des Individuums stets wach und aktiv als Kontrollorgan für alle nachgeordneten Persönlichkeitsmerkmale. Doch weil der Christ der sündlichen Neigung in der Kraft Christi begegnen muß, kommt dem Gehorsam als Persönlichkeitsmerkmal ein zentraler Stellenwert zu. Er ist sowohl horizontal als auch vertikal strukturiert und fließt mit unterschiedlicher Wichtung in die anderen Persönlichkeitsmerkmale ein, wirkt aber auch auf die unteren Ebenen der Persönlichkeit bis hin zu spezifischen und „zufälligen" Meinungen, Äußerungen und Handlungen einer Person.

4. Zu den Persönlichkeit strukturierenden Merkmalen rechnen wir neben dem Gehorsam das Vertrauen, die Liebe und die Gelassenheit, die Neigung zur Askese und die Toleranz sowie biblisch begründeten Konservativismus. Der Gläubige ist niemals menschlichen Bezugssystemen zugeordnet, sondern er ist theozentrisch ausgerichtet. Vom Zentrum ausgehend, läßt sich eine Rangordnung von Persönlichkeitsmerkmalen erkennen, die auf verschiedenen Ebenen ein relativ homogenes Leitbild des Menschen zeichnen, das nur auf unterster Ebene, dem Level individueller Besonderheiten, Variationen erkennen läßt.

5. Aus den Persönlichkeitsmerkmalen sind Eigenschaften abzuleiten, die das Leben in der Gütergemeinschaft grundsätzlich ermöglichen, weil das Individuum, durch Rechtfertigung und Wiedergeburt aus den alten Seinsstrukturen seiner Existenz herausgelöst, neue Wesenhaftigkeit gewonnen hat. Durch das Zeichen der Taufe wird dieser Neubeginn signifikant und rechtskräftig. Die Taufe leitet einen Wachstumsprozeß unter dem Vorzeichen der Christusförmigkeit ein, zu dessen detaillierter Beschreibung die Tugendkataloge des Neuen Testamentes (Gal.5,22; Kol.3,12-14 u.a.O.) dienen können.

3 ERZIEHUNGSTHEORETISCHE GRUNDLAGEN

3.1 GESELLSCHAFTLICHE NEUORIENTIERUNG ALS MOTIV ERZIEHERISCHEN HANDELNS

Der Wechsel des Hoffnungsprinzips:

Eine durch Disziplin gesicherte Welt hatte sich verabschiedet, aber den Hauptsünden des Mittelalters war kein Dispens erteilt worden. Der alte Mensch hatte durch die lutherische Formel „sola fide" zwar eine ideologische Freisetzung erfahren, aber dieser Freisetzung hatte keine Einbindung in neue Konkretionen des Glaubens gegenübergestanden. An die Stelle eines alten Topfes war nun, wie die Hutterer es sagten, ein Scherbenhaufen getreten. Dieser Scherbenhaufen war nach dem Ende des Bauernkrieges gesamtgesellschaftlicher Art, denn durch die Niederlagen der Bauernpartei, insbesondere nach der Niederlage von Frankenhausen, und die dann einsetzende Reaktion durch Fürsten, Adel und Kirche, war in breiten Volksschichten die Hoffnung auf eine reale Veränderung der gesellschaftlichen Verhältnisse zerbrochen worden. Wer von den am Bauernkrieg Beteiligten das Leben retten konnte und überhaupt in der Lage war, in die Zukunft zu denken, mußte seine Hoffnung modifizieren, ein neues Bezugssystem seiner Hoffnung suchen. Hans Hut, einer der bedeutendsten Täufer-Apostel, er gehörte zum Kreis um Thomas Müntzer, verlagerte die Realrache des namenlosen Volkes an seinen Herren in die Rache Gottes an der sündigen Welt. Für das Jahr 1528 hatte er die Wiederkunft Christi, den Tag des Gerichtes, vorausgesagt, und für diesen Tag versiegelte er durch die Taufe die von ihm getauften Gläubigen. Die Zeitereignisse führten den Propheten ad absurdum, aber er war nicht der einzige, der die gesellschaftlichen Konfliktstoffe in die kommende Rache Gottes ummünzte.[1] Münster zeigte ein zweites Mal die Kraft der latenten Sehnsucht der unterdrückten Volksschichten. Noch lebte die Hoffnung, daß Gott die Tage der großen Trübsal um seiner Auserwählten willen verkürzen, daß Christus bald kommen und nicht länger verziehen würde um seines heiligen Namens willen.[2]

---

[1] Uhlig, Gottfried: Von der neuen Wandlung eines christlichen Lebens. Pädagogische Gedanken in einer "aufrührerischen" Utopie der Reformationszeit, in: Jahrbuch für Erziehungs- und Schulgeschichte, Jg.23, Berlin 1983, S. 19 f.

[2] DHE, Vol. I, S. 45 f. (Jakob Hutter: 3. Epistel an die Gemein Gottes in Mähren)

Parusieerwartung als Verhaltensmotivation:

Es ist deshalb nicht verwunderlich, daß auch im Hutterertum die Naherwartung des Endes eine bedeutsame Rolle spielte. In der spannungsreichen Situation zwischen vergehender Zeit und anbrechender Ewigkeit entstehen theologische Gedankenführungen, die sich weniger mit theoretischen Überlegungen, mit Fragen der Orthodoxie befassen -die Grundsätze täuferischer Glaubenslehre wurden im Schleitheimer Bekenntnis formuliert und bedurften nun lediglich gewisser situationsbezogener Modifikationen-, als mit dem Problem, wie inmitten der sündigen Welt die Lehre Jesu, der Wille Gottes gelebt werden, wie man gerüstet und recht zubereitet dem Bräutigam entgegengehen könne, um teilhaben zu können am endzeitlichen Festmahl Gottes. Theologisches Denken der Hutterer/Täufer bewegt sich in dieser Zeit also weniger um dogmatische Fragen, als vielmehr um Fragen der Orthopraxie, um Inhalte christlicher Ethik. Die Briefe hutterischer Märtyrer[3] lassen erkennen, daß die Gemeinde im Bewußtsein der „letzten Zeiten" lebte.[4] Sie suchten keine bleibende Stadt, „den wir werden bald eine ewige Statt ueberkomen, dan der Richter ist ganz und gar vor der Thür …"[5], „ … er wird bald kommen, der da kommen soll."[6] Das ist der Tenor, der bei Hutter beginnt und der bis in die Walpotzeit hindurchklingt. Ridemann entfaltet die ganze Erwartungsspannung einer hochzeitlichen Situation, um die motivierende Wirkung der unmittelbar bevorstehenden Ankunft des Bräutigams für das rechte Verhalten der Gläubigen zu nutzen und zeigt damit, daß von der Parusieerwartung ein starker erzieherischer Impuls ausgeht, der ganz wesentlich das hutterische Gemeindeleben beeinflußt. „Die Hochzeit ist bereit, das Mastvieh ist … geschlachtet und alles zugerichtet, der Bräutigam steht auf, ihm entgegen wachet."[7] Aber auch in dieser Phase der Naherwartung lebt hutterische Gemeinde nicht von den Allgemeinplätzen christlicher Adventterminologie, sondern sie richtet den Blick schon präzise auf die gemeindlichen Interaktionsprozesse. Der Dienst am Bruder soll in „Liebe und Fleiß" geschehen.[8] Ein System ständiger wechselseitiger Bezugnahme unter ausschließlicher Berücksichtigung der Worte und des Vorbildes Jesu Christi wird begründet. Die Übersetzung dieses Vorbildes in die gesellschaftliche Wirklichkeit der hutterischen Gemeinde wird durch bewußte und gezielte Einflußnahme auf den Einzelnen angestrebt. Diese Wirklichkeit ist durch die Tatsache der Verfolgung geprägt

---

3 Mais, Adolf: Gefängnis und Tod der in Wien hingerichteten Wiedertäufer in ihren Briefen und Liedern, in: Jahrbuch des Vereins für Geschichte der Stadt Wien, B. 19/20, Jg. 1963/64, S.87-182

4 Mais, Adolf: a.a.O., S. 129

5 Mais, Adolf: a.a.O., S. 130

6 DHE, Vol. I: S. 71 (Jakob Hutter: 5. Epistel an die Gemein Gottes in Mähren)

7 ibid.: S. 219 (Ridemann: 25. Epistel)

8 ibid.

und selbst, „wenn heut' oder morgen der Bräutigam kommt ..."[9], dann ist doch, weil jeder um seine menschliche Schwäche weiß, die brüderliche Hilfe vonnöten. Diese Hilfe geschieht nicht in Form von Überwachung des Nächsten, sondern zuallererst durch das *Gebet*. „O du mein Gott ...", auf 22 Zeilen wird diese Anrufung in sieben Variationen niedergeschrieben, in einem Gebet, das den Schutz Gottes erfleht und das die schwachen und verführlichen Geschwister der Treue Gottes anbefiehlt. „O du mein Gott, laß dir freilich noch einmal deine lieben Kindlen, unsere gar herzlieben Geschwister von Herzen befohlen sein ... und verwahr' und behüt' sie noch weiter um deines heiligen Namens willen ..."[10]

Die Möglichkeit sittlichen Versagens ist im Bewußtsein eines solchen Gebetshintergrundes für den Einzelnen reduziert; das hieße „wider den Stachel zu löcken" (Apg. 9,5), wenn man, getragen vom Vertrauen einer Betergemeinschaft und im Blick auf die baldige Wiederkunft des Herrn, Entscheidungen träfe, die den Glaubensgrundsätzen der Gemeinschaft und ihren ethischen Folgerungen zuwiderlaufen.

Hier muß ein Problem angesprochen werden, dem wir in der hutterischen Literatur wiederholt begegnen. Es ist das Faktum engster Verflechtung von theologischen und ethischen Aussagen. Diese Verflechtung ist insofern typisch, als es in der hutterischen Gemeinde eigentlich keine Bereiche gibt, die frei sind von der Bestimmung durch Gottes Wort. Wenn es bspw. um Aussagen zur Wiederkunft Christi geht, wie in den oben gemachten Ausführungen geschehen, und im Zusammenhang damit Schlußfolgerungen bezüglich der Lebenspraxis der Gläubigen gezogen werden, dann stehen diese in ihrem Aufeinanderbezogensein zwar in einem ursächlichen Zusammenhang, sind aber, weil unterschiedlichen Urteilsbereichen zugehörig, gesondert zu sehen und terminologisch bereichsentsprechend zu unterscheiden. Die Analysen hutterischer (und täuferischer) Autoren, die in den realen Zeitereignissen Elemente eines apokalyptischen Szenariums erkannten, waren allein möglich auf der Basis *dogmatischer* Aussagen. Dabei wurden im Blick auf das Handeln Gottes Entwicklungen angesagt, die einzig im Glaubenshorizont Realität gewinnen und aus solcher Glaubensgewißheit heraus menschliches Handeln motivieren und begründen. *Dogmatik bewirkt also Ethik.* Im Falle der Hutterer des 16. Jahrhunderts (und anderer endzeitlich orientierter Kreise) erwächst aus der geglaubten Naherwartung der Parusie eine Verhaltenslehre, die durch maximale Anforderungen an Gemeinschaft und Individuum theoretische Begründungen und Vorgaben liefert für die Schaffung der heiligen Gemeinde und die Verwirklichung neuen Menschentums. Die Postulate, Regularien, Ordnungen, die diese *ethischen* Vorgaben in lebbare Verhaltensregeln umsetzen, begegnen uns in den hutterischen Lehren, Vermahnungen und Arbeitsordnungen. Ihre Aussagen sind *moralischer* Art. Sie setzen die ethischen Idealforderungen angesichts der tatsächlichen Lebensbedingungen, der Konfliktsituationen, der menschlichen Versagensmöglichkeiten in Lebensregeln um, die auf gemeindlicher

---

9 ibid.: S. 247

10 ibid.

Ebene machbar und kontrollierbar werden, immer aber vor dem Anspruchshorizont theologischer Grundsatzaussagen und in Verbindung mit den Forderungen christlicher *Erfüllungsethik*. In den dogmatischen Bereich gehören bspw. Aussagen über die ewige Stadt, den Richter, der vor der Tür steht, den kommenden Bräutigam, das Weltgericht, zu den ethischen Aussagen sind die Forderungen gemeindlicher Hochziele zu rechnen, restituiertes Volk göttlichen Eigentums, das neue Jerusalem, Leib Christi zu sein, Einheit im Geist zu repräsentieren, und bezogen auf das Individuum sind die Postulate der Sündlosigkeit und der Christusförmigkeit zu nennen. In den Niederungen des Alltagslebens leiten sich dann schließlich praxisbezogene Ermahnungen ab, den verantwortungsbewußten Umgang mit dem Eigentum der Gemeinde, die Arbeitsmoral, eheliche Treue, persönliche Nüchternheit u.ä. betreffend. Alle diese Themen begegnen uns in den hutterischen Schriften und in der Lebenspraxis in engster Verbundenheit. Auch wir reflektieren nicht über ihre Zuordnung zu unterschiedlichen Aussagebereichen, wollen aber im Rahmen einer Schlußbetrachtung das tatsächliche Wechselspiel zwischen stringent wirkender Gemeindetheorie und gemeindlicher Lebenspraxis vor dem Hintergrunde geglaubter Transzendenz bedenken.

Interimsethik und Erfüllungsethik:

Die Naherwartung der Gemeinde findet ihren Niederschlag in immer neuen Rufen zur Wachsamkeit gegenüber der eigenen sündlichen Neigung. Darum die Mahnung, die Ampeln voller Öl zu haben, „das auch das Licht Tag und Nacht nit erlösche, sondern mit völligem Schein brenne, das ist, göttliche Lieb nit erlösche, sondern mit hertzlichem Verlangen auff den Bräuttigam wartet, wenn er aufbrechen wirt zur Hochzeit."[11] Hinter der bildreichen Sprache biblischer Herkunft ist unschwer das Anliegen zu erkennen, einen hohen Bewußtseinsgrad gegenüber jeglichem Fehlverhalten zu erzeugen, Motivationen zur Schaffung und Festigung von Wachsamkeit und Sensibilität wachzurufen. Damit zeichnet sich bereits die Tendenz ab, keine Interimsethik mit ihren möglichen Arrangements und opportunistischen Zugeständnissen zu begründen, sondern im Blick auf die mit der Erscheinung Jesu verbundene Erfüllung der Geschichte eine Erfüllungsethik zu schaffen, deren Normsetzung nicht unter dem Gesichtspunkt des Überganges entsteht, sondern unter dem Gesichtspunkt der Vollendung der Gemeinde und in ihr des Einzelnen in Gottes Reich. Die Motivation für das Verhalten des einzelnen Gläubigen in der Gemeinde wäre allerdings zu ideal gesehen, wollte man den Lohngedanken unerwähnt lassen. Das Lohndenken, es spielt im NT eine legitime Rolle, ist ein starkes Motiv rechten Glaubens und Handelns. Christus, der Hohepriester, hat „vil lieblicher Wonungen" zubereitet, „gar ein schönes Herrligkeit und ewiges Leben, ewige Cron und ueberschwengliche Freid. Welches

---

11 Mais, Adolf: a.a.O., S. 177

wir dan alles erben werden, so wir anderst in Duldmuet auff unsern Künig wartten werden."[12]

Funktionale Bedeutung der Eschatologie:

Im Blick auf diese gespannte Erwartung unterscheidet sich die hutterische Gemeinde von der übrigen Welt, die mit der Sorglosigkeit der letzten Generation kauft und verkauft, ißt und trinkt (Luk.17,26ff.; Mt.24,37ff.). Aber, obwohl die Eschatologie ein so dringliches Thema vieler hutterischer Texte ist, bleibt ihre funktionale Bedeutung unübersehbar. Sie dient in erster Linie nicht dem Trost in zeitlicher Bedrängnis (1.Thess.4,15ff.), sondern vorrangig der Ermahnung, sie dient also absichtsvoller Menschenführung; denn, weil diese Welt im Vergehen ist, soll sich der Fromme bewußt von ihr distanzieren und sich auf die Erlangung ewigen Heils ausrichten (1.Kor.7,29-31). Trost hingegen gewinnt die Gemeinde aus dem Selbstverständnis, die „auserwählten, berufenen Heiligen und Kindlein des lebendigen Gottes" zu sein[13], das Gottesvolk der Endzeit, das den Vergleich mit den urchristlichen Gemeinden der Apostelzeit genauso standhält wie mit dem auserwählten Volk des alten Bundes. Die Gemeinde ist so köstlich vor dem Herren, daß, wer sie antastet, „dem Herren in seinen Augapffel greifft, ja, das auserwelt Geschlächt, das künigclich Prüesterthumb."[14]

3.2 ZEITGLEICHE ERZIEHUNGSBEWEGUNGEN

Um dieser Eliterolle in der Welt gerecht werden zu können, bedarf es eines extrem hohen Grades an Gruppendisziplin und an Selbstzucht des Einzelnen, sie kann sich nicht im Selbstlauf verwirklichen, sondern es wird dazu ein geschlossenes System gemeindlicher Führung und Kontrolle benötigt. Man kann also die hutterische Gemeinde in ihrer Gesamtheit als Erziehungsbewegung bezeichnen. Es wäre jedoch verfehlt, dieses Streben der Hutterer nach Besserung des Lebens im Sinne der Christusnachfolge als ein isoliertes Phänomen, als Kuriosum zu betrachten. Es ist vielmehr in einem zeitlichen Kontext zu sehen, der sowohl durch Einflußnahme der evangelischen Institutionen auf breite Bevölkerungsschichten gekennzeichnet ist als auch durch die wesentlich gezieltere, auf Massenwirkung ausgerichtete jesuitische und franziskanische Predigt- und Liedpropaganda, die um die Jahrhundertmitte im Dienste der Gegenreformation in Erscheinung tritt.[15] In dieser Gegenbewegung wird

---

12 Mais, Adolf: a.a.O., S. 178

13 Hutter, Jakob: Briefe (I-1), in: Fischer, Hans Georg, a.a.O.

14 Mais, Adolf: a.a.O., S. 177

15 Vgl. dazu Moser, Dietz-Rüdiger: Verkündigung durch Volksgesang—Studien zur Liedpropaganda und -katechese der Gegenreformation, Berlin 1981

die Tendenz erkennbar, durch bewußt und zielgruppenorientiert gestaltete Texte[16], den Menschen zu einem Leben mit Gott zu erziehen. Er soll zunehmend ein Mensch der ‚familiaritas cum Deo' werden und Gott in seinem Denken wiederfinden und in allem, was er tut und was ihn umgibt.[17] Dabei ist „die Auffassung, daß man in den Menschen etwas Psychisches einpflanzen könne, was vorher nicht in ihm gewesen ist, ..." eine Grundvoraussetzung für (jesuitische) Erziehungsmaßnahmen. „Der Glaube an die Beeinflußbarkeit und Formbarkeit des Menschen ist im Jesuitenorden grenzenlos."[18] Die Wirkungsschwerpunkte beider Orden sind also durchaus den hutterischen Bemühungen um die Führung des Menschen zur Christusförmigkeit zu vergleichen, allerdings mit dem Unterschied, daß die katholischen Erziehungsmaßnahmen ihren Intentionen entsprechend differenzierter und methodischer aufgebaut sind. Die „Erziehungsstrategie" der hutterischen Gemeinde ist dagegen mit Ausnahme der Kinderzucht nur indirekt zu erkennen. Sie verwirklicht sich ganzheitlich im Lebensfeld „Gemeinde", dessen unterschiedliche Lernorte durch ihre Ordnungen wirken. Diese Ordnungen wurden zwar absichtsvoll abgefaßt, aber sie sind nicht intentional ausgerichtet auf die Erziehung des einzelnen Gläubigen, sondern auf die Funktionsfähigkeit der Gemeinschaft. Der Lernprozeß des Einzelnen vollzieht sich auf einer vorgeordneten Stufe, aber in Wechselwirkung mit dem Ganzen. Wenn man die weitgefächerten, bis ins 17. Jahrhundert hineinreichenden Bestrebungen der Kirchen, durch erzieherische Einflußnahme auf die Volksmassen den Menschen zu einem persönlichen Gottesverhältnis (zurück-) zu führen, in ihrer Gesamtheit berücksichtigt, dann ist es wohl berechtigt, das 16. Jahrhundert als ein „Jahrhundert der Erziehung" zu bezeichnen. Doch während in den Großkirchen durch dieses erneuerte Gottesverhältnis des Menschen eine neue Einbindung des Einzelnen in die Institution „Kirche" erstrebt wurde, versuchten die Hutterer in Unabhängigkeit von den Institutionen der Welt, den Weg kollektiver Heiligung zu beschreiten. Auf diesem Wege wurden zwar die individuellen Abweichungen der Nachfolge im Rahmen gemeindlicher Ordnungen akzeptiert, aber die Konformität der Überzeugungen und Handlungen auf der Grundlage der Worte Jesu und der Apostel erstrebt. Sie bilden den festen Bezugsrahmen gemeindlicher Ethik.

---

16 Anmerkung: Wie Franziskus dem Gekreuzigten völlig gleichförmig werden wollte, so ist auch die Christusnachfolge als "conformitas cum Christo", als "Verwandlung der eigenen Form in die Form Christi" zu verstehen, vgl. dazu Benz, E.: Ecclesia spiritualis, Kirchenidee und Geschichtstheologie der franziskanischen Reform, Stuttgart 1934, S. 104

17 Vgl. dazu Classen, L.: Die 'Übung mit den drei Seelenkräften' im Ganzen der Exerzitien, in: Wulf, F. (Hg.), Ignatius von Loyola. Seine geistliche Gestalt und sein Vermächtnis 1556-1956, Würzburg 1956, 262-300, bes. S. 293

18 Jung, C.G.: Seelenprobleme der Gegenwart, Zürich-Stuttgart 1969, S. 173; vgl. auch Lundberg, Mabel: Jesuitische Anthropologie und Erziehungslehre in der Frühzeit des Ordens (ca.1540- ca. 1650), Upsala 1966, S. 287 f.

3.3 NACHFOLGE ALS ABSTERBEN

Der Eintritt in die hutterische Lebensgemeinschaft hatte also für den Einzelnen im Blick auf seine Lebensgewohnheiten, seine persönlichkeitsspezifischen Eigenschaften weitreichende Konsequenzen. Der Wunsch, in eine Gemeinschaft der Gläubigen einzutreten und so dem kommenden Zorne Gottes zu entrinnen, mochte ein starkes Motiv sein, doch die Forderungen, die seitens der Gemeinde an jeden Neuankömmling gestellt wurden, waren so umfassend und darum auch daseinsverändernd, daß die daraus resultierende Situation nicht auf dem Wege bloßer Anpassung zu bewältigen war. Der Einhausungsprozeß konnte nur über eine Wesensveränderung des Konvertiten erfolgreich gestaltet werden. Es gibt eine Reihe von Beispielen dafür, daß Menschen im 16. Jahrhundert der hutterischen Gemeinde enttäuscht den Rücken kehrten und daß Vereinigungsverhandlungen mit anderen Gruppen an der rigorosen Bibelbezogenheit des hutterischen Gemeinschaftslebens scheiterten. Es sei hier noch einmal an den Verzicht hutterischer Eltern auf die Anwesenheit ihrer Kinder in der Familie erinnert, die entsprechend der gemeindlichen Ordnung in Internatsschulen untergebracht und ausschließlich durch das von der Gemeinde bestellte Schulpersonal kollektiv erzogen wurden. Dieses und ähnliche Opfer, etwa im Bereich der Partnerwahl und des Arbeitseinsatzes, wurden von Gliedern der Gemeinschaft gefordert. Wesensveränderung führte unter Berücksichtigung solcher Sachverhalte bereits in die Nähe der Selbstüberwindung, der Selbstaufgabe, der Selbstentwirklichung, wie am Beispiel der Märtyrer und ihres Leidenscharismas zu zeigen sein wird. Wesensveränderung muß, wenn sie in die Christusförmigkeit führen soll, tatsächlich *Absterben* des natürlichen Seins bedeuten. Es muß im realen Wortsinn bedeuten, den Tod Christi im eigenen Sein zu erleben, sich selber aufzugeben und mit ihm in ein neues Sein aufzuerstehen. Christusnachfolge wird also zuallererst zu einem Absterben. „Nachfolge Christi"[19] zielt im hutterischen Sinne deshalb nicht auf die „Imitatio Christi", sondern auf die „conformitas cum Christo", eine Unterscheidung, die mehr bedeutet als eine Akzentverschiebung. Sie besagt, daß es nicht um die bloße Nachahmung eines Vorbildes geht, um den Nachvollzug vorgegebener Handlungsmuster auf der Basis persönlichen, letztendlich unveränderlichen Soseins und *eigenen Machens*, sondern um das zielgerichtete *Gehen eines Weges*, das sowohl in eigener Entscheidung, das Gehen betreffend, als auch unter göttlicher Führung geschieht, was die Richtung des Weges und das Ziel, die Christusförmigkeit, betrifft. Diese Christusförmigkeit ist nicht Mimesis, sie ist Vereinigung auf geistiger Ebene, „Einleibung", d.h. auch „Einchristung" der Willens- und Handlungsstrukturen eines Menschen und damit eine weitestmögliche Aufgabe des Selbst. Eine Entscheidung von solcher Reichweite kann nicht individuell durchgehalten werden, der Weg dieser Art Christusnachfolge kann nur in sichernder und tragender Gemeinschaft erfolgreich gegangen werden. In einem Brief Hans Amons an gefangene Brüder wird das Stichwort „Nachfolge" entfaltet. Es macht die engen Beziehungen sowohl menschlicher als auch menschlich-göttlicher

---

[19] Vgl. dazu von Kempen, Thomas: Nachfolge Christi, Zürich, Einsiedeln, Köln 1982

Art deutlich, durch die jeder Gläubige in ein System gegenseitiger Sicherungen einbezogen ist. Da heißt es: „Erfreue und tröste euch Gott vom Himmel mit dem Trost und mit der Freud, damit wir von euch getröstet seien im Herrn, und Gott gebe vom Himmel herab, daß wir eure Freude erfüllen und euren Fußstapfen nachgehen, da euch Jesus Christus führt auf seinem Weg; wie er uns vorangegangen ist und darin das Wohlgefallen seines Vaters gelehrt, wie alle Propheten und Heiligen vorhin von der Welt seither in seinem heiligen Geist erfüllt haben. O Gott vom Himmel, laß uns und euch alle, seinen Heiligen, in diesem gleichförmig werden: in Absterbung dieses vergänglichen Lebens, in einem Vertrauen, das stark ist und im festen Glauben, ja, in der lebendigen Hoffnung des ewigen Lebens, auf daß wir seinen heiligen Namen tragen in dieser Zeit und seine Wahrheit bekennen vor diesen verführerischen, gottlosen Menschen."[20] Bei aller Verflochtenheit der Textteile sind dennoch Akzentsetzungen erkennbar: Tröstung und Freude erfährt der Briefschreiber in einem wechselseitigen Prozeß von seinen Adressaten, er wiederum wünscht ihnen den Trost Gottes. Die Erfüllung der Freude besteht in der Nachfolge auf den Spuren der gefangenen Brüder, die ihrerseits vom Herren auf ihrem Weg geführt werden. Die in dieser Beziehung ausgedrückte mittelbare Nachfolge wird zu einer unmittelbaren durch die Tatsache, daß „er uns vorangegangen ist", also dem Schreiber und seiner Gruppe. So wird Nachfolge unterschiedlicher Wichtung, unmittelbar oder mittelbar, nach der Logik des Satzes „Sind zwei Größen einer dritten Größe gleich, dann sind sie untereinander gleich" zu einem qualitativ gleichwertigen Geschehen: Der Glaubende ist in puncto Nachfolge nun nicht mehr ausschließlich auf die Person des Herrn der Gemeinde als dem alleinigen Bezugspunkt hingeordnet, sondern er lebt auch dann Nachfolge Christi, wenn er seinem Bruder folgt, sofern diesen „Jesus Christus führt auf seinem Weg." Das entspricht wiederum dem Verständnis der Gemeinde als dem Leibe Christi, und es eröffnet einen weiten Horizont mitmenschlichen Vertrauens, im Bruder begegnet mir und führt mich der Christus auf seinem Weg, aber auch möglicher menschlicher Fehlentwicklung, des Mißbrauchs eröffnet sich hier. Das sittlich handelnde Individuum wird an den Mitmenschen gebunden, an den Bruder, es wird damit relativiert, hört auf, als einzelnes zu existieren. Der Mensch tritt vielmehr in Bezug auf die Christusnachfolge in die ihn als Einzelnen aufhebende größere Einheit einer Ich-Du-Beziehung und wird in dieser zurückverwiesen auf den Herrn, der um Gleichförmigkeit gebeten wird, um die *Aufhebung partikularer Wesenszüge* in übergeordneten, gemeinsamen und Gemeinschaft bestimmenden Beziehungen und Strukturen. Erst dadurch werden die großen Ziele hutterischer Gemeindepädagogik realisierbar: die Einhaltung der Gütergemeinschaft, die Erfüllung des Doppelgebotes der Liebe, die Unauflöslichkeit der Ehe, das gemeindliche Arbeitsethos, die Absonderung von der Welt, die Stellung zur Obrigkeit und der absolute Pazifismus der Gemeinschaft.

---

[20] DHE, Vol. I: S. 88 f. (Hans Amon)

Zusammenfasssung:

1. Die Reformation, ein zunächst innerkirchlich zu wertendes Geschehen, führt zu Weiterungen mit der Folge allgemeiner gesellschaftlicher Instabilität. Die Reaktionen der Obrigkeit zur Sicherung bisheriger Machtverhältnisse provozieren in Teilen der Bevölkerung gesteigerte Parusie- und Gerichtserwartungen, die ihrerseits zum Auslöser für Verhaltensmodifikationen werden. Die Hutterer entwickeln in dieser Situation im Rahmen der gelebten Ordnungen in ihren Gemeinden ethische Grundsätze, die, orientiert an dem mit der Wiederkunft Christi zu erwartenden Abschluß der Geschichte, als Erfüllungsethik zu bezeichnen sind. Die damit verbundenen Anforderungen an den hutterischen Menschen, die letztlich auf ein Absterben des Selbst abzielen, machen, wenn die Einhausung des Individuums in die Gemeinschaft und gleichzeitig deren Funktionsfähigkeit gewährleistet sein sollen, Maßnahmen gemeindlicher Führung und Sicherung erforderlich.

2. Die hutterische Kirche steht in ihrem Bemühen, Menschen zu einer evangeliumsgemäßen Gottesbeziehung zu führen, in dieser Zeit nicht allein. Weil auch die Großkirchen im Gefolge der Reformation gezielte und absichtvolle Maßnahmen zur Beeinflussung ihrer Anhänger ergreifen, kann das 16. Jahrhundert als ein „Jahrhundert der Erziehung" bezeichnet werden. Man kann deshalb den Erziehungsbegriff unter Berücksichtigung der veränderten Adressatengruppen erweitern und besondere Maßnahmen und Formen der Verkündigung, der Katechese und der Gemeindezucht unter dem Begriff „Erziehungsmaßnahmen" zusammenfassen. Erziehung wird so zu einer „Funktion des Menschseins".

3.4 Notwendige Begriffsbestimmungen

Im Einleitungsteil wurde ein Modell vorgestellt, dem die Arbeit in ihrem Aufbau folgt und das verschiedene Entwicklungsphasen vom Beginn eines Glaubenslebens bis zu seiner Vollendung umfaßt und das als Heiligung bezeichnet wurde. Diese phasenmäßige Gliederung darf nicht statisch gesehen werden. Sie kann in ihren Grenzpunkten weder zeit- noch entwicklungsmäßig bestimmt werden, weil Heiligung sich als ein *dynamisches* Geschehen darstellt. Wenn man der Frage, was Heiligung sei, nachgeht, dann stößt man auf sehr verschiedene Antworten. Allein die in der jüdisch-christlichen Tradition verwendeten Wörter verleihen einem ganzen Bündel von Vorstellungen Ausdruck, das durch eine Vielfalt von Bedeutungen und sprachlichen Anwendungen gekennzeichnet ist. Die umfassendste Bedeutung „ist die eines Aufgenommenwerdens in die Gemeinschaft mit dem heiligen Gott Israels; dementsprechend werden diejenigen, die in eine solche Gemeinschaft aufgenommen werden, die Heiligen ... genannt. Oft ist eine solche Gemeinschaft mit der Gottheit auch verbunden mit Regeln zur Vermeidung oder zur völligen Trennung von dem, was Gott verhaßt ist."[1] In der Wirkungsgeschichte des Wortes haben sich zwei gegensätzliche, zum Teil miteinander verflochtene Auffassungen durchgesetzt, die in lexikalischen Definitionen ihren Niederschlag gefunden haben. Heiligung kann man demnach verstehen als „fortschreitende Erhebung des Lebens in einen Stand, der den Forderungen des göttlichen Willens entspricht. Von wesentlicher Bedeutung ist dabei, ob in der Heiligung zuerst ein menschliches oder ein göttliches Tun gesehen wird. Beides ist an und für sich möglich. Wenn der Mensch *selbst* sein Leben heiligen will, so ist er unwillkürlich auf ein Tun bedacht, das von dem gewöhnlichen, profanen sich unterscheidet und von dem er darum die Vorstellung hat, daß es im besonderen Maße dem göttlichen Willen genugtut. Als ein Handeln, durch das Heiligung des Lebens bewirkt wird, erscheinen darum kultische Betätigungen ... oder asketische Übungen ... Je mehr sich der Mensch dem gewöhnlichen Leben und seinen Bedürfnissen entwindet, um so mehr scheint er sich der göttlichen Sphäre zu nähern."[2] Sehr deutlich ist hier der Schwerpunkt des Heiligungsgeschehens auf das Handeln des Menschen gelegt. Aus der Sicht der Täufertheologie ist Heiligung „ ...ein Terminus, der, in älteren täuferischen (speziell mennonitischen) Schriften selten gebraucht, den Prozeß beschreibt, durch den ein Christ, der zum Glauben an Christus gekommen ist, gerechtfertigt und wiedergeboren wurde, geheiligt *wird*. Die Bedeutung des Wortes wird deshalb von der Bedeutung abhängen, die man dem Wort ‚heilig‘ beilegt. Im allgemeinen christlichen Verständnis bedeutet ‚heilig‘, moralisch rein und gerecht zu sein wie Gott rein und gerecht ist. ‚Heiligung‘ wird deshalb generell gebraucht, um die Befreiung auszudrücken, die das persönliche Leben eines Christen von der Unreinheit und der Macht der Sünde erfahren hat."[3] Diese zweite Definition betont das Handeln *Gottes* bei der Heiligung des Menschen. Heiligung zeigt sich als ein Prozeß, durch den geschaffenes Leben aus der Bindung durch die Sünde in die Freiheit zurückgeführt wird. Der Schwerpunkt liegt im Werke Gottes, dem der Mensch in relativer Passivität gegenübersteht. Der erstgenannte Aspekt betont demgegenüber die Aktivitäten des Menschen im Werke der (Selbst-)Heiligung. Dieses Modell ist das Ergebnis einer in der Kirchengeschichte zu verfolgenden Schwerpunktverschiebung hin zu einem Denken, das ein der Rechtfertigung nachfolgendes und vom Menschen *zusätzlich* zu leistendes Tun fordert.

Während die beiden angeführten Formen der Heiligung die Rechtfertigung des Menschen von seiner Heiligung trennen, also Heiligung als ein zweites *neben* der Rechtfertigung sehen, werden in einem dritten Ansatz diese beiden zusammengedacht. Wir wollen ihn den *paulinischen* Ansatz nennen.[4] Bei ihm ist der durch Gottes Gnadenhandeln gerechtfertigte Mensch *zugleich* ein geheiligter Mensch, und er wird

---

1 Riches, John: Heiligung, in: TRE, Bd.XIV, Berlin/N.Y.1985, S. 718
2 Kalweit: Heiligung, in: RGG, Bd.II, Tübingen 1928, S. 1750
3 Bender, Harold S. : Sancfication, in: ME IV, Scottdale,Pa./Kitchener,Ont., S. 414 ff.
4 Darin folgen wir Stalder, Kurt: Das Werk des Geistes in der Heiligung bei Paulus, Zürich (Bern) 1962

in jeweils sich aktualisierender Rechtfertigung auch fortschreitend geheiligt. Diesem Modell, das aus den Briefen des Apostel Paulus herauszulesen ist, soll im weiteren Verlauf der Arbeit der Vorzug gegeben werden, wenngleich unser Untersuchungsgegenstand auch andere Tendenzen erkennen läßt. Allen hier genannten Formen eignet als Gemeinsamkeit ein dynamisch-prozessuales Element, in dessen Wirksamwerden die von Gott verliehenen oder aber die natürlichen Kräfte des Gläubigen fortschreitend mehr Gott zum Dienst zugeeignet werden. Ein weiteres Gemeinsames liegt in der Erkenntnis, daß Heiligung eine Gott-Mensch-Beziehung beschreibt, deren konkretes Beziehungsgefüge im Interesse unserer Zielstellungen weiterer Erklärung bedarf.

Es fällt zuerst auf, daß da, wo Paulus von der Heiligung spricht, diese in enger Verbindung zur Gerechtigkeit Gottes gesehen wird (1.Kor.1,30; Röm.6,19) und zum andern als ein Anspruch Gottes an den Menschen. (Röm.6,22; 2.Kor.7,1; 1.Thess.4,3 u.7) Die Gerechtigkeit Gottes ist es, die sich im Erlösungswerk Christi realisiert. Indem der Christus den Fluchtod stirbt, befreit er den Sünder vom Fluch des Gesetzes und von der todbringenden Macht der Sünde und macht ihn vor Gott gerecht. Die Gerechtigkeit Gottes bewahrheitet sich in diesem Geschehen durch die faktische Gerechtmachung des Sünders. Durch das Opfer Christi wird der Sünder in einen Zustand schöpfungsgemäßer Unschuld und Reinheit zurückgeführt. Gott hat den Sünder nicht zur Verdammnis betimmt, wie es ihm zustünde, sondern er hat ihn in Jesus Christus zur Erlangung des Heils und damit in Gegenwart und Zukunft zum Leben bestimmt.(1.Thess.5,9f.) Leben ist hier nicht als biologische Kategorie zu verstehen, sondern, weil die Gerechtigkeit Gottes eine allumfassende Gerechtmachung bewirkt, ist Leben nicht nur von vergangener oder gegenwärtiger Schuld entlastet, sondern es ist auch für alle Zukunft, also *grundlegend* von Schuld befreit und damit qualifiziert als eschatologisches Leben, Leben, das dem Anspruch Gottes genügen *darf* und *soll*. In Römer 6, V.2 bemerkt Paulus im Anschluß an eine hypothetisch-widersinnige Frage (V.1), daß wir für die Sünde gestorben sind, und er fragt: „Wie sollten wir noch weiter in ihr leben können?" Für Paulus gilt also, daß mit dem Opfertode Jesu und dem Hineingetauftwerden der Gläubigen in diesen Tod der Sünde ihre Wirkungsmacht faktisch genommen wurde. Das bedeutet, daß Gottes Gerechtigkeit zum Siege gekommen ist, daß sich ihre konkrete Wirklichkeit im Menschen erweisen will; denn der Sieg über die Sünde wäre kein wirklicher Sieg, wenn ihre Zielobjekte ihr nicht *abgestorben* wären, sondern weiterhin als ihre Agenten bereitstünden. Die logische Folgerung zieht er in Vers 4, wo er von der Tatsache des Sterbens mit Christus auf die Bestimmung zu einem neuen Leben in Gott schließt. Gegenwärtiges ist also eschatologisches Leben, d.h. ein Leben, das von Gott *geheiligt* ist für ein Leben in der Heiligung. Hier wurde nun zwar die Frage nach der Befreiung *für ...* angesprochen, aber noch nicht die Frage nach der Befähigung und den Antrieben *zu* einem Heiligungsleben. Heiligung dürfen wir aber jetzt schon als ein Kriterium der Rechtfertigung erkennen, und Rechtfertigung ebenso als das Wirksamwerden der Gerechtigkeit Gottes im Menschenleben.[5] Bis jetzt haben wir Rechtfertigung als *allen* Menschen zukommend beschrieben, gewissermaßen abstrakt. Nun geht es um das Konkretmachen. Wenn wir Heiligung als Auswirkung der Rechtfertigung erkennen, dann können wir auch umgekehrt die Rechtfertigung als Voraussetzung der Heiligung bestimmen. Rechtfertigung aber geschieht im Glauben, das heißt die Gerechtigkeit Gottes wird *dem* Menschen aus Gnaden zugesprochen, der den Verheißungen Gottes glaubt. Kronzeuge dieser Glaubensgerechtigkeit ist Abraham, dem Gott seinen Glauben *vor* aller Bundestreue zur Gerechtigkeit anrechnet. Glauben heißt in diesem Zusammenhang, daß durch das Wirken des heiligen Geistes in der Verkündigung der unwiderrufliche Sieg der Gerechtigkeit Gottes *erkannt wird* und sich im menschlichen Leben *auswirkt.*[6] Damit müssen wir Heiligung als ein Leben unter der Wirkung dieses Glaubens an die in Jesus Christus Wirklichkeit gewordene Gerechtigkeit Gottes definieren, als ein Leben, in dem es durch die Macht Gottes zu Werken dem Anspruch Gottes gemäß kommen *darf, kann und soll.*[7] Heiligung wird damit zu einem möglichen Werk des Menschen; denn Gott hat keinen unerfüllbaren Anspruch formuliert. Nur es muß klar sein, daß aus der Erfüllung dieses Anspruches, bspw. der Erfüllung der Gebote, nicht umgekehrt ein Anspruch des Menschen gegenüber Gott erwächst, als könne der Mensch durch ein heiliges Leben *zusätzlich* etwas zu Gottes gnädigem Wollen zu seiner Rechtfertigung beitragen, in irgend einer Form *Verdienste* erwerben. Heiligung kann niemals faktitiv auf die Rechtfertigung zurückwirken, sie hat Rechtfertigung stets zur Voraussetzung; denn Werke könnten auch dann nicht rechtfertigen, wenn sie in vollem Umfange erbracht würden, weil Rechtfertigung und Heiligung völlig verschiedenen Dimensionen des göttlichen Heilshandelns angehören. Aber die Werke eines Gerechtfertigten *dürfen* und *sollen* getan werden zur Ehre Gottes.[8] „Wer die Reichweite der Erfüllung der Gerechtigkeit Gottes nicht in ihrem vollen Umfang sieht, wer nicht genug beachtet, in welcher Weise Vergangenheit, Gegenwart und Zukunft in jenem Ereignis eingeschlossen sind, besonders wer nicht beachtet, daß die „dikaiosyné theou" in der Heiligung ihren Zielpunkt hat, indem in Jesus Christus *unser* Werk des Gehorsams gegen Gott gerechtfertigt, geheiligt und so ermöglicht und verheißungsvoll gemacht ist, und wer in der Folge dadurch, daß er das nicht genug sieht, die Heiligung nach dem Schema eines ‚Aber' an die Rechtfertigung anschließen will, und doch zugleich weiß, daß die Rede von der Heiligung nicht hinterher die Botschaft von der Rechtfertigung einschränken oder gar aufheben darf"[9], der wird befürchten müssen, der Überlegenheit göttlichen Handelns zu nahe zu treten, wenn er Heiligung nicht nur als *göttliches* Werk, sondern im vollen Sinne auch als *Werk des Menschen* akzeptiert. Paulus spricht davon, daß

---

5 Stalder: a.a.O., S. 197

6 ibid.: S. 318

7 ibid.: S. 197

8 ibid.: S. 313

9 ibid.: S. 236

die Gläubigen *selber* ihren Sinn erneuern sollen, daß also Sinnesänderung und somit Wesensveränderung eines Menschen im Blick auf den gnädigen Anspruch Gottes im Spektrum *eigener* Bestimmung und Verantwortlichkeit des Menschen liegen. Ein Mensch vermag sich selber gegenüberzutreten, er kann sich vom Bösen oder Guten, das er zu tun im Begriffe war, zurückrufen und neue Entscheidungen treffen. Eben darin besteht die Freiheit seines Willens, und es ist wichtig festzustellen, *daß er das vermag*, auch wenn er es nicht tut. Wenn sich unter der genannten Voraussetzung Heiligung als Werk des Menschen in der Nachfolge Christi entwickelt, dann kann ein diese Nachfolge unterstützendes Handeln der Gemeinde *Erziehung* genannt werden.

Rechtfertigung ist, das kann nun weiterführend gesagt werden, kein punktuelles oder zeitlich vorlaufendes Ereignis, das nach seinem Wirksamwerden für das Leben in Gegenwart und Zukunft nur noch von historischer Bedeutung wäre, die folgenden Entwicklungsphasen hingegen von lebensbestimmender Dauerwirkung. Sie ist vielmehr ein *alle* Zeiten umfassender Gnadenakt Gottes, der in fortschreitender Aktualisierung menschliches Leben heiligt. Rechtfertigung und Heiligung sind, sofern die Initialbedeutung der Rechtfertigung für die Heiligung grundsätzlich bejaht wird, in einem Gleichzeitigkeitsverhältnis zu sehen, also nicht in zeitlicher Folge, wenngleich Rechtfertigung die Voraussetzung bleiben muß, auch nicht überlappend, sondern in einer Wechselwirkung, in der wir der Rechtfertigung die umfassendere Bedeutung zuerkennen als die Tat Gottes, die menschliches Handeln umfängt und möglich macht, im „Raum" der Rechtfertigung den Menschen in seinen guten Werken wachsen läßt. In dieser Arbeit wird dieses Gleichzeitig als zeitliches Nacheinander dargestellt, und auf dem Wege zwischen Initialphase und und Vollendung werden durch die Begriffe Nachfolge und Erziehung *die* Handlungen und Entwicklungen umschrieben, die nun als ausschließlich menschliches Tun in der Form von Wachsen, Führen, Ziehen als erziehungsbedeutsam bestimmt werden.

In schematischer Darstellung ergibt das ein Wirkungsgefüge zwischen *Gott, Individuum* und *Gemeinschaft* bzw. zwischen *Heiligung, Nachfolge* und *Gemeindezucht.* Nach der begrifflichen Bestimmung dessen, was unter Heiligung verstanden werden soll, muß nun der Begriff der Erziehung für die Zwecke dieser Arbeit definiert werden; denn wo von Erziehung gesprochen wird, da ergibt sich nahezu automatisch ein Bezug auf Heranwachsende, auf Kinder und Jugendliche, die in einem Abhängigkeitsverhältnis zu einem Älteren, zu Eltern, Lehrer, Meister, Erzieher, Führer stehen. Hier geht es darum, daß das Wort „Erziehung" im Zusammenhang mit der hutterischen Gemeindepädagogik nicht im herkömmlichen Sinne als ein auf Heranwachsende ausgerichteter absichtsvoller und planmäßiger Handlungsmodus Erwachsener begriffen wird, sondern in der Form der *Gemeindezucht als eine umfassende „Funktion des Menschseins"* (Petersen), die *„das ganze Menschenleben als ein Leben der Erziehung"* (Fröbel) versteht und die Gesamtheit der intentionalen und funktionalen Prozesse beinhaltet, durch die eine Person geformt, in ihrem Verhalten gesteuert und in eventuellen Fehlentwicklungen korrigiert wird. Das geschieht in „Situationen", die einerseits durch das Bedingungsgeflecht von Sozialisationsprozessen im Bruderhof gegeben sind und sich in relativ unspezifischen Akten der Prägung und Anpassung vollziehen, und andererseits, sofern sie im Rahmen gemeindlicher Zielvorstellungen absichtsvoll vorgeordnet und strukturiert sind, in die Nähe erziehenden Unterrichtes rücken, insgesamt aber „pädagogische Situationen" genannt werden können, weil Menschen in ihnen und durch sie herausgefordert und angereizt werden, „als ganze Personen zu handeln, tätig zu sein"[10] und damit in ihrem Menschsein auf die Christusförmigkeit hin erzogen zu werden. So liegt in Abwandlung eines Pestalozziwortes „der Endzweck aller Auferziehung" in der Bestimmung, „leben zu lernen" als Glied des Christusleibes, wozu „dem Menschen die Fertigkeiten, Verhaltensweisen und Wertvorstellungen seiner Gesellschaft und Kultur vermittelt" werden müssen (Hurrelmann). Wir meinen, daß es berechtigt ist, für die von uns zu beschreibenden formellen und informellen Maßnahmen der Sozialmachung und der Sozialwerdung, -wir bevorzugen in diesem Zusammenhang allerdings das Wort „Einhausung"-, weiterhin den Begriff der Erziehung zu verwenden; denn Erziehung geschieht immer auf ein Ziel hin. Dieses Ziel ist Gott, der ist immer der größere, die Gemeinde, die stets umfassendere. Der Mensch bleibt in der Relation zu ihnen der Unfertige, der noch Wachsende, der auf Gott, auf die Gemeinde hin „gezogen" wird, also zum Größeren, Umfassenderen hin „auferzogen" wird. Wir behalten unter diesem Gesichtspunkt den Begriff der Erziehung bei, der etymologisch seine Entsprechung in der Gemeinde-„Zucht" findet. Zu einem späteren Zeitpunkte werden wir sehen, welche Rolle planmäßige Information und Unterweisung im System gemeindlicher Erziehung spielen. Dabei muß immer der ganze Mensch angesprochen werden, er muß in allen seinen Persönlichkeitsebenen aktiviert werden.

In enger Verbindung zu dieser Außenwirkung, die von der Erziehung her zum Aufbau und zur Festigung von Verhalten, Gesinnungen, Moral, Gewissen und Charakter geschieht, ist die *Bildung* zu nennen, die den personalen Anteil menschlicher Entwicklung umschreibt. Auch sie soll als eine Kategorie im System gemeindlicher Erziehung angesprochen werden, allerdings als dem weiterreichenden Begriff der Erziehung untergeordnet. Bildung steht der Erziehung als Werden, als Sich-Entfalten der Form, als Reifung in Beziehung auf die menschlichen Eigenschaften und geistigen Kräfte hin zum plastischen Ausdruck menschlichen Wesens, seiner Vitalität, Rationalität und seiner Willenskräfte gegenüber. Dieser Anteil des Bildungsgeschehens, gewissermaßen sein funktionaler Anteil, bleibt weitestgehend ausgeklammert, wenn Bildung als *Bedürfnis* zur Nachahmung, zur Identifizierung, als *Wille* zur Angleichung an gegebene Vorbilder und auch als Anerkennungsstreben bestimmt, also als intentionale Bildung definiert wird. In der Gesamtheit steht Bildung als individuelles Geschehen der Erziehung als einer Abfolge sozialer Akte gegenüber. In diesem Gegenüber werden körperlich-seelische Entwicklung sowie das subjektive Sich-Bilden-Wollen auf ein Bild hin zur Erziehung in eine Beziehung gesetzt, die dem Verhältnis von Nachfolge und Gemeindezucht entspricht. Während es bei der Nachfolge um den Selbstbestimmungsfaktor geht, der seine treibenden und bestimmenden

---

10 Petersen, Peter: Führungslehre des Unterrichts, Braunschweig 1950, S. 20

Kräfte im Subjektiven, im Telos, das einem Menschen einwohnt oder ihm eingepflanzt wird, findet, wird bei der Erziehung primär der von außen wirkende Faktor der Gemeindezucht bedeutsam. Dabei ist zu sehen, daß nur eine Entsprechung der Relationen besteht, nicht der begrifflichen Inhalte, die auch in ihrer heutigen Form in den hutterischen Gemeinden nicht völlig dem entsprechen, was Erziehung und Bildung in nachaufklärerischer Zeit besagen. Wo wir sie benutzen, geschieht das mit dieser Einschränkung.

Die Hutterer selber verstehen in der Gegenwart Erziehung in dem von Hildebrand gebrauchten Sinne als gezieltes und absichtsvolles Einwirken auf Heranwachsende und auf erwachsene Ungetaufte im Sinne der bestehenden Gemeinschaftsordnungen. Um diesen Zweck in den verschiedenen Zweigen der Gemeinschaft verwirklichen zu können, hat die Kirche ein „Hutterisches Erziehungskomitee" geschaffen, dessen Aufgabe es ist, die erzieherischen Maßnahmen zu koordinieren, aber es wird nirgendwo eine Beziehung zum erwachsenen Gläubigen hergestellt. Erziehung bleibt ein Terminus, der in ausschließlicher Beziehung zum Kind, zum Jugendlichen und zum Ungetauften gesehen wird. Bildung hingegen ist ein Terminus, dem die Mehrheit der Hutterer auch heute noch distanziert gegenübersteht, weil er ausschließlich mit „höherer Bildung", akademischem, für eine handwerklich-bäuerliche Population nutzlosem und der geistlichen Entwicklung abträglichem Wissensballast in Verbindung gebracht wird. Wenn darum Nachfolge hier in eine Beziehung zur Bildung gesetzt wird, dann leiten wir die Berechtigung dazu aus der weiten Bedeutungsfächerung ab, die der Begriff in der christlichen Literatur und Geschichte erfahren hat. Der Archetyp christlicher Nachfolge ist Abraham. In seinem Handeln erscheinen alle jene Elemente, die sich in späteren Formen persönlicher oder kollektiver Nachfolge wiederfinden: das Hören und Vertrauen auf Gottes Verheißungen, gehorsames Sich-in-Bewegung-Setzen auf ein unbekanntes Ziel hin, Mut zur Fremdlingschaft, Bereitschaft zur außergewöhnlichen Tat, die Fähigkeit, Grenzen zu überschreiten. Durch die Nachfolgerufe Jesu werden alle diese Merkmale auf ein Vorbild hin zentriert, eine völlige personale Bindung wird entscheidend. Bei Paulus begegnet uns der Begriff der Nachahmung, aber er meint damit nicht die Imitation, das Kopieren einer Lebenshaltung, sondern das gehorsame Einhalten eines Weges. In der Geschichte der christlichen Kirchen zeigen sich dann sehr unterschiedliche Ausprägungen. Da ist die Nachfolge der Märtyrer und der Asketen, der „Weg" des Franz von Assisi, das Mönchtum und die verschiedenen Armutsbewegungen des hohen Mittelalters, die man, wie im Falle der Humiliaten, den Basisgemeinden der Gegenwart vergleichen kann, die subjektive, auf Konformität mit dem mystischen Christus ausgerichtete Nachfolge eines Bernhard von Clairveaux, bei dem sich Nachfolge in Imitatio verwandelt, die „Devotio moderna", die im ausgehenden Mittelalter den Versuch unternimmt, unter veränderten gesellschaftlichen Bedingungen neue Impulse für die Nachfolge Christi zu schaffen, dann aber einmündet in die romantisch verklärte Innerlichkeit der „Imitatio Christi", wie sie die „Brüder vom gemeinsamen Leben" praktizieren. In die Kette der Nachfolgetypen gehören auch Luther und Müntzer. Der eine glaubt an eine aus erfahrenem Glauben erwachsende mystische Revolution im Men-

schen, die zur Christusförmigkeit führt, der andere sieht in nüchterner Wortbe-
stimmtheit Nachfolge in einer doppelten Konformität, bei der die Lebenspraxis des
Christen nicht von seiner Innenerfahrung abgekoppelt wird, sondern durch die Kon-
formität der Seele mit Christus *mittelbar* in Werken der Liebe und der Weltverant-
wortung sichtbar wird. In diese Kette gehören auch Dietrich Bonhoeffer und Camillo
Torres, bei denen Nachfolge politisches Handeln einschließt und in den aktuellen
Krisenerfahrungnen unseres Jahrhunderts seinen Platz findet, und letztlich auch
Symbolhandlungen, die, wie bei den Basisgemeinden Lateinamerikas oder bei den
Pflugscharchristen in den USA, Einzelaspekte der Nachfolge Christi in unserer Welt
vorbildhaft verwirklichen.[11]

In der hutterischen Auffassung von Nachfolge finden sich verschiedene der hier
genannten Aspekte: Gehorsam gegen Gottes Wort, die Fähigkeiten, zu unterscheiden,
zu verlassen und zu überschreiten, die Bereitschaft zum Leiden und in allem das
Streben zur Christusförmigkeit.

Wie die nachfolgenden Zitate zeigen, wird der Weg der Heiligung und der Nachfolge, der inhaltlich dem Geschehen, das durch die Begriffe Erziehung und Bildung
zu beschreiben ist, durch andere Begriffe ausgedrückt, z.B. Einleibung, Einpflanzung,
Gleichförmigwerdung.

1. Hans Schlaffer: „Im gekreuzigten Son Gottes, welchem wir eingeleibt werden
müssen, werden wir der ainigen Dreiheit teilhafftig, Welches vns geoffenbaret, wann
wir im höchsten Leiden steen, darvor sich die gantze welt förcht und feindt ist. Es
mueß der mensch alle artickl Erdulden in Im selber, soll er anderst komen zur er-
kandtnus des höchsten guetts. Es mues das wortt in Im Empfangen werden, Mit Rai-
nem Hertzen durch den heiligen Geist, Vnnd fleisch in vns werden."[12]

2. Peter Ridemann, : „Dieser Geist Christi, der allen Glaubigen verheißen und geben wird, der machet sie frei von dem Gesatz oder Gewalt der Sünden und setzt sie in
Christo ein, machet sie seines Sinnes, ja seiner Art und Natur, also daß sie mit ihm
ein Pflanz und Gewächs werden, ..."[13] So dienen die Maßnahmen der Gemeindezucht, d.h. der Erziehung des Gläubigen in der Gemeinschaft und durch die Gemeinschaft, letztlich einem Prozeß, der im Sinne der gegebenen Definition von Heiligung
auf eine 'Besserung des Lebens' zielt, auf eine Annäherung an die „Christusförmigkeit" ausgerichtet ist. Er schafft im Verlaufe seiner Realisierung Elite, deren Lohn in
der Erlangung des Himmelreiches liegt, auch wenn das seitens der Gemeinschaft,
weil es zu ihren erstrebenswerten Zielen gehört, „demietig" zu sein, wohl bestritten
werden würde. Als Vollendung dieses Werdeprozesses nannten wir die Theosis, die

---

11 Vgl. dazu Strunck, Rainer: Nachfolge Christi. Erinnerung an eine evangelische Provo-
kation, München 1988 (2.Aufl.)

12 zit. n. Cod. 305 kt, Preßburg, Bl.12

13 Ridemann, Peter: Rechenschaft unsers Glaubens, von den Brüdern, so man die Hutterischen nennt, ausgangen 1565, Nachdruck von 1938, S. 63

Eingottung des Menschen, die uns in ihrer grundsätzlichen Bedeutung in den o.g. Aussagen von Schlaffer und Ridemann begegnet. Wenn in unserer Untersuchung die Phase der Vollendung im Zusammmenhang mit Märtyrerschicksalen beschrieben wird, dann bedeutet das nicht, daß jeder andere Weg einer Zielverfehlung entspräche. Diese Anschauung wird in hutterischen Schriften nirgendwo vertreten. Aber das Martyrium erscheint in der Frühzeit der Gemeinschaft vielen Gläubigen als der krönende Abschluß eines Christenlebens. Es ist letzte und vollkommene Identifikation mit Christus. Heil erweist sich nicht nur in der Vergebung der Sünden oder im Martyrium, sondern im *Sein in Christus*, das auch im Alltag seine Verwirklichung findet. Durch Christi Kommen und durch sein Werk ist neues Leben als göttliche Gabe in der Welt schon keimhaft gegenwärtig. Aber es ist nicht nur Gabe, sondern auch *Aufgabe*: Aus dem irdischen Leben muß ewiges Leben hervorwachsen. Der von Sünden Gereinigte erhält die Möglichkeit, seine alte Natur in eine neue umzuwandeln (Eph.2,15).[14] Vor diesem gedanklichen Hintergrund sollen im Zusammenhang mit der Heiligung die steuernden, korrigierenden, helfenden Maßnahmen der Gemeinde als ein relativ selbständiges Erziehungsgeschehen beschrieben werden.

Diese Zielstellung macht ein Eingehen auf den Begriff *Gemeindepädagogik* erforderlich. Er begegnet uns in der hutterischen Literatur *nicht*. Wir müssen darum fragen, ob er mit Bezug auf die hutterische Täufergemeinschaft verwendet werden kann. Erst in der zweiten Hälfte unseres Jahrhunderts erfuhr er eine nähere Bestimmung.[15] Zunächst wurden im Unterschied zur Religionspädagogik unter Gemeindepädagogik diejenigen pädagogischen Maßnahmen zusammengefaßt, die sich im Feld der Gemeinde ereigneten, also die Gesamtheit der erzieherischen, informierenden, sozialisierenden und gestalterischen Aktivitäten, die christliche Gemeinden auf ihren Nachwuchs ausrichten. Später wurde das Verständnis von Gemeindepädagogik im Sinne einer Gemeindebildungsarbeit weiterentwickelt. Ihr wurde die Aufgabe übertragen, „die pädagogische Dimension des kirchlichen Handelns in der Gemeinde zu erfassen und mit dem Ziel einer verbesserten Praxis zu reflektieren. Sie bezieht sich dabei auf alle Lebensäußerungen der Gemeinde, in denen sich Bildung, Erziehung und Unterweisung ereignet, wenn auch nur partiell wie etwa im Gottesdienst. Sie betreibt die Analyse der Arbeitsfelder ... Sie formuliert Bildungs- und Erziehungsziele, aber auch Lehr- und Lernziele und stellt diese in den Zusammenhang der vorfindlichen Einrichtungen und Organisationen gemeindlicher Bildungsarbeit."[16] In dieser Aufgabenbeschreibung verbinden sich Ansätze intentionaler und funktionaler

---

14 Die Aussagen zur Theosis folgen Ausführungen von Döpmann, Hans-Dieter: Orthodoxe Kirchen des Ostens, in: TRT, Bd. IV, Göttingen 1987, S. 66 f.

15 Rosenboom, Enno: Gemeindeaufbau durch Konfirmandenunterricht, Gütersloh 1962; ders.: Gemeindepädagogik—eine Herausforderung für die Kirche, in: Leben und Erziehen durch Glauben (Hg.: Kratzert, Hans/ Aschenbrenner, Dieter u.a.), Gütersloh 1978, S. :55-71

16 Rosenboom: a.a.O., S. 58

Erziehung zu einem Gesamtkonzept. Die Gemeindeglieder sollen lernen, sich als Mitarbeiter zu bewähren und ihre Arbeit in der Verbindung von Leben, Glauben, Lernen und Erziehen zu sehen.[17] Nicht nur die Heranwachsenden, sondern auch die erwachsenen Gemeindeglieder werden nun in den Lern- bzw. „Erziehungs"-Prozeß einbezogen. Im Anschluß an die EKD-Synode 1979 über „Leben und Erziehen— wozu?" griff die Kammer der EKD für Bildung und Erziehung das Stichwort „Gemeindepädagogik" auf, um den Zusammenhang von Leben, Lernen, Glauben und Erziehen zu thematisieren.[18] Gemeindepädagogik heißt nun, die Gemeinde als primäres *Beziehungsfeld* zu entdecken, auf dem die Einübung in die Glaubenspraxis und damit die Erziehung zum Christsein im praktischen Leben geschieht. Damit hatte man einen Schritt in Richtung auf eine Beteiligungsgemeinde getan, in der sich christliches Leben im *Zusammenleben* der Familien, der verschiedenen Dienstgruppen, in Hauskreisen und Freizeiten, durch Mitgestaltung von Gottesdiensten entfalten konnte. Gleichzeitig war mit dieser Begriffserweiterung der Gemeindepädagogik der Adressatenkreis ausgeweitet. Auf diesen erweiterten Personenkreis war seit jeher die Praxis der Gemeindezucht bei den Hutterern ausgerichtet, wenngleich ihnen der Begriff der Gemeindepädagogik unbekannt blieb. Die Gemeinde war der Erziehungsort, wo die christlichen Tugenden, wo Leben und Glauben eingeübt und zu einer Einheit zusammengeführt wurden. Der Schwerpunkt des gemeindlichen Handelns lag und liegt auf solchen Akten, die geeignet sind, auch den getauften, d.h. den erwachsenen Christen als „ens educandum" zu sehen, ihn zunehmend in eine Gemeinschaft einzuhausen, die sich als präsenter Leib Christi in der Welt versteht, und seine Funktionsfähigkeit als Glied an diesem Leibe zu entwickeln, zu stärken, ggf. zu korrigieren, den Menschen in Belastungssituationen gemeinschaftlich zu tragen und damit das Gemeindeleben in seiner Gesamtheit zu entwickeln. Sofern man dieses Handeln konkretisiert, stellt sich die Aufgabe umfassender Glaubensvermittlung. Sie zielt in ihrer Ausrichtung „auf den Menschen in seiner Ganzheit in allen Altersstufen und in allen Lebensbezügen"[19] Lehrende und Lernende werden zu Partnern beim gemeinsamen Lernen und in der Bewährung des Glaubens. Dabei müssen sie lernen, die Grenzen zwischen Üben und praktischer Bewährung ständig zu überschreiten.(58) Sie leiten sich gegenseitig zu verbindlicher Gliedschaft an.(63) Die gemeindepädagogische Arbeit muß bereits bei den kleinen Kindern einsetzen, weil die „soziale Geburt" des Menschen unvollständig bleibt, wenn sich „Urvertrauen" und kindliches Gewissen nicht auch als Formen religiöser Sozialisation entfalten können.(63)

---

17 Vgl. dazu Möller, Christian: Lehre vom Gemeindeaufbau, Bd.I: Konzepte-Programme-Wege, Göttingen 1987, S. 56

18 Der Zusammenhang von Leben, Glauben und Lernen—Empfehlung zur Gemeindepädagogik, vorgelegt von der Kammer der EKD für Bildung und Erziehung, Gütersloh 1982

19 Rosenboom: Gemeindepädagogik 1978, S. 57; für die folgenden Ausführungen Seitenangaben in Klammern

Die Methoden der Vermittlung müssen deshalb über das Kognitive hinaus zu dialogischen Arbeitsformen entwickelt werden.(66) Gemeindepädagogik hat stets die Gemeinschaft im Auge und damit die Seligkeit des Mitmenschen. „Keiner kann seines Glaubens leben, ohne der Mitverantwortung für den Glauben anderer Menschen inne zu werden."(67) Er erfährt im Rahmen gemeindepädagogischer Arbeitsweisen helfende Begleitung in Lebenskrisen.(61) Diese Hinwendung zum Nächsten soll schließlich zu einer ökumenischen und konziliaren Gesinnung weiterentwickelt werden (67), die sich in bewußter Weltverantwortung manifestiert.(65) Rosenboom faßt diese Aufgabenstellungen in vier Schwerpunkten zusammen:

1. Lebenshilfe für den einzelnen Christen -

2. Begleitung beim Erwerb der Mitgliedschaft -

3. Einüben gesellschaftsdiakonischer Mitverantwortung -

4. Verarbeitung erprobten Lebenssinns in ökumenischer Gemeinschaft.(60)

Das Erziehungshandeln im Rahmen der Gemeinde hat also zunächst einen sozialisierenden Effekt, aber es hat zugleich eine theologische Variante, die auf die zunehmende Anverwandlung des Individuums wie der ganzen Gemeinschaft an die Christusförmigkeit abzielt. Es läuft unter dieser Zielstellung in Gefahr, den Weg der Vergöttlichung des Menschen als eine vom Menschen zu erbringende Leistung zu gehen. Dieser Gefahr kann die Theologie wehren, indem sie dem menschlichen Heiligungsstreben das Geschenk göttlicher Rechtfertigung vorordnet, umgekehrt kann die Pädagogik die Theologie daran hindern, sich über die irdischen Werdebedingungen des Christ- und Gemeindeseins hinwegzusetzen, die „Normen" dessen, was als „heilig" zu gelten habe, in falsch verstandener Abwehr von „Werken" völlig außer acht zu lassen oder aber unrealistisch hoch anzusetzen. Die christliche Gemeinde kann damit zum Ort produktiver Begegnung zwischen Theologie und Pädagogik werden.[20] Das gilt zumindest für gegenwärtiges Verständnis, das weithin durch fachspezifisches Denken und durch gegenseitige Abgrenzung der Wissenschaftsdisziplinen gekennzeichnet ist. Im hutterischen Verständnishorizont gibt es diese Begegnung nicht, weil Gemeindezuchtmaßnahmen sich als *unmittelbare* Auswirkungen theologischen Denkens entwickeln. Die grundsätzliche Verflochtenheit allen Lebens in der Gemeinschaft mit dem Wort Gottes und seine Steuerung durch die theologischen Interpretationen lassen das Wachsen eines von theologischen Bestimmungen *freien* Erziehungssystems nicht zu. Deshalb werden für den erwachsenen Gläubigen insbesondere die Rituale Taufe und Abendmahl zu Orientierungsgrößen des gemeindlichen Erziehungsgeschehens.[21] Diese wenigen Andeutungen lassen ein Verständnis von Ge-

---

[20] Heßler, Eva: Zeitgemäße Gedanken über das Verhältnis von Theologie und Pädagogik, 1974: unveröffentlichtes Manuskript, referiert bei Henkys, Jürgen: Was ist Gemeindepädagogik—Zur Konzeption gemeindepädagogischen Handelns in der Kirche, ..., S. 17 f.

[21] Vgl. Möller: a.a O., S. 53

meindepädagogik entstehen, in dem Gemeinde nicht zum diffusen Schnittpunkt aller möglichen pädagogischen Bestrebungen und Experimente wird, sondern in dem sie durch das aktive Leben in festen Formen und in inhaltlich bestimmten Ritualen ihre pädagogischen Bestrebungen und Zielstellungen qualifiziert. Weiterführende Theorieansätze deuten derzeit allerdings eine Überwindung dieser Entwicklungsstufe an, weil die Beteiligungsgemeinde unter den Bedürfniskonstellationen der Gegenwart nur einer Vorstufe bzw. einer Einarbeitungsphase auf dem Wege zur „offenen Angebotsgemeinde" entspricht.[22] Damit ist zugleich die Frage der Außenwirksamkeit einer Gemeinde bzw. Kirche gestellt. Sie ist in besonderem Maße für das Gemeindeverständnis der Hutterer bedeutsam; denn ein Festhalten an „bewährten" Formen der Gemeindearbeit unter primärhaft-familiärem Aspekt[23] würde einer Wendung nach innen entsprechen, letztlich „einer Konzentration des Christentums auf die Gemeinde, deren praktisches Bekenntnis zur Definition für die Grenze wird, jenseits derer die ‚Welt' beginnt, die wesentlich durch Abwesenheit des Christentums bestimmt ist."[24] Das hutterische Modell entspricht weitgehend den Inhalten der erstgenannten Entwicklungsstufe, das sei vorausgreifend gesagt. Sie hat Taufunterricht bspw. so aufbereitet, daß er eine „besondere Phase in dem umfassenden Lernprozeß darstellt, in dem die Gemeinde sich selbst zum Subjekt und Objekt ihres Lehrens und Lernens macht."[25] Aber es wird auch zu prüfen sein, inwieweit ihr Festhalten an tradierten Formen ihre ursprüngliche missionarische Weltoffenheit in selbstgenügsame, unökumenische Bewahrungsmentalität verwandelt hat. Ob es also berechtigt ist, die Gesamtheit der „Zuchtmaßnahmen" der hutterischen Gemeinde als *Gemeindepädagogik* zu bezeichnen, kann erst in einer abschließenden Wertung entschieden werden.

3.5 DIE NOTWENDIGKEIT, ÜBER ERZIEHUNG DER GLÄUBIGEN NACHZUDENKEN

Das folgende Kapitel dient der Zusammenfassung von Fakten, die in den vorangehenden Kapiteln bereits angesprochen wurden, hier aber nochmals erwähnt werden, um zu erklären, inwiefern für die hutterische Glaubensgemeinschaft eine existentielle Notwendigkeit bestand, über die Erziehung ihrer Mitglieder nachzudenken. Dieses „Nachdenken" hat in der hutterischen Literatur keinen Niederschlag gefunden, doch seine Ergebnisse sind gelegentlich indirekt zu erkennen.

---

22 Zu den Problemen "Gemeindearbeit" und "offenes Angebot" vgl. Lindner, Herbert: Kirche am Ort. Eine Gemeindetheorie, Stuttgart 1994, bes. ab S. 337

23 Lindner: a.a.O.: S. 348

24 Rössler, R.: Grundriß der praktischen Theologie, Berlin/N.Y. 1986, S. 89

25 Rosenboom: Gemeindepädagogik, 1978, S. 57

In den Gemeinden des 16. Jahrhunderts herrschte zweifellos das Leitbild des Gottesmenschen vor, dem die Wirklichkeit des Menschseins in den Bruderhöfen ständig anverwandelt werden mußte. Die aus der regen Missionstätigkeit der Hutterer resultierenden Zuwanderungen unterschiedlichster Menschen, den Sozialstatus, den persönlichen Werdegang, die Ausbildung, die geographische Herkunft, die sprachliche Kompetenz und andere Voraussetzungen betreffend, stellten die Gemeinde in eine permanente Ausnahmesituation, in der es um die Eingliederung der Neuankömmlinge ging. Am Beispiel Israels und auch durch die Eingliederung von deutschstämmigen Zuwanderern aus Osteuropa können wir in etwa ermessen, mit welchen Schwierigkeiten ein solcher Integrationsprozeß befrachtet ist und welch hoher Einsatz seitens des Integrators zu erbringen ist. Zwar waren die sprachlichen Schwierigkeiten relativ gering, -die Mehrzahl der Zuwanderer kam aus deutschsprachigen Gebieten-, statt dessen mußte die Gemeinschaftsfähigkeit mit allen ihren Voraussetzungen und Folgerungen hergestellt werden, eben jene Uniformität persönlichen Seins, von der bereits die Rede war. Die Neuankömmlinge mußten ihre Lebensgewohnheiten aufgeben, in mancher Hinsicht ihre Bedürfnisse reduzieren: Es mußte gegessen werden, was die „kuchl" für richtig befand, die Kinder waren in fremde Obhut zu geben, während des Tages wurde nach Anweisung und oftmals in sachfremden Bereichen gearbeitet, und zu gewissen Zeiten konnte wegen Raummangels Eheleuten nur ein durch textile Abtrennungen separierter privater Schlafraum zugestanden werden.

Der Chronist schreibt in dieser Situation: „In Summa, da war Keiner, der müßig ging, es tät jedes etwas, was ihm befohlen war, und was es vermocht und konnt, und wär er vorhin gewesen edel, reich oder arm. Da lerneten auch die Pfaffen arbeiten und werken, welche herzu kamen."[26] Was hier über Lernnotwendigkeit für den Bereich der Arbeitserziehung ausgesagt wird, galt wohl auch für die anderen Lebensbereiche, insbesondere für die Lebensform der Gütergemeinschaft, die Verzicht auf persönlichen Besitz und damit auf jede Möglichkeit der Selbstbestimmung bedeutete. Diese Einschränkung bewirkte letztendlich, das muß immer wieder betont werden, ein Hineinreichen gemeindlicher Ordnungsfaktoren in die Physis des Einzelnen und in den Bereich seiner innersten und intimsten Gedankengänge und Überzeugungen. Es ist eben zweierlei, ob ein Mensch mit dem Psalmisten bekennt „Du erkennst meine Gedanken von ferne" (Ps.139,2) oder ob er erkennen muß, daß der Gemeinschaft gegenüber eine Offenbarungspflicht besteht. Das GGB berichtet von einer anschlußwilligen Gruppe, daß etliche, „weil sie aber sich mit dem Ihrigen in Gelassenheit und christliche Gemeinschaft sollten begeben, dem eignen Willen absagen und das noch mehr ist, ihre Missetaten und Vergreifungen, seider ihrem aufgerichteten Bund des Taufs fürgangen, zu bekennen und zu eröffnen, da ließen es viel, die sich nicht konnten überwinden, anstehn und blieben bei ihrer Schweizerischen Brüderschaft, da sie dessen nicht bedorften."[27] Die Forderung einer grundsätzlichen Offenlegung alles

---

[26] GGB: S. 334

[27] GGB: S. 321

Vorausgegangenen, die Schaffung einer Nullsituaion als Voraussetzung eines Neube-
ginns stellte ein Hindernis für die Eingliederung dar. Die Diskussion über dieses
Problem der „Kritik und Selbstkritik" wurde während der Walpot-Ära im Gespräch
mit anschlußinteressierten Gruppierungen immerhin öffentlich geführt. Peter Walpot
begegnet den Einwänden und Bedenken gegen die hutterische Glaubens- und Lebens-
spraxis, die seitens der Polnischen Brüder geäußert wurden, in einem Antwortschrei-
ben an den Krakauer Apotheker Simon, er schreibt: „Der Herr will ein anders Herz
und Gemüt haben und ein selbstwillige Gemein, die sich freiwillig von innen und
außen von aller Befleckung der Sünden abziehe und nicht alleine dasselb, sonder
jeder getreue Eiferer und Freund Gottes ist schuldig und in Lieb Gottes verpflichtet,
wider alles Böse, Ungerechtigkeit, Werk der Finsternis und gottloses Wesen der Welt
und aller Unglaubigen zu zeugen, sie zu strafen, ihrer bösen Wege zu erinnern und
ihnen Warnung halb ihr Übertretung anzuzeigen, das Schwert des Geists gegen ihn zu
brauchen, will er nicht anders ein Heuchler vor Gott und Menschen sein."[28] Und das
tut er denn auch, indem er ihnen „die Wahrheit vor dem Angesichte Gottes frei und
gut rund" sagen will, nämlich, daß man die Polnischen Brüder „nicht für ein Volk
Gottes erkennen (könne) oder für Brüder"; denn, so fährt er fort, „Euch manglen die
Gerechtigkeiten und Zeugnissen des Christentums oder eines wahren Christenmen-
schen. Denn wo ist doch Euer wahre Untergebung Gottes im Tauf, Euer Neugeburt
und Absagung der Welt, dem Teufel, Eurem eignen Fleisch und Selbstwillen?"[29] Er
erweitert seinen Anfragenkatalog in bezug auf die Absonderung von der Welt, die
Nächstenliebe und die Fragen der Gemeindezucht. Es bleibt nach dieser „hochnot-
peinlichen" Befragung nur noch festzustellen, daß die Vereinigung der Bruderschaften nicht zustande kam. Die Auslassungen Walpots, sie mögen aus unserem Blickwinkel als unklug oder selbstgerecht und unbrüderlich wirken, zeigen uns jedoch die
Größe des Problems und den Willen der hutterischen Führung, durch Klarheit der
Vorgaben mißverständliche Annäherungen unterschiedlicher Gemeinschaften zu
vermeiden und damit die Homogenität und die Reinheit der Gemeinde zu erhalten.
Den pädagogischen Charakter dieses Gedankenaustausches, der auch in anderen
Fällen erkennbar wird, zeigt, nachdem Walpot das gemeinschaftswidrige Verhalten
des Apothekers unter Zurücknahme seiner eigenen Person und Wünsche entschuldigt
hat, der folgende Passus aus seinem Brief: „Aber das ists, daß Ihr der Gemein also
widerstanden habt und auf Eurem Sinn und Weise blieben ohn all Frucht und Besserung, wie noch heut. Und die Gemein gleich nach Euch sich richten und lernen hätt
sollen, so Ihr doch in Gott noch nicht gegründt und selbst bedörft, daß man Euch das
erste Schulrecht göttlicher Worte lehre …"[30] Bei der extremen Unterschiedlichkeit
und der großen Anzahl der Anschlußwilligen war innerhalb der hutterischen Gemeinschaft das Nachdenken über die Notwendigkeit und die einheitliche Handhabung

---

28 GGB: S. 347

29 GGB: S. 349

30 GGB: S. 351

bestimmter auf das Gemeinschaftziel bezogener Erziehungsmaßnahmen eine für den Bestand und die Reinerhaltung der Gemeinschaft unabdingbare Notwendigkeit geworden.

3.6 ERZIEHUNGSZIELE, -ORTE UND -SITUATIONEN

Auch die Kernpunkte des nachfolgenden Kapitels wurden bereits angesprochen, doch um der Systematisierung der Gedankenführung willen sollen hier die Erziehungsziele und ebenso die Erziehungsorte und -situationen genannt werden. Neben dem obersten Ziel der Christusförmigkeit steht gleichwertig als Ziel der Erziehung die Gemeinschaftsfähigkeit eines Menschen, durch die er befähigt wird, als Glied dieser Gemeinschaft zu leben. Da diese Gemeinschaft eine geistliche Gemeinschaft ist, ist auch das Ziel „Gemeinschaftsfähigkeit" nicht vor säkularem Hintergrund zu sehen, sondern es ist ein geistliches Ziel. Wie definiert sich diese Gemeinschaft?

Das Selbstverständnis der hutterischen Kirche:

Sie versteht sich als Kirche Christi, als ein Volk, das Gott „erwählet, angenommen und erworben habe, das da sei ohn Runzen, ohn Flecken, ohn Tadel, ohn Masen, sonder rein und heilig gleichwie er heilig ist" (Eph.5,27).[31] „Ein solch Volk, Gemein und Versammlung oder Kirchen", alle diese Begriffe werden synonym gebraucht, ist nicht als Folge menschlicher Entscheidungen entstanden, sondern wurde „durch den heiligen Geist gesammlet, ... der sie nun auch hinfür regieret ... und alles in ihr ordnet, der auch alle Glieder ... in einerlei Sinn und Meinung einführet, daß sie einig nach Christo Jesu gesinnet sein, nach ihm artnen und sich allezeit sein fleißen und halten wie ein Gespons und Gemahel ihres Bräutigams, ja als die mit ihm ein Leib, ein Pflanz und einerlei Gewächs sein, die einerlei Frucht tragen ..."[32] Diese am Vorbild Christi orientierte Binnenstruktur der Kirche soll auch nach außen seinem Vorbild und Befehl gemäß wirksam werden, darum wird sie als Fundament „und Grundfeste der Wahrheit" beschrieben, als „Ampel, Lichtstar und Lucerne der Gerechtigkeit", die der ganzen Welt mit ihrem Licht den Weg des Lebens zeigt.[33] Aber auch diese Außenwirkung der Gemeinde ist nicht ihre Eigenleistung, vielmehr wird ihr medialer Charakter in einer Fülle von Bildern beschrieben, die immer letzte Ursächlichkeit bei Gott, seinem Christus und dem heiligen Geiste findet. Die Kirche Christi wird, so schreibt Ridemann, „ganz wie eine Luzerne von dem Licht durchleuchtet ..., von (dem) Christo durchleuchtet ist, auf daß sein Licht aus ihr auch andern schei-

---

[31] RR: S. 35 und 158

[32] ibid.

[33] RR: S. 36

ne."[34] Da die Gemeinschaft, in die der Mensch passiv, „das Werk des Geists Christi"[35] duldend, eingefügt werden soll, den Leib Christi repräsentiert, mit ihm also identisch ist, bedeutet Gemeinschaftsfähigkeit „Conformitas cum Christo", mithin eine weitestgehende Angleichung des Gläubigen an das Wesen und Sein Christi, anders, vielleicht besser ausgedrückt, seine „Eingottung".

Ziele hutterischer Gemeindepädagogik:

Deshalb muß die Zielstellung hutterischer Gemeindepädagogik gestuft beschrieben werden. Über verschiedene Schritte der äußeren Angleichung und Eingewöhnung, die das Vorbildverhalten der Gemeinschaft berücksichtigen, erreicht der Gläubige durch Nachahmung einen formalen Grad von Angepaßtheit an die Normen der Gemeinschaft, eine externe Form der Gemeinschaftsfähigkeit, die durch Internalisierung von den umfassenderen Inhalten des übergeordneten Zieles der Christusförmigkeit her durch das Wirken des Geistes stabilisiert, gesichert und zum Eigenbestand eines erneuerten Wesens der Persönlichkeit gemacht wird. Dieser Prozeß wurde als lebenslange Nachfolge beschrieben. Er stellt sich damit als zeitidentisch mit unserer Definition für Erziehung als umfassender „Funktion des Menschseins" dar, und er ist gleichzeitig als ein Wechselspiel zwischen göttlichem *und* menschlichem Tun zu sehen, wobei dem Handeln Gottes Initialfunktion zukommt, die sich durch den Ruf zur Umkehr im Worte Gottes, dem Geschenk rechtfertigender Gnade und der Erfahrung der Wiedergeburt realisiert. So ist Heiligung primär Zueignung Gottes an den Jünger (Joh.17,19; 1.Kor.1,30;6,11; Eph.5,26 u.a.O.), aber gleichzeitig aus dem Blickwinkel der Gemeinde Erziehungsaufgabe.

Erziehungsorte und Erziehungsmittel:

Sie ist dynamischer Prozeß, durch den der Mensch befreit wird zu eigenem, verantwortlichem Tun. Die eigentliche Verlaufsphase der Heiligung / Erziehung / Nachfolge, die drei Begriffe beschreiben dasselbe prozessuale Geschehen aus den Handlungsperspektiven Gottes, der Gemeinde und des Individuums, vollzieht sich in der Gemeinde als dem hauptsächlichen Erziehungsort; denn, obwohl Heiligung persönliche Zueignung ist, handelt es sich im hutterischen Sinne niemals um ein Individualgeschehen, sondern hat es stets mit der Gemeinde zu tun. Wenn Heiligung bedeutet, daß ein Mensch auf die Vollkommenheit Christi hin wächst, dann wird ihm damit auch ein Wachstum in Richtung auf die völlige Liebe geschenkt, diese aber „fragt nicht nach der *eigenen* Vollkommenheit, sondern lebt sie in der *Gemeinschaft* mit

---

[34] RR: S. 37

[35] ibid.

Gott und den Menschen."[36] Mit Gemeinde ist darum die räumlich-personal-situative *Gesamtheit aller Erziehungsfaktoren* gemeint, durch die ein Mensch in seinem Wesenskern geformt wird. Diese Kernformung ist Ergebnis rechter Lehre (Ansprache), sie muß, soll sie Frucht bringen, „durch den heilgen Geist geschehen und durch denselbigen in eine rechte Ordnung gestellt werden, auf daß es den Menschen am rechten Ort angriffe, ihn treffe und wie ein zweischneidend Schwert das Herz durchschneide ..."[37] Im biblischen Menschenbild kommt dem Herzen die Bedeutung wesenhafter Mitte zu, in der die Entscheidungen über das eigentliche Leben des Menschen, das Leben aus Gott fallen, das in seiner Wirkung den ganzen Menschen erfaßt und nicht auf einen Teil beschränkt bleibt.[38] Der Erziehungsort „Gemeinde" muß jedoch differenzierter gesehen werden: Da ist zum ersten der Gottesdienst, er ist *der* Erziehungsort in der Gemeinde, an dem die Situationen geschaffen werden, in denen Gottes Geist durch das Wort des Predigers den Menschen in seinem innersten Wesenskern anspricht und ihm „das Herz durchschneide". Für den Erziehungsort „Gottesdienst" stellen sich die Lehre, das Gebet, die rituellen Handlungen als die entscheidenden *Erziehungsmittel* dar, die auf die Bewußtseinsbildung eines Menschen einwirken, die Veränderung seines Wesenskernes betreiben, gewissermaßen induktiv bzw. kapazitiv wirkend, seinen Willen und seinen Gehorsam in Frequenz- und Phasengleichheit zum Willen Christi bringen. Neben den Gottesdienst treten dann als weitere Erziehungsorte die Werkstatt, der Arbeitsbereich, die Ehegemeinschaft und für die vielen Märtyrer das Gefängnis, für die Kinder die Kleinschul und die Schule. Diesen unterschiedlichen Erziehungsorten entsprechen als Erziehungsmittel die Arbeit und das Leben in der Gemeinde mit seinen vielgestaltigen Situationen von Gespräch, brüderlicher Hilfe und Feier sowie die Methoden der Gemeindezucht, die existenzbedrohenden Situationen der Gefangenschaft und die Kindererziehung. (Im Folgenden werden die Erziehungssituationen, -mittel und -orte unter dem Gesichtspunkt einer ganzheitlichen Entwicklung eines Huttererlebens dargestellt.) So bleibt nun der Individualteil zu bedenken, den wir als Nachfolge bezeichneten. Es ist der Handlungsteil des Geschehens, in dem der Mensch „Existenz gewinnt", in dem er „genötigt (gereizt, aus sich herausgetrieben) wird, *als ganze Person* zu handeln, *tätig* zu sein."[39] Dabei befindet er sich, weil ständig mit den Wirklichkeiten Gott und Gemeinschaft konfrontiert, in Grenzsituationen, die (aus Sicht der Gemeinde) letztlich eine Entscheidung über sein Leben in der Gemeinschaft mit Gott und seiner auserwählten Gemeinde oder den Tod durch willentliche Entscheidung gegen diese Gemeinschaft herausfordern. Die in dem Beziehungsdreieck Gott—Gemeinde—Individuum bestehende Spannung muß

36 Klaiber, Walter: Schriftgemäße Heiligung, in: Heiligung aus biblischer und evangelisch-methodistischer Sicht, Beiträge zur Geschichte der Evangelisch-methodistischen Kirche, Stuttgart 1987, S. 18

37 RR: S. 47 f.

38 Rienecker, Fritz (Hg.): Lexikon zur Bibel, Wuppertal 1978, S. 910 (Stichwort: Mensch)

39 Petersen, Peter: a.a.O., S. 20

seitens des Individuums durch Übernahme dieser Spannung gelöst werden, das geschieht durch die völlige Auslieferung des Willens an Gott. Aus diesem geistigen Akt erwachsen dann die nachgeordneten Akte des Gehorsams, der Liebe , der Gelassenheit, des Vertrauens u.s.w., die den o.g. Persönlichkeitsmerkmalen entsprechen und durch die das Werk Gottes in die Welt getragen wird. Paulus formuliert imperativisch: „Begebet eure Glieder Gott zu Waffen der Gerechtigkeit, daß sie heilig werden"(Röm.6,13), und Ridemann folgert im Anschluß an Pauli Aussage: „Denn sollt Gott etwas Guts im Menschen schaffen, muß er sich ihm begeben (hingeben), sonst wird er wohl in ihm ungewirket lassen. Denn als wenig der Mensch etwas Guts von ihm selbst tun kann, ebensowenig will auch Gott im Menschen etwas tun, er begebe sich denn ihm von Herzen zu einem Werkzeug. Aber so des Menschen ergebner Willen in den Willen Gottes sich geschränket und geflochten hat, also daß Gottes und des Menschen Willen eins werden, daß hinfür der Mensch nichts, sonder Gott alles in ihm will, wählet und tut, der Mensch aber als ein Werkzeug dasselbig leidet, darf er mit dem lieben Paulo sagen: ‚Ich lebe itzt nit mehr, sonder es lebet in mir Christus.' Denn so geht das Werk Gottes im Menschen von Statt."[40]

Zusammenfassung:

1. Das Leben in den Bruderhöfen des 16. Jahrhunderts ist durch einen kontinuierlichen Zustrom von Gläubigen gekennzeichnet. Durch die Variationsbreite persönlicher Voraussetzungen stehen die Höfe permanent vor Integrationsaufgaben, durch die Anpassung des persönlichen Seins an die bestehenden Ordnungen erzeugt werden soll. Dieses Ziel konnte nur durch ein System aktiver gemeindlicher Führung und Kontrolle erreicht werden, in das alle Mitglieder der Gemeinschaft einbezogen werden.

2. Die hutterische Kirche versteht sich als Volk göttlicher Erwählung. Ihre am Vorbild Christi und der apostolischen Gemeinden orientierte Binnenstruktur soll unter missionarischem Aspekt auch nach außen sichtbar werden. Der Gläubige wird in ihr an das Wesen und Sein Christi angeglichen, er wird Christo eingepflanzt. Damit ist das Ziel hutterischer Gemeindepädagogik umrissen, das in einem dynamischen Wechselprozeß von göttlichem und menschlichem Handeln sowohl im Blick auf den Einzelnen als auch auf die Gemeinde erreicht wird.

3. Der umfassende Ort, an dem Erziehung geschieht, ist die Gemeinde mit ihren verschiedenen Lebensbereichen. In ihr wirkt die Gesamtheit der Erziehungssituationen verändernd auf den Wesenskern eines Menschen ein. Als Erziehungsmittel, die im Sinne der erstrebten Wesensänderung wirken, kommen rituelle Handlungen wie Predigt, Gebet, Feiern, Arbeitseinsätze und verschiedene Alltagssituationen zur Wirkung. Der in der Ganzheitlichkeit und Geschlossenheit der hutterischen Lebenssitua-

---

[40] RR: S. 176 f.

tion liegende Aufforderungscharakter reizt den Gläubigen, alle Spannungen, die in dem Beziehungsdreieck Gott—Gemeinde—Individuum entstehen, durch Auslieferung seines Willens an Gott und die Gemeinde aufzulösen.

TEIL II
GEMEINDEPÄDAGOGISCHE PRAXIS DER HUTTERISCHEN TÄUFERGEMEINSCHAFT

1 DIE RITUALISIERUNG DER GEMEINDLICHEN LEBENSFORMEN: KULTUS, RITUALE, SYMBOLE

Symbolisierung und Ritualisierung sind grundlegende und umfassende Elemente menschlichen Weltverhaltens.[1] Wo sich religiöse Erfahrung ihren Ausdruck verschafft, treten sie als tragende anthropologische Elemente des jeweiligen Kultus' in Erscheinung. Als seine Bestandteile dienen sie im weitesten Sinne der Kommunikation und damit der Erhaltung und Sicherung des Glaubens. Die christlichen Kirchen, hier ist besonders an die römisch-katholische Kirche zu denken, verfügten am Ausgang des Mittelalters über ein weitgefächertes Instrumentarium der Symbolisierung und Ritualisierung und damit über eine Vielzahl von religiösen Symbolen und Ritualen, von denen einige, historisch entstanden und aus ihren Entstehungsbedingungen lebend, ihre ursprüngliche Aussagefähigkeit verloren hatten.[2] In ihrer stagnativen bzw. regressiven Form präsentieren sie statt dessen negative Inhalte und entwickeln sich in manchen Fällen zu Schlupfwinkeln des Aberglaubens. Die Antwort der Reformationskirchen auf die Überfülle symbolischer und ritueller Inhalte des christlichen Kultus' war (und ist wohl noch immer) das Streben nach einem möglichst unkultischen Gottesdiensttypus, „der den Vorstellungen, die man sich vom urchristlichen Gottesdienst machte, besser entspräche."[3] Die Schwierigkeit, einen Kultus zu institutionalisieren, der die symbolische und rituelle Kommunikation auf ein Minimum reduziert oder möglichst negiert, führte sehr bald zu Reduktionsformen, wie sie im kalvinistischen Gottesdienst zu finden sind, und darüberhinaus in der Mehrzahl der protestantischen Kirchen zu einer Ritualisierung der Wortverkündigung.[4] „Interpretierende Predigt" und wortreiche „Vermahnung" erstarrten nun ihrerseits zu diskursiven Ritualen, die an die Stelle der nichtverbalen, symbolischen Kommunikation

---

[1] Vgl. dazu und zum Folgenden Jetter, Werner: Symbol und Ritual, Göttingen 1978, S. 200

[2] Jetter: a.a.O., S. 57-62

[3] Jetter: a.a.O., S. 123

[4] Vgl. dazu Leeuw, Gerardus van der: Phänomenologie der Religion, Tübingen 1956, S. 509 f.

traten[5] und sie verbessernd ersetzen sollten.[6] Was während der Reformationszeit als Bildersturm begann, lebte in modifizierter Form als protestantischer Argwohn gegen den Ritus und die Formen präsentativer Symbolik im Gottesdienst fort und hat zu einer Jahrhunderte währenden Vernachlässigung der „Sprache des Raumes" geführt. Hier sind „die Lichtführung, die Farbgebung an den Wänden und in den Fenstern, die Gestik, die Bewegungen, der Schmuck und die Kleidung, Kerzen, Geräte, Glocken- und Orgelklang" zu nennen.[7]

In diesem grundsätzlichen Zusammenhang ist auch die gesamte Täuferbewegung im Ensemble der reformatorischen Bestrebungen zu sehen. Sie entwickelte sich in radikaler Abkehr vom katholischen Ritus und den ihn ausfüllenden Symbolen. Weil man die heilige Schrift wörtlich deutete, wurden die Sakramente ihrer symbolischen Umhüllungen entkleidet. Bei der Taufe gab es kein Kreuzschlagen mehr, kein Anblasen, keine Benetzung mit Speichel oder Salbung mit Öl durch den Priester[8], beim Abendmahl keine besonderen Gerätschaften, Kelche, Monstranzen, keine Hostien; alles sollte auf die ursprünglichen, biblisch begründbaren Formen und Bedeutungen zurückgeführt werden. Doch in diese Ursprungssituationen waren bereits kultisch-rituelle Elemente ihrer Entstehungszeit eingeflossen, und so konnten die Täufer nicht umhin, in Befolgung des neutestamentlichen Taufbefehls und der Einsetzung des Herrenmahls auch bei den von ihnen präferierten Reduktionsformen eine strikte Formalisierung der kultischen Handlungen anzustreben.[9] Diese waren zwar befreit von symbolträchtigen Verhüllungen, hatten also eine Lösung von der Sphäre des Sinnlichen erfahren, blieben aber bedeutsam in ihrem Sein-an-sich, als Zeichen des Wesentlichen und als Schritte auf dem Wege zum Wesen.

Damit nähern wir uns dem zentralen Anliegen unserer Arbeit: der Darstellung der erziehungswirksamen Rituale im Rahmen des hutterischen Kultus'. Als *Kultus* be-, zeichnen wir die Gesamtheit religiöser Übungen, das Insgesamt der z.T. symbolischen Inhalte, das, in geordneten Formen vollzogen, den religiösen Sinn ritueller Aktionen zum Ausdruck bringt. Gleichzeitig müssen wir den Zusammenhang des gottesdienstlichen Handelns mit sonstigen Handlungsvollzügen und -feldern der hutterischen Gemeinschaft festhalten. Einen *Ritus* nennen wir hingegen „die sozial stereotypisierte, zur Regelform gewordene Ablaufganzheit eines als korrekt geltenden

---

5   Langer, Susanne K.: Philosophie auf neuem Wege—das Symbol im Denken, im Ritus und in der Kunst, Havard 1942 (Deutsch: S. Fischer-Verlag 1965), besonders auf den Seiten 102-105 unterscheidet Langer zwischen diskursiven und präsentativen Formen der Symbolik.

6   Vgl. dazu Jetter: a.a.O., S. 159 ff.

7   Jetter: a.a.O., S. 163

8   Deutsche Bischofskonferenz (Hg.): Die Feier der Kindertaufe, Freiburg und Salzburg 1971, bes. ab S. 53

9   Vgl. dazu Jetter: a.a.O., bes. S. 129 f.

Verhaltens. In diesem Sinne mehr oder weniger ritualisiert ist das ganze Brauchtum des Menschen: Geburt, Initiation, Hochzeits- und Totenbräuche sowie Kultbräuche im eigentlichen Sinne folgen Handlungsmustern, die den Stempel sozial gebilligter ‚Richtigkeit' tragen."[10] Diese einzelnen Aktabläufe, die durch ein „wiederholtes, immer gleichbleibendes, regelmäßiges Vorgehen nach einer festgelegten Ordnung" gekennzeichnet sind, bezeichnen wir als *Rituale* im Ganzen eines Ritus.

An dieser Stelle sollen einige Bemerkungen zum Verständnis von Symbol und Ritual einfließen, die es uns ermöglichen, hutterisches Leben „ganzheitlich" unter dem Begriff des Rituals zu erfassen. Dazu ist es erforderlich, mögliche Ganzheitserfahrung des Menschen zu bestimmen. Da, wo Ganzheit lediglich als umfänglicher und differenzierter in ihren Teilaspekten definiert wird, verfehlt man ihr Wesen. Sie umfaßt neben der Welt des objektiv Wahrnehmbaren in Menschenwelt und Natur[11] auch die „dem Bewußtsein zugängliche Welt des Subjektiven", Erkenntnisse, Gedanken, Gefühle, Willensstrebungen, die ganze Summe geistiger Akte. Beide Wahrnehmungssphären, wir unterscheiden sie als ‚Draußen' und ‚Drinnen', repräsentieren das ‚Binnen', die Welt, die dem Menschen, soweit sie ihm bewußt ist, grundsätzlich verfügbar ist. Für die Erklärung religiöser Phänomene kann solche ‚Ganzheit' allerdings nicht ausreichen. Sie muß eine Erweiterung finden hin zum Transzendenten, dem wir die Sphäre des nichtbewußtseinfähigen ‚Außen' sowie die ‚Innen'-Sphäre des kollektiven Unbewußten zuordnen wollen. Nur da, wo in Erweiterung des Ganzheitsbegriffes transzendente Faktoren wirkungsmächtig werden und als solche Akzeptanz erfahren, also Immanenz gewinnen, können Symbole und Rituale eine Bestimmung erfahren, die nicht vordergründig pragmatisch bleibt. Das bedeutet, daß Symbole und Rituale, semiotisch als Bezeichnung oder Analogie einer bekannten Sache oder Handlung gebraucht, in ihrer eigentlichen Bedeutung verkannt werden. Sie wären in diesem Falle lediglich ‚binnen'-bezogen, d.h. sie würden nur Erfahrbares, Erkennbares und Bekanntes in präzisierender oder verkürzender Form zum Ausdruck bringen. Sie wären in dieser Funktion Zeichen bzw. zeichenhafte Handlungen. Das religiöse Symbol weist über die zeichenhafte Sphäre des ‚Binnen' hinaus. Es transzendiert sich selbst, verweist auf Tatbestände, die über denkbare Erkärungen hinaus Unbekanntes, Unverstehbares, Transzendentes und im Blick auf das ‚Innen' Tiefenpsychologisches aussagen wollen. Das Symbol ist also ein Gebilde sehr komplexer Natur, das sich der Vernunft ebenso öffnet wie es sich ihr verschließt. Es resultiert immer aus verschiedenen Komponenten. Die sichtbare Welt ist an seiner Entstehung genau so beteiligt wie Welt der individuellen Wahrnehmung, aber seine letzte Bedeutung gewinnt das Symbol im Zusammenspiel des transzendenten ‚Außen' mit dem transzendenten ‚Innen'. Das religiöse Symbol kann „nur dann wahres Symbol sein, wenn es an der Mächtigkeit des Göttlichen partizipiert, auf das es hin-

---

10 Mühlmann, W.E : Ritus, in: RGG, Tübingen 1961, Bd. V, S. 1127

11 Vgl. Mann, Ulrich: Einführung in die Religionsphilosophie, Darmstadt 1968, S. 70 f.

deutet."[12] Mit dieser theologischen Symbolinterpretation ist nur *eine* mögliche Bestimmung angesprochen. Die fast unerschöpfliche Vielschichtigkeit der Bedeutung des „Symbolischen"[13] als Begriff der Philosophie, der Tiefen- und Entwicklungspsychologie, der Ästhetik, der Mythologie, der Theologie und der Symboldidaktik läßt Raum für immer neue Anwendungen und Definitionen, so in der Linguistik, in der Semiotik und nicht zuletzt im abschwächend-verallgemeinernden Gebrauch der Umgangssprache. Darum ist zu fragen, ob es überhaupt des Symbolbegriffes bedarf, ob es im nüchtern-rationalen Umfeld einer bilderlosen Gesellschaft solcher Symbole bedarf, die nach Tillich an der Mächtigkeit des Göttlichen partizipieren, um das Unsagbare zur Sprache bringen zu können und damit der Erhaltung des Glaubens zu dienen, zumal das Symbol in der heiligen Schrift wenig Fundament findet im Gegensatz zu Aussagen über das Zeichen unter semiotischem Aspekt.[14]

So wie das echte Symbol sich vom Zeichen darin unterscheidet, daß es sich selber transzendiert, so unterscheidet sich das religiöse Ritual vom säkularisierten, indem es den Menschen, der es durchschreitet, an die Transzendenz verweist. Zu ihr findet der Mensch Zugang *durch* das Symbol und *im* Ritual. Die Aussage, daß der Mensch *im* Ritual Zugang zur Transzendenz findet, deutet darauf hin, daß der spirituelle Mensch sich überwiegend in einem Feld von Ritualen bewegt, daß er in ihm fortschreitet, daß sein *ganzes Leben* zu einem Ritual werden kann. Dem religiösen Ritual eignet wie dem Symbol eine Entelechie. Indem sich der Mensch durch das Ritual leiten läßt, begibt er sich auf einen Weg, der in die Vollendung führt. Die in Taufe und Abendmahl sich ausdrückenden Akte der Einleibung und der Identifikation können nur im Ritual durchschritten werden; denn „Ritus heißt ja gehen"[15] auf ein Ziel hin, das zugleich Weg ist, ein Wachsen der Person zu einem Selbstsein, das unter unseren Voraussetzungen zugleich ein Nicht-Selbstsein ist, wie später zu zeigen sein wird. Im Anschluß an C.G. Jung kann man Riten als einen Versuch betrachten, Gotteserfahrung auf eine verträgliche und angemessene Weise zugänglich zu machen. „Die rituelle Handlung ist wie eine Tür, durch die man ‚vertretungsweise‘ in ein anderes Leben eintritt oder, was im Grunde dasselbe ist, durch die anderes Leben ins eigene Leben hereinkommt."[16] Kultus und Ritual sind der Versuch, „über die Welt hinauszukommen, die Grenze zu überschreiten, aus dem Leben ein ‚ewiges Leben‘ und aus

---

[12] Tillich, Paul: Systematische Theologie, I; Berlin/N.Y. 1987, S. 277

[13] Vgl. dazu Bucher, Anton: Symbol—Symbolbildung—Symbolerziehung. Philosophische und entwicklungspsychologische Grundlagen, St. Ottilien 1990

[14] Meyer-Blanck, Michael: Vom Symbol zum Zeichen, Symboldidaktik und Semiotik, Hannover 1995, bes. S. 100-115

[15] Neumann, Erich: Kulturentwicklung und Religion, Zürich 1953, vgl. den Aufsatz "Zur psychologischen Bedeutung des Ritus", S. 62 f.

[16] Jetter: a.a.O., S. 105

dem Tode ein neues Leben zu machen."[17] Damit setzen wir uns von den säkularisierten Ritualen ab. Sie werden durch unterschiedliche Ritualtheorien unterschiedlich gedeutet. Sie erlangen so zwar eine gewisse Hintergründigkeit, aber die meisten Ritualtheorien klammern den Bereich der Transzendenz weitestgehend aus.

Nehmen wir als Beispiel rituellen Handelns die menschliche Nahrungsaufnahme, so begegnen uns „Eßrituale, Tischsitten und Speisegewohnheiten, in den verschiedensten Formen, es gibt aber auch die kultische Ausprägung menschlicher Nahrungsaufnahme und menschlichen Gemeinschaftserlebnisses, das heilige Essen, das Abendmahl"[18], das neben anderen Zeichen dem christlichen Kult inhaltliche Bedeutung gibt. Da sich im Kult die Möglichkeit einer wechselseitigen „Einflußnahme" verschiedener Aktionsebenen durch Worte und Handlungen bietet, werden nach dem Schema von Frage und Antwort, Bitte und Gewährung nicht nur Folgen symbolhaltiger, ritueller Handlungen und Gebete abgeleistet, sondern es werden nach der Überzeugung der Gläubigen zwischen Himmel und Erde wirkende Kräfte aktiviert, Bewegungen in Gang gesetzt. Es ist darum wesentlich für kultisches Geschehen, daß alle Vermittlung in genau festgelegten Formen geschieht, in der Form bestimmter Rituale. Sie bringen in sehr konkreten Handlungen und Worten Wünsche zum Ausdruck, die Versöhnung, Ordnung und Anerkennung zum Gegenstand haben, und sie projizieren diese Wunschvorstellungen auf eine Macht, die in der Sprache der Religionen „Gott" genannt wird. „Wer in religiösen Ritualen nur Handlungen sieht, durch die Menschen ihre Götter beschwören, sich dienstbar machen und beeinflussen wollen", wird ihrem Gebrauch in Gottesdiensten mißtrauen; aber man darf dabei nicht vergessen, daß „man die Gottheit nicht beeinflussen, sondern sich selbst ihren Einflüssen aussetzen will und sich in ihren Machtbereich begibt", um ihre „Übermacht zu erkennen, anzuerkennen, mit ihr umzugehen und das ungeschützte Leben gerade dort, wo es ständig bedroht ist, begehbar zu machen."[19] Wenn wir nun die hutterischen Rituale bedenken, dann ist es unzweifelhaft, daß sie nur diesen Sinn haben können. Ob es die Alltagsrituale sind, die auf die Sicherung christlichen Lebens rekurrieren, oder das Taufritual, durch das natürliches, dem Tode verfallenes Leben in die Wirklichkeit eines neuen Lebens einbezogen wird, ob das Abendmahl, in dem man der vergebenden Gottesmacht gedenkt und zugleich die Gemeinschaft der Heiligen zeichenhaft konstituiert, die Teilnehmer werden durch das Ritual einbezogen in den weiterreichenden Sinn dessen, was an ihnen und durch sie vollzogen wird. Die Rituale werden so zu einem Stück „vernünftigen Gottesdienstes". Aber auch der nichtreligiöse Bereich unseres Lebens wird von einer Vielzahl von Ritualen beherrscht, die gewissermaßen eine Restsubstanz einstmaliger Transzendenz repräsentieren. Dabei wird deutlich, daß das Ritual auf dem menschlichen Bedürfnis nach Sicherheit beruht. Bereits das Kind legt Wert auf die Einhaltung bestimmter Reihenfolgen, von denen

---

17 Leeuw, Gerardus van der: Der Mensch und die Religion, Basel 1941, S. 84

18 Josuttis, Manfred: Ritus und Kult, in: TRT IV, Göttingen 1983, S. 288

19 Jetter: a.a.O., S. 118

116

nicht abgewichen werden darf. Wir finden sie bei Begrüßungen, im Umgang mit Kindern oder Pflegebedürftigen, in der Praxis des Arztes oder des Psychotherapeuten, in den sich wiederholenden Vorbereitungen politischer Wahlen, bei Kundgebungen, Protestversammlungen oder Demonstrationen, die nichts anderes sind als säkularisierte Ketzerverfluchungen oder Prozessionen[20], bei Fahneneid und Zapfenstreich, in Tarifverhandlungen und bei der Verarbeitung von Tarifkonflikten. Wir registrieren im Bereich zwischenmenschlicher Auseinandersetzungen, aber auch menschlicher Annäherungen ähnliche Gebärden wie sie als Rituale im Tierreich zu finden sind, wo sie lebenssichernde Bedeutung haben.[21] Im menschlichen Bereich scheinen sie sowohl in positiver als auch in negativer Hinsicht eine besondere Rolle bei der Herstellung kommunikativer Strukturen zu spielen. Sie können in der Form von Zwangshandlungen zwar in gesellschaftliche Isolation führen[22], sie können aber auch auf der Grundlage einer gelungenen frühkindlichen Sozialisation die Voraussetzung schaffen für ein stabiles Bezugssystem zwischen Individuum und Gemeinschaft.[23] In dieser Form ermöglichen sie dem Einzelnen wie der Gruppe, Identität zu gewinnen, die Integration in eine Gruppe zu erreichen, Kontinuitäten zu stabilisieren, Emotionen libidinöser wie aggressiver Art zu kanalisieren und für das Individuum ebenso wie für die Gemeinschaft durch soziale Interaktion Sinn zu konstituieren. Die meisten religiösen Riten zeitigen zwar die gleichen Ergebnisse, aber sie tun das gewissermaßen als Nebeneffekt, ihr eigentliches Ziel ist es, Verbindungen zwischen Menschen und der Gottheit herzustellen und durch diese Kommunion den Menschen segnende Kräfte zufließen zu lassen. In den Hochreligionen sind viele Rituale auf das Leben und Wirken der Stifterpersonen bezogen, aber daneben gibt es wie in den Naturreligionen die wirkungsmächtigen Riten, die das Leben begleiten und es zu besonderen Anlässen, -Geburt, Mannbarkeit, Eheschließung,Tod-, unter den Schutz göttlicher Mächte stellen.

Der Ritus setzt jedoch die ihm eigene Wirkungsmacht außer Kraft, wenn seine Rituale einer berechnenden Verzweckung unterliegen. Dieser Gefahr kann man nur begegnen, wenn der Ritus immer wieder auf seinen eigentlichen Sinn reduziert wird. Jesus hat durch sein Handeln eine solche Reduktion der Rituale des israelitischen Kultus bewirkt, hat sie aus ihrer Zweckbezogenheit gelöst und sie damit zu ihrer ursprünglichen Bedeutung zurückgeführt. Er hat damit einen Ritus auf den Weg

---

20 Vgl. Mann: a.a.O., S. 144

21 Vgl. Portmann, Adolf: Riten der Tiere, in: Eranos XIX, 1950; Lorenz, Konrad: Das sogenannte Böse, Wien 1963, S. 89 ff.

22 Freud, Siegmund: Zwangshandlungen und Religionsübungen, in Ges. Werke, Bd.7, Frankfurt/M. 1977

23 Erikson, Erik H.: Die Ontogenese der Ritualisierung, in: Psyche 11, 1968, S. 281 ff.; Goffmann, Erving: Interaktionsrituale- über Verhalten in direkter Kommunikation", Frankfurt/M. 1973

gebracht, den er Nachfolge nennt, den zu gehen, er seine Jünger aufruft.[24] „Der Ritus Jesu und der Ritus der Jünger besteht also im gehorsamen Gang durchs Leben und in der bereitwilligen Übernahme des Geschicks, das Gott zuteilt ...“[25] Wo dieser Weg gelingt, da ist auch in späteren Generationen das ursprüngliche Verhältnis wiederhergestellt, „da durfte jeder Nachfolger das ‚Christus in mir' und das ‚Ich in Christo' im eigentlichen Lebensritual unmittelbar erleben, als wäre er einer der ersten Jünger.“[26]

Mit dieser Überlegung wird die Brücke zu den hutterischen Gemeinden geschlagen, in denen Menschen bewußt den Weg der Nachfolge Christi gehen wollen. Wir haben bereits versucht, Nachfolge in ihren inhaltlichen Schwerpunkten zu charakterisieren. Nun begegnen wir im Rahmen des christlichen Ritus den hutterischen Ritualen, die eine den Lebensalltag bestimmende Funktion erlangten. Sie erscheinen als Sicherungen auf dem Wege zum Ziel. Wir wollen das Bemühen, hutterische Überzeugungen und Glaubenssätze durch theologische Reflexionen abzusichern, als *hutterische Orthodoxie* bezeichnen. Dabei stellen wir fest, daß diese Orthodoxie sich zunächst als ein durchaus dynamischer Prozeß darstellt, dem wir erst *später* und primär die Binnenstrukturen der Gemeinschaft betreffend die mit ‚starr und unnachgiebig' umschriebene Bedeutung beilegen können. Sie entwickelt sich in der Form von Lehrschriften, Apologien und Rechenschaften. Gleichzeitig entstehen aus diesen Schriften, also als Teil der Entwicklung, die ausschließlich der Absicherung der gemeindlichen Lebensformen dienenden Regularien und Ordnungen, die wir als *Alltagsrituale* bezeichnen können. Im Blick auf heute gültige Ritualtheorien muß man feststellen, daß diese Alltagsrituale, wie sie im hutterischen Leben begegnen, durch keine dieser Theorien ihre Begründung finden, und zugleich ist zu sagen, daß man den Abkömmlingen einer *jeden* in den Alltagsritualen begegnet. Man findet unter einem religiösen Überbau ebenso die Merkmale von Zwangshandlungen wie die von Prägungs- und Interaktionsprozessen. Alle treten in kaum zu trennender Vermischung in den hutterischen Bruderhöfen auf.

Der Ritualisierungsprozeß betrifft alle Lebensbereiche und läßt die Gemeinschaft bezüglich der Entwicklung ihrer Lebensformen sehr früh in Verfestigungen einmünden, an deren Ende Stagnation des gesamten gemeindlichen Lebens steht, wir also einem negativ besetzten Orthodoxiebegriff begegnen. Als Beispiel für diese Entwicklung mag gelten, daß es aus dem 16. Jahrhundert keine überlieferten Predigten gibt. Auf die Ausnahmen der großen Bekenntnisschriften und exegetischen Schriften soll hier hingewiesen werden. Die Diener am Worte ließen sich bei der Schriftauslegung vermutlich durch die aus der Situation erwachsende Inspiration leiten. Im Verlaufe des 17. Jahrhunderts wurden dann nicht nur die Lebensformen stärker reglementiert, auch die Predigten wurden als Lehren schriftlich verfaßt und unverändert an

24 Mann, Ulrich: Theogonische Tage—Die Entwicklungsphasen des Gottesbewußtseins in der altorientalischen und biblischen Religion, Stuttgart 1970, S. 546 f.

25 Mann: a.a.O., S. 547

26 ibid.

die folgenden Generationen weitergegeben. Man ist noch heute der Meinung, die Predigten der Vorväter könnten nicht wirksamer und aktueller gestaltet werden, als es damals geschehen ist. Das betrifft auch die Art des Vortrages dieser Lehren. Vergleichsweise hat sich die Entwicklung des Kirchengesanges vollzogen, die gleichen traditionsbezogenen und ritualisierten Formen prägen das gesamte Leben in den Bruderhöfen bis in die Gegenwart hinein. Sie dienen der Formung der jeweils nächsten Generation im Sinne der Individuation und der Sozialisation.

Wir müssen hier auf den Zusammenhang von gottesdienstlichen Handlungen und sonstigen Handlungsvollzügen und -feldern im Kultus der hutterischen Gemeinschaft hinweisen; denn der Kultus umfaßt das *ganze Leben* in allen seinen Äußerungen: Reden und Schweigen, Arbeiten und Ruhen, Wachen und Schlafen, Lieben und Leiden, Freude und Trauer, Alltag und Festfeier. Sie sind Bestandteile eines lebenslangen Gottesdienstes; denn hutterisches Leben wird geführt in dem Bewußtsein ständiger Gegenwart des Heiligen. Deshalb ist es nicht erstaunlich, daß das Leben in vielen seiner Äußerungen Ritualisierungen erfahren hat, die im Gegensatz zu den säkularisierten Ritualen der „Welt", transzendenzbezogene Ursprünglichkeit bewahrt haben. Rituale dieser Art führen Menschen in eine Zielverwirklichung, die durch das Hineinwachsen in die Christusgestalt zu priesterlichem Dienst am Mitmenschen und damit an der Gemeinschaft befähigt.[27] So werden wir neben den „Markierungsritualen" sakramentalen Charakters, -Taufe, Abendmahl, Eheschließung, Predigerwahl, Aussendung, Totenritual-, auch Alltagsrituale berücksichtigen, die dennoch religiös zu werten sind.

2 DIE INITIALPHASE

2.1 DER WEG ZUR LEBENSWENDE

Nun soll unter methodischem Aspekt der Weg zur Lebenswende, zur persönlichen Umkehr beschrieben werden.

Motiv: persönliche Heilserfahrung

Solange die Kirche des Abendlandes die Menschen mit Hilfe ihrer Sakraments- und Lehrpraxis ausnahmslos christianisierte und ihnen das Selbstverständnis eines wie auch immer gearteten Christseins vermittelte, bedurfte es nur in Ausnahmefällen persönlicher Entscheidungsfindung für den Weg in die Nachfolge Christi. Die Kirche war mittels göttlicher Vollmacht und magisch-sakramentaler Kräfte in der Lage, der

---

[27] Mann, Ulrich: Einführung in die Religionsphilosophie, Darmstadt 1969, S. 144

großen Mehrheit der Zeitgenossen pauschal zeitliches und ewiges Heil zu versprechen. Vor diesem Hintergrunde war individuelles Heiligungsstreben, der Wunsch, in
ein unmittelbares Gottesverhältnis zu gelangen, nur auf dem Wege verdienstlicher
Askese im Schoße besonderer Gemeinschaften zu verwirklichen. Die Unmittelbarkeit
der Gottesbeziehung blieb aber auch in diesen Bindungen institutionell verfremdet.
Anders in den Ketzerbewegungen, anders in der reformatorischen Erfahrung persönlicher Rechtfertigung. In ihnen zeichnete sich individuelle Heilsgewißheit ab, die sich
kirchlichen Steuerungsversuchen weitestgehend widersetzte und oftmals in nebenkirchlichen Existenzformen ihr Dasein fristen mußte. Die Täuferbewegung gehört in
diese Entwicklungslinie, ebenso als nachreformatorische Bewegungen die anglikani-
schen Freikirchen, der Pietismus und die Heiligungsbewegung des 19. Jahrhunderts.
Diese Entwicklung hat sich bis in die Gegenwart fortgesetzt, z.T. in säkularen und
nichtchristlichen Heilsbewegungen. Der Weg zur Lebenswende und der Prozeß der
Heiligung wurden zwar von keiner dieser „Heiligungsgemeinschaften" pädagogisch
formalisiert, aber es lassen sich durchaus Gemeinsamkeiten ausmachen, die dem
Bemühen dienen, „schriftgemäße Heiligung über das Land zu verbreiten"[28]

Motiv: gesellschaftliche Veränderung:

Ein zweites Motiv mag während des 16. Jahrhunderts dazu beigetragen haben, bei
vielen Menschen eine besondere „Sehnsucht nach dem Himmel"[29] wachzurufen. Das
16. Jahrhundert war eine Zeit großer gesellschaftlicher Veränderungen und damit der
Verunsicherung für größere Bevölkerungsschichten. Es weckte Endzeiterwartungen
und ließ als Reaktionen auf psychische Befindlichkeiten in vielen Menschen die
Sinnfrage virulent werden. Die Frage des Kerkermeisters von Philippi „Was muß ich
tun, um gerettet zu werden?" (Apg.16,30) ist in Zeiten gesellschaftlicher Instabilität
besonders aktuell.

Motiv: Missionsauftrag:

Aus dieser Grundstimmung erwächst ein weiteres Motiv: Die hutterische Gemeinde
sah ihren höchsten Daseinszweck in der Erfüllung des Missionsauftrages Jesu. Diesem Ziel dienten ihre zahlreichen, umfassenden, übernational ausgerichteten Missi-
onsaktivitäten.[30] Sie erreichten den gesamten oberdeutschen Sprachraum, aber auch
Thüringen, Schlesien, Preußen, die Schweiz, Polen und die Niederlande. Einige der

---

28 The Works of John Wesley, Vol. III, 3. Ed., London 1831 / repr. 1984, p. 99

29 Vgl. dazu Lasser, Manfred: Die Sehnsucht nach dem Himmel, Lieder der Heiligungsbewegung im Spiegel der literarischen Epochengeschichte, in: Mitteilungen der Studien-
gemeinschaft für Geschichte der Evangelisch-methodistischen Kirche, März 1992,
Reutlingen, S. 22

30 Schäufele, Wolfgang: a.a.O., S. 175

hutterischen Sendboten gelangten bis nach Dänemark und Schweden, nach Lothringen und Venedig, ja, sogar nach Thessaloniki sind Verbindungen bezeugt.[31]

Diese gewaltigen Anstrengungen standen im Dienste der Verbreitung hutterischer Lehren mit dem Ziele, Menschen in die Nachfolge Christi zu rufen und sie der hutterischen Gemeinschaft zuzuführen. Etwa zu gleicher Zeit unternahm der Jesuitenorden, Anstrengungen, verlorengegangenes Terrain zurückzuerobern, aber auch weltweit (Amerika, Afrika, Mittel-und Ostasien) katholisches Christentum zu verbreiten.

Der bescheidenere Rahmen, in dem die Hutterer missionierten, bedurfte dennoch strategischer Überlegungen, die dem Ziel, der Gewinnung des Einzelnen, dienten. Das GGB umschreibt sehr unterschiedlich, worum es der Gemeinde ging, und es läßt auch die Motive aller missionarischen Bemühungen erkennen. Die hutterischen Sendboten zogen aus, um „die, so dem Herren gehören, fleißig zu besuchen"[32], „dem Herren viel eifrige Menschen zuzuführen"[33] und ihm „viel Frucht zu schaffen"[34], sie wollten „der Menschen Heil und sie zur Buß und Besserung ermahnen."[35] Sie wurden von der Gemeinde ausgesandt „zum Werk des Herren, die Eifrigen nach der Wahrheit zu suchen und zu sammlen"[36], „die Völker zu besuchen"[37] und ihnen „den Willen Gottes in seiner Einfalt anzuzeigen."[38] Zwei gefangene hutterische Missionare brachten ihren persönlichen Auftrag und den der Kirche folgendermaßen zum Ausdruck: „Daß wir in die Land ziehen, das ist der Befehl des Herren, den Leuten die Buß zu verkündigen und denen zu helfen, die ihr Leben begehren zu bessern."[39] Ein anderer Missionar bringt im Verhör den Missionsbefehl in ursächliche Verbindung mit Erfahrung persönlichen Heils, wenn er bekennt: „Dieweil uns Gott aus seiner Gnad zu erkennen geben hat, wie wir samt aller Welt lang in einem sündigen und teuflischen Leben wider Gott gewandelt und nicht selig darin würden, haben wir nach Gottes Rat unser Leben (durch wahre Buß) gebessert, sein von der verruchten gottlosen Welt ausgangen, nicht mehr mit ihnen am Joch der Sünden zu ziehen. So haben wir auch Befehl von Gott und erkennen uns Schuldner, wie wir besucht und gewarnt wurden, daß wir auch andere also besuchen und warnen sollen."[40]

---

31 Friedmann, Robert: Hutterite Missioners, in : ME, Vol. II: S. 866; ders.: Thessalonica, in: ME, Vol. IV, S. 708 f.

32 GGB: S. 123

33 GGB: S. 124

34 GGB: S. 150

35 GGB: S. 280

36 GGB: S. 291

37 GGB: S. 353

38 GGB: S. 381

39 GGB: S: 398

40 GGB: S. 356 f.

Es ist darum nur folgerichtig, wenn Ridemann, Pauli Ausführungen im Korintherbrief (1.Kor.12,18) folgend, die Apostel in der Ämterfolge der Gemeinde an die erste Stelle setzt. „Das sein die, die von Gott und seiner Kirchen mit dem Befehl des Evangelii ausgesendet werden, das Land zu durchziehen und aufzurichten die Gehorsame des Glaubens unter seinem Namen, das ist mit Wort und Tauf."[41] Der missionarische Impetus erwächst aus persönlich erfahrener Gnade und äußert sich in der Absicht, „auch andere also besuchen und warnen" zu wollen. Die Warnung besteht in dem Ruf zur Lebenswende, mit der Bußpredigt verbindet sich die Bereitschaft zu praktischer Hilfe für die, die ihr Leben bessern wollen. Für die Hutterer ist neben der sofortigen Unterweisung in Wort und Schrift die effektivste Form der Hilfe für ein erfolgreiches Heiligungsleben die Absonderung von der sündigen Welt. Sie versuchen deshalb, „dem Herren viel eifrige Menschen zuzuführen", d.h., sie—getauft oder ungetauft— in die mährischen Bruderhöfe zu bringen. Andere Glaubensgemeinschaften, die Heiligung weniger rigoros betreiben, versuchen, ihre Mitglieder, die in der gewohnten Umgebung, der Welt, verbleiben, durch gezielte Lebenshilfen zu immunisieren. John Wesley, der Gründer der methodistischen Glaubensbewegung, bezeichnet diese Hilfen als „Gnadenmittel", und er nennt als solche

1. das tägliche Lesen des Wortes Gottes,
2. das tägliche persönliche und gemeinschaftliche Gebet,
3. das Gespräch, den Gedankenaustausch der Gläubigen (in organisierten Gruppen, den Klassen),
4. das Fasten als Zeichen von Genußunabhängigkeit und 5. die Teilnahme am Abendmahl.

Dieselben Hilfen, -sie wurden bereits in einem anderen Zusammenhang als Erziehungsmittel genannt-, kennt die hutterische Kirche, aber, da sie in einem gegenüber negativen Außeneinflüssen abgeschlossenen Raum eingesetzt werden, ist ihre Wirkung kalkulierbarer und effektiver.

Der Eingang ins Christentum:

Ulrich Stadler, ein Diener des Wortes, der, aus Tirol stammend, zunächst als Bergbeamter in Sterzing tätig war, wurde 1530 unter dem Verdacht, zu den Täufern zu gehören, verhaftet. Er leugnete jedoch und konnte auf diese Weise die Freiheit wiedererlangen. Er ging nach Mähren, gehörte zunächst zur Austerlitzer Gemeinde, schloß sich aber 1537 der hutterischen Gemeinde an und diente „der gemain des Herrn mit dem wort Gottes bis an sein end" (1540). Er verfaßte eine Schrift mit dem Titel „Eingang ins Christentum".[42] In dieser Schrift zeichnet Stadler die Etappen, die ein Christ im Prozeß seiner persönlichen Heiligung durchlaufen muß. Das „Evangelion Christi

---

41 RR: S. 85

42 Alle Zitate aus dieser Schrift finden sich bei Alker, Hugo (Hg.), in: ARG, Bd. XLVI, 1955, S. 233-236,

offenbart am ersten Gottes Zorn vonn himl über alles Gottloß wesen und leben der menschen ..." Es „pringt den menschenn in sich selbes. Das er sich, sein thuen und lassen erkenne vor gott, sein wennen und eigentuncken, damit er in seiner verblendung vermeindt, got zu dienen." Die Meinung, durch förmliche Einhaltung der Gebote und der kirchlichen Bräuche das Wohlgefallen Gottes erringen zu können, ist ein Irrtum; sie sind nur Schatten der Wirklichkeit, die in der Liebe Christi ihren Ausdruck findet. Am Anfang jeglicher evangelistisch-missionarischen Verkündigung steht also die Androhung des göttlichen Gerichtes für die Menschen, die „Öffentlich abgötisch und gotlos gewesen sein". Es sei zwar zu allen Zeiten schwierig gewesen, „sie zue dem lebendigen gott zue bekerenn", ... „Zue unsren zeiten aber, da der Greül steet und Regiert, Ist ja auch schwerer, dieweil da ein eitl Meinen ist, man sei Christen, so es doch nur lügen und eigen guotdünken ist, alles verblenndt." Nach diesem einleitenden Statement über die Verlorenheit der Scheinchristen bemüht sich Stadler, diese aus der Kindertaufe erwachsene falsche Sicherheit des Menschen in Bezug auf seinen Gnadenstand zu erschüttern. Die Taufsicherheit, „der Götz Kindertauff", „muoß zum ersten abbrochen, ausgewurzelt werden ausn hertzen der menschen mit gottes geist und krafft ... mitsambt alle Greül und sünden, ..."

Er sieht in der automatisch wirkenden Sicherheitsgarantie, die der Taufe in der Form vorlaufender Gnade unterlegt wird, das entscheidende Hindernis für die Bereitschaft von Menschen, alte Gewohnheiten zu verlassen, „Vonn der Römischen Babel und von allen töchtern und schwestern (die wie die Hueren in iren abgötereien und gotlosen lebenn) auszugeen und sich in Christo begeben, die lügen lassen, der warheit anhanngen, ..." Genau das „gebeut der Gottesgeist allen, so selig wellen werden, ..." Dann erst setzt die Verkündigung der Gnade ein, durch die die Chance eines Neuanfangs gegeben ist für den, der sich willensmäßig von den alten Seinsstrukturen lösen will, und sich dem Gericht Gottes über alles Fleisch willig unterstellt. „Den fromen ist es zu guetem, den bösenn zum verderben und verblenndung." Es ist jüdisches und von Paulus ins Christentum überkommenes Rechtsdenken, wie es sich in Ketzer- und Hexenverurteilungen niederschlägt, daß, was an Sündenstrafen hier im irdischleiblichen Leben abgegolten werde, im Endgericht Gottes außer Betracht bleibt (1.Kor.5, 5; 1.Tim.1,20).

So werden die Frommen nach ihrer Hinkehr zu Gott nicht zu allererst den irdischen Leiden enthoben, sondern vielmehr auf Lebenslänge ins Leiden hineingeführt; denn „Gottes geist last sein straffen nit, in allen seinen kindern. ... Da geet denn an das leiden und truebsal der heilligen." Leiden werden von Stadler als als ein Zuchtmittel Gottes gesehen, das den Nachfolger Christi stets seine eigene körperliche Nichtigkeit bewußt läßt und ihn zum Tun des Guten führt. Das Bewußtsein der Leidenserwählung, das ein Element der Christusförmigkeit ist, muß deshalb dem Nachfolgewilligen durch die Predigt vorab vermittelt werden; dann erst setzt in einem zweiten Schritt die Bußpredigt ein, durch die der Mensch zur Lebenswende bewegt wird. Stadler bezeichnet diesen Vorgang mit dem Terminus, den auch spätere Heiligungsbewegungen verwenden: „bekeren in Christo". Wird also das „Herz", es wurde als „wesenhafte Mitte" definiert, in der die Entscheidungen über das Leben aus Gott fallen, durch die Wirkung des Wortes zu einem „zerschlagnen Bußfertigen hertzen", dann wird der Mensch „sündt erkennen und bekennen", er wird „gottes zorn füllen und empfinden" und von der Sünde „absteen". Das Erkennen und Bekennen eigener Defizite bilden Voraussetzungen für den Neuanfang, sie führen aber nicht zu einem Zerbrechen der Persönlichkeit; denn Gottes Wort verkündigt „unaussprechliche lieb, güete und Barmhertzigkeit". Dem Bekehrten wird „das geheimnis götliches willens eröffnet und fürgetragen in Christo, damit sie erleucht werden und zue der Erkentnus gottes kumen in Christo." Damit ist die vierte Phase der Christwerdung erreicht, die Unterweisung und Erkenntnis des Evangeliums von Christus: „Item alle Adams Kinder und Junger Christi (sollen) recht erkennen Summa das gantz Evangelion von Christo, Ursach und grundt seiner Menschwerdung, lebens, leer Unnd sterbens, Urstenndt, Himelfart seines reiches und zukünfftigen gerichts." „Wo nun der mensch der Götlichen predig glaubt von gantzem Hertzen unnd sich darein ergibt und der warheit gehorsam ist und wirt, der welt mit irem thuen auffsagt und dem Christo Jesu zue; Und sich in Christo aufopffert in aller freiwilligen glassenheit, seinen Heiligen willen zue dulten und zue vollenden nach seiner krafft, die im glauben dargereicht wirt, da wirt alsdann Got des menschen mechtig durch sein ergebung mit verlassung seines eignen willens. Da kan got würcken im menschen, in zuberaiten durch sein heiligen geist zu einem templ in Christo. Da wirt der bundt Gottes in Christo gemacht und mit das bundtzaichen angenumen der tauff, damit man den glauben bekent und in der gemain der heiligen eingeleibt wirt. Mit welchem er sich im Herren verbindet und verpflicht, gotsälig zu leben, straff anzunemen, wo er irt." Den Beschluß der „Einführung" bildet die Verheißung ewiger Freude und Herrlichkeit für all jene, die „in der gedult mit gueten werken nach dem leben in Christo trachten", sie werden teilhaben an der ersten Auferstehung. Der Traktat endet mit einem Lobpreis Gottes:"Im seij Preiß und lob unnd Eer in seiner Gmein in ewigkeit in Christo. Amen. Endt. Finis."

Zusammenfassend können wir sagen: Nach der einleitenden Analyse des gesellschaftlichen und individuellen Fehlverhaltens, des daraus resultierenden Gerichtshandelns Gottes in der Form persönlichen Leidens (1), setzt die gezielte Bußpredigt ein (2). Sie führt zur Erweckung des Gewissens, d.h. zum Erkennen und Bekennen der Sünde und zur Bekehrung (3). Diesem Willensakt, der die grundsätzliche Veränderung der Lebensführung initiiert, folgt eine Phase der Unterweisung und des Lernens evangelischer Wahrheiten, durch die der heilige Geist zum Glauben und zur Erkenntnis des Gotteswillens führt (4). Der Glaubende ist nun gefordert, in Gehorsam und Gelassenheit den Willen Gottes zu tun (5). Solcherart auf die Nachfolge Christi ausgerichtet, bekennt der Jünger seinen Glauben durch das Bundeszeichen der Taufe, durch die er in die Gemeinde eingeleibt wird (6). Im Gegensatz zu den traktatähnlichen Schriften anderer reformatorischer Gruppen, die häufig polemischen Zwecken dienen, schreibt Stadler in belehrender Absicht, seine Schrift lebt primär aus der Fülle gelebten Glaubens. Demgemäß liegt der Schwerpunkt des Handelns beim Menschen, in der Öffnung seines Willens, aber er läßt andererseits keinen Zweifel aufkommen, daß Gott im Menschen mächtig wird, in ihm wirkt und ihn zubereitet zu einem Tempel. Begriffe wie Rechtfertigung und Wiedergeburt fehlen in seinem Konzept, wenngleich der beschriebene Sachverhalt diesem Geschehen entspricht.

Inhalte der Verkündigung—Erweckung, Reue, Buße

Erweckung: Eine wesentlich dichtere Beschreibung des Weges zur Lebenswende liefert Ridemann, die er allerdings durch eine Fülle von Einzelauslegungen erweitert. „Diese Erkanntnus aber und gute Gewissen, wo kommt es anders her denn wo das Herz durch Gottes Wort erwecket wird, und Gott das Gedeihen dazu gibet und machet es in ihm lebendig, hauet den fleischlichen Sinn ab und pflanzet den göttlichen ein. Daher kommt denn die neue Geburt, davon Christus sagt: ‚Es sei denn, daß der Mensch von neuem geboren werde durch Wasser und Geist, mag er nit ins Reich Gottes kommen.' Und ist eben der Sinn, daß wer durch Gottes Wort bericht't und demselbigen glaubig wird, dem wird sein Glaub versiegelt mit der Austeilung des heilgen Geists, dadurch er erneuret oder neu geboren, in ein heilig, göttlich Leben eingeführet wird, darauf das Wasser empfaht zur Beweisung der Tötung des alten Menschen."[43] Das Handeln Gottes am Menschen steht in dieser Kurzfassung eindeutig im Vordergrund, und als zentrales Geschehen des Umkehrprozesses wird von Ridemann die „Wiedergeburt" eingeführt. Bei ihm wie bei Stadler ist vom Erkennen der Sünde die Rede, das Wort Gottes zeigt den Menschen an, „wie weit sie sich von Gott gefernet und in ihren Sünden vertieft haben."[44] Durch Besitzergreifung dessen, was außerhalb ihrer Verfügungsgewalt lag, „unrechtes Annehmen" nennt es Ridemann, haben sie gegen Gottes ausdrücklichen Willen gehandelt und damit ihrer Seinsstruktur ein negatives Vorzeichen aufgeprägt. Eine solche Verkehrtheit bedeutet aber zunehmende Gottferne und unüberbrückbare Trennung vom Lebensursprung, Gott.

Reue: Wer nun seine Seele von ewigem Verderben und Tod retten will und der Gnade Christi teilhaftig werden möchte, der muß auf die Lehren der hutterischen Sendboten hören, die „mit dem Bußprediger Johanne, Petro und den Aposteln" die Umkehr lehren.[45] „Wer aber rechte Buß von Herzen tun soll, muß eine wahre Reue über seine Sünde haben. Sollen sie ihn aber reuen, muß er zuvor seine Sünde erkennet haben, ... sonst kann und mag die Reue und Buß keinen Bestand haben, viel weniger die Gnad erlanget werden. Denn wahre Reue folget aus den erkannten Sünden."[46] Es wird deutlich, daß Ridemann einen sehr viel detaillierteren Verfahrensplan entwickelt, durch den Menschen ihrer ursprünglichen Bestimmung, in der Gegenwart Gottes zu leben, zugeführt werden sollen. Die Reue leitet eine Phase stärkster persönlicher

---

[43] RR: S. 202

[44] RR: S. 59

[45] ibid.

[46] RR: S. 59 f.

Verunsicherung ein. Die Gewissensinstanz, durch die Erkenntnis der eigenen Verlorenheit „erweckt" und sensibilisiert, bewirkt Gefühle der „Unlust und Abscheuen an der Sünde", sie erschüttert den Menschen in seinem Selbstsein, sie führt in die ‚Selbstverdrossenheit' („in einen rechten Verdrieß an ihm selber") und läßt in ihm die „fleißige Sorge" erwachsen, daß die Sünde ihn erneut beschleiche und „wieder wie voranher beherrsche."[47] Als Folge der Sündenerkenntnis muß von einer Gewissensangst gesprochen werden[48], einer existentiellen Angst, die so tief greift, daß der Tod im Vergleich zu der Möglichkeit, erneut dem Zwang zur Sünde unterliegen zu können, als die bessere Alternative gesehen wird; „denn wer sie (die Sünde) einmal recht erkennet hat, der wird hinfür lieber sterben, denn ihr willig und von Herzen in einem Wort, ich geschweige Werk, bewilligen …"[49] Hingegen wird „einem solchen angsthaften und bekümmerten Herzen, das umb seine Sünde Leid tragt und vor Trauern nit weiß wo hinaus …"[50], die Kraft zuwachsen, die Sünde zu fliehen und zu hassen.

Buße: „So folget nun aus der Reue die wahre Buß, … Denn Buß tun heißt sich für Gott demütigen, niederen und sich vor ihm des Lasters halben schämen, welche Scham einen rechten Wiederkehr bringet, daß der Wunsch mit Eil lauft, ruft, schreiet und bittet von Gott Verzeihung und Gnad und fangt im selben an das Fleisch zwingen, würgen töten und ihn sein Mutwillen abbrechen, den Zügel nehmen und mit Ysop speisen."[51] Diese rigorose Verneinung der Sünde mag verwundern, sie wird jedoch verständlich, wenn sich die hutterische Vorstellung von der Größe und Heiligkeit Gottes erschließt, zu der der Mensch, wenn er sich denn Gott nahen will, immer in eine Ganzheitsbeziehung tritt. In einer solchen Beziehung gibt es keine Aussparungen und keine Doppelbesetzungen, man kann nicht Gott dienen und dem Mammon, im Blick auf Gütergemeinschaft gibt es kein partielles Zurückhalten privaten Besitzes und bezogen auf die Reue eines Menschen und seine Buße gibt es keine halbe Umkehr, „keine solche Zipfel-Reue und -Buße wie die Welt hat, die heute sagt, mich reuen die Sünden, und doch morgen gleich wieder tut"[52], sondern man lebt „nach abgelegter sündiger Art hinfür in rechtschaffener und wahrer Gerechtigkeit, die vor ihm gilt, …"[53]

---

[47] RR: S. 60

[48] RR: S. 61

[49] RR: S. 60 f.

[50] RR: S. 62

[51] RR: S. 61

[52] ibid.

[53] DHE: Vol. I, S. 75 (Ein Sendbrief von Jakob Hutter … an die Herren des Landes zu Mähren … im 1535 Jahr)

Potentielle Sündlosigkeit:

Die Vorstellung, daß es eine Sündlosigkeit des Menschen gebe, erwächst vor allem aus der Überzeugung, daß es einen freien Willen gibt, der in die Willenseinheit mit dem Willen Gottes/Christi einmündet und der, unterstützt durch entsprechende Erziehungsmaßnahmen bzw. Zuchtmaßnahmen gegen das „Fleisch", dem Gläubigen die Möglichkeit eröffnet, nicht mehr sündigen zu müssen; denn wenn einer, der „einmal erleuchtet ist oder wirt, glaubt, volgt und schmeckt die süeßigkait Gottes im heiligen geist in Christo, der in in sein kindschaft angenommen und von sünden gereiniget hat", sich „wissentlich" wieder in den Bannkreis der Sünde begibt, dem wäre es besser, er hätte die Wahrheit Gottes nie erkannt. Seine Sünde führt zum ewigen Tod. Daraus folgt, daß, „wer auß Gott geboren ist, der sündiget nit sunder bewart sich und der bößwicht wirt in nit überwinden. Dan wer da sündig(t), ist vom teufel."[54] Ein Hauptargument der Täufer gegen den Fatalismus der Erbsündenlehre finden wir bei Walpot, der unter Bezugnahme auf Hesekiel 18,20 schreibt, daß die Kinder nicht der Väter Missetat tragen müssen, sondern daß die Strafe des Todes auf die persönliche Sünde folgt, und mit Hinweis auf den König von Tyrus (Hes.28,15) schreibt er: „Gott sprach zum König von Zor: Du warst gantz vollkomen oder rain von dem tag deiner erschaffung an bis die müssethat an dir funden wardt."[55] Walpot folgert daraus, daß die Menschen, -bei ihm geht es in diesem Zusammenhang um die Frage der Notwendigkeit der Kindertaufe-, so bleiben, „wie Adam und Eva vor der übertrettung waren, rain und guet"[56], bis sie das Verständnis des Guten und des Bösen aus dem Tun des Bösen gewinnen. Wann das allerdings geschieht, darüber gehen in Täuferkreisen die Meinungen auseinander. Auch die Hutterer können den Zeitpunkt nicht benennen. Legt man aber in Jesu Aufforderung, die Kinder zu ihm kommen zu lassen (Mt.19,14; Mk.10,14), die Betonung auf die Begründung „denn ihrer ist das Himmelreich", dann gilt von dieser Zusage her gesehen für einen Menschen im Zustande kindlicher Unschuld faktische Sündlosigkeit, die jedoch durch das Wirksamwerden der Erbsünde zu einem nicht festlegbaren Zeitpunkt aufgehoben wird. Der Zustand der Sündlosigkeit ist aus der Sicht vieler Täufer theoretisch also möglich, einmal im Zustande postnataler Unschuld und zum andern, weil der Mensch in seinen Willensentscheidungen frei ist und sofern entsprechende Erziehungsmaßnahmen rechtzeitig einsetzen. Zum Problem der Willensfreiheit bestanden Divergenzen zwischen Katholiken, Humanisten und Protestanten. Sie berührten die meisten Täufer offensichtlich nicht. Während die Reformatoren Fähigkeit und Bereitschaft des Menschen, dem Willen Gottes gemäß zu leben, radikal verneinten und die Lehre Augustins von der totalen Verderbtheit der menschlichen Natur erneuerten, vertraten die Täufer ebenso radikal die Lehre von der Freiheit des menschlichen Willens, allerdings im Gegensatz

---

54 Stadler, Ulrich, in Müller, Lydia: a.a.O., S. 216 f.

55 WAB: S. 112, Abs. 105

56 ibid.

zur Position des Pelagius, der dem freien Willen im Erlösungsprozeß einen eigenen Stellenwert zuerkannte, in dem Sinne, daß ein Mensch allein durch die Gnade Gottes die bösen Neigungen seines Charakters überwinden und die Gebote Gottes erfüllen könne. Der Wegfall dieser Voraussetzung hätte dem Täufertum seine zentrale Mitte, die Möglichkeit echter Jüngerschaft, genommen. Sie glaubten, das wird in der folgenden Aussage Ridemanns deutlich, nachdrücklich an die Möglichkeit einer Wiedergeburt des sündigen Menschen (Joh.3,3), an die Umwandlung des „natürlichen" Menschen in einen „spirituellen" Menschen, der befähigt ist, einen neuen Weg zu gehen und der auch gleichzeitig die Kraft fühlt, die negativen Charakteräußerungen zu überwinden, die ihn früher beherrscht hatten: Ungehorsam gegen Gott, Stolz, Selbstsucht. Die neu erlangte Stärke sahen sie allerdings nicht als sichere Garantie gegen einen möglichen Rückfall, das Leben bleibt ein ständiger Kampf zwischen den beiden menschlichen Seinsformen.[57] Dieser Schwerpunkt findet sich bei Ridemann, er betonte neben den Willensakten und dem tatsächlichen Handeln im Umkehrprozeß des Menschen, seine Überzeugung , „daß wir in Christo die Erlösung haben", daß Christus „die Stricke aber des Teufels, damit er uns gefangen hielt", zerrissen hat, weil er durch den Glauben kam, „in uns zu wohnen, und durch seine Kraft und Wirkung die Sünde, die uns geschwächt, gedämpft, getötet und hingenommen hat, auf daß wir der Sünde ohn wurden und der Gerechtigkeit lebeten, welche Gerechtigkeit aber er selbst in uns wirket und verbringet, dieweil wir ohne ihn nichts vermögen."[58]

Inhalte der Verkündigung—Glaube, Rechtfertigung, Wiedergeburt

Glaube als Antrieb: Damit ist der Punkt in der Wendeschleife erreicht, an dem vom hutterischen Glaubensverständnis gesprochen werden muß. Glaube beginnt zwar in dem Stadium, „wo das Herz durch Gottes Wort erwecket wird", aber er ist zunächst einem Samen vergleichbar, der die Voraussetzungen der neuen Geburt schafft und zu ihr hinführt. Es ist Glauben in einem vorgeburtlichen Zustande, der als treibende Kraft die Turbulenzen bewirkt, die einen Erweckten zur Reue und Buße führen, die Umkehr bewirken, sowie Rechtfertigung und Wiedergeburt. Erst danach wird der Glaube in seiner ganzen Kraft, Umfänglichkeit und Konstanz erkennbar, allerdings als veränderliche Größe. Er stellt sich nicht ausschließlich als Akzeptanz der Bibel als Gottes Wort oder bestimmter kirchlicher Lehrsätze dar, er ist auch nicht gekennzeichnet durch das Fürwahrhalten offensichtlicher Unsinnigkeiten, sondern er übt eine Treiber- oder Basisfunktion aus, die durch „ein Nichtzweifeln an dem, was man nicht sieht"(Hebr. 11,1), Gotteskindschaft einleitet, aber eben „Kindschaft" bedeutet und diese „einleitet". Allerdings ziemt es sich nicht, hier wird die vernunftbezogene Grundhaltung hutterischen Glaubens sichtbar, „alles zu glauben, das man nit sicht oder beweisen kann, so möcht einer glauben, das ein ox in einer arbes (Erbse) stäckh

---

57 Vgl. dazu van der Zijpp, N.: Original Sin, in: ME, Vol. IV: S. 79
58 RR: S. 30 f.

und ein ellevant ein muckhen wer, und wer kein lugen so scheutzlich groß nit, man
müests glauben, dan man sicht es ye nit."[59] Was ist also der Glaube? „Der Glauben
ist nit so ein Wahn wie Menschen wähnen, …die auch vermeinen, das Christentum
steh in Worten, darum auch jedermann für Christen halten und bekennnen, er lebe
gleich wie immer er wölle, so er nur Christum mit dem Mund bekennet."[60] Es wird
deutlich, wie weit das hutterische Glaubensverständnis von der landläufigen Meinung
über das, was Glaube sei, abweicht. Den Hutterern geht es nicht um verbale Bekennt-
nisse, sie sind dort notwendig, wo es um das Zeugnis des Glaubens gegenüber der
Welt geht, ansonsten ist Glauben eine ganzheitliche Antwort des Menschen auf Gottes Anfrage.

Wodurch entsteht Glaube und was beinhaltet er? Der Glaube kommt aus „fleißigem
Gehör der göttlichen Predig …"[61] Das Wort, das Gott „in den Mund seiner Boten
gelegt und geben hat," … „macht weise zur Seligkeit, das ist, es lehret Gott erkennen,
aus welcher Erkenntnus Gottes der Glaub entspringet, wachset und zunimmet, und
mit dem Glauben die Erkenntnus, die flechten sich also ineinander, wachsen mit
einander und führen den Menschen zu Gott, setzen denselbigen in Gott, also daß er
solchen Glauben hat, in Gott lebet und wandlet und Gott in ihm."[62] Glaube wird hier,
wie bereits angedeutet, als veränderliche Größe gesehen. Er steht in Wechselwirkung
mit der Erkenntnis Gottes, beide ergänzen und stützen sich gegenseitig; denn so wie
der Glaube Erkenntnis bewirkt, so wirkt diese auf den Glauben zurück und sichert ihn
dadurch. Die Schlußfolgerung, die aus dieser Aussage zu ziehen wäre, daß aus der
Erkenntnis Glaube erwächst, ist selbstverständlich und fast banal zu nennen, dennoch
erklärt sie zu einem Teil die in der Gegenwart verbreitete Glaubenslosigkeit bzw. den
Un/Aberglauben, die sich aus der totalen Unkenntnis der lehrmäßigen Grundlagen
des Christentums ergibt. Der Glaube nimmt die Zweifel weg „und machet unser Herz
sicher, feste und steif …, auch in aller Trübsal."[63] So gewiß man einen konkreten
Gegenstand in der Hand hält und dessen gewiß ist, „also ergreift der Glaub die unsichtbare Gottesverheißung und Zusag, hängt sich an dieselbige und haltet an ihr als
sähe er sie. Darum ist der Glaube ein wirkliche Gotteskraft, der den Menschen erneuret und machet ihn nach Gott artnen, lebendig in seiner Gerechtigkeit und feurig in
der Lieb und Haltung seiner Geboten."[64] Die Tatsache, daß der Glaube Gottes Gabe
ist, wird immer wieder betont; denn alles, was im Menschen wirkt und geschieht,
geschieht, weil Christus in den Glaubenden lebt (Gal.2,20). So wird dem Glauben

---

59 WAB: S. 138, Abs.30; weitere Belegstellen für das rationale Element hutterischen Glau-
    bens: WAB: S. 279, Abs. 79
60 RR: S. 44
61 RR: S. 46
62 ibid.
63 RR: S. 44 f.
64 RR: S. 45

„die Kraft des Siegens"[65] zugeschrieben (1. Joh.5, 4), woraus erhellt, daß ein Mensch „solcher Weise und Gestalt" die Welt überwinden kann.

Glaube und Lehre: Glaube wird nicht durch das „buchstabische" Wort gewirkt, das ist die Predigt, die zwar nach exegetischen Gesichtpunkten und nach den Regeln der Homiletik aufgebaut wurde, aber ohne die Wirkung des heiligen Geistes, „sonder von dem lebendigen Wort, das Seel und Geist durchdringet, ..."[66] Will man aber diesen Effekt unterstützen, ist es erforderlich, bestimmte methodische Prinzipien zu beachten. Ridemann nennt folgende Schritte, die ein Gesandter Gottes bei der Verkündigung beachten muß[67]:

1. die Anschauung: man muß dem Menschen „Gott in seiner Allmächtigkeit fürbilden", daß er Gott erkennen und vertrauen lerne,
2. die Erklärung: „warumb der Mensch geschaffen und in Gottes Bildnus gemacht sei",
3. die Ursachendeutung: es müssen die Ursachen des Sündenfalls und als seine Folgen „Tod und ewiges Verderben" gezeigt werden,
4. das Angebot der Gnade: sie wird „allen Menschen durch Christum angeboten",
5. Zielstellung und Verlaufsorientierung: es muß gezeigt werden, auf welchem Wege der Mensch die Gnade finden kann und wie er das Ziel, in „Christo eingesetzt" zu werden, erreicht,
6. die Ermahnung: der Mensch, der auf den rechten Weg gewiesen wurde, wird nun ermahnt zur Festigkeit und „täglich zu wachsen" zur Vollkommenheit.

In diesen sechs Punkten findet sich das ganze evangelistisch-missionarische Programm der Hutterer, das bis heute von missionierenden Gemeinschaften eingesetzt wird. Es entspricht in seiner formalen Stufung den Inhalten, die in diesem Kapitel dargelegt werden. Das Ergebnis dieser methodischen Heranführung an die Gnaden- und Erlösungslehre ist die Erkenntnis der Liebe Gottes, ihre mögliche Erfahrung in der Rechtfertigung und die Bereitschaft, dieser Erfahrung zu vertrauen, d.h. zu glauben! So wird der Glaube zur Voraussetzung der Rechtfertigung, er hat auf dieser Entwicklungsstufe eine neue Qualität erreicht: Er ist nicht mehr das bloße Fürwahrhalten von Gehörtem, er ist nun Erfahrungsglaube, eine „gewisse ergreifung der unsichtbaren dingen"[68], die in dem Bewußtsein liegen, daß „unser lieber Herr Jesus Christus, ...uns erkauft hat durch sein teures Blut und mit seinem himmlischen Vater versöhnet ..."[69], daß Gott „dargegeben hat seinen eingeborenen Sohn zu der Versöhnung für unsere Sünd', und hat uns erlöst und frei gemacht von der Knechtschaft und

---

65 ibid.

66 RR: S. 46

67 RR: S. 48

68 WAB: S. 137, Abs.27

69 DHE: Vol.I., S. 327

von dem Gefängnis des ewigen Teufels ..."[70], und unter kollektivem Aspekt heißt es, daß Christus „seine auserwählte, heilige, christliche Gemein ... erkauft, gereinigt und gewaschen hat durch sein teures und heiliges Blut."[71] Mit diesen Zitaten wird das Faktum der Rechtfertigung umschrieben, ohne daß der Begriff selber gebraucht wird. Das ist eine allgemein festzustellende Tendenz bei den Täufern, „sie sprachen dafür lieber z.B. von der Geburt Christi in der eigenen Seele"[72]. Ambrosius Spittelmayer[73], ein Führer der frühen Täuferbewegung, stellt die Frage: „Wann ist dir Christus ins Fleisch gekommen?"[74] Er findet damit einen Ansatz, der uns im Zusammenhang mit der Lebenserneuerung eines Menschen bei Ridemann begegnet und der deutlich macht, daß unser Bemühen um Systematisierung dieser Vorgänge ein rein theoretisches Konstrukt zur Folge hat. Im tatsächlichen Geschehen überlagern und durchdringen sich die einzelnen Geschehnisse und führen zur Wiedergeburt. Dabei legt rechter Glaube in seiner Treiberfunktion gleichzeitig die Grundlage für das Heiligungsleben des Gläubigen, indem er gleichsam eine engrammatische Einheit von Wiedergeburt und resultierender Nachfolge vorbereitet. „Was ist nun ‚dem gepredigten Wort glauben' anders denn dasselbig ins Herz schreiben (Deut.6,4-6;11,18), darinnen bewahren (Deut. 10,12-16) und auch das Leben danach richten (Ps.119,1-8), hinfür allezeit das Wort sich führen, regieren, leiten und weisen lassen."[75] Heiligung in der Form von Nachfolge spielt im Leben eines Hutterers eine entscheidende Rolle. Die Werke, die aus diesem Leben erwachsen, entsprechen aber keinem gesetzmäßigen Müssen, sie sind nicht nötig zur Seligkeit, sondern nötig, weil sie sich aus dem Glauben mit Notwendigkeit ergeben; denn „in Christum, den waren, gecreitzigten gottessohn glauben und vertrauen gibt das ewige leben"(Joh.20,31;1. Joh.5,13).[76] So erwächst die Gabe des ewigen, d.h. gültigen Lebens aus der Gabe des Glaubens. Dieser Glaube manifestiert sich in einem Heiligungsleben, seine Werke verifizieren ihn. „So aber die werk nit hernachfolgen, so ist es nit der rechte glaub, sonder ein öder won (Wahn). Denn der wahrhaftig glaub erneuert den menschen und bringt den heiligen geist mit im ..., und zugleich wie dz feuer on hitz nit sein mag, also auch der warhaftig glaub on guete werk."[77] „Do hört ir ie, daß das facit im glauben ... gethon

---

[70] DHE: a.a.O., S. 245

[71] Hutter, Jakob: in: Fischer, Hans Georg, a.a.O., Briefanhang (VIII/I)

[72] Neumann, Gerhard: "Rechtfertigung" und "Person Christi" als dogmatische Glaubensfrage bei den Täufern der Reformationszeit. In: Zeitschrift für Kirchengeschichte, LXX (1959), S. 69

[73] Vgl. Klassen, Herbert C.: Ambrosius Spittelmyer, in: ME, Vol. IV, S. 599-601

[74] Wiswedel, W.: Bilder und Führergestalten aus dem Täufertum, Kassel 1930, Bd. II, S. 13

[75] RR: S. 188

[76] WAB: S. 156, Abs.108

[77] Hutter, Jakob, in: Müller, Lydia, a.a.O., S. 183

sein will, nit gehört, noch geredt, sunder gethon."[78] Darum „ …wendet nun allen euren Fleiß an, mit christlicher Tugend euren Glauben zu beweisen, auf daß ihr eures Vaters im Himmel Kinder seid, nach seinem Herzen handelt, als die, in denen Gott sein Werk hat, damit ihr erkennet werdet, als eine Pflanz des Herrn …"[79] Daß dieses „Kriterium der Praxis" täuferisches Allgemeingut darstellte, mag ein Wort von Hubmayer abschließend belegen: „Also der glaub, so er nit hat die werckh, ist er todt in jm selbß, du hast den glaubenn vnd jch hab die werckh. Zaig mir deinen glauben on die werckh, so will jch dir zaigen auß den wercken meinen glauben. Du glaubst, das ain Ainiger gott ist, thuest recht, vnd die teufel glauben vnd ertzittern. Jac.2.c. (V.19). Ja jch bekenn in Crafft diß artigkls, das der ploß glaub nit wierdig sey, ein glaub genennt zewerden, wann ein Rechter glaub on die werckh der liebe nymerer sein mag."[80] Nun mag der Eindruck entstanden sein, Glaube erschöpfe sich in sozialen Anliegen, so daß erneut ein Primat der Werke entstehen könnte. Der hutterische Glaube wurzelt jedoch in seinem Transzendenzbezug, in dem Glauben an den dreieinigen Gott, an die Wirklichkeit der Auferstehung Christi und in der Hoffnung, dieser Auferstehung teilhaftig zu werden. Er erweist sich als Ergriffensein von dem, was den Menschen unbedingt angeht, als ein zentraler Akt, der die Totalität menschlichen Seins betrifft[81] und nicht mit dem Tode endet. Diese Jenseitshoffnung leuchtet in zahlreichen Briefen gefangener und später hingerichteter Hutterer auf. Drei Brüder bekennen 1536 in einem Schreiben an den Stadtrichter von Wien: „Weiter glauben wir der Wahrhait, das alles Fleisch wirt aufferweckht werden an dem großen Tag des Herren Gottes vnd fur das Gericht gstelt werden. Etzech. 37, Dan. 12, Math. 22 Alda wirth der herr ein Vnterschaid machen, die Schaff zur Rechten vnd die Pöckh zur Lingcken stellen …Wir glauben auch, das nach diesem zergengkhlichen Leben Vnsterblikkhait sein wirt, ein ewigs Leben in dem Reich Gottes vnd auch ein ewigs Leben in dem feurigen Teich, Math. 25, Apoc. 14,21."[82] Die Gewißheit, „nit auf einen Wohn oder ungewiß, sonder den rechten Weg" zu laufen, gibt ihnen das Bewußtsein, „steiff darauff (zu) bleiben" und nicht zu irren oder fehlzulaufen[83]; „denn das ist nicht genug, daß wir an Christum glauben, wir müssen auch um ihn leiden."[84] In der Gewißheit der Auferstehung und ewigen Lebens sind viele Hutterer als Zeugen ihres Glaubens den Märtyrertod gestorben.

---

78 Müller, Lydia: a.a.O., S. 261

79 DHE: a.a.O., S. 201 (Ridemann)

80 Westin, G. / Bergsten, T. (Hg.): Balthasar Hubmaier Schriften, QfRG, Bd. XXIX, 1962, S. 462

81 Tillich, Paul: Wesen und Wandel des Glaubens, 1961, S. 12

82 Mais, Adolf: a.a.O., S. 133

83 Mais, Adolf: a.a.O., S. 110

84 DHE: a.a.O., S. 271 (Jörg Fasser)

Wir versuchen vor diesem Hintergrund jetzt eine Definition des Glaubens, wie er in der hutterischen Gemeinschaft gelebt wird und wie er generell für Christen, die in der Nachfolge Christi gehen, gelten sollte:

Glaube ist demnach nicht das bloße Fürwahrhalten biblisch-dogmatischer Lehrsätze, sondern eine ganzheitliche Verhaltensweise, in der ein Christ vor dem Hintergrunde der Wirklichkeit der Auferweckung Jesu, seiner Verherrlichung und seiner Zukunft mit seiner eigenen menschlichen Gegenwart und Zukunft Gott in verantwortlicher Weltzugewandtheit eine Antwort gibt, indem er sein gesamtes Handlungspotential in den Dienst des ankünftigen Gottesreiches stellt. Glaube ist damit nicht nur Voraussetzung der Rechtfertigung und Agenz der Wiedergeburt, sondern auch die treibende Kraft der Heiligung, soweit sie als Werk des Menschen möglich ist.

Wiedergeburt: Wiedergeburt gehört zu den seltenen Wörtern der Bibel, obwohl es der Sache nach sowohl im AT (Ps.51,12;Jerem.24,7;Hes.36,26f.) als auch im NT (Joh.3,3;2.Kor.5,17;Eph.4,23) in Erscheinung tritt. Als Begriff ist es nur zweimal zu finden. Im Matthäusevangelium (Kap.19,28) und im Titusbrief (Kap.3,5) wird es substantivisch mit unterschiedlichem Bezug gebraucht, und im Petrusbrief (1.Petr.1,3/5) in verbalem Gebrauch von „neu geboren/gezeugt werden".[85] Während es bei Matthäus „als Terminus für die ganz geläufige Anschauung der messianischen Erneuerung der Welt"[86] gebraucht wird, beschreibt es im Titusbrief „jenen Vorgang, durch den Gott einen Menschen im geistlichen, eigentlichen Sinne lebendig und zum Kind Gottes macht, ihm Anteil am ewigen Leben gibt im Gegensatz zu der Welt des Todes, der er als gefallener Mensch angehört. Die Wiedergeburt gibt dem Menschen Anteil am Reich Gottes, ...sie bildet nach Joh.3,3/5 die Voraussetzung dafür, daß er ... dessen Wirklichkeit wahrnehmen kann."[87] Die Konsequenzen dieser neuen Geburt im gegenwärtigen Leben beschreibt besonders der 1. Johannesbrief: Kap.2,29; 3,9; 4,7; 5,1 ff.; 5,18.[88] Er weist damit auf den Wachstumsprozeß nachfolgender Heiligung hin, dessen Kernstück sich in der Liebe findet, mit der der Glaubende Gott und den Bruder umfängt, „weil er sich von Gott in Christus geliebt weiß."[89] Das der Wiedergeburt „zugrunde liegende Bild der natürlichen Geburt macht deutlich, daß der Mensch zur Wiedergeburt ... nichts hinzutun kann, sondern daß es sich dabei um ein ausschließliches Werk Gottes handelt ... Gott zeugt den neuen Menschen durch sein Wort, das Wort der Wahrheit (Jak.1,18) ..."[90] In der Wiedergeburt geschieht

---

85 Rienecker, Fritz: Sprachlicher Schlüssel zum Griechischen Neuen Testament, Gießen/Basel 1977, S. 52

86 ibid.

87 Rienecker, Fritz (Hg.): Lexikon zur Bibel, 1978, S. 1529, Stichwort „Wiedergeburt"

88 Schlatter, Walter (Hg.): Calwer Bibellexikon, Stuttgart 1979, S. 1426, Stichwort „Wiedergeburt"

89 ibid.

90 ibid.

eine radikale Umwandlung des natürlichen Menschen als Erfüllung prophetischer Verheißung (Hes.36,26f.) und als Zeichen lebendiger Hoffnung (1.Petr.1,3) im Blick auf das Erhoffte: das „Erbe im Himmel" (V.4) und das „Heil Gottes" (V.9).[91] Wiedergeburt steht zweifellos im Zusammenhang mit der Taufe, aber es gibt im NT keinen Hinweis auf eine zwangsläufige Gleichzeitigkeit, vielmehr deuten einige Textbeispiele auf eine zeitliche Differenz hin (Apg.8,16;10,44-48). Im Normalfall kennt das NT die Aufeinanderfolge von Glauben/Geistempfang und nachfolgender Taufe, doch gibt es auch die umgekehrte Reihenfolge (Apg.19,5f.). Wiedergeburt im Sinne des Christentums hat allerdings nichts mit Reinkarnation zu tun, wie sie heute als ein Schlagwort der New-Age-Bewegung verstanden wird. Sie ist sogar das Gegenteil von „Inkarnation"; denn die neue Geburt (Joh.3) des Christen führt nicht zu einer erneuerten Einleibung in das Fleisch, sondern vielmehr zur „Absterbung des Fleisches", zu seiner Abtötung, und zielt auf eine Restitution des Menschen in eine neue Schöpfung (2.Kor.5,17). Das ist ein Zustand, der jenseits aller Verfallenheit an die Sünde liegt und ein Leben in der Nähe bzw. in der Gegenwart Gottes zum Ziel hat. In der Gegenwart des heiligen Gottes kann aber nur leben, was dieser Heiligkeit entspricht, und insofern stellt Wiedergeburt als punktuelles Geschehen die Initialfunktion eines beginnenden Lebens der Heiligung dar, das durch Gottes Handeln gerechtfertigt wurde.[92] Wie wird in der hutterischen Theologie das Problem der Wiedergeburt gesehen? In der Hinkehr zu Gott gibt der Mensch seine Bereitschaft zu erkennen, Christi Werk zur Lebenserneuerung zu dulden und zu leiden[93]; denn sofern er Christi Art und Natur annehmen will, muß er „von Gott geboren werden, auf daß er sein Kind mit Christo sein möge ...", er muß geboren werden „nit aus zergänglichem, sonder unzergänglichem Samen, nämlich dem Wort der Wahrheit" (1.Petr.1,23).[94] Wie geschieht diese Geburt? Ridemann antwortet: „Diese Geburt aber geschieht also. Wenn das Wort gehört und demselben Glauben gegeben wird, so wird der Glaub mit ... dem heiligen Geist versiegelt, der alsdann den Menschen erneuert und ihn lebendig machet, nachdem er in Sünden tot war, in der Gerechtigkeit, die vor Gott giltet, daß der Mensch ein neue Kreatur, ein neuer Mensch nach Gottes Bildnus gestaltet oder wieder darein erneuert wird."[95] Die biblischen Randverweise zu diesem Teil der „Rechenschaft" betreffen Eph.1,12-14; Röm.12,2; Eph.2,1-10; 2.Kor.5,17; 1.Mose1,27 und Eph.4,20-32. Besonderes Interesse verdient das Genesiszitat, weil es auf die Wiedereinsetzung des Menschen in einen schöpfungsgemäßen Urzustand abzielt, damit realiter biographische Fakten auslöscht und zu einem Nullzustand zurückführt, der einem tatsächlichen Neuanfang gleichkäme.

---

91 Vgl. dazu Wilckens, Ulrich: Das Neue Testament, Zürich 1980, S. 829, Anm. 2

92 Anmerkung: Das entspricht der Aussage Luthers, nach der das ganze Leben der Verwirklichung der Taufe dient, deren Bedeutung sich im Tode eines Menschen vollendet.

93 RR: S. 20

94 RR: S. 80

95 RR: S. 80 f.

Auch hier wird die inaugurierende Wirkung des Wortes hervorgehoben, die in das Kraftfeld des Geistes führt, aber diese pauschale Darstellung kann auch wesentlich subtiler gesehen werden. In der Geburt Christi vollzieht sich vorbildhaft Geburt aus dem Geiste, die im Ergebnis nicht zu einer Durchdringung bestehender Substanz mit neuen, göttlichen Geistesqualitäten führt, sondern aus dem Schoße der alten Schöpfung und in wesentlicher Einheit mit ihr erwächst der Erstling einer neuen Schöpfung, göttlichen Ursprungs und Wesens; denn es ist das „Wort", das vom irdischen Fleisch empfangen und in ihm „vermenschet" wird. Während Zeugung und Geburt der Nachfahren Adams „aus Vermischung mannliches und weibisches Samens"[96] geschah, war es vonnöten, „daß dieser, der die eingeführte Sünde wieder hinnehmen und auflösen sollt, ganz einen andern denn adamischer Weise Anfang hätt ... Denn durch Vermischung oder Zusammenkummung des heilgen Geistes mit dem Glauben Mariä ist das Wort empfangen und vermenschet und hat seine Menschheit nit mit sich von Himmel, sonder von Mariä empfangen und genommen. ... Weil er nun einen andern denn adamischer Weise Eingang in die Welt hat, so ist er auch ein ander Mensch, ja ein solcher, der ohn alle Neigung zu der Sünde sein Leben in der Kraft Gottes vollführet und vollendet hat."[97] Ridemann versucht in seiner Christologie nichts Geringeres, als die in Christo geschehene Neuschöpfung des Menschengeschlechtes in Parallelität zur biologischen Zeugung des Menschen verständlich zu machen. Aus der Verbindung geistiger und irdischer Substanz leitet er die Geburt des neuen Adam ab, dem, da er „nit allein uns, sonder auch die Engel an Kraft und Stärke übertrifft, dieweil die ganze Völle der Gottheit wesentlich in ihm wohnet", alle Schwächen der Menschheit aufgeladen werden (1.Petr.2, 24; 2.Kor.5, 18-21), wodurch alle, die an ihn glauben, in einen Stand schöpfungsgemäßer Unschuld restituiert und gleichzeitig als Bürger der neuen Welt Gottes konstituiert werden. Durch den heiligen Geist, der das göttliche Wort als Samen in den vertrauenden Glauben der Maria einsenkt, gewinnt dieser in ihrem Leib menschliches Sein und wird von ihr geboren als „wahrer und recht geschaffener Mensch, der auch allenthalben, nichts ohn allein die Sünde ausgenommen, bewähret und versuchet ist, damit er sich einen wahren Menschen sein bewiesen hat"(Hebr.2,17f.).[98] Die Gedankenführung Ridemanns läßt den Schluß zu, daß in Entsprechung zu dieser exemplarischen Begegnung von heiligem Geist und menschlichem Glauben das göttliche Wort in *jedem* Menschen neues, göttliches Sein begründen kann, Christus in der Seele eines Menschen geboren werden und leben kann (Gal.2, 20).[99] „Darumb ist der Glauben ein wirkliche Gotteskraft, der den Menschen erneuert und macht ihn nach Gott artnen, lebendig in seiner Gerechtigkeit und feurig in der Liebe und Haltung seiner Geboten."[100] Dem

---

[96] RR: S. 22

[97] RR: S. 22 f.

[98] RR: S. 23 und 179

[99] RR: S. 68

[100] RR: S. 34

Wirken des heiligen Geistes ist es auch zu danken, „daß wir also in sein Werk einge-leibet und mitgenössig werden, welches sein Werk wir in uns befinden an der Er-neuerung unsrer Herzen."[101] Aus der Erneuerung der Herzen resultiert dann das Abschneiden der „alten Bräuch und Gewohnheiten, summa: das ganze alte Leben, den alten Menschen mit allen seinen Werken."[102] Da wird Christus angezogen, ganz im paulinischen Sinne, und das äußert sich in „Ganzheit, Einheit und Konkretheit christlicher Lebensführung".[103] Doch befinden wir uns mit dieser Aussage bereits bei Überlegungen, die mit der Nachfolge als dem menschlichen Anteil an der Heiligung zu tun haben. Wiedergeburt, das soll hier angemerkt werden, ist kein ausschließlich individuelles Geschehen: Es hat mit der Gemeinde Gottes und auch mit der Welt zu tun, die durch das Kommen des Christus in eine Krisenzeit geraten ist. Für sie stellt der wiedergeborene Mensch, die in Christus erneuerte Menschheit das Vorbild eines reversiblen Prozesses dar, der die ganze Schöpfung einer Erneuerung und damit einer Zukunft, die Ursprung ist, entgegenführen kann. Wie Wiedergeburt und Rechtferti-gung miteinander verbunden sind, so auch Wiedergeburt und Taufe. In der Regel wird die Wiedergeburt eines Menschen vor der Taufe stattfinden; denn „im Haus Christi wird oder mag niemands mit dem Gnadenbund verzeichnet oder getauft wer-den, er sei denn zuvor Christo geboren durchs Wort der Wahrheit."[104] Das wird immer wieder in hutterischen Schriften betont, doch die Reihenfolge kann, darauf wiesen wir hin, veränderlich sein. Sie kann aber auch gleichzeitig mit der Taufe ge-schehen. Taufe ist, neutestamentlich gesehen, das „Bad der Wiedergeburt". Wir wer-den das Taufgeschehen, weil es die Schlußposition der Entwicklung, die zur Lebens-wende führt, und gleichzeitig den Eintritt in die Erziehungsgemeinschaft „Gemeinde" markiert, im folgenden Kapitel ausführlicher darstellen. Hier sollen abschließend noch einmal Ergebnisse der Wiedergeburt, wie sie sich im Leben eines wiedergebo-renen Christen zeigen, dargestellt und gleicheitig der gesamttäuferische Bezug herge-stellt werden, indem wir Menno Simons zu Wort kommen lassen. „Denn die Wieder-gebornen sind unter der Gnade und haben die Verheißung, wie gehört ist, führen auch darum ein bußfertiges, neues Leben, denn sie sind in Christo neu geworden, und haben ein neues Herz und einen neuen Geist empfangen. Zuvor waren sie irdisch gesinnet, nun aber himmlisch, zuvor fleischlich, nun geistlich, zuvor ungerecht, nun gerecht, zuvor böse, nun gut. ... Ihr armes, schwaches Leben erneuern sie alle Tage je länger desto mehr, und das nach dem Bild desjenigen, der sie geschaffen hat; ihr Gemüth und Sinn ist nach dem Gemüth und Sinn Christi, und wollen gern wandeln gleich wie er gewandelt hat; sie kreuzigen und zähmen ihr Fleisch mit allen seinen bösen Lüsten; sie begraben ihre Sünde mit der Taufe in des Herren Tod, und aufer-stehen mit ihm in einem neuen Leben; ihre Herzen beschneiden sie mit des Herren

---

[101] ibid.

[102] RR: S. 181

[103] Schrage, Wolfgang: Ethik des Neuen Testamentes, Berlin 1985, S. 152 ff.

[104] RR: S. 198

Wort, und werden in den unbefleckten, heiligen Leib Christi, als gehorsame Glieder und Mitgenossen seiner Gemeinde, in rechter Ordnung und nach des Herren Wort, durch den heiligen Geist, getauft. Sie ziehen Jesum Christum an, und beweisen seines Geistes Art und Kraft in allen ihren Früchten. ... Haß und Rache kennen sie nicht, denn sie lieben diejenigen, von denen sie gehaßt werden; sie tun Gutes denjenigen die ihnen Böses tun, und bitten für diejenigen, die sie verfolgen. Geiz, Hoffart, Unkeuschheit, Pracht und Übermuth, Trunkenheit, Ehebruch, Hurerei, Haß, Neid, Hinterreden, Lügen, Betrügen, Zanken, Rauben, Blutvergießen, falsche Heiligkeit, Abgötterei; kurzum, alle unreine, fleischliche Werke hassen sie, und widerstreben denselben, und verleugnen die Welt mit allen ihren Lüsten; ihre Gedanken sind Tag und Nacht in dem Gesetz des Herrn; sie erfreuen sich an dem Guten, und betrüben sich über das Böse; das Böse vergelten sie nicht mit Bösem, sondern mit Gutem; sie suchen nicht sich selbst, noch das ihre allein, sondern auch was ihrem Nächsten nützlich und gut ist, sowohl an Leib als Seele; sie speisen die Hungrigen, und laben die Durstigen; sie beherbergen die Elenden; sie erlösen die Gefangenen; sie besuchen die Kranken; sie trösten die Kleinmütigen; sie vermahnen die Irrenden, und sind bereit nach ihrs Meisters Vorbild auch ihr Leben zu geben für ihre Brüder."[105] Nach weiteren Aufzählungen christlicher Tugenden im Rahmen dieser idealanthropologischen Beschreibung der Wiedergeborenen endet Menno mit der Aussage: „Christi Ruhm, die Süßigkeit des Worts, und die Seligkeit ihrer Seelen sind ihnen lieber, als alles was unter dem Himmel ist."[106] Was Menno hier summarisch darstellt, ist freilich nicht ein Sofortprodukt der Wiedergeburt, sondern eines erneuerten Lebens in der Nachfolge, das sich als eine Wirkung der Rechtfertigung unter der Leitung des heiligen Geistes und unter der Einflußnahme der geheiligten Gemeinde als ein lebenslanger Erziehungsprozeß des Individuums vollzieht. Auch das ist gleichzeitig ein umkehrbarer Prozeß, in dem der einzelne Gläubige mit dem ihm je eigenen Stand persönlicher Entwicklung auf das Funktionieren der Gesamtheit zurückwirkt. Entscheidend für das Gelingen dieses Erziehungsgeschehens wird sein, daß die Frage, ob die von Menno skizzierten Lebensziele des Wiedergeborenen erreicht werden, im Zusammenhang mit der Bereitschaft, Christi Werk der Lebenserneuerung „zu dulden und leiden" beantwortet wird und der Gläubige in diesem Duldungsgeschehen einen radikalen Positionswechsel bezüglich möglicher Selbstbestimmung vornimmt. Glaube, so sagten wir, bedeute u.a. das gesamte Handlungspotential in den Dienst des ankünftigen Gottesreiches zu stellen, es besagt auch, daß Glaube in seiner Treiberfunktion menschlichen Willen, dem wir in der Hierarchie der Persönlichkeitsmerkmale obersten Stellenwert zuerkannten, vor dem Hintergrunde weltimmanenter Wirklichkeit Gottes aus seiner Selbstgebundenheit löst und in die paradoxe Bindung christlicher Freiheit hineinführt. Erst nach dieser Aspektveränderung gelingt Umkehr, ist die menschlicherseits zu schaffende Voraussetzung für das Werk der Wiedergeburt als

---

[105] Simons, Menno: Vollständige Werke, Zweiter Pfad Weg Ausgabe 1971, S. 241
[106] Simons, Menno: a.a.O., S. 242

Werk Gottes erfüllt. Es ist ein Werk, das die gesamte Person verändert, es berührt nicht nur den Verstand, es zeitigt im Ergebnis kein verkopftes Christentum, sondern die Wiedergeburt erneuert, wie Mennos Ausführung zeigt, den *ganzen* Menschen: Herz, Geist, Sinn, Gemüth, Fleisch; seine Emotionalität, seine Charakterausprägungen und Neigungen, seine Triebstruktur, er wird befähigt, eine ganzheitliche Antwort seines Glaubens zu geben. Was hier wie abgehoben von der Lebenswirklichkeit klingt, ist, wenn man das leidvolle und armselige, aber glaubensstarke Leben vieler Täufer -auch das Menno Simons'- betrachtet, als sehr nüchterne, doch praktikable Möglichkeit christlicher Lebensführung zu sehen, weil das ganze Leben in allen seinen zeitlichen Dimensionen geheiligt wurde. Jünger zu sein, im Englischen (disciple) und im Lateinischen (discipulus) wird dieser unverfänglich klingende Begriff präzisiert und gleichzeitig verschärft, und auch das griechische „matätäs"(Schüler) deutet auf Gehorchenmüssen hin, hat letztlich mit Disziplin, Gehorsam und Nachfolge zu tun, und die wurde von den Hutterern und vielen anderen Taufgesinnten sehr ernst genommen, während in unserer Zeit weithin Unverbindlichkeit und individuelle Beliebigkeit das Christsein kennzeichnen. „Die Lehre von der Lebenserneuerung in der Kraft der Wiedergeburt aus dem heiligen Geiste mit ihrer zuversichtlichen Hoffnung auf das Wachsen von Heiligkeit, lebte aus dem *Wandel* in der Auferstehung. Sie ist die wahre Quelle der kraftvollen Dynamik für ein heiliges Leben und für Jüngerschaft in der Täuferbewegung."[107]

Zusammenfassung:

1. Die persönliche Hinkehr eines Menschen zu Gott spielt besonders da eine Rolle, wo die Kirche nicht als universelle Gnadenanstalt anerkannt wird. In Ketzerbewegungen und nachreformatorischen Heiligungsbewegungen streben Menschen nach persönlicher Heilserfahrung. Besonders in Zeiten gesellschaftlicher Unsicherheit verstärkt sich die Sehnsucht nach dem Himmel. Die Hutterer des 16. Jahrhunderts versuchen vor diesem Hintergrunde, Menschen zur Sinnesänderung zu rufen und sie auf die Lebenswende vorzubereiten. Die formalen Stufen dieser Vorbereitung bestehen in der erwecklichen Predigt, die Glauben begründet und Sündenerkenntnis, Reue und Buße bewirkt. Dem Glauben kommt auf dem Wege zur Lebenswende und für die nachfolgende Heiligung Treiber- bzw. Basisfunktion zu. Im Rahmen seiner Vorbereitung werden dem Erweckten Hilfen geboten, unter denen die Einführung in die mährischen Bruderhöfe die wirksamste darstellt.

2. Der Eingang ins Christentum wird unter verschiedenen Gesichtspunkten beschrieben. Die Inhalte entsprechen den methodischen Schritten. Sie zielen auf eine möglichst grundsätzliche Abkehr von der Sünde, auf Eindeutigkeit und Unumkehrbarkeit der Entscheidung für die Nachfolge Christi, die keine Unschärfen und Übergänge

---

[107] Bender Harold S. : Walking in the Resurrection—The Anabaptist Doctrine of Regeneration and Discipleship, in: MQR XXXV (1961), S. 97

zuläßt. Dabei wurde, vom Faktum der Willensfreiheit ausgehend, die Möglichkeit der Sündlosigkeit erörtert, die eine theoretische Voraussetzung echter Jüngerschaft darstellt.

3. Als weiterführende Schritte auf dem Wege zur Lebenswende werden Rechtfertigung aus dem Glauben und Wiedergeburt genannt. Glaube hat, da veränderlich, auf dieser Stufe eine neue Qualität erlangt. Er ist Erfahrungsglaube. Aus der Erfahrung des Gerechtfertigtseins resultiert Lebenserneuerung. Sie manifestiert sich, getrieben durch den Glauben, in Werken des Glaubens. Aber die Kraft des Glaubens wirkt nicht nur in Werken der Nächstenliebe, sondern sie äußert sich auch in der Bereitschaft, das Leben im Dienste Christi einzusetzen, als Auferstehungsglaube. Er wird durch den Einsatz des menschlichen Handlungspotentials im Dienste des Gottesreiches zu einer ganzheitlichen Antwort auf den Ruf Gottes.

4. Wiedergeburt ist Wiedereinsetzung in einen schöpfungsgemäßen Zustand und Lebenserneuerung, die der Mensch als Handeln Gottes an sich erdulden muß. Nach dem Vorbilde der Menschwerdung Christi durch das Wirken des heiligen Geistes in Maria vollzieht sich die Begründung neuen Seins im Menschen. Der Christus wird in der Seele geboren. Da mit Christus eine neue Schöpfung ihren Anfang nimmt, stellt jeder wiedergeborene Christ ein Vorbild und eine Hoffnung im Blick auf eine Erneuerung der gesamten Schöpfung dar. Wiedergeburt begründet eine neue Existenz, die sich als Frucht des Geistes in Werken heiligungsgemäßer Nachfolge des Christen beweist. Sie sind in einem klaren Gegensatz zu den Früchten des Fleisches und den Werken der Welt zu sehen.

2.2 Das Ritual der Einleibung—die Taufe

Damit sind wir an dem Punkte angelangt, an dem wir von der Taufe der Täufer sprechen müssen.

Sie steht am Abschluß der Initialphase, die zur Wiedergeburt eines Menschen führt. Schon in neutestamentlicher Zeit gab es bestimmte Rituale, die den Vollzug der Taufe bestimmten. Entscheidend aber war, daß jede Taufhandlung durch Verkündigung und Lehre vorbereitet wurde. Was die Form betraf, wurden zur Zeit der Reformation Taufen generell durch Übergießen mit Wasser vorgenommen. Die meisten täuferischen Kirchen übernahmen diesen Brauch, der seitdem bei ihnen die übliche Form des Taufens darstellt.[1] Es gibt eine detaillierte Beschreibung einer der ersten Taufen, die an Hans Bruggbach in Zolikon am 25. Januar 1525 durch Felix Manz vorgenommen wurde. Nachdem der Taufwillige seine Sünden bekannt und die Taufe als ein Zeichen seiner Sinnesänderung begehrt hatte, fragte Blaurock, einer der Anwesenden, Bruggbach noch einmal, ob er wünsche, getauft zu werden, was jener

---

[1]   Smith, C. Henry: Baptism, in: ME, Vol. I, S. 226

bejahte. Darauf fragte Manz gemäß Apostelgeschichte 10 V.47: „Wer könnte wohl denen das Wasser zur Taufe verwehren, die den heiligen Geist empfangen haben wie wir?" und Blaurock erwiderte: „Niemand." Manz nahm dann ein typisches Küchengerät jener Tage, eine metallene Schöpfkelle, zur Hand, goß aus ihr Wasser über das Haupt des Taufkandidaten und sprach: „Ich taufe dich im Namen Gottes, des Vaters, Gottes, des Sohnes, und Gottes, des heiligen Geistes."[2] Der Bericht zeigt, daß in den frühen Tagen der Täuferbewegung keine besondere Ordination des Täufers für erforderlich erachtet wurde und daß die Taufen weder an eine bestimmte Zeit noch an irgendeinen sakralen Ort gebunden waren. Doch sehr bald wurde das differenzierter gesehen. Die vielfältigen schriftlichen Darstellungen betrafen überwiegend die inhaltlichen Aspekte des Taufgeschehens und spielten eine Rolle bei der Vorbereitung Taufwilliger. Zu den frühen Schriften gehören unter anderem die Arbeit Balthasar Hubmaiers „Von der christlichen Taufe der Gläubigen", die als Erwiderung auf eine Taufschrift Zwinglis erschien und auf den 10. Juli 1525 datiert ist, und eine Abhandlung von Hans Schlafer vom Januar 1528. In beiden finden wir detaillierte Aussagen über Inhalt und Bedeutung der Taufe. Hubmaiers Schrift ist insofern von besonderer Bedeutung, weil in ihr erstmalig ein Theologe aus täuferischer Sicht zur Tauffrage Stellung nimmt. Hubmaier war vor seiner Konversion zum Täufertum Universitätslehrer und Wallfahrtsprediger, und deshalb besaß seine Argumentation besonderes Gewicht. Der Tenor seiner Schrift betrifft die 'Besserung des Lebens', zu der der Mensch durch eine gründliche Erkenntnis seiner selbst gelangen soll. Dem dient die Unterscheidung zwischen johannischer und christlicher Taufe, was wiederum durch die Hinführung zur persönlichen Sündenerkenntnis und Rechtfertigung geschieht. „In summa: Gott furt durch Johannem hynab inn die hell, vnnd durch Christum wider auffher."[3] Erkenntnis der Sünden als Selbsterkenntnis beunruhigt das Gewissen, was, wenn Schuld keine Vergebung findet, wohl den Bedingungen der „hell" entspricht. Im übrigen gilt in seiner Schrift die biblisch begründete Folge: Wort—Gehör— „Endrung des lebens"—„Tauff"—„Eygner glauben"—„Eygne werck".[4] Es wird an den willentlichen Einsatz des Täuflings appelliert; denn Taufe ist zwar gleichbedeutend mit Sündenvergebung und Neuanfang, aber die Sünde wird nicht durch die Wassertaufe vergeben, „sonder inn krafft des innwendigen Ja im hertzen, das der mensch offenlich bezeugt mit empfahung des wasser tauffs, das er glaube vnd gewiß sey schon im hertzen der nachlassung seiner sünden durch Jhesum Christum"[5] „Darum gilt es, daß einer „füran sein leben endern vnd bessern wölle, das bezeüge er offenlich mit der empfahung des wassers."[6] „Da muß das fleysch täglich getödt

---

2 ibid.
3 Westin. G/ Bergsten, T.: Balthasar Hubmaier Schriften, a.a.O.: S. 127
4 ibid.: S. 128 f., 134 f.
5 ibid.: S. 137
6 ibid.: S. 160

140

werden, ...", dann erst bringt der Mensch durch den Sieg des Geistes gute Früchte. „Der glaub gat nit müssig, sonder ist arbeytsam inn allen gutten Christlichen wercken."[7] Der Täufling akzeptiert dann mit der Taufe, sich der „bruederlichen straff nach der ordnung Christi" (Math.18,15) zu unterwerfen. Überhaupt steht in Hubmaiers Tauflehre die „Besserung des Lebens" in enger Beziehung zum Tun guter Werke als *Frucht des Glaubens.* Hubmaiers Aussagen bedeuten eine klare Abkehr von den Positionen scholastischer Theologie, die in der Taufe das entscheidende Ereignis sah, durch das dem Menschen in der Form der Gnade (gratia infusa) ein neuer Habitus eingefügt wurde, der ihm eine praktische Verfügbarkeit über das in der Taufe geschenkte Neue verlieh. Das Taufgeschehen *bewirkte* die Möglichkeiten neuen Lebens! Bei Hubmaier, das wird auch bei Ridemann und in anderen Täuferschriften sichtbar, ist es das persönliche Ja-Wort, das in öffentlichem Bekenntnis die Lebensveränderung einleitet und sie in eigener Verantwortung, -hier muß wieder auf die Bedeutung des brüderlichen Miteinander verwiesen werden-, verwirklicht. Das Taufbüchlein von Hans Schlafer führt eine Reihe von Taufvoraussetzungen auf, die in späterer Zeit zu den gemeindebedingten Selbstverständlichkeiten zählen und darum nicht mehr erwähnt werden. Vor dem Hintergrunde der Charakterisierung der „vermeinten Christen", wie Schlafer sie sieht, nämlich als „Volk, das Gottes Namen, Leiden, Marter und Sterben Jesu Christi, also lästert", bei denen man „öffentliche, grausam Laster, als Ehebruch, Hurerei, Trunkenheit, Neid, Zank, und Nachred der heimlichen Sünden"[8] findet, nennt er zehn Bedingungen, die erfüllt sein müssen, um eine gültige christliche Taufe vornehmen zu können. Dazu gehören (1) die wahre christliche Kirche, die von der Welt abgesondert und durch Wort und Geist Christi gereinigt, die Gemeinschaft der Heiligen repräsentiert, sie besitzt Schlüsselgewalt und gebraucht sie auch, zum anderen (2) vom Geist erwählte und auf apostolische Weise berufene Diener, die tüchtig sind, das Amt zu führen, (3) der Täufling, der von Gott zur Buße, zum Glauben und zur Taufe gezogen wird, (4) die vorhergehende Unterrichtung in der evangelischen Lehre, (5) der wirkliche, die Vergebung ergreifende Glaube, (6) „das äußerliche Element des Wassers", (7) die Annahme des Täuflings zur Kindschaft des ewigen Lebens durch den himmlischen Vater, (8) die Versöhnung durch das Blut des Mittlers Jesus Christus, durch die der Zugang zum Vater eröffnet wird, (9) die Geburt zur Gotteskindschaft und zur Gemeinschaft als Glied am Leibe Christi durch den heiligen Geist und schließlich (10) rechtschaffene Früchte der Taufe als „Kundschaft" eines neuen Lebens und Wandels.[9]

---

7 ibid.: S. 161

8 Schlafer, Hans: a.a.O., S. 6

9 ibid.: S. 4-8

Der hutterische Taufritus:

Wie stellt sich nun der hutterische Taufritus dar, welche liturgischen Elemente bestimmen ihn? In der „Rechenschaft" Ridemanns finden wir unter der Überschrift „Des Täufens Weise oder wie man täufet" eine Agende des Taufritus, wie er bei den Hutterern geübt wurde. Sie betrifft die Mindestzahl der beteiligten Personen, „nämlich der Täufer und der Täufling", die Tauflehr, das Taufbegehren, das Glaubensbekenntnis, die Absage an „Welt, Sünde und Teufel", die totale Lebensauslieferung an Gott und seine Kirche, die Gewißheit des Glaubens und als nochmalige Vergewisserung der Taufwilligkeit eine Wiederholung des Taufbegehrens. Sind alle diese Voraussetzungen seitens des Täuflings gegeben, dann „heißt ihn der Täufer, sich mit gebognen Knieen vor Gott und seiner Kirchen demütigen und niederknieen und nimmet ein rein Wasser und geußt es auf ihn und spricht: ,Ich täufe dich im Namen des Vaters, Sohns und des heiligen Geists, der dir nach deinem Glauben die Sünde vergeben und dich in sein Reich gezogen und angenommen hat. Darumb so sündige hinfür nit mehr (Joh.5,14), auf daß dir nit was Ärgers widerfahre.' Weil nun die Sünde den Menschen im Tauf nachgelassen und vergeben werden (Apg.2,38) und die Gemein den Schlüssel hat (Mt.18,15-18), soll es vor der Gemein geschehen, die auch samt dem Täufer und dem Täufling vor dem Tauf niederkniet und ihm Verzeihung der Sünden von Gott bittet."[10] Abschließend weist Ridemann daraufhin, daß eine Taufe da, wo es die Gegebenheiten erfordern, auch ohne Anwesenheit der Gemeinde stattfinden könne. Im Gegensatz zu den ersten Taufen im Zürcher Raum betont er allerdings ebenso wie Hans Schlafer, daß „sich nit jedermann eines solchen Amts, nämlich Lehrens und Täufens, unterstehen" solle (Jak.3,1-2), die Aufwertung kirchlichen Amtes und kirchlicher Ordnung ist unverkennbar. Bedeutsam für unsere Betrachtung der Taufe als eines Erziehungsrituals scheint auch der Hinweis auf die Schlüsselgewalt der Gemeinde, der damit nicht nur fürbittende Funktion im Blick auf Sündenvergebung zukommt, sondern real erzieherische Funktion als handelndes Subjekt bei der Feststellung normgerechten bzw. -widrigen Verhaltens und hinsichtlich der daraus zu ziehenden Konsequenzen im Rahmen der Gemeindezucht, „der bruederlichen straff nach der ordnung Christi". In dieser Funktion ist die Anwesenheit der Gemeinde mehr als eine solidarische Demonstration. Sie wird voll in die Verantwortung genommen für den nun beginnenden Wachstumsprozeß des Täuflings. Sie hat den Auftrag, seiner Nachfolge durch Gebete, Führung, Unterstützung, Korrektur und ggf. auch durch Strafen zum Gelingen zu verhelfen. Das von Ridemann beschriebene Taufritual entstand in einer Zeit, in der die Hutterer eine missionierende Kirche waren. Der Hinweis auf die Anwesenheit der Gemeinde und auf ihre Schlüsselgewalt könnte zwar voraussetzen, daß schon in der Frühzeit die Taufen ausschließlich in den mährischen Haushaben vorgenommen wurden, aber Ridemann erwähnt auch die Notwendigkeit von Sonderregelungen, weil Taufen oftmals am Missionsort vollzogen werden mußten, danach erst die Abwanderung der

---

10 RR: S. 81 ff.

Getauften nach Mähren erfolgte. Das Nachlassen der Außenaktivitäten und die Zunahme des Hineingeborenwerdens in die Gemeinde ließen später die Taufe innerhalb der Bruderhöfe zur Regel werden. Damit war die Möglichkeit gegeben, die Taufhandlung im Rahmen planmäßiger gemeindlicher Veranstaltungen vorzubereiten. Während die durch Mission gewonnenen Gläubigen keiner bestimmten Altersgruppe angehörten, wurde in späterer Zeit die Taufe zunehmend jungen Menschen gespendet, die unter dem erzieherischen Einfluß der Gemeinde aufgewachsen waren und im Durchschnitt mindestens 12 Jahre lang in der deutschen Schule und in der Sonntagschule kirchliche Unterweisung empfangen hatten. Das Taufalter wurde jetzt durch die regulierende Erwartungshaltung der Gemeinde auf die Zeit zwischen 18 und 25 Jahren eingegrenzt.

Taufe als Zeichen der vollen Zugehörigkeit:

Die Taufe ist insofern ein den gesellschaftlichen Status des Menschen bestimmendes Ereignis, als sie den Eintritt in und die volle Zugehörigkeit zur Gemeinde auch im Sinne des gemeindlichen Rechtes bestimmt. Durch die Taufe erlangte man Heiratsfähigkeit und Zulassung zur Abendmahlsgemeinschaft. Dem Manne wuchsen außerdem—allerdings nach Erfüllung einer kleinen Sonderauflage—Ratsfähigkeit und Beschlußfähigkeit in der Gemeinde zu und damit Aufnahme in den Kreis der zu Dienst und Amt berechtigten Männer. Frauen fielen gemäß 1.Kor.14,34f. nicht unter diese letztgenannten Rechte. Es ist unverkennbar, daß durch diese Berechtigungen ein *Element des Müssens* in den an sich auf Freiwilligkeit und Unverfügbarkeit angelegten Taufakt hineingetragen wird, was seinerseits nun bewußt oder unbewußt dazu führen könnte, den wirkenden Gottesgeist für ein erstrebenswertes Ziel in den Dienst zu stellen. Es wäre dann allerdings eine totale Verzweckung des Taufrituals zugunsten menschlicher Wunschvorstellungen erreicht. Die gesellschaftliche Zwangssituation wäre in diesem Falle das Hauptmotiv, die Taufe zu verlangen. Wir wollen diese Alternative nicht als gegeben ansehen, wenngleich der gesamten Taufvorbereitung ein ausgesprochen rationaler Zug innewohnt.

Das Vorbereitungsritual:

Es kommt zur Ausbildung eines gemeindlichen Rituals, das 1599 zur Zeit des Vorstehers Claus Braidl kodifiziert wurde und seitdem als Vorlage für die Unterweisung der Taufkandidaten in der hutterischen Kirche gilt. Dabei werden weniger die rituellen Handlungssequenzen festgeschrieben, ihre Festlegung geschieht durch wiederholende Übung bis in die Gegenwart hinein, als vielmehr die lehrmäßigen Inhalte, die im Rahmen der Vorbereitung vermittelt werden. Die Handschrift wird als Codex 213 oder auch „Codex Ritualis" im Verzeichnis der hutterischen Schriften beschrieben.[11]

---

11 Friedmann, Robert: a.a.O., S. 34 f.

Sie besteht aus drei Reden und einem Anhang, der „Fragen, die man bei der Aufnahme zu stellen pflegt" und der einen Teil der Agende wiedergibt. Diese Fragen gelten in unwesentlich veränderter Form bis in die Gegenwart und sind als Taufunterweisung unter dem Titel „Einige Fragen und ihre Beantwortung für die reifere Jugend"[12] zusammengefaßt. Wir werden die Taufreden des Codex später unter inhaltlichem Aspekt kennenlernen. Der erste Impuls im Blick auf die Vorbereitung der Taufe geht lange vor dem Tauftermin von denen aus, die den geistlichen Entwicklungsstand eventueller Taufkandidaten beurteilen können, heute ist das vorwiegend der deutsche Lehrer, der aus seiner Arbeit in Schule und Sonntagschule ein entsprechendes Urteil abgeben kann. Ein möglicher Taufkandidat soll sich der Wichtigkeit der Sache entsprechend rechtzeitig mit dem Gedanken, in die christliche Gemeinde eingeleibt zu werden, auseinandersetzen. Sieben Wochen vor dem Tauftermin tritt die Vorbereitung dann in ihre Akutphase. Die Taufanwärter begeben sich als Gruppe zum Prediger bzw. zu den Vorstehern der Gemeinde und äußern da in vorgeschriebener Form die Bitte um Zulassung zur Taufe: „Lieber Bruder, wir haben ein herzliches Verlangen, mit Gott und allen Frommen einen Bund aufzurichten. Darum wollen wir dich gebeten haben, du wollest uns behilflich sein mit der Hilfe und dem Beistand Gottes."[13] Dieser Bitte folgt eine „Vermahnung" durch den Angesprochenen, die früher von den Anwärtern stehend angehört wurde. Dann werden sie weggeschickt. Dieses Ritual wird nach zwei bis drei Tagen wiederholt, wobei den Täuflingen nahegelegt wird, genau zu überdenken, was sie begehren. In der Aufforderung zur Vorabkalkulation der Risiken und Schwierigkeiten des Christseins zeigt sich die vernunftbetonte Art hutterischen Glaubens, sie entspricht alter hutterischer Tradition und findet in den Lehrschriften wiederholten Niederschlag.[14] Außerdem wird ihnen zugesichert, ihr Anliegen der Gemeinde vorzutragen. An dieser Stelle wird deutlich, daß es nicht im freien Ermessen eines Taufwilligen liegt, sich taufen zu lassen, sondern daß die Gemeinde hierüber entscheidet. Am folgenden Sonntag wird nach dem Gottesdienst der Bruderrat der Gemeinde[15] unterrichtet, die Namen derer, die „den Bund wollen aufrichten", werden bekanntgegeben, und jedes Mitglied des Rates hat in dieser Zusammenkunft die Möglichkeit des Einspruchs, die religiöse, sittliche und berufliche, die insgesamt menschliche Qualifikation der Bewerber betreffend. In dieser Beratungsrunde muß, sofern zumindest zwei Gegenstimmen vorliegen, „rundgewählt werden". Dabei entscheidet die Mehrheit. Wenn der Bruderrat den Täuflingen seine Zustimmung erteilt hat, kommt es am selben Tage zu einem Treffen aller Bewerber mit dem Prediger und allen Zeugbrüdern[16], das bis zu vier oder fünf Stunden dauern kann. Die

---

12 Die Hutterischen Brüder (Hg.): Einige Fragen und ihre Beantwortung für die reifere Jugend, Revised Edition 1990, Hawley, Minnesota

13 ibid.: S. 36

14 Vgl. RR: S. 199; WAB: S. 96/69

15 Anmerkung: Zum Bruderrat gehören alle getauften Männer, die einen Bart tragen.

16 Anmerkung: Die Zeugbrüder sind die geistlichen Funktionsträger einer Gemeinde.

Taufanwärter wiederholen jetzt ihr Taufbegehren in der schon beschriebenen Form vor jedem der Anwesenden: „Lieber Bruder, wir haben ... Beistand Gottes." Aufgrund dieser formelhaften Bitte wird jeder Täufling von jedem Zeugbruder „aufs Treulichste vermahnt."[17]

Um ein Beispiel für die erzieherische Einflußnahme durch Vermahnungen zu geben, soll an dieser Stelle auszugsweise ein Text referiert werden, den ein Zeugbruder als Taufvermahnung persönlich gestaltet hat. Dabei wird deutlich, daß auch er nur bedingt individuelle Aussage ist, daß er von ganz bestimmten Sprachelementen bestimmt wird, die zum Ritual der Vermahnung gehören. Einleitend formulieren die Täuflinge ihre Bitte um Hilfe bei der Vorbereitung zur Taufe. Der Zeugbruder heißt sie dann, sich zu setzen und spricht sie an als „Lieben Kinder!"[18] Wenn man bedenkt, daß die so Angesprochenen ein Mindestalter von achtzehn Jahren erreicht oder überschritten haben, dann zeigt sich, daß im hutterischen Verständnis der Status des Erwachsenseins nicht an biologische Merkmale oder an geistige Reife gebunden ist, sondern an den geistlichen Entwicklungsstand, der sich durch das Begehren der Taufe artikuliert. Wer diesen Wunsch nicht äußert, bleibt im eigentlichen Sinne unerwachsen und unmündig! Das bestätigt schon der erste Satz, der an diese Reife appelliert und auf das Risiko des Unterfangens hinweist: „Wisset ihr auch, was ihr begehren tuet, einen Bund aufzurichten mit Gott und allen Frommen? Kinder, hoffentlich habt ihr auf euren Knien dieses Werk angefangen, sonst gelingt es nicht." Der Bruder führt dann die Reihe der Zeugen an, die durch ihre „Kniearbeit", das heißt, durch die Intensität ihrer Gebete Gottes Handeln beeinflußt haben. Am Beispiel Josephs, der „den Rock der Gerechtigkeit, den er von seinem Vater erlangt hat, angetan hat", werden die Konsequenzen des Taufbundes angezeigt. Joseph wurde verkauft in die Sklaverei. Die Getauften werden, mit der Gerechtigkeit Gottes angetan, eben um dieser Gerechtigkeit willen, insofern führt die Taufe in eine vergleichbare Situation, die Feindschaft der Welt und die Angriffe der Sünde zu ertragen und abzuwehren haben, ja, sie werden ermahnt, „in Gerechtigkeit und Heiligkeit vor Gott ein unstäfliches Leben und einen unsträflichen Wandel zu führen, eher den bitteren Tod zu leiden als mutwillig gegen Gott zu sündigen." Die Gnade einer friedlichen Zeit sollen sie nicht verschenken, sondern sich täglich, abends und morgens, im Lustgärtlein des Wortes Gottes fleißig im Gebet üben. Sie haben durch ihre Erziehung gelernt, Gutes und Böses zu unterscheiden und „was Gott von uns fordert, und weil wir es wissen, so fordert Gott auch viel mehr von uns. Wir werden dermaleinst zweifache Streiche leiden müssen. Wer da weiß, Gutes zu tun, und tuet es nicht, dem ist es Sün-

---

17 Anmerkung: So formuliert in einem Interview mit David Hofer am 9. 5. 1995 in der James Valley Colony in Elie/Manitoba. Das hier beschriebene Procedere fußt auf Aussagen, die in diesem und ähnlichen Interviews gemacht wurden.

18 Anmerkung: So formuliert in einem Interview mit David H. am 9.5.1995 in der James Valley Colony in Elie/Manitoba. Das hier beschriebene Procedere fußt auf Aussagen, die in diesem und ähnlichen Interviews gemacht wurden.

de."(Jak.4,17) Dann wird die Ernsthaftigkeit und die Heiligkeit der Taufe besprochen. Die Täuflinge werden gewarnt, mit Gottes Werk Scherz zu treiben; denn „verflucht sei, wer des Herren Werk lässig tut, sagt Jeremias." Jesus hat die Taufe an sich vollziehen lassen, und „so ist es auch hochvonnöten, daß wir dasselbe an uns nehmen." Dann wird vor der Macht des Versuchers gewarnt. Jesu Taufe und die anschließenden Versuchungen durch den Teufel zeigen, daß niemand dieser Gefahr entrinnen wird, „vielmehr wird der böse Feind anheben, ihn zu überwältigen und ihn in Sünde hineinzustürzen." Gott aber hat den Menschen zur Heiligung berufen.(1.Thess.4,3) Das Heiligungsleben soll aber nicht durch äußere Zwänge herbeigeführt werden, sondern aus innerstem Wollen erwachsen. Wo man den Taufbund nicht mit Gott anfangen will, sondern ihn als einen erzwungenen Dienst versteht, da soll man es lassen. „Es wäre besser, du gelobest nicht, denn daß du gelobest und nicht haltest, was du gelobest." Nach dieser Mahnung, das Eingehen des Taufbundes vorausschauend zu bedenken, folgt die Aufforderung, nach der Taufe nicht kleinmütig zu werden auf dem Wege der Trübsal und des Kreuzes, auf den man durch das eigene Fleisch und Blut, durch böse Anschläge, Lüste und Begierden geführt werden wird. In diesem Zusammenhang wird an die Verpflichtung eines jeden Täuflings erinnert, „Anreden anzunehmen und Anrede und Strafe an anderen auch zu üben." Die Folgen dieser Verpflichtung werden sogleich umrissen; „denn man tut sich viele Feinde dazukaufen, wenn man anreden tuet, strafen, drohen und ermahnen." Wo man sich weigert, diese brüderliche Pflicht zu üben, macht man sich fremder Sünden teilhaftig. „An jenem Tage" wird man dieser Mitschuld wegen vom Verkläger -das ist die biblische Rolle des Teufels (Hiob 1,7ff.)- vor den Richterstuhl Gottes gebracht werden. Dann folgt die Ermunterung, Gott untertänig zu sein, den Teufel zu fliehen, die Hände zu reinigen, die Herzen keusch zu machen (Jak.4,7f.) und Gottes Diener in Freiwilligkeit zu sein.(Sir.2,1) An dieser freiwilligen Entscheidung sollen die Täuflinge in Trübsal und Anfechtung geduldig festhalten. Die Ermahnungen und Unterweisungen der Gemeinde werden sich dabei als Hilfe erweisen; denn, das ist der Ausschlag des Pendels nach der anderen Seite, dieser Taufbund wird zwar in freier Entscheidung geschlossen, doch man kann ihm nicht mehr entlaufen, er wird den Täuflingen „an den Hals gebunden", sie müssen ihn halten, Zeit ihres Lebens. Gottes Treue und Verheißungen geben die Möglichkeit dazu. Schließlich wird der Glaube angesprochen, wo er herkommt, wie er sich zur Taufe verhält. Wieder werden biblische Vorbilder genannt, die Bedeutung des Betens um den rechten Glauben wird in Erinnerung gerufen. Glaube wird dann als Zuversicht auf Gottes Gnade und Güte definiert, es wird betont, daß er nicht Menschenwerk, sondern Gottes Werk ist. Am Beispiel des Petrus und des Judas Ischariot werden unterschiedliche Wege gezeichnet, auf denen Menschen mit Jesus gehen, und deren Ziel, wie das Beispiel des Judas zeigt, doch verfehlt werden kann. Vorbilder, die für den rechten Weg motivieren sollen, werden überwiegend dem AT und den Apokryphen entnommen. Sie zeigen, daß Menschen lieber „in den bitteren Tod gegangen" sind, als von ihrem Bund mit Gott abzulassen. Sinn und Verheißung werden in der Weisheit Salomos (Kap.3,1 und 6) ausgesagt: „Aber die gerechten Seelen sind in Gottes Hand, und keine Qual rühret sie an. Er prüft sie wie Gold im Ofen und nimmt sie an wie ein völliges Opfer." Ein weiterer Themenkomplex handelt von der Wichtigkeit geistlichen Kampfes und Sieges. Er wird in derselben Weise dargeboten. Biblische Exempel zeigen richtige und falsche Kampfesweise an. Mut wird zugesprochen, Leidensfurcht soll abgebaut werden (Offb.2,10), und immer wieder werden Standhaftigkeit und Beharrlichkeit in Verfolgungen und Trübsal angemahnt. (2.Tim.3,12) Die Rede folgt dann dem Text des Liedes „Ringe recht, wenn Gottes Gnade dich nun ziehet und begehrt ..." Weil die Pforte eng ist, wird man nur dann in das Reich Gottes gelangen, wenn man dem Satan, der die Verwirklichung dieses Lebenszieles verhindern will, in einem Kampfe auf Blut und Leben widersteht. Dabei gelten nicht Absichterklärungen, wie Petrus sie abgab, als er verkündete, mit Jesus in den Tod gehen zu wollen (Mt.26,35), sondern Verwirklichungen, die durch das Gebet ermöglicht werden. „Vielleicht wäre es ihm besser ergangen", sagt der Ermahner, „wenn er gebetet hätte und damit der Aufforderung Jesu 'Wachet und betet, daß ihr nicht in Anfechtung fallet' gefolgt wäre." Denn, so wird die Ermahnung fortgeführt, „ihr geht mit dieser Taufe Christi Fußstapfen nach. Welch Glück, daß ihr ihm nachwandeln könnt, und wir wissen alle, wo der Herr ist hingefahren. Dahin laßt uns auch gelangen, und werdet nicht matt und müd in diesem geistlichen Kampf und Sieg." Die Bedeutung der Reinigung und der Reinheit wird dann angesprochen, der Selbstheiligung, wie sie Israel am Sinai betrieb (Ex.19,10f./14,22f.), der Reue, der Buße und der Demütigung vor Gott. Mit David sollen die Vermahnten um Gottes Hilfe beten. (Ps.121) „So soll euer Herz auch ganz und gar zerknirscht werden, daß ihr euch dem Herren könnt ganz und gar in rechtschaffener Reinigkeit und Heiligkeit ergeben, wie es ein Dichter sagt:

Zermalme meine Härtigkeit, mach mürbe meinen Sinn, Daß ich in Seufzerei und Leid und Tränen ganz zerrinn. Sodann nimm mich, mein Jesus Christ, tauf mich dir in dein Blut, Ich glaub, daß du gekreuzigt bist, der Welt und mir zugut ..."

Totale Verwandlung wird angestrebt, totale Transparenz der Persönlichkeit, die ihren adäquaten Ausdruck findet in dem Bild vom gläsernen Meer vor dem Throne Gottes.(Offb.4,6) Diesem Leitgedanken der Reinheit und der Verwandlung hin zur brüderlichen Liebe folgt die Vermahnung in ihren weiteren Teilen, und sie endet mit der dringlichen Bitte: „Darum ihr Lieben, lasset es euch einen göttlichen, wahren Ernst sein in diesem wichtigen Taufhandel. Streitet für die Wahrheit bis in den Tod, so wird der liebe Gott auch für euch streiten. Nun, der liebe Herr, der segne euch, er behüte euch, er behüte euren Eingang und Wandel von nun an bis in Ewigkeit. Wir wünschen euch viel Glück von Gott und seiner Gemeinde in diesem hohen und wichtigen Handel. Der Herr sei mit euch. Ihr könnt jetzt auch gehen."

Wir versuchen eine pädagogische Wertung dieser Vermahnung. Sie ist eindeutig dem Bereich intentionaler Erziehung zuzurechnen; denn sie beinhaltet eine planmäßige, zielbezogene und systematische Einwirkung auf die Psyche des Zöglings, um in ihm Eigenschaften und Verhaltensweisen zu entwickeln, die seitens der Gemeinschaft erwartet werden und zugleich ewigkeitswirksam sind. Insofern ist die Taufvermahnung eine überwiegend prospektive Einflußnahme im Gegensatz zu anderen Vermahnungen, die nachträglich auf reales Fehlverhalten eingehen. Bei der Behandlung der Schuldproblematik vermischen sich dann oftmals potentielle und tatsächliche Schuld. Was in der Taufvermahnung als mögliches Schuldigwerden angesprochen wird, ist vor dem Hintergrunde individueller sündlicher Neigung ebenso real zu sehen wie begangene Sünde und muß deshalb persönlich erkannt, bekannt, bereut und gesühnt werden. Wo dieser Zweck erreicht wird, erfüllt Vermahnung ihren prophylaktischen Sinn als Warnung. Nach begangener Sünde erhält sie den Charakter der Strafrede. Warnung und Strafe sind also Spezifika der Vermahnung. Eine weitere Besonderheit, die allen Vermahnungen gemeinsam ist, findet sich in dem Faktum der Unmittelbarkeit der Anrede und damit der Vereinzelung des Vermahnten. Selbst dann, wenn die Vermahnung einer Gruppe zuteil wird, gilt doch das Prinzip persönlicher Anrede. Der Vermahnte, hier der Täufling, wird aus gegebenen Schutzzonen herausgerufen, um in konkreter Belehrung über die Voraussetzungen, die Inhalte und Folgen seines Begehrens/Verhaltens informiert zu werden. Die Inhalte der Belehrung bleiben stets gleich: Beschreibung der Ausgangssituation, die durch Verlorenheit bzw. durch Verfehlung gekennzeichnet ist, Warnung vor leichtfertigem Verhalten in der Zukunft, Androhung zeitlicher und ewiger Strafe, Aufforderung zu freiwilliger Entscheidung für den rechten Weg, Hinweis auf die helfende Kraft gottgewirkten Glaubens, Ermunterung zu ständiger Wachsamkeit und Gebet, Verheißung des Sieges im geistlichen Kampf, Ermahnung zur Bündnistreue als Glied am Leibe Christi, das Streben nach völliger Reinheit im Zusammenspiel mit der Wahrnehmung persönlicher Pflichten in der Gemeinschaft. Der/Die Vermahnte soll durch diese Unterweisungen auf den Weg gebracht werden zu einem Ziele hin, aber er/sie muß diesen Weg *selber gehen* in freier, persönlicher Entscheidung. Die angesprochenen Themen bewirken also „das sich Erschließen eines Menschen für die Inhalte einer geistigen und dinglichen Wirklichkeit und das gleichzeitige Erschlossen-Werden durch diese Inhalte."[19] Der Blick des Vermahnten wird „auf das Wesentliche einer Sache gerichtet, letztendlich mit dem Ziel, Wissen in Haltung umzuformen."[20] Das gesamte Taufprogramm erzieht also durch Unterweisung, es ist auf diesen Zweck ausgerichtet, aber jede andere Vermahnung strebt dasselbe Ziel an. Ein letzter Aspekt soll angesprochen werden. Er schlägt zugleich eine Brücke zur funktionalen Erziehung. Die Vermahnung stellt den Angesprochenen durch die Vereinzelung in eine Situation totaler Erziehung. Durch die Offenlegung tatsächlicher oder möglicher Schuld sowie durch richtungsweisende Inhalte wird eine Ernstsituation herbeigeführt, die den/die Vermahnte(n) herausfordert, alle Rückversicherungen aufzugeben, aus sich herauszutreten und sich in absoluter Offenheit dem Wort der Vermahnung, das stets personal gesprochenes Wort ist, zu stellen. Er muß sich zu diesem Schritt entschließen, auch ein Ausweichen wäre ein solcher Entschluß, die verändernden Kräfte der Situation zu erdulden und darin einen „Aufschwung des Seins" (Jaspers) zu erfahren. Unter die-

---

19 Keck, Rudolf W.: Kategoriale Bildung, in: Wörterbuch Schulpädagogik, (Hg. Keck, Rudolf W./Sandfuchs,Uwe), Bad Heilbrunn 1994, S. 171

20 ibid.

sem Gesichtspunkt kann die brüderliche Vermahnung als pädagogische Situation im Sinne Petersens bezeichnet werden.

Das ganze Ritual der Taufvermahnung wiederholt sich jede Woche. Zusätzlich wird auf die Einhaltung aller gemeindlichen Vorschriften und Ordnungen geachtet, ob irgend einer der Täuflinge „sich irgendwo mit Sünde befleckt", das heißt, ob er/sie irgendwo normwidriges Verhalten erkennen läßt; denn diese ganze Vorbereitung gilt sowohl für die männlichen wie für die weiblichen Taufanwärter(Innen). In der Woche vor dem Tauftermin werden die Tauflehren gehalten, die noch einmal die Glaubensgrundlagen, die notwendigen Kenntnisse präzisieren, auf denen die Taufe beruht. Die Gemeinde wird in diese Veranstaltungen einbezogen. Sie wird durch das wiederholte Hören der Tauflehren erneut an ihre Verantwortung gegenüber den Täuflingen erinnert. Die erste Taufrede betrifft die Urgeschichte der Menschheit nach den biblischen Berichten (Gen.1-19). Ein längeres Gruppengebet schließt sich an, und danach wird anhand der Nicodemuslehr[21] (Joh.3) über die Wiedergeburt informiert. Am zweiten Tage werden die Unterschiede zwischen christlicher und weltlicher Lebensführung erörtert, es folgen eine Bußpredigt und ein langes Gebet, dann folgt die Lehr über Heiligung und Gehorsam als Ergebnis der Rechtfertigung aus dem Glauben (Röm.6). Am Abend vor dem Tauftag gehen die Täuflinge nach dem Abendessen mit dem Prediger in die Kirche, wo jedem einzeln die Beichte abgenommen wird. Jedem wird gesagt, daß keine Sünde so groß sei, als daß sie nicht offenbart werden könne. Nach der persönlichen Beichte wird den Täuflingen zugesichert, daß am nächsten Tage für alle Sünden, die sie in Unwissenheit begangen haben, das „Fürgebet" der Gemeinde stattfindet, durch das die Sündenvergebung erfolgt (Mt.18,18).

Der Taufgottesdienst:

Der eigentliche Taufgottesdienst findet am nächsten Tage statt, das ist in vielen Fällen der Sonntag Palmarum, aber auch während des Pfingstfestes finden Taufen statt. Der Palmsonntag wird gewählt, weil die Taufbewerber eines Jahres dann bereits am Abendmahl, das einmal jährlich während des Osterfestes gefeiert wird, als Gemeindeglieder teilnehmen können. Der Gottesdienst wird durch Strophen aus dem Lied „Groß Irrtum ist vorhanden ..."[22] eingeleitet. Es folgen Friedensgruß und Vorrede. In ihr wird noch einmal eindringlich darauf verwiesen, daß alle Gelübde, die vor Gottes Angesicht und vor seiner Gemeinde abgegeben werden, gehalten werden müssen, daß der Inhalt des Bundes den Kampf gegen die Sünde impliziert. Danach wird die dritte Taufrede über die Kirche und ihre Grundsätze gehalten. Das Gebet schließt sich an. Die Vorbereitung wird abgeschlossen durch die Lehr über die Taufe (Mt.28,16-20). Nach der Predigt (Lehr) stehen die Täuflinge auf, um in einer Examination die an sie gerichteten Fragen zu beantworten und ihren christlichen Glauben zu bekennen. Sie

[21] Anmerkung: Die hutterische Predigt wird als *Lehr* bezeichnet.
[22] LdHB: S. 570-581, 112 Strophen

erbitten dann auch das „Fürgebet der Frommen", daß Gott ihnen „die Sünd, so in Unwissenheit geschehen, wolle verzeihen und nachlassen". Sie äußern noch einmal ihr Taufbegehren in Verbindung mit dem Versprechen, sich „also Gott dem Herrn im Bund des christlichen Taufs zu ergeben und aufzuopfern." Danach knien die Täuflinge nieder, und es folgt das Für(bitte)gebet, das der Prediger anstelle der Gemeinde spricht und das die Wegnahme der Sünden bewirkt. Nach dem Gebet beantworten sie kniend weitere sechs Fragen(s.Anhang), die den Weg zur Seligkeit, die Sündenvergebung kraft des Gebetes der Gemeinde, die Akzeptanz der Gemeindezucht, den Gehorsam gegen Christus und seine Gemeinde und die Aufrichtung des Bundes mit Gott und allen Frommen durch die Taufe betreffen. Daß es sich bei dieser Taufhandlung nicht um einen formalen Ritus handelt, sondern der Mensch durch die Stimme der Gottesgemeinde in der Totalität seines Seins gerufen, gefordert wird, aus dem bisherigen Leben herauszutreten, sich einhausen zu lassen in eine neue Existenz, wird deutlich, wenn der Täufling die Fragen „Begehrst du hinfort Gott zu fürchten, nimmer wider Gott zu sündigen, eher den Tod zu leiden als mutwillig etwas wider Gott zu tun?" und „Begehrst du dich also, dem Herrn im Himmel zu schenken und aufzuopfern mit Leib und Seel und allem was du hast; auch im Gehorsam Christo und seiner Gemein dich zu begeben?" mit „Ja" beantwortet. Die ursprüngliche Fassung appelliert in noch stärkerem Maße an die Aufgabe des eigenen Willens zugunsten gemeinschaftlicher Fremdbestimmtheit; der entsprechende Passus im Codex Ritualis lautet: „Erkennest (du) es also fir die Göttliche warheit vnd den weg der ewigen saligkeit begerest dich also Gott dem herren zu schencken vnd auffzuopfern mit leib vnd seel vnd allem was du hast Vnd nit mer deines aignen willens Zu sein sonder dich in den gehorsam Christij vnd seiner glider zu begeben."[23] Mit der Bejahung dieser Fragen wird eine Lebensentscheidung getroffen, die nicht unverbindlich bleibt, weil sie nicht durch Stellvertreter getroffen und nicht in der Vereinzelung verwirklicht werden kann. Ihre Realisierung setzt die Gemeinde als Erziehungsgemeinschaft mit allen ihr zur Verfügung stehenden Instrumentarien der Menschenführung und der Verhaltenskorrektur, aber auch der verständnisvollen, brüderlichen Hilfe voraus. Dieses gemeinschaftliche Erziehungshandeln wird nicht nur im Falle des Eigenversagens passiv erlitten, die Beantwortung der Tauffragen fordert dem Einzelnen ebenso die Bereitschaft und den persönlichen Mut ab, in einer engen, transzendenzorientierten, auf Transparenz und lebenslange Kooperation angelegten Gemeinschaft die „brüderliche Strafe und Anred ... auch an andere, wo es Not ist, zu brauchen."[24] Aus der Übernahme dieser Taufverpflichtung sind die Möglichkeiten künftiger, gruppeninterner Konflikte gegeben: Es erhellt, daß die Taufe als Aufnahmeritual in den Leib Christi nicht den Endpunkt einer Entwicklung darstellt, sondern den Ausgangspunkt eines Weges, dessen Steuerung u.a. in Umkehrung des marxistischen Prinzips durch

---

23 Angaben zum Codex Ritualis bei Friedmann, Robert: Die Schriften der Hutterischen Täufergemeinschaften, S. 34 f.; alle Zitate erfolgen nach einer Maschinenabschrift aus dem Archiv des Mennonitischen Geschichtsvereins in Weierhof/Pfalz, S. 126

24 ibid.

„Selbstkritik und Kritik" erfolgt und deshalb ein System gruppendynamischer Prozesse erforderlich macht, die wir im Ritual der Identifizierung erörtern wollen. Die Taufe wird durch die Prediger einer Gemeinde vorgenommen, oder, sofern eine Gemeinde nur einen Prediger hat, vom Prediger gemeinsam mit einem der Zeugbrüder. Der Helfer gießt dem Täufer aus einem Krug das Wasser in die zur Schale geformten Hände. Der legt die Hände fest auf den Kopf des Täuflings. In der Lehr über Matthäus 3,7-17[25], sie betrifft die Taufe Jesu, finden wir einen Hinweis, der diese Form der Taufe begründen könnte. In der Ausführung zu Vers 16f. wird der Himmel mit einer Schale verglichen, die gespalten und geöffnet wurde. Aus diesem geöffneten Himmel stieg der Geist Gottes in Gestalt einer Taube herab und ließ sich auf Jesus nieder. Es heißt dann: „Johannes hat augenscheinlich gesehen, wie sich der Geist Gottes der Gnade, mit öffentlicher Erscheinung von oben herab, über ihn ausgegossen und erzeiget hat, damit zu beweisen, daß er der sei, den Gott der Vater versiegelt hab." Dem Täufling wird dies zum Trost gesagt; denn, so sagt die Lehr, „wenn wir getauft sein und in den Bund kommen mit dem Allerhöchsten ... uns auch der Himmel aufgetan sei, daß wir eine offene Tür haben und zum himmlischen Vaterland berufen sein. Wie geschrieben steht: ‚Ich habe dir eine offene Tür gegeben und niemand mag sie zuschließen'."[26] Mit dem Daumen der rechten Hand hält der Prediger den Zettel mit der Taufformel, dann spricht er sie: „Auf deinen bekannten Glauben taufe ich dich im Namen des Vaters, des Sohnes, und des Heiligen Geistes. Der allmächtige Gott im Himmel, der dir durch den Tod Christi und das Fürgebet seiner Gemein ist gnädig und barmherzig worden, der wolle dich mit Kraft aus der Höhe anziehen und einschreiben in das Buch des Lebens, und dich hinfort fromm und treu erhalten bis in deinen Tod. Das wünsche ich dir durch Jesum Christum, Amen." Dabei öffnet er dreimal einen spaltbreit die zusammengelegten Hände, daß das Wasser über Kopf und Schultern des Täuflings bis auf die Erde fließt. Die zur Schale geformten Hände des Predigers symbolisieren somit die Himmelsschale, die sich öffnet und aus der der Geist Gottes hervortritt und auf den Täufling herabfließt. Das Ritual stellt also eine unmittelbare Beziehung zur Taufe Jesu her und zur Verleihung des Geistes im Akte der Taufe, die sich in der Öffnung, in der Zerspaltenheit der Himmelsschale, das sind die Täuferhände, symbolisiert. Diese emotional ungemein wirksame Form der Taufe, in der sich der Himmel für den Täufling öffnet, wird verstärkt durch eine ältere hutterische Überlieferung, nach der durch die Berührung des Bodens durch das Wasser die ganze Kirche (gemeint ist der Versammlungsraum) bewegt wird, eine Meinung, die wohl in urchristlicher Berichterstattung (Apg.4,31) ihren Ursprung haben, aber auch in mittelalterlichem Volksglauben begründet sein könnte. Der Täufling steht in diesem rituellen Geschehen jedenfalls an einem heiligen Ort; denn auch Jakob sah eine offene Himmelstür, und eine Stimme bezeugte vom geöffneten Himmel her Jesu Gottessohnschaft. Der Täufling steht im Brennpunkt

---

[25] Lehr 17 über Mt. 3, 7-17 in der Abschrift von Susanna Teichröb für Johannes B. Wipf, 1970

[26] ibid.: S. 44 f.

zweier Wirklichkeiten: Wo sich der Himmel öffnet und Gottes Wirklichkeit in das irdische Sein hineinwirkt, da werden Kräfte freigesetzt, die die Erde bewegen und den Menschen aus der gegebenen Wirklichkeit entbinden, ihn *ent*wirklichen und ihn in Christum auf die himmlische Wirklichkeit hin *ver*wirklichen. Nach dem Vollzug der Taufe reicht der Täufer den Getauften die Hand und spricht zu jedem von ihnen: „Stehe auf, mein Bruder/meine Schwester; der Friede Gottes sei mit dir!"[27] Danach gehen die Getauften zu allen versammelten Brüdern und Schwestern und grüßen jeden. Diese stehen dazu auf und sagen jedem Getauften: „Der Herr stärke dich!" Dieser erwidert: „Der Herr sei mit uns!" An dieser Stelle müssen wir von der tatsächlichen, jeden Einzelnen erfassenden Bewegung sprechen. Das ansonsten nüchterne, fast steril wirkende Gottesdienstritual erfährt eine plötzliche Veränderung. Die Menschen, die sonst beherrscht und diszipliniert wirken, werden angetrieben, ihre Gefühle zu offenbaren, aus sich herauszugehen und damit zu zeigen, daß das Taufgeschehen sie immer wieder ganz persönlich und unbedingt angeht. Die neuen Gemeindeglieder werden umarmt und geherzt wie Kinder. Man beglückwünscht sie, Tränen schießen in die Augen, und „die ganze Gemeinde der Glaubenden war ein Herz und eine Seele."(Apg.4,32a) Die Reihenfolge des Begrüßens ist geordnet: Zuerst grüßen die männlichen Getauften alle Brüder, dann die Schwestern, danach grüßen sie sich untereinander und zuletzt ihre weiblichen Mittäuflinge. Die weiblichen Getauften schließen sich dem an und verfahren genauso, wobei der gegenseitige Gruß aller Getauften untereinander die Grußzeremonie abschließt. Der Taufgottesdienst findet seinen Abschluß, indem die ganze Gemeinde das Tauflied „Groß Irrtum ist vorhanden …" fortsetzt. Die ausführliche und gelegentlich akribische Art der Darstellung mag verwundern, aber es muß dabei bedacht werden, daß es zum Wesen eines Rituals gehört, die Handlungen in absoluter Treue dem Vorbild gegenüber zu vollziehen, weil jedes Handlungsdetail seine besondere, oftmals symbolhaltige Bedeutung hat und weil eben in der Ritualisierung der Handlungen ihre Wirksamkeit und Dauerhaftigkeit garantiert ist.

2.3 DIE INHALTE DER UNTERWEISUNG—DIE TAUFLEHREN DES CODEX RITUALIS

Wir wenden uns jetzt den Inhalten der Taufvorbereitung zu, die wir den Texten des Codex Ritualis und verschiedener Tauflehren, so der Lehre nach Römer 6,1-8[28] und nach Johannes 3,1-15[29] , der sogenannten Nicodemus-Lehr, entnehmen. Beim Codex Ritualis handelt es sich um eine Schrift aus dem Jahre 1599, im Original aus 87

---

27 Die Hutterischen Brüder (Hg.): Einige Fragen und ihre Beantwortung …: a.a.O., S. 36

28 Lehr 86: Tauflehr zu Römer 6, 1-8 in der Abschrift von George Entz, White Rock Bruderhof, Rosholt 1981

29 Lehr 67: Nicodemus-Lehr zu Joh. 3, 1-15 in der Abschrift von Elias P. Wipf,1975

Blättern bestehend, abgefaßt nach bestehenden Vorlagen aus früherer Zeit, dadurch begegnen wir Formulierungen, die wir bereits an anderer Stelle fanden, das betrifft beispielsweise Definitionen über Sünde, Erbsünde und den Glauben.

Systematisierung des Stoffes:

Nach einer einleitenden *Adresse* an „alle, die hergekommen sind, um ihr Leben zu bessern, vom sündlichen Leben der Welt abzustehen, den Willen Gottes zu erlernen, das Reich Gottes vor allen Dingen zu suchen und sich Gott wahrhaftig zu ergeben im Bund der christlichen Taufe", wird im Codex Ritualis in mehreren Predigten, deren Übergänge z.T. fließend sind, ein Programm entwickelt, das in seiner Komplexität den Versuch unternimmt, den Taufbewerber mit der Gesamtheit von Gott, Erde und Menschheit aus der Sicht christlicher Existenz vertraut zu machen und in ihm ein Bewußtsein für die Probleme eines Christenlebens in einer gottfernen Welt zu entwickeln. Im ersten Teil der Schrift wird *die Allmacht Gottes und die Vergänglichkeit des menschlichen Lebens* thematisiert. Jeder soll erkennen, daß ein einiger, allmächtiger Gott ist. Alles, was wir sehen, weist auf Gott als den Schöpfer hin, aus dem Buch der Schöpfung sollen wir lernen, daß alles, was wir haben, von Gott kommt. Darum sollen wir Menschen ihn loben, denn er hat uns um seiner göttlichen Ehre willen nach seinem Bilde erschaffen. Dann folgt eine ausführliche *Darstellung der Schlechtigkeit der Welt,* die ihre Ursache in dem *Abfall des Menschen von Gott* hat. Nach der Untersuchung, inwiefern *die biblischen Grundlagenlehren* durch die Christenheit befolgt oder mißachtet werden, wird *das Gerichts- und Gnadenhandeln Gottes* angesprochen, das die Bestrafung der Gottlosen und Unbußfertigen und die Errettung der Umkehrwilligen zur Folge hat. Letzteren wird *der Weg zur Lebenswende* in detaillierter und biblisch begründeter Form angeboten. Hier werden die schon bekannten Stationen in der Vorbereitung von Bekehrung und Wiedergeburt eines Menschen beschrieben, die Entwicklung wird aber bis zum *Ziel des Christenlebens* weitergeführt. Jeder, der die Gnade der Rechtfertigung und Wiedergeburt erfahren hat, ist dann gerufen, von dieser Erneuerung Kunde zu geben. So werden als nächstes *Sendung und missionarischer Auftrag* der Gemeinde dargestellt und die Lehren, *das Leben der Gemeinde und die Gemeindezucht* betreffend, schließen sich an.

Mit dieser Grobgliederung des Inhaltes haben wir leitende Gesichtspunkte für eine didaktische Aufbereitung des Lernstoffes gefunden, durch den im Vorfeld des eigentlichen Taufrituals eine stoffintensive Vorbereitung der Taufkandidaten betrieben wird. Hinführung zur Taufe und damit zum Glauben stellt sich in diesem Zusammenhang primär als eine Lernleistung der Täuflinge dar. Es sind also auch didaktisch-lerntheoretische Kriterien, denen diese Vorbereitung entsprechen sollte. Wir werden darum versuchen, den inhaltlichen Aspekt im Rahmen didaktisch-methodischer Gliederung weiter zu entfalten. In der Einleitung des Codex Ritualis wurde der Adressatenkreis vorgestellt, der, wenn er den genannten Voraussetzungen, die Person des einzelnen Adressaten betreffend, entsprechen soll, eine besondere Homogenität aufweisen wird. Von den Bewerbern wird nicht weniger verlangt, als daß sie die wil-

lensmäßige Bereitschaft erbringen, nicht mehr an ihrer Selbstfindung und Selbstverwirklichung zu arbeiten, sondern sich auf ein fremdgesteuertes Leben einzulassen,
„den Willen Gottes zu erlernen", ihr Selbst in Christus zu finden und die Belange des
Gottesreiches in jeder Hinsicht höher zu stellen als die eigenen Interessen. Das „Programm" des Codex Ritualis zielt auf eine 'Besserung des Lebens' auf der Basis tran-
szendenter, zeitlos gültiger Wertmaßstäbe. Nur da, wo diese Bedingung seitens der
Taufbewerber erfüllt wird, kann es greifen, kann am Ende der Vorbereitung der eigentliche Taufakt zur Bestätigung des Bündnisses werden. Die hutterische Weltsicht
und Geschichtsschau bietet die Struktur, in deren Rahmen sich eine differenzierte
Unterweisung vollzieht. Alles beginnt am historisch verstandenen Ausgangspunkt,
bei der Erschaffung der Welt und des Menschen. Dem anthropozentrischen Denken
der Bibel folgend, wird zu allererst die Sonderstellung des Menschen im Ensemble
der Kreatürlichkeit erörtert. Gott hat den Menschen mit Witz, Vernunft und Sinnlich-
keit ausgestattet (10)[30] und mit dem „aufrechten Gang" als Zeichen seiner Gottbezogenheit (11). Er soll sich nicht nach dem orientieren, was auf der Erde ist, „nicht wie
eine Sau zur Erde hängen", sondern „er soll des gesinnt sein, des da oben ist, gleichwie ein Baum, der in der Erde steht und ohne Erde nicht sein kann, aber doch seinen
Wipfel aufwärts gen Himmel streckt, also, ob wir gleich hier in diesem Fleisch leben,
sollen doch unser Herz, Gemüt, Sinn und Geist sich auf Gott unseren Schöpfer ausrichten und unsere Gedanken allezeit bei dem Höchsten sein."(11) Durch diese Her-
ausgehobenheit aus der übrigen Schöpfung wird verständlich, welche Bedeutung der
Taufe als Ritual der Einleibung zukommt: Der Sünder wird durch sie in die schöpfungsgemäße Gotteskindbeziehung restituiert, er wird zum „Adel Adams" zurückgeführt, den er besaß, ehe er für des Tages Notdurft zu sorgen hatte.[31] Zweifellos ist
diese Information, über viele Jahre auf dem Wege alternierender Wiederholung eingeprägt und verinnerlicht, eine Hauptursache elitärer Bewußtseinsbildung nicht nur in
Bezug auf den extremen Anthropozentrismus, neben dem der übrigen Schöpfung nur
Zweck- und Dienstcharakter zugebilligt wird, sondern auch im Blick auf die Ökume-
ne, in deren Rahmen die hutterische Kirche eine Sonderstellung einnimmt. Sie mag
andererseits aber auch eine Hauptursache sein für die Widerstandskraft der Gemeinschaft über die Jahrhunderte hinweg wie des einzelnen Gläubigen in ihn besonders
belastenden Situationen. In allen Relativierungen, die Menschsein durch die Entwicklung, nicht zuletzt durch Entwicklungslehren erfahren hat, gibt das Wissen, ein
Bürger zweier Welten und damit in den Dienst für Gott berufen zu sein (12), persönliche Sicherheit. So erweist sich der hutterische Weg zum Glauben auf dieser Stufe
schon als ein Weg der Wissenden. Die nächste Lerneinheit thematisiert die Erschaffung des Menschen und seine Verfallenheit an die Sünde. Damit wird ein Umschlag
herbeigeführt. Der Mensch, zur Gottesgemeinschaft bestimmt, kündigt diese Gemeinsamkeit auf. Das Augenmerk der Katechumenen wird nun vom Menschen weg auf

---

30 Anmerkung: Alle in Klammern gesetzten Zahlen dieses Abschnittes geben die Seitenzahlen in der vorliegenden Abschrift des Cod. Rit. an.

31 WAB: S. 183, Abs. 26

die Gesamtheit der Kreatur gelenkt. Sie wird in ihrer Vorbildfunktion gezeigt; denn sie lobt ihrer Ordnung gemäß ihren Schöpfer: die Sonne, der Mond, die Himmelskörper und alle lebenden Wesen. Desgleichen soll der Mensch tun, „weil Gott den Menschen in sein Bildnis geschaffen hat."(14) Gleich zu Beginn dieses Abschnittes finden wir ein Textbeispiel für die zweifache Lesart der Bibel, wie sie bei den Hutterern üblich ist: die direkte, auf wörtliches Verständnis zielende, oder im hutterischen Sprachduktus, die 'buchstabische', und die im übertragenen, geistlichen Sinne verstandene, die 'figurische' Lesart; denn der Hörer/Leser wird ermahnt: „Nicht aber, daß jemand meinen soll, daß die Gottheit in unserem Fleisch und Blut ein Bild und Gleichheit der Gottheit sei, sondern Christus spricht: ‚Gott ist Geist, nämlich ein Geist der Wahrheit', derhalben sollen wir geistlich gesinnt sein und nach Gott gesinnt sein, dann haben wir das Bild Gottes."(14f.) Dieser Geist der Wahrheit regiert den Leib in Gerechtigkeit, die Ablehnung des Gottesgeistes führt dagegen zum Verlust der Gottesebenbildlichkeit, wie das bei Adam war. Durch die Übertretung des göttlichen Willens hat er nicht nur Bild und Geist Gottes verloren, sondern er geht auch seiner Kindschaft und Heimat verlustig (17), die Menschen werden ausgetrieben „aus dem Paradies Gottes ins Elend und die Sünde hing ihnen alle Zeit an."(18) Die Abkehr von Gott, als Sünde definiert, wird gleichzeitig zur Hinkehr zum (vermeintlichen) Selbst, in Wirklichkeit gerät der Mensch in dieser Selbstbezogenheit aber in neue Abhängigkeiten, die in hutterischer Weltsicht als „Teufel" bezeichnet werden. Bedeutet der Gehorsam gegen Gott und die Anbindung an Christus, auf dem Wege des Lebens zu gehen, dann führt jedes Selbst-sein-wollen in die Gottferne des Menschen und in die Verlorenheit an sein Selbst, wodurch er zugleich verurteilt ist, in einer begrenzten Welt alles selber zu machen, sein eigener Gott und damit „wie Gott" (Gen.3,5) zu sein. „Denn der Teufel hat auch nichts anderes getan, sein Abfall und seine Abkehr waren nichts anderes, als daß er in der Wahrheit nicht beständig blieb (Joh.8), sondern er wendete sich sich selbst zu und wollte auch etwas sein und warf sich von Gott ab."(21) Es ist nicht zu übersehen, daß schon diese Genesisgeschichte im Sinne hutterischer Gemeinschaftserziehung interpretiert wird: Das Selbst als Mitte des modernen Menschenbildes wird im buchstäblichen Sinne „verteufelt", selbstbezogener Individualismus findet in der hutterischen Gemeinde keine Daseinsberechtigung. Die Sünde, das ist die Abkehr von Gott und die Hinkehr zum Selbst, ist der Seele Tod. Da alle Kreatur den Tod flieht, ergeht an den Menschen die Aufforderung, nicht unvernünftiger zu sein als die Tiere.(22) Er muß deshalb stets wachsam gegenüber der sündlichen Neigung, der 'anklebischen Sünde', sein; denn die Neigung zur bösen Lust verzehrt im Menschen alles Gute und Göttliche.(23f.) So wird im Blick auf potentielle und aktuelle Sünde unterschieden zwischen Haben und Tun. „Sünde haben und Sünde tun, das ist zweierlei."(24) Dabei wird durchaus die Möglichkeit der Zielverfehlung gesehen; denn „wir waren menschen vnd sindt menschen vnd werdent menschen biß inn den todt bleyben"[32] , aber es wird auch in Abwehr jedweder resignativen Haltung die Möglichkeit aufgezeigt, im Gehorsam des Glaubens die

---

[32] Westin, G./Bergsten, T.: a.a.O., S. 163

sündliche Neigung zu überwinden. Die Erörterung der Erbsünde, wie weit sie schade, beschließt diesen, den Menschen und seine Fehlentwicklung betreffenden Lernabschnitt.

Der nächste Lernabschnitt befaßt sich mit dem Lauf und Leben dieser Welt, wie sie sich aus der Verselbständigung des Menschen entwickeln. Sie sind gekennzeichnet durch das Fehlen von Zucht, Wahrheit, Ehre, Liebe, Glauben und Treue, Sünde wird nicht mehr Sünde genannt und Schande nicht mehr Schande.(26) Wir selber nannten Sünde ein Willensdefizit, wir taten das aber nicht in Abschwächung ihres Gegenstandes, sondern als Erklärung ihres Zustandekommens. In diesem Zusammenhang ist der Hinweis auf die Verabsolutierung der Gnade Gottes in der kirchlichen Verkündigung von Bedeutung, nach der es dem Menschen angeblich unmöglich ist, das Gute zu tun.(27) Wenn die Lüge auf die Kanzel kommt, hat der Teufel seinen Willen und gewonnenes Spiel.(28) Die Welt nimmt die falsche Gnadenbotschaft jedenfalls gerne an, doch Jesus warnt vor den falschen Propheten (29), die zu einem Leben gegen Gott verführen. „Mit ihrem Munde erheben sie Christum in den Himmel, aber mit ihrem Leben und Wesen treten sie ihn unter die Füße" (30); denn durch Werke und Gebärden reizt einer den anderen zum Sündigen. Zu den täglichen Übungen der Welt gehören Diebstahl und Raub, Fluchen und Schänden, läßt aber einer den Teufel oft aus seinem Munde gehen, dann muß er ihn zuvor im Herzen haben; denn wes das Herz voll ist, geht der Mund über.(31) Durch die Bereitschaft zum kollektiven Sündigen, bestärkt durch die Meinung, man könne Gottes Gebote nicht halten, werden Jesu Worte und das Evangelium entwertet.(33f.) Danach werden biblische Belege angeführt für die Möglichkeit der Bekehrung und des anderen Weges (Lk.15,10; Gal.2,17; Röm.6,12), verbunden mit der Mahnung, die Sinnesänderung nicht ans Ende zu verschieben.(35) Beispiele der Bibel für falsche und richtige Identifikation und Lebensführung folgen, an Beispielen unterschiedlichster Verstöße gegen die Gebote des Dekalogs wird ein Negativbild des (Kirchen-) Volkes gezeichnet, das Stehlen und Betrug als Volkssport betreibt. „So ist jetzt der Lauf und Brauch dieser Welt, daß einer den andern um das Seine bringt, es sei mit Untreue, List, Wucher oder mit Gewalt, wer es mag, der tut es, einer besser als der andere".(44) Die falsche Lehre aber entschuldigt jede Straftat.

Dann werden unter dem Aspekt grundsätzlicher Ablehnung der Lebensformen der Welt, die Bitten des Vaterunsers und die Artikel des Apostolikums untersucht. Die Summe dieser Untersuchung besteht in der Aussage, daß eine Gemeinschaft wohlgemuter Sünder in Unwissenheit und Gottferne eigenwillig und selbstgerecht, habgierig und selber erbarmungslos auf das Erbarmen Gottes hofft und seinen Namen lobpreisend lästert. „Aus dem allen kann man eigentlich erkennen, wie weit die Welt abgefallen ist vom wahren Glauben, vom rechten Christentum, vom Weg der Seligkeit und abgewichen in alle Ungerechtigkeit."(50) In die „Darstellung der Schlech-

156

tigkeit der Welt"[33] ist, damit der Zweck der Lehre nicht aus den Augen verloren wird, eine paränetische Sequenz eingefügt, durch die die Täuflinge ermahnt werden, „solches zu bedenken und dem Willen Gottes aufs Treulichste nachzukommen, das wollte ich euch diesmal gelehrt und dazu ermahnt haben." (49) Als Abschluß der Lehre wird dann vom Gericht Gottes über der Welt gesprochen. (50ff.)

Die „andere Rede", es könnte auch die dritte sein, denn eine klare Untergliederung in drei Lehren ist nicht zweifelsfrei erkennbar, setzt in ihrer Einleitung die Gerichtsthematik fort. Die Bestrafung der Gottlosen und Unbußfertigen wird zwar zur letzten Zeit erfolgen (2.Thess.1,1b; Röm.2; Hebr.2a; Gen.18b; 19c; Mt.22a; Lk.14d; 1.Petr.1b; Apoc.19d)[34] , aber der Ruf zur Umkehr gilt, weil Christus jetzt noch der Heiland, der Mittler ist.(2.Kor.6a; Hebr.3; Gal.6; Mt.25; Hebr.12d u.a.O.) Später kommt er als der gerechte Richter (2.Thess.1; Hebr.12). Nach dieser warnenden und zugleich verheißenden Hinführung in eine Entscheidungssituation wird im Codex Ritualis im Rahmen der Taufunterweisung systematisch dargelegt, was wir als „Weg zur Lebenswende" kennengelernt haben. Das Problem der Sündenerkenntnis wird an Beispielen verschiedener Körperdefizite verdeutlicht. Wo Krankheiten oder Behinderungen verkannt werden, kann keine Hilfe geleistet werden. „Also ist es auch mit denen, die ihr Unrecht nicht erkennen." Sie lehnen die Hilfe, um deretwillen Christus gekommen ist, ab; denn die Gesunden bedürfen des Arztes nicht (Mt.9,12). So führt die Trennung von Gott in den ewigen Tod (1. Joh.3; 2.Kön.19,14-19).(56) Wo aber Sündenerkenntnis geschieht, beginnt die Reue, man lernt, die Sünde zu verabscheuen, und aus der Reue und dem Leid über die Sünde erwachsen schließlich wahre Buße und Besserung.(59) Als Mittel der Besserung wird die Selbstzucht ins Spiel gebracht.(60) Wir erkennen, welche Rolle unsere Modellvorstellung von dem in freier Entscheidung an Christus ausgelieferten Willen eines Menschen für die Gehorsamsleistung spielt, die für die „Zähmung des Fleisches" erforderlich ist.(60) Es folgen biblische Beispiele wahrer Buße, denen wir später noch einmal begegnen werden: Da ist der König David (61), die Stadt Ninive (62), Maria Magdalena, der verlorene Sohn (63), der Zöllner im Tempel (64). Ein Ruf zur Besserung des Lebens beschließt diesen Bußspiegel.(65) Dann werden den Kandidaten als Verstärkung und Vertiefung Menschen vor Augen geführt, die im Glauben der Stimme Gottes folgten: der Gichtbrüchige (Mt.9,2), der Hauptmann (Mt.8,10), das blutflüssige Weib (Mt.9,22), das kanaanäische Weib (Mt.15,28).(66) Wenn Glaube das Anhängen des Herzens an Gott ist und Unglaube der Abfall von Gott, dann zeitigt dieser Glaube mit derselben Notwendigkeit als Beweis christlicher Tugend gute Früchte, wie eine Stiege Stufen

---

33 Vgl. die Gliederung des Codex bei Friedmann, Robert: a.a.O., er überschreibt die 2. Rede „Eine Darstellung der Schlechtigkeit dieser Welt. Warum Gott den Menschen erschaffen hat".

34 Anmerkung: Die hier genannten Bibelstellen beziehen sich auf die Froschauer-Bibel, Neudruck 1975, Statt der üblichen Gliederung nach Versen werden in ihr die Kapitel nach alphabetisch gezeichneten Abschnitten gegliedert.

braucht.(68) Damit weist die Tauflehr bereits auf das Endstadium einer lebenslangen Entwicklung hin; denn „also wird man durch den tätigen und fruchtbringenden, wahren Glauben Christo eingesetzt und eingeleibt."(68) Wer Christus annimmt, wird Gottes Kind (Joh.1,12), er wird Freund Gottes, wie Abraham es war, er ist zum Abendmahl des Lammes berufen (Apoc.19,9). Durch das Wirken des heiligen Geistes geschieht im irdischen Leben des Gläubigen schon Erneuerung: neben Herz, Geist und Gemüt werden die Antriebe, das Wollen umgewandelt, Freude und Lust am Tun des Guten, seine Frömmigkeit werden geweckt und „mit Kraft von oben herab" ausgestattet.(71) Der Mensch kann nun das Gute tun und das Böse lassen (72), und Gottes Geist gibt dazu die persönliche Sicherheit, Gottes Kind zu sein.(72f) Solange die Gläubigen sich durch diesen Geist regieren lassen, können sie ihres himmlischen Erbes gewiß sein. Durch Annahme der „fröhlichen Botschaft des Heils" werden sie aufgenommen in das Bündnis des Neuen Testamentes, das Gott in die Herzen schreiben will, das der Gläubige verinnerlichen muß. Wie stark dieser ganze Vorgang sich über Erkenntnisprozesse und Bewußtseinsbildung vollzieht, wird in der These deutlich, das Neue Testament sei ein Testament der ‚Erkenntnis' Gottes, der göttlichen Wahrheit und seines Willens (76f.), was durch die Worte Jesu (Mt.11,25ff.) untermauert wird. Ebenso vernunftbetont wird dargelegt, daß der neutestamentliche Taufbund ein „Testament der Gnaden" ist. Durch das Opfer Jesu wird alle Altschuld, die im Unglauben geschah, vergeben.(77) Die nun beginnende Zeit der Gnade kann der Gläubige zur Besserung des Lebens nutzen, wer aber in Sünden verharrt, wird verdammt!(78) Darum gilt Jesu Gebot: „Sündige hinfort nicht mehr, daß dir nicht Ärgeres widerfahre."(Joh.5,14) Diesen Ausdruck göttlichen Willens sollen Christi Diener zu allen Völkern bringen.(79) Auch in der Gegenwart besteht noch der Auftrag Jesu zur Sammlung der Heiligen durch wahre Diener, die sie durch Absonderung zur Trennung von der sündigen Welt führen. Der Codex liefert wiederum biblische Belege für die Gültigkeit dieser Praxis: Abraham verläßt Verwandtschaft und Vaterland (82), Lot verläßt Sodom, Noah die erste Welt, Israel Ägypten.(83) Im übertragenen Sinne geht die Gemeinde im 16. Jahundert und noch heute aus von „Babel" (2.Kor.6,14f.; Apoc.18,4). Die Ermahnung zur Absonderung ist damit eine Schutz- und Sicherungsmaßnahme für die Gemeinde. Ausgehen aus der sündigen Welt, das heißt aber auch auszugehen vom eigenen Selbstsein, das führt in der Konsequenz zu der Forderung, den „bösen Lüsten Urlaub (zu) geben durch wahre Absterbung unseres eigenen Willens und der alten weltlichen Gewohnheiten."(85f.) Es gilt, Christus nicht nur im Leben zu hören, sondern ihm gleichförmig zu werden.(87) Seine Auferstehung wird nämlich erst dann wirklichkeitswirksam werden, wenn auch der an Christus Gläubiggewordene in ein neues Leben hinein aufersteht. Nur dem gilt die Verheißung ewigen Lebens (Apoc.20,6), der der ersten Auferstehung, der Wiedergeburt, teilhaftig geworden ist. Das Resultat dieser Umwandlung zeigt sich in der wahren Gelassenheit; denn so wie der leibliche Tod alle Besitzverhältnisse aufhebt, wird auch durch das „Sterben mit Christus" zeitliches Eigentum aufgehoben. Argumente aus dem Matthäusevangelium (Mt.4-6; 13;19) belegen die Unmöglichkeit einer Doppelgleisigkeit: Besitz hindert, die Einladung Gottes anzunehmen (Lk.14,16-21). Nur der Besitzlose kann Jesus nachfolgen, und aus solcher Gelassenheit „folgt alsdann die christliche Gemeinschaft", die eine Gemeinschaft der Güter ist. Wir haben Gütergemeinschaft als einen Zentralbegriff hutterischer Theologie kennengelernt. Als Thema der Taufvorbereitung finden wir sie im Codex inhaltlich systematisiert, veranschaulicht und begründet. Die Gütergemeinschaft wird zum bestimmenden Grundsatz hutterischen Lebens

1. durch das Vorbild Jesu und seiner Jünger, die Gütergemeinschaft praktiziert haben,

2. durch die Lehren Jesu in den Worten des Evangeliums:

a) im Doppelgebot der Liebe (Mt.22,37-40)(92f.),

b) im Gebot, Besitz in Almosen umzuwandeln (Lk.12,33)(93 f.),

3. durch das Vorbild der Apostelgemeinde in Jerusalem (Apg.2 und 4)(95),

4. durch Jesu Reden und Handeln gegen Reichtum und Geiz (Mt.19,23 f.)(96 f.),

5. durch die Lehren der Apostel von der Einheit des Leibes Christi im Hause Gottes (98),

6. durch das Bekenntnis zur Gemeinschaft der Heiligen im Apostolikum (101 f.),

7. durch Negativbeispiele des Privateigentums (102),

8. durch das Gemeineigentum, das sich als Weg der wahren Kinder Gottes erweist (102 ff.).

Wer diesen Weg geht, der wird zur wahren Ergebung gelangen (104), durch die er sich in die Gemeinde „hineinverfügt". „Wer aber nach seinem eigenen Willen haust, lebt, tut und handelt, wie es ihm gefällt, der ist kein Ergebener des Herren."(109) Erst, wenn jedes innere Widerstreben aufgehoben ist und ein Mensch sich Gott und seiner Gemeinde im Gehorsam ergibt (107), findet er den rechten Zugang zur christlichen Taufe.(109) Von der sehr wörtlichen Auslegung des Taufbefehls (Mt.28,19-20; Mk.16,15-16) ausgehend, wird dann der Gedanke der neuen Geburt nach Johannes 3 unter Hinzuziehung der verschiedenen Aussagen in den Briefen des Neuen Testamentes behandelt. Das geschieht unter Abgrenzung gegen Kindertaufe; denn nur, wer durchs Wort Gottes von neuem geboren wird, „wer es versteht, wer es glaubt, wer sich bekehrt und ein anderer Mensch wird", wer von sich ablegt nach dem vorigen Wandel den alten Menschen und erneuert wird im Geiste seines Gemütes und schließlich den neuen Menschen anlegt, der nach Gott geschaffen ist (Eph.4,22 f.), der empfängt das Wasser als „Zeichen des Gnadenbundes, in welchem man sich Gott ergibt und absagt der Welt, der Sünd, dem Teufel und all seinem Wesen. Dazu kommt die Kraft und Darreichung des heiligen Geistes, den Gott gibt …"(112) In der Folge treten alle die Bibelzitate auf, die Taufe begründen und erläutern, so der Römerbrief (Kap.6), der von der Taufe in Christi Tod und von der Auferstehung mit ihm spricht und davon, daß der Gläubige mit Christus in einem neuen Leben wandelt. Die Täuflinge werden zum wiederholten Male ermahnt, in Heiligkeit zu wandeln (Eph.5), d.h. nach dem Worte Gottes; denn außerhalb des

Wortes Gottes gibt es keine Erneuerung durch den heiligen Geist (Titus 3,5.) Es wird noch einmal klargestellt, daß die Taufe nicht gegen „die böse und sündige Art in unserem Fleisch" immunisiert, sondern eine Hilfe bietet bei der Aktivierung der Widerstandskräfte gegen die Herrschaft der Sünde. „Wie Paulus sagt: ‚In demselben übe ich mich, zu haben ein unanstößiges Gewissen gegen Gott und alle Menschen.‘ Daraus folgt: Wo man nicht mit einem guten Gewissen einhergeht, da hat die Taufe ihre Kraft nicht und ist wie ein Brief ohne Siegel."(115 f.) Wer aber „durch die christliche Taufe in einen Bund mit dem Allerhöchsten gekommen ist, und eingeleibt in die christliche Kirche und die Gemeinschaft der Heiligen, ein solcher kann danach auch das Abendmahl des Herren halten."(117) Wir werden die Ausführungen über das Abendmahl und die abschließende Abhandlung über „das Kreuz Christi" in späteren Kapiteln kennenlernen. Hier sei aber schon darauf verwiesen, daß die hutterische Taufvorbereitung einen thematischen Bogen spannt, der vom Beginn der Menschheitsgeschichte bzw. eines menschlichen Lebens bis zu ihrer/seiner Vollendung durch die Rückführung in den göttlichen Ursprung reicht. Taufunterweisung ist somit Heilsgeschichte, und mit jedem Einzelnen setzt Gott auch für die Gemeinschaft einen Neuanfang.

Veranschaulichung des Stoffes:

Wir wenden uns nach der Systematisierung des Stoffes seiner Veranschaulichung zu. Es handelt sich dabei nicht um visuelle Signale, die auf direktem Wege von außen nach innen wirken, sondern um verbale, akustische Reize, die imaginierend Bildhaftigkeit erzeugen. Die hutterische Gemeinschaft ist eine bilderlose Gemeinschaft. Gemäß Exodus 20,4 verzichten die Hutterer auf bildliche Darstellungen „des, das oben im Himmel, noch des, das unten auf Erden, oder des, das im Wasser unter der Erde ist". In den Gottesdiensträumen der heutigen Gemeinden gibt es keine Hinweise auf die Nutzung im Sinne des christlichen Kultes. Es gibt keine Kreuze, keine Bilder, keine Altartische, nur Sitzgelegenheiten, Lampen, gelegentlich Ventilatoren und einen Tisch für den Prediger. In manchen Kolonien dient der Gottesdienstraum gleichzeitig als Schule. Dann finden sich dort auch Wandtafeln, Schränke und Schülertische und -bänke. Die Wohnungen der Koloniebewohner sind heute als großzügig zu bezeichnen. Sie entsprechen in manchen Kolonien mitteleuropäischem Standard. Wir finden moderne Kücheneinrichtrungen, Schaukelstühle, Blumen, Makrameearbeiten, gardinengeschmückte Fenster, gelegentlich einen Bibelspruch als Zierat an Wänden, aber wir finden keine Bilder und keine Medien, die Bilder übermitteln. Desto anschaulicher ist die Sprache, die uns in ihren Schriften und Lehrtexten begegnet und auch in der gesprochenen Lehr‘, die immer eine literarische Vorlage hat und damit in protestantischer Tradition ein Stück Buchreligion repräsentiert. Sie erzeugt in ihrer bildhaften Sprache geistige und geistliche Welt, die sie in die Weltabgeschie-

denheit des Bruderhofes hineinholt.[35] Hutterische Autoren bedienen sich der Wort-
malerei, sie reden „gleichnisweis'", eine Technik, die in hohem Maße die Imaginati-
onskraft der Hörer herausfordert und sie zwingt, die erforderlichen Bilder selber zu
produzieren, das gesprochene Wort in der Vorstellung bildhaft zu konkretisieren,
Gestalt werden zu lassen. Diese Fähigkeit ist bis in die Gegenwart hinein erhalten
geblieben; denn die Vorstellungswelt der Hutterer ist weitgehend frei von der Bilder-
flut, die heutige Menschen belastet und ihre Imaginationsfähigkeit eher einzuschränken als zu entwickeln geeignet ist. Daneben gibt es die 'figurische Rede', die aber
nicht der Verbilderung von Sachverhalten, sondern einer Sinnübertragung dient. Der
größte Teil des Anschauungsmaterials, -das gilt für alle hutterischen Schriften-, ist
biblischen Ursprungs, doch finden wir unter der Voraussetzung, daß eine tatsächliche
Vergleichbarkeit zwischen der empirischen und der geglaubten Wirklichkeit besteht,
auch Material aus Natur- und Menschenwelt des 16./17. Jahrhunderts und aus dem
zeitgenössischen Spruchgut. Die Verteilung sieht folgendermaßen aus: Von 111
bildhaften Vergleichen, die uns im Codex Ritualis begegnen, beziehen sich 78 auf
biblische Vorlagen und 33 auf nichtbiblische Beispiele. Die Formenvielfalt der biblischen Vergleiche kann hier nur angedeutet werden, wir finden neben dem Gleichnis
im engeren Sinne (Köstliche Perle, Mt.13) die Form der Allegorie (Säemann, Mt.13)
und Beispielerzählungen (Pharisäer und Zöllner, Lk.18), die nicht vorrangig dem
Verleich dienen, „sondern unmittelbar mahnend und warnend in die Wirklichkeit
ihres Grundgedankens einführen"[36], schließlich Bildworte (Kamel-Nadelöhr, Mt.19),
die der ganzen Gegenstandsbreite des Beobachtbaren entnommen sind, sowie das
biblische Vorbild (David, 2.Sam.12), den historischen Bericht (falsche Propheten,
1.Kön.22) und die literarische Erzählung. Auch die nichtbiblischen Vergleiche sollen
hier besondere Erwähnung finden, weil sie entweder hutterischen Ursprungs sind
oder aber zum zeitgenössischen Ausdrucksmaterial gehören und darüber Aufschluß
geben, wie man abstrakte Sachverhalte in eine verständliche Alltagssprache umsetzte.
Alle diese Elemente dienen zwar ihrem Charakter als „Bilder" entsprechend vorrangig dem Vergleich und der Veranschaulichung, also der Klärung von Sachverhalten,
daneben aber auch der autoritativen Begründung und Beweisführung, der Information
und Unterweisung, der Ermahnung zu rechtem Tun und der Verhaltenssicherung auf
dem Wege der einbildenden Verinnerlichung. Der Vergleich gehört deshalb in den
hutterischen Schriften zu den wichtigsten Ausdrucksmitteln. In dieser des Lesens
kundigen Gemeinschaft tritt er an die Stelle unmittelbarer Anschauung. Damit werden zugleich Bedingungen für den Erkenntnis- und Lernprozeß geschaffen, die über
die bloße Anschauung hinausführen, weil im Großhirn unterschiedliche Erregungs-
zentren aktiviert werden und auf dem Wege der Irradiation Verknüpfungen herge-

---

35 Vgl. dazu Bizer, Christoph: Die Religion des evangelischen Christentums und der Um-
    gang mit den Grenzen ihrer Lehrbarkeit, in: -Dokumentation- Kolloquium für Absol-
    venten und Dozenten des Fernstudiums Evangelische Theologie, September 1993,
    S. 143

36 Hermann, Johannes: Gleichnis, in: Schlatter, Walter (Hg.): Calwer Bibellexikon, S. 427

stellt werden, die mehrdimensionale Erinnerungsbilder ermöglichen. In der folgenden Übersicht werden wir versuchen, die im Codex Ritualis verwendeten Bilder, Gleichnisse und Beispiele nach den Hauptakzenten ihrer Aussagen darzustellen. Im Codex begegnen uns Jesu Worte, die Sündenerkenntnis und Umkehr zum Gegenstand haben (der verlorene Sohn: Lk.15; der reiche Kornbauer: Lk.12), die das Suchen nach der göttlichen Wahrheit thematisieren (der Schatz im Acker, die köstliche Perle: Mt.13), die die Einladung Gottes ansprechen (das große Abendmahl: Lk.14; Off.19,9) sowie die Wachsamkeit und die Bereitschaft der Menschen (Zehn Jungfrauen: Mt.25,1-13), die Worte gegen den Besitz und zum Lob der Armut (Kamel und Nadelöhr: Mt.19,24; das Scherflein der Witwe: Lk.21). Dann begegnet uns eine Fülle von Bildern, die die Einheit der Gläubigen mit Gott und seinem Christus sinnlich wahrnehmbar werden lassen: Die Gläubigen sind Glieder am Leibe Christi (Röm.12), Teile des Ölbaums (Röm.11,17ff.), Reben am Weinstock (Joh.15), Hausgenossen Gottes (Eph.2) und Himmelsbürger. Durch immer neue Begrifflichkeit wird bewußt gemacht, daß sie am Leibe Christi partizipieren, indem sie wie Christus den Willen des Vaters tun, „Miterben aller Verheißung" werden. Nach dieser Massierung bildhafter Vergleiche erst folgt dann die Nutzanwendung, was zunächst als Bild der Vorstellung besteht, muß vernunftgemäß verankert, muß innerste Überzeugung werden: „Ja, also wird der Mensch mit Gott eins und Gott mit ihm, und er wird mitgenössig der göttlichen Natur"(70), und er wird „Christo wahrhaftig eingesetzt, eingeleibt und anhängig."(70) Er wird nach diesem Prozeß der Einleibung „versichert, versiegelt und bekräftigt mit seinem Geist."(71) Wie das Körnlein zermahlen wird und substantiell in das Brot eingeht, so der Gläubige in die Einheit mit dem Christus und seiner Gemeinde.(98) Wir erwähnten bereits die Beispiele wahrer Buße und die einprägsamen Vorbilder des Glaubens, die dem Taufbewerber vor das innere Auge gestellt werden. An sie sei hier noch einmal unter dem Aspekt der Veranschaulichung erinnert: an David (61), Ninive (62) und den Gichtbrüchigen (Mt.9,2). Das Bild der Stiege wurde in diesem Zusammenhang gebraucht; denn ohne Stufen ist eine Stiege nicht gangbar, und ohne Früchte ist Glaube kein Glaube. Damit kommen wir zu einer weiteren Gruppe von Bildern, die nicht biblischer Herkunft sind, sie sind dem Alltagsleben entliehen und machen vor dem Hintergrunde erfahrbarer Wirklichkeit geistliche Sachverhalte und Vorgänge deutlich. Das tertium comparationis zwischen der Bildrede und dem geistlichen Sachverhalt bezeichnet in diesen hutterischen Gleichnissen und Bildern wie in den biblischen Gleichnissen nicht ein partielles Geschehen, eine Einzelerscheinung, sondern meistens einen Gesamtsachverhalt. Das Bibelwort „Wer Sünde tut, der ist der Sünde Knecht"(1. Joh.3b) steht für ein Lebensprogramm in der Gottferne. Ein Bildwort verdeutlicht das: „Gleichwie man beim Taler erkennt an seinem Gepräge oder Bild, wer ihn geschlagen hat, also erkennt man des Teufels Bildnis an den Sünden, Lastern und am gottlosen Leben, daß sie gerade das tun, was Gott verbot."(19f.) Das menschliche Leben wird hier als „eine geprägte Form" gezeichnet, die allerdings nicht „lebend sich entwickelt" (Goethe), sondern so wenig veränderbar ist wie der Panther mit seinem Fleckenkleid oder der Mohr mit seiner Hautfarbe (Jer.13,23)(33). Sündenerkenntnis wurde an Beispielen von Körperdefiziten verdeutlicht. Nur wo sie erkannt werden, kann Hilfe erfolgen, das ist evident, das ermöglicht Veränderungen. Auch das Wesen der Sünde und der Erbsünde wird durch Alltagsbilder erläutert. Die Sünde ist, hier begegnen wir wiederum der begrifflichen Festlegung dessen, was Sünde ist, „aber im Grunde nichts anderes als die Verlassung des Gehorsams Gottes ..." „Wie Zweiglein aus einem Baum gewachsen", so erwächst aus dem Ungehorsam alles Unrecht, das „nun in der Welt überhand genommen hat und sich noch täglich mehret."(20f.) Schon das hutterische Kind weiß es: Kirsch- und Apfelblüten sind Zeichen möglicher Frucht, aber sie sind noch nicht die Frucht selber. Sie werden auch nicht zur Fruchtbildung gelangen, wenn man die Blüten ausbricht oder ausschneidet. „Ebenso die anhängende sündliche Neigung in uns: wenn wir sie töten, dämpfen, ausschlagen in uns, ehe ihre Frucht kommt, wird sie den Gläubigen nicht angerechnet ..."(25) Das Bild von der Glut, die unter der Asche glüht, ohne eine Flamme zu entwickeln, ist ein Bild der Beziehung zwischen potentieller und aktueller Sünde. Der Fastende, auch das ist ein Bild, das die sündliche Neigung zum Gegenstande hat, mag beim Geruch einer Speise in sich die Lust zum Essen verspüren, wenn er aber nicht ißt, bleibt er trotz seines Verlangens ein Fastender.(25) Es wird einsichtig, daß man den Anfängen wehren muß. Man muß die Sünde fliehen und hassen, denn sie ist der Seele Tod. Wieder ist es ein Bild von großer Eindringlichkeit, das diesen Gesamtsachverhalt der Vernunft zugänglich macht: Der ist ein Kindesmörder, der sein eigen Kind tötet, und wer an seinem eigenen Fleisch und Blut schuldig wird, ist ein Unmensch. Er ist gleichzeitig ein Gleichnis für den Menschen, der seine Seele tötet, schuldig wird an seinem inwendigen Menschen, weil er ihm den ewigen Tod bringt.(22) Bilder machen auch die Gefahren einsichtig, die aus dem Verbleiben in der Welt erwachsen. „Es ist gefährlich, mit Kohlen umzugehen und sich nicht zu berußen, es ist schwer im Regen zu stehen und nicht naß zu werden, ebenso verhält es sich, wo man noch Gesellschaft mit der Welt hat."(85) Sie bietet die Gefahr der Verführung und des Rückfalls in überwundene Seinsformen. Wenn es um das Loslassen des irdischen Besitzes geht, dann wird mit dem Ablegen des Schiffes vom Lande ein Bild aus der Seefahrt benutzt, und um dem Menschen seinen Status als Bürger zweier Welten einsichtig zu machen, begegnete uns bereits das Bild des Baumes, „der in der Erde steht und ohne Erde nicht sein kann, doch seine Wipfel aufwärts gen Himmel streckt", und das Bild von der Sau, die zur Erde hängt, warnt in durchaus handgreiflicher Weise davor, die Sinne an das Irdische zu hängen. Überhaupt ist die Warnung ein ständig wiederkehrender Bestandteil, der allegorisierend, belehrend und überhöhend jeden bildhaften Vergleich begleitet. Wir erfahren, daß ein Esel, dort, wo er einmal gefallen ist, sich nicht leicht wieder hinbringen läßt. Dann wird der Taufbewerber sofort ermahnt: „Vielmehr", heißt es, „sollen wir die Sünde fliehen und hassen. Die Menschen dieser Welt, die den Tod fliehen, sofern die Pestilenz an einem Ort regiert und ihn vergiftet, so fliehen sie von dannen und hüten sich heftig, daß sie nicht vergiftet werden. Vielmehr", auch hier wird ein Mehr gefordert, „sollen wir die Sünde, die den ewigen Tod bringt, scheuen und fliehen."(58) Derselbe rhythmische Wechsel von bildhaftem Vergleich und Ermahnung prägt umfängliche Passagen der Taufunterweisungen. Er verdeutlicht eindringlich letzte Lebensgrundlagen der christlichen Gemeinde. Außerdem treten direkte paränetische Lehrsequenzen auf, die wegen ihrer Eindringlichkeit nicht von der Person des Lehrenden getrennt werden können, die also nur in der Form unmittelbarer Unterweisung ihre Wirkung entfalten können. Das ist der Fall, wenn der Lehrer die Ermahnung als Person vornimmt, wenn also nicht mehr die Lehr' als Bedeutungsträger, sondern der Lehrer mit seinem persönlichen Engagement, seinen Glaubens- und Lebenserfahrungen, als lebendes Zeugnis und Medium göttlichen Handelns fungiert. Im Zusammenhang mit dem rechten Glauben an die Auferstehung und den daraus zu ziehenden Konsequenzen für die Gestaltung des persönlichen Lebens erklärt der Lehrer: „Solches zu bedenken und dem Willen Gottes aufs Treulichste nachzukommen, wollt' ich euch auf diesmal gelehrt und dazu ermahnt haben. Der Herr, unser Gott im Himmel, der nicht will, daß jemand soll verloren werden, wolle auch zu solchem seine Gnade verleihen. Das wünsche ich euch allen durch Jesum Christum, Amen."(49) Zwar läßt der hohe Grad formalisierter Sprache auch hier erkennen, daß es sich um keine Spontanäußerung des Lehrenden handelt, aber die Möglichkeit, das Ritual emotional zu überformen, scheint zumindest rudimentär gegeben und ist vielleicht sogar beabsichtigt. Die Fülle der Bilder, die Gottes Handeln und die Art des Gottesreiches beschreiben und des Menschen Pflichten und sein Tun, die positiven und negativen Beispiele menschlichen Verhaltens sollen hier nicht im einzelnen dargestellt werden, sie dienen aber in ihrer Gesamtheit dem Lernprozeß, der zur Einleibung in die Gemeinde führt.

Methodische Hilfen beim Erlernen und Verarbeiten des Stoffes:

„Der Tauf ist eine abwaschung, absagung und absterbung sein selbs, und begebung Gottes, und gleich als ein underschreibung, verainigung oder vermehellung der glaubigen mit Christo. Der tauff ist oder mag niemandt nutz sein, ee ers versteeht, und es versteets niemandts, er sey den vor underricht und geleernt. Darumb haist er erstlich leeren, discipulus und jünger oder leerling machen, nachmals die underrichten tauffen, welche die leer selbs willig, selbs wissent, selbs glaubent und selbs bekennent geern annemen. Sonst gildt es nichts."[37] Die nochmalige Formulierung dessen, was Taufe ist, mag überflüssig sein, vielleicht sogar ermüden, aber die didaktische Bedeutsamkeit dieser Aussage des Artikelbuches ist unverkennbar. Es geht um das *Verstehen* dessen, was in der Taufe geschieht, und damit um ein Grundanliegen hutterischer Theologie, deren Glaubensgrundsätze in ganz entscheidendem Maße dem Bewußtsein auf dem Wege über Verstehen und Einsichtigmachen eingeprägt werden. Glauben wird damit zu einer Sache rationaler Erkenntnis und mithin methodischer Heranführung an Glaubensinhalte, die in diesem Zusammenhang in einem erheblichen Umfange vermittlungsfähiges Wissen werden. Doch Walpot bleibt in seinen Ausführungen nicht bei dem konsequenzlosen Wissen stehen, das zum Eintritt in die Kirche berechtigt, sondern er fordert die Umwandlung des Wissens in ein verfügba-

---

[37] WAB: S. 61, Zeile 19-27

res Verhaltenspotential: Die Lehre soll „discipelus und jünger oder leerling machen".
Wir wiesen bereits auf den engen begrifflichen Zusammenhang von Jüngerschaft und
Nachfolgegehorsam hin, hier begegnet uns nun die Forderung, diese Jüngerschaft im
Rahmen der Taufvorbereitung zu „machen", denn erst der Unterrichtete wird getauft
werden, der, hier wird das Selbst in einer durchaus positiven Wertung gesehen, der
„die leer selbs willig, selbs wissent, selbs glaubent und selbs bekennent" gern annimmt. Wille, Wissen und Glauben werden schließlich zu einer handlungsbestim-
menden Einheit, die sich als „Bekennen" äußert, im Gegensatz zu den Abstraktions-
formen von „Bekenntnis", die primär verbale Schwerpunkte haben. Es wird unabweisbar, daß es Kindertaufe in diesem Verständniszusammenhang nicht geben kann,
aber es darf angemerkt werden, daß trotz der Aussage, daß Kinder „das alles nit können"[38], die Hutterer schon relativ früh damit beginnen, Kleinkinder in ihre Glaubenslehren einzuführen, und sie fragen ihre Gegner: „Ists aber inen also umb der
kinder sälligkeit zu thun, warumb ziehen sies nit auff in der forcht Gottes und zum
gehorsam göttlicher warheit?"[39] Die Grundeinsichten des Glaubens werden also nicht
erst als Taufvorbereitung vermittelt, sondern das geschieht im Gesamtzusammenhang
des Lebens in den Bruderhöfen, der viele Möglichkeiten gedanklichen Austausches
und ihres praktischen Nachvollzuges bietet, durch die Teilnahme am täglichen Gebet
der Gemeinde, in den sonn- und feiertäglichen Gottesdiensten, durch die Sonntagschule und in der deutschen Schule. Es ist das Atmosphärische eines Bruderhofes,
das pädagogische Wirkungen zeitigt. In der Taufunterweisung erfolgt dann gewissermaßen die Systematisierung dieses Wissens, und als wesentliche methodische
Unterstützung des Lernprozesses sowohl in der Vorlaufphase als auch in der Taufvorbereitung erkennen wir die *Wiederholung,* speziell die *alternierende Wiederholung,* die durch Häufung von Bildern und Bibelzitaten zu denselben Lerngegenstän-
den, von Ermahnungen bezüglich bestimmter Verhaltensweisen und durch die Ein-
flechtung dieser Unterweisungselemente in die stets gleiche, heilsgeschichtlich orientierte Grundstruktur des Lernstoffes geschieht. So begegnen uns gleiche Bilder in
unterschiedlichen Abhandlungen: Das Bild vom versiegelten Brief ohne textlichen
Inhalt als ein Synonym für die Wassertaufe, die ohne Geistempfang bleibt, begegnet
uns im Taufbuch des Jerg Bruckmaier von 1577[40], ebenso wie im Codex Ritualis von
1599.[41] Taufe wird als Wasserbad, Pflanzung in den Tod, als Bund eines guten Gewissens, als Vollendung des Gehorsams, bezeichnet, sie wird mit der Beschneidung
verglichen, mit der Arche Noah, die durch das Wasser hindurchrettet und gleichzeitig
mit der Sündflut, durch die „uns nichts anders angezeiget wird, denn die Untertau-

---

38 WAB: S. 63, Abs. 5

39 WAB: S. 100, Abs. 78, Zeile 27-29

40 Ein schönes Artikel des Cristlichen Tauf, Samt Bekenntnis und Rechenschaft von Jerg
    Bruckmaier, 1577, in der Abschrift von Prediger Michael P. Entz, Vanguard , Sask.
    1980, S. 3

41 Cod. Rit.: a.a.O., S. 73

chung, Ertränkung, Ertödtung und Absterbung des alten Menschens."[42] In der Auslegung zu Matthäus 3,14 über die Taufe Jesu finden wir eine Verbindung von Johan-
nes- und Jesustaufe und sehen sie in Beziehung gesetzt zu Passahmahl und Abendmahl als Repräsentanten von Altem und Neuem Testament.[43] Taufe wird in diesem
Fall an unterschiedlichen Beispielen erörtert, und diese werden dann in Parallelität
zum Phänomen des Bundesmahles gesehen, das wiederum in seiner alttestamentlichen Form eine „Figur" auf Christus hin darstellt. Neben der *Systematisierung* und
der *alternierenden Wiederholung* läßt sich an diesem Beispiel die *Parallelisierung
von Themen* als ein weiteres methodisches Mittel im Lernprozeß erkennen, doch
finden wir den gleichen methodischen Grundsatz durch die wiederholte Behandlung
gleicher Themen in unterschiedlichen Schriften verwirklicht: Die Taufthematik wird
im Rahmen des Codex Ritualis behandelt und auch in der Lehr über die Taufe Jesu
(Mt.3,3-17), in der Nicodemus-Lehr (Joh.3) sowie in verschiedenen Paulusbriefen,
insbesondere in der Tauflehr nach Römer 6,1-6. Durch diese vielseitige Verknüpfung
von Informationen entsteht ein multidimensionales Beziehungsgefüge der Lerninhal-
te, das eine hochgradige Nutzung der Gedächtniskapazitäten ermöglicht und durch
seine Komplexität vielschichtig reaktivierbar und damit wirksam wird im Sinne präsenten, verfügbaren, handlungsbereiten Wissens. Zu den Lernhilfen, die im Rahmen
kirchlicher Unterweisung eingesetzt werden, ist auch die *Ritualisierung der Sprache*
zu rechnen, die in ihrer hochdeutschen Form als reine Kultsprache fungiert. Sie wird
von der Mehrheit der Hutterer gelesen und als Gottesdienstsprache verstanden, aber
in der freien Kommunikation kaum verwendet und auch nicht immer verstanden.
Religiöse Texte, die im kirchlichen Unterricht auswendig gelernt werden müssen,
werden in einer ganz bestimmten Melodieführung, die logisches Verstehen erschwert,
aber Einprägen erleichtert, wiedergegeben.

Erziehung durch Unterweisung:

Wir betrieben die Analyse der Taufvorbereitung unter der Voraussetzung, daß junge
Menschen innerhalb der hutterischen Gemeinschaft die Taufe begehren. Der Normalfall wird in der Frühzeit der Gemeinschaft Menschen aller Altersgruppen und unterschiedlichster Voraussetzung betroffen haben. Ihre Eingliederung in die Gemeinde
vollzog sich aber auf die gleiche Weise: Neben der Unterweisung über die Grundlagen christlichen Glaubens und Lebens, durch die die Normsetzung eines erwünschten
Verhaltens erfolgte, wurde der Konvertit durch die komplexe Wirksamkeit des Erziehungsortes *Gemeinde* zum „discipelus" gemacht. Damit praktizierten die Hutterer
eine Einheit von Unterricht und Erziehung im Bereich religiöser Unterweisung, wie
sie uns expressis verbis erst im erziehenden Unterricht herbartscher Prägung wieder
begegnet. Information soll Verhalten bzw. Verhaltensänderung bewirken, Informati-

---

42 Bruckmaier, Jerg: a.a.O., S. 7
43 Lehr 17: a.a.O., S. 42 f.

on gibt es aber nicht nur im Zusammenhang mit dem Taufunterricht, sondern sie begleitet den Hutterer in unterschiedlichster Form während seines gesamten Lebens. Sie stellt den ständig wirkenden Verstärker bzw. das Korrektiv seines Lebens dar. Wie hoch man Lehr und Leben im Bruderhof in ihrer Wirkungsmächtigkeit auch heute noch einschätzt, zeigt die Frage, die man einem Besucher aus Deutschland bei seinem Abschied stellte: „Nun, George, was wirst du tun, wann du heimkommst? Du weißt jetzt, wie man leben soll!" Er konnte nur mit ihrem alten, klugen Wort antworten: „Gottes Wort wär' nicht so schwer, wenn der Eigenwill nicht wär'!"

Zusammenfassung:

1. Als Rituale bezeichnen wir bestimmte tradierte Handlungsfolgen, die vorwiegend religiös-kultischen Zwecken dienen. Die Wirksamkeit der Rituale liegt in der Wiederholungstreue, durch die der Ausübende auf sichtbare und unsichtbare Wirklichkeiten und Wesenheiten einwirkt. Daneben gibt es eine große Zahl säkularer Rituale, deren Bedeutung im Bereich der Kommunikation und der Interaktion liegt. In der hutterischen Gemeinde ergibt sich aus einer ganzheitlich verstandenen Lebenspraxis eine Ritualisierung nicht nur religiöser, sondern auch säkularer Phänomene.

2. Durch die Taufe wird ein Mensch in die hutterische Gemeinde, die sich als Leib Christi versteht, aufgenommen. Er erlangt dadurch den Status voller Gleichberechtigung und gleicher Verpflichtung innerhalb der Gemeinschaft. Aber die Bedeutung von Taufe geht über die Installation eines interpersonalen Rechtsverhältnisses hinaus, sie stellt als sichtbares Zeichen der Wiedergeburt die bestimmende Zäsur zwischen Gewesenem und Zukünftigem dar. Insofern gleicht die Taufe verschiedenen Initiationsritualen, die ähnliche religiöse Bezüge aufweisen, doch sie unterscheidet sich von diesen durch das Heilshandeln Gottes am Täufling.

3. Der wiedergeborene Christ bedarf in Entsprechung zum biologischen Geburtsvorgang langfristig der wachstumsfördernden Pflege durch seine „Mutter", die Gemeinde. Sie lehrt den Novizen die Einhaltung bestehender Ordnungen im sozialen wie im kultischen Bereich, die Beachtung bestehender Traditionen, und sie qualifiziert ihn, an der materiellen Sicherung der Gemeinde mitzuwirken.

4. Die Vorbereitung der Taufe wird mit großer Sorgfalt und nach vorgegebenen Ordnungen vollzogen. Neben der Vorbereitung des Täuflings durch das Lebenstraining steht die Lehre, aus ihr resultiert der Glaube, der zum Taufbegehren führt. An dieser Stelle wird die Gemeinde durch ihre verschiedenen Vertreter aktiv, die die Würdigkeit des Bewerbers prüfen. Es muß ersichtlich sein, daß der Taufbewerber die Versöhnung durch das Blut Christi und damit die Geburt zur Gotteskindschaft und zur Gemeinde als Glied am Leibe Christi durch den heiligen Geist erfahren hat, daß er aus ehrlicher Überzeugung eine „Besserung des Lebens" anstrebt und rechtschaffene Früchte des Glaubens zeigt.

5. Die Vorbereitungszeit erstreckt sich über mehrere Wochen, in denen Überprüfungen und Unterweisungen des Taufbewerbers erfolgen. Das ganze Procedere findet in der Woche vor dem Tauftermin in mehrtägigen Veranstaltungen mit Unterweisungen, Beichte und Fürgebet zur Sündenvergebung durch die Gemeinde seinen Höhepunkt. Die Taufunterweisungen sind in verschiedenen Tauflehren und im sogenannten Codex Ritualis festgelegt. Sie werden im Rahmen der Taufvorbereitungen verlesen. Ihre Inhalte dienen der systematischen Darstellung aller Glaubenslehren und der Bestimmung des Wesens und Zweckes der hutterischen Kirche. Außerdem werden die Taufkandidaten aufgefordert, die praktischen Konsequenzen des Christseins zu überdenken. Sie werden nach dem Stand ihres persönlichen Glaubens befragt, der letztlich von der Bereitschaft getragen sein muß, sich im Gehorsam gegen Gott, gegen Christus und seine Gemeinde mit Leib und Seele „aufzuopfern" und damit das eigene Sein zugunsten kollektiver Fremdbestimmtheit aufzugeben.

6. Der Taufbewerber muß das Prinzip von Selbstkritik und Kritik anerkennen und seine Bereitschaft ausdrücken, es im Interesse der Reinerhaltung der Gemeinde auch gegenüber seinen Glaubensgeschwistern anzuwenden. Die daraus evtl. resultierenden Gruppenkonflikte zeigen die Notwendigkeit an, auf dem Wege über gruppendynamische Prozesse Lösungswege zu finden.

7. Der Codex Ritualis stellt vorrangig eine religiös-pädagogische Schrift dar, die in ihrem Inhalt didaktische Absichten erkennen läßt. Die Lerneinheiten des Codex Ritualis umfassen die Entwicklung der Menschheit von ihrem Anbeginn bis in die hutterische Gegenwart. Einleitend werden der Adressatenkreis, die Absichten und die Ziele der Schrift umrissen. Durch einprägsame Beispiele positiver wie negativer Art werden den Taufkandidaten die Alternativen menschlichen Verhaltens vermittelt und sie selber zu rechter Entscheidung aufgefordert. Mittels Systematisierung wird der Lernstoff gegliedert und didaktisch-methodisch aufbereitet. Einen zweiten interessanten Schwerpunkt finden wir in dieser bilderlosen Gemeinschaft in der Anwendung des Prinzips der Veranschaulichung, das durch den Einsatz einer Vielzahl von Bildworten und Gleichnisreden sowohl biblischer als auch nichtbiblischer Herkunft realisiert wird. Ein weiteres didaktisch relevantes Element begegnet uns in der Form alternierender Wiederholung und in der Parallelisierung von Beispielen, wodurch eine vielschichtige Vernetzung der einzelnen Fakten erfolgt, die das Einprägen des Lernstoffes erleichtert.

8. Die hutterische Kirche steht mit ihrer Taufpraxis in frühchristlicher und in täuferischer Tradition. Die Taufe erfolgt in Gegenwart der Gemeinde, die die Verantwortung für den Täufling übernimmt, auf den Namen des dreieinigen Gottes durch Übergießen des Täuflings. Das eigentliche Taufritual symbolisiert den geöffneten Himmel, in dessen Kraftfeld der Täufling steht und von dem her er die Kraft des heiligen Geistes empfängt. Nach dem Taufakt grüßt der Getaufte nach vorgeschriebener Ordnung die Mitglieder der Gemeinde und wird von diesen wieder gegrüßt. Der Getaufte ist danach Gemeindeglied mit allen Rechten und Pflichten.

3 DIE VERLAUFSPHASE

3.1 LEBEN UND ARBEITEN IN DER GEMEINDE

Während bei der Darstellung der Initialphase verschiedene methodische Maßnahmen und Schritte, die zum Taufritual und zur Einleibung in die Heiligungsgemeinschaft führten, ins Blickfeld gerückt wurden, sollen durch die Beschreibung der Verlaufsphase Umweltbedingungen und Schwerpunkte, ggf. auch kritische Punkte der Persönlichkeitsentwicklung innerhalb der Gemeinschaft entfaltet werden. Die Verlaufsphase unterscheidet sich von der Initialphase durch eine größere Gleichförmigkeit, in der Wachstum sich nicht in qualitativer Veränderung, etwa der Wiedergeburt vergleichbar, ausdrückt, sondern sich überwiegend in kontinuierlicher, quantitativer Entwicklung vollzieht. Liegen in der Initialphase die Entwicklungsimpulse im Bereich persönlichen Erlebens, in der Neuheit der Erfahrungen auf spirituellem und gemeinschaftlichem Gebiet, so tritt nach der Taufe der Alltag christlichen Gemeinschaftslebens mit seinen normierenden Ordnungstendenzen in sein Recht. Religiöser Glaube bedarf notwendigerweise ständiger Erneuerung seiner Basis. Als ein Element, das dieser Notwendigkeit entspricht, kann die Parusieerwartung christlicher Gemeinschaften gewertet werden. Ein weiteres Element dürfte in aggressivem Außendruck zu suchen sein, der zur Festigung der Binnenstrukturen einer Gemeinschaft führen kann. Beide Elemente wirkten in der Geschichte der Hutterer zweifellos gemeinschaftsstabilisierend. Doch die hutterische Praxis gemeinschaftlichen Lebens war trotz starker Endzeiterwartungen von Anfang an nicht als Interimslösung konzipiert, sondern als eine zukunftsoffene Form kommunalen Lebens. Deshalb konnte der für die Existenzsicherung wesentliche Bereich der gemeinschaftlichen Produktion aus dem Gemeinschaftsgedanken nicht ausgeklammert werden. Darin unterschieden sich die Hutterer von ihrem großen Vorbild, der Urgemeinde in Jerusalem. Es galt, nicht tatenlos auf die Erscheinung Jesu Christi zu warten, sondern das gemeinschaftliche Sein im Blick auf die Erfüllung der Weisungen des Herrn der Gemeinde zu optimieren. Christsein war zu allen Zeiten in hohem Maße abhängig von Umweltbedingungen, darum war es nur konsequent, Gemeinde als autonomen Raum in der Welt zu installieren, sie aus der Ordnung und Verantwortung der Welt und ihrer Obrigkeiten herauszulösen, um sie nach der rechten Ordnung Christi leben zu lassen. Im folgenden Teil wollen wir einen Einblick in verschiedene Lebens- und Arbeitsbereiche der Gemeinde in Vergangenheit und Gegenwart geben und auch ihr Denken zu einem Teil einsichtig zu machen versuchen. Wir halten uns deshalb bei unserer Darstellung auch sprachlich eng an den Text des Großen Geschichtsbuches der hutterischen Brüder.[1]

3.1.1 Die Komplexität des Erziehungsortes „Gemeinde":

Im Zusammenhang mit der Biographie Peter Walpots haben wir bereits die Rolle des Dorfes Neumühl als des organisatorischen und geistigen Zentrums der Gemeinde, die zu dieser Zeit an etwa 80 Orten „hausete", angesprochen. Die Hutterer jener Zeit verstehen Mähren als das ihnen von Gott verordnete Land. „Es wurden ihnen Flügel gegeben von dem großen Adler", heißt es im GGB, „daß sie allda hinflugen an ihr Ort, so ihnen von Gott bereit war, ernährt und erbauen wurden daselbst, solang es Gott gefallet."[2] Unter dieser Prämisse des gütigen Willens Gottes versammelten sie sich in Frieden und Einigkeit, lehrten und predigten das Evangelium und Wort Gottes öffentlich.

Gottesdienste: Alle Woche zweimal oder öfter hielt man eine Versammlung zum Wort Gottes. In diesen Versammlungen gab es auch gemeinsame Gebete für alle Not der Gemeinde und Danksagung für alles Gute, das sie genossen. Desgleichen gab es Fürbitten für Kaiser, König und die weltliche Gewalt, daß Gott ihnen gebe, ihr befohlenes Amt zu bedenken und recht zu führen zum Schutze der Frommen und zu friedlicher Regierung.

Gemeindezucht: Daneben brauchte die Gemeinde den Bann gegen die Lasterhaften, die sich in der Gemeinde fanden, man sonderte sie aus und strafte jeden nach seinem Verschulden, nahm aber auch wieder auf, sofern eine echte Sinnesänderung bewiesen wurde.

Taufe und Abendmahl: Man taufte nach des Herren und der Apostel Befehl Erwachsene und Verständige, die das Wort Gottes selbst hören, verstehen, glauben und selbst annehmen können. Man hielt des Herrn Abendmahl als ein Gedächtnismahl des Leidens und Sterbens Jesu Christi, der durch seinen Tod allen Erlösung gebracht und alle zu Gliedern seines Leibes gemacht hatte, ja, als ein Fest der Danksagung seiner Liebe und unaussprechlichen Guttat, für das, was er um unseretwillen getan hat und was wir als Dank wiederum tun sollen.

Gütergemeinschaft: Man hielt christliche Gemeinschaft der Güter, wie Christus gelehrt und getan und wie die Urgemeinde es auch getan hatte, andere wurden in der Gemeinde nicht geduldet. Die vorher arm oder reich gewesen waren, die hatten jetzt eine gemeinsame Kasse, ein Haus, einen Tisch miteinander, doch Gesunde wie Gesunde, Kranke wie Kranke, Kinder wie Kinder.

---

1 GGB: S. 332-335
2 GGB: S. 332

Pazifismus: Schwerter und Spieße wurden zu Rebmessern, Sägen und anderen nütz-
lichen Gegenständen umgeschmiedet. Es gab keine Waffen, für die Wehr gemacht,
jeder war des anderen Bruder und alle ein friedsames Volk, das zu keinem Krieg oder
Bluthandel beitrug, weder durch Steuern, noch durch Handanlegen, keine Rache
brauchte. Geduld war ihr Gewehr für allen Streit.

Obrigkeit: Der weltlichen Obrigkeit war man untertan und gehorsam zu guten Werken, die nicht gegen Gott, den Glauben oder das Gewissen verstießen. Man gab ihr
alle Gebühren, Zins, Zoll und Maut, man leistete Robott (Frondienst) und Dienste,
gab ihnen die Ehre um des von Gott verordneten Amtes willen, weil dieses Amt in
dieser argen Welt nötig ist.

Mission: Die Aufgabe christlicher Sendung wurde nach Christi Befehl ausgerichtet. Jährlich schickte man Verkündiger des Evangeliums in die Lande, die alle jene
besuchten, die ihr Leben bessern wollten; die führte man aus der falschen Welt heraus und versammelte so des Herren Volk, wie es sich für gute Hirten gebührt, unge-
achtet der Schergen und Henker, denen viele zum Opfer fielen.

Lebensgewohnheiten: In der Gemeinde hörte man kein Fluchen und Gott schänden,
ohne welches die Welt nicht reden kann. Es gab kein Eidschwören und angeloben,
man sah niemanden tanzen, spielen, saufen noch zutrinken. Man machte nicht mehr
stolze und unmäßige Kleider, das alles war abgestellt. Da war kein Gesang schändli-
cher Hurenlieder, wovon die Welt voll ist, sondern christliche, geistliche, auch biblische Geschichtslieder wurden gesungen.

Gliederung der Gemeinde: An der Spitze der Gemeinden standen Älteste, besondere
Männer, die das Wort Gottes führten, lasen, lehrten und ermahnten, das Amt der
Versöhnung ausübten, bei Erfordernis richteten und schlichteten. Besondere Männer
waren dazu verordnet, der zeitlichen Haushaltung vorzustehen, die für Nahrung
sorgten, alles bestellten, einkauften und ausgaben. Andere Männer waren bestimmt,
die Arbeit zu ordnen, jedem das zuzuteilen, wozu er in der Lage war, auf dem Felde
oder wo es Not tat. Das waren die Weinzierl. Wieder andere dienten am Tisch (Essenträger), da ging man mit Gebet und Danksagung Gottes zum Essen, mit Danksagung wieder davon zur Arbeit. Mit Danksagung und Gebet ging man abends zu Bett
und ebenso stand man morgens wieder auf und ging an seine Arbeit. Besondere
Männer waren für die Schularbeit vorgesehen, gemeinsam mit Schwestern die Kinderzucht zu handhaben. Es gab keinen Wucherer und keinen Krämer in der Gemeinde, sondern nur redlichen Verdienst. Man nährte sich mit täglicher Handarbeit im
Weingarten, auf dem Acker, im Feld, in Wiesen und Gärten. Es gab viele Zimmerleute und Bauleute, die den Landherren, Edelleuten, Bürgern und anderen Leuten
Mühlen, Brauhäuser und andere Gebäude um billigen Lohn errichteten. Dazu war ein
besonderer Bruder und Baumann eingesetzt (Baumeister), der die Arbeit annahm,
Verträge namens der Gemeinde abschloß, die Vorbereitungen traf und die Zimmerleute anordnete. Man hatte auch Mühlen im Land von den Herren angenommen mit
der Verpflichtung, sie durch die Besetzung mit Müllern in Betrieb zu halten zum

dritten oder vierten Teil des landesüblichen Preises. Auch dazu war ein besonderer Mann und Bruder bestellt, ein Müller (Mühlenaufseher), der anstelle der Gemeinde und mit Rat der Ältesten einen Vertrag machte mit den Mühlherren und dafür sorgte, daß die Mühlen mit Müllern besetzt wurden. Vielen Landherren und Edelleuten versah man lange Zeit die Meierhöfe und sonstigen Wirtschaften mit hutterischen Arbeitskräften für einen Lohn, der von beiden Teilen angenommen ward. Auch dafür war ein Bruder verordnet (Landwirtschaftsleiter), der auf der Herren Bitte und langzeitiges Begehren anstatt der Gemeinde solche Meierschaften aufnahm, alle vertraglichen Fragen klärte und danach für die richtige Besetzung der Höfe mit dem erforderlichen Personal sorgte.

„In Summa, da war keiner, der müßig ging, es tät Jedes etwas, was ihm befohlen war, und was es vermocht und konnt, und wär er vorher gewesen, edel reich oder arm. Da lerneten auch die Pfaffen arbeiten und werken, welche herzu kamen."

Spezialisierung: „Man hätt auch sonst allerlei andere ehrliche, nutzliche Handwerk, als da waren Mauerer, Hufschmied, Sengsenschmied, Sichelschmied, Kupferschmied, Schlosser, Uhrmacher, Messerer, Klampferer, Rotgärber, Weißgärber, Kürschner, Schuester, Sattler, Riemer, Säckler, Wagner, Binder, Tischler, Drechsler, Huetmacher, Tuechmacher, Tuechscherer, Schneider, Kotzenmacher, Weber, Seiler, Sieber, Glaser, Hafner, Bierbräuer, Bader, Balbierer und Aerzt. Und solche Handwerk hat jedes in seiner Werkstatt allweg einen, der ihm vorstund, die Arbeit einnahm, anrichtet, wieder ausgab, nach seinem Wert verkaufet und der Gemein dasselbig treulich zustellet."

Gemeinschaftlicher Nutzen: „Die Alle, wo sie hin und wieder waren, arbeiteten zu gemeinem und gleichem Nutz, Not, Hilf und Handreichung, wo eins des andern bedorft. Das war nicht anderst als ein vollkommener Leib, der alle wirkliche, lebendige Glieder hat und braucht einander zu Dienst."

Arbeitsorganisation: „Wie ein künstlich Werk einer Uhr, da je ein Rad und Stuck das ander treibt, fürdert, forthilft und gehn macht zu dem, darob sie dasteht; Ja wie eine Versammlung des nutzlichen Tierleins der Bienen in ihrem gemeinen Korb, die zusammen arbeiten, ein Teil Wachs, ein Teil Hönig, ein Teil Wasser zutragen und herbringen, andere sonst arbeiten, bis sie ihr köstlichs Werk des süßen Hönigs ausrichten, nicht allein so viel sie bedörfen zu ihrer Nahrung, Aufenthalt und Notdurft, sonder auch, daß sie mitzuteilen haben den Menschen und Leuten zu ihrem Nutz und Gebrauch. Also war es auch da. ... Denn in guter Ordnung besteht ein Ding und mag darmit ausgeführt und erhaltenwerden, sonderlich im Haus Gottes, da der Herr selbst Werkmeister und ordentlicher Anrichter ist. Wo aber nicht Ordnung ist, da ist Unordnung, zerrütts Wesen, dabei Gott nicht wohnt, und die Sach bald zu Trümmern geht."[3]

---

3 GGB: alle Zitate S. 334; vgl. auch Loserth, Joseph: Der Communismus ..., a.a.O., S. 247 ff.

Die hutterischen Geschichtsbücher zeichnen hier das Bild einer offensichtlich reibungslos funktionierenden Ordnungs- und Organisationsidylle. Wir wollen versuchen, ihre ordnenden und organisierenden Strukturen zu analysieren. Das GGB liefert uns eine erste Gliederung, der wir schwerpunktmäßig folgen wollen. Dabei sollen die religiösen Themen unberücksichtigt bleiben, das erste Interesse gilt den persönlichen Gewohnheiten der Menschen in den Haushaben. Sie unterscheiden sich deutlich von den außergemeindlichen Bräuchen und lassen den Willen erkennen, sich der Person und Art Christi würdig zu erweisen. Fluchen, Schwören, Zutrinken usw. gehören zu den Lebensformen, deren sich ein Nachfolger Christi nicht bedient. Wenn wir die prägende Kraft negativer Vorbilder und Umgangsformen in Betracht ziehen, dann wird die erzieherische Leistung des hutterischen Kollektivs erkennbar, die sich in einer grundsätzlichen Veränderung und Vereinheitlichung der Umgangsformen und des Umgangstones der sehr heterogenen Zuzugspopulation äußert. Es wird nicht mehr geflucht unter Anrufung des Gottesnamens, die rüden Geselligkeitsformen des ausgehenden Mittelalters werden verändert, Lebensbedürfnisse werden kollektiven Möglichkeiten angepaßt. Die schwer zu beschreibende atmosphärische Wirkung des hutterischen Gemeindelebens, die bis in die Gegenwart hinein wirksam ist und der sich der sensible Besucher heutiger Kolonien kaum entziehen kann, macht eine ganz bestimmte Form aggressiv-gemeinschaftsstörenden Verhaltens nahezu unmöglich. Damit ist ein erstes, die Formen der Interaktion betreffendes Erziehungsergebnis zu registrieren.

Wenden wir unsere Aufmerksamkeit der organisatorischen Gliederung der Gemeinde zu, dann erkennen wir unschwer ihren hierarchischen Aufbau. Die Vergleiche mit dem Funktionieren eines Bienenkorbes bzw. eines Uhrwerkes geben präzise den Gesamteindruck wieder, der sich bei der Betrachtung der einzelnen Organisationsstrukturen ergibt. Es bedarf hier keiner ausführlichen Darstellung, sie ist in der ÄC und im GGB an vielen Stellen beschrieben.[4] Im ganzen System gilt das Prinzip von Gehorsam und Unterordnung, zwei Begriffe, die in unserer Zeit als erziehungsrelevante Begriffe umstritten sind. Entscheidend aber ist in diesem Zusammenhang, daß die Hierarchie der einzelnen Haushaben wie der ganzen Bruderschaft demokratisch gewählt wird. Insofern stellt sich die Gemeinschaft als eine Bruderschaftsdemokratie dar, die jedoch, weil Christus das Haupt der Gemeinde ist, als Christokratie zu sehen ist. Innerhalb der einzelnen Organistionseinheiten besteht ein differenziertes System von Verantwortlichkeiten, das der Gesamtfunktion einer Haushabe dient. Ein weiterer Gemeinschaft ermöglichender Faktor besteht in der Tatsache, daß diese Hierarchie nicht unveränderbar ist, die Handlungen der Amtsträger nicht automatisch gerechtfertigt und jeglicher Kritik enthoben sind. Wer gegen die Ordnungen der Gemeinde und das Gebot der Bruderliebe verstößt, fällt unter die Strafmaßnahmen der Gemeinde und geht seines Amtes verlustig, ja, er kann sogar aus der Gemeinde ausgeschlos-

---

4 Vgl. dazu Plümper: a.a.O., S98 ff.

sen werden.[5] Darin zeigt sich, daß die hutterische Gemeinde in einer funktionierenden demokratischen Ordnung lebt, in der die Gegebenheiten von Über- und Unterordnung nicht verfestigt sind, sondern die vertikalen Strukturen des gemeinsamen Lebens allein durch die Einhaltung des jesuanischen Liebesgebotes gerechtfertigt werden. Das bedeutet im Blick auf die Funktionsträger, daß auch sie sich im Bedarfsfalle korrigierender Einflußnahme stellen müssen. Wir stellen fest: Die Organisationsform der hutterischen Gemeinden ermöglicht nur dem einen Aufstieg in Führungspositionen, der in seinem Leben unter Beweis gestellt hat, daß er Befehlsautorität aus seinem unbedingten Gehorsam gegen den Herrn der Kirche gewinnt. Er muß Gehorsam gelernt haben und im Gehorsam das Liebesgebot gegen seine Brüder/Schwestern verwirklichen. Das Ergebnis dieses Lernprozesses ist eine Persönlichkeit, die mit natürlicher Autorität handelt.

Auch der produktive Sektor der hutterischen Haushaben bedarf in seiner Wirkung auf die Entwicklung der Persönlichkeit unserer Aufmerksamkeit. Die Organisationsform des Produktionsprozesses wird in der Literatur als frühkapitalistischmanufakturell[6] beschrieben. Arbeitsteilung in Form hochgradiger Spezialisierung und manufktureller Teilproduktion garantiert zwar wirtschaftliche Effizienz, könnte aber gleichzeitig tendenziell für eine entfremdete Arbeitswelt stehen mit dem Ergebnis geistiger und körperlicher Verkümmerung der Menschen. Es gibt in der Literatur keine direkten Hinweise auf den Wechsel von Arbeitsbereichen oder über den Einsatz in Mehrfachfunktionen in den Gemeinden des 16. Jahrhunderts. Lediglich die Berufung in das Amt eines Missionars oder die Wahl von Predigern und anderer leitender Amtsträger zeigen, daß ein Wechsel von einem Tätigkeitsbereich in einen anderen nicht ausgeschlossen war. Am Beispiel der Haushalterordnung wird jedoch zu zeigen sein, welche unterschiedlichen Kenntnisse und Fähigkeiten die Tätigkeit eines Haushalters in den verschiedenen Aufgabenbereichen erforderte. Auch die heutige Arbeitspraxis in den hutterischen Kolonien zeigt, daß polytechnische Befähigung eine der wichtigsten Voraussetzungen für die effiziente Auslastung der Arbeitskräfte und die wirtschaftliche Überlegenheit der Kolonien im außergemeindlichen Wettbewerb ist. In der Frühzeit der Hutterer waren die geistlichen Amtsträger gleichzeitig qualifizierte Handwerker, die Liste der hutterischen Bischöfe ist ein Beweis dafür. Diese Voraussetzung gilt auch heute noch. So ist es eine Selbstverständlichkeit, daß der erste Mann einer Kolonie, der Prediger, vor seiner Wahl durch die Gemeinde und seiner Bestätigung durch den Bischof eine Karriere als Landarbeiter, Schweinemann, Gärtner und Deutschlehrer absolviert hat, die letzteren Funktionen oftmals gleichzeitig. Der Deutschlehrer einer Kolonie ist gleichzeitig der Gärtner und kann zusätzlich als Klempner und Rohrleger fungieren. Der Schweinemeister kann auch Schuhmacher und Handschuhnäher sein. Der Deutschlehrer der Suncrest Colony/Manitoba

---

5   Die ausführliche Darstellung eines Ausschlußverfahrens finden wir in der ÄC: S. 584 ff. 641, 781 und im GGB: S. 449-454

6   So bei Kelbert, Heinz : a.a.O., S. 16

arbeitet beispielsweise in einer Werkstatt für das Recyling von Elektromotoren. Buchbinderei, Tischlerei, Möbelbau, Imkerei, techniche Maschinenwartung und Landwirtschaft lassen sich personell durchaus miteinander verbinden. Der Prediger bleibt als erster Mann einer Kolonie trotz einiger Vorrechte aller Diener (Mt.20,26;23,11;Mk.9,35), und eben aus dieser Dienstbereitschaft, die sich als Mut zum Dienen, als Demut äußert, gewinnt er die Autorität, die er für die Leitung der Gemeinde braucht. Die Arbeitserziehung, von der das GGB schreibt, daß „auch die Pfaffen arbeiten und werken" lernten und die eine wesentliche Wirkung auf den einzelnen Gläubigen hatte, begann allerdings schon im Kindesalter. Auch heute werden in den Kolonien die Schulkinder zu bestimmten Arbeiten herangezogen oder zu Arbeiten zugelassen, die unsere geltenden Arbeitsschutz- und Sicherheitsbestimmungen verhindern würden. Man kann zehn- bis zwölfjährige Knaben durchaus fachmännisch in der Tischlerwerkstatt an der Schleifmaschine oder an der Bandsäge arbeiten sehen. Einem Lehrer im Werkraum einer Schule in Deutschland wäre es verwehrt, diese Maschinen zu bedienen, sofern er nicht seine Befähigung in Form eines „Maschinenscheines" nachweisen kann. Der Schulgarten, in Deutschland oft ein Ärgernis wegen der während der in der Ferienzeit anfallenden Pflege- und Erntearbeiten, ist in der hutterischen Schule allein durch seine Größe über jeden Verdacht spielerischer Betätigung erhaben. Auch hier wird unter Anleitung des Deutschlehrers profimäßig angebaut und geerntet. So wurde in einer Colony in Manitoba während des ganzen Jahres die ca. 80 Personen umfassende Population überwiegend mit Gemüse und Obst aus dem Schulgarten versorgt, und zudem wurde aus den Ernteüberschüssen eines Jahres ein Verkaufsertrag von etwa 60 000 Dollar erzielt. Die Arbeit, zu der sich die meisten Kinder freiwillig melden, enthält durchaus spielerische Elemente. Aber dieses Spiel hat auch Ernstcharakter, und es dient der Einübung in das Erwachsenendasein und der Existenzsicherung der Gemeinschaft. Das Tun-Dürfen ist dabei Belohnung genug, obwohl es gelegentlich auch kleine Sachbelohnungen für besonders gutes Arbeiten durch den Prediger der Kolonie gibt. Diese andere Wertung von Arbeit als eine Quelle von Freude, als Leistung für die Gemeinschaft und als Gottesdienst lehrt, daß Menschen auch dann intensiv und fleißig arbeiten, wenn es nicht um die Schaffung oder Vermehrung von Privatbesitz geht.[7] Ein solches Tun entwickelt nicht nur Fertigkeiten und Fähigkeiten, sondern auch Eigenschaften und Werthaltungen gegenüber dem gemeinschaftlichen Besitz. „In solchem Miteinanderleben und Erleben, Mitleiden und Mitüben empfing die Jugend der Wiedertäufer gleichzeitig die ersten erzieherischen Einwirkungen für die spätere berufliche Tätigkeit, weil hier die Arbeit ebenfalls gemeinsam und in der Gemeinschaft, also im Kollektiv durchgeführt wurde. Erinnern wir uns daran, daß die Schule ein Internatsbetrieb war, daß die gesamte Organisation und der Unterrichtsbetrieb der Schule dem Gemeinschaftsleben angepaßt war, so verstehen wir, daß durch die Schule jene Haltung und Gesinnung geformt und gestaltet wurde, die für einen frühkapitalistischen Großbetrieb erforderlich war. ... Die Wiedertäufer erreichten also die Vorbereitung ihrer Jugend auf die

---

7 Vgl. Deets, Lee Emerson: The Hutterites, Gettysbury 1939, S. 55 f.

industrielle Tätigkeit auf einer anderen Ebene als dies bei den Einrichtungen des 18. Jahrhunderts geschah, und zwar wie wir gesehen haben, vornehmlich durch ihre Kollektiverziehung."[8] Was hier als Kollektiverziehung bezeichnet wird, können wir der Komplexität des Erziehungsortes Gemeinde gleichsetzen. Die Atmosphäre, die sich „in solchem Miteinanderleben und Erleben, Mitleiden und Mitüben" entwickelt, wirkt natürlich nicht nur auf Heranwachsende, und sie formt nicht nur „jene Haltung und Gesinnung", die für den Produktionsprozeß erforderlich ist, sondern sie wirkt grundsätzlich auf Haltungen und Gesinnungen, die das Leben in der Gemeinschaft ermöglichen. Hier muß betont werden, daß jede hutterische Arbeit auf einem qualitativ hohen Niveau geleistet wurde und wird. Die Tatsache, daß Adlige und verschiedene Fürstenhöfe Bezieher hutterischer Erzeugnisse waren[9], belegt das. Arbeit zeitigt also ganz allgemein disziplinierende Wirkungen im Blick auf Tugenden wie Genauigkeit, Pünktlichkeit, Entwicklung von Ausdauer und Wertbewußtsein, das kann als ein weiteres Ergebnis des Erziehungskonzeptes der hutterischen Haushaben gewertet werden. In diesem Zusammenhang greifen wir noch einmal auf eine Aussage des Codex Ritualis zurück, die die Ganzheitlichkeit hutterischen Lebensverständnisses sehr umfassend erhellt, indem sie die tägliche Arbeit, außerhalb der Gemeinde dem individuellen Verdienststreben und der Besitzmaximierung dienend, ganz bewußt in den Dienst der Nächstenliebe stellt und sie damit in den Rang einer gottesdienstlichen Handlung erhebt. Arbeit als Gemeinschaftsaufgabe zielt auch unter den Bedingungen vor- und frühkapitalistischer Wirtschaftsführung auf den Nächsten, den Bruder, die Schwester, allerdings auch auf die Befriedigung eigener Bedürfnisse. Das Doppelgebot der Liebe wird in diesem Zusammenhang am eindeutigsten erfüllt; denn es funktioniert nur da, wo die Eigenbedürfnisse nicht zugunsten von Fremdbedürfnissen abgewertet, sondern gleichwertig gesehen werden. „Wer aber in christlicher Gemeinschaft steht, der vergießt seinen Schweiß täglich um seines Nächsten willen, ebenso wie um seiner selbst willen. Ja, wer auch seines Nächsten Heil und Seligkeit ebenso sucht wie die eigene Seligkeit, indem er ihn behütet und über ihn wacht, der liebt seinen Nächsten wie sich selbst."[10] Wir sehen zusammengeführt, was im Sinne christlicher Ganzheit bzw. ganzheitlichen Christseins zusammengehört: der Profanbereich der Arbeit, die in Erfüllung des jesuanischen Liebesgebotes zum religösen Akt wird. In dieser Komplexität des Bedingungsfeldes zeigt sich nun, daß der hutterische Mensch den Raum religiösen Handelns nie verläßt, daß er über die „Weisung des Herrn ... nachsinnt bei Tag und bei Nacht" (Ps.1,2) oder im paulinischen Sinne „betet ohne Unterlaß" (1.Thess.5,17) und daß in diesem Faktum dessen erzieherische Bedeutung liegt.

Lebensbedingungen: Die Ausführungen der ÄC zeichnen ein Bild von der Gemeinde während ihrer guten Zeit. Aber sie sagen wenig über die praktischen Lebensbedin-

---

8   Kelbert, Heinz: a.a.O., S. 16

9   Vgl. Hruby, Franz: a.a.O., S. 24-35; KGB: S. 133, Fn. 3

10 Codex Ritualis: a.a.O., S. 93

gungen des einzelnen Menschen aus. Die Größe der einzelnen Haushaben[11] jener Zeit läßt die Frage nach dem „Wie" ihres inneren Funktionierens auch im Blick auf das Individuum interessant werden. Man wird darum die Darstellung aus hutterischen Quellen ergänzen müssen durch Berichte nicht-hutterischer Herkunft. Wenn man das Harmonisierungsbedürfnis des Chronisten auch als legitim gelten läßt, so fällt doch auf, daß sich das Leben des Normalhutterers im Wechsel zwischen Arbeit, Essen, Gebet und Bett abspielte. Vergnügungen weltlicher Art -Tanz, schöne Kleidung, Zutrinken usw.-, waren untersagt. In einem Briefwechsel mit den Schweizer Brüdern in Modenbach aus dem Jahre 1567 erheben die Schweizer den Vorwurf einer Begünstigung von Immoralität durch die zu kleinen Schlafzimmer in der Enge eines Bruderhofes. Die Hutterer anerkannten in Erwiderung des Briefes die räumliche Enge, die hutterischen Schlafräume waren oft wenig mehr als ein großer Raum mit textilen Unterteilungen als dem einzigen Mittel, um die verschiedenen verheirateten Paare voneinander trennen zu können, aber sie erklärten, daß dies eine zeitlich begrenzte Lösung des Problems sei zur Versorgung eines ständigen Zustroms von Zuwanderern mit Wohnraum. Alleinstehende wurden streng nach Geschlechtern getrennt untergebracht. Die Mahlzeiten wurden, sofern es sich um Handwerker handelte, in den Eßstuben eingenommen, die Essensmengen der Art der Arbeit oder der körperlichen Beschaffenheit entsprechend ausgegeben. Einer der entschiedensten Gegner der Hutterer, der Feldberger Pastor Christoph Andreas Fischer verfaßte mehrere Schriften, in denen er das Leben in den Haushaben aus seiner Sicht darstellte. Er vergleicht die Haushaben mit Taubenkobeln und stellt fest: Wie diese ganz frei und am besten zu stellen seien, so auch die Wiedertäuferhäuser an den bestgelegenen Orten. Er schreibt: „Dann die Taubenkobel haben sehr viel kleine Löcher / dadurch die Tauben auß vnd eyngehen / also sein der Wiedertauffer Häuser vnnd Höfe / voller kleiner Fensterlein / darauß sie als wie die Affen gucken. Ein Taubenkobel ist innwendig voll mit Nästern / darinnen sich die Tauben mögen auffhalten / also stecken bey ihnen alle Winckel vol mit Widertauffer / ja auch gar biß an die Spitze deß Dachs."[12] Aus dieser Darstellung ist zu entnehmen, daß jedes hutterische Haus eine Vielzahl von Stuben und Kammern besaß: Stuben für die einzelnen Ehepaare mit den Säuglingen, Stuben als Werkstätten für die verschiedenen Handwerke: die Backstube, die Küche, die Waschküche, die Baumwollstube, die Nähstube etc. . Ein Hutthererhaus mußte also eine bestimmte Größe haben, die ganze Haushabe mit evtl. Nebengebäuden einen beachtlichen Umfang im Verhältnis zu den eher bescheidenen Häuschen der übrigen Dörfler. Daher klagt Fischer: „Also sein auch der Wiedertauffer Häuser an den besten

---

11 Man kann von einer durchschnittlichen Größenordnung von 300 Personen ausgehen, allerdings werden auch Fälle genannt, in denen bis zu 1000 und mehr Personen in einer Haushabe wohnten. Vgl. dazu Loserth, J.: a.a.O., S. 246

12 Fischer, Christoph Andreas: Der Hutterischen Wiedertauffer Taubenkobel ..., Ingolstadt MDCVII, Vorrede

vnnd gelegnesten Oertern ..."[13] Doch wir brauchen hier nicht mehr die Frage nach den Gründen für die Attraktivität der Bruderhöfe zu stellen; denn für den einzelnen stand trotz dieses Aufwandes nur ein sehr begrenzter Lebensraum zur Verfügung. Die Klage des Vorstehers Andreas Ehrenpreis (1639—1662), daß die Ehepaare „nit nur Kämmerlen, sondern auch Kucheln und jedes sein eigen Herd haben" müssen, stammt aus einer späteren Zeit und läßt gleichzeitig den Rückschluß zu, daß zu Walpots Zeiten, also in der Hoch-Zeit der Gemeinschaft, die Lebensbedingungen wesentlich eingeschränkter waren. Neben den Wohn- und Arbeitsräumen waren Vorratsräume für die Küche und die Werkstätten erforderlich. Es gab Ställe, Scheunen u.a.m.. Aus der Zeit, als die Hutterer bereits überwiegend in Oberungarn lebten, stammt der folgende Bericht von Ehrenpreis: „Wir haben demnach zu verschiedenen Zeiten 20 und mehr Haushaltungen gehabt an verschiedenen Orten, Städten sowohl Märkten und Dörfern. An einem solchen Ort gab es mitunter an drei-, vier-, ja auch sechshundert Personen in einer einzigen Haushaltung neben einander. ... Sie hatten alle nur eine Kuchel, ein Backhaus, ein Bräuhaus, eine Schuel, eine Stuben für die Kindbettnerinnen, eine Stuben, da alle Mütter mit ihren jungen Kindern beieinander waren und so fortan. ... Da in einer solchen Haushaltung ein Wirt und Haushalter ist, der alles Getreid', Wein, Wolle, Hanf, Salz, Vieh und alle Notdurft einkauft von dem Geld alles Handwerks und alles Einkommens und wiederum nach Notdurft an alle im ganzen Hause austeilte, da holte man das Essen für die Schulkinder, Sechswöchnerinnen und für all das andere Volk zusammen in eine Stube—das Speisezimmer. Für die Kranken sind Schwestern verordnet, die ihnen das Essen zutragen und ihnen dienen. ... Die gar Alten setzt man besonders und reicht ihnen etwas mehr als den jungen und gesunden Leuten, und allen nach der Gebühr und Vermögen. ... Und dieses Anrichten der Gemeinschaft hat nun aus Gottes Gnade zu unseren Zeiten schon seinen richtigen Gang weit über hundert Jahre unzerbrochen und in guter Ordnung gehabt."[14]

Arbeitsbedingungen: An dieser Stelle soll aus Arbeitsordnungen der Gemeinde zitiert werden, um den Grad der Reglementierung des Lebens in einer Haushabe anzudeuten. Ordnungen gab es in der Gemeinde wahrscheinlich von Anfang an[15]; „denn in guter Ordnung besteht ein Ding ..." Sie waren, jedoch zumindest in der Frühphase der Gemeinde, nicht schriftlich fixiert, sondern sie wurden gewonnen und lebten aus unmittelbarer Gotteserfahrung und aus den Weisungen der heiligen Schrift. Eine erste Festlegung dessen, was schriftgemäß und darum für die Gläubigen mit Selbstverständlichkeit zu befolgendes Gebot ist, nimmt Ridemann in seiner „Rechenschaft" vor, die neben den geistlichen Grundsätzen auch praktische Verhaltensweisen ins Bewußtsein der Gläubigen hebt. Aber die „Rechenschaft" ist, wie ihr Name sagt,

---

13 ibid.

14 Ehrenpreis, Andreas: Ein Sendbrief anno 1652, aufs neue herausgegeben von den Hutt.Brüdern, Ausgabe 1988,S. 106ff.

15 Vgl. Plümper, Hans-Dieter: a.a.O.,S. 111, Fn. 4

in erster Linie eine Rechenschaft gegenüber der Außenwelt über das tatsächliche Leben in der Gemeinschaft, nicht normierende Richtlinie für ihr Funktionieren, nicht Korrekturversuch aus Notwendigkeit. Die schriftlich überlieferten Handwerker- und Gemeindeordnungen, die in den sechziger Jahren entstehen, als die Gemeinde eine von der zentralen Leitung nicht mehr zu überschauende Größe erreicht hatte, stellen dagegen Reaktionen auf innergemeindliche Entwicklungen und Mißstände dar, die insgesamt zu existenzbedrohenden Fehlentwicklungen führen könnten. Insbesondere die Zusätze und Veränderungen der Ordnungen im 16./17. Jahrhundert lassen Zerfallserscheinungen, Aufweichungen der alten Gemeindeideale erkennbar werden und gleichzeitig Versuche, durch strenge Reglements unerwünschtes Verhalten zur Gruppenkonformität zurückzuführen. Das betrifft insbesondere die Vergehen am Gemeinschaftseigentum und das Nachlassen der Arbeitsintensität, wodurch es erforderlich wurde, wegen der „Unfleißigen und Liederlichen" „ein gesätzliches Tagwerk"[16] festzulegen.

Haushalterordnung: Zuerst zitieren wir aus der Haushalterordnung, die einen Einblick in die Vielseitigkeit des Aufgabenbereiches des Haushalters gewährt. Der Haushalter ist von allen „Fürgestellten" in einer Haushabe der oberste Diener der Notdurft. „Weil ihnen in Sonderheit die Sorge aufgeladen ist, (sollen sie) bei ihren Gewissen ... in hoher Furcht Gottes ihr Amt preisen. Daß sie schuldig sein, früh und spät, bei Tag und Nacht die Hut und Wacht mit Fleiß auf sich zu nehmen und zu sehen, daß alle Anstellungen und Arbeit zu rechter Zeit mit den Amtsleuten, Gehilfen und Weinzirlen abgeredt und ordentlich angestellt werden."[17] „Er hat alles Volk mit zeitlicher Notdurft zu versorgen, an die Arbeit anzurichten und auf seinen Wandel zu achten. Darum soll ein Jeder seinem Befehle gehorsam sein, damit er in der Ordnung des gemeinen Nutzens fortzukommen vermöge. ... Darum geht der Haushälter, wenn er etwas zu richten hat, zu den Fürgestellten und sagt ihnen an, was zu thun von Nöthen ist und wie viel Personen er hie und da bedarf. Die muß man ihm lassen. ... Die Haushälter sollen selbst überall nachsehen, dass der Sünd' und allem Unrecht gewehrt werde und es allerorten recht und wohl zugehe. ... Insonderheit soll er im ganzen Hause nachsehen, wie es um die Feuerstätten bestellt ist, auf dass kein Feuer auskomme. Er soll oft in die Küche gehen und die Speisen selber kosten. Die Alten, Kranken und Kinder stehen unter seiner besonderen Obhut. Er hat Acht zu geben, dass einem jeden nach seiner Gebühr und seiner Nothdurft gereicht werde. ... Er soll besonders darauf sehen, dass es bei der Austheilung von Speise und Trank gleich zugehe, dass sie nicht nach ihrem Gefallen Wein und Fleisch geben. Wollten sie etwa den Ackerleuten Wein aufs Feld tragen, so könnte dies nicht gestattet werden. ... Es ist ihre Sache, darauf zu sehen, dass Niemand in der Küche ... sich eine besondere Speise koche ... Des Weines halber sollen sie fleissig fragen, wieviel ein Jeglicher

---

16 KGB: S. 202

17 Peter, Karl und Franziska (Hg.): Der Gemein Ordnungen (1651-1873), Jährliche Warnung an die vertrauten Brüder, Reardan/Wash. 1980, S. 12 f.

baut, wie er damit umgeht und ob er mit Rath damit handle. ... Mit dem Geld sollen sie gespärig und geschmeidig umgehen, denn es sind der Gemeinde Sachen, und viel davon verthun, ist gar eine schlechte Kunst, und ist dasjenige, so man erspart, gleich so gut, als man es erst gewinnen soll und muß." Es ist dem Haushalter untersagt, „ein tadelhaftiges Ross als gut zu verkaufen, denn es kann mit gutem Gewissen nicht geschehen. ... Alle 14 Tage hat der Haushälter das Geld von den Handwerkern einzufordern und Niemandem gestatten, ohne Erlaubnis auszugehen. ... Mit Essen und Trinken sollen sich die Haushälter mässig und gebührlich halten, weil sie der Gemeinde Gut in Händen haben; namentlich im Trinken sollen sie sich der Nüchternheit befleissen, dass man des Morgens den Branntwein und Tags über den Wein nicht an ihnen spüren muss."[18] Er hat die Neuankömmlinge zu versorgen, darauf zu achten, daß die Jugend in der Furcht Gottes erzogen wird, er hat über Bauvorhaben zu wachen, Kaufverträge vor Abschluß zu begutachten und vieles andere mehr, kurzum, er ist verpflichtet, „früh und spät, bei Tag und Nacht die Hut und Wacht fleissig auf sich zu nehmen."[19] Dieser Fulltime-Job verlangt zweifellos einen hohen Grad an fachlicher Kompetenz auf den unterschiedlichsten Sachgebieten. Er fordert in gleichem Maße Führungsqualitäten wie Mitmenschlichkeit und Einfühlungsvermögen in Menschen verschiedenster Altersgruppierungen. Er vereint in seiner Person das ganze heutige Betriebsmanagement. Seine Zuständigkeit betrifft die Finanzgeschäfte einer Haushabe, die Gesamtbereiche der Produktion, der Distribution und der Konsumtion bezogen auf den marktgerechten Absatz der Produkte und den Bereich der personengerechten Binnenversorgung einer Haushabe. Daneben obliegen ihm solche „Nebensächlichkeiten" wie die Fragen des Brandschutzes, der Unfallverhütung und der Überwachung der Arbeitsmoral. Der Haushalter hat noch heute in den amerikanischen und kanadischen Bruderhöfen eine ähnlich dominante Stellung inne. Die Vielzahl seiner Funktionsnamen aus alter und neuer Zeit läßt den Umfang seiner Verantwortlichkeit erkennen. Er ist der Ökonom, der Colony-Sekretär, der Boß, der Diener der Notdurft, der Säckelmeister und in Anlehnung an den Beutelträger im Kreise der Jünger Jesu: der Judas! Die Haushalterordnung stellt zusammenfassend fest: „Ein jeder soll, was ihm von der Gemeinde anvertraut ist, als das theuerste ansehen und als seinen besten Schatz betrachten. Es ist ein gut und gross Ding um einen klugen Haushalter."[20] Aber die Haushalterordnung stellt diese Anforderungen damit nicht nur an den Haushalter, sondern prinzipiell werden auf den verschiedenen Funktionsebenen gegen jedes Mitglied der Gemeinde entsprechende Forderungen geltend gemacht. Hinsichtlich der Abfassung der Haushalterordnung schreibt Ehrenpreis: „Vor achtzig Jahren ... ist auch das in die Ordnung der Haushälter geschrieben worden, ...", und im Jahre 1640 veranlaßte er eine 20 Punkte umfassende Zusatzord-

---

[18] Loserth, J.: a.a.O., S. 255-259, vgl. auch Peter: Karl und Franziska: a.a.O.

[19] § 1 der Fuhrleute-Ordnung, zit. nach Loserth, J.: a.a.O., S. 256

[20] Loserth, J.: a.a.O., S. 259

nung.[21] Dadurch könnte die Entstehungszeit auf die Zeit um 1560 angesetzt werden. Das zeigt, daß die Gemeinde in dem Bemühen, einen möglichst weit gefächerten Bereich des gemeindlichen Lebens organisatorisch abzusichern, schon relativ früh Ordnungen entwickelte, die eine hohe Verbindlichkeit besaßen und die im Laufe der Zeit immer wieder den jeweils veränderten Verhältnissen angepaßt wurden. Diese Anpassungen entsprachen aber nicht veränderten oder erweiterten Bedürfnissen der Gemeindepopulation, sondern waren vielmehr darauf ausgerichtet, möglichst ursprüngliche Bedingungen zu konservieren, die Gemeindeideale der Gründerzeit bzw. der „Goldenen Jahre" zu bewahren. Damit kam zu einer Zeit, als die religiös-geistliche Entwicklung durchaus progressiv verlief und die Verkündigung der Gemeinde wahrscheinlich noch spirituell geprägt war, bereits eine konservative Tendenz in das Leben der hutterischen Gemeinde, die sich in späterer Zeit auch auf das geistliche Leben auswirkte und zu seiner Stagnation führte. Heute besteht die paradoxe Situation, daß die Hutterer in ökonomisch-technischer Hinsicht völlig zeitentprechend ausgerüstet sind, aber der religiöse Sektor keine entsprechende Weiterentwicklung erfahren hat.

Schusterordnung: Wir wenden uns nun der Schusterordnung zu. Sie gehört zu den ältesten, erhaltenen Ordnungen der Gemeinde, sie wurde am 19.Dezember 1561 von den Dienern des Wortes und den Dienern der Notdurft beschlossen, doch bereits 1570 erneuert. Die Ordnung stellt zunächst Befugnisse und Zuständigkeiten fest. Die Schusterwerkstatt wird als Betriebseinheit vom Einkäufer geleitet, der im Auftrage der Gemeinde den Materialeinkauf betreibt und für den Absatz der Fertigwaren sorgt. Einkauf und Verkauf haben zwar vorrangig unter Interessenwahrung der Gemeinde zu erfolgen, aber der Einkäufer ist gehalten, die stets wirksame Spannung zwischen den Interessen des Erzeugers und des Verbrauchers zu einem Ausgleich zu führen. Das erfordert kaufmännisches Geschick, Verhandlungsfähigkeiten, Markt- und Materialkenntnisse, Kenntnis der Zollbestimmungen und der Kreditgepflogenheiten, Erkundung und rechte Einschätzung der Bedürfnislage sowie die Vertrauenswürdigkeit, die der treuhänderische Umgang mit fremdem Eigentum verlangt. Die Schusterordnung fordert deshalb von den Einkäufern, „daß sie ganz sorgfältig und gewahrsam mit dem Geld seien. Und daß sie zu den ihrigen zugehörigen Handwerkern schauen und fragen wie man es hält mit Einnehmen und Ausgeben."[22] Die Ordnung verlangt Beratungen der Einkäufer über die Praxis von Großeinkäufen, und sie setzt insofern Lernfähigkeit im ökonomischen Bereich voraus, als die Einkäufer aus wirtschaftlichen Schadensfällen „Weisheit erlernen"[23] sollen. Auch eventuelle gegenseitige Übervorteilung wird angesprochen, und das läßt erkennen, daß selbst in einem nach dem Grundsatz der Nächstenliebe organisierten Gemeinwesen die Gefahr eines zwischengemeindlichen Wettbewerbs mit allen daraus resultierenden negativen Folgen

---

21 Peter, Karl und Franziska: a.a.O., S. 20-23

22 ibid.: S. 23

23 ibid.

für das Zusammenleben besteht. Die Anweisung, daß man „auch nicht Vorteil gegeneinander brauchen (solle), welches großes Unvertrauen erweckt, das danach keines gern mit dem andern verhandeln will ...", zeigt, daß das Streben nach persönlicher Profilierung und wirtschaftlichem Erfolg, auch wenn es im Interesse einer Gemeinschaft geschieht, als unerwünschte Eigenschaft im Verhaltenspotential eines Menschen gelten muß, weil es die Grundlagen des Vertrauens zerstört und damit als gemeinschaftsstörend einzustufen ist. Der Einkäufer ist zuständig für die Lagerhaltung und für die Beschaffung der notwendigen Werkzeuge, er gibt Material und Werkzeuge an die Produktionsarbeiter aus und ist für die Gesamtordnung in der Werkstatt verantwortlich, die er durch häufige Kontrollen zu überwachen hat. „Erstlich, sollen die Einkäufer selbst fleißig zu den Werkstätten schauen und fragen wie man es in allen Dingen hat und wie man mit der Gemeinde Gut umgeht."[24] Er ist gemeinsam mit dem unmittelbaren Vorarbeiter der Werkstatt, dem Zuschneider, für den Einsatz der Handwerker zuständig.

Dem Zuschneider obliegt die Arbeitsvorbereitung. Er wird zur Gewissenhaftigkeit im Umgang mit dem Material ermahnt und zur Weitergabe seines Könnens und der Arbeitsgrundsätze im Rahmen der Ausbildung junger Zuschneider verpflichtet. Er selber soll „nicht grob mit dem Leder umgehen, sondern dasselbige fein nutzbar antragen und es den jungen Zuschneidern zeigen wie sie damit umgehen sollen."[25] Diese Formulierung zeigt, und man müßte eigentlich jeden Satz der Ordnungen auf ihren Hintersinn überprüfen, daß sie nicht nur eine arbeitstechnische Anweisung beinhaltet, sondern daß im „zeigen wie sie damit umgehen sollen" gleichzeitig ein Vorbildverhalten des Zuschneiders gefordert wird, das eine ganze Skala von vermittelbaren Werthaltungen und Arbeitstugenden voraussetzt, nämlich Sparsamkeit und materialgerechtes Arbeiten und das immer wieder geforderte Qualitätsbewußtsein. Gemeinsam mit dem Einkäufer ist er für den Einsatz der Handwerker verantwortlich, auch für Dienste außerhalb des Bruderhofes, und damit ist zugleich garantiert, daß Einsatz und Koordination der Arbeitskräfte nicht ohne Berücksichtigung der Werkstattbedürfnisse erfolgen. Ihm steht in diesem Zusammenhang allerdings nicht die Ausgabe von Wegzehrung an die Wanderarbeiter zu, das bleibt Sache des Haushalters. In einer so nebensächlich erscheinenden Bemerkung und in der weiterführenden Anweisung, daß ein Schuster, der seinen Zielort erreicht hat, noch vorhandene Wegzehrung beim Haushalter dieses Bruderhofes abzugeben habe[26], zeigt sich, daß die Bruderschaft bemüht war, jeglicher Versuchung zu ordnungswidriger Eigentumsbildung entgegenzuwirken, es zeigt aber auch die Begrenztheit des Handlungsspielraumes für den Einzelnen.

---

24 ibid.
25 ibid: S. 24
26 ibid.

Die Schuhmacher und die Flickschuster stellen die produktive Basis einer Werkstatt dar. Sie arbeiten im eigentlichen Sinne nach Anweisung, darum wird in der Ordnung ausführlich besprochen, welche Arten von Schuhen und sonstigen Lederprodukten anzufertigen und welche Produkte unerwünscht sind. Eindeutige Regelungen bestehen im Blick auf die Bruderhofpopulation, die als Hauptzielgruppe der Werkstätten gilt. So soll man in der Gemeinde keine einsohligen Schuhe machen, „auch den Kindern ... nicht Stiefelchen machen. Auch den zu kleinen Kindern keine Schuhe machen ..."[27] Es wird z.B. genau festgelegt, wer einen Anspruch auf Stiefel hat. Zu dieser Gruppe gehören Außenarbeiter wie Fuhrleute, Steinmetzen und Zimmerleute.[28] Wer dagegen im Hause arbeitet, dem stehen nur Schuhe zu. Eine Doppelversorgung mit Schuhen und Stiefeln ist nur nach Genehmigung zulässig. Ansonsten werden bei Neuausgabe von Schuhen die alten Schuhe zurückgefordert[29], „und wo man ein altes Leder kann brauchen, daß man dagegen das neue Leder spare und die alten Schuh fleißig lasse ausschneiden und nicht liegen lasse"[30], einer Weiterverwertung zugeführt. Eine gewisse Großzügigkeit läßt man den Schwestern gegenüber walten: „Den Schwestern aber so auch nicht auswendig arbeiten und schaffen, soll man in der Wahl geben was ihnen am besten dünkt und am bequemlichsten ist. Stiefel oder Niederschuh, soll man ihnen das eine geben und nicht daß sie zwei Paar Stiefel und zwei Paar Schuhe haben sollen, wie geschehen ist."[31] Wiederholt wird der Gesichtspunkt der Notdurft hervorgehoben, der besagt, „nicht daß es gleich allen gegeben und für eine Gerechtigkeit soll gehalten werden, sondern wie gemeldet, wo es die Not erfordert und man es geben oder nicht geben kann."[32] Hier wird nicht das Prinzip der Gleichheit zur Grundlage der Versorgung gemacht, sondern das der Notwendigkeit. Es kann auch nicht nach modischen Gesichtspunkten oder nach persönlichen Wünschen produziert werden, und es darf nicht vorkommen, daß persönlicher Besitz über die Notdurft hinausgehend angehäuft wird. Den Vorgesetzten wird ausdrücklich untersagt, ihre privilegierte Stellung zu persönlicher Vorteilnahme zu nutzen: „Die Zuschneider sollen auch ihren Weibern nicht zwei oder drei Paar Stiefel machen lassen," denn das hat Folgewirkungen, „danach wollen es die Schuster ihre Weiber auch haben und gibt Unwillen aus, zusammt mit Unordnung und Überfluß."[33] Innerhalb einer Werkstatt kommt es auf diese Weise zu nahezu zünftlerischer Abgrenzung der Zuständigkeiten, der einzelne Schuhmacher ist auf einen ganz bestimmten Abnehmerkreis spezialisiert, er darf einem anderen nicht in seinen Abneh-

---

27 ibid.: S. 25

28 ibid.

29 ibid.: S. 26

30 ibid.: S. 27

31 ibid.: S. 25 f.

32 ibid.: S. 26

33 ibid.

merkreis hineinarbeiten, „dieweil große Unordnung daraus folgt, daß man danach zwei oder drei Paar Stiefel bei einem findet."[34] Anno 1591, am 8. Januar, wurden „alle Fürgestellten Schuster zu Neumühl versammelt ... und im Beisein aller Diener des Worts und der Haushalter neben ihnen" weitere Punkte zur Schusterordnung beschlossen. Die Beschlüsse wenden sich gegen eine ungebührliche Ausweitung der Produktpalette, „daß die Schuster nicht soviel andere Form lassen aufkommen mit Schuhen und Stiefeln, auf ihre näht aufgefütterte Schuhe die nicht in der Gemeinde üblich sind"[35], gegen den leichtfertigen Umgang mit Geld, gegen allzu große Freiheit beim Schuhausgeben, gegen unkontrollierte Materialentnahme aus den Gerbhäusern, gegen unbefugtes Aussenden der Schuster zu Außenarbeiten, gegen die Gewohnheit junger Schuster, „den jungen Schwestern ohne Rat Strupfen (Lederschlingen) anzusetzen an die Stiefel. Auch daß man die Schuster dazu halte, daß sie zur rechten Zeit schlafen gehen. Die Zuschneider sollen die Stuben selbst sperren und die Schlüssel zu sich nehmen."[36] Zudem wird auf den Verfall zwischenmenschlicher Umgangsformen hingewiesen. Da heißt es, „daß die Zuschneider nicht grob und unbescheiden seien mit den Jungen, dagegen aber sie in rechter Zucht zum Gehorsam und Gottesfurcht und guter Arbeit halten."[37] Sie sollen „mit den Weltleuten nicht grob sein oder unbescheiden", und die Schuster werden aufgefordert, „wenn ihnen der Einkäufer in allem Guten etwas sagt oder zeigt, sollen sie es im Guten aufnehmen und nicht kurz angebunden sein."[38] Ganz allgemein wird beklagt, „daß sie die Ordnungszettel zu wenig anschauen, sich danach zu richten und dieselben schlecht aufheben."[39] Wir versuchen ein Resümee: Die Schusterordnung enthält eine Reihe von Prinzipien, die einerseits auf das Funktionieren der Produktion, andererseits auf das Verhalten der Produzenten abzielen. Der Mensch ist nicht nur das von Gott riskierte Geschöpf, er begegnet auch dem Menschen als Hauptrisikofaktor. Diesem Sachverhalt versuchen die hutterischen Ordnungen Rechnung zu tragen, indem sie durch Verordnung Vorordnung der situativen Gegebenheiten schaffen und damit das Risiko der Verführbarkeit eines Menschen so gering wie möglich zu halten versuchen. Das Ordnungsprinzip rangiert darum an erster Stelle in der Wichtung der Prinzipien. Wir werden wieder an das Chronistenwort erinnert, „denn in guter Ordnung besteht ein Ding." Zuständigkeiten sind bis zur letzten Verfahrensfrage geklärt, Überschneidungen versucht man auszuschließen, und in der Einbindung in dieses System der Befugnisse und Zuständigkeiten liegt zugleich der sichernde Wert des Prinzips für den Einzelnen im Rahmen der Gemeinschaft. Gleichwertig neben dem Ordnungsprinzip haben wir das Gleichheits-

---

34 ibid.

35 ibid.: S. 28

36 ibid.: S. 29

37 ibid.

38 ibid.

39 ibid.

184

prinzip zu sehen, das seine Begründung im System der Gütergemeinschaft findet. Gleichheit ist im Bedingungsfeld menschlichen Zusammenlebens ein theoretisches Konstrukt, wir sehen es darum beschränkt auf die Verhinderung von unverantwortlichen Ungleichheiten, um individuelle Bevorzugungen oder Benachteiligungen zu vermeiden, aus denen Ursachen für Unzufriedenheit und Streit erwachsen können. Als bedeutsamer erweist sich das Bedürfnisprinzip, das durch den Begriff der Notdurft umschrieben wird und als ein Gegenpol zu jeglicher Art von Überfluß und Verschwendung zu sehen ist. Es wehrt gleichzeitig die Vorstellung von Gleichmacherei ab, die im Zusammenhang mit Gütergemeinschaft entstehen könnte. Versorgung erfolgt nach sachlichen Kriterien, die sich auf die Art des Arbeitseinsatzes, die persönliche Befindlichkeit, hier werden der Gesundheitszustand und das Alter vorrangig berücksicht, und die wirtschaftliche Situation der Gemeinschaft beziehen. Dagegen bleiben individuelle Bedürfnisse weithin unberücksichtigt. Auch heute verfügen die Kolonien noch über Schuhlager, aus denen Kinderschuhe und Arbeitsschuhe ausgegeben werden. Einige Kolonien versorgen ihre Mitglieder völlig aus diesen Beständen, andere ermöglichen den privaten Einkauf in Schuhgeschäften, weil dadurch Paßform und Bequemlichkeit der Schuhe am ehesten den persönlichen Bedürfnissen angepaßt werden können. Das Verfahren stellt im Dialog zwischen den Kolonien unterschiedlicher Prägung gelegentlich einen Diskussionspunkt dar. Im Zusammenhang mit der Anerkenntnis persönlicher Bedürfnisse ist das Sparsamkeitsprinzip zu nennen, das aber genau so bedeutsam für den Produktionsprozeß ist. Sparsamkeit war und ist eine Grundlagentugend, weil sie die für Investitionen und Koloniegründungen erforderlichen Kapitalakkumulationen ermöglicht. Wesentlich für ein reibungsloses Zusammenwirken aller Haushaben der Gesamtbruderschaft, der Werkstätten eines Produktionszweiges und der unterschiedlichen Betriebsteile eines Bruderhofes ist das Kooperationsprinzip. Es ist in einem gewissen Gegensatz zum Gehorsamsprinzip zu sehen. Während das eine vertikal funktioniert, wirkt das andere horizontal, beide aber nach dem Haupt-Glieder-Modell der Bibel! Außerdem schließt das Kooperationsprinzip Konkurrenzdenken und ungesunden Wettbewerb aus. Auch das Leistungsprinzip gilt im Rahmen der Schusterordnung. Wir sagten, daß Arbeit in den Rang einer gottesdienstlichen Handlung erhoben wird, weil man in christlicher Gemeinschaft „seinen Schweiß täglich um seines Nächsten willen, ebenso wie um seiner selbst willen" vergießt. Wo aber Arbeit diesen Stellenwert hat, wird die bestmögliche Leistung des Einzelnen eine Selbstverständlichkeit, Normsetzung hingegen Notwendigkeit für diejenigen, denen Glauben nicht eine ganzheitliche Antwort auf das ständige Hineinwirken des Gottesgeistes in die menschliche Gegenwart bedeutet. Deshalb gibt es die „Unfleißigen". Während eines Interviews ließ eine Hutterin erkennen, daß es auch heute für einen Faulen keinen besseren Platz gäbe, sich zu verstecken, als eine hutterische Kolonie. Damit deutet sich ein Problem an, das im real existierenden Sozialismus das Leistungsprinzip ad absurdum und die Wirtschaft an den Rand des Zusammenbruchs führte: mangelndes Eigeninteresse und das Fehlen effizienter Kontrollinstanzen. Darum finden wir in den Arbeitsordnungen der Hutterer das Kontrollprinzip verankert, zu dessen Beachtung nicht nur die „Fürgestellten" immer wieder ermahnt werden, sondern dem jeder Hutterer verpflichtet ist im Rahmen seines Taufversprechens. Die Vielzahl möglicher Verstöße, die allein in der Schusterordnung Erwähnung finden, deutet einen Schwund des Vertrauens an, der zu immer präziseren Formulierungen und bis ins einzelne gehenden Reglementierungen in späteren Erweiterungen der Ordnungen Anlaß gab, die letztlich Spontaneität und Initiative des Individuums beeinträchtigten und sie auf das Ersinnen immer neuer Ausweichmöglichkeiten verlagerten. Schließlich sei noch das Erziehungsprinzip erwähnt, das sich im Rahmen der Schusterordnung auf das Vorbildverhalten der Vorgesetzten, auf die Beachtung zwischenmenschlicher Höflichkeitsformen und auf Angelegenheiten der Berufsausbildung beschränkt. Alle diese Prinzipien werden in den meisten Ordnungen der Gemeinde vertreten, sie sind, wie die Auszüge aus der Haushalterordnung zeigen, um weitere Prinzipien zu ergänzen. Da wäre das Mäßigkeitsprinzip zu nennen, das zu den erziehungsbedeutsamen Prinzipien zu zählen ist. Es ist insofern interessant, als es Dinge nicht verbietet, wohl aber im Sinne selbständiger Entscheidung zu einem disziplinierten Gebrauch auffordert. Zu den hier gemeinten Dingen gehören insbesondere Wein, Branntwein und Bier, aber auch andere Verbrauchsmittel. So lernen Kinder bei den Mahlzeiten in der Gemeinschaft das rechte Augenmaß für die Menge dessen, was sie zu ihrer Sättigung brauchen. Der Lehrer und die Schulmutter bedienen die Kinder bei Tisch im Kinderspeisesaal, und sie teilen jedem Kinde nach ihrer Einschätzung sein Essen zu. Wenn ein Kind, nachdem es seinen Teller geleert hat, noch hungrig ist, kann es durch ein Handzeichen einen der bei Tisch Dienenden heranrufen und eine weitere angepaßte Portion erhalten. Die Unsitte, die man oftmals beobachten kann, daß sowohl Kinder als auch Erwachsene sich beim Füllen ihrer Teller mengenmäßig übernehmen und dann angebrauchte Lebensmittel in großen Mengen auf den Tischen als Wegwerfprodukte zurücklassen, werden wir bei hutterischen Gemeinschaftsmahlzeiten vergeblich suchen. Zur Vermeidung dieses Ärgernisses gibt es auch im Speisesaal der Erwachsenen „Essenträger", die auf Handzeichen das nachreichen, was gewünscht wird. Essenträger gab es nach biblischem Vorbild (Apg.6,2f.) bereits in den Haushaben des 16. Jahrhunderts, diesen Dienst verrichten Männer. Auch sie arbeiten nach einer vorgegebenen Ordnung.

Das Hauptthema aller gemeindlichen Ordnungen und ihrer im Laufe der Zeit notwendig gewordenen Ergänzungen ist Bestandsicherung der Gütergemeinschaft, die das Rückgrat der Gemeinde darstellt. Insbesondere die mannigfachen Zusätze zu den ältesten Ordnungen zeigen eine Zunahme von Verstößen gegen das Prinzip der Gütergemeinschaft und damit die Gefahr seiner Aushöhlung. An die Stelle des gemeinen Nutzens tritt immer stärker das individuelle Streben nach privatem Besitz und persönlicher Freizügigkeit. In dieser Entwicklung zeigt sich letztlich ein Phänomen, das da auftritt, wo die Unmittelbarkeit der Gottesbegegnung verflacht und durch innergemeindliche, erzieherische Heranführung an Bekehrung und Wiedergeburt ersetzt wird, wo Taufe also nicht Erneuerung im heiligen Geiste bedeutet, sondern aus der nötigenden Situation heraus begehrt wird und damit zu einem „Statussymbol" verkommt. Es gab allerdings auch andere Gründe für den Verfall der Ordnung, Die hutterischen Chronisten beklagen insbesondere die Kriegseinwirkungen auf das Leben der Gemeinde, die kontinuierlichen Repressionen durch Staat und Kirche. Aber wir erwähnten auch die Ergebnisse einer Untersuchung zum Zusammenbruch des Gemeinschaftssytems in Rußland. Im KGB wird ein Vergleich zu Israel gezogen, das den Herrn und sein Gesetz verließ und das er, weil es seine Züchtigung nicht annahm, von seinem Angesicht verwarf. Es kommt dann zu der Feststellung: „Also ist es auch fast mit der huetterischen Gemein ergangen; dann sie hat die erste Liebe verlassen, ihre erste Reinigkeit und Lauterigkeit verloren. Darum hat auch der Herr ihren Leuchter von ihrer Statt gestoßen. Dann schon zun Zeiten, als der Bruder Claus Braidel Anno 1598 Ältester war ... haben sie schon Merkliches von ihrer ersten Subtilität verlassen und stunden nicht mehr so wohl wie im Anfang ... , sonderlich des gottseligen und frommen Wandels halben, wie es ihnen auch der Kardinal Franz von Dietrichstein Anno 1605 verwiesen: sie seien nit mehr so fromm und fleißig als vor Jahren gewesen sein. Auch beschuldigt er die Handwercher, dz sie nit mehr so treulich arbeiten wie vor. ... Dann obschon die Gemein sonst wohl stund, das Wort der Wahrheit ungefälscht, lauter und rein gepredigt wurde, ... und ohne Zweifel viel tausend gottsförchtige und fromme Gemüter gewesen sein, so waren doch auch schon viel leichtfertige und ungottsförchtige Herzen unter der Gemein. Das kann man aus dem merken und schließen, weilen von den Ältesten der Gemein zur selben Zeit fast den meisten Handwerchsleuten ein gesätzliches Tagwerk ist bestimmt worden, welches ohne Zweifel um der Unfleißigen und Liederlichen willen hat geschehen müssen, ... Solches gesätzliche Tagwerk ist im Anfang nit gewesen, es hat auch sein nit bedörft, da sie in der rechten Einfalt im kindlichen Geist Gott und den Frommen mit allen Treuen gedienet und ein jedes sein ganzes Vermögen freiwillig dargeleget hat. Welches gesätzliche Tagwerk mit der Zeit bei den Fleischlichen zu einem andern Unrat und Übel Anlaß und Gelegenheit hat geben, daß sie nach Erfüllung ihres Tagwerchs auf eignen Nutzen für sich selbst haben gearbeitet."[40] Wir sollten uns hier erlauben, eine Parallele zur jüngsten Vergangenheit zu ziehen. Während in der Entstehungs- und Aufbauphase der Sowjetunion und der sozialistischen Staatengemeinschaft Menschen, von der Idee des Sozialismus überzeugt, zu unwahrscheinlichen Arbeitsleistungen motiviert waren[41], gab es in der Zeit der eigentlichen gesellschaftlichen Entfaltung dieser Staats- und Gesellschaftsordnung immer stärkere Reglementierungen, Normierungen und Kontrollen durch die Staatsorgane, die einerseits aus bestehenden Mißständen resultierten, andererseits aber durch die normierenden Eingriffe erst geschaffen oder aber vertieft wurden. Wer in diesem System sein Soll erfüllt hatte, war bemüht, weitere Arbeit zu vermeiden oder er arbeitete für den Privatgebrauch. Insofern sind die Phänomene vergleichbar, und man müßte auch auf die Vergleichbarkeit der Ursachen schließen können. Wir werden das zu einem späteren Zeitpunkt zu klären versuchen und dabei eine Reihe von Gründen berücksichtigen,

---

[40] KGB: S. 202

[41] Vgl. dazu den Roman von Ostrowski, Nikolai: Wie der Stahl gehärtet wurde

die in ihrer Gesamtheit von einem Nachlassen der erzieherischen Einwirkung der Gemeinde zeugen.[42] Es kann hier schon die Vermutung geäußert werden, daß sie in einem allgemeinen Verfall der Gemeindezucht zu suchen sind, weil in späteren Epochen der Hutterergeschichte bis in die Gegenwart hinein, da, wo Gemeindezucht ernst genommen wurde, Gütergemeinschaft sich durchaus als funktionstüchtig erwies. Einen Hinweis auf die Richtigkeit dieses Sachverhaltes finden wir heute in der Tatsache, daß in Kolonien konservativer Prägung mit deutlich strengeren Regularien die Zahl der 'Wegläufer' wesentlich geringer ist als in liberalen Kolonien. Man könnte sehr vorsichtig von diesem Faktum ausgehend auf eine gewisse Attraktivität zuchtvollen, bibelorientierten Lebens schließen.

Ordnungen und Regularien für den Alltag: Wir haben erste Eindrücke von den Lebens- und Arbeitsbedingungen in den hutterischen Haushaben gewonnen, und wir konnten eine Vorstellung von der Komplexität des Erziehungsortes Gemeinde entwickeln. Die produktive Arbeit konnten wir in ihrer gottesdienstlichen und in ihrer existenzsichernden Funktion kennenlernen und die regulierenden Wirkungen zweier Arbeitsordnungen betrachten. In diesem Zusammenhang waren Prozesse zu identifizieren, die pädagogischer Einflußnahme vergleichbar sind: Arbeit ist gleichzeitig Erziehung, Erziehung zu Gehorsam, Fleiß, Disziplin, zu Pünktlichkeit, Gewissenhaftigkeit, Sparsamkeit, Kooperation, und Bildung als Ausbildung bestimmter Fertigkeiten, Entwicklung polytechnischen Grundlagenverständnisses sowie der Vermittlung handwerklicher Spezialkenntnisse. Alle diese innerweltlich wirksamen Ausprägungen der Persönlichkeit haben durch die Doppelfunktion der Arbeit zugleich Transzendenzbedeutung gewonnen. Sie konnten sie jedoch nur in dem hier gegebenen Verständnis erlangen, weil nirgends sonst Arbeit „zu gemeinem Nutzen", also vorrangig im Interesse einer auf Gott orientierten Gemeinschaft geschieht. Neben den Erziehungsmitteln Arbeit und Gottesdienst bleibt schließlich der schmale, von der Gemeinde geprägte Freizeitbereich zu betrachten. Er ist allerdings weder in den historischen Haushaben noch in den heutigen Kolonien von Arbeit und Gottesdienst zu trennen. Die kurzen Zeitspannen zwischen Schlaf, Arbeit und Gottesdienst bilden keine neutralen Zonen, sie bieten keine Möglichkeiten zu individualistischer Abkehr von der Gemeinschaft und kaum zur Verwirklichung privater Interessen, wohl aber zu individueller menschlicher Begegnung und zur Gottesbegegnung. Wir beziehen uns dabei auf Beobachtungen in den heutigen Bruderhöfen. Ein Hutterer beginnt seinen Tag gemeinhin mit einem persönlichen Gebet, das er kniend verrichtet. Er formuliert in dieser Situation die Inhalte und Anliegen seines Gebetes frei, aber oft werden auch bewährte Liedertexte gebetet. Er geht dreimal täglich zu den gemeinsamen Mahlzeiten in den Speisesaal, er hat dort seinen festgelegten Platz, Frauen und Männer sitzen getrennt. Der Vorbeter bestimmt Anfang und Ende der Tischzeit durch immer gleiche Tischgebete. Seine Sprache verändert sich weder in Lautstärke, noch Melodieführung oder Sprechtempo. Vor der Mahlzeit betet er: „Wir bitten dich, Herr

---

[42] KGB: S. 205 ff.

Gott, himmlischer Vater; segne uns und die Gaben, die wir zu uns nehmen und wir von dir empfangen werden durch Jesum Christum, Amen!" Nach der Mahlzeit folgt dann das Dankgebet: „Gott Lob und Dank für Speis' und Trank. Gottes reicher Segen hat uns gespeist, er speise uns auch vielmehr geistlich durch Jesum Christum, Amen!" Nach dem Frühstück strebt dann alles den Arbeitsplätzen oder den Wohnhäusern zu, nach der Mittagsmahlzeit folgt eine Pause, doch bleibt der Arbeitstag den Bedürfnissen entsprechend variabel. Zwischenzeitlich finden zwei Snacks statt, auch sie werden durch Gebete ein- bzw. ausgeleitet, die im Normalfalle vom Familienvater gesprochen werden. Gelegentlich gibt es zur Nachtzeit noch einen zusätzlichen Snack. Begibt man sich auf eine Fahrt oder Reise, dann geschieht das „in Gottes Namen", erst nachdem diese Formel laut ausgesprochen wurde, wird das Fahrzeug in Bewegung gesetzt. Vor dem Frühstück, und häufig auch während der Arbeit in der Werkstatt und auf dem Felde wird gesungen. Wartezeiten werden durch den Gesang geistlicher Lieder überbrückt, es gibt keinen Leerlauf, Gott ist gegenwärtig. Hauptgesprächsthemen der Männer sind Arbeitsanliegen und Schriftauslegungen, über letztere wird sogar „gestritten". Man eifert um das Wort Gottes. Frauen tauschen hingegen auch familiäre Themen aus. Der tägliche Schulunterricht beginnt und endet mit Gesang und Gebet. Man lebt und arbeitet in einer geordneten Gemeinschaft, wobei die Ordnungen oftmals den Charakter von Ritualen annehmen. Darin bleiben die Hutterer des 20. Jahrhunderts in den Ordnungen ihrer Vorväter. Was Peter Ridemann in seiner „Rechenschaft" kundtut, gilt auch noch heute. Er schreibt vom Kleidermachen: „Mit allem Fleiß sollen und wöllen wir unserem Nächsten dienen mit Arbeit allerlei seiner Notdurft, und das also, daß Gott darinnen gelobet werde und unser Fleiß und Treue darinnen gespüret, und erkennet werde, daß treulich gearbeitet sei. Was aber allein zum Stolz, Pracht und Hoffart reichet, als zerschnitten, verbrämet, geblümet und ausgestochen Werk, das machen wir niemand, auf daß wir unser Gewissen vor unserem Gott unbeflecket behalten."[43] Die Kleiderordnungen der verschiedenen hutterischen Gruppen unterscheiden sich zwar, werden aber gruppenintern peinlich genau beachtet. Allerdings gibt es zaghafte Tendenzen zur „Pracht und Hoffart", eine kleine Feder ziert manchen Männerhut, und Zugeständnisse an den Zeitgeist sind gelegentlich erkennbar. Doch dagegen richten sich auch heute noch Zusatzordnungen, die ganz im Stil der Vorväter abgefaßt sind. So lesen wir in einem Konferenzbericht vom 27.Februar 1958, der sich an alle Gemeinden in Manitoba und Süd-Dakota richtet: „ ... 2. Die Parkas dürfen nicht mehr gekauft oder angeschafft werden, sondern nur die in # 5,1949 erlaubten Röcklein ohne Gurt, ohne Zipper, nicht hellfarbig oder scheckig. Die noch VORHANDIGEN PARKAS können abgetragen werden, aber ohne die HOOD oder Kappe, ohne Zipper und ohne Elastic um die Mitte und ohne die anstössigen Taschen auf der Brust wie die Soldaten Röcklein, und wenn sie so aussehen wie die bisher erlaubten Röcklein. Aber auf keinen Fall sollen sie weiter gekauft oder angeschafft werden. ... 7. Auch soll es nicht zugelassen, sondern ernstlich bestraft werden, dass irgend wer OHNE PFAD oder HEMD daheim oder auf

---

43 RR: S. 119

dem Felde arbeiten, wie die wilden Naturvölker tun, welches doch frecher Übermut und Schamlosigkeit ist, wie auch in Winnipeg und andern Städten und Örtern und daheim die Mannsleut ohne Hut, und die Weibsleute ohne Kopftuch wie die halbwilden und unbekehrten Weltmenschen herumlaufen; unter welchen wir doch leuchten sollen als ein Licht in der Welt, und verkündigen sollen die Tugenden, des der uns berufen hat von der Finsternis zu seinen wunderbaren Licht. 1.Petrie 2,9. 8. Auch soll es den BUBEN & MANNSLEUTEN nicht erlaubt werden, OHNE HOSENTRÄGER, wider der ORDNUNG #7,1938; wie denn dieses wieder einreisen will. Auch sollten die MANNSLEUTE keine andere HÜTE tragen als die mit den erlaubten Farben ..."[44] Doch wenden wir uns noch einmal den Ausführungen Ridemanns zu. Sein Zitat wäre einseitig wiedergegeben, wollte man den Verantwortungscharakter unterschlagen, der aus seinen Worten spricht; denn Hutterer sind von Gott nicht darum erwählt, daß sie allein nicht dem hoffärtigen Streben nach Stolz und Pracht erliegen, sondern daß sie den Menschen die Sündhaftigkeit dieses Strebens anzeigen. Darum können sie „dasselbig nit helfen aufrichten und machen."[45] Das hat wiederum Konsequenzen für die Produktion und zeigt zusammen mit der Bemerkung, daß Gott durch die Treue der Arbeit gelobt werde, erneut die Ganzheitlichkeit des Lebens in den hutterischen Haushaben an. Luxusproduktion für die Weltmenschen würde deren Verführung begünstigen. Darum wird sie ausgeschlossen. In gleicher Weise werden selbst kleinen Alltäglichkeiten, über die nachzudenken, wir verlernt haben, große Bedeutungen unterlegt.

Begrüßungsrituale wie Handgeben und Umarmen versucht Ridemann auf ursprüngliche Funktionen zurückzuführen. „Grüßen ist an ihm selber, guts wünschen."[46] Die dazugehörigen Schriftverweise (Lk.1,28 und 29-45; Mt.10,11-13; Lk.10,5-9) zeigen den christlichen Bezugsrahmen eines Grußes, „aus diesen Worten lernen wir, daß der da grüßet und der da gegrüßet wird, beide des Friedens Kinder sein müssen, soll anders Gott das Gedeihen geben."[47] Darum soll ein Gruß nicht nur mit dem Munde gesprochen werden, „sonder mit ganz völligem Herzen, in festem Glauben und mit solchem Vertrauen, daß Gott gewiß solches Werk und guten Wunsch erstatten werde, ja also, als ob es Gott selbst durch ihn redet."[48] Der Gruß wird damit seiner Unverbindlichkeit enthoben und in ein Segensritual umgewandelt, das nun freilich nicht mehr in jedem zufälligen Aufeinandertreffen eingesetzt werden kann, „weil Gott selbst durch ihn (den Gruß) redet." Auf den unbefangenen Beobachter wirken darum die Bewohner hutterischer Kolonien manchmal ein wenig unfreundlich, weil sie bei Begegnungen im Koloniegelände eigentlich nie grüßen. Diese

---

44 Text liegt als Durchschrift eines maschinengeschriebenen Protokolls vor.

45 RR: S. 119

46 RR: S. 127

47 ibid.

48 ibid.

Haltung wird verständlich, wenn wir bedenken, welche tiefe Bedeutung einem Gruß beigemessen wird. Er ist wieder das ursprüngliche Zeichen der Friedenswilligkeit, das offene und ausgestreckte Hände symbolisieren. „Das Handbieten und Umbfahen ist ein Zeichen des Friedens, Lieb und göttlicher Einigkeit, damit man sich in der Kirchen beweiset, daß man eines Sinns, Herzens und Gemüts sei (Gal. 2,9). ... Denn gleich wie man die Hände ineinander schleußt, beweiset und zeiget man damit an, daß die Herzen also ineinander geflochten und -geschlossen sein."[49] Die intensivere Form einer Begrüßung stellt das In-die-Arme-schließen dar, von dem Ridemann sagt, daß Menschen, die einander umfangen und sich in die Arme schließen, „also mit dem Herzen auch einander umbfahen und darein geschlossen haben. Weil aber diese zwei Zeichen Zeichen des Friedens sein, sollen sie in der Gemein steif, feste, wohl und rechter Art mit Gottes Forcht gehalten werden, und soll ein Glied der Kirchen das ander mit solcher Ehrerbietung aufnehmen. Wo aber sich eins gegen dem andern also beweise und aber das Herz nit also wie gesagt gerichtet wäre, so triebe derselbig Heuchlerei und die Wahrheit wäre nit in ihm."[50] Wir erahnen die Subtilität der Gedankenführungen, die Komplexität einer scheinbar formalen Handlung, uns wird bewußt, daß auch in Alltagsritualen wie der Begrüßung eines Menschen, die ganze Persönlichkeit gefordert ist, in ihrer Wachsamkeit, ihrer Entscheidungsfreiheit und -freudigkeit, ihrer Emotionalität, ihrer Aufrichtigkeit, ihrem Mut zur Offenlegung unfreundlicher Gefühle und zur Verhaltenskorrektur bzw. zur Aufarbeitung zwischenmenschlicher Spannungen und Probleme. Diese Feststellung scheint erforderlich, weil, wie im Zusammenhang mit der Vorbereitung auf das Abendmahl zu zeigen sein wird, die Gesamtheit personaler Beziehungen in Frage gestellt wird in einer umfassenden und tiefgreifenden Form, wie sie üblicherweise bei einer persönlichen Abendmahlsvorbereitung unüblich, vielleicht auch unbekannt ist. „Weil aber beide Zeichen auf eins deuten sollen, Ärgernus zu vermeiden und auch dem Fleisch keine Ursache gegeben werde oder Anreizung zum sünden ...", wird im Blick auf die Begegnung von Mann und Frau gefordert, daß sie „sollen solches mit dem Handbieten ausrichten und einander nit umbfahen, daß man der Lehre Christi keine Schmach und Unehre damit auflade oder zufüge."[51] Der Welt wird im Zusammenhang mit den Begrüßungsgewohnheiten ein Zugeständnis gemacht; denn „in der Welt aber ists ein Zeichen der Freundlichkeit, darumb es ein Christ derselben Gestalt mit ihnen wohl brauchen mag."[52] Wir wenden uns jetzt dem gottesdienstlichen Leben in den Gemeinden zu, der Lehr, dem Gebet und dem Gesang.

---

[49] RR: S. 128

[50] RR: S. 128 f.

[51] RR: S. 129

[52] ibid.

3.1.2 Erziehungsort „Gottesdienst":

Im bisherigen Kapitelteil wurde versucht, einen Eindruck der ganzheitlichen Wirkung zu vermitteln, die von der Gemeinde und ihren Ordnungen ausgeht. Dabei war zu erkennen, daß es Bereiche innerhalb der Gemeinde gibt, die in besonderer Weise auf das Verhalten des einzelnen Gläubigen und der Gemeinschaft einwirken. Das gilt auch für den Gottesdienst. Das Leben in einem Bruderhof geschieht zwar in dem Bewußtsein der Gegenwart Gottes, ist also in seiner Gesamtheit Gottesdienst, aber es gibt als besondere gottesdienstliche Veranstaltungen die sonntägliche Lehr, das tägliche Abendgebet und die Sonntagsschule. Durch die Erziehungsmittel Lehre, Gebet und Gesang kommt ihnen aus pädagogischer Sicht ein besonderer Stellenwert zu. Wir versuchen deshalb, neben dem liturgischen Geschehen der Gottesdienste erziehungsrelevante Teile einiger Lehren aus dem 17. und einer exegetischen Schrift des 16. Jahrhunderts darzustellen. Der Sonntagmorgen steht völlig unter gottesdienstlichem Gedanken. Nach dem gemeinsamen Frühstück bleibt ein Freiraum, der mit dem Singen geistlicher Lieder, mit Gebeten oder mit besinnlicher Vorbereitung auf den Gottesdienst gefüllt wird. Dann warten die Glieder der Gemeinde darauf, daß der Prediger zum Versammlungsraum geht und damit für jeden das Zeichen gibt, sich ihm anzuschließen. Niemand betritt den Versammlungsraum vor dem Prediger. In dem Kapitel „Von Zusammenkommen"[53] gibt Ridemann eine Grobskizze gottesdienstlicher Ordnung. Der Zweck des Gottesdienstes wird eingangs klar formuliert: „Wenn wir zusammenkommen, so geschieht es darumb, daß wir unsre Herzen in der Gnad Gottes ermuntern und aufwecken wöllen, mit größerem Fleiß und Aufmerken vor dem Angesicht des Herren zu wandlen." Dieser Zielstellung entsprechend wird „das Volk vermahnet", die Herzen auf das Gebet auszurichten und würdig vor den Herren zu treten. Es ist unverkennbar, daß die gottesdienstliche Zusammenkunft schon in ihrer Eingangsphase die Situation schafft, in der die Gläubigen aufgefordert werden, der Begegnung mit dem Heiligen zu entsprechen. So wird täglich ein Ruhe- und Besinnungspunkt geschaffen, der trotz kollektiver Ansprache den Einzelnen in die Entscheidung ruft, ihn auf dem Wege der Jesusnachfolge herausfordert, sich als Individuum immer neu für die Jüngerschaft zu entscheiden. Danach folgt das Gebet, das seinem Anliegen nach der Kirche und allen ihren Gliedern gilt. Es beginnt mit einer Danksagung für alle Wohltaten, die von Gott durch Christum empfangen wurden, es folgt „ein fleißiges Gebet, daß er uns darinnen treue und fromb bis ans Ende behalten und alle unser Anliegen und Not erstatten wölle, dazu unser Herzen aufschließen, daß wir sein Wort mit Nutzbarkeit handlen, hören, ufnehmen und bewahren mögen." Danach folgt die Wortauslegung zu dem Zweck, „die Herzen damit zu reizen, den Herren zu förchten und in seiner Forcht zu bleiben." Darauf befiehlt der Diener des Wortes die Gemeinde dem Herren und entläßt sie. Es ist in dieser Darstellung bereits erkennbar, daß Vorbereitung und Verlauf des Gottesdienstes auf die Formung der personalen Mitte des Menschen zielen. Er soll sein Herz ausrichten,

---

[53] RR: S. 138 ff.

würdig, d.h. als ein Veränderungsbereiter, Empfangsbereiter, vor Gott, den Herren, zu treten. Die Aufforderungen, die aus der Lehre, aus dem Gebet und aus dem Lied an ihn ergehen, sollen ihn anreizen, Gott in Ehrfurcht zu begegnen. In der Gottesbegegnung tritt der Mensch zugleich in eine Grenzsituation ein, deren Spannungsfeld die Stufen härtesten Zwanges sowie unmerklichster Spannungsverhältnisse beinhalten, die nicht bis ins Bewußtsein des Aufnehmenden gelangen, dennoch ihre Spuren hinterlassen.[54] In dieser Schlichtheit wurden und werden hutterische Gottesdienste gefeiert, sie sind geprägt durch Tradition und Ritual. Die heutige Gottesdienstform hat sich während der Ehrenpreiszeit entwickelt. Das Bemühen um den rechten Weg, um die Reinerhaltung der Gemeinde, führte im Verlaufe verfolgungsträchtiger Jahrhunderte zu akribisch genauer Festlegung des Bewährten, eben zur Ritualisierung. Wir nannten bereits das ungewöhnliche Verhalten beim Gang zur Kirche. Im Gottesdienstraum herrscht eine unveränderliche Sitzordnung: Vom Prediger her gesehen sitzen die Männer rechts, die Frauen links. Auch innerhalb der Geschlechtergruppen herrscht eine streng altersbedingte Ordnung. Der jüngste Mann/Knabe hat seinen Platz vorn rechts, der älteste Mann hinten links in der Nähe des Einganges, bei den 'Weibern' ist es umgekehrt. Diese starren Regeln gelten auch beim Verlassen des Versammlungsraumes: Der älteste Mann verläßt den Raum zuerst, dann folgen alle Männer dem Alter nach bis zum Jüngsten, danach erst folgen die Frauen, die Älteste zuerst, die Jüngste zuletzt. Als Letzter verläßt der Prediger den Raum. Auch diese Folge ist unveränderlich. Neben dem Prediger sitzen face to face zur Gemeinde die Zeugbrüder.

Die Gottesdienstordnung: Der Gottesdienst beginnt mit einem Lied, das nicht wegen seiner Schönheit oder als Ausdruck der emotionalen Gestimmtheit der Gemeinde gesungen wird, sondern darum, daß es „den Menschen zur Gottseligkeit reizen und bewegen" soll.[55] Danach spricht der Prediger den Friedensgruß: „Der Frieden des Herren und die Gemeinschaft seines heiligen, guten Geistes sei mit uns und bei uns!" Es folgt, was Ridemann schon in seiner Gottesdienstordnung erwähnte, die Zielstellung, die Zweckbestimmung. Der Prediger sagt in jedem Gottesdienst die gleichen Worte: „Nun, lieben Brüder und liebes Geschwister, wir haben uns abermals versammelt in dem teuren Namen unseres Heilandes Jesu Christi und sein unter seinem väterlichen Schutz und Schirm zusammengekommen. Die Ursach' dieser Versammlung wird auch allen Gläubigen und Frommen bekannt sein, daß es nur geschieht zur Ehre Gottes und zum Nutzen und Heil unserer dürftigen Seelen, indem wir uns aus dem Worte Gottes und der Lehr' Jesu Christi und seiner Apostel und Propheten ermahnen und erbauen und von solchen Dingen reden und handeln, die uns zur Seligkeit nützlich und gut sind."[56] In einigen Lehren des 17. Jahrhunderts finden wir ähn-

---

54 Vgl. dazu Petersen, Peter: a.a.O., S. 30 f.

55 RR: S. 131

56 Die hier verwendeten liturgischen Formulierungen wurden mittels Tonbandaufnahme während der Gottesdienste in verschiedenen Gemeinden gewonnen.

liche einleitende Formulierungen, was einerseits auf die besondere Wichtigkeit der jeweiligen Lehr' hinweist, andererseits für die Kontinuität liturgischer Tradition, aber auch für den rituellen Charakter dieser Ermahnungen spricht. In der Vorrede zu Philipper 2,1-11 zum Thema „Eintracht" heißt es: „Lieben Brüder und Schwestern, wir haben uns abermal in den Namen unsers Herrn und Heilandes Jesu Christi mit einander versammelt; und sind unter Gottes Schutz und Schirm, ja, unter seiner höchsten Gnade und Liebe zusammen gekommen, daß wir uns aus dem Wort Gottes auf ein neues möchten aufwecken und vermahnen zu einem gottseligen Leben und Wandel."[57] Die Elemente „Versammlung, Namen des Herrn, Schutz und Schirm, Ermahnung durch das Wort des Herrn, Trost der Seelen, Stärkung der Herzen" treten als zielangebende Einleitungsformulare wiederholt in Erscheinung.[58] Die „brüderliche Vermahnung" ist das regelmäßig wiederkehrende Anliegen jeder Lehr. Wir wollen sie ein Erziehungsmittel nennen, das als Normalmaßnahme kontinuierlich und in ritualisierter Form eingesetzt wird. Dieser Ermahnung folgt die Vorrede auf die eigentliche Lehr. Für jede Lehr gibt es eine Vorrede, sie endet mit dem Hinweis darauf, daß man sich nunmehr genug mit der Vorrede aufgehalten habe und man nun zum eigentlichen Predigttext kommen wolle. Vorher aber wird das große Kirchengebet gesprochen.(s.Anhang) Dazu sagt der Prediger: „Wir sein auch noch große Schuldner, unser Gebet vor Gott, unsern himmlischen Vater zu bringen, und alle, die sich dazu haben eingefunden, laßt uns solches tun im Glauben und kindlichen Vertrauen im Namen unseres Herrn und Heilandes Jesu Christum." Dann kniet die ganze Gemeinde nieder, eine bestimmte Gebetshaltung wird eingenommen. Man kniet, ohne mit den Unterarmen auf die Lehne der Vorderbank aufzustützen. Sie werden vielmehr angewinkelt und an den Brustkorb gedrückt, die Hände gekreuzt derart ineinandergelegt, daß vier Finger der linken Hand zwischen Daumen und Zeigefinger der rechten Hand liegen und die Daumen gekreuzt sind. Diese Haltung ist die prinzipielle Haltung bei jedem Gebet. Der Prediger spricht das Gebet, immer in der gleichen Form, doch gibt es Variationen, bezogen auf bestimmte Feiertage und Ereignisse. Danach folgt in (hoch-)deutscher Sprache die eigentliche Predigt, die Lehr. Wenn der Prediger den seiner Predigt zugrundeliegenden Bibeltext liest, steht die Gemeinde auf. Lesung und Predigt werden intoniert in einer litaneiartigen, singenden Form, die sich von der Melodieführung der Umgangssprache deutlich unterscheidet. Bei manchen Predigern erfährt die Kultsprache individuelle Ausformungen durch Überdehnung bestimmter Vokale oder Endsilben. Wie die Predigttexte festgelegt sind, so auch die Vortragsformen. Was in den Anfängen der Bewegung als freies Wirken des Geistes in Erscheinung trat, ist jetzt gefrorene Form, die ihre Bedeutung gerade aus ihrer Ritualisierung empfängt. Was die Hutterer als Hochdeutsch bezeichnen, unterscheidet sich von ihrer Umgangssprache dadurch, daß es auch dem Fremden ohne

---

57 Lehr 100 zu Phil. 2,1-11, Eintracht: in der Abschrift von Joseph Wipf am 27. 3. 1980, Rosholt 1981, S. 1

58 Vgl. Lehr 75 zu Gal.. 5, 22-24, Frucht des Geistes: in der Abschrift von George Entz, Rosholt 1980, S. 1

Schwierigkeiten verständlich ist. Es bleibt aber für den Durchschnittshutterer außerhalb der biblischen Verkündigung ein bedeutungsloses Idiom, das Heranwachsenden und auch manchem jüngeren Erwachsenen heute Verständnisschwierigkeiten bereitet. Dennoch wird die Sprechweise der Prediger nicht als befremdlich empfunden. Die Verkündigung des Gotteswortes muß unter strikter Einhaltung der tradierten Form erfolgen, um wirksam zu sein. Jede Veränderung würde Preisgabe der kollektiven Identität und die Auflösung einer jahrhundertealten, bewährten Tradition bedeuten, die ihre Bewährung im Gegensatz zur nichthutterischen Verkündigung in der sichtbaren Konstanz der Gemeinschaft der Heiligen findet. Die Brüder selber halten die alten Lehren für so vollkommen, daß sie nach ihrer Meinung niemand überbieten oder verbessern kann.[59] Die Mehrzahl der heute gepredigten (eigentlich gelesenen) hutterischen Lehren, ihre Zahl wird auf 300 bis 600 geschätzt, wurde in der ersten Hälfte des 17. Jahrhunderts schriftlich fixiert und seitdem durch möglichst wortgetreues Abschreiben überliefert. Wenn ein Bruder zum Prediger gewählt wird, ist es seine erste Pflicht, sich eine möglichst vollständige Sammlung des vorhandenen Predigtmaterials handschriftlich anzufertigen. „Das Lesen der Predigt, wie es heute geschieht, gleicht allerdings mehr einem Ritual als einer lebendigen Unterweisung oder Ermahnung, bestimmte Teile werden höchstwahrscheinlich nicht mehr völlig verstanden."[60] Doch der Tenor jeder Predigt ist die Lehre, wie ihr Name sagt, die in erklärender Form erfolgt, auf Verstehen abzielt und damit auf das Verhalten der Hörer einwirken will. Dem dient der kompromißlose Biblizismus des Inhaltes, den die Brüder als „scharfe Lehr" definieren. Er soll inhaltlich im Alltagsleben verwirklicht werden. Viele Lehren werden in neuerer Zeit verkürzt vorgetragen oder in Fortsetzungen während der Abendgebete zu Ende geführt. Dabei liegt es im freien Ermessen des Predigers, die textlichen Schwerpunkte zu setzen. Lehren zu wesentlichen Themen, so zu kirchlichen Feiertagen, wiederholen sich alljährlich oder im Zweijahresrhythmus. Ein Hutterer kann also jede Predigt im Laufe seines Lebens durchschnittlich dreißig bis sechzig mal hören. Er wird zudem durch die Sonntagschule, die er bis zu seiner Taufe zusätzlich besucht, daran gewöhnt, sich eine bestimmte Aussage/Sinneinheit aus jeder Predigt einzuprägen, sie aufzuschreiben und sie in der Sonntagschule vorzulesen. Aufgrund dieser Praxis kann man davon ausgehen, daß die einzelnen Lehren zum gesicherten Wissensfundus jedes Erwachsenen gehören. Bedenkt man das Zusammenwirken von Gewöhnung an die gottesdienstliche Normalsituation, Bekanntheit des Textes und Vortragsmonotonie, das im Ensemble nach relativ kurzer Zeit auch auf ungeübte Zuhörer wirkt, dann entsteht die Frage, wie und mit welcher inneren Bereitschaft und Offenheit Teilnehmer hutterischer Gottesdienste die Verkündigung aufnehmen. Will man von der Reglosigkeit der Gemeinde, von der Körperhaltung und vom Gesichtsausdruck der meisten Gläubigen auf den Grad aktiver Verarbeitung schließen, dann möchte man die Vermutung äußern, daß ein

---

59 Vgl. dazu Friedmann, Robert: Sermons, Hutterite, in: ME, Vol IV, S. 504
60 ders.: a.a.O., S. 505

lebenslanges Training ritueller Abläufe nach kurzer Einstimmungsphase zu einem Zustand meditativer Halbbewußtheit führt, der eine umfassende Tiefenentspannung nach sich zieht und gleichzeitig persönliche Kräftepotentiale reaktiviert, um die Zielsetzungen christlicher Gemeinschaft, bspw. im Arbeitseinsatz als der anderen Form des Gottesdienstes, neu zu verwirklichen. Es könnten aber auch Unlust, Langeweile und Kirchenschlaf eine Folgeerscheinung sein. Der Gottesdienst, der im Durchschnitt neunzig Minuten dauert, wird vom Prediger mit den Worten beendet: „Nun so können wir alle wieder hingehen. Seid alle unter Gottes Segen, Schutz und Schirm anbefohlen. Amen."

Das Gebet: Der Sonn- und Feiertagsgottesdienst wird ergänzt durch das tägliche Gebet, das am Abend stattfindet. Es entspricht als Veranstaltung in seiner Form dem Gottesdienst, doch ist es kürzer gehalten. Es findet zwar eine Lehr statt, aber es gibt dazu keine Vorrede, und die Predigt ist ebenfalls zeitlich reduziert. An den Gebeten nehmen manche ältere Hutterer nicht regelmäßig teil, und, wenn wichtige Arbeiten anstehen, fehlen auch die im Einsatz befindlichen Gemeindeglieder. Jede gottesdienstliche Veranstaltung wird aus dem Versammlungsraum in die Wohnhäuser übertragen, wo man sie mithören kann.

Die Sonntagschule: Die Sonntagschule findet am Sonntag Nachmittag statt als Unterrichtsveranstaltung für Kinder und Nichtgetaufte. Inhaltlich stellt sie eine Fortsetzung der deutschen Schule dar. Sie bereitet katechisierend auf die Integration in die Gemeinde durch die Taufe vor. Der Lehrer der Sonntagschule ist der Deutschlehrer.

Inhalte der Lehren: Es gibt zwei Typen hutterischer Lehren: Die Lehr ist eine erklärende Predigt, die sich auf ein bestimmtes Kapitel einer biblischen Schrift bezieht und den Text Vers für Vers erklärt. Zu jeder Lehr gehört eine Vorrede, die, auf einen bestimmten Vers des Textes bezogen, allgemein erklärende Voraussetzungen für die eigentliche Predigt schafft. Beide Predigtarten gehören zu jedem Gottesdienst. Die Lehren des 17. Jahrhunderts finden ihre Vorform in exegetischen Schriften, die auf die zweite Hälfte des 16. Jahrhunderts zu datieren sind. Obwohl diese Schriften in verschiedenen Sammlungen in europäischen Bibliotheken verfügbar waren, wurden sie nicht als Prototypen der erst später bekannt gewordenen hutterischen Lehren identifiziert. Dazu gehört ein Kommentar zur Johannesoffenbarung, auf den wir in einigen Schwerpunkten eingehen wollen. Eine Sammlung von Lehr-Auszügen finden wir im Klein-Geschichtsbuch,[61] aus einer Zeit, in der die Gemeinde bereits mit inneren Schwierigkeiten zu kämpfen hatte. Dementsprechend werden in großer Offenheit die bestehenden Probleme und die Fehlverhalten einzelner Gemeindeglieder angesprochen, insbesondere der nachlassende Eifer dem Worte Gottes gegenüber, dem zentrale Bedeutung zukommt bei der Steuerung des Verhaltens und der Veränderung innerer Einstellungen, „damit man aber eigentlich wisse, wie weit die Gemein ver-

---

[61] KGB: S. 204-214 und 218-221

196

fallen und was für Sünden und Mißbräuch in die Gemein sein eingerissen."[62] Die Arbeit der Prediger „ist vergebens, eitel, und umsonst verbrauchen sie ihr Kraft, und geht einer nach dem andern schlafen. Die hernach kommen, lernen wenig und werden bald nichts mehr wissen."[63] In dieser ungeschminkten Darstellung innergemeindlicher Wirklichkeit wird ein Grundzug hutterischer Gemeindepädagogik sichtbar. Man deckt Verfehlungen und Fehlentwicklungen nicht mit dem Mantel der Liebe zu, man bagatellisiert und beschönigt sie nicht, sondern sucht durch das Mittel der Lehr ein neues Bewußtsein für die Probleme in ihrer Gesamtheit zu wecken und gleichzeitig den Einzelnen auf die Wirksamkeit seiner Gottesbeziehung zu befragen. Daraus ergibt sich die „Schärfe" mancher Lehr; denn sie sind von der Absicht getragen, die Hörer so zu beeinflussen, daß Fehlverhalten nicht nur erkannt, sondern auch für die eigene Person erkannt und akzeptiert wird. Gleichzeitig wird eine Situation persönlicher Ansprache geschaffen, die den Einzelnen anreizt, die in der Lehr gezeigten Zielsetzungen rechter Gemeinschaft in seinem Leben erneut zu aktualisieren. In einer Predigt über Lukas 2 wird die Einstellung zum Gottesdienst kritisiert, Gottes Wort bereitet Verdruß und Langeweile, es wird als 'leichte Speis' geachtet, die „Kraft Gottes und sein väterlicher Segen" weichen, die Folge ist „geistliche Dörrsucht", die sich in der Bevorzugung weltlicher Lustbarkeiten auswirkt. In einer Predigt über Apg.2 wird die Trunksucht angeprangert. Da heißt es: „Dieser Bruder oder Schwester ist allzeit, als wenn er voll wäre. Kommt man fruhe, so stinkt er nach Branntwein; kommt man abends oder mittags, so stinkt er nach Landwein und schlepft die Zungen. Wärens die Füß, so kunnt er wohl nit gehen."[64] In alkoholisiertem Zustande geht man auch in den Gottesdienst: „Auch wohl vor großer Andacht, wann er will zur Predig gehen, trinkt er zuvor ein guts Glas voll Brannntwein und eßt ein Stuck Brot darzu, daß ers auch kann ausstehen und das Fruhestuck erwarten bei einem sanften Schlaf auf ein paar Stund."[65] Diese Entwicklung bereitet dem Prediger Sorge, und er erinnert an vergangene Zeiten, als man noch, „wenn ein Schlaf ist kommen, aufgestanden, hat sich dem Schlaf widersetzt, einander aufgeweckt, schamrot gemacht."[66] Aber vielen wäre das Wirtshaus eine angenehmere Gottesdienststätte, „aber eben darum gibts solche Märzenkälber, ... die in 30, 40, 50 oder mehr Jahren schier nichts wissen, weder von Gott, von Christo, vom Heiligen Geist; weder vom Glauben, Liebe, Frieden, Gehorsam, Standhaftigkeit nichts haben noch erkennen. Also verliert und verzettet sich der Glauben mit allen seinen Tugenden; dz dem Ansehen nach bald nichts mehr sein wird. Ach Gott! Behüte unsere Nachkömmlinge!"[67]

---

[62] KGB: S. 205
[63] KGB: S. 204
[64] KGB: S. 205
[65] KGB: S. 206 f.
[66] ibid.
[67] ibid.

In diesem Hinweis auf die Nachkommenden wird ein Erziehungsprinzip erkennbar, das uns in vielen täuferischen Schriften begegnet: das Vorbildverhalten der Älteren in seiner Wirkung auf die nachfolgenden Generationen. Es findet seine Ausformung in dem Grundsatz: Nur, der sich unter die Zuchtrute Gottes begibt, kann als erzogen gelten und ist berechtigt zu erziehen, nur wer im Gehorsam lebt, darf Gehorsam fordern. Der Verfasser sieht genau dieses Prinzip gefährdet. Der Kirchenschlaf ist Gegenstand vieler engagierter Aussagen. Über Psalm 127,2 „Dann wem ers gunnt, dem gibt ers schlafend"[68] heißt es: „Wann dieses Versl nach dem Buchstaben sollte verstanden werden, so hätten die faulen, verschlafenen Jungfrauen den Klugen das Gspiel abgewunnen und noch heut ihrer viel 1000mal tausend faule Lümmel und Metzen kämen weit vor den Hauslichen und Emsigen in Bemühungen und Fleiß an Seel und Leib. Jawohl, lieben Brüder, besehen wir uns doch nur in diesem Spiegel. Ist ihm nit also, dz ihrer viel, … diesen Spruch ganz ungesalzen und ungeschmalzen verschlucken, roh fressen oder nur im Wasser gesotten, da weder Saft noch Kraft in sie kommt, sonder wie der harte Kerschkern unverdäuet bleibt. Dann sehe man sich doch nur um, wie viel schlafen nur bei der Predig, wie viel seind doch der faulen sieben Schlafer und Schlaferinnen, die nit zum Lob, Opfer und Gebet gehen, wann sie auch gleich kunnten. Welche vielleicht hoffen, sie möchtens mit Schlafen erwischen. Aber nein, nein. Der Psalm redt hie nit vom Schlaraffenland, sonder er redt vom gelobten Vaterland. Das ist nit mit Faulenzen und Schlafen zu erwerben."[69] Ein weiterer Kritikpunkt ist das Nachlassen der Arbeitsmoral. Der folgende Textausszug ist ebenfalls der o.g. Predigt über Ps.127 entnommen: „Es ist wohl ein große Schand und Sünd, wenn jemand in der Gemein des Herren bestellt ist und hat sonst kein andern Dienst, dz es sich in der Gemein des Herrn müßte bemühen; sonder er soll schaffen und arbeiten mit den Händen etwz Redliches, damit er zu geben habe den Dürftigen. Er aber wird mit Wahrheit beschuldigt, er sei stinkfaul, stehe mit der Arbeit kaum vor ein Kind und mit dem Essen, Trinken, Schlafen, Hoffart für ein Helden oder Heldin; ist ein Greuel vor Gott und allen ehrlichen Menschen. Es wird ein böser Lohn nachfolgen. O sollten ihrer etlicher, Weibs- oder Mannspersonen, ihr eigen Brot essen und man sollte sie abschaffen nach der Apostel Lehr, wieviel Männer wurden ihre Weiber und wohl auch Weiber ihre Männer verlieren. Ein Schand ists solchen allen. Billig sollte ihnen ein Röt im Gesicht aufsteigen, damit man sie kennete und sie sich lerneten bessern."[70] Denn wo man nur auf den eigenen Vorteil bedacht um „Wein und Bauchfüll" schreit, „da kommt bald des Herzens Gedank heraus, der den Wolf, Schwein und Rappen entdeckt, nämlich: Wie man mir zu Fressen gibt, also will ich auch arbeiten:"[71] Im Zusammenhang mit der Verschlechterung der Arbeitsmoral wird das Nachlassen des sozialen Engagements und die Gefährdung

---

[68] KGB: S. 207

[69] ibid.

[70] KGB: S. 209

[71] KGB: S. 210

der Altersversorgung gesehen. Gemeinschaft ist vom Heiligen Geist geordnet und muß es sein; weil sich nur in ihr die wahre brüderliche Liebe „im rechten, unparteiischen Gang erfüllt, da die Alten, Kranken, Lahmen, Krüppel, Blinden und Unerzogenen Handreichung empfangen; ... Ihre Seelen sein Gott angenehm und sollen selig werden, können aber nit ausfahren, bis der Herr, ihr Gott, will. Unterdessen bedörfen ihre Leiber Speis, Trank, Bekleidung und Unterhaltung ... Die werden und müssen nun von der Gemeinschaft aus Liebe an Statt unsers Herrn Jesu Christi (der solcher Diensten nit bedarf) versehen werden ..."[72] Als weiteres in den Predigten behandeltes Thema tritt das Nachreden, Verleumbden, Ehrabschneiden auf. Diesem problematischen Bereich menschlichen Zusammenlebens widmen die Prediger besondere Aufmerksamkeit, sind doch gemeinschaftswidrige Aktivitäten, die dem Bereich der Verleumdung zuzurechnen sind, am wenigsten eindeutig zu identifizieren. Hinter heuchlerischem Schein und guten Worten, verbergen sich oftmals Absichten, die den Nächsten in seinem tiefsten Wesenskern treffen und verletzen und damit den Leib der Gemeinde Gottes. Dieser Gedanke wird in Ausführungen zum Ps. 41 entwickelt. Hier tritt auch ein zeitgenössischer Reim auf, der menschliche Falschheit anspricht: „Lach mich an und gib mich hin, dz ist jetzund der Welte Sinn; es ist jetzunder worden neu, viel gute Wort und falsche Treu; wann der Mund spricht: Gott grüße dich, so denkt dz Herz, Freund, hüte dich."[73] In differenzierter Form wird in einer Predigt über Ps. 120 das aus übler Nachrede erwachsene Verletztsein eines Menschen beschrieben: „Ach mein Gott! Was soll ich sagen? Wann ich den Menschen ansieh, dann erschreck ich; ... es liegt in mir wie Feuer; mein Herz brennt mir vor lauter Schmerzen." Die Wahrheit als Kritik gesprochen, so fährt der Prediger fort, hätte Änderung bewirkt, „weil er aber noch darzu hat gelogen, mich zu schänden und aufs äußerste zu verachten, so kann ich es nit so bald verschmerzen." Zwar weiß der Fromme, daß er in Frieden leben soll mit seinem Nächsten, auch wenn er durch ihn üble Nachrede erfahren hat, aber er findet keine Antwort auf die Frage, wie er mit seinem Gegner zur Aussöhnung kommen soll. „Wie oft ich mirs fürnimm, begegnen mir doch, wenn ich daran gedenk, solche unleidliche Herzstöß, daß mir mein Herz gar möcht brechen ..."[74] „Das Wort des Verlumbders sind scharfe Pfeil; die gant ins Innere des Herzens. Und abermal: Der Streich der Ruten macht Schnaten, aber der Zungenstreich zerschlägt dz Gebein."[75] Dieses tiefe Verletztsein kann nicht einfach ignoriert werden, es läßt sich auch nicht durch einen formalen Versöhnungsakt überwinden. Es bedarf einer tiefergehenden Versöhnung. Die Predigt erwähnt dann, daß besonders bei lebenswichtigen Entscheidungen, etwa wenn es um Eheschließungen geht, falsche Zungen und Zeugen „dem einen aus fleischlicher Gunst, dem andern aus fleischlichem Zorn, Haß oder Neid" ohne Grund, Erfahrung und Nachdenken Übles nachge-

---

[72] KGB: S. 209

[73] KGB: S. 210

[74] KGB: S. 211

[75] KGB: S. 216

redet haben. Die Übertretungen des achten Gebotes werden als „recht schleichend als ein pestilenzische Sucht" bezeichnet, die sich unter den Gläubigen eingenistet hat, und entsprechend „scharf" ist die Lehr (Buch der Weisheit 7), die diesem Übel beikommen will. Weil man aber manchen Menschen nicht so begegnet, „wie ihr Fleisch und eigen Gutdünken erwählet, dörften sie sich wohl mit Haß, Neid, Murren, Grimmen und schändlichem Nachreden zur Gegenwehr und allerlei Rach richten." Die Predigt geht dann auf die zerstörerischen Folgen ein, die aus übler Nachrede erwachsen, Streit und Kampf, der nur dem Streit liebestoller Kater zu vergleichen ist. Der Prediger spricht gleichzeitig die Verhältnismäßigkeit der Mittel an, wenn er Alkoholismus und Falsch-Zeugnis-Reden in Beziehung setzt. Wo Nachrede geschieht, „ist kein Zeugsame des Geists Gottes, sonder es ist irdisch, menschlich, viehisch, teuflisch." Die Nachsicht gegen Verleumder sei besorgniserregend; denn „man habe manchen um eines Trunks oder anderer Übersehung willen ausgeschlossen, und ein solch Haderkatz, die sich den bösen Geist laßt bewohnen, der laßt man zuviel nach, bringt sie nit für, straft sie nit ernstlich, laßts etwan bei einer Anred bleiben, die sie bald vor lautem Geschrei nit gehört haben."[76] Damit wird in den Lehren ein Thema angeschnitten, dem wir einen besonderen Abschnitt widmen wollen: die Gemeindezucht; denn ohne wirksame Formen dieses Korrekturmittels, ist die Gemeinschaft jeder Willkür von Seiten einzelner preisgegeben. Ein letzter brisanter Interaktionsbereich wird mit der Frage der Keuschheit in vor- und ehelichen Beziehungen in der Gemeinde angesprochen. Es leuchtet ein, daß die hutterische Kirche den Beziehungen der Geschlechter als einem Gemeinschaft stabilisierenden Faktor ihre besondere Aufmerksamkeit widmet. Der Autor des KGB verweist auf die alten Schriften und beklagt, „dz Zucht, Keuschheit und Ehrbarkeit sehr abkommen …"[77] Was einst der Gemeinde zum Ruhme diente, die keusche Lebensführung ihrer jungen Mannschaft, ist nun im Vergehen und das nicht ohne Schuld der älteren Generation.[78] „Es ist auch in Heiratshändeln und Hochzeiten nit mehr zugangen, wie die Gemeinrechenschaft lehret und ausweiset[79], sonder hat sich viel Unordnung und Eigenwilligkeit herfürgetan. Destwegen haben die Ältesten Anno 1643 ein Meldung vor allen Gemeinden getan und solche Unordnung bestrafet." „Denn wo Elia und Elisa zusammenkommen, wo die Jünger zusammengehen und einmütig miteinander reden von obgemeldten guten Dingen, da ist auch Gott, der Herr, selbst. Und du fauler Fisch magst dich nit auch zugesellen, daß auch vom Geist Gottes ein Teil auf dich käme. Pfyu, ausgemustert, und zwar weist es sich selbst aus. Das sieht man an den gar neuen Hurenhändlen, welches wie ein teuflisches Ratzennest herfürgewachsen ist, und laßt sich bei etlichen noch kein Besserung sehen,"[80] heißt es in einer Predigt über 2.Könige 2

---

76 KGB: S. 212

77 KGB: S. 212 f.

78 KGB: S: 213

79 Vgl dazu RR: S. 103

80 KGB: S. 214

(4.Reg.2 der Froschauer Bibel) unter Bezugnahme auf diesen Sachverhalt. Wir werden auf die hutterische Praxis der Eheschließung noch einzugehen haben, hier ging es um die Auflistung inhaltlicher Schwerpunkte, die das Gemeindeleben in einer Phase der Stagnation bzw. des Niederganges berühren und die gleichzeitig zeigen, daß das herkömmliche Instrumentarium der Gemeindeführung, Lehre und Ermahnung, trotz beachtlicher Schärfe und personaler Bezogenheit der Formulierungen nur noch bedingt die gewünschte Wirksamkeit zeigen. Deshalb wenden wir uns jetzt nach einer Zusammenfassung dem Kommentar zur Johannes-Apokalypse zu, der einer früheren Zeit zuzurechnen ist.

Zusammenfassung:

1. Der Erziehungsort „Gemeinde" wirkt durch die Komplexität seiner Einflußnahme im Sinne funktionaler Erziehung. Die Gesamtheit der Lebenssituationen schafft ein multidimensionales Beziehungsgefüge, das durch die Geschlossenheit seines Raumes in vielfältiger Weise erziehlich, d.h. persönlichkeits- und gemeinschaftsformend wirkt. Daneben gibt es den erklärten Willen zu absichtsvoller Einflußnahme auf die Glieder der Gemeinde. Diese intentionale Erziehung findet im produktiven Sektor der Gemeinde statt, vorrangig aber in den Erziehungsorten Gottesdienst, Abendgebet und Sonntagschule, an denen durch den Einsatz der Eziehungsmittel Lehre, Gebet und Gesang in besonderer Weise auf die personale Mitte des Menschen Einfluß genommen wird.

2. Im Gegensatz zu den punktuell wirkenden Ereignissen der Initialphase mit dem sie abschließenden Einleibungsritual der Taufe wird die Gesamtheit des Lebens im heiligen Kollektiv als Verlaufsphase bezeichnet. Sie ist geprägt durch die normierenden Tendenzen gemeindlicher Ordnung, die sich in bestimmten Ritualisierungen des Alltagslebens, des Gottesdienstes, im Arbeitsleben und auch in der organisatorischen Gliederung der Gemeinde erkennen lassen. Innerhalb der Gemeinde besteht ein differenziertes System von Verantwortlichkeiten, das nach dem Prinzip von Gehorsam und Unterordnung auf der Basis bruderschaftsdemokratischer bzw. christokratischer Strukturen funktioniert.

3. Arbeit wird als Bestandteil eines lebenslangen Gottesdienstes verstanden. Aus dieser Voraussetzung ergibt sich ein hoch entwickeltes Verantwortungsbewußtsein bezüglich der Qualität der erzeugten Produkte. Auf derselben Grundlage bilden sich auch Tugenden heraus, die über den produktiven Sektor hinaus der Gesamtfunktion der Gemeinde dienen. Die hutterische Produktionsweise baut sowohl in historischer Zeit als auch in der Gegenwart auf der polytechnischen Verfügbarkeit der Gemeindeglieder auf. Wer sich der Gemeinde anschloß, wurde ohne Rücksicht auf seine soziale Herkunft und frühere Berufsqualifikationen den situativen Bedürfnissen entsprechend in den Produktionsprozeß eingegliedert. Hutterische Kinder erwerben frühzeitig produktionsrelevante Kenntnisse und Fertigkeiten.

4. Das Leben in den Bruderhöfen wird durch Ordnungen geregelt. Am Beispiel der Haushalterordnung und der Schusterordnung wird die Differenziertheit individueller Aufgabenbereiche dargestellt und zugleich die Begrenztheit persönlicher Freiräume sichtbar gemacht. In den Ordnungen lassen sich eine Anzahl von Prinzipien erkennen, die in der Vorordnung von Situationen wirksam werden und durch deren Anwendung zum Zwecke der Bestandsicherung der Gemeinschaft auf die Formung und das Verhalten des Individuums Einfluß genommen wird. Das Prinzip der Gleichheit wird dabei nur insofern angewandt, als es gilt, unverantwortliche Ungleichheiten und daraus resultierende Unzufriedenheiten zu vermeiden.

5. Gottesdienste folgen festgelegten, jahrhundertealten Formen. Kernpunkt jeder gottesdienstlichen Veranstaltung bilden die Predigten in der Form von Vorrede und Lehr. Sie stammen in ihrer heutigen Form in der Mehrzahl aus dem 17. Jahrhundert, werden in der Regel verlesen und nur gelegentlich aktualisiert. Sie sprechen Grundprobleme des christlichen Glaubens und des menschlichen Zusammenlebens vor dem Hintergrunde biblischer Aussagen an und sind insofern von einer gewissen zeitlosen Aktualität. Dabei können auch innergemeindliche Mißstände wie Gottesdienstverdrossenheit, üble Nachrede und Trunksucht zur Sprache kommen.

3. 1.3 Erklärung der Offenbarung Johannes des Theologen:

Jetzt soll ein Werk analysiert werden, das als früher Prototyp späterer Lehren angesprochen werden kann. Den Inhalt des Kommentars empfanden wir als besonders pädagogisch relevant und beschlossen deshalb, seine unterschiedlichen Aspekte zu erörtern. Dabei werden Themen berührt werden, die als Wiederholung erscheinen, sie zeigen aber auch, daß die hutterische Gemeindepädagogik immer wieder um dieselben Probleme kreist.

Entstehungsgeschichtliche Angaben: Der ungeklärten vorhutterischen Entstehungsgeschichte des Kommentars soll hier nicht nachgegangen werden.[1] Sie wird vermutungsweise zurückgeführt bis auf den franziskanischen Spiritualen Petrus Johannes Olivi (1248-1298), der unter dem Einfluß des Joachim von Fiore stand.[2] Tatsächlich begegnen wir im hutterischen Apokalypsenkommentar einer der ältesten Schriften aus der hutterisch-täuferischen Literatur überhaupt. Das läßt sich einer Bemerkung in der ÄC entnehmen[3], die der Feder Caspar Braitmichels entstammt. Da seine chronologischen Aufzeichnungen nur bis zum Jahre 1542 reichen, muß der Kommentar den Hutterern zu dieser Zeit schon bekannt gewesen sein. Neuere Untersuchungen haben

---

1 Vgl. dazu Packull, Werner O.: Der Hutterische Kommentar der Offenbarung des Johannes, Eine Untersuchung seines täuferischen Ursprungs, in: Bayerisches Nationalmuseum (Hg.): a.a.O., S. 29-37

2 Vgl. dazu Friedmann, Robert: a.a.O., S. 151 f.

3 ÄC: S. 39 und 40 ff.

gezeigt, daß diese Frühform mit Melchior Hoffmanns „Auslegung der heimlichen Offenbarung Joannis des heyligen Apostels und Evangelisten" von 1530 identisch ist.[4] Sie wurde allerdings im Laufe des 16. Jahrhunderts durch hutterische Autoren mehrfach überarbeitet. Als Ergebnis dieses Prozesses ist zu bemerken, daß „der Apokalypsenkommentar nicht nur schrumpfte, ... sondern auch inhaltlich eine Umwandlung erlebte. Die dunklen Anspielungen auf eine kommende Umwälzung in der Weltgeschichte wurden abgebaut. An die Stelle der prophetischen Andeutungen trat die moralische Ermahnung zur treuen Nachfolge. ... Erwartungen im Hinblick auf eine Umgestaltung der ganzen Gesellschaft verloren sich in der kommunalen Praxis und mit der Sorge um eine reine, abgesonderte, sichtbare Gemeinde. Probleme mit den ‚falschen Brüdern', das Verhältnis der Erwählten gegenüber der Welt, das Verhältnis der Gemeinde zur Obrigkeit und die innere Gemeindezucht wurden zu den aktuellen Hauptthemen, die sich auch in der Auslegung der Offenbarung niederschlugen. So wurde der Apokalypsenkommentar in eine Serie moralisch-ethisch orientierter Homilien umgeformt. Was er an ursprünglicher Bedeutung einbüßte, gewann er an zeitloser Nützlichkeit für die Untermauerung des Gemeindebewußtseins. Aus alledem ist zu ersehen, daß das apokalyptische Erbe anpassungsfähig blieb."[5] Die Veränderung des Textes, die auf „das abgesonderte Ethos der täuferisch-hutterischen Tradition des 16. Jahrhunderts"[6] zielte, qualifiziert ihn in einer erziehungsrelevanten Dimension und bestätigt unsere vorgenannte Ansicht, die gemeindliche Ethik der Hutterer sei trotz endzeitlich-apokalyptischer Erwartungen niemals interimistisch ausgerichtet, sondern als eine auf Dauer wirkende Erfüllungsethik entwickelt worden. Im Kommentar werden dementsprechend sehr unterschiedliche personen- und handlungsbezogene Maßnahmen angesprochen, die einem lebenslangen, die Gemeinschaft und die Erlangung des Lebenszieles betreffenden Lernprozeß dienen. Die Heterogenität dieser Maßnahmen, Aussagen, Ermahnungen, Zielstellungen, Verheißungen, Drohungen etc. macht eine Systematisierung schwierig. Das Lesen des Gesamtwerkes mit dem entsprechenden „feeling" erbringt allerdings die Erkenntnis, daß die den apokalyptischen Grundcharakter der Schrift begründende Zukunftsprojektion aufgegeben und statt dessen ein Lehrbuch für die Bewältigung des Diesseits durch das Individuum und durch das heilige Kollektiv erarbeitet wurde. Einige Schwerpunkte sollen herausgearbeitet werden. Grundlage dafür bildet der Kodex Wipf, eine Abschrift von 512 Seiten, die John B. Wipf im Jahre 1953 nach einer handschriftlichen Vorlage aus dem Jahre 1599 mit dem Titel „Erklärung der Offenbarung Johannes des Theologen" anfertigte.[7]

---

4   Packull, Werner O.: a.a.O., S. 32

5   ibid.: S. 31

6   ibid.

7   Zit. als Kodex Wipf, Mcmillan Colony, Alberta

Relativierung der Nahzeiterwartung: Zunächst sei festgestellt, daß unser erster Eindruck, der sich beim Lesen der Abschrift einstellte, trotz eindeutig apokalyptischer Sprach- und Bildelemente von jeglicher apokalyptischen Vorstellung wegführte. Die Naherwartung, die in endzeitlich orientierten Kreisen bis in die Gegenwart hinein immer wieder zu Spekulationen über die Parusie geführt hat und bei den Hutterern der zweiten und der folgenden Generationen ebenso wie bei den Gemeinden des ersten Jahrhunderts zu Anfragen bezüglich des zu erwartenden Zeitpunktes führte, wird in dem Kommentar bei der Berechnung der apokalyptischen Zeiträume durch den Einschub eines relativierenden Elementes, das mit Blick auf die Länge der Märtyrergeschichte gewonnen wird, abgebaut. Die Zertretung der wahren Kirche, sie wird der heiligen Stadt (Offb.11,2) gleichgesetzt und als Vorbedingung für den Fortgang des Endzeitgeschehens gesehen, hat viel länger gewährt, ja, währet noch immer, „und wer weiß, wann es enden wird."(205)[8] „Darum verstehn wir hier viel sicherer, durch die gewisse Zeit, die wohl nicht ohn Ursach angezeigt ist, eine ungewisse, doch aber von Gott eine bestimmte Zeit ..."(205) Durch die Relativierung von Zeiteinheiten wird dann in der Exegese ein sehr rationales Mittel psychologischer Beeinflussung gewonnen, das der Hoffnung eine neue Dimension gibt; „denn wir tragen und leiden das viel ringer, da wir vernehmen oder verstehen, daß es nur etliche Monate lang wird währen."(206) Erwartungszeit wird auf diese Weise nicht in die Unendlichkeit projiziert, sondern an realen Vorgaben konkretisiert, und so wird der Wille zur Erreichung des Zieles aktiviert und auch zur Übernahme von Belastungen. Der Gemeinde ist es mithin bestimmt, auf der Erde zu verbleiben. Durch die Deutung der Ereignisse wird sie aber gefestigt und ermutigt, weil das Schicksal der Welt so oder so schon entschieden ist. Die Naherwartung, durch Jesu Wort „Siehe ich komme bald" formelhaft umschrieben, erfährt zudem eine neue Konkretisierung durch die Differenzierung zwischen dem endzeitlichen Kommen Jesu „in Bälde" und dem den Einzelnen betreffenden Ereignis, das „einen jeden insonderheit noch balder weder zu früh noch zu spät, sondern eben recht ..." ereilen wird.(70) Jüngster Tag und Gericht werden auf diese Weise zu subjektiven Erlebnisqualitäten, die einer Wiederholung der frühchristlichen Verzugserfahrung entgegenwirken sollen. Am Ende dieser Kapitel steht die Ermahnung, sich zu besinnen und neu in den Dienst Christi zu treten und damit die Teilhabe am ewigen Reich Gottes zu erlangen.(81)

Der rationale Grundzug des Kommentars: In diesen Zusammenhang gehört die Beobachtung, daß auch Zahlen in einer relativen Bedeutung gesehen werden. Zudem wird wiederholt darauf hingewiesen, die Aussagen der Apokalypse seien nicht wörtlich zu verstehen. Während chiliastische Gruppierungen des 20. Jahrhunderts noch immer an den Datierungen und Zahlenangaben der Bibel festhalten,[9] mahnt der

---

8   Anm.: Alle in Klammern gesetzten Zahlen dieses Textabschnittes geben Seitenzahlen im Kodex Wipf an. Sie werden nicht als Fußnoten ausgewiesen.

9   Die Literatur zu dieser Thematik ist sehr umfänglich. Hier seien nur drei willkürlich gewählte Titel genannt: Lindsey, Hal/Carlson, Carole C.: Alter Planet Erde wohin?

Kommentar, daß man eine Sache -hier handelt es sich um die tausend Jahre während
Bindung des Teufels (Offb.20,2)-, nicht „den bloßen Buchstaben nach verstehen
soll"; denn es „wird solches durch eine Vergleichung, und nicht für sich selbst gesagt."(425) Die geheimnisvolle Zahl 666 wird sehr einleuchtend erklärt(286f.), die
144 Tausend Erlösten auf dem Berge Zion (Offb.14,1) sind „eine große treffentliche
Menge". Johannes „setzt eine gewisse Zahl und versteht eine ungewisse." (289;
vgl.auch 207) Der sachlich-diesseitige Charakter der Schrift wird auch erkennbar,
wenn in der Einleitung zum 6.Kapitel gesagt wird, daß nun „die Dinge, die sich in der
Verwaltung Christi in der Zeit des neuen Testamentes verlaufen sollen, und werden,
zu allen Zeiten und Alter, bis ans End der Welt" dargestellt werden.(110) Die Nüchternheit der Wortwahl lenkt ebenso wie die Tatsache, daß sich die Aussagen der
Johannes-Apokalypse auf alle „Zeiten und Alter" beziehen, die Aufmerksamkeit auf
Ereignisse, die zwar mit Metaphern kosmischen Geschehens beschrieben werden, die
aber auf irdische Geschehnisse ausgerichtet sind. Damit wird eine Haltung gefördert,
die davon absieht, in Abkehr von der Wirklichkeit bspw. nach einer schwarzen Sonne
und einem blutfarbenen Mond Ausschau zu halten (Offb.6,12), die aber statt dessen
in sehr realitätsbezogener Weise die Erde und die Lebensbedingungen der Gemeinde
Christi in ihr im Blick hat. Christus, er ist „die geistliche Sonne der Gerechtigkeit und
des Verstandes ... dadurch die Menschen erleuchtet werden."(125) Diese Sonne der
Erkenntnis kann „verdunkelt und verfinstert" werden durch der „Verkehrten Meinung, und Fälschung des Worts Gottes", so daß „im Herzen dicke Finsternissen"
entstehen. Das geschieht „durch die falsche Lehr", die nicht nur den Prozeß der Erkenntnis Gottes verhindert, sondern „Unruhe, Angst, Noth und Plage des Gewissens"
schafft. Der Mond wird dem Glauben verglichen, der als Gabe Gottes, gleichwie
dieser von der Sonne seinen Schein, „Kraft und Glanz von Christo hat, und aus der
Lehr Christi kommt; ..." (126; vgl.auch 157) allerdings als Folge falscher Lehre und
Erkenntnis wie der Mond zu- und abnehmen kann. Die Form der Auslegung gehört
zum Typus der Allegorese. Hinter den gegebenen Worten und Bildern wird ein Sinn
gesucht, der die Deutung der Zeiterscheinungen ermöglicht und den Gläubigen Hilfen
zur Gestaltung des Lebens in ihrer Zeit geben will. Deshalb müssen Worte und Bedeutungen, Chronos und Kairos in Entsprechung zu den ethischen Grundsätzen der
Gemeinde nicht in ihrer Gegensätzlichkeit, sondern als einander ergänzende Größen
gesehen werden. Die fallenden Sterne des Himmels (Offb.6,12) deuten auf die geistlichen Führer der Kirchen hin, die eigentlich „einen guten Schein führen und vortra-
gen sollen", „die fielen aus ihrer Ordnung und Wacht, von der Kirchen oder Gemein,
die der geistliche Himmel und Wohnung Gottes ist und sein soll, und von der himmlischen und göttlichen Art ab, in ein irdische fleischliche Art ..."(126f.) Im Blick auf
die geistliche Veränderung der Christenheit zeigt die hutterische Exegese Bezüge zu
Ereignissen, die nicht nur in der Zukunft, sondern auch in der Vergangenheit als

Wetzlar 1975 (Weltauflage 5 Mill.): Lubahn, Erich: Licht an einem dunklen Ort—Biblische Endzeitorientierung, Stuttgart 1976; Sauer, Erich: Das Morgenrot der Welterlösung, Wuppertal/Basel 1985 (7.Aufl.)

bereits geschehen zu suchen sind. Wenn die Gemeinde als „der geistliche Himmel" gesehen wird, wird klar, daß der Kommentar nicht Endzeit- und Jenseitserwartungen wecken will, sondern, daß er das Himmelreich in einer deutlichen Diesseitigkeit sieht.

Das dualistische Denkmodell: Statt der Ausrichtung auf das Weltenende wird eine sehr rationale Deutung des Lebens der Gläubigen in der gegebenen Wirklichkeit entwickelt. Diese Wirklichkeit wird, darin bleiben sich die Schreiber hutterischer Schriften treu, wiederum in ihrer antichristlichen Ausprägung beschrieben. Die Bilder der Apokalypse bieten für diese dualistische Weltschau das geeignete Scenarium eines innerweltlichen Gerichtshandelns Gottes: Raupen, Heuschrecken, Mehltau, Wasserfluten, falsche Lehrer und Propheten, Racheengel tauchen auf, die ganze „Ritterschaft des Teufels" mit allen ihren Helfershelfern und dämonischen Kräften wird aufgeboten, um die Gefährlichkeit und Perspektivlosigkeit des Lebens in der Welt zu beschreiben.(Kap.9) Die Weltmenschen können nicht zur Abkehr von ihren bösen Wegen bewegt werden, sie beten den Teufel an und dienen ihm, sie hängen dem Irrtum und dem Unrecht an.(184) „Denn es sind nur zwei Herren; wer Gott nicht dienet und nicht ehret, der ehret und dienet den Teufel. Wer den Willen Gottes nicht tut, der thut eben den Willen des Teufels."(184) Auf diese einfache Gegensätzlichkeit wird die Realität von Welt und Gemeinde reduziert.

Individuum und Kollektiv: Die Wirklichkeit wird dann sowohl in gemeinschaftlicher als auch in personeller Hinsicht einer Analyse unterzogen. In den ersten drei Kapiteln erfahren wir etwas über das menschliche Verhalten in der Gemeinde, die möglichen Verflechtungen mit der Welt und der Gefahr des Abgleitens in erneute Sünde. Alle Ermahnung wird nicht in ihrer das Gemeindekollektiv betreffenden Unschärfe belassen, sie ist auch nicht -wie in der Offenbarung- auf die Vorsteher der Gemeinden beschränkt, sondern sie wird ausdrücklich personifiziert; es gilt, „allen und jeden, denen es von Gott geben ist das göttliche Zusprechen zu vernehmen und zu Herzen zu fassen, und sein Leben darnach zu richten, der sei nicht säumig in allen dem, was Gottes Geist nicht allein dem Hirten und Vorsteher, nicht allein der Versammlung, sondern allen insgemein und jedem insonderheit, die sich der Gemeinschaft Christi anmaßen, zur Besserung vorhaltet und entbietet."(36f.) Die Ermahnung gilt also ausdrücklich dem einzelnen Christen, und alles, was der Kommentar an Auslegung und zielgerichteter Aussage für die Besserung des Lebens bietet, gilt jedem Einzelnen. Er kann sich nicht in eine kollektive Anonymität flüchten; denn -und hier verschmelzen individuelle und kollektive Heiligkeit- das letzte Ziel ist nicht das heilige Individuum, sondern die absolut reine Gemeinde, aber zu deren unabdingbarer Voraussetzung gehört das heilige Leben des Individuums.(59) Besserung des Lebens ist darum ebenso wie himmlischer Lohn personal gebunden.

Der Jünger und sein Gegenbild: Hier wurden schon letzte Ziele menschlicher Entwicklung angedeutet, sie begegnen uns immer wieder in allen Teilen des Kommentars: Teilhabe am ewigen Reich Gottes, die nur der erlangen wird, der auf dem Wege gehorsamer Nachfolge die Besserung des Lebens bis hin zur Christusförmigkeit verfolgt. Wir wollen diesen Zielsetzungen im einzelnen nachgehen. Zuallererst müssen die Gläubigen, analog zur Menschwerdung Christi, „durch Empfängnis des Worts Gottes im heiligen Geist, neu geboren werden, den neuen Menschen anlegen, ... dermaßen, daß Christus eine rechte Gestalt gewinne in ihnen."(90) Hier zeichnet sich das Menschenbild ab, das dem Schreiber des Kommentars vor Augen steht und mit dem er die Gläubigen auf den rechten Weg führen will. Menschliche Natur ist jedoch von „Schwachheit und Blödigkeit"(27) geprägt; beide Negativanteile könnten zwar als verzeihlich gewertet werden, aber aus diesen relativ harmlosen Defiziten entwikkeln sich Eigenschaften, die für die Jüngerschaft untauglich machen.(Offb.21,8) Die Furchtsamkeit, aus „Zittern und Entsetzen des Fleisches" geboren, führt dazu, daß man unterläßt, was „der Herr geboten hat und haben will."(464) Die Unterlassung wird zur Tat, die von Gott wegführt, und auf der nächsten Stufe verleugnet und schämt man sich dessen, was man „bekennen oder bezeugen" soll.(467) Die Menschenfurcht, von der furchtsame Menschen sich stärker beherrschen lassen als von der Gottesfurcht, wertet der Kommentar als Schande vor Gott. Ein besonderes Gewicht erhält die Furchtsamkeit durch ihre unmittelbare Beziehung zum Unglauben. Menschenfurcht kann sich nur da entfalten, wo Menschen Gott und seinem Wort weder glauben noch vertrauen können und es darum für „unmöglich achten, den Willen und Gebot Gottes nachzukommen ..."(467) So zieht Furchtsamkeit Unglaube, dieser aber Ungehorsam und schließlich Gottesleugnung nach sich. Da sind die Greulichen, die „ganz verderbten Menschen, die unter der Sünde gar verkauft sind, wider alle Menschlichkeit und Liebe greulich handeln." Sie werden den „Säuen und Hunden" verglichen, die es sich in der „Mistlache" wohl sein lassen, ihr Erbrochenes fressen, Lüge für Wahrheit halten und „den Teufel für Gott anbeten".(467) Die Todtschläger sind nicht nur „Vergießer des unschuldigen Bluts", sondern auch „Mörder der Seelen", „die durch ihre falschen Zungen mehr umbringen, denn das Schwerdt; ..." (468) sie werden das ewige Leben nicht haben. Dann folgen die Hurer, hier nicht vordergründig als Synonym für Untreue des Menschen gegen Gott gebraucht, sondern der Kommentar meint sehr direkt „alle die mit verrückter Geilheit umgehen. Ihre Natur, welche ordentlich von Gott erschaffen, beflecken mit allerlei Unkeuschheit ...", und er bezieht auch die Ursachen sexueller Verfehlungen mit ein, nämlich „die Fresserei, Sauferei, und allerlei Überfluß, welcher ein Zundel dessen alles ist ...", und dann folgt doch die „Treulosigkeit an Gott", die letzte Ursache eines sittenlosen Lebens ist. Schließlich werden die Zauberer genannt. Zwar sahen die Menschen des 16. Jahrhunderts in „Hexenmeistern, Unholden und Teufelskünstlern" (468) durchaus reale Gefahrenquellen, aber auch diese Kategorie wird stärker in einer mittelbaren Wirksamkeit gesehen. Es sind „die verkehrten irrigen Menschen, die die Wahrheit Gottes verwandeln in die Lugen, und Menschen damit verwirren und verzaubern, die Wahrheit nicht zu glauben."(468) Wir können aus dieser Aussage einen zwar versteckten, aber durchaus ernstzunehmenden antiklerikalen Affekt herauslesen und die Warnung vor der Verkündigungspraxis der Amtskirchen. Danach folgen die Götzendiener, und die Erklärung zielt nicht auf den Bilderdienst, sondern in sehr zeitgemäßer Weise auf alles, was ein Mensch mehr liebt als Gott.(469) Schließlich werden die Lügner genannt, die falschen Zungen, Wahrheits-Sparer, Lästermäuler, Betrüger, Ohrenbläser, Gleißner, „samt allen, die da verneinen und leugnen, daß Jesus der Christus, welcher von Gott ausgangen ist, sei."(469)

Das Problem christlicher Doppelgleisigkeit: Diese sich ständig steigernde Negativtypologie folgt einer Doppelgleisigkeit: Neben den offenkundigen Sünder oder Versager tritt als Schattenperson der Heuchler, der im Sinne bürgerlicher Rechtschaffenheit Unsträfliche, dessen Täterschaft oft unbemerkt bleibt, die aber desto wirksamer ist. Die einzelnen Typen erfahren eine semantische Ausdifferenzierung, die uns einen Einblick gibt in die subtile Art der Bewußtmachung von Fehlverhalten und der Immunisierung gegen dasselbe. Der Gläubige mag zwar sagen „Ich lüge nie", aber durch die Begriffserweiterung „Wahrheits-Sparer" wird ihm bewußt gemacht, daß er gelegentlich Dinge nicht nennt, ausspart, und damit die Wahrheit verdunkelt. Ich bin nicht ungläubig, aber ich habe Hemmungen, mein Vertrauen auf Gottes Handeln in meinem Leben öffentlich zu bekennen. Ich werde zu der Erkenntnis geführt, daß meine verzeihliche Schwäche der „Furchtsamkeit" im letzten Grunde mein fehlendes Gottvertrauen signalisiert. Ich bin kein „Todtschläger", aber die unkontrollierte Schärfe meiner Zunge verletzt oder tötet Seelen (Mt.5,22). Ich bin kein „Greulicher", aber meine Gewohnheiten und Fixierungen sind stärker als mein Wollen, und so löse ich mich nie wirklich aus den alten Strukturen meines Seins; Neugeburt bleibt eine Fiktion. Ich bin kein „Götzendiener"(Mt. 6,21), aber …! Hier könnte sich die ironische Sentenz Heines anschließen „Mir geht in der Welt nichts über mich …" So existieren unter dem Mantel der Jüngerschaft oftmals Furcht und Unglaube, Geschwätzigkeit und Rücksichtslosigkeit, gedankliche Unreinheit, Unwahrhaftigkeit, Eigenliebe und Verletztsein, mörderische Gesinnung. Daß diese Defizite sich unter christlichem Vorzeichen noch als Tugenden darzustellen vermögen, gefährdet Gemeinschaft substantiell. Die Lehre, die aus dieser Analyse menschlichen Verhaltens zu ziehen ist, können wir dahingehend formulieren, daß Christsein eine Existenzform der Furchtlosen ist auf der Basis eines sieghaften Evangeliums, das nicht denen gilt, die auch gerne fromm sein möchten, ohne die entsprechenden Werke des Glaubens zeigen zu wollen.

Leben in einer Scheinwelt: Aus diesem Widerspruch ergibt sich die Gefahr eines Lebens in einer Scheinwelt, in der man nur dem Namen nach lebendig ist. Die Gläubigen werden davor gewarnt, dem (Be-)Trug zu erliegen, in einem Akt sakramentaler Magie könnten durch den Genuß transsubstantiierten Brotes und Weines „die Sünden vergeben und abgewischt" werden, selbst bei Galgenvögeln, Dieben oder Mördern.(437) Es gehört zu den Verführungstechniken der Welt, durch ihre falschen Zeugen den Weg der Wahrheit zu verleumden, die Frommen für alles Übel verantwortlich zu machen und statt dessen „Fleisches-Freiheit"zu lehren, „die allerschändlichsten Menschen bei der Hand zu nehmen und den Schaden des Volks mit Ringerung (zu) heilen."(438) Die Gemeinden dürfen solch negativer Konditionierung nicht erliegen, allerdings gibt es in den Gemeinden Menschen, die haben „das Geistliche mit dem Fleischlichen vermischt, das Himmlische mit dem Irdischen beflecket, und des Geistes Gaben mißbraucht, also daß du in deinem Glauben das Unvertrauen merken lässest; im Beweisung deiner Lieb eine fleischliche Art; im Urtheil und Gericht, Gunst und Ansehen der Person, im Dienst Gottes und der Heiligen, verdrossen; in der Gemeinschaft, Eigennutz; in der Geduld, Widerwillen und Haß; im Leiden, Rach, und also viel."(61f.) Menschen und Gemeinden, die in solch scheinbarer Frömmigkeit die Form eines weltabgeschiedenen Lebens wählen, bewegen sich in Wahrheit „als auf zwen Straßen gewandelt; von der Welt abgesondert, und doch weltlich gelebt in vielen Dingen."(62) Eine solche Gemeinde, das besagt eine Randnotiz auf Seite 61, „so im Leben der wahren Gottseligkeit gar schwach, krank, erlegen ..., (ist) dem Tod der Verdammlichkeit nahe ..." Alle diese Warnungen vor Zielverfehlung und vor Veräußerlichung werden an den Sendschreiben exemplifiziert (Offb.2-3), wir wählen für die Darstellung das Beispiel der Gemeinde in Sardes, die sich dem Kommentator als „ein edler glänzender Stein" darstellt, aber das Bild wird in der Unmittelbarkeit mit dem Christus getrübt, der die tatsächlichen Werke kennt (Offb.3,1), „als will er sagen: Deine Gleißnerei, falschen Schein und Beweisung deines ganzen Lebens, und das noch mehre ist: All deine innerlichen Gedanken, Weg und Ratschläge des Herzens."(60) Vor diesem Hintergrunde wird die positive Wirkung, die christliches Leben in der Welt hinterläßt, relativiert, weil alle menschliche Wirklichkeit in der Christusbegegnung auf ihre wahre Motivation hin geprüft wird.

Das Agenz der Heiligung: Die in dieser Begegnung unsträflich erfunden werden (Offb.14,5), „ohne Masern, ohne Runzel und Flecken" sind dies nicht „durch ihre Kraft, sondern durch die Rechtfertigung und Heiligung Christo ..."(296) Wir finden hier in der frühen Täuferliteratur eine der seltenen Stellen, wo von Heiligung die Rede ist, hier von Gott her dem Menschen zukommend. Es ist die rechtfertigende und heiligende Kraft, durch die Menschen „im neuen Leben gewandelt, und geregieret oder geherrscht, nämlich über ihr eigen Fleisch, Sünd, Tod, Höll und Teufel, und das alles mit Christo dem Herrn, der ihnen dazu Gnad und Hilf gethan, und sie lebendig gemacht hat, oder selbst in ihnen gelebt, welches geschehen ist 1000 Jahr (Offb.20,4-5), nämlich eine lange Zeit; eben in denen Zeiten, da der Teufel also angebunden ist worden."(431) Wir begegnen den stets gleichen Themen täuferischer Literatur, hier wiederum der Ausgangsposition alles Glaubenslebens: Gott rechtfertigt den Sünder durch das Opfer Christi und heiligt ihn und alle seine Werke, er aber lebt und regiert mit Christus 1000 Jahre; das ist die Zeit seines Lebens. Er herrscht über sein eigenes Fleisch, seine Leiblichkeit, seine Triebstruktur; denn zu dieser Möglichkeit wurde er durch den Sieg Christi über die Sünde befreit und das wird als Herrschaft mit Christus gewertet. Die erste Auferstehung, die Wiedergeburt; ist dann „die Bekehrung zu Gott, da man vom Schlaf der Sünden erwacht, und aufsteht von den Todten, durch den Glauben und Gehorsam Christi, zu einer neuen Kreatur ..." Dann folgt eine Aussage, die auf die Willensinstanz des wiedergeborenen Christen zielt und ihn gegen einen Rückfall in alte Seinsformen immunisieren will: „Denn wir sind nicht getauft zu armen Sündern, sondern zu einem neuen Leben und zu Abgesagten der Sünd."(434)

Umwandlung in ein neues Sein: Dagegen wird dann „die andere Auferstehung" abgesetzt, eine „allgemeine alles Fleisches, in welcher wohl alle auferstehn werden, aber sehr ungleich. Denn die Glaubigen werden auferstehen zum ewigen Leben, die andern zum ewigen Tod."(434) Die erste Auferstehung wird damit zu einem sich in jeder Generation wiederholenden Ereignis, das nun nicht mehr endzeitlichen Charakter hat, sondern endzeitlich im Blick auf diesen einen Menschen ist. Wer in seinem sündigen So-Sein diesen Entwicklungsstand erreicht, indem er sich hinziehen läßt und sich selber erzieht zur Veränderung seiner Persönlichkeitsstruktur und zur Umwandlung des Negativanteils seines Charakters, der realisiert seine erste Auferstehung in einem gültigen Leben, das zur Teilhabe am ewigen Leben in der zweiten Auferstehung qualifiziert. In diesen Aussagen finden wir einen ganz wesentlichen Bestandteil der erziehungsrelevanten Aussagen des Kommentars. Die sündige menschliche Natur darf, kann und soll umgewandelt werden in eine schöpfungsgemäße Ewigkeitsnatur, so daß am Ende dieser Entwicklung ein anthropologisch völlig positiv zu sehender Mensch, der neue Christusmensch steht.

Erziehungsmittel Selbstzucht: In diesem Werdeprozeß spielt neben den steuernden Einflüssen der Gemeinde die Selbstzucht eine ganz wesentliche Rolle. An unterschiedlichen Stellen des Kommentars wird unter dem Bild der (Mit-)Regentschaft der Anteil der Gläubigen an ihrer Persönlichkeits-veränderung erörtert. (42/104/113/- 373/431/455f.) Wer um die „Krone der Untödtlichkeit" ritterlich kämpft, „sich selbst und alle bösen Anfechtungen bezwingen, meistern, seines Muth's Herr sein wird", der wird „alles das, was ihn von Christo abfällig machen wollt, überwinden und übersiegen."(42) Die Zähmung des Leibes, die Herrschaft über den eigenen Mut und über alle irdischen Dinge anzustreben (104), als Christ das Gemüt gänzlich auf das Faktum der Leidensbereitschaft auszurichten (113), und dabei der Neigung zu widerstehen, in die Rolle des „Schattenbruders", konkretisiert durch die biblischen Gegenspieler Kain, Esau, Goliath etc., auszuweichen.(113f.) Das sind Forderungen, die an den Gläubigen gestellt werden. Er soll sich nicht mit der Aufspaltung seines Wesens abfinden, sondern er soll durch die Besserung des Lebens zur Einheit des Seins in Christus finden. Die beste Möglichkeit zur Verwirklichung dieser Forderung wird in der Absonderung gesehen. Sie hat sowohl erzieherische als auch schützende Funktion, darum wird der Christ ermahnt, da, wo eine Meidung der Welt dinglich nicht möglich ist, als einen Akt von Selbstdisziplinierung eine innere Emigration anzustreben. Der gemeindepädagogische Auftrag lautet verkürzt: „Sondert euch ab von der argen Welt ... nicht allein mit den Füßen, sondern, daß ihr auch von ihren sündlichen Leben ausgegangen seid ... und sich ihr nicht mehr gleich stellet. Und ob ihr gleich leiblich, bei, oder unter ihnen sein müsset, doch mit den Gemüth, mit den Herzen, und mit den Sitten weit weit aus der Welt weichen. Denn mit ihnen beharren, Theil und Gemein' haben, ist mit ihnen in Ewigkeit zu Grund gehen und verderben. ... Darum wird den Glaubigen und Frommen eine sehr treue Vermahnung geben, heraus zu ziehen von Babel."(343)

Lohn und Strafe: Der Mahnung folgt, und das geschieht in der täuferischen Literatur mit großer Regelmäßigkeit, die Warnung vor dem Tage des Gerichtes. Das Prinzip der Vergeltung des Guten und des Bösen wirkt im Zusammenhang mit der Ermahnung zum Tun des Guten als eine ständige Motivationsverstärkung. „Denn der Tag der Rechnung eures Gewinns, und die Stund der Belohnung, guter und böser Werke ist nicht weit ... einen jeden nach seinen Werken und Verdienst zu bezahlen und zu geben."(9) Tadel, Strafe, Warnung vor den schlimmen Folgen eines Tuns, ebenso wie Lob und die Inaussichtstellung einer Belohnung gehören zu den wirkungsvollsten Erziehungsmitteln. So werden auch die biblischen Verheißungen von Lohn bzw. Strafe durch den Kommentar aufgegriffen und differenziert, indem dem Gläubigen die Tatsache göttlichen Wissens der innerlichsten Motive und aller, auch geheimster Handlungen ins Bewußtsein gehoben wird. Er ist nun gefordert, nicht nur in seinem sichtbaren Tun Laster und Befleckung zu vermeiden, „sondern auch innerliche Schand, verkehrte Gedanken und böse Begierden im Fleisch" von sich zu weisen. Er wird, wenn es ihm gelingt, sich im Glauben hindurchzukämpfen, vom Tod ins Leben dringen.(64) Gott wird seinen Namen „aus der himmlischen Tafel, aus der Gemeinschaft und Zahl der Lebendigen, Seligen, Heiligen und Auserwählten Gottes nicht ... auslöschen oder abwischen."(65) Es wird auch geschildert, daß denen, die „um Christi willen, das zeitliche Leben verlieren, ... eine herrliche Belohnung ... nachfolgen werde ..."(121) Der Lohngedanke wird in der Auslegung zu Offb.3,21 zur vollen Entfaltung identifikatorischer Vorstellungen benutzt. Wer überwindet, für die Wahrheit streitet usw., der wird nicht nur teilhaben an Gottes ewigem, unbeweglichem Reich, er soll es sogar „besitzen und mit mir (Christus) gemein haben ..., mit mir essen und trinken, ob meinem Tisch in meinem Reich", und „gleichwie ich ... überwunden habe ... und also ... meines Vaters Reich besitze ...; also müßt auch ihr in dasselbe eingehen, und so ihrs tuth, ... eine gleichmäßige Belohnung empfangen ..."(81) (Anmerkung: Das Zitat enthält eine Fülle von prädikativen, adverbialen und attributivischen Erweiterungen, die der Veranschaulichung des jeweils gleichen Sachverhaltes dienen und hier ausgelassen wurden.) Unter Christi gnädiger „Verwaltung und Beschirmung" werden sie „in den rechten Schoß Abrahams, im wahren Paradies, am Ort der seligen Ruhe und Freude behalten sein." Und im Blick auf die Märtyrer, „die das Kreuz Christi bis an ihr End, aber hinaus an den Berg Calvaria, an die Schädelstätte tragen und hingerichtet werden", heißt es, daß ihre „geistliche untödtliche Substanzen, welche überbleiben, wenn gleich der Leib verzehrt und verderbet wird"; unter dem Altar Gottes gesammelt werden.(121) Belohnung und Strafe, hier nicht als unmittelbare Verhaltensfolge, sondern in der mittelbaren Form von Verheißung und Drohung erfahren, werden, damit sie den gewünschten Erfolg zeigen, noch einmal mit einer nachdrücklichen Ermahnung verknüpft, um die Frommen in ihrem Verhalten zu verstärken und die Unfrommen zur Umkehr zu bewegen. „Welchen dieses alles vorgetragen ..., der merk fleißig und nimms zu Herzen, was der heilige Geist Gottes, zu der Besserung vorhält, allen und jeder Versammlung der Aufrichtigen und Frommen, daß sie sich vor Schaden hüten, und herzhaft fortfahren;

den andern aber, daß sie sich bessern, umkehren und behalten möchten werden. Amen."(81)

Transzendentale Kontrolle: Lohn und Strafe werden deshalb in einer im pädagogischen Bereich sonst nicht vorfindlichen Totalität erfahren, weil es für die autoritative Instanz keinerlei Erkenntnisschranken und für den Menschen wegen der Transparenz der psychischen Akte keine Möglichkeit der Tarnung oder Beschönigung von Fehlverhalten gibt. Das eigene Gewissen kann getäuscht, verführt, verbogen werden, Gott nicht. Darum läßt der Kommentar die Stimme Gottes sprechen. Es „soll jedermann in der That sehen und erfahren, daß ich nicht bin, wie mich etwa die thörichten ungläubigen Menschen geschätzt haben, als wüßte ich nichts um ihr Thun, oder hätte keine Acht darauf, und würde sie nicht darum strafen; sondern werden sehen und inne werden, daß ich auch die heimlichen Gedanken, der innerlichen Begierden und Rathschlägen des Gemüths, ein Wissen gehabt, so ich sie dazumal nach derselben richten werde."(55f.) Die Feststellung, daß dies „in allen Versammlungen" (55) geschehen soll, läßt erkennen, daß mit dieser Aussage insbesondere die Frommen an die Allgegenwart Gottes erinnert werden sollen. Aufgrund solcher Totalanalyse seines Wollens, Strebens und Handelns wird der Mensch gerichtet werden, nicht nach Worten, sondern nach „Thaten, Beweisungen seines Lebens, und Früchten des Glaubens oder Unglaubens."(56) Es wird deutlich, daß vor dem Hintergrunde dieser transzendenten Kontrollinstanz der Mensch in eine totale Entscheidungssituation bezüglich seines Denkens und Handelns gestellt ist. Nicht nur die Brüder und Schwestern der Gemeinde wachen über ihn, das Auge Gottes, des Christus in ihm, tut das auch. Das Bild eines „Big Brother" taucht auf, und man könnte angesichts dieser konstanten Forderung zu der Annahme gelangen, der hutterische Mensch sei mittels der Techniken kollektivistischer Psychagogie[10] einem institutionalisierten psychischen Dauerdruck und Offenbarungszwang ausgesetzt mit allen aus diesem Zwangssystem resultierenden Folgen neurotischen Verhaltens. Es gibt in historischer Zeit auch vereinzelte diesbezügliche Aussagen[11], aber wir dürfen von unseren persönlichen Erfahrungen ausgehend sagen, daß wir in keiner der besuchten Kolonien auch nur andeutungsweise Formen physischen oder psychischen Terrors gefunden haben, die der „Verwandlung des Menschen in ein Werkzeug, dessen man sich bedient",[12] entsprochen hätten. Die disziplinierte, freundliche und selbstbewußte Grundhaltung der Koloniebewohner sprach dagegen, dennoch muß man akzeptieren, daß das Wort ‚Kollektiv' in unserer Gesellschaft zu den ideologisch belasteten Begriffen gehört. Aber nicht jedem Kollektiv wurde mit den Mitteln der Psychagogie eine makarenkosche Prägung aufgedrückt. In den hutterischen Gemeinden begegnen wir einer Ge-

---

10 Vgl. dazu Möbus, Gerhard: Psychagogie und Pädagogik des Kommunismus, Köln und Opladen 1959, S. 8

11 Vgl. Gross, Leonhardt: a.a.O., S. 37 ff.

12 Möbus, Gerhard: a.a.O.

meinschaft, die auf der freien Entscheidung des Menschen, den sein Gewissen an den Willen Gottes bindet, basiert.

Gemeinschaftserziehung: Zu den grundlegenden Zielen hutterischer Gemeindepäd-agogik gehört die Erziehung des Individuums zur Gemeinschaftsfähigkeit. Auf dieses Ziel ist die gesamte Erziehung der heranwachsenden Generation ausgerichtet.[13] Daß dieser Prozeß nicht immer und dauerhaft gelingt, zeigen die ‚Wegläufer' aus hutteri-schen Kolonien, die es sowohl in historischer Zeit gab als auch heute gibt. Zu den Voraussetzungen der Gemeinschaftsfähigkeit gehört die Bereitschaft jedes einzelnen, als Gleicher unter Gleichen zu leben und damit die geltenden Gleichheits-bestimmungen der Gemeinschaft zu akzeptieren. Der Kommentar greift den Gedan-ken absoluter Gleichheit auf und verweist die Frommen darauf, daß „einer den Herrn so viel gilt und kostet, als der andere ..."(478) Die Bedeutung, die dem Gleichheits-gedanken beigemessen wird, zeigt sich an der Bezugnahme auf das neue Jerusalem im Rahmen einer neuen Schöpfung (Offb.21). Der Apokalypsentext (Kap.21,1-8) stellt zweifellos einen Höhepunkt der endgeschichtlichen Schau des Johannnes dar. „Das Buch der Enthüllungen gipfelt in der Enthüllung Gottes"[14], das Allerheiligste wird sichtbar: Gott alles in allem! Die bei Jesaja 65,17 und 66,22 angedeutete Verklä-rung der bestehenden Welt ist aus den Worten des Johannes nicht mehr herauslesbar. Eine Großtat Gottes, in ihren Dimensionen menschliches Fassungsvermögen über-steigend, wird mit sparsam-stammelnden Worten skizziert: „Und ich sah einen neuen Himmel und eine neue Erde. Der erste Himmel und die erste Erde sind vergangen, und das Meer ist nicht mehr." Inmitten dieser kosmisch erneuerten Welt erblickt der Seher die heilige Stadt, das neue Jerusalem, und durch das Zelt Gottes bei den Men-schen ist die Trennung von Himmel und Erde aufgehoben. Die unaussprechliche Herrlichkeit und Jenseitigkeit der johannischen Vision wird nun in einem Akt von Zweckrationalität abrupt ihrer Transzendenz entkleidet und auf die Basis innerweltli-cher Wirklichkeit zurückgeführt. Das historische Jerusalem wird den Gläubigen verbildlicht, die Berge, die es umgeben, die Mauern, die es schützen, seine Tore. Gleichzeitig aber sind diese Fakten allegorisches Material: Der Herr ist die Mauer um sein Volk, die 12 Tore die „Artikeln unseres allerheiligsten Glaubens", durch die man Eingang in die Gemeinde findet (472), die Stadt selber aber ist der Himmel oder die „Stadt und Gemein Gottes."(473) Form und Abmessungen des neuen Jerusalem wer-den auf die erwünschten Realitäten der Gemeinde bezogen: Unter dem Engel, der mit dem Seher in Vers 15 spricht und der sich anschickt, „die Stadt und ihre Tore und ihre Mauern zu vermessen"(473), sind und werden „alle Boten und Diener des Herrn figurieret"(476), wie überhaupt der Text der Offenbarung in weiten Teilen „figu-risch" verstanden wird. Das güldene Meßrohr hat keinen anderen Zweck, als „die Versammlung der Gemein Gottes, und ihr Aus- und Eingang und Sicherheit, nach

---

[13] Vgl. Hildebrand, Bodo: a.a.O.

[14] Pohl, Adolf: Die Offenbarung des Johannes, 2. Teil, in: Wuppertaler Studienbibel, Wuppertal 1983, S. 301

dem Ziel der Regel, damit sie Gott abgemessen hat, zu erkundigen und zu besehen, wie sie im Glauben, im Wandel, und in der Lehr recht stehen nach Christo, und ihre Sicherheit in Gott sein."(475f.) Der Zweck dieser Aussage muß im pädagogischen Vokabular wohl mit dem Wort „Leistungskontrolle" beschrieben werden, die durch die Hirten der Gemeinde, denen das Wächteramt obliegt, ausgeübt wird. Die Form der Stadt/Gemeinde wird dann als „viereckig" beschrieben, was eine Deutung in übertragenem Sinne nahelegt. In hutterischer Sicht weist das auf die Gemeinde Gottes, in der „alle Gläubige mit einander gleich gesinnet sein, einmütiglich untereinander und beieinander wandeln, nach einer Regel herein treten. Da nicht einer zu weit hinten, der andere zu weit vor sich, einer zur Rechten der ander zur Linken zu weit hinaus will, und eines andern und seltsamen Kopfes und Sinnes sei. ... Darum ist diese Stadt nicht von Menschen mit verkehrten und zerstörten Sinnen, sondern eines Muths, Willens und Geistes nach Christo, wie sie denn berufen sein."(476f.) Dieses Gleichheitspostulat wird dann noch einmal durch die Mahnung verstärkt, daß sich in der Gemeinde einer „über den andern nicht erhebet, aufbaumet, oder sich hervor thut, und mehr sein will, denn sein Nächster, Bruder oder Mitgenoß ..." Alle sollen „gleichmäßig erscheinen und solches nach vorgeschriebener Regel und Maß von Herzen ..." Die Stadt hat die Form eines Würfels von riesigen Ausmaßen[15], aber die Gleichheit von Länge, Breite und Höhe stellt nicht nur die Vollkommenheit eines geometrischen Raumes dar, sie symbolisiert auch die völlige innere Gleichförmigkeit der Gemeinde. Ihre Einigkeit, aus dem Wirken des heiligen Geistes erwachsend, bewirkt, daß „keiner sich über den andern erhebt. Denn das thut kein Gutes in diesem neuen Jerusalem, der Stadt unseres Gottes, sondern in der Demuth (welche das Haupt und Gipfel aller christlichen Tugenden ist) einer den andern wohl neben ihn sein, bleiben, und hinkommen kann lassen; dieweil wir allesammen untereinander Brüder sein. Auch unsere Würde in den Augen des Herrn gleich ist; durch einerlei Gnad, ohne Verdienst der Werken fromm gemacht sind."(477f.) In der Deutung wird hier das Bild einer Kollektivgemeinschaft gezeichnet, deren Kennzeichen völlige Gleicheit und Einmütigkeit sind. Die Gefahren, die aus individuellen Differenzierungen und Überhebungen erwachsen, werden bewußt gemacht. Was sonst dem persönlichen Streben nach Ausschaltung jeglicher Konkurrenz unterliegt, kann man in dieser Gemeinschaft in Gelassenheit neben sich „bleiben und hinkommen lassen", weil die Wertsetzung des Einzelnen nicht aufgrund seiner Leistung, seines persönlichen So-Seins gegeben ist, sondern jedem sein Wert von außen zugesprochen wird, eines jeden „Würde in den Augen des Herrn gleich ist" und jeder demselben Gnadenhandeln Gottes unterliegt. Diese Variante gedanklicher Umsetzung der Gleichheitsaussage „allzumal Sünder" (Röm.3,23) in die gemeindliche Praxis führt zugleich zu einer Synthese des ontisch-personalen Spannungsverhältnisses[16], weil der Gegensatz

---

15 Vgl. dazu Wilckens, Ulrich: a.a.O., S. 926

16 Dieses Spannungsverhältnis wird von Luther formelhaft mit "peccator simul et justus" umschrieben. Vgl. dazu Hübner, Hans: Rechtfertigung und Heiligung in Luthers Römerbriefvorlesung, Witten 1965, S. 102 ff.

zwischen personalen und kollektiven Interessen im Leibe Christi, der als Ganzer gerechtgemacht wurde, aufgehoben ist und die Glieder des Leibes nicht in sündigem Gegeneinander operieren, sondern miteinander. Demut wird deshalb als Gipfel christlicher Tugend beschrieben, und die Verdienstlichkeit guter Werke wird relativiert. Die Technik der Exegese, die hier eine völlige Diesseitigkeit des Geschehens impliziert, läßt den Kommentar in seiner Gesamtheit zu einem Interpretament menschlicher Beziehungen in der Gemeinde und des Menschen zu Gott werden. Insofern bleibt die Schrift zwar zukunftsbedeutsam, aber alle ihre prophetischen Bilder und Deklarationen werden nicht als Voraussichten einer endzeitlichen Zukunft gewertet, sondern als Bestandteile einer Leib-Christi-Theologie bzw. -Anthropologie, die dazu dienen soll, eine Besserung des Lebens im Leibe Christi zu bewirken.

Der apokalyptische Tugendspiegel—Dimensionen der Vollendung: Besserung des Lebens drückt sich in Tugenden aus, die im Spiegel göttlicher Tugend sichtbar werden. Der hutterische Christ gewinnt Profil im Lichte der Gottesstadt. Er gewinnt es, weil die Stadt eine originäre Schöpfung Gottes ist, von Gott her. Seine Tugenden sind göttlicher Art, weil es Gottes Kraft ist, die ihn durch Erkenntnis zu frommem Wandel tüchtig macht (2.Petr.1,3), und zugleich sind sie menschliche Tugenden, weil sie der Gemeinde, mithin auch jedem kleinsten Teil dieser Gemeinschaft zugeeignet sind; denn nicht der tugendhaft Einzelne und seine Perfektionierung stehen im Mittelpunkt der Heilszueignungen Gottes, sondern sie dienen der Verdeutlichung des christlichen Lebensstils, durch den Gottes Herrschaft in der Gemeinde vorbildhaft realisiert wird. Diesem Ziele dient es, wenn der Mensch tauglich -Tugend gehört zum Wortkreis „taugen"-, und tüchtig gemacht wird, das Ziel, der Gemeinschaft des Leibes Christi gleichförmig zu werden, zu erreichen. In diesem Sinne präformiert das hutterische Verständnis von Tugend eine dringliche Aufgabe heutiger Ethik, die darin besteht, „die Privatisierung des Tugendverständnisses durch eine stärkere Einbindung der öffentlichen Tugenden auszugleichen und so der Verflechtung des Einzelnen mit den historisch-sozialen Strukturen seiner Welt Rechnung zu tragen."[17] Der historischen Konkretion der Gottesstadt begegnen wir im Sinne des Kommentars in der hutterischen Kirche und in ihren Menschen. In ihnen müssen wir auch die christlichen Persönlichkeiten sehen, deren So-Sein den Tugenden entspricht, die im Kommentartext zum 21.Kapitel der Johannes-Offenbarung aufgeführt werden. Durch ihre Positionierung im Endbereich der Apokalypse gewinnen sie eine Bedeutung, die in enger Beziehung zur Vollendung der Schöpfung in der neuen Welt Gottes steht und die deshalb wohl auch die menschlichen Tugenden und Eigenschaften herauskristallisiert, die der Vollendungsphase entsprechen, in der die Kirche Christi „mit manchen göttlichen Kräften und edlen christlichen Tugenden, dadurch sie einen Bestand haben"(480), zubereitet wird. Die Verbildlichung dieses Tugendkataloges finden wir in der Stadt mit ihren Mauern, im Gold und Glas und schließlich in den zwölf Edelstei-

---

17 Seibert, Gerd/ Wendelberger, Erhard (Hg.): Lexikon 2000, Weinheim 1983, S. 4883, Stichwort: Tugend

nen, die die Fundamente der Mauern des neuen Jerusalem tragen. Da die Präsenz des allmächtigen Gottes Anfeindungen von außen ausschließt, werden sie zu Symbolen menschlicher Tauglichkeiten, durch die die Gottesstadt, das ist die Gemeinde, bergende Begrenzung und innere Sicherheit gewinnt. Diese Steine werden „nach ihren Tugenden geistlich erklärt"[18], es werden ihnen Bedeutungen unterlegt, die das Profil der christlichen Persönlichkeit erkennen lassen. Aber es muß an dieser Stelle einem aus der Darstellungsform möglicherweise erwachsenden Eindruck vorgebeugt werden, als wären die Steine bewirkende Kraft von Persönlichkeitsentwicklung. „Die Stadt aus reinem Gold und Glas"(Apoc.21,18) ist nicht nur unendlich wertvoll, weil sie die durch Christi „Blut geheiligte Versammlung … ganz göttlicher Art" ist (479), sie ist auch „ganz durchscheinend in aller Lauterkeit, daß ihre innerliche Kraft öffentlich gemerkt werde."(480) Transparenz aller Handlungsvollzüge, alles innergemeindlichen Geschehens ist die Voraussetzung für die Ausstrahlung, die Gemeinde öffentlich haben soll. Dann werden die speziellen Eigenschaften beschrieben, die den Einzelnen zum Bestandteil des heiligen Kollektivs werden lassen. Erste und wichtigste Bedingung ist die kollektive Achtsamkeit, in deren Schutz die Gemeinde existiert und die durch den Jaspis symbolisiert wird. Dazu heißt es: „Und der Bau ihrer Mauern war von Jaspis. Und die Aufrichtung ihrer Sicherheit in Gott, war von rechten göttlichen oder heiligen Aufmerken … Denn wo man nicht mit wahren Aufmerken, in der Gemein des Herrn wandelt, bei solchen geht die Sicherheit in Gott darnieder."(479) Darum die Mahnung, „heiliges Aufmerken" walten zu lassen, „dessen Wirkung das Leben in Gott vollführen machet" und alle „Unsauberkeit falscher Lehr" verhütet. Das Prinzip der Wachsamkeit muß deshalb als eine Grundtugend gewertet werden. Im Zusammenhang mit dem Taufgelübde wiesen wir bereits auf die Verpflichtung zur Wachsamkeit und auch auf die daraus resultierenden Konfliktmöglichkeiten hin. Neben dieser Grundlagentugend steht der Jaspis für das gesamte Bedeutungsfeld menschlicher Beständigkeit.

Der Saphir (481) spricht den Bedeutungsbereich des Gehorsams an und der „Untergebung in dem Wort des Herrn, ohne welche kein rechter Grund ist." Dieser Grund bewirkt seelische Gesundheit, Gemütsstärke, zielt auf intellektuelle Klarheit und auf Selbstzucht; denn er „reinigt die Erkenntnis von allem menschlichen Wust" und „vertreibt die Brunst des Fleisches, daß man züchtig vor Gott wandelt." Der Saphir verbildlicht daneben das menschliche Streben nach Heiligkeit, wozu solche Eigenschaften wie Zielstrebigkeit und Wandlungsfähigkeit gehören.

Der Chalzedon (481f.) verkörpert stärker soziale Tugenden. Er steht für Kontaktbereitschaft, Offenheit, Hilfsbereitschaft und „Freundlichkeit, die wahre göttliche Liebe in den Menschen gebiert und anfeuert …" In der Gemeinschaft sollen „allesammen sein, brüderlich, barmherzig und freundlich", und diese Wesenszüge sollen nicht nur innergemeindlich, „nicht nur gegen etlichen", sondern generell wirksam werden.

---

[18] Randbemerkung auf S. 481 des Kommentars

Der Smaragd (482) wird als Stein des Glaubens beschrieben, „der alles was er um sich her erreichet, grünend machet ..." Als Grundlegung aller Entwicklung schenkt er dem Menschen Erkenntnis seiner selbst, die ein heilsames Streben in dem „Sündenverfallenen" erweckt. Durch den Glauben wird die Liebe geschenkt. So gilt der Smaragd als Synonym für die Fähigkeit eines Menschen, Gott und dem Nächsten seine Liebe zu erweisen und durch Lebenserneuerung ein Leben im Gehorsam gegen Gottes Wort zu führen.

Der Sardonyx (482) verkörpert die Tugend der Vorsichtigkeit im Sinne vorausschauenden und Risiken kalkulierenden Planens und Handelns. Eventuellen Neidern, die „viel Ursach suchen zu schädigen", soll mit dieser Vorsichtigkeit die Möglichkeit genommen werden, der Gemeinde Schaden zuzufügen. Die hutterische Geschichte kennt für solche feindlichen Aktionen viele Beispiele. Die dem Sardonyx entsprechende Eigenschaft menschlichen Vertrauens und die daraus resultierenden Tugenden wie Wahrhaftigkeit, Ehrlichkeit, Umgänglichkeit und Partnerschaftlichkeit machen darum die Fähigkeit vorausschauenden, klugen Handelns zu einem notwendigen Persönlichkeitsmerkmal.

Dem Karneol (482f.), „auch Sarder genannt", wird die Bedeutung göttlichen Trostes zugelegt, „der die Seel und Geist, in allen Diensten des Herrn und seiner Heiligen, fröhlich macht; darzu auch in allem Kampf wider dem Teufel, und allen Widerwärtigen." Der Karneol bewirkt, daß man „im Gemüth gestärket wird", sowohl gegen den Teufel als auch gegen Menschen und andere Widerwärtigkeiten zu streiten, „durch eiserne Türen zu laufen, und mit seinen Gott über die Mauern zu springen ..." Die Härte, die sich in dieser Aussage im Zusammenhang mit „Gemütsstärke" ausdrückt, mag verwundern, aber man muß dabei berücksichtigen, daß das Wort „Gemüt" in einem ursprünglichen Bezug zu „Mut" zu sehen ist und gegenüber dem Sprachgebrauch des 16. Jahrhunderts eine Bedeutungsverlagerung zum einseitig Gefühlvollen hin erfahren hat. Zudem weisen die im NT gebrauchten Wörter („dianoia": Denkkraft, Verstand—Mt.22,37; 1.Petr.1,13 und „nous": Vernunft—Röm.7,23/25) auf ein ganzheitlich geistig-sittliches Innenleben, aus dem vernunftbetontes und durch moralische Grundsätze bestimmtes Handeln erwächst. Gemütsstärke war also in diesem Sinne eine Tugend, durch die ein Mensch in der Rolle als Botschafter Gottes befähigt wurde, den vielfältigen Anfeindungen zu widerstehen und in Situationen akuter Lebensbedrohung, die erforderliche Festigkeit, ja Härte, sowie das notwendige Vertrauen auf die rettende Hilfe Gottes aufzubringen. Eiserne Türen und Mauern wurden zu Kriterien dieser Eigenschaft, die den Menschen in der Phase der Vollendung seines Glaubenslebens getröstet sein und in ihm die Bereitschaft wachsen ließen, für seine Überzeugung ins Leiden zu gehen.

Der siebente Stein ist der Chrysolith (483), ein goldglänzendes Mineral, das der Tugend wahrer Gottseligkeit entspricht, „die das Feuer der reinen Liebe fördert und beweiset, und göttlicher Art gemäß ist." Er beschreibt Persönlichkeitsmerkmale, die einen Menschen der Sonnenseite des Lebens zuordnen und die Assoziationen zu „Glück" entstehen lassen. Saelec, saelic wird definiert als „habend oder verdienend, gut wohlgeartet; zum glück bestimmt ... (in kirchlichem Sinne = beatus) mit ... glückbringend, heilsam; fromm, heilig; ..."[19] und entsprechend in substantivierter Form als „wohlgeartetheit, vollkommenheit, anmut, beglücktheit ..." So deutet sich eine Tugend an, die eher Zueignung ist als Erwerb. Das bestätigt auch der Kommentartext, wenn er bemerkt, daß die wahre Gott-Seligkeit durch „des Geistes Anregen in den Glaubigen jemehr kräftiger wird, löschet auch aus und nimmt hinweg alle eitle Trachtungen." Es fällt schwer, sich einen von der Natur oder von Gott derart begünstigten Menschen vorzustellen, der zudem noch frei ist von Eitelkeit und Selbstbezogenheit.

Dann folgt der Beryll (483). Er verkörpert die Tugend wahren Vertrauens, „das den Glauben gleichmäßig ist ..." Er vertreibt „Traurigkeit des Herzens", beseitigt „Mängel der Erkenntnis", richtet auf die Sonne Christi aus und zündet „das Feuer der Liebe, und göttlichen Eifer an, in den Menschen." Vertrauen, das dem Glauben gleichgesetzt wird, korrespondiert mit den Tugenden, die dem Smaragdtypos entsprechen, es überwindet emotionale Traurigkeit und Unsicherheit, wirkt ermutigend, es bildet die Gegenwart Christi ein und weckt Liebe und Eifer für das Werk Gottes.

Der Topas (483) bezieht sich wiederum stärker auf soziale Tugenden. Wem „göttliche Langmut" geschenkt ist, der wird sich als befähigt erweisen, „allen Unwillen und Zorn" zu zähmen. Dabei wird eingeräumt, daß sich zwar grundsätzlich Zorn entwickeln kann, aber daß man „doch nicht sündiget", weil die Erinnerung an die „uns vom Herrn geschehene Wohltat" Reaktionen unbrüderlicher Lieblosigkeit verhindert und damit den Einzelnen vor sich selber bewahrt, der ihm zugeeigneten „wahren Gottseligkeit" verlustig zu gehen. So sehen wir im Topas verkörpert, die sozialen Tugenden der Geduld, der Selbstbeherrschung als Steuerung emotionaler Ausbrüche und aggressiver Strebungen, als Problemlösungsverhalten über den Weg der Dialogbereitschaft, die letztlich durch eine Ich-Du-Beziehung begründet wird.

Aus dem Vertrauen, das der hutterische Schreiber in so enger Verbindung zum Glaubenkönnen sieht, erwächst schließlich „eine lebendige Hoffnung, auf welche wir wiedergeboren sind ..." Der Stein der Hoffnung ist der Chrysopras (483f.), er ist dem Chalzedon verwandt, einer kryptokristallinen Modifikation von Siliziumdioxyd. Die Hoffnung, die aus ihrer Verbindung zur Wiedergeburt lebt, bewirkt dann als Kriterium der Wiedergeburt im Gemützustand eines Christen, jene Wendung der Lebensäußerungen, die „allen Kummer und Traurigkeit der Seelen wendet, den Muth bekräftiget, und in aller Trübsal einen Trost sehen lasset; die aber, so jenes erlangt ist, das man hoffet, aufhöret." Der letzte Satzteil ist insofern interessant, als er der Hoffnung eine zeitlich begrenzte Funktion zuschreibt. Der Inhalt der Hoffnung, der hier (1.Petr.1,3ff.) angesprochen wird, ist das unverwelkliche Erbe, wodurch „ihr durch die Kraft Gottes bewahrt werdet zur Seligkeit" (Froschauer). Wir erinnern uns der Bedeutung von „Seligkeit", und erfahren durch einen marginalen Verweis auf 1.Petr.1 von den „bewärnussen" des Glaubens in Leiden und Versuchungen während

---

[19] Matthias Lexers Mittelhochdeutsches Taschenwörterbuch, Leipzig 1956, S. 175

der letzten Zeit.[20] Wir erkennen in der Begrenzung des Hoffnungsaspektes zugleich einen Hinweis auf präzise Interpretation des neutestamentlichen Textes, der (in den Versen 5 bis 7) die Überzeugung erkennen läßt, „daß dieses lypeisthai sicher und rasch vorübergehe, eigentlich schon vergangen sei."[21] In der Bewährung aber liegt die Erfüllung „des das man hofft", und in der Aufhebung der Hoffnung erfüllt sie sich. So symbolisiert der Chrysopras letztlich die Fähigkeit zu einer das Leiden überwindenden Hoffnung, zu einem wahnfreien Optimismus, weil die Kraft Gottes den Glaubenden bewahrt.

Vom Hyazinth (484), einer Abart des Zirkon, heißt es: „Das ist wahrer Frieden, der Ruhe im Gewissen machet, und der Seelen Sicherheit bringet ..." Die Tugend, die hier angesprochen wird, gehört zu den psychischen Qualitäten und deutet auf eine ausgeglichene, spannungsfreie psychische Struktur hin. Die im Laufe des individuellen Entwicklungsprozesses aufgebauten Gegensätze der psychischen Instanzen, das autoritär besetzte Über-Ich, der „Übervater", der Gewissensangst und gerechtmachendes Werken produziert, scheinen im Katalog der psychischen Befindlichkeiten des idealen Gemeindegliedes zu fehlen, was letztlich Rückschlüsse auf eine repressionsfreie Erziehung zuläßt. Man legt „sich ganz mit Frieden schlafen", man gewinnt Handlungsfreiheit, wir könnten hier vergleichsweise den Begriff „Autonomie" benutzen, um mutig „wider alles verkehrte Vorhaben der Menschen" tätig zu werden.

Der letzte Edelstein, der die Mauern des neuen Jerusalem stützt, ist der Amethyst.(484) Er gehört zu den erdgeschichtlich ältesten Edelsteinbildungen. Seine typologische Bedeutung liegt in der „Mäßigkeit", im rechten „Maß in allen Dingen". Er verhindert „allen Mißbrauch der Kreatur" und fördert die Bereitschaft zu „innerweltlicher Askese"(Weber). Eine Besonderheit hutterischer Lebensführung liegt auch heute noch darin, daß man aller Verschwendung, allem persönlichen Luxus abhold ist, man insofern kein Konsumpotential im volkswirtschaftlichen Sinne darstellt. Wo aber die Interessen vom Konsum, im weiteren Sinne vom Streben nach ständiger Verbesserung des materiellen Lebens weggeführt werden, da zeigen sich Möglichkeiten geistiger Entwicklung, geistiger Klarheit und ganzheitlichen Denkens und Erkennens. Zu den dem Amethyst zugerechneten Eigenschaften gehört es, daß er „gutes Verständnis" gibt und „Erkenntnis der vorgehaltenen Dingen leicht begreifend."

Nach diesem Tugendkatalog, der aus einer Allegorese gewonnen wurde, wird im Kommentar auf die zwölf Tore Jerusalems Bezug genommen, die aus zwölf Perlen bestehen, jedoch wird sofort betont: „Hie mag man wohl verstehn, daß diese Dinge

---

[20] Der griechische Text spricht von Betrübnissen, Froschauer von Bewährung. Wir verwenden hier das Wort *Leid*, das bei Wilckens (a.a.O.: S. 827) und in verbaler Form auch in der Einheitsübersetzung (NT: S. 268— "unter Prüfungen *leiden* ") gebraucht wird. Luthers Übersetzung "traurig sein in mancherlei Anfechtungen" entspricht nur unzureichend der Erfahrung des Martyriums als latent gegebener Bedrohung.

[21] Rienecker: Schlüssel, S. 573

müssen geistlich verstanden werden. Denn man findet keine Perlen so groß, daraus man Pforten machen kann ..." Eine Bezugnahme auf Jesu Gleichnis von der köstlichen Perle (Mt.13) verweist noch einmal auf den gleichnishaften Charakter auch dieses Teils der ganzen Vision.

Wir versuchen einen Rückblick. Die Zugehörigkeit zur Gottesgemeinde, die weltimmanent existierend auf ein kommendes Äon ausgerichtet ist, setzt Tauglichkeiten des Einzelnen voraus, die sich von Tugenden und Eigenschaften eines lediglich auf die Diesseitigkeit bezogenen Lebens unterscheiden. Sie erwachsen aus einer Neugeburt der Person. In der Bildsprache der Apokalypse werden sie mit Materialien verglichen, die in der Zeit der Entstehung der Schrift hohe Werte verkörperten: Gold, Perlen, Edelsteine, Glas. Durch ihre Positionierung als Grundsteine der die Gemeinde beschützenden Stadtmauern werden die Edelsteine zu Symbolen tragender, grundlegender Persönlichkeitsmerkmale, die ihre Wirksamkeit gegen Verunsicherung und Anfeindung entfalten. Gemeinde soll transparent sein, berechenbar und damit verläßlich. Darum müssen auch ihre Menschen unter dem Aspekt der Transparenz die Entwicklung ewigkeitswirksamer Tugenden erkennen lassen. Wir ordneten den Leittugenden ableitbare Persönlichkeitsmerkmale und Handlungsbereitschaften zu. Alle diese Tugenden sind von Gott gewirkt, und denen sie eignen, sind „verzeichnet, eingeleibt und verpflichtet in dem Bund des Testamentes Gottes, in die Gemeinschaft Christo, als die ihren Theil mit ihm haben."(489) So gewinnt Persönlichkeit ihrem eigentlichen Wortsinn entsprechende Bedeutung, wenn durch das äußere Sein das Wesen des Christus hindurchtönt (per sonare). Am Ende des gesamten Kommentars werden mit dem Ansprechen des menschlichen Wollens noch einmal die Spannungspole sichtbar gemacht, zwischen denen der Christ die Synthese finden muß.(508ff.) Die in Offb. 22,17 angesprochene Freiwilligkeit führt zu der Frage: „Wie soll ich das verstehen"? „Wie steht es denn in unsern Willen?" Liegt doch alles in Gottes Erbarmen! Für den Einzelnen bleibt dennoch die Möglichkeit der Verneinung, weil der geforderte Gehorsam im Blick auf die Vollendung personaler Entwicklung ein absoluter Gehorsam ist; denn „man muß aber wollen wie Gott will."(509) Das ist die Bedingung, und in ihr präsentiert sich das Übernahmeproblem, durch dessen individuelle Lösung über die grundsätzliche Frage der Zugehörigkeit zur Gottesgemeinde entschieden wird. Wer den Willen Gottes zu seinem eigenen macht, wählt den Weg durch die enge Pforte, den Weg der Kreuzesnachfolge. Man folgt Christus nicht „nur zu Cana auf der Hochzeit, beim Einreiten zu Jerusalem" oder wenn er Brotwunder tut, sondern das Bekenntnis zu ihm betrifft auch die Ärmlichkeit der Krippe (Mt.2), seine Heimatlosigkeit (Mt.8,20) und den Gang zur „Schädelstätte, da er Galle und Essig trinkt."(509) Das Streben nach Wohlleben und Freude wird abgeblockt, statt dessen wird der Jünger auf den schmalen Weg verwiesen, der die Bereitschaft, ja den Willen zum Leiden involviert.(510)

Zusammenfassung:

1. Im Kommentar zur Johannes-Apokalypse finden wir einen frühen Prototyp hutterischer Exegese, der der Lehre dient. Die ursprünglich endzeitliche Ausrichtung wurde
zugunsten moralisch-ethisch orientierter Homilien aufgegeben, die durch ihre erziehungswirksamen Impulse das heilige Kollektiv auf die Bewältigung der im Diesseits
entstehenden Aufgaben vorbereiten sollten. Durch die Relativierung von Zeiten und
Zahlen wurden Elemente rationaler Deutung in die Exegese eingeführt, die der emotionalen Stabilisierung der Gläubigen dienten.

2. Die Gemeinde muß ständige Absicherung gegen Bedrohungen aus ihrem Inneren
und auch von außen erfahren. Die diesbezüglichen Ermahnungen beziehen sich nicht
nur auf das Gemeindekollektiv und ihre Leiter, sondern, indem sie ganz gezielt auf
das Individuum innerhalb der Gemeinschaft ausgerichtet sind, dienen sie der Sozial-
isierung des Einzelnen. Dabei wird der Jünger mit seinem in der Gemeinde wirkenden
Gegenbild konfrontiert. Individuelle Schwächen resultieren aus prinzipiellem Unglauben. Sie äußern sich in Ungehorsam, weil da, wo Gottes Allmacht bezweifelt
wird, die Neigung erwächst, eigene, gottabgewandte Wege zu gehen. Eine logische
Weiterentwicklung der Abwendung vom Wege Gottes führt zuletzt zur Verkehrung
der Lehre Christi und zur Verneinung seiner Gottessohnschaft.

3. Diese Negativtypologie erfährt eine extreme Steigerung durch die Tatsache, daß
selbst in der Gemeinde Menschen zu finden sind, die durch Umdeutung oder Ver-
heimlichung von Fakten Unwahrheit produzieren, dabei aber im Schein der Rechtschaffenheit verbleiben. Gemeinschaft wird durch derartige Verhüllungen substantiell
gefährdet. Es entsteht die Gefahr einer Scheinwelt, in der man nur dem Namen nach
lebendig ist. Christliches Leben wird unter dem Eindruck solcher Gegebenheiten in
seiner weltimmanenten Wirkung in Frage gestellt.

4. Jeder Gläubige wird durch Christus befähigt, seine Triebstruktur zu beherrschen.
Voraussetzung dieser Fähigkeit ist die Teilhabe an der ersten Auferstehung, die wir
als Bekehrung oder Wiedergeburt bezeichnen. Sie führt zur Entwicklung neuer Lebensstrukturen und damit zur Realisierung eines gültigen Lebens, das für die Erlangung ewigen Lebens qualifiziert. Am Ende dieses Umwandlungsprozesses steht der
völlig positiv zu sehende Christusmensch. Das Erziehungsmittel, das den ganzen
Prozeß steuert, ist die Selbstzucht, die über die Zähmung des Leibes und seiner Begierden eine Besserung des Lebens anstrebt. Durch Absonderung von der Welt bzw.
durch innere Emigration findet der Gläubige den Freiraum, in dem sich die neuen
Lebensformen entwickeln und stabilisieren können.

5. Lohn und Strafe dienen auch in diesem Zusammenhang der Motivationsverstärkung. Sie werden wegen der unbegrenzten Erkenntnisfähigkeit der autoritativen
Instanz, in einer im pädagogischen Bereich sonst nicht vorfindlichen Totalität erfahren. Die grundsätzliche Transparenz aller psychischen Akte verhindert jegliche Ver-
hüllung persönlicher Motive und liefert den Menschen der ständigen Kontrolle tran-

szendenter Instanzen aus. Die Lebenspraxis der hutterischen Gemeinden zeigt aber, das sie nicht den Ergebnissen kollektivistischer Psychagogie zu vergleichen ist, vielmehr bestimmt die Tatsache freier persönlicher Entscheidung die menschlichen Beziehungen innerhalb des christlichen Kollektivs.

6. Auch in dieser Lehrschrift wird als Ziel hutterischer Gemeindepädagogik die Gemeinschaftsfähigkeit des Individuums thematisiert. Eine theoretische Unterstützung findet der Gemeinschaftsgedanke in Deutungen, die aus der Vision der Gottesstadt gewonnen werden. Die Vollkommenheit eines geometrischen Raumes symbolisiert die Gleichförmigkeit aller Individuen. Hier wird der Einzelne in seinem individuellen Sein aufgehoben in der undifferenzierbaren Vielheit aller Elemente kollektiven Seins. Gleichheit erwächst aber nicht aus dem menschlichen Streben nach Nivellierung naturgegebener Unterschiede, sondern durch die Wertsetzung, die jedem in gleicher Weise von Gott zugesprochen wird. Gerechtmachung ist nun nicht mehr Gottes individueller Gnadenzuspruch, sondern auch kollektive Justification des Leibes Christi, die der Besserung des Lebens der Gemeinde in der Welt dient.

7. Der Heilsplan Gottes mit Welt und Menschheit führt im Ergebnis zur Schaffung eines neuen Himmels und einer neuen Erde. Die Gemeinde ist in ihrem diesseitigen So-Sein eine Vorwegnahme dieses Zieles, ist „ankünftige Zukunft". Sie ist in ihrer irdischen Existenz identisch mit der johannischen Vision des neuen Jerusalem. Die Menschen dieser Gottesstadt müssen deshalb in ihrer Persönlichkeitsstruktur jene eschatologischen Qualitäten besitzen, aus denen ein gültiges, für die Ewigkeit qualifizierendes Leben erwächst.

8. Der Kommentar zur Offenbarung Johannes des Theologen läßt seinem Charakter als Lehrschrift entsprechend eine Anzahl pädagogischer Tendenzen erkennen, die wir abschließend noch einmal benennen wollen: Der Text will zuallererst Erziehung bewirken durch Wissensvermittlung, durch individuelle und kollektive Achtsamkeit, durch Selbstkontrolle bzw. Selbstzucht, durch immanente bzw. transzendente Kontrollinstanzen, durch den gezielten Einsatz von Lohn und Strafe, durch kontinuierliche Unterweisung und alternierende Wiederholung, und gleichzeitig setzt er einige dieser Erziehungsmittel als Ziele, so die Wissensvermittlung, die Achtsamkeit, die Fähigkeit und Bereitschaft zu selbstkontrolliertem Handeln. Die Vermittlung rationaler Gesichtspunkte dient der Schulung des Realitätsbewußtseins und der Denkerziehung und gleichzeitig emotionaler Stabilisierung. Einen besonderen Stellenwert erlangt sittliche Erziehung, Ihr Gelingen bestimmt das Gelingen der Erziehung und das Funktionieren des hutterischen Gemeinschaftslebens. Daß die Persönlichkeitsstruktur des Menschen und der Gesamtbereich seiner Emotionalität unter Berücksichtigung der religiösen Zielstellungen des Kommentars ebenfalls der erzieherischen Einflußnahme unterliegen, soll nicht unberücksichtigt bleiben. So begegnen uns im hutterischen Apokalypsen-Kommentar erkennbar Elementarbereiche systematischer Erziehungslehre: Information, Motivation, Sozialisation, Rationalität, Emotionalität und religiöse Erziehung.

3.1.4 Das Lied als Erziehungsmittel in der Gemeinde:

Neben die tägliche Lehr tritt das geistliche Lied. Schon früh haben die Hutterer erkannt, daß dem Lied in der Erziehungspraxis der Gemeinde eine bedeutsame Rolle zukommt. Sie nutzen das Lied als ein Medium, um „die moralischen Kräfte beim Volke zu wecken und zu leiten."[1] Peter Ridemann weist in seiner „Rechenschaft" darauf hin, daß Gesang nicht um seiner selbst willen geübt werden dürfe, sondern um der Texte willen; denn sie sind darum durch das Anregen des heiligen Geistes verfaßt worden, „daß sie auch den Menschen zur Gottseligkeit reizen und bewegen."[2] Aus dieser klaren Zielstellung bestimmt sich die Art der Darbietung: Das Singen muß durch desselben Geistes Anregungen geschehen, „soll es anders in rechter Weise und Art geschehen und dem Menschen nutzlich sein. Wo aber das nit geschieht und der Mensch nur aus fleischlicher Lust oder umb des Wohlklingens willen singet oder was er solches daran suchet, der verkehret sie ins fleischliche und weltliche und singet nit geistliche, sonder buchstabische Lieder … Der es aber geistlich singet, der trachtet und denket einem itzlichen Wort darinnen auf das fleißigst nach, wie weit und wohin es reiche, warumb es dahin gesetzet sei (2.Tim.3,14-17) und wie es ihm zur Besserung diene."[3] Bei häufiger Wiederholung der Lieder zeigt sich als ein wesentlicher Effekt, daß sich die Texte und ihre belehrenden Inhalte im Gedächtnis des einzelnen Gemeindegliedes so festsetzen, daß sie zu einem ständig wirkenden Steuerungsmechanismus in den psychischen Bereichen des Individuums werden. Hier soll als ein Beispiel das „Lob der Ruten"[4] angeführt werden. Es ist der Prototyp der Gattung „Erziehungslied" und hat deshalb an anderer Stelle[5] eine entsprechende Untersuchung erfahren. Wir wollen ebenfalls den Versuch einer Betrachtung unternehmen; denn es ist eines der wenigen Lieder dieser Gattung, die sehr früh in der hutterischen Literatur bezeugt sind, zum andern reicht dieses Lied wirkungsgeschichtlich bis in die Gegenwart hinein.

Die methodische Durchleuchtung erfolgt nach einem Schema, das Brednich verwendet.[6] Die Interpretation beginnt auf der Text-Ebene, analysiert dann die Kontext-Ebene und geht in unserem Falle unter Auslassung der Performanz-Ebene auf die System-Ebene über.

---

1   J.G.C. Spazier 1793, zit. nach Pulikowski, Heidelberg 1933, S. 42

2   RR: S. 131

3   RR: S. 132

4   Gesangbüchlein. Lieder für Schule und häuslichen Gebrauch, Cayley/Alberta 1974, S. 179-184

5   Brednich, Rolf Wilh.: Erziehung durch Gesang, in Jahrbuch für Volksliedforschung, Berlin 1982/83, S. 124 ff.

6   ibid.: S. 114 ff.

Die Text-Ebene: Der Text des Liedes wird einer inhaltlich-strukturellen Bestimmung unterzogen. Dabei ergeben sich sechs inhaltliche Themenbereiche: 1. Das Lob der Ruten als Zuchtinstrument (Str. 1-3): Nennung des Materials (Birke), Verweis auf die göttliche Herkunft und Bestimmung der Strafe, ihre Gleichsetzung mit Zucht (Erziehung), Bewahrung und Heilung.

2. Der elterliche Erziehungsauftrag (Str.4-8): Darstellung negativer Folgen falscher Zuchtausübung, Erziehung ist wesentlicher als tägliche Nahrung, biblisch-anthropologische Begründung, die pädagogisch fruchtbare Zeit: Kindheit/Jugend, „Der Apfel fällt nicht weit vom Stamm", familiäres Umfeld und Eziehungsprodukt, Laster der Jugend.

3. Das biblisch begründete Negativbild (Str.9-12): Warnung vor erzieherischem Fehlverhalten, Ergebnisse falscher Erziehung, Erinnerung an den biblischen Auftrag.

4. Zielsetzung und Motivation (Str.13-14): Gottes Verheißung und Gebot (4.Gebot), Ausweitung der Verheißung auf das Himmelreich, Strafandrohung für die Übertretung des 4. Gebotes.

5. Drei biblische Negativbeispiele (Str.15-17): Ham, die Söhne Elis, Absalom; an diesen Beispielen werden die Konsequenzen kindlichen Ungehorsams mit ihren möglichen Rückwirkungen auf die Erziehergeneration gezeigt.

6. Die abschließende Lehre für die Erzieher (Str.18): Verzärtelnde Erziehung bzw. versäumte Züchtigung wird negative Folgen zeitigen. „Je größer das Kind, je größer die Angst." Verpaßte Gelegenheit schließt Korrekturmöglichkeiten aus.

Die Kontext-Ebene: Hier sind zunächst bibliographische Angaben von Interesse. Das Lied ist kein originales Huttererlied, wurde aber früh, vermutlich während der Walpot-Ära in den Fundus hutterischen Liedgutes aufgenommen. In der zweiten Hälfte des 16. Jahrhunderts und im frühen 17. Jahrhundert ist es mindestens elfmal außerhalb des hutterischen Liedgutes als weltliches Kinderzuchtlied in Drucken und Handschriften bezeugt, in der frühesten Drucklegung unter dem Titel „Ein schön Lied, Von der Ruten um Kinderzucht. Im thon, Ich stund an einem morgen. Allen Eltern und Kindern, sehr nutz und not in diesen zeiten zu singen." Als Verfasser wird ein Alexander Heldt genannt, als Drucker Friedrich Gutknecht, der zwischen 1548 und 1584 in Nürnberg druckte.[7] Daß es unter Weglassung der Verfasserstrophe von den Hutterern übernommen wurde, liegt in seinem Inhalt begründet. Das leitet uns über zur

Systemebene: Aus dem Lied ist zu schließen, daß im hutterischen Erziehungssystem die Prügelstrafe ihren festen Platz hat. Die körperliche Züchtigung ist im 16. Jahr-

---

7   ibid.: S. 129 A.

hundert jedoch nicht spezifisch hutterisch. Sie ist für diese Zeit vielfältig bezeugt[8] und gehörte im Mittelalter zu den häufigsten Mitteln, einen Menschen aus einem Schuldverhältnis zur Sühne zu führen.[9] Was die Prügelstrafe zu einem systemtypischen Erziehungsmittel und damit das Lied zum Bestandteil des hutterischen Liedgutes machte, ist die Tatsache ihrer Legitimierung durch die Bibel; Züchtigung ist ganz allgemein gleichzusetzen mit der Zuwendung und Liebe Gottes zum Menschen! (Sprüche 3,11-12; Hebr.12; Offb.3,19) Eine Vielzahl von Bibelstellen bietet Rechtfertigungen für die körperliche Züchtigung, und so ist im „Lob der Ruten" nichts anderes zu sehen als eine Umsetzung biblischer Lehre in die Erziehungspraxis der Gemeinde, die nicht nur im Blick auf Heranwachsende bedeutsam ist, sondern auch mit Bezug auf die Erwachsenen. (Sprüche 13; Deut.21,18-21; Gen.9,24-27; 2.Sam.18) So wie das Kind schon früh zum Gehorsam angeleitet wird, muß sich auch der Erwachsene ständig neu in diese unbequeme Verhaltensweise einüben. Er muß, sofern er Konvertit ist, in die erforderlichen Gehorsamsleistungen gegen Gott und seine Gemeinde eingeführt werden. Das geschieht unter anderem durch die „Brechung des Willens" bzw. durch Korrekturmaßnahmen, die diesem Sachverhalt entsprechen. Dieser Begriff hutterischer Erziehungslehre ruft bei Außenstehenden Befremden hervor; denn seine Verwirklichung läuft heutigem Erziehungsverständnis völlig zuwider. Wenn man aber bedenkt, daß die „Verlassung des Gehorsams Gottes oder der Ungehorsam" als die „Mutter aller Sünde"[10] und damit als Ursache auch aller zwischenmenschlichen Schwierigkeiten angesehen wird, dann wird deutlich, daß in einer Gemeinschaft, die sich als gotterwählt versteht, Gehorsamsleistung und Eigenwille des Individuums nicht als divergierende Größen bestehen können, sondern zu einer Einheit zusammengeführt werden müssen, mit anderen Worten: Der Mensch muß lernen zu wollen, was er soll! Eigenwille ist in der hutterischen Anthropologie negativ besetzt: Eigennutz, Neid, Mißtrauen, Haß und ähnliches sind Folgewirkungen. Die „Brechung des Willens" dient der Überwindung dieser negativen Eigenschaften und dem Erlernen sozialer Verhaltensweisen[11], also der Eingliederung des Individuums in die Gemeinschaft. Zur weiteren Untersuchung wurden „Die Lieder der hutterischen Brüder" herangezogen, sie werden im Folgenden kriterienbezogen untergliedert. Dabei wurde das Interesse vornehmlich der Hauptgruppe der Lehrlieder zugewandt. Diese sehr umfängliche Gruppe ist zwar vom Kinderzuchtlied[12] zu unterscheiden, aber es ist unübersehbar, daß die große Mehrzahl der

---

8   Günther, Karl-Heinz u.a.: Geschichte der Erziehung, Berlin 1976: S. 71; Paulsen, Friedrich: Geschichte des gelehrten Unterrichts auf den deutschen Schulen und Universitäten vom Ausgang des Mittelalters bis zur Gegenwart. Leipzig 1919: S. 24

9   Vgl. dazu v. Hentig, Hans: Die Strafe -Frühformen und kulturgeschichtliche Zusammenhänge, Bd. 1, Berlin/Göttingen/ Heidelberg 1954: S. 193 f., 387, 389

10 RR: S. 55 f.

11 Hildebrand, Bodo:a.a.O., S. 84

12 Brednich, Rolf Wilh.: a.a.O., S. 130

Lehrlieder als religiös-didaktische Dichtung zu klassifizieren ist, daß sie durch ihre Texte im Sinne täuferischer Wertvorstellungen erzieherisch wirken.

1. Die Märtyrerlieder: Sie stellen eine relativ einheitliche Gruppe dar. Sie fußen zu einem Teil auf aktenkundig gewordenen Prozessen gegen Täufer, speziell gegen Hutterer. Im Aufbau folgen sie einer bestimmten Struktur, deren Elemente bei einzelnen Liedern in der Reihenfolge variieren, aber immer gleichbleiben. Ausnahmen treten auf, wenn in einem Lied nacheinander über mehrere Personen berichtet wird. In diesem Falle enthält nur der erste Bericht die Vollzahl der Erzählelemente, die folgenden Berichte erscheinen verkürzt. Im LdHB erscheint daneben eine Anzahl von Liedern, die als Selbstzeugnisse solcher Täufer berichtet werden, die zwar in der Haft Torturen verschiedener Schweregrade unterworfen waren, dann aber doch wieder die Freiheit erlangten. Die Leidensthematik wird in fast allen Liedern mit der Frage nach der Leidensbereitschaft des einzelnen Gläubigen verbunden.[13]

2. Das Erzähllied (Historienlied) erzählt von biblischen Geschichten, die als historisch verifizierbar gelten. Unter derselben Rubrik werden auch solche Lieder erfaßt, die die Geschichte der hutterischen Gemeinschaft berichten, zumal letztere oftmals in Verbindung zu Erzählungen des AT und des NT gesehen werden. Als ein Beispiel kann das Lied „O reicher Gott im Himmelsthron" gelten, das um 1570 geschrieben in 57 Strophen die Thematik christlichen Martyriums an Beispielen aus dem „Märtyrerspiegel"[14] behandelt. Ein besonderer Stellenwert kommt in dieser Gruppe dem „Väterlied" zu, es erzählt in 123 Strophen die Geschichte der Gemeinschaft und ihrer Vorsteher. Ein ebenso eindrückliches Lieddokument ist das Botschgai-Lied (Nr.2), es erzählt in reiner Form, d.h. ohne Bezugnahme auf biblische Analogien, in 158 Strophen vom „Einfall der Ungarn, Türken und Tatern in das Land Mähren" und von dem „Elend, das die Gemeinde betroffen."[15]

3. Das Verkündigungslied bezieht sich auf verschiedene biblische Inhalte, die mit Lehrsequenzen und Nutzanwendungen durchsetzt sind bzw. durch eine Belehrung abgeschlossen werden. Beispielhaft ist für diese Gattung ein Lied des Vorstehers Andreas Ehrenpreis, das überschrieben ist „Ein schöner Lobgesang von dem großen Heil in Christo, seiner Geburt und Menschwerdung."[16] Es beginnt bei Adam, schlägt durch die Einbeziehung der alttestamentlichen Christusprophetie eine Brücke zum NT und erzählt dann die Geburt Jesu nach Lukas 1,26-55; 2,1-39 und Matthäus 2,1-21.

---

[13] Alle Elemente formaler und inhaltlicher Art sowie die Besonderheiten dieser Liedergruppe, desgl. die definitorischen Bestimmungen werden dargelegt durch Lieseberg, Ursula: a.a.O.

[14] v. Bracht, Tielemann J.: a.a.O.

[15] LdHB: S. 804-812

[16] LdHB: S. 857-863, 103 Strophen

4. Das Pilgerlied stellt die „Pilgerschaft", den Lebensweg eines Menschen oder einer Gruppe von Menschen unter dem belehrenden Aspekt der Heiligung (Besserung des Lebens) in verschiedenen Stationen dar. Darunter können auch Lieder anderer Gattungszugehörigkeit fallen.

5. Als Erziehungslied im eigentlichen Sinne sei hier noch auf ein Beispiel religiös-didaktischer Dichtung aus der Mitte des 17. Jahrhunderts verwiesen. Es ist überschrieben „Ein schönes Lied. Der Jugend zu einem Exempel gemacht."[17] Der Verfasser ist unbekannt, das Lied gilt als originär hutterische Schöpfung.

6. Verschiedene Formen: Lob-, Dank- und Bittlieder gehören hierher, ebenso wie Jahres- und Tageszeitenlieder, Feierlieder, Klagelieder, polemische Lieder. Letztere werden oft in dialogischer Form verfaßt, doch polemische Sequenzen finden wir auch als Bestandteile anderer Lieder.

Lieder als Erziehungsmittel: Die hutterischen Lieder greifen darüber hinaus dieselben Themen auf, die wir auch in den übrigen Lehrschriften finden. Die Gattungszugehörigkeit kann dadurch je nach Themenschwerpunkt verschieden sein. Allen Liedern aber eignet eine belehrend-erziehliche Tendenz. Besonderen Wert für die Persönlichkeitsformung möchte man den Märtyrerliedern zuerkennen. Sie schildern bildhaft und eindringlich Leiden und Existenzauslöschung des einzelnen Gläubigen als mögliche Erfahrung und machen gleichzeitig exemplarisch die gelassene Bewältigung von (Leidens-) Situationen durch den Glaubenshelden sichtbar. Das Martyrium wird zum Mittel der Überwindung des Selbst und zur endgültigen Lösung von der Wirklichkeit der Welt. Wir werden später an einem Liedbeispiel, dessen Inhalt mehrdimensional bekundet ist, die Prägnanz seines erziehungsrelevanten Inhaltes aufzuzeigen und zu analysieren versuchen. Ihre besondere Eindrücklichkeit erlangen die Lieder durch die Verdichtung und die ständige Wiederholung der Themen sowie durch ihre Präsenz im Leben der Gemeinde. Es gibt also praktisch kein hutterisches Thema, das uns nicht in der Form eines Liedes begegnet. Wir versuchen einige Themenbereiche in Kürze darzustellen und durch Textbeispiele zu belegen.

Seinsanalyse—Das Bild vom Menschen: Mehrfach wurde der Dualismus von Welt und Gemeinde angesprochen. Wir müssen ihn jedoch auch an dieser Stelle noch einmal erwähnen, weil er uns in einer Vielzahl von Liedern begegnet. Er gehört zu den Kategorien einer Wesensanalyse der sichtbaren Welt und der bewußten Anteile menschlicher Psyche, also des „Binnen", aber er reicht auch in das „Außen" hinein, hat dort seinen die Zerspaltung der menschlichen Gesellschaft und die Widersprüchlichkeit des menschlichen Handelns bewirkenden Ursprung. In einem Lied von Wolf Sailer wird die Abkehr des Menschen von Gott beschrieben:

„Es dringt daher ein schwere Zeit ... / All Welt ist abgeschnitten weit
Von Gottes Bahn ohn' Scherzen.

---

[17] LdHB: S. 323-325, 31 Strophen, Text s. im Anhang

Der Sünden Wust, des Fleisches Lust, / Hoffart und weltlichs Prangen

Nimmt überhand, all Sünd und Schand / Hat menschlichs Herz umfangen. "(194/1)[18]

Die Menschen suchen in der heiligen Schrift nach Begründungen für die Berechtigung des eigenen Weges und verkehren dabei den Willen Gottes in sein Gegenteil.(194/3)

„Mit List die falschen Kinder / Sprechen: Es hat kein Not,

Christus hat alle Sünder / Erlöst durch Kreuz und Tod.

Den Sündern Freiheit geben, / Der Blinden Führer sind,

Verheißen ihn' das Leben, / Sind selbst der Höllen Kind. "(614/12)

Der Christ hingegen geht Gottes Weg konsequent. Er beraubt das Fleisch seines Willens (195/11), „sündlich Gestalt dämpft er mit Gewalt" und erreicht so das letzte Ziel, die Einheit mit dem Vater und dem Sohne.

„Reich, Herrlichkeit hat er gemein / Mit dem Vater und dem Sohne,

Sein Herz ist gschmolzen gar in ein, / Gleich Willens mit ihm schone.

Ist jetzt werklos göttlicher Gnoß, / Des Willen aus ihm leuchtet,

Sein eigen Werk verliert sein Stärk, / Geists Kraft ihn überfeuchtet. " (196/15)

An dieser Stelle ist erneut das letzte Ziel menschlichen Werdens zu erkennen: die Christusförmigkeit und die Theosis. Daß auf dem Wege zum Ziel viele passagäre Identifikationen durchlaufen werden, machen die Lieder in vielfältiger Weise deutlich. Eine der Identifikationsfiguren ist der Ritter, der christliche Held (109;696;759;761), dessen Rüstung (845/27-28) dem paulinischen Waffenarsenal (Eph.6,11ff.) entliehen ist.

Christen „tun das Unrecht verlassen; / Fliehen die Lügen sehr,

Hurerei und die Welt tuns hassen / Und geh'n die christlich Straßen,

Die Welt folgt Teufels Lehr'. " (711/19)

Damit ist wiederum die Gegensätzlichkeit in ihrer Unüberbrückbarkeit angesprochen: Christen gehen die christliche Straße, sie verlassen allen Besitz, um frei zu sein für die Gottesentscheidung. Ohne jede Rück-Sicht gehen sie fröhlich auf die Schar zu, die sie „gottselig fromm" empfängt.(188/7)

Entwicklungsphasen: Das Ziel wird auf einem Wege angesteuert, der deutlich verschiedene Entwicklungsphasen erkennen läßt.

Die Initialphase: Wir erinnern uns ihrer Funktion. Sie leitet den Prozeß der persönlichen Umkehr ein, entspricht gewissermaßen einem pränatalen Zustand. Das eigentliche Moment der Erweckung verblaßt zwar gegenüber der Rechtfertigung und findet aus der Perspektive der Nachfolge kaum Beachtung, die innere Unruhe, die Sünden-

---

18 Alle Liedzitate werden in Klammern angegeben. Sie beziehen sich auf das Gesangbuch LdHB,1974 und geben Seitenzahl und Strophe an.

angst, die noch bestehende Ungewißheit hinsichtlich des eigenen Heilsstatus' finden wir dennoch klar thematisiert:

> *„Herr Gott, wie geht es immer zu, / Die ganze Zeit hab ich kein Ruh, ...*
>
> *Elend hab ich und Kummer viel, / Muß ich nur tragen zu dem Ziel,*
>
> *Bis ich erlang das Freudenkleid / Und die Kron,*
>
> *Die mir Gott der Herr wird geben schon. ... "(142/1-2)*

Die Akte göttlicher Gnade werden sehr bestimmt beschrieben, wie Gott „durch den Geist seiner Treu, damit er uns ohn' Schmerzen macht im Gewissen neu."(508/6) Rechtfertigung und Lebenserneuerung, initiiert durch Gottes Geist, führen zur Umkehr des Sünders, zur Wiedergeburt.

> *„Solches tut Gott durch seinen Sohn /Und ruft zur Buß den Menschen nun. "(120/3)*

Dabei durchwandern wir noch einmal die Stationen von der Erweckung bis zur Taufe. Wir nannten sie das Ritual der Einleibung. Deshalb wird die Taufe

> *„genennet, Eins guten Gewissens Bund, / Da der Mensch Gott erkennet*
>
> *Und wird zur selben Stund / Gar recht wiedergeboren*
>
> *Durch Wasser und den Geist, / Von Gott zum Kind erkoren,*
>
> *Der ihm sein Treue leist. "(509/16)*

Dann fordert Christus seine Jünger auf, „bis an der Erden Ende" das Evangelium zu sagen

> *„ ... allen Menschen gemein, / Mein Rat ihn' hell fürtraget*
>
> *Und mischt kein anders drein. / Damit sollt ihr sie lehren,*
>
> *Die's aber nehmen an / Und sich zu mir bekehren,*
>
> *Die sollt ihr taufen schon / Zur Vergebung der Sünden ... " (509/11-12)*
>
> *„Drum wer Gemein will haben / Mit Gott und seinem Sohn,*
>
> *Der muß ihm selbst absagen / Und alle seinem Tun.*
>
> *Den alten Menschen töten / Mit aller seiner Gier ... " (509/14)*

Der Mensch geht auf diese Weise „unzerspalten in den Bund Gottes" ein.(509/15)

Die Wachstumsphase: Sie ist gekennzeichnet durch das prozessuale Geschehen lebenslanger Nachfolge, die sich im Schoße der Gemeinschaft vollzieht. Darum muß zuallererst die Gemeinschaftsfähigkeit des Menschen entwickelt werden. Die Gemeinschaft muß in ihrer multifunktionalen Bedeutung sichtbar gemacht, und es muß das Verlangen geweckt werden, Teil dieser Gemeinschaft zu sein. Durch ihr erzieherisches Einwirken entwickelt sich eine ständige ‚Besserung des Lebens', die auf die Ebene der Heiligung erhebt. Naturgemäß liegt in dieser Phase der Schwerpunkt pädagogischer Einflußnahme, durch die über die Erlangung von Zwischenzielen der Mensch zum Endziel seiner Entwicklung geführt werden soll. Dabei verflechten sich in manchen Fällen Weg und Ziele zu einer Einheit. Gehorsam, Gelassenheit, Besserung des Lebens, Heiligung stellen sich nicht nur als Ziele dar, sondern sie sind zugleich Mittel zur Erlangung des Zieles, in Gelassenheit die Heiligung zu erreichen, sind der Weg selber.(605/22) Wir wenden uns zuerst dem Ziel der Gemeinschaftsfähigkeit zu und suchen die Attraktivität des Gemeindebildes in der Lieddichtung aufzuspüren.

1. Gemeinschaft wird in vielen Liedern „minnehaft"[19] besungen. Hänsel Schmid, auch Raiffer genannt, wahrscheinlich weil er aus dem Tiroler Dorf Raiffach stammte, war einer der erfolgreichen hutterischen Missionare. Das LdHB enthält 15 seiner Lieder. Raiffer, der 1558 den Märtyrertod starb, war es ein Hauptanliegen, „von der wahren Gemeinschaft Christi"(592-597/34 Strophen) zu singen.

„Mein Eifer tut mich dringen, / O Gott, gib mir dein' Kraft,
Ein neues Lied zu singen / Von wahrer Gemeinschaft."(593/1)

Wir begegnen in seinem Lied zuerst der Feststellung, daß die wahre Gemeinschaft nach der Zeit der Apostel zerstört wurde. Danach entwickelt er in historisierender Darstellung mögliche Gemeinschaftsformen und beschreibt menschliche Verhaltensweisen, die den Bestand von Gemeinschaft ermöglichen bzw. verhindern. In diesem Zusammenhang greift er auf die Schöpfung als ganzer zurück, einer der seltenen Fälle, wo in der hutterischen Literatur eine Gleichsetzung menschlicher und nichtmenschlicher Geschöpfe erfolgt, ja, wo der „Kreatur" sogar Vorbildcharakter für die menschliche Gemeinschaft zuerkannt wird.

„Die Kreatur allsammen / zeigen die G'meinschaft an,
Denn sie Gott all mit Namen / Gemein hat ordnen tun."(593/4)

Der Mensch wurde nach Gottes Bildnis geschaffen (593/4), aber er schaute begehrlich auf die Frucht des Paradiesbaumes und „muß abgesundert werden / Von der Gemein auf Erden, Der Herr will rein sie han."(593/5) Wegen seiner Abkehr von Gottes Gebot, muß er den Tod leiden. So hat der Teufel die Gemeinschaft des Menschen mit Gott zerstört.(593/7) Gott hingegen wiederholt das Angebot der Gemeinschaft.(593/8)

„Also wollt' Gott der Herre / Durch Christum seinen Sohn
Die Menschen wieder lehren, / Wahre Gemeinschaft zu han.
Durch Wort und Geist darneben, / Tät er ihn' zeigen an,
Wie man vor ihn' soll leben, / Nach G'meinschaft allzeit streben,
Wie er selbst hat getan."(594/10)

Christus hat die wahre Gemeinschaft dann neu begründet. Die Apostel hat er geheißen,

„alles (zu) verlassen, / Um seinetwegen schon,
Sollen sich nicht anmaßen, / Den Eigenwillen hassen,
Mit ihm in G'meinschaft stahn.
Hab', Gut, auch Leib und Leben, / Was mag genennet sein,
Und ihn' von Gott ist geben, / Sollen's haben gemein."(594/11-12)

---

19 Vgl. zur Wortbedeutung Lexer,1956: S. 140, Stichwort "minnehaft"

So sind „G'meinschaft", ganz pointiert als Gütergemeinschaft dargestellt, und „G'lassenheit" in eins zu sehen. Der heilige Geist hat sie an einem Tage an drei- bzw. fünftausend Menschen gewirkt.(595/21) Die Jünger erhalten den Auftrag, alle Menschen diese Form der Gemeinschaft zu lehren.(594/12) Raiffer zeichnet dann die negativen Entwicklungslinien, die mit Judas und Ananias bereits zu Lebzeiten Jesu und in der Jerusalemer Urgemeinde beginnen, und er stellt fest: Diese Leute, die „voller Betrugs ware, / G'hören nicht in Christi Reich."(596/33) Allein die, die „im Gehorsam stan"(596/26), können Hände, Ohren und auch Augen sein, die dem Leib dienen,"Gottes Wort fassen"(596/27) und „Aufseher der Gemein" sind, sie haben Kontrollfunktion, auf daß man „nach Gott allein sei gesinnet …"(596/28) In einer Paralleldichtung, die wahrscheinlich hundert Jahre später von Andreas Ehrenpreis verfaßt wurde, heißt es im Blick auf die Ordnung der christlichen Gemeinschaft:

„Keiner sagt von Gütern seine, / Daß sie sein wären versteht,
Sie hielten all Ding gemeine, / Keiner unter ihn' Mangel hätt."(869/37)

Gemeinschaft mit dem Christus haben, heißt also Gütergemeinschaft haben."Christus selbst nichts Eignes hätt …"(869/28) In diese Gemeinschaft wurde er von Gott als König eingesetzt zur Herrschaft über seine heilige Gemeinde (526/8), „die ist ein Berg der Heiligkeit, / Von Gott von ewig her bereit …."(526/9) Die Wertschätzung, die hohe Würde, die sich im Selbstverständnis der Gemeinde äußert, läßt die Zugehörigkeit zu ihr zu einem erstrebenswerten Ziel werden, wenngleich sie nur über „viel Trübsal, Schmach und Pein" (601/4) zu erreichen ist. Darum bittet Raiffer in seinem Lied:"

„Lieb und herzlich Begiere / Hätten wir zu der Gemein,
O Gott, führ du uns schiere / Wohl zu den Kindlein dein,
Die sich in wahrer Liebe, / G'meinschaft und Einigkeit
Hie allezeit tun üben / Wohl zu der Seligkeit."(602/12)

Die Zugehörigkeit zur Gemeinschaft hier auf der Erde hat aber auch Ewigkeitsbedeutung. Das wird allen mit großem Ernst vor Augen geführt. Sie wird als Bedingung gesehen; denn

will „*man ein Erb' mit Christo sein / In dem ewigen Reiche,*
Muß man mit ihm in sein' Gemein / Hie G'meinschaft haben gleiche,
Als wahre Glieder früh und spat, / Durch den Geist und das Wasserbad,
Sein Leib gänzlich verpflichtet."(620/8)

Daß durch die irdische Gemeinschaft der Gläubigen ein Stück Vorwegnahme ewiger Gemeinschaft erfolgt und gleichzeitig ihre Vorabrealisierung angemahnt wird, bringt die folgende Strophe zum Ausdruck:

„Darum ihr Christen allegleich, / Die wir suchen das ewig Reich,
Miteinander zu erlangen, / So müssen wir auf Erden hie,
Mit der G'meinschaft anfangen."(419/2)

Sie wird noch inniger dargestellt durch Gleichsetzung der Gemeinde mit dem Leibe Christi.

Wer sich tut Gott „ergeben / In seinen Willen schon,
Mit allem seinen Leben / Und was er haben kann.
Verpflichtet sich der heiligen G'mein, / Daß er ein wahres Gliede
Mit ihm am Leib mög sein. "(577/74)

Der Gemeinschaft anzugehören, bedeutet also, in den Christusleib eingeleibt zu sein. Kann es eine stärkere Motivation, eine höhere Zielsetzung geben?

2. Der Willens- und Gehorsamsschulung werden dabei besondere Bedeutung beigemessen:

„So wird also gedämpfet / Vernunft und eigner Will,
Gottes Gnad sein Herze sänftet, / Dem hält er gerne still. "(199/12)

Ist dieses Ziel erreicht, kann der Nachfolger Christi bekennen:

„Jetzt halt ich dir bloß stille, / O Gott Vater und Herr,
Schaff in mir, was dein Wille / Zu folgen und begehr. ...
Ich bin der Diener dein, / Hie und an allen Orten
Will ich dir gehorsam sein. "(199/13)

Er muß, will er „ergreifen das himmlisch Ziel", in extremer Verneinung seiner selbst „die Welt verlassen, ... sein eignen Willen hassen"(527/1), und Gott „allein gehorsam sein, bis wir die Hütt' ablegen."(638/7) Solche Gehorsamsleistungen können nur erbracht werden, wenn neue Verhaltensweisen und Tugenden entwickelt werden.

3. Die Gelassenheit eines Menschen gehört zu diesen neuen Tugenden. Ihr Grundgedanke besagt, daß, wer sich Christo „tut ergeben, muß verlassen Leib und Leben ..."(153/17) Er muß dem Handeln Gottes mit dem Herzen still halten (282/3), auch wenn das das Loslassen des irdischen Besitzes und zugleich den Verlust aller menschlichen Beziehungen bedeuten würde (197/15-16); denn:

„Wer mein Jünger will werden, / Der muß vor hie auf Erden
Vor mir gelassen stahn / Und muß gar übergeben
Weib, Kind, sein eigen Leben / Und tragen sein Kreuz
Und mir täglich nachfolgen. "(311/36)

An anderer Stelle wird der Gläubige ermahnt:

„All Kreatur laß fahren hin, / Dein Schöpfer sollst lieben,
Was du verlierst, ist alles Gewinn, / Kein Schad laß dich betrüben. "(320/19)

Weil sich Leidensmöglichkeit in der Nachfolge Christi andeutet, wird der Gläubige ermutigt:

„Sei keck daran auf dieser Bahn, / Willst du das ewig Leben han,
Du mußt alles verlassen, / Geld, Hab und Gut, auch Fleisch und Blut,
Darzu dich selber hassen. "(637/16)

Gelassenheit ermöglicht Gehorsam, darum muß sie in ständiger gedanklicher Auseinandersetzung mit den Konsequenzen der Nachfolge Christi als ein Tauglichsein Schritt für Schritt eingeübt werden:

„So er mit Kreuz kommet zu dir, / Stell dich alsdann gelassen schier,
Ergib dich ihm von Herzen ..."(293/46)

4. Leidensbereitschaft: Obwohl die Tugend der Gelassenheit bereits eine bestimmte Distanz zu den Ich-Strebungen schafft, bedeutet die Bereitschaft zum Leiden in der Nachfolge des Christus eine qualitative Veränderung der Bedingungen der Jüngerschaft. Die Märtyrerlieder drücken das am eindeutigsten aus. Die Hutterer sehen in der Gabe der Leidensfähigkeit eine conditio sine qua non für die Teilhabe an Gottes ewiger Herrlichkeit.

"Wer das Reich will schauen, / Eingeh'n zur engen Tür,
Muß sich selbst verleugnen / Gott bitten für und für.
Mit Leiden, Schmach und Pein, / Sonst kommt er nicht hinein,
Sein Hals muß er biegen / Im Herzen niedrig sein."(149/9)

Als Bestandteile der Leidensbereitschaft werden hier Demut und Selbsterniedrigung als Tugenden sichtbar gemacht, die für den Heiligungsweg von Wichtigkeit sind. Wohlergehen in diesem Leben ist nach hutterischer Erfahrung nicht unbedingt als göttliche Gunst zu werten. Denn ein Vater, der sich scheut, seinen Sohn in seinem falschen Handeln unter Zuhilfenahme der Rute zu korrigieren, "den frechen Sohn zu zwingen"(283/16), der gleicht einem Manne, der der irrigen Meinung huldigt, Gott sei ihm günstig, weil er noch nicht die Zucht erfahren, doch er "mag wohl sein Rühmen sparen,

Mit Furchten sich bewahren. / All Frommen sind der Zucht von Gott
Teilhaftig worden mit Angst und Not...",(283/17-18)

und "wer Gottes Huld will haben, der muß Verfolgung han."(304/9) Christusnachfolge ist also in hutterischer Sicht mit Leiden gekoppelt, und sie ist nur durch Bereitschaft zur Leidensübernahme gültig zu machen.

"Welcher also von Herzen / Gottselig leben will,
Verfolgung, Pein und Schmerzen / Ist sein bestimmtes Ziel."(220/20)

Durch die Vielzahl thematischer Wiederholungen, in der Regel in enger Verflechtung mit der Forderung nach Gehorsam, Gelassenheit und anderen Haupttugenden, wird beim Sänger/Hörer ein Zustand der Suggestibilität erzeugt. Viele Aussagen der Bibel erscheinen uns eher als bedrohlich, nicht verheißungsvoll. Kirchliche und neureligiöse Theorien suchen deshalb heute nach Alternativen zum Bild vom gekreuzigten Gott. Angesichts des unsäglichen Leides in der Welt, ist man geneigt, Leidensbereitschaft, ja Leidenssehnsucht, als eine psychische Abartigkeit zu werten. Wir werden über diese Bereitschaft noch nachzudenken haben, wenn im Zusammenhang mit der Analyse eines Märtyrerliedes die Entwicklungsphase der Selbstentwirklichung dargestellt wird. Hier wenden wir uns zunächst vordergründig den Motivationen zu, die in der hutterischen Lieddichtung erkennbar sind.

Lohn und Strafe: Im Gegensatz zu Lieseberg, die "das Straf- und Lohnmotiv"[20] in täuferischen Märtyrerliedern schwerpunktmäßig zu den formalen Liedelementen rechnet, wird es hier als didaktisches Element gewertet. In diesem Zusammenhang erscheint die Verheißung himmlischen Lohnes als Primärmotivation, die Strafandrohung hingegen als Motivationsform nachgeordneter Bedeutung. Zudem wenden sich die zahlreichen Gerichts- und Strafandrohungen überwiegend gegen "all, die ihm nicht gehorsam sein." (154/18)

"Wenngleich der Gottlos führt sein Pracht / Und lebet hie in Freuden,
Hilft ihm doch nicht sein große Macht, / Er muß dort ewig leiden... "(86/5)

Diese Drohung betrifft alle Bevölkerungsschichten, niemand ist ausgenommen.

"Ja König und Fürsten allgeleich / Die müssen all ins Teufels Reich,
Steht lauter klar geschrieben."(668/14)

Natürlich werden damit auch Menschen angesprochen, die der einmal erkannten Wahrheit den Rücken kehren. Insofern wendet sich die Androhung von Strafe auch an die Gläubigen und soll sie zu richtigem Verhalten motivieren bzw. vor falschem Verhalten bewahren.

"Führet ein heilig Leben, / Auf daß ihr Christi Reben
Des wahren Weinstock seid.
Denn wer in ihn beleibet, / der wird viel Fruchte bringen,
Welcher aber abweichet, / Wird im Feuer verbrennen." (465/8)

Die Strafe Gottes an den Gottlosen ist oftmals verflochten mit dem Motiv der Rache für das Unrecht, das an den Frommen begangen wurde. In vielen hutterischen Liedern der ersten Jahrhunderthälfte finden wir die Naherwartung des großen Gerichtstages.

"Wenn sie gleich nehmen hie den Leib / Treiben von Haus, Gut, und Weib
So laßt's uns nicht verdrießen / Weil sie fahren mit ihrer Schar
Hinunter in die Hölle gar / Ihr' Sünd da müssen büßen." (732/29)

An anderer Stelle heißt es:

"Gott aber wird's ersuchen / Das unschuldige Blut,
Solche Mörder verfluchen, / Wie die Schrift melden tut." (788/16)

Auch der Ansicht von Lieseberg, das Lohnmotiv wirke im Gegensatz zur Androhung von Strafe "sehr oft auch farbloser"[21], können wir nur bedingt zustimmen. Für eine realistische Ausgestaltung des Strafmotivs könnten erfahrungsbedingte Gründe geltend gemacht werden. Den Aussagen über Strafmaßnahmen lagen gewissermaßen "empirische" Werte aus Verhör- und Hinrichtungsprotokollen, aus eigener Wahrnehmung in Folter und Gefangenschaft zugrunde. "Erfahrungswerte", die den Lohn der Gerechten und den Gegenstand dieses Lohnes, den Himmel, betreffen, sind dagegen

---

20 Lieseberg,: a.a.O., S. 203-208
21 ibid.: S. 208

nur auf indirektem Wege zu gewinnen und können nur in formelhafter Distanzierung oder aber in Anlehnung an Erfahrungen tatsächlich erlebter Tröstungen in der Begegnung mit Brüdern und Schwestern, also im Zusammenhang mit dem Erleben christlicher Bruderschaft beschrieben werden. Es ist ein bislang nicht bearbeiteter Aspekt hutterischer Lieder, der zwar nicht in direktem Zusammenhang mit Lohn und Strafe zu sehen ist, aber doch dadurch, daß er das Element sinnlicher Wahrnehmung in die Dichtung einfließen läßt, die Vorstellungswelt von der himmlischen Herrlichkeit, in der sich letztlich die Lohnerwartungen spiegeln, anschaulicher werden läßt. Dabei gewinnt die Lohnverheißung konkrete motivationale Bedeutung, indem sie zur "Leistung" ermutigt. Das soll ein Beispiel belegen, das hinsichtlich der Wahnehmungsintensität sinnlicher Reize überzeugt und dessen Eindrücklichkeit und Farbigkeit kaum infrage gestellt werden kann.

"Des mir mein Freund Jesus Christ / Ein Büschel gutes Myrrhen,

Des G'ruch stets in meiner Seel' ist, / Die sich dran nicht laßt irren.

Dann mir zu gut hangt er behut / Zwischen den Brüsten meine,

Die ich erkenn', nicht anders wähn' / Glaub' und Vertrauen seine. "(463/28)

In einem anderen Liede heißt es, daß alle, denen durch Jesu Leiden der Himmel aufgetan wurde, dort die Frommen finden werden,

„Die uns gar schön empfangen, / mit großen Freuden zwar,

In ihre Arm' umpfangen, / nennen mit neuen Namen,

Vor Freuden küssen gar. "(855/12)

Das Element sinnlicher Wahrnehmung gehört zu den sich wiederholenden Bestandteilen der Lieder. Geruchsempfindungen, Hautkontakte (Umarmen), Intimberührung (Küssen), Ansprache (Namensnennung) stellen Wahrnehmungsqualitäten dar, die weit über formelhafte Verallgemeinerung hinausgehen, vielmehr eine sinnliche Intensität ausdrücken, die sich nur vor dem Hintergrunde eines in Gemeinderealitäten denkenden Leib-Christi-Verständnisses erklären läßt, mit anderen Worten: die Erfahrung persönlichster Begegnung in der Gemeinde in ihrer antizipatorischen Bedeutung einer künftigen Welt bildet den Hintergrund aller Lohnverheißungen, und insofern sind sie konkret! Die verschiedenen Bildelemente der Lohnverheißungen, bei der gezielten Durchsicht von 71 hutterischen Liedern wurden zwanzig verschiedene Aussageweisen bestimmt, werden dann allerdings im Rahmen des Liedaufbaus formelhaft und methaphorisch verwendet, jedoch in ihren Zusammenhängen konkret gedacht. Dabei gebührt die „Krone" mit 25 Nennungen der „Krone des Lebens", gefolgt von der Teilhabe am „Ewigen Reich" in einem „Neuen Himmel und einer neuen Erde" (21 Nennungen), die „Himmlische Freude", stets mit Ewigkeitsbezug, findet zwanzig Erwähnungen, das „Ewige Leben" wird 19 mal verheißen. Hinter diesen Zielen bleiben die anderen Verheißungen zurück: Belohnung in allgemeiner Form (13), Erlösung bzw. Freiheit von Schmerzen, Leiden usw. (12). Das Element des „Erbens" wird 12 mal erwähnt, die Gemeinschaft mit Gott, zweimal zugespitzt auf die Mitregierung, finden wir acht mal, danach folgen das Bild von der „Hochzeit" (5), „der auserwählten Schar" (4), die mit „weißen Kleidern" angetan, in „ewiger Ruhe" (4) lebt, weil ihr „neuer Name im Buch des Lebens"(3) geschrieben steht. Bei der „Tischgemeinschaft" (2) im paradiesischen „Lustgarten" (1) wird es ein „Wiederfinden" (3) mit Brüdern und Schwestern aus dieser Weltzeit geben. In dieser Strukturierung der Lohnverheißungen zeichnet sich bereits in einem frühen Stadium der Gemeinschaft rituelles Denken ab, doch muß man dabei berücksichtigen, daß Ewigkeitsdichtung bis in die Gegenwart hinein die gleichen Versatzstücke himmlischer Dekoration benutzt.[22] Hier soll auf ein Lied von Andreas Ehrenpreis hingewiesen werden, das „Von der zukünftigen Herrlichkeit" (854/30 Strophen) handelt und in sechzehn Strophen die Erwartungen der Teilhabe an dieser Herrlichkeit konkretisiert. Gott wird erlösen von Angst, Trauer, Krankheit, Schmerzen, Leid und böser Zeit (854/8). Ein Zustand, der alle diese Negativa in positiver Qualität beinhaltet, müßte zwangsläufig eine Abstraktion menschlicher Befindlichkeit darstellen. Aber die Erwartungen werden eben nicht abstrakt beschrieben, sondern in unterschiedlichsten Konkretionen als Freiheit von ... Ebenso richtet der Autor seine Aufmerksamkeit auf die anderen Einzelheiten himmlischer Herrlichkeit, die den Gläubigen als Lohn erwarten: Heimholung (854/9), Mitregentschaft (854/10), Christusschau (854/11), Wiedersehen (854/12), Ästhetik des Lebens (854/13), Tempel und Stadt aus Gold (854/14), Klarheit Gottes (854/15), perlengleiche Stadttore, Engelgleichheit (854/16), Schmuck mit Krone und Ring (854/17), Harfenmusik und Engelgesang (854/18), Lachen und Freude vor Gottes Thron (854/19), Tischgemeinschaft (854/20), ... die Schau des ganz anderen, die Gottesschau, das ewige Licht (854/24). Wir meinen, daß die Erwartungen himmlischen Lohnes im Rahmen dessen, was „kein Ohr nie g'höret, kein Aug' gesehen nicht ..."(854/24), nicht farblos genannt werden können.

Die Erziehungsmittel: Welche Erziehungsmittel können wir in den hutterischen Liedern erkennen? Das Lied selber wurde als Erziehungsmittel bezeichnet, aber diese Aussage kann durch die gesonderte Betrachtung formaler wie inhaltlicher Elemente differenziert werden.

Die Paränese: Zuerst wenden wir uns der Mahnrede zu, die uns im hutterischen Liedgut in der Mehrzahl aller Dichtungen begegnet. Wir finden sie in unterschiedlichster inhaltlicher Ausprägung, zwischen Lockruf und Strafandrohung schwankend. Aber auch, wenn man die Paränese als literarische Gattung unter formalen Gesichtspunkten betrachten will, zeigen sich unterschiedliche Aussageweisen. Dabei sollen Kriterien, die sich aus der formgeschichtlichen Betrachtungsweise herleiten lassen, unberücksichtigt bleiben. Die Paränese in den hutterischen Liedern ist weiter zu fassen als in den neutestamentlichen Schriften. Man begegnet zwar denselben Formverschiedenheiten, aber man wird, wenn es um eine pädagogische Schwerpunktsetzung geht, von der reinen Form der Paränese (Apg.27,9f. und 22) absehen müssen. So wie der Hebräerbrief seine Anteile einer „narrativen Christologie" um eine Vielzahl von Mahnreden

---

22 Vgl. dazu Gesangbuch der Evangelisch-methodistischen Kirche, Stuttgart 1977,Nr.564, "Jerusalem, du hochgebaute Stadt...", in diesem Liede finden wir die gleichen Liedelemente.

anreichert[23] und sich deshalb als „logos täs parakläseos" (Hebr.13,22) bezeichnen kann, so die hutterischen Lieder, die im letzten immer erzählen und in die Erzählungen, die den Anlaß bieten, Mahnreden unterschiedlicher Art einfließen lassen. Nur selten ist diese Mahnrede als „aktuelle Paränese" (Dibelius) zu bezeichnen, also in enger inhaltlicher Beziehung zu dem einzelnen Text zu sehen, sondern überwiegend im Rahmen gesonderter Sequenzen, die um der Lehre Willen appositiv und usuell gebraucht werden aus einem immer aktuellen pädagogischen Anliegen heraus. Insofern ist die Liedparänese inhaltlich sehr eng thematisiert, eine ständig sich wiederholende Ermahnung zu tätigem Christenleben, durchsetzt mit Katalogen aus dem hutterischen Tugendarsenal, mit Warnungen vor der Verderbnis der Welt und den Strafandrohungen mit Bezug auf das Jenseits. Dieser Begrenztheit stehen verschiedene Aussageweisen gegenüber, die trotz inhaltlicher Gleichförmigkeit eine differenzierte Übernahme der Ermahnungen ermöglichen. Wir betrachten zuerst

die *imperativische* Aussageweise: Sie spricht den Rezipienten direkt in der 2. Person an. Die Ermahnung wird als Befehl übermittelt.

„O mein Sohn merk mich eben, / Mein Red zu Herzen nimm,

Die ich dir jetzt tu geben, / Faß fleißig in den Sinn,

Gott hab für Augen immer / Und fleiß dich seiner Gebot,

Von Armen dich nicht abkehr, / Erstatt ihn' ihre Not." (247/36)

Während in dieser Ermahnung noch die werbende Fürsorglichkeit einer Vaterstimme mitklingt, zeigt die folgende Aussage eine klare Befehlsstruktur:

„Schärfe dein Herz und Mute, / Denke: Ich will herein,

Trutz der mir etwas tute, / O, mein Gott, ich bin dein.

Bitt als ein schwaches G'schirre, / Auf Gott du dich verlaß,

Mit aufmerklichem Gemüte / Den alten Menschen haß."

In der nächsten Strophe heißt es dann:

„In Gehorsam tu dich geben ...und führ' ein züchtigs Leben ..." (647/3-4)

Befehle verfehlen in einer unter höchster Autorität lebenden, Autorität akzeptierenden Gesellschaft nur selten ihre Wirksamkeit. In der hutterischen Gemeinde wird aus dem Gehorsam gegenüber der autoritativen Instanz Befriedigung und die Erfahrung von Nähe gewonnen. Der unlustproduzierende Haß auf „den alten Menschen" hat einen Lustgewinn zur Folge, der sich in der psychischen Ökonomie als Wertzuwachs niederschlägt. Auch das Thema ewiger Strafe wird in die Paränese einbezogen, die dadurch den Charakter der Bedrohlichkeit erlangt, aber wir müssen dabei realisieren, daß diese bedrohliche Tendenz der Liedparänese durchaus dem Biblizismus der Gemeinschaft entspricht.

„Schau, Menschenkind, sei nicht so blind,

---

23 Vgl. dazu Marxsen, Willi: Einleitung in das Neue Testament, Gütersloh 1978 (4. Aufl.), S. 215 ff.

Steh' ab bei Zeit von deiner Sünd', ... "
Ob's Kreuz dir wär hie, Mensch zu schwer,
Gedenk, wie heiß die Höll' dort wär',
Willst du der Pein entrinnen, / Tu rechte Buß, denn es sein muß,
Du mußt sonst ewig brennen. "(637/13-14)

Eine andere Form der Paränese begegnet uns in der folgenden Liedstrophe:

„Kindlein, laßt uns anschauen / Den Herren Jesum Christ
Und ihm auch voll vertrauen, / Weil er der Mittler ist.
Er führet uns auf rechter Bahn, / Die uns nicht fällen kann.
Der Fahrt will ich auch warten / Und das mit Freuden tan. "(625/10)

Wir wollen sie als *pluralische* Aussageweise bezeichnen. Sie vermeidet die Unmittelbarkeit der Anrede und versucht statt dessen, auf indirekte, subtile Art Aktionsbereitschaft zu wecken. Sie bestimmt den Sprachduktus insbesondere der lehrhaften Liedanteile. Oft ist sie in das Ganze eines Gebetes eingespannt. Die folgende Textzeile, in imperativischer Aussageweise formuliert, erhält dann eine Struktur, die die Annahme der Mahnrede erleichtert, ohne zugleich ihre Bedeutung herabzusetzen. Der Befehl „Ergreift die Kron' des Lebens nun! / Gott hilft dazu durch seinen Sohn", wird dann so lauten:

„Daß wir die auch ergreifen tun, / Das helf uns Gott in seinem Sohn,
Jesu Christ, unserm Herrn,
Auf daß wir durch den Glauben in ihm / Sein's Reiches Erben werden.
Amen. "(527/11)

Der Dichter bittet um Christi Hilfe bei der Erlangung der Lebenskrone, aber seine Bitte ist gleichzeitig Mahnrede. Es wird der Eindruck von Allgemeingültigkeit und fragloser Selbstverständlichkeit erzeugt, der kollektive Identifikationsprozesse der Gläubigen in Gang setzt. Dadurch wird das ICH des Singenden in eine Gemeinschaft von Gleichgesinnten hineingenommen, die ein gemeinsames Ziel anstrebt, auf ein gemeinsames Ziel zulebt und sich im Prozeß der Annäherung schon partiell mit dem Vorbild und untereinander identifiziert. Das Leben wird zu einem gemeinsamen Ringen um das höchste Ziel. Man kann diesen Weg im Vertrauen auf Gottes Verheißungen und Jesu Führung voller Freude beschreiten. Das gilt auch für die Kreuzesnachfolge; denn nur in der Leidensübernahme verwirklicht sich volle Jüngerschaft, deren Ziel Christusförmigkeit und Teilhabe an des Vaters Reich ist. Der Wille zur Leidensbereitschaft wird durch die Modalverben „wollen" und „müssen" in besonderer Weise angemahnt.

„Christus lehret uns eben, / Wer ihm will folgen nach,
Der muß in seinem Leben / Leiden groß Ungemach.
Sein Kreuz auf sich tut nehmen / In aller Angst und Not,
Keins Leidens sich nicht schämen / Bis in den bittern Tod. "(283/12)

Nach dieser Einsetzung und Absicherung der gemeinschaftsrelevanten Liedaussagen gewinnt dann, wie beim Märtyrerlied zu sehen ist, das individuelle Geschick eines Märtyrers vorbildhafte Bedeutung für die Gemeinschaft.

Die *lehrhafte* Aussageform der Paränese in ihrer konkreten Form ist gekennzeichnet durch einen Adressatenwechsel zur dritten Person Singular. Aber der dadurch entstehende Gestus der Mittelbarkeit wird sofort wieder aufgehoben durch die Gleichsetzung aller historischen Vorbilder mit dem Haupt Christus, der die Kette der Nachfolger, in die der Einzelne aufgrund seiner Gesamtsituation als Glaubender integriert sein will, anführt. Er erkennt, daß „die je Gott haben gefallen, sind worden hie verschmächt", sie „sind Christo worden gleich ... in Kreuz, Leiden und Sterben", doch „werden sie auch erben mit ihm des Vaters Reich."(437/6-7) An anderer Stelle, betont auf die 3. Person abgehoben, heißt es: „Denn wer dort will mit erben, muß hie mit Christus sterben ..."(437/4) Es geht in dieser Paräneseform explizit um den Modus der Gleichförmigkeit, der unter Anerkennung der Vorbildfunktion zur Nachahmung, dem „Sein-wie" auffordert. In diesem Zusammenhang werden die individuellen (Helden-)Schicksale der Märtyrer bedeutsam, die sich immer wiederholen und die die Bereitschaft entwickeln sollen, diese letzte Form christlicher Identität anzustreben.

„...Welche mit Gier hie wollen dir / In Zeit gleichförmig werden.
Ins Vaters Will' ihm halten still, / Von Herzen auch ergeben."(456/16)

Alle Textbeispiele lassen erkennen, daß Form und Inhalt einander bedingen. Darum ist zu fragen: Welche zentralen Aussagen zielen auf den Sachverhalt der Pädagogie, können deshalb Erziehungsmittel genannt werden?

Die Selbstzucht: In einem Lied, das thematisch als „Bitte um Bewahrung in der Versuchung" bezeichnet werden kann, wird deutlich gemacht, daß Erziehung im Sinne des Evangeliums stets gottgewirkte Selbsterziehung sein muß. Alle Verhaltenssteuerungen müssen aus dem Zentrum des Menschen heraus geschehen, aus seiner innersten Überzeugung, einer grundsätzlichen Übernahme, besser, aus einer Verinnerlichung von Identifikationsmustern. Außen und Innen werden zu einer Einheit, einer Natur. Selbstzucht als absichtsvolle Selbstbildung wird also ein bestimmendes Erziehungsmittel, alle Fremdeinflüsse können nur initiierend, motivierend, zielsetzend, wegbegleitend, unterstützend, sichernd, korrigierend wirken oder aber fehlleitend. Es geht also in der Beziehung zum Selbstsein um souveräne Selbstbestimmung, um Autonomie.

„Sein selbst gewaltig muß er sein, / Des Fleisches Lust bezwingen fein,
Das hilf uns, Herr, obsiegen. / Stärk uns mit deines Geistes Kraft,
Das wir nicht unterliegen."(718/4)

Das Fleisch muß zum Tod willig gemacht werden.(741/6) Dabei liegt nicht nur die Bereitschaft zum Martyrium im Horizont des Möglichen, sondern es geht ganz einfach um die „fleischliche Gesinnung", die abgetötet werden soll. Sie äußert sich als Feindschaft gegen Gott (Röm.8,7), sie strebt in selbstherrlicher Verblendung eigenmächtig Lebenserfolg an:

„Vor allen Dingen / Muß der Mensch zu voran

Sein eigen Fleisch zwingen / Will er's Reich Gottes han.
Der muß nicht unterlan, / Den schmalen Steig zu gan, ... "(149/8)

Er tut es durch die Kraft des innewohnenden Christus, aber es wird auch klargestellt, daß eine solche Entwicklung nicht automatisch verläuft, sondern daß die Eigenaktivität jedes Gläubigen gefordert ist, das Kraftreservoir Christi in Anspruch zu nehmen.

„Das macht der Same Gottes zwar, / Durch den er ist geboren,
Der bleibet bei ihm immerdar, / Läßt ihn nicht werden verloren,
Sündlich Gestalt dämpft er mit Gewalt, / Des der in ihm tut wohnen ... "(195f./14)

Das Leiden: In der hutterischen Literatur wird dieses Erziehungsmittel als die Zucht-rute Gottes beschrieben. Selbstzucht erwächst aus der Christusnatur, sie wird in ihren Möglichkeiten zur Besserung des Lebens unterstützt durch die Entfaltung des Leidens-charismas, dessen erzieherische Bedeutung im 1.Petrusbrief, Kap.4,1 (vgl. Hebr.5,8) wie folgt beschrieben wird: „Hat so Christus leibliche Leiden zu erdulden gehabt, so wappnet auch ihr euch mit derselben Gesinnung. Denn leibliches Leiden bringt die Sünde zum Erlöschen."(Wilckens)

„Anfechtung, Trübsal, Schmach und Pein
Sollt' uns nicht schwer zu tragen sein,
Weil Christus auch hat g'litten.
Dann so wir am Fleisch leiden hie,
Wird die Sünd' bei uns vermieden. "(719/23)

Das Erlöschen der Sünde aber ist ein wesentliches Ergebnis des Heiligungsweges, den der wiedergeborene Mensch als Teil am Leibe Christi beschreitet. Wo Sünde er-lischt, stirbt der Ungehorsam gegen Gottes Wort und Gebot, wird neues Leben im Bereich der Gemeinde schon Wirklichkeit. Darum wird die Gleichsetzung mit dem Christus, das Sein-Wie, immer wieder bedeutsam. Sein Vorbild, aber auch die Bei-spiele der Glaubenshelden, die das Leiden in der Nachfolge Christi gelassen ertragen haben, wirkt bzw. wirken anspornend, es ihnen gleich zu tun. Das *Setzen von Vorbil-dern* gehört deshalb zu den wirksamen Erziehungsmitteln der Gemeinschaft, die, das muß immer wieder betont werden, sich als heilige Gemeinschaft versteht, und in einer „Zone verminderter Schuldfähigkeit" lebt. Diese Unfähigkeit, die Gottesbeziehung, auch das muß immer neu vor dem Hintergrunde des besonderen Leib-Christi-Verständnisses gesehen werden, durch schuldhaftes Verhalten neu und unbegrenzt zu belasten, wird durch die Leidenserziehung gestärkt.

„Es muß aber gelitten sein / Wohl hie auf dieser Erden,
So dein Volk hie soll werden rein, / Von Sünden geläutert werden.
Gott auch den liebt, der sich des übt, / Zum Unterscheid tut kommen,
Zu kommen sich ja stetiglich, / Wie ihn Gott hab' ang'nommen. "(648/4)

Wir finden in diesem Vers und in dem folgenden Beispiele lehrhafter Paränese.

„Also müssen die Frommen alle / Allhie in diesem Jammertale
Geläutert werden / Durchs Feuer der Trübsale. "(176/18)

Leiden wird nicht als Strafe, nicht als Schicksalsschlag empfunden. Die Frage nach dem Warum wird nicht vor dem Hintergrunde eines säkularen Anspruchs auf persönliche Freiheit von Schmerz und Leid gestellt. Sie findet ihre Beantwortung vom Ziele her. Der Erlangung dieses Zieles, das im Glauben Wirklichkeitswert gewinnt, dient göttliche Zucht. Darum wird sie akzeptiert.

„Wer die Kron will erwerben, / Davon uns Paulus schreibt,

Die große Freud ererben, / Der muß hie durch viel Leid,

Der Zucht sich untergeben / Mit allen Frommen gleich ... "(164/2)

Um der irrigen Meinung vorzubeugen, das hutterische Leidenscharisma ziehe zwangsläufig Unfehlbarkeit nach sich, sei die folgende Strophe zitiert. Sie zeigt, daß man in Demut um die Fähigkeit bittet, die Zuchtrute Gottes ertragen zu können in dem Wissen, daß sie aus der Liebe eines Vaters heraus eingesetzt wird.

„Dein Züchtigung zu tragen fein / Als ein gehorsam's Kindlein dein,

Damit ich deine Lieb' empfind', / Bewahr mich, Herrr, vor aller Sünd. "(702/3)

Die Absonderung: Ein Mittel der Bewahrung ist die Absonderung. Sie begegnet uns in der Lieddichtung als ein weiteres Erziehungsmittel, das den Bekehrten von allen weltlichen Vergnügungen wegführt, ihn ausrichtet auf das Ziel der Christusförmigkeit und dazu dient, seinen Heilsweg durch Vermeidung negativ wirkender Stimulanzien zu sichern.

„... Du weißt, daß ich mein Herze / Ganz sauber bhalten hab,

All Kurzweil dieser Welte / Von mir geschieden ab.

Denen, die leichtlich wandeln, / Hätt ich kein Gmeinschaft nicht,

Die wider dein Gebot handeln, / Gab ich mein Willen nicht. ..."(247/30-31)

Auch die Erzieherrolle der Gemeinde wird in diesem Zusammenhang erneut angesprochen; denn die Absonderung von der Welt -ein zentrales Thema täuferischer und nebenkirchlicher Gruppen in Deutschland[24]-, will nicht den Säulenheiligen favorisieren, sondern die heilige Gemeinde, darum ist Absonderung auch eine Sache gemeindlicher Erziehung.

„Dann mit der Gmeinschaft zeigen wir an, / Daß wir tun von der Welt ausgahn,

Ihr Leben zu vermeiden / Und begeben uns in Jesu Christ

In Trübsal und in Leiden. "(419/3)

Gefährlicher als der Haß der Welt ist ihre Freundschaft und Anerkennung. Ridemann warnt die Gläubigen in seiner Rechenschaft[25] wiederholt davor, sich der Welt gleichzustellen. Denselben warnenden Aspekt finden wir in den hutterischen Liedern.

„Nicht acht der Welte Toben, / Die wider die Wahrheit ficht,

---

[24] Vgl. dazu: Stupperich, Robert: Die Schriften B. Rothmanns, Münster in Westfalen 1970, bes. S 284 ff.: Bericht von der Wrake

[25] RR: S. 97 ff.; 138; 157 f.

Hüt dich vor ihrem Loben, / Ihr Freundschaft ist entwicht.
Ihr Fried, der hat kein Grunde, / Bleibt nicht beständig zwar,
Er wandelt sich all Stunde, / Drum veracht's ganz und gar. "(210/18)

Freundschaft zur Welt, die gedankliche Identifizierung mit ihren Reizelementen, birgt die Gefahr der Zielverfehlung für den Gläubigen und bedeutet auch für die Gemeinde den Verlust der Heiligkeit, die dem Leibe Christi eigen ist. Darum zeigt der Dichter, indem er seine eigenen, dem Zeitgeist entsprechenden Wünsche artikuliert, die Gefahr, die von dem Vorbild der Welt ausgeht.

„Ich hätt auch Lust zum Silberg'schmeid,
Zum Gold, Sammet und auch der Seid,
Damit tät ich mich zieren.
Mit Zöpfen, Porten, Seideng'frenz,
Auch schönen Kleid, mancherlei Kränz,
Tät mich von Gott abführen. "(727/7)

Deshalb kann er nicht umhin, daran zu erinnern, daß

„... wer seinen Lauf hat mit der Welt, / Der wird für kein Kind Christi zählt,
Tut sich von Gott abscheiden.
Auch von dem Reich Gottes so schon, / Weil er die Welt nicht mag verlan,
Bleibt er bei allen Heiden. "(727/3)

Die Gemeinde aber muß ganz im altestamentlichen Sinne die Berührung mit jedem unreinen Objekt vermeiden.(Lev.5.2f.; Jes.52,11; 2.Kor.6,14ff. u.a.O.)

„Weil wir vor Gott sein heilig und rein, / So müssen wir abgeschieden sein,
Kein Unreins mehr anrühren.
Wie uns der Prophet klärlich lehrt: / Seid rein, die ihr dem Herrn gehört,
Sein Gnad tut nicht verlieren. "(727/14)

Es bleibt zu sagen, daß Absonderung einen zweiten Aspekt hat, der nach innen und personenbezogen wirkt. Wir werden ihn im Zusammenhang mit der Gemeindezucht zu betrachten haben.

Das Gebet: Unsere Aufmerksamkeit gilt jetzt dem Gebet, das uns im Lied vielfach begegnet und das wir zu den Erziehungsmitteln rechnen. In der Form des Gemeindegebetes und als Teil des Gottesdienstes lernten wir es kennen. In diesem Gebet wird u.a. um Früchte gebetet, „die da bleiben bis ins ewige Leben"; um Vergebung, wo „aus Schwachheit oder Übereilung, in Worten, Werken, Sinnen oder Gedanken" gesündigt wurde, um Bewahrung „vor dem bösen Feind und Satan, welcher keinem Menschen die Seligkeit gönnet." Es werden positive Lebensziele, gültige Ergebnisse angestrebt, Fehlverhalten nach ihren Ursachen und Erscheinungsformen realisiert und die mögliche Abwehr negativer Fremdsteuerung ins Bewußtsein gehoben. Die gleichen Bewußtseinskomplexe kennzeichnen die Gebete, die in Liedern ihren Niederschlag gefunden haben. Ein Textbeispiel, das als Gemeinschaftsdichtung entstand, soll das verdeutli-

chen. Es wurde „von etlichen gefangenen Brüdern gemacht auf dem Schloß Falkenstein."(100ff.) Dreiundzwanzig Autoren haben sich mit einer oder zwei Gebetsstrophen
verewigt. In ihnen geht es um immer gleiche Themen; denn in der ersten Hälfte des 16.
Jahrhunderts als Wiedertäufer gefangen zu sein, barg die Gefahr physischer Vernich-
tung. Darum ist es interessant zu sehen, welche Wünsche angesichts drohenden Todes
geäußert wurden. Alle Strophen beginnen mit dem bittenden Appell an den starken,
den frommen, den freundlichen Gott, den lieben Vater, den Herren, den starken Schild,
der in seinem „höchsten Reich" auf seinem Throne sitzt. Lobpreis- oder Bittformeln
folgen sodann: Ich/Wir tu(n) dich fleißig bitten. Diese Formel wird dann inhaltlich
unterschiedlich gefüllt mit Bitten um Eigenschaften, die nicht zur anthropologischen
Normalausstattung gehören. Es geht um Bekennermut, Gottvertrauen, Charakterfestigkeit, Leidensbereitschaft, Geduld, Zielbezogenheit, Willenstärke, Opferbereitschaft,
Tapferkeit, Gehorsam, Liebesfähigkeit, Getröstetsein, Furchtlosigkeit und Seligkeit.
Die Beter machen einander bewußt, worauf es für sie in dieser Ausnahmesituation
ankommt, welche persönlichen Eigenschaften und Verhaltensformen zu ihrer Bewältigung erforderlich sind. Auf diese Weise wird ein gruppendynamischer Prozeß in Gang
gesetzt, der dadurch, daß jeder Sänger das ihm eigene Gefährdungsmoment artikuliert
und um die Möglichkeit der Problemlösung bittet, gemeinsame Bewußtseinsinhalte
schafft und gemeinsame Handlungsmuster anbahnt. Das Gebetslied wird so zu einem
Hoffnung begründenden Faktor, zu einem Verhalten regulierenden und Handlung
bestimmenden Medium. Daß die Situation der Gefangenschaft ebenfalls und zwar
primär erzieherisch wirkt, also den Einzelnen anreizt, antreibt, tätig zu werden, eben
diese Liedstrophen mit ihren möglichen Sekundärwirkungen zu verfassen und zu singen, muß in diesem Zusammenhang bedacht werden; denn Führung von Menschen
geschieht nur in Ausnahmefällen unter Ausklammerung ihres Lebensumfeldes und der
daraus erwachsenden situativen Gegebenheiten. Es entsteht ein erzieherisches Verhältnis, das aus der Situation der Gefangenen erwächst, sie zur Abfassung des Gebetes
antreibt, und dem dichterischen Ergebnis, das nun seinerseits aktiv auf den Bewußt-
seinszustand der Häftlinge zurückwirkt, mit anderen Worten, es besteht eine Wechselwirkung zwischen materieller Basis und ideologischem Überbau. In gemeinsam for-
mulierten Schlußstrophen bringen sie noch einmal zum Ausdruck, was sie erbitten:

„Rett uns all Stund von Teufels Schlund, / Der jetzt an uns tut werben.

Mit aller List der Widerchrist / Sucht uns hie zu verderben.

Davor behüt uns, starker Gott, / Gib uns männlich zu streiten,

Daß wir mit deiner Hilf im Tod / Eingeh'n zu diesen Zeiten. "(103/27-28)

Letzte menschliche Möglichkeit wird hier angesprochen. Erziehung kann nur noch
von ihrer etymologischen Ursprungsbedeutung des Ziehens verstanden werden, das das
Sterben in das Lebenskonzept mit einbezieht und deshalb nicht nur den Weg ins Leben
bereitet, sondern auch auf den Tod vorbereitet. Dieser letzte Schritt wird nicht in Resi-
gnation oder Verzweiflung gegangen, sondern in dem Bestreben, dem Lebensziel
möglichst nahe zu kommen, darum die Bitte: „Gib uns männlich zu streiten!"

Ein anderes Bittlied begegnet uns in einer Dichtung von Wolf Sailer, der in fünfzehn Strophen seines Liedes ein alliteratives Formelement verwendet, um ihm einen besonderen Aufforderungscharakter zu verleihen. Jede Strophe beginnt mit einer Bitte, die eine Sicherungsfunktion für das Leben der Gläubigen hat: „Bewahr uns, o du starker Gott ..." Er soll behüten, beschützen, beschirmen, befrieden, behalten, beschneiden, begürten, bedrohen, beschließen u.s.w.. Jede dieser Bitten betrifft eine erziehungsbedeutsame Kategorie, die zwar als vorhanden vorausgesetzt wird, nun aber durch Gottes Handeln gesichert und vor Fehlentwicklungen bewahrt werden sollen. Daß durch wiederholtes Singen des Textes das angestrebte Ziel immer neu ins Bewußtsein gehoben wird und durch die Assoziation mit dem Bild des bewahrenden Gottes eine nachhaltige Wirksamkeit erhält, kann angenommen werden. Damit erfassen die hutterischen Lieder den Aspekt der Ergebnissicherung, der Verinnerlichung des einmal Erreichten. Inhaltlich erkennen wir die Sorge vor möglicher Fehlleitung, die sich aus einem als negativ empfundenen Zeitgeist herleitet:

„Behüt sie, o du treuer Herr, / Ein böse Zeit voll aller Gfähr
Tut gleich auf sie gelangen, / Da sie nicht werden gfangen
Von falschen giftigen Schlangen."(187/3)

Wir müssen hinter den Bildern poetischer Sprache die notvolle Realität der Anliegen sehen, die sich aus der brüderlichen Verantwortung füreinander ergibt, das feste Band des Glaubens könne sich lösen und als negative Auswirkung eine Verhaltensänderung nach sich ziehen, daß Wahrheit zur verzweckten Wahrheit werde, daß Offenheit und Gradheit des Handelns zur Hinterhältigkeit verkomme:

„Beschütz ihren Mund und ganzes Herz, / Daß es nicht handel hinterwärts ... " (187/4)

Im Folgenden taucht wieder der Gedanke der Gelassenheit auf, wenn der Dichter bittet:

„Dein Aug tu auf uns richten, / Daß wir achten für nichten
Alles eitel falsches Dichten."(187/11)

Urteilsfähigkeit und Entscheidungsfähigkeit im Umgang mit Weltmenschen sind angesprochen, gleichzeitig aber auch und zwar mit gewissen missionarischen Konsequenzen der elitäre Gedanke der Absonderung in Reinheit, wenn es heißt:

„Beschleuß uns, Herr, unseren Mund, / Daß wir dein Wort nicht für die Hund,
Das Perlein für die Schweine / Auswerf ins Kot unreine,
Du kannst verhüten alleine."(187/13)

Wir wollen mit dieser Andeutung, inwiefern Gebete eine bewußtseinsbildende und damit auch eine erzieherische Bedeutung haben, unsere Übersicht über die verschiedenen Erziehungsmittel, die uns im hutterischen Liedgut begegnen, abschließen und uns der Frage nach den Erziehern zuwenden.

Die Erzieher: Als Erzieher begegnen wir den natürlichsten aller Erzieher, den Eltern, und im Vergleich von Eltern-Kind-Beziehungen begegnet uns Gott, der Vater, der den

Gläubigen als „mein geliebtes Kind"(120/2) anspricht. Er ruft zur Umkehr von falschen Wegen (120/4), und er erzieht.

> *„Er züchtigt uns als seine Kind / Und sieht, ob wir gehorsam sind ... "(120/11)*

Es ist das erzieherische Handeln eines Vaters, das in diesen Versen beschrieben wird: die Aufmerksamkeit, die der Erzieher dem Handeln, dem Gehorsam des Zöglings zuwendet und den er mittels erzieherischer Maßnahmen beeinflussen will. Dabei ist die vertrauensvolle Vater-Kind-Beziehung von Wichtigkeit; denn

> *„Er züchtigt allein den behend,/ Den er für seinen Sohn erkennt,*
> *Er läßt die Tollen fahren ... "(282/13)*

Dem Gotteskind hingegen wird „Mutwill ... gewehret"(282/15); denn

> *„All Frommen sind der Zucht von Gott / Teilhaftig worden mit Angst und Not,*
> *Kinder von Gott erkoren ... "(282/18)*

Nicht nur der einzelne Gläubige wird aufgefordert, des Vaters Zucht „nicht ring" zu achten (282/12), auch die Gemeinde erfährt als ganze Gottes Erziehungshandeln:

> *„So fleiß dich, du heilige Gemein, / Daß du mit Geduld und Geistes ein*
> *Des Herren Hand still haltest,*
> *Durch Trübsal, Kreuz, Angst oder Not, / Durch weltlich Schmach, Schand oder Spott*
> *Vom Herren dich nicht spaltest,*
> *So er mit Kreuz kommet zu dir, / Stell dich alsdann gelassen schier,*
> *Ergib dich ihm von Herzen ... "(293/46)*

Die Gemeinde selber ist Produkt des göttlichen Erziehungshandelns. „Gott der Herre" wollte „durch Christum seinen Sohn die Menschen wieder lehren, wahre Gemeinschaft zu han ..."(594/10) Gott handelt durch Christus, er tut das auch im Blick auf die Führung seiner Kinder. So erkennen wir in Christus den nächsten Erzieher des Jüngers bzw. der Gemeinde.

> *„Wer solch Zier von Herzen begehrt, / Dem wird von Gott g'wißlich gewährt,*
> *Den wird Christus selbst ziehen ... "(728/21)*

Er wird ihn mit Gerechtigkeit zieren und mit dem Kleid der Tugend kleiden. Christus wirkt durch sein Vorbild und durch sein Wort, das klare Ziele umreißt.

> *„Wie wir zum Vorbild haben / Den Herren Jesum Christ,*
> *Der sein Kreuz aufgehoben / Und uns vorgangen ist.*
> *Daß wir nun gleichermaßen / Auch geh'n dieselbig Straßen*
> *Und allzeit sein gerüst.(437/2)*

Auf der Straße Jesu ist der Jünger gefordert, mit Vernunft und Aufmerksamkeit zu agieren, seine Vernunft aber der Führung des Christus zu unterstellen.

> *„Ihr sollet aber wohl verstahn / Und aus der Acht nicht lassen,*
> *Was Christ uns klärlich zeiget an, / Ja daß man soll verlassen*
> *Weib, Kind und was man haben kann, / Eigen Vernunft und eigen Wahn,*
> *Sich selbst und alles hassen. "(620/5)*

Christus zeigt Ziel und Inhalte der Nachfolge. Wirksamer als die verbale Belehrung ist das Vorbild selber. Christus ist das gültige Vorbild. Er setzt die Maßstäbe.

„Sein Lehr und Red ist uns führwahr / Zum Vorbild gschrieben immerdar,
Daß wir uns nicht dermaßen / Des Bösen glüsten lassen ... "(155/9)

Das Medium, durch das Vorbild und Lehre vermittelt werden, ist in nahezu allen Fällen die Paränese. Die folgende Strophe sucht durch die Form pluralischer Aussage die erforderlichen Identifikationsprozesse zu wecken:

„Kindlein, laßt uns anschauen / Den Herren Jesum Christ
Und ihm auch wohl vertrauen, / Weil er der Mittler ist.
Er führet uns auf rechter Bahn, / Die uns nicht fällen kann ... "(625/10)

Schließlich sind die apostolischen Vorbilder zu nennen, die uns in lehrender Funktion begegnen:

„Johannes lehrt uns weiter schon: Geht aus von der Hur Babylon ... "
„Petrus lehrt auch zu dieser Frist: Seid heilig wie der Herr Jesu Christ ... "
„Paulus auch solches klärlich meld: Stellt euch nicht mehr gleich dieser Welt,
Sollt gar verändert werden. "(728/15,16,18)

Auch der ungenannt bleibende Bruder darf ermahnen:

„Vielleicht ist das der letzte Tag, / Den du noch hast zu leben,
O Mensch, veracht nicht, was ich sag, / Nach Tugend sollst du streben ... "(320/15)

Aber menschliche Ermahner, auch Eltern, erfüllen die Voraussetzung für erzieherisches Tun nur dann, wenn sie sich selber der Erziehung durch Gottes Wort gestellt haben:

„Wie soll es einer ziehen, / Der nicht gezogen ist,
Nach Gottes Wort und Willen, / Noch rühmt er sich ein Christ,
Und ist doch nur ein ein falscher Wahn,
Er hat Gott nicht erkennet, / Sein Willen nie getan. "(303/3)

In dem Maße, wie Jünger Jesus ähnlich werden, erlangen auch sie vorbildhafte Bedeutung für alle Nachfolger.

„... Stell unsträflich dein Leben, / Ein Beispiel sei du ihn,
Tu ihn Exempel geben, / Wirst du wohl kommen hin. "(254/95)

Auch die Menschen der „alt Historie" werden in der hutterischen Dichtung zahlreich als motivierende Beispiele angeführt. Abraham, David, Salomon, Gideon, aber auch die Bösewichte Goliath, Haman und Sanherib werden als nachahmenswerte bzw. abzulehnende Vorbilder dargestellt. Die 130.Strophe eines Liedes über Teile des Buches Tobias bringt schließlich eine zusammenfassende Ermahnung, die Glauben und Wandel stärken soll.

„Also habt ihr beschlossen / Die alt Historie schon,

Übet euch unverdrossen, / Viel Frücht darinnenstahn.

Der sollt ihr wohl acht haben, / Euren Wandel stärken dabei,

Euren schwachen Glauben laben, / Das Gewissen machen frei. Amen"(258/130)

Abschließend wird jetzt ein Lied in seiner Gänze auf Erziehungsinhalte untersucht. Wir wählen dazu ein Lied aus, das verschiedene didaktische Aspekte erkennen läßt, ohne auf die Gruppe Heranwachsender ausgerichtet zu sein. In der Überschrift „Eine Ermahnung zu einem gottseligen Leben und zu steifer Beharrung in der Lehr von der Gottseligkeit bis ans End"(505/12 Strophen) drückt sich das Anliegen des Autors aus, das zum einen den Prozeß gottseligen Lebens „bis ans End" berücksichtigen will und zum andern zur Sicherung eines einmal erreichten Status' beitragen will. Diese Überlegungen führen uns bereits auf die Systemebene, auf der Überlegungen über die Grundsätze hutterischer Gemeindezucht anzustellen wären. Doch soll zunächst die Textebene betrachtet werden.

Die Textebene: Der Text gliedert sich in sechs Themenbereiche.

1. Die Perspektive des richtigen Weges: Ermahnung zur Aufmerksamkeit gegenüber dem Worte Christi, durch das der Wille Gottes als Maßstab für die Lebensführung eines Menschen gesetzt wird. Verkündigung der Gnadenzeit, in der die Annahme des Angebotes Gottes vor dem Verderben bewahrt. (Strophe 1)

2. Doppelgleisigkeit und mögliche Zielverfehlung des menschlichen Lebens: Der Weg des Lebens und der Weg des Verderbens; Herkunft der Sünde aus dem Rat der Schlange; Aufforderung, die Lust des Fleisches zu dämpfen, um dem Tode zu entgehen, der eine ständige Gefahr darstellt. Der letzte Verursacher des Todes reizt auch zur Sünde. Der Mensch muß sich ihrer im Lichte des Tages schämen. (Strophe 2-3)

3. Konsequenzen des menschlichen Lebenswandels: Aufforderung zu einem Wandel gemäß positiver Erkenntnis, weil Rückfall von der Gotteskindschaft ins Gericht führt; Bild Gottes als Gott des Heils und der Gerechtigkeit, der die Frommen liebt und schützt, die Boshaften verwirft. (Strophe 4-5) Gott reicht seine Hand dem, der umkehrt und sich ihm als Werkzeug ergibt. (Strophe 6) Wer Erbe der Verheißung sein will, muß mit Christus der Sünde und allem, was Gott zuwider ist, absterben, um mit Jesum zu neuem Leben aufzuerstehen. Gott wird dieses Werk durch seinen Geist vollenden. (Strophe 7)

4. Einwohnung Gottes als Antrieb der Heiligung: Vater und Sohn[26] zerstören durch die Einwohnung im Menschen die sündlichen Strukturen und lassen Werke des Glaubens

---

[26] Anmerkung: Was die klare Trennung der theologischen Begriffe betrifft, zeigt das hutterische Denken gewisse Differenzierungsschwächen. Es wird nicht eindeutig gesagt: "Hier wirkt der heilige Geist", sondern die verursachenden Kräfte werden austauschbar. Die Aussagen hutterischer Dichtung entsprechen damit nur bedingt unserer Definition von Heiligung. Wir gehen davon aus, daß der Mensch durch das Wirken des heiligen Geistes befähigt wird, seine eigenen Kräfte in der Heiligung einzusetzen.

wachsen. Ein neuer Mensch mit neuen Tugenden wird als Gotteskind geboren. (Strophe 8)

5. Ermahnung zur Treue (Paränese): Ernste Ermahnung, auf dem als Wahrheit erkannten Wege zu bleiben; Strafandrohung für alle, die das Wort und den Geist verachten und sich vom angebotenen Heil trennen. Die Zeit der Gefahren und Trübsale ist kurz und wird von einer Zeit der Freude bei Gott abgelöst. (Strophe 9-10)

6. Schlußbelehrung für die Brüder (didaktischer Schlußteil): Empfehlung, dem Gefallen des Fleisches an den Schatten der Welt und ihren vergiftenden Wirkungen zu entfliehen. Die Welt vergeht, das Leben steht ebenso in Gottes Hand wie Tod und Verderben. (Strophe 11)

Warnung an alle Nachfolger Christi, nicht mehr als Gott zu suchen. Wer nur einen Anschein der Liebe erweckt, wird durch Gottes Zorn aus dem Volke Gottes ausgetrieben werden zur Reinerhaltung der Gemeinde. (Strophe 12)

Die Kontextebene: Unser Lied wurde bisher keiner besonderen Erwähnung für würdig befunden. Wolkan, hat es zwar in seiner Abhandlung über „Die Lieder der Wiedertäufer" in das Verzeichnis aller deutschsprachigen Lieder aufgenommen[27], aber es in der Besprechung der Dichtungen Ridemanns[28] ausgelassen. Es wurde von Ridemann in Hessen verfaßt, wo er als Missionar der Gemeinde in der Zeit um 1540 tätig war. In den Zeiten seiner Gefangenschaften, in Hessen war er für 18 Monate in Wolkersdorf und in Marburg inhaftiert, entfaltete er eine rege schriftstellerische Tätigkeit, die sich in Form von Briefen, dogmatischen Schriften und Liedern niederschlug. Während seiner hessischen Gefangenschaft entstand u.a. sein Hauptwerk, die „Rechenschaft ...", durch die er Philip von Hessen über die Grundlagen des hutterischen Glaubens unterrichten wollte. Ridemann ist der produktivste unter den hutterischen Liederdichtern. Fünfundvierzig seiner Lieder finden wir im LdHB. Er war der spirituelle Führer der Gemeinde, seine Lieder und seine Anweisungen, wie zu singen sei, wirken bis in die Gegenwart der hutterischen Gemeinden hinein. „Eigenes Leid besingt er und fremdes, dogmatische und moralische Lieder hat er verfaßt, ein Lob Marias und die Leidensgeschichte Christi gesungen. Er berührt die Zeitverhältnisse und klagt über Deutschlands Verfall, weil Wucher, Zwietracht und Hurerei hier herrschen. Unter den Tugenden preist er zuhöchst die Liebe. Das sind Dinge, wie sie in der Dichtung der Brüder immer wiederkehren. Aber was diesen Liedern bei mancher Ungelenkigkeit der Form ... doch einen hohen Wert verleiht, ist der Reiz der Persönlichkeit und des Charakters, die sich in ihnen aussprechen. So sind sie Zeugnisse eines festen in Leid und Trübsal erprobten Mannes."[29]

---

[27] Wolkan, Rudolf: Die Lieder der Wiedertäufer, Osnabrück 1983, S. 286
[28] ibid.: S 188-209
[29] ibid.: S. 206

Die Systemebene: Unser Lied steht unter den Ridemannschen Liedern im LdHB an dreißigster Stelle, dennoch gehört es zu den Liedern, denen wir eine besondere Bedeutung beimessen möchten; denn Ridemann geht es in diesem Liede um die Sicherung der Nachfolge, das „steife Beharren in der Lehr von der Gottseligkeit." Er weiß, daß das neue Leben ständig von den alten Mächten der Gottferne und des Verderbens umgeben und bedroht ist, daß während jedes Lebensaugenblickes Fehlentwicklung einsetzen kann mit der Konsequenz der Zielverfehlung. Er artikuliert deshalb am Beispiel der zwei Wege (Jer.21,8) die beiden Entwicklungsmöglichkeiten, die in jedes Menschen Hand liegen. Er kennzeichnet die Ursachen und die Medien möglicher Entwicklung, den Geist Gottes, den Rat der Schlange und die fleischliche Gesinnung des Menschen, und er beschwört den Menschen, das Ziel seines Lebens, mit Gott eins zu werden, nicht aus den Augen zu verlieren und das Leben Jesu in sich selber durch Gottes Geist vollenden zu lassen. Die Frage der Gemeindezucht wird im Text des Liedes nicht angesprochen, vielmehr wird der individuelle Heiligungswille aktiviert, aber das bedeutet nicht, daß Ridemann ein Befürworter eines ausschließlich individuell orientierten Heiligungsstrebens wäre. Man muß den Kontext seines Denkens kennen und berücksichtigen, um zu verstehen, daß persönliche Verantwortung auf dem Wege der Nachfolge stets eingebunden wird in die kollektive Verantwortung der Gemeinde für den Einzelnen, dieser aber aus seinem aktiven Bemühen nicht entlassen wird. Es ist Ridemanns Überzeugung, daß der Teufel bei den Wiedergeborenen auf direktem Wege nichts, aber mancherlei „durch Schalk' ausrichten" kann.[30] Darum ist es Aufgabe der Gemeinde, „einer ob den andern zu wachen wie die Kindlein Gottes."[31] „Damit einer dem andern die Hand reiche, die Vollkommenheit in Christo zu ergreifen."[32] Was wir im Zusammenhang mit dem Kinderzuchtlied sagten, gilt im übrigen auch hier. Darüber hinaus werden wir auf das System hutterischer Gemeindezucht zu einem späteren Zeitpunkte zu sprechen kommen.

Zusammenfassung:

1. Das geistliche Lied wird in den hutterischen Gemeinden als einzige Form des Gesanges und der Musik überhaupt gepflegt. Wir erkennen ihm deshalb eine besondere erzieherische Bedeutung zu, weil es mit allen seinen Inhalten auf die Besserung des Lebens sowohl des Individuums als auch der ganzen Gemeinde abzielt. Jede andere Form musikalischer Betätigung wird seitens der Gemeinde abgelehnt.[33] Am Beispiel eines Kinderzuchtliedes wurde die Wirksamkeit des hutterischen Erziehungssystems

---

[30] DHE, Vol.1: S. 121

[31] ibid.: S.122

[32] ibid.: S. 142

[33] Anmerkung: Die Ridemannschen Regulative werden heute nicht mehr streng beachtet. In manchen Gemeinden gibt es gute Jugendchöre, die zu besonderen Anlässen (Hochzeit, Muttertag etc.) singen, allerdings nicht im Gottesdienst.

verdeutlicht, das sich in der Form der Gemeindezucht auf Heranwachsende und auf Erwachsene bezieht. Dem Kinde wie dem Erwachsenen wird Gehorsam gegenüber dem Worte Gottes und der Gemeinde als wichtigste Verpflichtung anbefohlen. Die „Brechung des Willens" in der Form des Eigenwillens dient der Überwindung negativ wirkender persönlicher Eigenschaften und dem Erlernen sozialer Verhaltensweisen.

2. Die hutterischen Lieder lassen sich unabhängig von ihrer lehrhaft-didaktischen Tendenz, die in allen Liedern zu finden ist, nach inhaltlichen Themenkomplexen unterscheiden.Wir differenzierten nach Märtyrerliedern, Historienliedern, Verkündigungsliedern, Pilgerliedern, speziellen Erziehungsliedern und verschiedenen anderen Formen, denen wir Lob- und Danklieder, Gebetslieder sowie Jahres- und Tageszeitenlieder, Feierlieder, Klagelieder und polemische Lieder zurechneten.

3. Zu den wesentlichsten Inhalten gehört die Darstellung der Gegensätzlichkeit der Welt, in die der Mensch eingespannt ist. Das Bild des Menschen wird in diesem Rahmen in seiner ganzen Verlorenheit an Sünde und Tod gezeigt, das Sein des Christusnachfolgers dagegen in seiner letzten Zielbestimmtheit, der Christusförmigkeit und der Eingottung. Taufe und Heiligungsleben werden in den hutterischen Liedern thematisch aufgearbeitet.

4. Um die Entwicklung auf das Ziel hin erfolgreich durchlaufen zu können, werden dem Gläubigen in den Liedern immer wieder die kritischen Punkte seines Weges bewußt gemacht. Man lebt nicht in der Gemeinschaft der Heiligen, weil daraus ein Vorteil erwächst, sondern weil die Gemeinschaft eine Vorwegnahme ewiger Gemeinschaft darstellt. Die gültige Gemeinschaftsform ist die der Gütergemeinschaft, die nur durch wirkliche Gelassenheit aller Gläubigen praktikabel wird. So werden die Herausbildung von Gelassenheit, die Einbeziehung des Willens und des Gehorsams, die Bereitschaft, für die Gemeinschaft und das Christuszeugnis zu leiden, zu erstrebenswerten Teilzielen, die auf dem Wege zur Vollendung durch die Lieder propagiert und durch ständige Bewußtmachung verinnerlicht werden.

5. Lohn und Strafe werden in vielen Dichtungen verheißen bzw. angedroht. Wir sehen in ihnen Elemente einer extrinsischen Motivation, die durch die Konkretheit ihrer Aussagen einen entscheidenden Beitrag für die Verhaltenssteuerung ausüben. Alle Lohn- und Strafmotive sind der biblischen Bildsprache entnommen, sie beschreiben Seinsformen des Außen, die aber vor dem rationalen Hintergrunde hutterischer Bibelexegese in der Seinssphäre des Binnen wirkungsmächtig werden.

6. Das Erziehungsmittel „Gemeindelied" wurde als Ganzes von den Erziehungsmitteln abgesetzt, die in den unterschiedlichen Liedern immer wieder auftreten. Als ein formales Mittel charakterisierten wir die Paränese, die den Sprachduktus der überwiegenden Zahl aller hutterischen Lieder bestimmt. Drei Formen der Mahnrede wurden unterschieden: den unmittelbaren Befehl, der bewirken oder vermeiden soll, die Wir-Form, die den Rezipienten in das Handeln und Denken einer Gemeinschaft von Gleichgesinnten hineinnimmt, und die lehrhafte Form, in der ein Wechsel zur dritten Person erfolgt und dem Sänger/Hörer Vorbilder und Verhaltensformen zur Nachahmung

empfohlen werden. Neben der Paränese zeigten Textbeispiele die Selbstzucht als ein im Vergleich zu Fremdeinflüssen bestimmendes Erziehungsmittel. Leiden und Absonderung von der Welt müssen als weitere Erziehungsmittel gewertet werden, die der persönlichen Befreiung von der Bindung an weltliche Gesinnung und Handlungsformen und der Sicherung vor den negativen Einflüssen der Umwelt dienen. Auch dem Gebet wurde die Bedeutung eines Erziehungsmittels zuerkannt, das insbesondere durch seine bewußtseinssteuernde Wirkung erwünschtes Verhalten evoziert.

7. Wir versuchten, die Erzieher-Personen zu beschreiben, die uns im Gesamt der hutterischen Lieder begegnen. Gott übt wie ein Vater die Zucht gegenüber seinen Kindern. Durch die Person und die Lehren des Christus läßt er ein Vorbild setzen, dem der Jünger als Einzelner und in der Gemeinschaft der Brüder und Schwestern nacheifern soll. Die Apostel wie auch Personen des alten Testamentes erheben ihre mahnenden und lehrenden Stimmen. Aber auch der ungenannt bleibende Bruder kann in besonderen Situationen zum Erzieher avancieren; denn es ist ein Prinzip des hutterischen Erziehungssystems, daß man füreinander Verantwortung übernimmt.

8. Zuletzt wurde ein Lied analysiert, dessen besonderes Anliegen in der Bewahrung der Gläubigen vor dem Abgleiten in die Gottferne zu suchen ist. Es beschreibt in verschiedenen Themenbereichen die Möglichkeiten der Zielverfehlung und der Erreichung des von Gott für das Menschenleben gesetzten Zieles durch die Einwohnung Gottes und seines Sohnes im Herzen des Menschen. Diese Einwohnung wirkt als Agenz der Wiedergeburt und der Heiligung. Der Autor ist Peter Ridemann, der als spiritueller Führer der Gemeinschaft in der Zeit der frühen Verfolgungen und der beginnenden Konsolidierung gilt. Er hat durch seine Schriften bestimmende Bedeutung für die Gemeinschaft gewonnen, die bis in die Gegenwart hineinreicht.

3.1.5 Heiraten in der Gemeinde:

Partnerwahl, Ehe und Familienbildung waren vor und unabhängig von aller kultischen Bestimmung da und haben in Abhängigkeit von unterschiedlichen Entwicklungsdeterminanten in den verschiedenen Kulturen ebenso unterschiedliche Ausformungen gefunden. Von der christlichen Theologie wurden Ehe und Familie einseitig als Schöpfungsordnung interpretiert und nicht mehr in ihrer gesellschaftlichen Bezogenheit gesehen. Seit Augustin wird die Ehe von der christlichen Kirche als Sakrament gewertet, weil sie nach Epheser 5,22ff. ein Abbild des Verhältnisses Christi zu seiner Gemeinde ist, doch hat es im Blick auf rechtliche Konsequenzen in den verschiedenen Kirchenzweigen sowohl sachliche als auch zeitlich unterschiedliche Entwicklungen gegeben. Hier soll von der hutterischen Ehe die Rede sein, wie sie sich als Teilaspekt des lebenslangen Heiligungsweges des Individuums darstellt, und von den Ritualisierungen, durch die ihr eine optimale Bestandsgarantie vermittelt wurde und wird. Dazu müssen zunächst einige Verständnisfragen geklärt werden.

Die Symbolgestalt der Ehe: Im Zusammenhang mit der Praxis der Kindererziehung und den Lebensbedingungen in den Haushaben des 16. Jahrhunderts wurden wir daraufhingewiesen, daß der Ehe und der Familie in der Frühzeit der Gemeinschaft ein anderer Stellenwert zukommt, als er im bürgerlichen Sinne üblich ist. Die Erziehungsgewalt lag bei der Gemeinde und bei ihrem Beauftragten, dem Schulmeister. Das Familien- bzw. Eheleben war deutlich dem Leben im Gemeindeverband nachgeordnet. Die Pflicht gegenüber der Gemeinde rangierte vor allen Verpflichtungen gegenüber dem Ehepartner und den Kindern. Dieses Verhalten findet seine logische Begründung in dem streng am biblischen Wort orientierten Dienst- und Abhängigkeitsverhältnis, in das der einzelne Mensch durch die Taufe freiwillig eingetreten ist. Durch die paulinische Analogie wird die Ehe zum Mysterium (Eph.5,32), das den Ehestand heiligt und ihn zu einem Gott wohlgefälligen Stande macht. Die Ehe verliert dadurch nahezu ihren Eigenwert. Es ist nicht ohne weiteres möglich, sie als eine auf den Menschen bezogene, gottgewollte Ordnung zu sehen, wie Luther es tat. Sie wird zu einer Symbolgestalt, die auf eine unsichtbare, wesentlichere Wirklichkeit hinweist. „Die Ehe aber steht in dreien Graden und Staffeln. Erstlich ist die Ehe Gottes mit der Seelen oder Geist, zum andern des Geists mit dem Leibe, zum dritten ein Leib mit dem andern oder der Mann mit dem Weibe, welches nun nit der erste, sonder der letzte und grobeste Grad der Ehe, darumb auch sichtlich, begreiflich und jedermann erkennlich ist. Dieweil sie nun sichtlich, erkennlich und begreiflich ist, so ist sie ein Bild, Lehr und Zeiger der unsichtbaren, das ist des mittleren und obristen Grades. Denn wie der Mann ein Haupt des Weibes, also ist der Geist ein Haupt des Leibes, Gott aber ein Haupt des Geists."[1] Daß die Ehe ausschließlich in dieser dienenden Funktion zu sehen sei, daran läßt Ridemann keinen Zweifel aufkommen; denn sie hat eine pädagogische Funktion, und das ist eine Funktion, die nicht um ihrer selbst willen gegeben ist, sondern im Blick auf Ewigkeit. „Also ist die Ehe uns ein Lehr und Führung zu Gott ... Wo sie aber nit recht angesehen und gehalten wird, so führet sie wiederumb von Gott ab und bringet den Menschen in Tod."[2] Im Zusammenhang mit der Erörterung des Ehebruches wird diese Zielsetzung noch einmal verdeutlicht. „Der Mann, so er nit als bereits eine Herrlichkeit Gottes seine Ehre bewahret und seinem Weibe vorgeht und ein Reizung zu der Gottseligkeit ist, so hat er schon die Ehe an seinem Weibe gebrochen ..."[3] Es wird klar, daß der Rigorismus Ridemanns die Ehe von ihrer sexuellen Zweckbestimmung wegführt, nachdem sie durch die Ordnung der Gütergemeinschaft bereits als Wohn- und Wirtschaftsgemeinschaft relativiert wurde. Der Zweck ehelichen Zusammenlebens ist letztlich die Hinführung des Partners zu Gott, wobei dem Mann die priesterliche Rolle zukommt. Aber er ist nicht nur der Führer und Lehrer seines Weibes, sondern, wo er dieser Verantwortung nicht mit dem erforderlichen Ernste nachkommt, auch ein blinder

---

1 RR: S. 103

2 RR: S. 103 f.

3 RR: S. 106 f.

Führer seiner selbst; denn, „so er am Weib bricht, sündiget er bald im anderen Grad, nämlich an seinem Geist, den er sich nit beherrschen, sonder das Fleisch überwinden laßt, daraus er leichtfertig wird und seine Herrlichkeit verläßt. So denn sein Geist vom Fleisch überwunden und geschwächet wird, fällt er in dritten Grad und bricht auch am Schöpfer, von dem er also geführet wird."[4] Hinter dieser Zielsetzung treten alle anderen Ziele und Zwecke zurück. Nicht die Bindung der Partner aneinander hat in der hutterischen Ehe den zentralen Stellenwert, sondern die Bindung an Gott, seinen Christus und an die buchstäbliche Erfüllung des göttlichen Wortes. „Dan der bundt mit Got tausentmall meer gilt als der bundt der ehe mit dem menschen, dessen unser leyb und alle glider zeugen, sygel und zaichen sind. Die pflicht im christlichen tauff ist vill höher und weit fürzusetzen der eusserlichen ehe. Denselben soll man vor allen dingen bewaren unverletzt des gewissens."[5] Wir erinnern uns noch einmal der Bedeutung der Taufe als des lebensbestimmenden Rituals, das nach der Lebenswende des Taufkandidaten in den präsenten Leib Christi, die Gemeinde, einleibt, das in den Tod Christi führt und in die Teilhabe an seiner Auferstehung, das für den Täufling selber Wiedergeburt und neues Leben bedeutet. Demgegenüber rangiert die Ehe als vorrangig partnerschaftliche Beziehung mit ihren sexuell und wirtschaftlich bestimmten Lebensschwerpunkten auf der Ebene diesseitiger, weltlicher Strukturen, die den Gesetzen der Vergänglichkeit unterliegen. Darum steht die Gottesliebe höher als jede menschliche Liebe zu Eltern, Geschwistern (Mt.10,37), Kindern und Ehepartnern. „Nun ist vatter und mueter zu lieben und eeren in den zehen gebotten sowoll angeben zu halten als die ehe, und ist sowoll ein bandt der nattur, die kinder zu lieben als das weib. Noch spricht er: Wer die meer liebt als mich, der ist mein nit wert. Darumb das zwyschneidet schwerdt des worts Gottes (Hebr.4,12) und heilligen geists fordert on underschaidt yedermann zu Got von der sünden und der welt gemeng und gmainschafft, haist keines auf das ander sehen, und das man gantz von allen dingen ledig und frey steen soll, und das hertz an nichts mer als an Got hefften."[6] Die hier zum Ausdruck kommende Denkweise kann durchaus in Beziehung gesetzt werden zu den verschiedenen Formen monastischer Gelübde und klösterlichen Lebens. So finden wir bei hutterischen Briefschreibern, die während ihrer Missionsreisen oder aus der Gefangenschaft mit ihren Frauen korrespondierten oder ihrer Angetrauten Grüße ausrichten ließen, anstelle intimer Wortwahl die verfremdete Anrede „eheliche Schwester".[7] Das läßt erahnen, daß Ehe also zuallererst im Sinne der neuen Lebensstrukturen ein Zweckverbund im Dienste persönlicher und gemeinschaftlicher Heiligung ist, danach erst und zwar absolut zweitrangig sich selbst erfüllende Partner-

---

4 RR: S. 107

5 WAB: S: 304/11

6 WAB: S. 305/14

7 Vgl. DHE: Vol.1, S. 229, Die erste Epistel von Peter Ridemann an seine eheliche Schwester Treindl ..., im Text heißt es u.a.: "Meine liebe Schwester, als ich in des Herren Namen ..."

schaft. Diese Grundeinstellung hat beachtliche Folgen für die Praxis des Ehelebens, aber dennoch bleibt auch bei Ridemann die Ehe noch eine Versorgungseinheit, wenngleich diese Versorgung unter Berücksichtigung seiner Gesamtkonzeption durchaus im geistlichen Sinne verstanden werden kann. „Die Ehe", so sagt Ridemann, „ist eine Verbindung zweier Ding, da eins das ander annimmt zu versorgen, und das ander sich begibt, dem ersten zu gehorchen, und also durch ihre Bewilligung aus zweien eins werde und nit mehr zwei, sonder eins sein. Soll es aber göttlich sein, so müssen sie nit aus eignem Fürnehmen und Erwählung, sonder nach Gottes Zugeben und Ordnen zusammenkommen und derhalben auch einander nit abschreiten und verlassen, sonder Übel und Gutes miteinander ihr Leben lang leiden."[8] Diese Definition von Ehe, wie sie Ridemann hier gibt, ist problemgeladen. Wir wollen versuchen, die Problembereiche nacheinander anzusprechen.

Der Wahlmodus: „Drum prüfe, wer sich ewig bindet, ob sich das Herz zum Herzen findet." Ein wenig romantisch verklärt erscheint uns in der Zeit der Lebensabschnittspartnerschaften dieses Schillerwort, aber es artikuliert eine für heutiges Ehe- und Partnerschaftsverständnis unabdingbar scheinende Voraussetzung: die freie Partnerwahl! In einem klaren Widerspruch dazu steht die liturgische Formel: „Was Gott zusammengefügt hat, das soll der Mensch nicht scheiden."(Mt.19,6; Mk.10,9; 1.Kor.7,10) Gott fügt zusammen, der Mensch soll nicht scheiden! Dennoch hat die Mehrzahl aller „christlichen" Staaten die zivilrechtliche Scheidung von Ehen legalisiert, und wo kirchliche Kreise in der Gegenwart aufgrund theologischer Überlegungen dieser Regelung widerstreben, geraten sie unweigerlich in den Geruch der Rückständigkeit. Die hutterische Grundeinstellung war in dieser Frage realistisch-kritisch, jedoch nicht angepaßt. So hinterfragt Peter Walpot in seinem Artikel „Von der Ehescheidung"[9] das Zusammenfügen von Ehepaaren durch Gott: „Ja, lieber du, ich mueß erst noch fragen, ob es auch Gott zusamengefüegt hat, wie man in der welt zusamenkombt? Dan da heyrath man nit in der forcht Gottes, sonder im muetwillen des fleisch und desselbigen lust, über welche der teuffel gwalt hat. Man heyrath wie in der ersten welt, die Got mit dem sündtflus ausmacht; da sahen (sie) auf die töchter der menschen, wie sie schön und wollgestalt waren und namen zu weibern, welche sie wollten. Wer will nun sagen, das sie Got zusamengefüegt habe?" Von dieser durch den „Mutwillen des Fleisches", durch „Geiz und Geld" bestimmten Partnerwahl distanziert sich die Gemeinde. Sie will, daß die Wahl „geschehe im Herren und seiner forcht."[10] Damit wird die freie Wahl, die Liebeswahl zur Ausnahmesache, biblisch bedingte Denk- und Handlungsprozesse treten an ihre Stelle. Man darf aber diese Motivsphäre nicht ausschließlich negativ einschätzen, das wäre nur denkbar von einer Position zeitgenössischen Denkens aus, wir müssen vielmehr berücksichtigen, daß Partnerwahl insbesondere in besitzenden Kreisen meist mitbestimmt war von materi-

---

8 RR: S. 103

9 WAB: S. 299-317; das hier genannte Zitat auf S. 315/28

10 ibid.

ellen Überlegungen, die Liebeswahl gegenüber den ökonomischen Interessen einge-
schränkt und die Sachinteressen durch die Vertreter der beteiligten Familien durchgesetzt wurden. Walpot bringt diesen Aspekt in seiner Abhandlung bereits zum Ausdruck, wenn er sagt: „Ja, der teuffel hats villmall zusamengefüegt, wo man etwan
umb geeldt und guet zusammenheyrath, wie der gmain lauff der welt ist ... „[11], und
er deklariert für die Gemeinde das Recht der (Mit-)Bestimmung bei der Zusammenführung der Ehepartner. Nur wenig moderater klingen die Forderungen Ridemanns.
Ehe soll nicht „umb schöner Gestalt, Jugend, Geld, Gut oder etwas willen, was das
Fleisch ansehen möcht", geschlossen werden. Der Mensch soll nach seiner Meinung
„weder da noch dort nach seinem Fleisch wählen, sonder solcher Gaben vom Herren
warten und mit fleißiger Bitt begehren, daß er ihm nach seinem göttlichen Willen
zuschicken wölle, was er ihm fürhin fürgesehen habe und ihm zum Heil und Leben
dienen möge, und nach solcher Bitt nit sein Fleisch, sonder die Eltern fragen, daß ihm
Gott durch sie zeigen wölle, was er ihm verordnet habe, das er alsdenn vom Herren,
wie ers ihm zuschicket, es sei jung oder alt, arm oder reich, wie ihm Gott durch seinen Rat anzeiget, mit rechter Danksagung als ein Schankung Gottes annehmen soll.
Was denn Gott also zusammenfüget, soll der Mensch nit scheiden."[12] Hier werden
die Eltern zu Schlüsselfiguren der Wahl des rechten Lebenspartners, das ist biblisch
gedacht, das entspricht auch weithin zeitgenössischer Gepflogenheit. Aber die Praxis
gemeindlicher Eheanbahnung gestaltete sich wesentlich unpersönlicher, wie verschiedene nichthutterische Berichte erkennen lassen. Im Jahre 1578, das ist das To-
desjahr Peter Walpots, kam ein gewisser Stefan Gerlach, er war Professor an der
Universität Tübingen, nach Mähren, um seine Schwestern, die sich den Hutterern
angeschlossen hatten, zu besuchen. Neben allgemeinen Eindrücken vom Leben und
von den Menschen in den Haushaben beschreibt er die Art der Partnerwahl entsprechend dem Berichte einer seiner Schwestern, die selber auf hutterische Art mit ihrem
Ehemann zusammengeführt worden war. „Meine Schwester Sara hat ihren Mann
nicht gern genommen, aber dörfte nichts darwider sagen; dann sie halten diese Weise
in ihrem Heuraten: Die Vorsteher berufen auf einen gewissen Sonntag die Jüngling
und Jungfrauen, so mannbar sind, in eine Behausung zusammen, stellen sie gegeneinander über und halten einer Jungfrauen zwei, drei Gesellen vor, welchen sie wolle.
Da muß sie einen nehmen, wird zwar nicht gezwungen, darf aber wider die Vorsteher
doch nicht handeln."[13] Andere Berichte stimmen damit überein. Hruby[14] referiert
den Brief eines polnischen Adligen, Andreas Rey von Naglowitz, vom Jahre 1612,
aus dem zu ersehen ist, das ein- oder zweimal während eines Jahres eine Versamm-

---

11 ibid.

12 RR: S. 106

13 Hillerbrand, Hans J.: The Reformation: A Narrative History Related by Contemporary
    Observers and Participants, New York 1964, S. 272; Bossert, Gustav (Hg.): a.a.O.
    S. 1107; KGB: S. 215

14 Hruby, Franz: a.a.O., S. 73ff; KGB: S. 215

lung für die Heiratskandidaten abgehalten wurde. Dabei durfte sich jeder Jüngling von drei ihm vorgeschlagenen Mädchen oder Frauen, auch Witwen, eine als Braut auswählen. „Wenn aber der eine oder andere Teil von den Vorgestellten den einen oder die eine nicht wünscht, muß er einen sechsmonatigen Aufschub ertragen. Danach werden sie getraut. Das Essen nehmen die Männer mit den Männern ein, die Frauen mit den Frauen. Hierauf führt jeder die Seine heim ...“[15] Diese rigorose Praxis mag erschrecken, sie vermittelt uns ein Bild, das wenig einfühlsames Verhalten der Ältesten in dieser Angelegenheit erkennen läßt. So hat sie zu allen Zeiten ihre Kritiker gefunden, doch zentraler Ansatzpunkt für das Verstehen dieses Anspruches ist wiederum das Selbstverständnis der Gemeinde als Präsentation des Leibes Christi in der Welt. Der lebendige Leib-Christi-Organismus realisiert das Handeln Gottes und garantiert die Zusammenführung der Partner und die Eheschließung als Voraussetzung für ein „Handeln zum Heil“(Ducke). Dieser Zielsetzung entspricht denn auch das Schönheitsideal, das hutterische Vorstellungen bei der Brautwahl leitete. In einer Auslegung zu Genesis 24 heißt es: „Rebecka war eine schöne Jungfrau, aber ihre Gefälligkeit, ihr freundliches Wesen gefielen Elieser noch mehr, denn Schönheit der Seele ist mehr werth als Schönheit des Leibes. Es ist derjenige darum nicht schön zu nennen, der äußerlich von Angesicht schön ist. (Exempel: Absalom, Lucifer) sondern der ist wahrhaft schön, dessen Seele mit dem schönen Schmuck des heiligen Geistes und Glaubens gezieret ist.“[16] Im Gegensatz zu anderen Formen zeitgemäßer Nötigung, dabei muß man an das in dieser Zeit durchaus noch gültige „jus primae noctis“ denken, ist der hutterische Wahlmodus durch die Eindeutigkeit seiner Zweckbestimmung aus der Menge anders motivierter Zwangssituationen im Zusammenhang mit Eheschließungen herausgehoben. Trotz mehrfacher Proteste innerhalb der Gemeinden hielt man an dieser Regelung bis in das 19. Jahrhundert hinein fest, und es bedurfte eines Eingriffes von außen, um eine Veränderung herbeizuführen. In einer Lebensbeschreibung[17] des Vorsitzenden der mennonitischen Siedlergemeinschaft in der Molotschna, Ukraine, Johann Cornies, wird berichtet, „daß ein beherztes junges Mädchen auch gegen ihren Willen einem alten Witwer angetraut wurde. Trotz der kirchlichen Handlung blieb sie, allen Ermahnungen zum Trotz, dabei, dem Manne nicht anzugehören, und als man die Eheleute dann zusammen einsperren wollte, gelang es der jungen Frau zu entfliehen. Sie rettete sich zum Vorsitzer, und mit der flehentlichen Bitte, sie vor einem Verhältnis zu retten, in das sie nicht eingewilligt habe und auch niemals einwilligen könne, brach sie vor ihm zusammen. Die Lage Cornies‘ mag da wohl eine wenig erquickliche gewesen sein, doch gestattete er der ‚jungen Frau wider Willen‘ auf Taschtschenak als Magd einzutreten, den Zwangsehen aber machte er ein für alle mal ein rasches Ende.“ Noch bis in die Gegenwart

---

15 Hruby, Franz: a.a.O., S. 8

16 Waldner, Peter R.: Bible Stories Explanation, 4.Aufl. Bassano/Alb.1989, S. 93

17 Epp, David H.: Johann Cornies—Züge aus seinem Leben und Wirken, Sask./Man. o. J., S. 98 f.

hinein blieb als gemeinschaftsstiftendes Ritual bestehen, was sich über Jahrhunderte als wirksam erwiesen hatte. Darum soll jetzt das umfängliche Ritual der Eheanbahnung und Eheschließung in der Gegenwart, wie es sich aus Berichten und Beobachtungen erschließen läßt, dargestellt werden.[18]

Eheschließung heute: Hutterer sind bei aller Bodenständigkeit eine sehr mobile Gesellschhaft. Man liebt es, Reisen über weitere oder kürzere Distanzen zu unternehmen. Auch junge Leute nehmen gern die Gelegenheit wahr, mit einem der kolonieeigenen Wagen zu einer der benachbarten Kolonien mitzufahren. Die große hutterische Familie ist durch vielfältige Kontakte freundschaftlich und verwandtschaftlich miteinander verbunden. Sich-kennenlernen und Sich-liebenlernen ist heute gewiß Sache ganz persönlicher Begegnung. Damit ist die wesentlichste Veränderung gegenüber dem früheren Eheschließungsritual beschrieben. Alles weitere bleibt weitestgehend gemeindebestimmt. Zunächst müssen einige Voraussetzungen erwähnt werden, die in unserer Zeit und Gesellschaft nicht selbstverständlich sind. Nur getaufte Mitglieder der hutterischen Kirche sind heiratsfähig. Die Taufe beider Ehekandidaten ist Voraussetzung für die Ehegemeinschaft. Die Liebenden gehören in der Regel nicht derselben Kolonie an. Als weitere Voraussetzung, die für die meisten Menschen heute nebensächlich zu sein scheint, ist die sexuelle Unberührtheit und Reinheit der künftigen Partner vor der Ehe zu nennen.

Die Verlobung: Wo zwei junge Menschen in den Stand der Ehe treten möchten, sprechen sie zuerst mit ihren Eltern. Dabei erbitten sie die formelle Erlaubnis zur Eheschließung. Danach setzt sich der Vater des jungen Mannes mit den Eltern der künftigen Braut in Verbindung und holt ihre vorläufige Zustimmung ein. Er muß 'anlangen', ob sie bereit sind und einwilligen, daß man in ein oder zwei Wochen zu ihnen kommt zum 'Aufreden' oder 'Rechtmachen', das ist das Besprechen der Heiratsabsichten. Gleichzeitig wird der Prediger der eigenen Gemeinde informiert ('angefragt'). Der Prediger informiert den Rat, das sind alle getauften Männer der Gemeinde, nach der abendlichen Lehr und spricht mit ihnen über das Begehren des jungen Bruders. In der Ordnung für die „Ehe-Handlung" heißt es dazu: „Wenn die Alten dann ihr Ja-Wort geben, so fahret man weiter, und vermeldet es der Gemein (den Brüdern), daß diese(r) Bruder (Brüder) in den Ehestand wolle(n) treten mit diese(r)(n) Schwester(n). So sagt der Prediger: ‚Weil es eine Einsetzung Gottes ist, so habe ich nichts dagegen; von meiner Seite kann's sein.' Und so sagt ein jeder Bruder. Dann sagt der Prediger: ‚So werden wir das Werk im Namen Gottes weiter treiben.' Dann liegt's an denen, die in den Ehestand wollen treten, wann sie weitergehen wollen mit Aufreden (wie wir es heißen)."[19] Der Prediger schreibt dann einen Brief an den Prediger der Gemeinde der Braut, in dem er die Stellungnahme der Gemeinde des Bräutigams formuliert. Mit diesem Brief fahren Vater und Sohn an einem mit den

---

[18] Verschiedene Gespräche fanden 1994 statt. Im April 1996 bestand Gelegenheit, an Verlobung und Eheschließung teilzunehmen.

[19] Unterricht: Spring Prairie Printing, Hawley Min. 1987, S. 144 f.

Brauteltern vereinbarten Tage zur Gemeinde der Braut. Dazu lädt der Bräutigamsvater gewöhnlich seine männlichen Verwandten, Brüder, Schwager etc. ein. In der Gemeinde der Braut wird der Brief nach dem Abendgebet vorgelesen. Nach dem Gebet bleiben alle Brüder im Gottesdienstraum sitzen. Dann sagt der Prediger: „Der Bruder X von der Kolonie A kommt her, um die Schwester Y aufzureden." Sofern niemand gegen diese Absichtserkärung Einspruch erhebt, gilt die „Aufrede" als beschlossen. Nach einem gemeinsamen Abendbrot wird dann „aufgeredet". Daran nehmen alle Brüder der Gemeinde der Braut teil, Vater und Mutter der Braut, der Vater des Bräutigams und alle geladenen Gäste. Braut und Bräutigam sind nicht dabei. Beim Aufreden werden dann alle Vor- und Nachteile der geplanten Eheschließung besprochen, die Charaktereigenschaften der Brautleute werden erörtert, und schließlich müssen die Eltern der Braut die Zustimmung zur Eheschließung geben. Die Beratungen dauern bis zu zwei Stunden. Ist das Ja-Wort erteilt, wird der Bräutigam hereingerufen und sein Vater sagt zu ihm: „Tu deine Bitte für die Eltern herfürbringen." Der Bräutigam steht dann auf und sagt: „Liebe Y-Base, lieber Y-Vetter, ich begehre, mit eurer Tochter in den christlichen Ehestand zu treten." Wenn er diese Bitte vorgebracht hat, wird die Braut hereingerufen. Von beiden erwartet man nochmals die ausdrückliche Zustimmung zur geplanten Eheschließung. Danach dürfen sie schon die Hände halten. „Und sie werden dann vermahnt mit geistlicher Vermahnung von jedem Bruder, der dabei ist, und wenn alle fertig sind, schickt man sie fort, um einen kleinen Trunk zu holen. Zwei kleine Gläschen, sie hält die Gläschen, und er gießt ein, einen Branntwein, ein bißchen tröstlich so, Schnaps. Dann geht's zur Kirche, dort werden sie der Gemeinde vorgestellt." Es werden Fragen beantwortet, die die Gemeinde hat und die seitens des Predigers gestellt werden. Die „Vermahnung an denen, die sich verwilliget haben im Stande der heiligen Ehe zu treten", ist fest formuliert und wird durch den Prediger beiden mit auf den Weg gegeben. In dieser formelhaften Vermahnung finden wir eine Reihe interessanter Anmerkungen über die Ehe, wir werden deshalb an anderer Stelle auf diese Ausführungen eingehen. Danach gibt es in der Küche Bier und Kaffee und auch Essen, die Brautleute sitzen zusammen am Tisch, und zu später Stunde ist dann Schluß. Das Ritual der Aufrede, der Verlobung ist beendet, der Bräutigam und seine Verwandten fahren am nächsten Tage wieder nach Hause. In einer Woche oder in zweien findet dann die Hochzeit statt.

Die Eheschließung: Am Tage vor der Hochzeit, am Samstag, holt dann der Bräutigam seine Braut mit ihrer Verwandschaft und ihren Freunden in seine Kolonie. Am Sonntag Morgen, im Rahmen einer ganz normalen sonntäglichen Lehr findet die Trauung statt. Der Bräutigam sitzt auch während dieses Gottesdienstes nicht neben seiner Braut, sondern auf seinem angestammten Platz auf der Männerseite der Gemeinde, sie bei den „Weibern". Sie trägt ein blaues Kleid, kleine Schmuckvarianten sind möglich. Der Gottesdienst verläuft nach dem üblichen Ritual, nur daß Vorrede und Lehr aufeinanderfolgen, danach erst das Gebet, in das auch die Brautleute ausdrücklich einbeschlossen werden. Nach dem Gebet treten die Brautleute vor die Gemeinde und beantworten die Fragen des Predigers. Die Fragen liegen in zwei Formen vor, einmal für ein einzelnes Paar, zum anderen für mehrere ehewillige Paare. Diese Mehrheitsformel könnte man als ein Relikt aus jener Zeit werten, als es üblich war, Gruppen für die Partnerwahl zu bilden und dann auch die Trauzeremonie mit mehreren Paaren gleichzeitig vorzunehmen. Mit der letzten Frage werden die Brautleute aufgefordert, sich die rechten Hände zu reichen, und dann legt der Prediger seine Hand auf die Hände der Brautleute und gibt sie in den Bund der Ehe. „Wir geben euch hiemit Zeugnis, daß ihr heirathet wie fromme, ehrliche Eheleute, nach der Ordnung Gottes, nach dem Exempel der Alten und mit Wissen der Ältesten und der ganzen Gemein. Darauf wünschen wir euch samt der ganzen Gemeine von dem allmächtigen ewigen Gott, ja, wir wünschen euch von dem Gott Abraham, Isaak und Jakob seinen Segen und Benedeiung. Der gebe euch selber zusammen, und erfülle seinen Segen in euch, daß ihr möget bei einander wohnen als fromme, gottselige Eheleute; friedlich und wohl miteinander hausen und Gott euer Lebenlang dienen. Das wünschen wir euch abermal durch Jesum Christum. Amen."[20] Der junge Ehemann hat an diesem Tage das Recht, neben seiner jungen Frau zu sitzen.

Die Vermahnung: Jetzt sollen die inhaltlichen Bestandteile des gesamten Rituals erörtert werden; denn es ist nicht so sehr an symbolische Handlungen als an das Element der Belehrung gebunden. Neben die persönlichen Vermahnungen durch die Verwandten tritt die offizielle Vermahnung durch den Prediger. Sie bestimmt zuerst den Ehestand als „eine unauflösliche Verbindung eines Mannes und eines Weibes von Gott eingesetzt, das die Mehrung befördert das menschliche Geschlecht zu erhalten, fortzupflanzen, und das Wohlsein befordert werden."[21] Diese Ehe in sich selber begründende Definition wird dann in Beziehung gesetzt zum Taufbund, seine Unauflöslichkeit ist Vorbild für den Bund der Ehe, und beide werden verglichen mit der Treue Gottes, der seinen gültigen Bund mit Noah schloß. „Also soll der Mensch den Bund halten, den er in christlicher Tauf mit Gott gemacht hat. Sehen wir wie fest Gott der Herr den Bund haltet, den er mit Noah gemacht hat, bis auf den heutigen Tag. Also ist auch dieser Bund der Ehe eine Verbindung zwischen Mann und Weib, der unzerbrochen sein und bleiben soll, so lange eins lebt, Treue und Glauben zu halten bis in den Tod."[22] Wie vor der Taufe eine Vorabkalkulation des Risikos gefordert wird[23], so auch beim Eheschluß, ja, diese Aufforderung nimmt nach einem Hinweis auf Lukas 14,28-29 ihrem Ton nach den Charakter einer ernsten Warnung an: „Darum ist es groß von Nöten, daß man Gott fleißig darum bitte, ihn um Hilfe und Beistand anrufe, damit man diesen Bund in der Furcht des Herren anfange, und

---

20 Wipf, Johann E.: Lehr 6 :Ehestand, Hawley 1982, S. 57 f.

21 Vermahnung an denen, die sich verwilliget haben im Stande der heiligen Ehe zu treten, Sonderdruck ohne Jg. und Erscheinungsort: S. 1 (B5)

22 ibid.: S. 4

23 Vgl. S. 58 dieser Arbeit , RR.: S. 199

mit Gottes Hilfe ausführe. Tob.4."[24] Die höhere Wertung, die Paulus der Ehelosigkeit zuerkennt (1.Kor.7,38) macht eine solche Überlegung erforderlich. „Daher muß man den Ehebund so wohl als den Taufbund vorher wohl bedenken, ehe man denselben anfangt."[25] Wo aber die Entscheidung für die Ehe fällt, da ist es nötig, sich immer die Ermahnungen der Eltern, die sich auf Gottes Wort beziehen „vor Augen und im Herzen"(Tob.4,6) zu halten und den Zweck des Ehestandes zu bedenken. „Dieser Ehestand ist der erste unter dem menschlichen Geschlecht, heilig und geehrt, nötig und nützlich, weil er die Pflanzstätte aller Stände ist und führet zum Endzweck der Ehre Gottes."[26] Zwar werden Lebensfreude, die Freude an Kindern und die Gattenliebe mit Worten Salomos gepriesen, und zu ihrem Genuß werden die Ehewilligen ermuntert, doch es wird auch gewarnt. „Die Liebe aber ist des Leides Anfang, eine Werkstätte der Schmerzen, ein Beängstigen und Trübsal, der immer eine Sorge und Anfechtung der anderen die Fersen drücken und einen Aufstand erregt. Darum ist dieser (der Ehestand) mit großer Bedachtsamkeit anzufangen. Gott muß inbrünstig angerufen werden."[27] Dann folgen Ermahnungen von Tobias, Paulus, Jakobus, David, die in den Rat einmünden, „nicht mit Fleisch oder Blut zu Rat zu gehen und denken: ich kann es selbst ausrichten. ... Daß eins auf der Schönheit sieht, sondern man soll auf die Tugend und Gottesfurcht, auf die Demut und Frömmigkeit sehen."[28] Schließlich werden die jungen Leute ermahnt, ohne Unterlaß zu beten. Das Gebet, das ihnen anempfohlen wird, handelt von der Ehrbarkeit und Zucht der Liebe, von der Ehre des Hauses und der Ehrlichkeit des Namens, es bittet um den Beistand Gottes in Trübsal, Kreuz und Anfechtung, um Gehorsam und Geduld gegen den Willen Gottes, um Unterstützung den Lebenswandel betreffend, um Annahme und Tröstung in der Not, und es endet mit einer Abwandlung des aaronschen Segens, den das Paar für sich erbittet.[29] In einer zweiten Vermahnung[30] werden aus Psalm 128 die Verse 1-3 ausgelegt. Die Rolle der Frau wird hier besonders angesprochen. Die gesellschaftliche Stellung der hutterischen Frau entspricht nicht den heutigen Vorstellungen von Gleichberechtigung. Frauen haben in der hutterischen Kirche keine offizielle Stimme, die Gemeinden sind patriarchalisch organisiert. Wir brauchen hier nicht die biblischen Begründungen für diese Organisationsform anzuführen, die paulinischen Auslassungen vom Primat des Mannes (Eph.5,22-24; 1.Kor.11,3) sind allgemein bekannt und sind Ärgernis auf dem Wege zur Emanzipation. Doch die gesellschaftliche Wertschätzung der Frau kann nicht vor dem Hintergrunde dieses von seiner Ursprungssi-

---

24 Vermahnung (s.Fn.20): S. 6

25 ibid.

26 ibid.: S. 7

27 ibid.: S. 7 f.

28 ibid.: S. 8 f.

29 ibid.: S. 10 f.

30 ibid. S: 13-20

tuation losgelösten und durch Fehlverständnisse vielfach belasteten Pauluswortes gesehen werden. Die Vermahnungen erinnern nicht nur den Mann an seine priesterliche Verantwortung für Frau und Familie, sondern sie geben auch der Frau ihren ganz besonderen und unverwechselbaren Stellenwert an der Seite des Mannes, als seine Partnerin. „Denn das Weib ist genommen aus der Seite ihres Mannes. Nicht von seinem Haupt um ihn zu beherrschen, auch nicht von seinen Füßen, um von ihm unterdrückt zu werden, sondern von seiner Seite um ihm ebenbürtig zur Seite zu stehen, um seine Gehilfin zu sein, von der Nähe seines Herzens um von ihm geachtet, geehrt und geliebt zu werden."[31] In dieser Partnerschaft endet allerdings die Selbstbestimmung, durch die der Eheteufel Asmodia „seinen bösen verfluchten Samen zwischen den Eheleuten säen kann, … und manchen Eheleuten das bittre Fegefeuer macht, dadurch auch manchen das bittre höllische Feuer zu theil wird."[32] So soll es, sagt die Vermahnung, bei euch nicht sein, sondern „dein Weib wird sein wie ein fruchtbarer Weinstock um deinen Haus herum. Es wird dein Weib sein und wird sich dein allein halten, keusch und züchtig sein. Sie wird dich herzlich lieben, mit allen Treuen meien, und wo sie es vermöchte, dir ihr Herz im Leib theilen …"[33] „Sie tröstet ihn in seinen Anliegen, sie deckt des Mannes Gebrechen zu. Ein frommes Gottesfürchtiges Weib thut mehr bei einem Mann, als zehn Männer bei einem Weib, sie ist eine treue Gehilfin."[34] „Ein solches Weib ist eine Krone ihren Mann"[35], doch nicht sein Haupt! Das Bild, das hier von der hutterischen Ehefrau gezeichnet wird, könnte vollkommener kaum sein, sowohl im Blick auf ihre partnerschaftliche Stellung in der Ehe als auch im Blick auf die ehelichen Werte, die in unserer Zeit aufgrund einer allgemeinen Werterelativierung unsicher geworden sind. In der Praxis hutterischen Familienlebens ist die Frau nicht entrechtetes Anhängsel des Mannes, vielmehr „sitzen treue Eheleute mit Rat und Tat zusammen, Lieb, und Leids ist ihnen gemein, Das man sagen mag: Gottes Huld, Des Gewissens Unschuld, Christliche Geduld, Ein besondrer starker Leib, Ein frommes, gehorsames, treues, verschwiegens Weib. Ueber diesen fünf Gaben, man kein edlern noch bessern Schatz man in Himmel, noch auf Erden mag haben."[36] Mit einem bekräftigenden „Amen" endet die offizielle Vermahnung der Brautleute. Es werden dann beide nochmals, darin gleicht die Verlobung bereits der Eheschließung, namentlich angesprochen und auf ihre Bereitschaft, den Ehestand den Regeln christlichen Ehelebens entsprechend einzugehen und zu führen, befragt. Dann werden sie „zusammengestellt", und der Prediger gibt ihnen danach „vor öffentlicher Gemein Zeugnis", daß sie wie fromme Eheleute und nach

---

[31] ibid.: S. 1
[32] ibid.: S. 17
[33] ibid.
[34] ibid.: S. 19 f.
[35] ibid.: S. 18
[36] ibid.: S. 20

dem Rat ihrer Eltern zusammenkommen können. Sie gelten danach als vor Gott ver-
lobt, „bis die Gemein des Herren kann versammelt werden."[37]

Die Hochzeitslehr (Epheser 5, 22-33)[38]: Wie jede gottesdienstliche Veranstaltung[39]
beginnt auch die Vorrede zur Hochzeitslehr formelhaft: „Die Ursache unserer Versammlung diesmal ist uns allen wohl bewußt, nämlich: daß wir diese Handlung,
derer, die sich zu verehelichen bewilligt haben, vornehmen und schließlich vollenden
wollen."(1) Dann wird die gesamte Handlung ausdrücklich dem Willen Gottes unterstellt; denn „so gebührt uns, daß wir als ein Volk Gottes in allem, was wir für die
Hand nehmen, auf Gott, unsern Schöpfer, sehen; denn er hat uns auch in allem seinen
Willen geoffenbaret."(1) Gleich nach der Einleitung wird die Frage der Partnerwahl
angesprochen, und damit wird deutlich gemacht, daß die ursprüngliche Form, nach
der in der Gemeinde Eheleute zusammengeführt wurden, auch heute noch gilt. Es
gibt keinen Eheschluß ohne die Zustimmung der Eltern und der Gemeinde! Unter
Bezugnahme auf den biblischen Schöpfungsbericht (Gen.2,18-24) wird festgestellt:
„Also ist Gott hier der erste Ehemacher und Heirathsmann gewesen. Er hat uns aber
damit gelehrt, daß wir nicht nach unsers Fleisches Willen heirathen sollen ..."(3)
Heirat darf also nicht um der Begierde willen geschehen mit dem Blick „nach wohl-
gestalteten Weibern."(4) Für diese Forderung werden dann in bewährter Manier als
biblische Kronzeugen Isaak (4f.) und Tobias (5f.)angeführt. Und auch die Warnung
vor den negativen Folgen eigenwilliger Wahl kommt nicht zu kurz: Esau (8), Simson
(8f.) und Salomo (9), aber auch die Sündflutkatastrophe und das Geschick Sodoms
stehen für diese zu vermittelnde Lehre ein. Doch nicht nur die Warnung vor den
negativen Folgen fleischlicher Begierde wird eindrücklich und wiederholt vermittelt,
sondern auch vor Glaubensungleichheit. Der Herr hat nie gewollt, so informiert die
Vorrede, „daß sich die Gläubigen mit den Ungläubigen vereinbaren, verheirathen
oder einmischen sollen, oder der Fromme mit den Gottlosen."(8) In der Lehr wird
dann der Text Epheser 5,22-33 ausgelegt. Regiment (14f.), Vorbild (15) und möglicher Machtmißbrauch des Mannes (17), die Unterordnung der Frau (20ff.) werden
angesprochen, und die Analogie Christus—Gemeinde wird entfaltet. Prophetische
Verheißungen, die die Bilder der Verlobung und der (Ver-)Trauung benutzen, lassen
den heiligen Ernst erahnen, der hinter dem Eheverständnis der Hutterer steht; denn
„ich will mich mit dir verloben in Ewigkeit; ich will mich dir vertrauen in Gerechtigkeit und Gericht, in Gnade und Barmherzigkeit. Ja, im Glauben will ich mich mit dir
vermählen; und du wirst den Herrn erkennen (Hosea 2,19f.)."(18) Wie Christus der
Retter seines Leibes, der Gemeinde in allen ihren Gliedern ist, so soll der Mann seinem Weibe ein „Heiland" sein, damit „sein vertrautes Weib an ihm habe, was er an
Christum hat ..."(20) Dieses Ordnungsverhältnis beinhaltet wiederum das Problem

---

37 ibid.: S. 25
38 Wipf, Johann E.: a.a.O., Alle Zitate dieser Lehr' werden nicht als Fußnoten ausgewiesen,
    sondern erscheinen als Seitenangaben in Klammern.
39 Vgl. S. 192 dieser Arbeit

der Zucht, diesmal innerhalb der Familie. „Christus hat seine Gemeine nicht nur mit Liebkosen geliebt, sondern auch mit Strafen. Das heißt ‚sein Weib geliebet', wenn er sie auch straft und anredet, ja, wenn sie ihn auch fürchten muß, und nicht also: daß einer seinem Weib beistehet und ihr Recht gibt, wo sie nicht Recht hat."(23) Wir meinen, daß es wichtig ist, an dieser Stelle wiederum auf die Praxis der Gemeindezucht hinzuweisen, von der die Frau zwar nicht ausgenommen ist, die aber in erster Linie gegen die Fehlverhalten der Brüder eingesetzt wird, während Fehlverhalten der Ehefrauen unter die korrigierende Kompetenz des Mannes fallen. Entscheidend ist aber für das Gelingen des Zusammenlebens die Liebe (22ff.), wie sie der Korintherbrief beschreibt.(1.Kor.13) An die Bereitschaft der Männer wird also appelliert, ihre Weiber so zu lieben als ihre eigenen Leiber.(36) Wir werden wiederum an die Gemeinschaft begründende Aussage Jesu „wie dich selbst" erinnert[40]; denn so wie der Mann bemüht sein soll, seine eigene Seele zu erhalten zum ewigen Leben, so soll er auch bemüht sein, sein priesterliches Amt zu ihrer Besserung zu gebrauchen, „damit sie auch Gott gefallen möge."(37) Verschiedene Ermahnungen folgen, der Mann soll die Frau, die mit ihm alt geworden ist, nicht verachten (37f.), die Einheit, die sich sichtbar in jedem Kind realisiert, wird schließlich zum Vorbild für die Unlösbarkeit der Ehe, die letztlich ein göttliches und auf den Bund mit Gott hinweisendes Geheimnis ist.(48ff.)

Im Rückblick auf die Ridemannsche Definition kann man feststellen, daß die in Vermahnung und Lehre formulierte hierarchische Strukturierung des Ehebundes und die dadurch gegebene Unterordnung der Frau unter den Mann durch die Gleichung „wie sich selbst" neutralisiert wird. Zu den Pflichten des Mannes gehört es, als priesterlicher Führer seiner Frau zu fungieren. Es wurde deutlich, daß die Ehe ein Übungsfeld gemeinschaftlicher Heiligung darstellt, auf dem „der Mann als eine Herrlichkeit Gottes ... soll sein Mitleiden mit dem Weibe als dem schwächsten Werkzeug haben und ihr in aller Liebe und Freundlichkeit fürgehn und sie nit allein am Zeitlichen, sonder vielmehr auch am Geistlichen versorgen und ihr alles das, so ihm von Gott geben ist, treulich mitteilen, dazu in aller Redlichkeit, Tapferkeit und allen christliche Tugenden fürgehn, auf daß sie an ihm ein Spiegel der Gerechtigkeit, ein Reizung der Gottseligkeit und Führer zu Gott habe."[41] Schließlich haben wir auf die Unauflösbarkeit der Ehe hingewiesen. Diesem Aspekt, der in der hutterischen Theologie eine besondere Ausprägung erfahren hat, soll jetzt unsere Aufmerksamkeit gelten.

Die Ehescheidung: Es muß verwundern, im Artikelbuch Walpots neben seinen Abhandlungen über Taufe, Abendmahl, Gelassenheit und Gütergemeinschaft und Schwertgebrauch einen Artikel mit der Überschrift „Von der Ehescheidung zwischen

---

[40] Vgl. S. 65 dieser Arbeit
[41] RR: S. 104

Glaubigen und Unglaubigen" zu finden.[42] Zwar gilt für das Gottesvolk das alttestamentliche Verbot der Mischehe (Ex.34,16; Deut.7,3), aber wo eine solche Ehe denn besteht, weil z.B. ein Ehepartner gläubig geworden ist, während der andere ungläubig blieb, da ist Walpot bemüht, den möglichen Schaden zu verhindern, indem er sich für die dauernde Trennung der Eheleute ausspricht. Das rigorose Wort Jesu von der Hand, dem Fuß und dem Auge, das ärgert und darum vom Körper getrennt werden muß (Mt.5,29;Mk.9,47) findet hier seine Konkretion, allerdings „gleichnusweiß".

„Darumb, so einem das weib, oder einer der mann, verhinderlich, ergerlich, schadthafft und verbesserlich wer, wie dann ein unglaubicher ehetaill meer ergern und schädlich sein mag dan 20 hendt, füeß oder leibliche augen, und kein artzeney noch fleiß nit helfen will, (dieser bzw. diese) sich billich nach des Herren wort von im wendet, damit doch das ain taill erhalten werde. Es ist besser, dan das sie alle baide sollen verderben, verdambt und verloren werden."[43] Dieser Möglichkeit einer Trennung dient auch die Erörterung der Worte Jesu in Matthäus 19,3 ff.[44], die noch einmal die hutterische Deutung des Eheproblems erkennen und den letzten Sinn jeglicher Ehe in ihrem Transzendenzbezug finden läßt. Die Anstößigkeit seiner eigenen rigorosen Forderungen der Trennung um des Himmelreiches willen, die allerdings mit der Konsequenz nachfolgender Ehelosigkeit einhergeht, versucht Walpot durch die Autorität der Worte Jesu abzuschwächen, denn Jesus bejaht den Eheerzicht für den Fall, daß dadurch Freiheit für den Dienst im Gottesreich entsteht. „Sey aber dem nun wie Im ist / Was vmb des glaubenns Vnd vmb Christi willen / die Seel Zu erretten / sich schaidet / oder schaiden mueß / die schaidet kein mensch sonder Christus thuets / vnd richts an durch sein Wort. Wiewol diß / ob wirs schon ein Eheschaidung nennen / doch noch kein Eeschaidung nit ist / Wenn gleich ein tail also vom andern Zeucht vnnd außgeet / Sonder wo das ander Eetail mitler Zeit nacherkombt / sein leben bessert / So ists ein vnZertailte ganntze Ee. Was aber nitt Christus vnd sein wort schaidet / sonder der mensch / ... / das ist vnrecht vnd sünd / Auch in Zehen geboten Gottes verboten."[45] Abschließend soll die Frage gestellt werden, ob die hutterische Praxis der Eheschließung bessere und dauerhaftere Ehen herbeiführt als es heute in der westlichen Welt üblich ist. Es gibt praktisch keine unabhängige Wahl der künftigen Parntner, kein Liebeswerben, wie man es außerhalb der Kolonien kennt, keine Verlobungszeit mit der Möglichkeit eines konsequenzlosen Rückzuges von der getroffenen Entscheidung, kein voreheliches Kennenlernen des Sexualverhaltens der Partner und auch keine Möglichkeit der Ehescheidung. Wir zitieren zu dieser Frage die Mennonite Encyclopedia, die feststellt: „Aber in der Regel sind diese Ehen sehr erfolgreich, und die beiden Partner teilen ihr Leben in gegenseitiger Achtung und Liebe. Heute erhält das Ehepaar nicht nur einen Raum, sondern üblicher-

---

42 WAB: S. 299-317

43 WAB: S. 303 f./10; ÄC: S. 308-316

44 WAB: S. 305 f./15

45 ÄC: S. 312

weise ein kleines Haus oder einige Räume in einem größeren Hause in Erwartung einer sich vergrößernden Familie."[46] Unter dieser Pespektive könnte man von einer erfolgreichen Eheanbahnungspraxis sprechen.

Zusammenfassung:

1. Die Ehe gehört in der hutterischen Kirche zwar nicht zu den Sakramenten, aber sie ist unauflöslich, und sie hat als Symbolgestalt des Verhältnisses Christi zu seiner Gemeinde de facto eine sakramentale Bedeutung. Im Vergleich mit dem Taufbund wird die Ehe geringer gewertet. Sie ist im realen Sinne ein Treuebündnis zwischen zwei Menschen, nur im übertragenen Sinne weist sie auf das Treuebündnis Gottes mit den Menschen hin, während der Taufbund eine unmittelbare Beziehung zwischen Gott und Menschen begründet, dessen Realsinn durch die Gemeinde präsentiert wird, in die der Täufling direkt eingepflanzt wird.

2. Ehe hat nach Ridemann für die Ehepartner eine erzieherische Funktion. Ihr Zweck besteht in der Hinführung des Partners zu Gott. In ihrer rechten Gottbezogenheit führt sie auf den Weg der Heiligung, in möglicher Verfehlung der Gottesbeziehung führt sie von Gott weg und in den Tod. Weil die Eheleute auf diesem Wege in echter Partnerschaft einander Helfer zum Heil sein sollen, ist es wichtig, daß Ehen nicht im Blick auf äußerliche Schönheit und aus fleischlicher Lust geschlossen werden, sondern unter Beachtung der Schönheit einer Seele, die „mit dem schönen Schmuck des heiligen Geistes und Glaubens geziret ist."

3. Ehe ist eine göttliche Stiftung und Ordnung. Darum werden die Ehepartner durch Gott zusammengeführt, Ehen nicht nach eigenem Gutdünken geschlossen. Repräsentant des göttlichen Handelns ist die Gemeinde, sie entscheidet über das Heiratsbegehren zweier Menschen. In den ersten Jahrhunderten der hutterischen Geschichte hat das zu einer Praxis der Partnerwahl und zu Eheschließungen geführt, die die persönlichen Zuneigungen und Sympathien oder Antipathien der Ehekandidaten oftmals unberücksichtigt ließen. Eine Veränderung dieses Auswahlsystems wurde erst im 19. Jahrhundert zwangsweise herbeigeführt. Heute werden die alten Mitbestimmungsmodi durch Eltern und Gemeinde zwar noch praktiziert; denn die Gemeinde trägt eine starke Mitverantwortung für das Gelingen der Ehe, aber die Möglichkeit einer Liebeswahl ist gegeben.

4. Jede geplante Eheschließung setzt ein bestimmtes Ritual in Gang, das aus Einzel- und Gruppengesprächen besteht, bei dem Befragungen und Ermahnungen nach festgelegten Texten eine entscheidende Rolle spielen. Bräutigam und Braut werden auf ihre Pflichten im Ehestand hingewiesen, die Frau wird dem Manne gemäß biblischem Vorbild unterstellt, aber sie wird gleichzeitig in ihrer Bedeutung als Partnerin des Mannes gewürdigt. Im eigentlichen Heiratszeremoniell wird ihnen dann durch den

---

[46] Friedmann, Robert:Marriage, Hutterite Practices, in: ME, Vol. III, S. 511

Prediger vor Gott und der Gemeinde das Zeugnis gegeben, daß sie als Eheleute zusammen leben dürfen. Der Segen Gottes wird ihnen erteilt.

5. In den Glaubensschriften der hutterischen Kirche wird immer wieder deutlich, daß Ehe keinen Zweck in sich findet, daß sie also nicht ein „weltlich Ding"(Luther) ist, sondern als Übungsfeld gemeinschaftlicher Heiligung einem transzendenten Ziel dient. So kann man im letzten Grunde die hutterische Grundeinstellung zur Ehe mit monastischen Gemeinschaftsidealen vergleichen.

3.1.6 Das Begräbnisritual der Gemeinde:

Wie die jüdische Bestattung so ist auch die christliche Beerdigung im Gegensatz zu vielen heidnischen Totenritualen von ihrem Ursprung her eine Erdbestattung. Im Neuen Testament wird von zwei Begräbnissen berichtet, die in dieser Form ausgeführt wurden.(Apg.5,6/10; 8,2) In der frühen christlichen Kirche waren Begräbnisse eine Gemeindeangelegenheit. Es war üblich, daß die Kirche für die Beisetzung ihrer mittellosen Mitglieder auf einem gemeindeeigenen Gelände Sorge trug. An der Begräbniszeremonie nahm dann gewöhnlich die ganze Gemeinde teil, weil man dem Verstorbenen im Glauben an die Auferstehung verbunden war und gleichzeitig seinem Körper als einem Träger des Geistes ein letztes, ehrendes Weggeleit geben wollte. Darüber hinaus gab es keine besonderen rituellen Handlungen. Der hutterische Begräbnisritus zeigt, daß ein Hutterer auch im Tode noch Teil seiner Gemeinschaft bleibt und daß der Tod in dieser auf die Ewigkeit zulebenden Gemeinschaft nicht verdrängt oder tabuisiert wird. Michael Holzach hat eine eindrückliche, auch die Ewigkeitshoffnung des hutterischen Menschen zum Ausdruck bringende Beschreibung des Begräbnisrituals gegeben.[1] Das folgende Kapitel beruht wie Holzachs Bericht auf persönlichen Beobachtungen und handelt von ebensolchen Eindrücken. Wenn man vom Tode eines Menschen hört, zu dem man eine persönliche Beziehung hat, löst das normalerweise Betroffenheit aus. Ein zweiunddreißigjähriger Elektriker war neben einem Traktor plötzlich zusammengebrochen. Die hutterischen Freunde ließen keinerlei Betroffenheit erkennen, sie beglückwünschten statt dessen den Gast, daß es ihm vergönnt sei, „so viel Hutterisches mitzuerleben." Dann fuhr man zur „Wacht", einer Veranstaltung, die sich über mehrere Stunden, gelegentlich über eine ganze Nacht hinzieht. An dieser Wacht nahmen ca. 600 Menschen aus verschiedenen Kolonien teil. In der Mitte einer großen Garagenhalle war der Verstorbene aufgebahrt. Um ihn herum saßen seine nächsten Angehörigen, dahinter die übrigen Kolonieangehörigen und die Gäste, auf der einen Seite die Brüder, auf der anderen die Schwestern. An einem Quertisch hatten vierzehn Prediger aus verschiedenen Kolonien Platz genommen. Sie leiteten nacheinander die Versammlung. Es werden wie in jedem normalen Gottesdienst Lieder angesagt und gesungen. Eindrucksvoll sind die Texte der Lieder, die von der Vergänglichkeit des Menschen sprechen, von der Auf-

---

1 Holzach, Michael: Das vergessene Volk, 2. Aufl., München 1983, S. 201—211

erstehungshoffnung als Bestandteil des christlichen Glaubens und vom Gericht. Es wird mit großer Klarheit gesagt, daß die Frommen zur Ruhe Gottes eingehen, die Gottlosen hingegen ins ewige Feuer. Das ist der letzte Dienst, den ein Scheidender seiner Gemeinschaft leistet, daß sein Begräbnis Anlaß bietet zu einer Lehr, die an Ernsthaftigkeit nicht zu überbieten ist. Wer hier nicht den Willen findet, sein Leben zu bessern und es auf die Ewigkeit auszurichten, dem wird es schwerlich woanders gelingen. Der Rhythmus der Handlung ist geprägt von einem Wechsel von Ansage, Liedervers, Bibelwort, das jedesmal ein anderer Prediger spricht und das er mit einer kurzen Ermahnung verbindet. Nur einer, ein alter Prediger, sagt einige Worte zur Person des Verstorbenen. Es gibt keine ehrende Rückschau, kein lobendes Hervorheben menschlicher Taten. Es gibt aber auch keine Tränen, keine Fassungslosigkeit, ein Leben hat sich erfüllt, ein Mensch hat 'Urlaub genommen' bis zum endlichen Wiedersehen in der himmlischen Heimat. Das ist der tröstende Unterton, der die ganze Wacht durchklingt. Am nächsten Tage findet die Beerdigung statt. Man trifft sich bereits zum Mittagsmahl im Speisesaal der Kolonie, ein Teil der Gäste ist in Privathäusern untergebracht, das Gelände der Kolonie und die Zufahrtsstraße ist von den Wagen der angereisten Gäste beparkt. Etwa fünfhundert Personen haben sich versammelt, deutlich weniger als am Vorabend; denn die Bestellung der Felder ist in vollem Gange. Nach dem Essen begeben sich die angereisten Prediger in den Kirchenraum und wählen den, der die Leichenlehr hält. Das darf kein Prediger vom eigenen Bruderhof sein, es kann aber der bestimmt werden, den die Familie des Verstorbenen ausgesucht hat, sofern er nicht die letzten zwei Leichenreden bei anderen Todesfällen gehalten hat. Die Leitung bei dieser Besprechung hat der älteste anwesende Prediger. Die Ordnungen der Hutterischen Kirche, das wird hier wieder augenfällig, überlassen nichts dem Zufall oder Augenblicksentscheidungen. Die Gäste begeben sich währenddessen ins Trauerhaus, wo der Tote im Wohnzimmer aufgebahrt ist. Wieder sitzt die Familie um ihr verstorbenes Mitglied herum. Die Gäste verteilen sich im ganzen Hause, alle Stühle, Bänke, Schwellen, Treppenstufen sind besetzt. Viele stehen dicht gedrängt im Wohnzimmer in unmittelbarer Nähe des Toten. Man schaut, man schweigt, man betet. Schließlich kommen drei Prediger, bahnen sich eine Gasse durch die Menschenmenge, stellen sich an der Längsseite des Sarges auf und 'fordern die Leich' im Namen der Gemeinde von der Familie. Hier zeigt sich nun der Absolutheitsanspruch der Gemeinde, der für den Hutterer praktisch von seiner Geburt an gilt, über die Schule, die Taufe, die verschiedenen Stationen des Lebens führt, der für die Abendmahlssituationen gilt, für die Eheschließung und das Familienleben, bis hin zum Tode, durch den alle menschlichen Beziehungen aufgehoben werden. Man gibt den Verstorbenen wieder völlig zurück in die Hand der Gemeinde, die ihn in den Gottesacker, in die Erde zurücklegt und ihn der Barmherzigkeit Gottes übergibt. Die Prediger verlassen das Haus, die Trauergäste folgen in die Garage, wo schon viele Menschen sitzen in derselben Ordnung wie am Tage zuvor. Schließlich bringt ein Auto den Sarg, die Anwesenden erheben sich von den Plätzen, er wird in die Mitte der Versammlung getragen, ein letztes Mal wird der Sarg geöffnet, der Leichnam wird sichtbar. Man setzt sich, dann beginnt die Feier.

Ein Prediger sagt Lieder an, es wird wie am Vortage gesungen vom Leben in diesem Jammertal, von Tod, Gericht und Auferstehung: „So hab ich nun vollendet den schweren Lebenslauf ..." Dann ein Gebet, es folgt die eigentliche Lehr über Hebräer 9,27. Sie dauert etwas über eine Stunde, und obwohl die Lehren der Hutterischen Kirche festgelegt sind und in überkommener Form von Generation zu Generation weitergegeben werden, legt der Prediger im Endstadium seiner Predigt die Lehr aus der Hand und spricht frei, läßt Worte persönlicher Zuwendung zu den Zurückbleibenden einfließen, Worte des Trostes. Es folgt die Aussegnung, dann wird das begonnene Lied zu Ende gesungen, der Prediger sagt: „Es ist nun an der Zeit, daß wir unseren verstorbenen Bruder der Erde übergeben, die unser aller Mutter ist." Der Sarg wird geschlossen, die Trauergesellschaft verläßt die Halle und bewegt sich in Richtung Begräbnisstätte. Das ist in diesem Falle ein Rasenfleck hinter dem Garagengebäude. Weiße Holzplanken umzäunen ihn, gestützt von weißgestrichenen Pfählen mit schwarzen Kuppen. Landwirtschaftliche Maschinen stehen in der Nähe, ein roter Traktor mit angehängtem Ackergerät, ein Mähdrescher, alles ist sehr alltäglich, als habe man eben einmal die Arbeit für einen Lunch unterbrochen. Einige Lükken in der Umzäunung bieten den zuströmenden Menschen Einlaß, zwischen den wenigen ungehügelten Gräbern ist das offene Grab. Noch einmal wird gesagt: „Der Name des Herrn sei gelobt für alle Müh' und Arbeit." Damit ist zugleich der Dank an alle Beteiligten ausgedrückt. Ohne weitere Worte und Umstände wird der Sarg dann in das Erdreich hinabsenkt. Hier wird deutlich, daß ein Mensch in die Erde zurückgelegt wird, der er gemäß biblischem Auftrage (Gen.3,19) „im Schweiße seines Angesichtes" sein tägliches Brot abgerungen hatte. Der Lebenskreis schließt sich, der Sinn des Gotteswortes „Denn du bist Erde, und zu Erde sollst du werden" wird hier ganz begreifbar: Ursprungssituation des Glaubens! Unsere entfremdeten Bestattungsrituale lassen das nur noch ansatzweise erkennen. Nach der Beerdigung geht man in die Häuser zurück. Es gibt noch einmal einen Lunch, fröhliche Gespräche werden geführt. So präsent der Tod und die Toten auch immer sein mögen, dieser Tod wurde abgeschlossen, und der Tote findet Ruhe und Lohn in der ewigen Heimat.

Was ist mit den Hinterbliebenen? Sie sind in der Gemeinschaft geborgen. Es gibt keine materiellen Nöte, solange die Gemeinschaft nicht in Not gerät. Die Kinder sind nicht ausschließlich Kinder ihrer Eltern, sondern auch Kinder der Gemeinde. Der zurückbleibende Eheteil ist frei, innerhalb der hutterischen Gemeinden einen neuen Lebensbund einzugehen.

Zusammenfassend stellen wir die Frage: Welche erzieherischen Aspekte lassen sich ausmachen?

1. Erziehung zur Gemeinschaft ist Erziehung zur Teilhabe. Teilhabe beinhaltet anderes als Solidarität. Sie ist darauf angelegt, sich nicht nur in verschiedenartigen Situationen zu bewähren, sondern darüber hinaus auch in Grenzsituationen. Das Sterben ist Grenzsituation, in der sich Gemeinschaft bewährt und in der sie trägt. So wird jedes Begräbnisritual nicht nur zu einer Demonstration von Gemeinschaft, sondern

auch zu einem Mittel, Gemeinschaft zu stiften, zu befestigen und sie in ihrer letzten, tiefsten Bedeutung für das menschliche Sein erfahren zu können.

2. Das hutterische Begräbnisritual ist darauf angelegt, die Distanz zum Tode und zu den Toten zu verringern. Der Mensch, der dem Willen Gottes gemäß lebt, braucht den Tod weder als Ende des Lebens, noch als Übergang in ein ungewisses (Nicht-)Sein zu fürchten. So wird vom Ende des irdischen Lebens rückwirkend ein Einfluß auf die 'Besserung des Lebens' ausgeübt.

3. Bei jeder 'Leich' wird die Erkenntnis der Relativität irdischen Seins vermittelt. Alles, was dem Menschen in seinem Leben an materiellem Besitz wertvoll wird, verliert spätestens in der Sterbestunde seinen Wert. Im Zusammenhang mit einer emotional ungemein anrührenden Situation wird immer neu die persönliche Einstellung zum Eigentum und zur Gelassenheit im Sinne des Loslassenkönnens hinterfragt und im innersten Wesenskern des Menschen ggf. korrigiert.

4. Das Begräbnisritual konfrontiert den Menschen mit einer Situation der Unvermeidbarkeit, die sich als Autorität in Funktion darstellt. Von dieser letzten Situation her gesehen, erhalten die Stationen des Lebens einen autoritativen Charakter und werden damit zu pädagogischen Situationen; denn nur da, wo etwas Zwingendes in den Bereich menschlicher Beziehungen einfließt, geschieht auch Erziehung. Der Mensch lernt in der Konfrontation mit seiner eigenen und fremder Endlichkeit das Unvermeidliche zu bejahen, und er gewinnt darin Freiheit. Die persönliche Betroffenheit, die durch das Erleben des Rituals bewirkt wird, zieht in der Regel unmittelbare Wirkungen nach sich, die sich in spontaner Veränderung des Menschen in seinem Verhalten zeigen und zu einer neuen Bereitschaft zur Einordnung und Unterordnung, die seinem Sein Wesen und letzten Sinn gibt.

3.1.7 Die Wahl des Predigers der Gemeinde:

Das Kapitel über die Wahl des Predigers müssen wir insofern weiter fassen, als es um die Wahl der Funktionsträger überhaupt geht. Dabei wird es nötig sein, die Rolle des Predigers ausführlicher darzustellen, weil er de facto die höchste menschliche Autorität eines Bruderhofes bzw. einer einzelnen Koloniegemeinde darstellt. Es ist nicht nur die Rolle des Verkündigers, sondern vielmehr die des Richters und Schlichters, die das Amt beinhaltet und seine Autorität erfordert und formal auch begründet. Eigentliche Amtsautorität erhält die Stellung des Predigers aus seiner Wahl, die göttlicher Bestimmung gleichgesetzt wird. Ridemann verweist auf Hebräer 5,4, wo es heißt: „Niemands nehme ihm die Ehre selbst, sonder der auch erwählet sei von Gott gleichwie Aaron. Denn auch Christus selbst sich nit herrlich gemacht hat, daß er Hoherpriester würde", und er fährt fort: „Also sollen auch seine Diener sich nit selbst aufwerfen und herfürtun, sonder warten, bis sie von Gott herfürgezogen und erwählt werden.“[1] Das gilt für den Prediger, der im übrigen als „Diener" bezeichnet wird, Diener am Wort oder Diener am Evangelium. Auch andere Funktionsträger sind „Diener", zumindest wird im Gegensatz zu weltlicher Üblichkeit, die Funktion jedweder Art als Dienst im Sinne von „Dienen" gewertet und ist nicht mit materiellen Privilegien verknüpft. Am Beispiel des Predigers läßt sich das verdeutlichen. Bereits in den Anfangstagen der Gemeinde z.Z. Jakob Hutters wurden die Hauptprinzipien für ihre Organisation festgelegt. An ihrer Spitze stand der Diener am Wort, der die geistlichen Aufgaben wahrzunehmen hatte. Dann folgten die Diener der Notdurft, die verantwortlich waren für ein reibungsloses Funktionieren des Bruderhofes hinsichtlich aller praktischen Angelegenheiten.[2]

Die Ämterunterscheidung: Die kürzeste und klarste Unterscheidung der Ämter in der hutterischen Kirche bringt Ridemann. Er bezieht sich auf die Urgemeinde, betont dadurch den Charakter der hutterischen Kirche als restituierte Kirche und stellt fest, daß Ämter Gottes Einsetzung sind. Wir werden diesmal die marginalen Bibelzitate ohne Auslassung und jeweils an der Stelle anführen, wo sie in der Rechenschaft angeführt sind, um zu zeigen, daß jede Ver-Ordnung Ridemanns einer biblischen Vor-Ordnung entspricht: „Paulus sagt, daß Gott aufs erst (1.Kor.12,28; Eph.4,11-14) Apostel in der Gemein gesetzt habe. Das sein die, die von Gott und seiner Kirchen (Mt.28,16-20;Mk.16,14-16) mit dem Befehl des Evangelii ausgesendet werden, die Land zu durchziehen und aufzurichten (Röm.1,1-5;16,25-27) die Gehorsame des Glaubens unter seinem Namen, das ist mit Wort und Tauf. Danach seind (1.Tim.3,1-7;Tit.1,5-9) die Bischof und Hirt, die gleiches Amt in der Lehre und Tauf mit den Aposteln haben, ohn allein daß sie an einem Ort bleiben und die Gemeind Christi weiden. Nach dem seind (1.Kor.12,28) Helfer, die neben den Hirten dienen, zu vermahnen das Volk, an der empfangenen Lehr fest zu bleiben. Dem nach seind (Röm.12,4-8;1.Kor.12,1-11) Regierer, die das Haus oder die Gemein ordnen einen itzlichen an sein Ort, auf daß es recht und wohl zugehe (Apg.6,2-6;1.Tim.3,8-10;Tit.1,5-9) und die Gemein versorget werde mit zeitlicher Handreichung, und heißen sonst Diener der Notdurft. Zuletzt sind die Ältesten, die man allenthalben zu allerlei Notdurft der Kirchen brauchet (Apg.15,2-6) und die mit allem Fleiß mit den Dienern den Nutz der Kirchen betrachten, ihren Wohlstand suchen und also den Dienern die Bürden tragen helfen, auf daß man nit die ganze Gemein mit einem itzlichen Handel beschweren dürfe.“[3] Die Darstellung läßt erkennen, daß der hutterische Diener, egal auf welcher Ebene der Kirche er seinen Dienst tut, die „Bürde des Amtes" wohl kennt. Er nimmt diese Bürde bewußt auf sich als einen Dienst, den er für die Gemeinschaft als dem Leibe Christi tut. Neben den geistlichen Ämtern gibt es solche, die aus der ökonomischen Struktur der Gemeinden erwachsen, aber, weil das

---

1 RR: S. 83

2 Loserth, J./Friedmann, Robert: Diener am Wort, Diener der Notdurft, in: ME, Vol. II, S. 53 ff.

3 RR: S. 85

hutterische Ganzheitsverständnis keine Trennung von Gottesdienst und Arbeitswelt kennt, auch als „geistliche"Ämter gelten.

Voraussetzungen und Eignungen für das Predigeramt: Der Dienst des Geistlichen ist in den meisten Kirchen an eine entsprechende Ausbildung, zumeist an ein universitäres Studium gebunden. Die kirchenpraktische Ausbildung, der Einstieg in die Erfahrungen der Gemeindearbeit wird dann in einer zweiten Ausbildungsphase gewonnen, die über verschiedene Weiherituale zur Erlangung der vollen Amtsbefähigung führt. In der hutterischen Kirche sind die Gemeinden durch die Worte Ridemanns und das apostolische Vorbild gehalten, die geistlichen Amtsträger „nit nach ihren selbst gefallen" zu erwählen, sondern „auf den Herren ...(zu warten,) was der erwählet und anzeiget."[4] Der so Erwählte muß ganz bestimmte Voraussetzungen erfüllen, von denen, die täuferischen Gemeinden in ihrer Gesamtheit betreffend, bereits im 5.Artikel des Schleitheimer Bekenntnisses die Rede ist. „Der hirt in der gemein gottes sol einer syn nach der ordnung Pauli, gantz und gar, der eine guette zügnüß hab von denen, die ußer dem glouben sind."[5] Die spezifisch hutterische Definition der persönlichen Voraussetzungen finden wir in der Lehr von der Erwählung nach Deuteronomium 17, wobei die Wahl der Richter und Amtsleute gemäß mosaischem Gesetz gleichgesetzt wird mit der Wahl des Dieners am Wort. Wir wiesen auf seine über die Verkündigung hinausreichende Kompetenz bereits hin. „Die Richter sein zu verstehn die Diener des Evangeliums, durch die das Gericht und Gerechtigkeit soll gehandhabt werden, denn welches Volk, welche Stadt kein Regierer und Vorsteher hat, da kann es nicht wohl stehn ..."[6] Gottes Gebot, durch Mose gegeben, verpflichtet die Gemeinde und ihre Ältesten zu ordnungsgmäßer Wahl eines Dieners am Wort, „weilen ... das Leben des Volkes daran stehet; auch das Volk all sein Aufsehen darauf hat."[7] Welches Persönlichkeitsprofil ist von dem Diener am Wort zu zeichnen? Wir unterscheiden zwischen den Anforderungen, die im Alten Testament formuliert werden und denen im Neuen Testament. Der alttestamentliche Merkmalskatalog betrifft mehr den Status und Aufgabenbereich eines Richters und Schiedsmannes im verwaltungstechnischen Sinne, jedoch bezogen auf seine Funktion in einer theokratischen Gesellschaft, wie sie das alte Israel repräsentierte. Der Kadi nimmt als Hüter des Gottesrechtes, der Sharia, im idealen islamischen Gottesstaat eine vergleichbare Rolle ein. Aber was Mose, dem Rate seines Schwiegervaters folgend (Ex.18,19-22), zwar vom geistlichen Amte getrennt, doch gleichzeitig an das Gesetz Gottes gebunden hatte, ist in der hutterischen Kirche wieder in der Person des Predigers in eine Einheit zurückgeführt worden. Im Blick auf das folgende Kapitel über die Gemeindezucht ist diese Feststellung von Wichtigkeit. Die neutestamentli-

---

4 RR: S. 83 f.

5 Jenny, Beatrice: a.a.O., S. 13

6 Lehr 16, S. 15

7 ibid.

che Sicht wird aus dem 1.Brief des Paulus an Timotheus (Kap.3,1-13) gewonnen. Hier werden persönlichkeitsspezifische Merkmale genannt. Als eine generelle Voraussetzung wird erwähnt, daß solche Menschen bestellt werden sollen, die selber Gerechtigkeit bewirkt haben und „durch Gottes Gnad und Gab ... können sich auch desto mehr fleißen, andere auch solches zu lehren."[8] Das persönliche Vorbild eines Predigers wird immer wieder als entscheidendes Mittel erzieherischer Einflußnahme benannt, nur Erzogensein kann Erziehung bewirken. Damit ist eine weitere Voraussetzung angesprochen: Wirksamkeit im Sinne von Gerechtigkeit. Der Prediger als Richter und Schiedsmann seiner Gemeinde darf sich nicht der Rechtsbeugung, der Begünstigung schuldig machen und sich auch nicht als korrumpierbar erweisen. (Deut.16,19) Daß ein Diener am Wort diese Bedingung in der durchschaubaren Geschlossenheit einer hutterischen Kolonie total erfüllen muß, die eigene Familie, die eigenen Kinder oder Enkelkinder gegenüber Fernerstehenden nicht bevorzugen darf, weil das Gemeinwesen durch Entscheidungen eines ungerechten Richters zerstört und das Leben für alle „ein höllisches Leben" würde, und daß es schwer ist, solche Gerechtigkeit auf Dauer zu praktizieren, ist einleuchtend. Eine dritte Voraussetzung wird genannt (Deut.17,15): Der mögliche Kandidat muß aus der eigenen Gemeinde kommen, „die mit dir in gleicher Gnad stehn, in gleichen Glauben und Gehorsam, und in gleicher Hoffnung der Seligkeit stehn."[9] „Was wollt ein andrer für Gehorsam lehren, der selbst den Wort des Herrn ungehorsam ist?"[10] Diese Voraussetzung schafft dem Diener am Wort eine umfassende Kompetenz und ermöglicht es ihm, seiner Gemeinde aus der Kenntnis ihrer personellen und sachlichen Gegebenheiten zu dienen, ihre Situation, die ja nicht nur eine geistliche Sonntagssituation, sondern auch eine ökonomische, arbeitsplatzbezogene, finanzielle, entwicklungs-orientierte Alltagssituation ist, richtig einzuschätzen. Gleichwie er erkennt, wird auch er erkannt! Diese Transparenz der Beziehungen im Bruderhof macht es nötig, die geeignetsten Männer für Ämter vorzuschlagen. Sollte dennoch ein minderqualifizierter Kandidat darunter sein, wäre das ein Zeichen für negative Prozesse in der Gemeinde. Darum geht die Lehr davon aus, daß es nach erfolgter Wahl niemanden geben könne, der „seinen Lehrer oder den Diener der Notdurft die das Gericht und Gerechtigkeit, ja das Wort der Wahrheit handhaben sollen, nicht gehorsam ist, oder dieselben verachtet ..."[11], den Erwählten durch abwertende Äußerungen in Mißkredit bringt. Die Situation, die Jesus bei seinem Auftreten in der Synagoge seiner Heimatstadt vorfand (Mt.13,54-57;Mk.6,1-3), darf den gewählten Dienern nicht begegnen. Die Glieder der Gemeinden werden gewarnt, unüberlegte und negative Kritik zu üben. Sie sollen nicht sagen: „Was frag ich nach ihm? ich kenn ihn wohl, hab ihn kennt so lang er in der Gemein ist. Er ist gleich so wohl nur ein Mensch, ein Handwerksmann oder Bau-

---

8   Lehr 16, S. 16

9   Lehr 16, S. 54 f.

10 ibid.

11 Lehr 16, S. 49

ern Sohn."[12] Welche tatsächliche Autorität dem Gewählten zuwächst, wird erkennbar, wenn wir hören: Er sei gewesen, wer er wolle, „so ist er von der Gemein erwählt, zu einem Apostel ... Und weil er steht in den Amt seines Gottes, so sollst du wissen daß du nicht einen Menschen verachtetst, sondern Gott, der seinen Geist geben hat in uns."[13] Das bestätigt die Tröstung Gottes für Samuel, der durch das Verlangen Israels nach einem König in Selbstzweifel gestürzt wurde (1.Sam.8,7), und im biblischen Text der Lehr (Deut.17,12-13) wird zur Warnung des Volkes jeglicher Ungehorsam gegen den Vertreter des Gotteswillens durch Tötung des Frevlers bestraft, in der Praxis der hutterischen Gemeinde mit dem Ausschluß. Aber trotz dieser beachtlichen Autorität, eigentlich wegen dieser, darf der Diener nicht angreifbar sein, muß er strengsten moralischen Maßstäben genügen. Die Geschichte des frühen Huttertums zeigt, wie unnachgiebig Verstöße gegen die Ordnungen, durch Gemeindeleiter geschehen, geahndet wurden.[14] Darum muß der Diener am Wort auch die Gütergemeinschaft vorbildlich vertreten. „Er soll nicht eigengesuchig sein, oder geizig sich selbst zu weiden, sondern er soll dem Geiz feind sein ... Denn so bald , sagt Jesaias, euer Land voll Silber und Gold war, ... da ist es auch voll Götzen worden ..."[15] Vielleicht hat sich jetzt der Eindruck ergeben, der Prediger müsse im weitesten Sinne ein Allroundtalent sein, ein guter Organisator, Geschäftsmann usw., der es versteht, eine Gemeinde, die ja immer auch eine Wirtschaftseinheit ist, erfolgreich zu führen. Diese Annahme wäre falsch. Zwar hat ein gewählter Prediger in der Regel in verschiedenen Bereichen und auf unterschiedlichen Qualifikationsebenen seiner Haushabe bzw. Kolonie gearbeitet, z.B. als Schüler im Schulgarten, später in verschiedenen Werkstätten, in der Feld- und Stallarbeit, meist auch als Schulmeister, ist also in vielen Bereichen ein Fachmann, aber die entscheidende Kompetenz ist geistlicher Natur. Er muß die Befähigung zur Seelsorge und zur Menschenführung besitzen. Er muß hören können, ermahnen, strafen, trösten, motivieren, Ziele aufweisen können, er muß ein fundiertes Bibelwissen haben, das er sich durch das Studium der Bibel, hutterischer und anderer Schriften erworben hat, er muß die Geschichte der christlichen Kirchen unter besonderer Berücksichtigung der Hutterischen kennen, und er muß gute Deutschkenntnisse haben. Im übrigen gelten die Aussagen des Timotheusbriefes über Nüchternheit, Lehrkompetenz, Selbstzucht, Wachsamkeit bei der Wahrnehmung des Hirtenamtes.[16]

Aufgaben und Pflichten des Predigers: Die Pflichten wurden schon teilweise bei der Beschreibung der Voraussetzungen deutlich, wir wollen jetzt noch einmal konkreti-

---

12 ibid.

13 Lehr 16, S. 50

14 Vgl. S. 21 ff. dieser Arbeit.

15 Lehr 16, S. 59

16 Vorrede auf 1.Tim.3,1-13: Ermahnung die als Vorrede oder Einleitung gebraucht werden mag bei Bestätigung eines Dieners des Wortes. S. 16-18

sieren, welche spezifischen Aufgaben er hat in Entsprechung zur Ganzheitlichkeit des hutterischen Lebensverständnisses. Es wird noch einmal das Schleitheimer Bekenntnis zitiert[17]: „Sölich ampt sol sin lesen und ermanen und leeren, manen, straffen, bannen in der gmein, und allen schwestern und bruedern wol fürstan im bett, im brott brechen (bruedern und schwestern zur besserung vorbeten, dz brot anheben zuo brechen) und in allen dingen des lips Christi acht haben, das er gebüwen und gebesseret wird, (dar mit der nam gottes durch uns geprisen und geert werd) und dem lesterer der mund werde verstopft. ... So aber ein hirt etwas handlen wurd, das zestraffen wer, sol mitt im nütt gehandlet werden on zweyer oder trier zeugen mund. So sy sunden, sollen sy vor allen gestraft werden, darmitt die andren forcht haben. So aber diser hirt vertriben oder dem herrn durch das crütz heimgefürt würd, sol von stund an ein ander an die stat verordnet werden, dar mitt das völckle und hüfle gottes nitt zerstört werd, (sunder durch die manung erhalten und getrost werd)." In den hutterischen Lehren zur Predigerwahl finden wir dieselben Aufgaben formuliert: Lehre, Ermahnung, Gebrauch der Gemeindezucht, Leitung beim Gebet, Verwaltung der Sakramente, Bewahrung und Besserung der Gemeinde, Ausübung des Richteramtes. Die Schwierigkeit, in der Offenheit einer Bruderhofsituation unparteiisch zu bleiben und für die Durchsetzung der Ordnungen zu sorgen, wurde bereits angesprochen. Bei ihrer Einsetzung werden die Prediger ermahnt, „damit sie nicht nach Fleisches Brauch die Augen zuviel zudrucken, und gedenken: Ich will nicht Ungunst kaufen oder machen, ich will mich nicht in alle Händel einmischen. Ich will warten bis man klagt. Der hat das Gebot übertreten, der hat sein Bund nicht bewahrt, noch sein Amt gepreist."[18] Dem Diener am Wort obliegt also im Interesse der Gemeindezucht die Aufgabe, über die Entwicklungen in der Gemeinde zu wachen und, wo erforderlich, prospektiv zu handeln, nicht reaktiv, um auf diese Weise der Entstehung von kritischen Situationen in der Gemeinde vorzubeugen. Er ist der Amtswalter Gottes[19] und der Hüter der Tradition in der Gemeinde[20], aber er muß das sein, ohne sein Herz über seine Brüder zu erheben[21], er muß als bruderschaftliche Autorität in theokratischer Funktion handeln.

Die Wahl: Jetzt soll von der Wahl des Predigers die Rede sein. Die Notwendigkeit, einen Prediger zu wählen, ergibt sich, wenn eine Kolonie eine bestimmte Größe erreicht hat oder wenn ein Prediger gestorben ist. Die anstehende Wahl und der geplante Wahltermin werden allen Bruderhöfen rechtzeitig bekanntgegeben; denn zu

---

17 Jenny: a.a.O., S. 13; in Klammern Textänderung gegenüber der Berner Handschrift. Vgl. Köhler, Walter: Flugschriften aus den ersten Jahren der Reformation, 1903, Bd. 2, Heft 3, S. 103

18 Lehr 16, S. 32 f.

19 Lehr 16, S. 60-63

20 Lehr 16, S. 64-67

21 Lehr 16, S. 64

den Wahlberechtigten gehören neben den Brüdern der Gemeinde auch die Prediger anderer Gemeinden. Zunächst entsteht ein Eindruck der Widersprüchlichkeit: einerseits Wahl durch die Gemeinde, andererseits göttliche Berufung, „warten, bis sie von Gott herfürgezogen und erwählt werden."[22] Doch dieser Widerspruch erweist sich als scheinbarer, wenn man das Wahlverfahren näher betrachtet, das nach dem Beispiel der Apostel durchgeführt wird.(Apg.1,23-26) Da steht an erster Stelle das Gebet, in dem es um den richtigen Mann geht. „Darumb sie (die Gemeinde) mit ernstlichem Bitten und Flehen zu Gott anhalten soll, auf daß er sie versorgen oder ihre Not erstatten und ihnen anzeigen wölle, welchen er zu seinem Dienst erwählt habe."[23] Man könnte hier versucht sein, den Meinungsbildungsprozeß psychologisch zu deuten, das ernste Gebet freiem Assoziieren in der Form eines Brainstorming zu vergleichen, das dann bei entsprechend vorlaufendem Nachdenken über den richtigen Mann auch zum richtigen Ergebnis führen könnte, aber wir wollen die Aussage Ridemanns ohne jede Deutung als das nehmen, was sie für die Gemeinde ist, das ernstliche Bitten und Flehen zu Gott und die Anzeige Gottes, „welchen er zu seinem Dienst erwählet habe", als einen Einbruch der Transzendenz in die Immanenz. Nach diesem Prozeß, der durch einstimmiges Votum aller Brüder bestätigt werden muß, wird der so von Gott Erwählte „fürgestellt". Diese von Ridemann mit großer Eindeutigkeit beschriebene Methode bildet allerdings den Sonderfall einer Predigerwahl. Im allgemeinen wird man davon ausgehen müssen, daß mehrere Kandidaten vorgeschlagen werden. In diesem Falle, meint Ridemann, „warten wir, welchen uns der Herr durchs Los anzeiget, ist aber nur ein einziger oder so viel ihren vonnöten sein, so bedörfen wir des Losens nit, sondern weil ihn uns der Herr zeiget, so nehmen wir ihn oder sie in Gottes Forcht als ein Gab und Schankung von Gott an."(Apg.6,1-6) Aus der Apostelgeschichte ist nicht eindeutig zu ersehen, welches Verfahren der Auslosung angewandt wurde, die hutterische Kirche hat sich für eine sehr differenzierte Methode entschieden, die durch die Mehrstufigkeit des Verfahrens die Garantie bietet, daß nur wirklich geeignete Kandidaten zur Wahl stehen. Dieses Verfahren soll jetzt beschrieben werden.

Am Abend vor dem Wahlsonntag gilt der Prozeß der Meinungsbildung als abgeschlossen. Die Zeugbrüder haben die Meinung der Koloniebewohner erkundet und haben sich auch ihre eigene Meinung über mögliche Predigerkandidaten gebildet. Nach dem Abendgebet findet eine erste Wahlversammlung statt, deren Ordnung durch die „Handlung beim Pred.-Wählen"[24] vorgegeben ist. Sieben Strophen des Liedes „Gott, du gewaltiger Herre ...", an anderer Stelle wurde es als das Väterlied zitiert, leiten die Versammlung ein, in der aus überwiegend alttestamentlicher Sicht

---

22 RR: S. 83

23 RR: S. 84

24 Handlung beim Prediger-wählen, in: Unterricht, Spring Prairie Printing, Hawley, Min. 1987, S. 116-131 Alle folgenden Zitate werden nicht als Fußnoten ausgewiesen, sondern erscheinen als Seitenangaben in Klammern.

eine Vermahnung der Anwesenden erfolgt. Die Rolle der Wähler wird in dieser Vermahnung dem Beispiel der Apostel folgend auf die Funktion der Vorauswahl reduziert, sie sollen „Gott, den Herzenskündiger ernstlich darum bitten und anflehen, daß er … anzeigen möchte, welchen er erwählen will und der ihm darzu wohlgefällig sein wird, sein Wort ferner zu verkündigen. Und weil das Gebet das rechte Mittel ist, von Gott alles zu erlangen, so lasset uns auch unsere Kniee vor Gott beugen, in dem allerheiligsten und theuresten Namen unsers Herrn und Heilandes Jesu Christi."(126f) Danach folgt ein Gebet, und dann geben die Zeugbrüder ihre Stimmzettel ab. Jeder ist verpflichtet, zwei schriftliche Vorschläge zu unterbreiten. Niemand darf sich selber vorschlagen. Ein anwesender Prediger überprüft die Vorschläge auf Richtigkeit und nimmt sie in Verwahrung. Am nächsten Morgen vor Beginn der Lehr werden die Vorschläge dann in Anwesenheit aller angereisten Prediger und der Gemeinde bekanntgegeben. Jeder Wahlberechtigte kann also bis zur Wahl seine mögliche Entscheidung bedenken, und jeder Kandidat weiß vor Gottesdienstbeginn um die Möglichkeit gewählt zu werden. Dann wird die Lehr gehalten, die üblicherweise länger als normal ausfällt und die Inhalte zum Gegenstand hat, die wir in der Einleitung zu dem Kapitel über die Predigerwahl behandelten. Nach dem Gottesdienst verlassen alle Stimmberechtigten den Gottesdienstraum. Sie kommen dann einzeln zurück und geben mündlich ihre Entscheidung bekannt. Ein beauftragter Prediger zählt die Stimmen für die einzelnen Kandidaten. Jeder, der in diesem Wahlgang mindesten fünf Stimmen erhält, gelangt schließlich in das Losverfahren. Danach erfolgt durch einen zweiten Prediger, „der dazu erkennt ist, noch eine kurze Vermahnung, wie folgt: ‚Nun lieben Brüder: Wir haben nun unter Gottes Beistand, in Ruh und Frieden die Wahl führgenommen, und in der Furcht Gottes ein jeder Bruder sein Stimmzettel abgeben. Weil wir aber niemand ins Herz können sehen, so schieben wir es gänzlich von uns ab, und überlassen es unsern himmlischen Vater, sich einen von diesen Brüdern zu erwählen … und wollen ihn von Gott auch annehmen als einen Geschenkten, dem er sein Wort anvertrauen will, als einem treuen Diener des Evangeliums.'" (128) Dann folgt die Geschichte von der Erwählung Davids (1.Sam.16), und noch einmal wird die letzte Verantwortung Gottes für das Gelingen der Predigerwahl betont: „Darum lieben Brüder, wissen wir selber nicht, wer dem Herrn zu diesem Dienst gefällig sein wird, und schieben es gänzlich von uns ab, in der Hoffnung, Gott wird ihn, einen der Gemein geben und schenken, der sein Haus wird helfen bauen, und feind sein allen Unrechten und Sünden, dem Eigennutz, welcher der Gemein größter Feind ist …"(129f) Noch einmal wird das Vorbild Christi und seiner Jünger beschworen, die „bei keinem Ding so ernsthaft im Gebet verharret"(130) wie bei der Bitte um die richtigen Männer für das Apostelamt. Abschließend heißt es: „So wollen wir in der Furcht Gottes dieses Exempel auch befolgen mit ernstlichem Bitten und Gebet, weil das Gebet das rechte Mittel ist, von Gott alles zu erlangen; so lasset uns auch, die wir uns hier gegenwärtig versammelt haben, unserer Kniee vor Gott beugen ín dem allerheiligsten und theuresten Namen unsers Herrn und Heilandes Jesu Christi. Nun folgt das Gebet für treue Arbeiter im Weinberg des Herrn, und nach dem Gebet wird das Los gezogen …"(131) Diese Vermahnung wurde ausführlicher zitiert, weil die eigentliche Wahl des Predigers trotz sorgfältigster Vorbereitungen nicht als in der Verantwortung der Gemeinde liegend, sondern als Gottessache gesehen wird und daß sie sich damit menschlicher Verfügbarkeit und Machbarkeit entzieht. Alle Lose werden nach der Auszählung der Stimmen in einen Hut getan. Diesen Hut nimmt der Prediger, der die letzte Vermahnung getan hat und bringt ihn zu einem anderen beliebigen Prediger der Versammlung. Der zieht einen Zettel heraus. Der Kandidat, dessen Name auf dem Los steht, gilt als von Gott erwählt. Er muß aufstehen und durch sein Ja-Wort die Wahl annehmen. Es wird ihm jedoch eine Bedenkzeit von einer Woche eingeräumt, und es gilt als schicklich, diese Bedenkzeit zu nutzen, die Zustimmung erst in der nächsten Sonntagslehr zu geben. Die Gepflogenheit hat allerdings nur rituelle Bedeutung; denn eine Ablehnung der Erwählung wäre Auflehnung gegen den Willen Gottes, aber dennoch wird „keiner im Amt bestätiget, er sei dann vor bewähret und der Gemeinde offenbar und habe die Zeugnis eines berühmten Lebens und Wandels, auf daß er dem Lästerer nit in die Strick falle."[25] Ein erwählter Diener wird von der Gemeinde „in die Versuchung gestellt", erst, wenn er sich im Amte bewährt hat, erfolgt die endgültige Bestätigung als Diener am Wort durch den Vorsteher (Bischof) der Gemeinden. Er ist dann „eingesetzter Prediger" mit allen Rechten eines regierungsamtlich registrierten Geistlichen. Die Wahl eines Predigers gilt im Normalfall für die Lebenszeit des Gewählten.

Wir wollen fragen, welche erzieherische Bedeutung das Wahlverfahren für die Gemeinde hat. Es kann hier nicht um die Bedeutung der Funktionsgewalt des Predigers gehen, diese soll im Zusammenhang mit der Gemeindezucht erörtert werden, sondern um den eigentlichen Wahlmodus. Als Wahlprozeß im demokratischen Sinne wäre er insofern bemerkenswert; als sich hier im Anschluß an eine in einem gruppendynamischen Verfahren erfolgte Auswahl einer oder mehrerer gleich qualifizierter Personen eine Entscheidung ergäbe, die ohne jegliche Möglichkeit einer Begünstigung durch das Los fällt. Der auf diese Weise gefundene Kandidat besäße infolge der im Meinungsbildungsprozeß geltenden Selektionskriterien eine große Anzahl der Eigenschaften, die ihn zur Führung der Gemeinschaft befähigen. Tatsächlich sind im Laufe der Geschichte der hutterischen Kirche nur sehr wenige Fehlurteile bei der Wahl geistlicher Funktionsträger gefällt worden. Die Männer, die den Gemeinden als Diener am Wort oder als Bischöfe (Vorsteher) vorstanden, zeichneten sich fast ausnahmslos durch positive Wesenseigenschaften und Führungsqualitäten, wie Charakterfestigkeit, Menschenkenntnis, persönliche Bescheidenheit und geistliche Kompetenz aus. Sie waren charismatische Führer und Vorbilder ihrer Gemeinden, und bis auf den heutigen Tag gibt es viele Diener und Vorsteher, für die diese Aussage gilt. Ihr erzieherischer Einfluß auf die ihnen anvertrauten Menschen beruht auf ihrem Sosein, das aus ihrem durch die Gemeinde bestimmten und an die Bibel gebundenen Erzogensein erwächst. Autorität und Vorbildhaltung des Predigers sind bestimmende Qualitäten für das Gelingen des Alltags in einer hutterischen Kolonie. Diese Aussage

---

[25] RR: S. 84

muß allerdings insofern als subjektiv gewertet werden, als ein tatsächlicher Rückschluß von der Person des Predigers auf die Beschaffenheit einer Kolonie hinsichtlich ihrer sozialen und materiellen Gegebenheiten besonders untersucht werden müßte.

Zusammenfassung:

1. Der Prediger einer hutterischen Gemeinde, Diener am Wort oder Diener am Evangelium genannt, ist ein für das geistliche Amt erwählter Laie, der seine theologische Qualifikation als Autodidakt erwerben muß. Hutterische Theologie ist allerdings nicht Wissenschaft im akademischen Sinne, sondern fundiertes Bibelwissen, das sich einer bestimmten Form der Exegese bedient und auf den Bereich der Orthopraxie einwirkt.

2. Der Prediger wird nicht nach menschlichem Gutdünken oder aufgrund eigener Bewerbung um das Amt erwählt. Im hutterischen Verständnis wird er von Gott selber berufen. Aus dieser Tatsache erwächst seine Autorität, die ihn zum geistlichen Leiter der Gemeinde und zum obersten Richter in allen Entscheidungs- und Streitfragen macht.

3. Der hohe Anspruch, der dadurch an die Person des Predigers gestellt wird, setzt eine vielseitige persönliche Qualifikation sowohl in geistlicher und mitmenschlicher, als auch in sachbezogener Sicht voraus. Er muß in seiner Lebensführung untadelig sein, damit er möglicher Kritik keine Angriffspunkte bietet. Er muß selber unter Außerachtlassung persönlicher Interessen Gerechtigkeit in allen Streitfragen walten lassen.

4. Der Wahlmodus wird durch intensive Gebete eingeleitet, durch die mögliche Kandidaten gefunden werden. Sofern mehr Kandidaten als nötig gefunden werden, entscheidet das Los. Der so Erwählte wird durch Handauflegung der Ältesten in sein Amt eingeführt. Erst nach einer Zeit der „Versuchung" erfolgt die endgültige Amtsbestätigung. Die hutterische Praxis der Predigerwahl hat sich nur in wenigen Fällen als fehlerhaft erwiesen.

5. Die Aufgaben des Predigers entsprechen im wesentlichen dem Amtsverständnis in allen täuferischen Kirchen. Er lehrt, ermahnt, leitet im Gebet, er verwaltet die Sakramente, er richtet und übt Gemeindezucht und wirkt im Sinne der Besserung und Erbauung des Leibes Christi.

3.2 DAS RITUAL DER GEMEINSCHAFTSSICHERUNG—DAS ABENDMAHL

3.2.1 Die hutterische Abendmahlsbedeutung:

Wir wenden unsere Aufmerksamkeit jetzt dem zentralen Ritual hutterischer Identitätssicherung zu, dem Abendmahl. Die hutterische Abendmahlslehre ist im Zusammenhang mit der täuferischen Interpretation des Herrenmahls zu sehen, die den Charakter des Gedächtnismahles betont. Darüber hinaus wird dem durch das Herrenmahl gestifteten Gemeinschaftsgedanken besondere Beachtung schenkt. Bei den Hutterern gewinnt dieser Gesichtspunkt einen ganz neuen Stellenwert. Eine Parabel, die bereits in der christlichen Frühzeit die Vollkommenheit christlicher Gemeinschaft verdeutlichte, soll an dieser Stelle dargeboten werden: „Denn ebenso wie aus vielen Körnlein das Brot gemacht wird und vieler Körner Laiber ein Brotlaib werden, in dem ein jedes Körnlein seinen Leib und seine Gestalt verliert und den gemeinsamen Laib des Brotes annimmt; ebenso auch wie die Weinkörnlein mit Verlust ihrer Gestalt eines gemeinsamen Weines und Trankes Leib werden; so sollen wir sein und sind wir auch, wenn wir dieses Sakrament recht gebrauchen: Christus mit allen, die durch seine Liebe heilig sind, nimmt unsere Gestalt an, streitet mit uns gegen die Sünde, den Tod und alles Übel. Dadurch zur Liebe entzündet, empfangen wir seine Gestalt, verlassen uns auf seine Gerechtigkeit, sein Leben und seine Seligkeit und sind so durch die Gemeinschaft seiner Güter und unsres Unglücks ein Kuchen, ein Brot, ein Leib, ein Trank, und alles ist gemeinsam."[1] An dieser Stelle wurde Martin Luther zitiert, und wir werden es weiter tun, um zu zeigen, inwieweit hutterisches Gedankengut allgemeinreformatorischen Vorstellungen entsprach, zumindest in der Frühzeit der Reformation. „Also: Dieses Sakrament in Brot und Wein empfangen ist nichts anderes, als ein gewisses Zeichen dieser Gemeinschaft und leibliche Verbindung mit Christus und allen Heiligen empfangen, ebenso wie man einem Bürger ein Zeichen, eine Handschrift oder sonst ein Dokument gibt, damit er gewiß sei, daß er Bürger dieser Stadt, ein Glied dieser Gemeinde ist. So sagt St.Paulus 1.Kor.10,17: ‚Wir sind alle ein Brot und ein Körper, die wir an einem Brot und einem Kelch Anteil haben.'"[2] Die Geschichte der Parabel von den Getreidekörnern und den Weinbeeren[3] ist insofern interessant, als sie bereits in der Zwölf-Apostel-Lehre (Didache), also etwa um das Jahr 120 n.C., und danach in einer Epistel Cyprians von Carthago um 250 n.C. zu finden ist. Wie sie in das Zeitalter der Reformation überliefert wurde, ist unbekannt. Bei den Hutterern wird sie erneut benutzt, um das Wesen totaler Gemeinschaft, wie sie im Leibe Christi und in der Einheit mit dem Haupt der Gemeinde gegeben sein

---

1 Luther, Martin: Ausgewählte Schriften, Bd. II, Frankfurt a. Main 1983, S. 62

2 Luther: a.a.O., S. 54 f.

3 Vgl. Friedmann, Robert: Lord's Supper, in: ME III, S. 394

soll, deutlich werden zu lassen. Sie begegnet uns in Klaus Felbingers Glaubensbekenntnis von 1560, in Walpots Schreiben von 1577 an die Schweizer Brüder in Modenbach am Rhein und in Andreas Ehrenpreis' Sendbrief von 1652. In allen Formen ist die Parabel ein Lehrstück für den Verzicht auf Eigenwillen, für Selbstverleugnung und Aufhebung aller Ichzentriertheit um der Bruderschaft willen, sie erläutert das Wesen der Jüngerschaft, das in der Einheit des Leibes zugleich die volle Seinsidentifikation mit dem Ganzen des Leibes ermöglicht. Zu dieser wesentlichen Einheit sollte jeder Gläubige immer wieder zurückkehren, um das Mahl des Herren würdig empfangen zu können. Auch Ridemann entwickelt den Gesichtpunkt der Einheit. Man muß ihn sogar als Ausdruck *wesentlicher* Einheit werten, wenngleich vor dem Hintergrunde seiner Gesamtargumentation erkennbar wird, daß diese Einheit nicht substantieller Art ist. Im Anschluß an die paulinische Formel von der Einheit des Leibes (1.Kor.10,17) stellt er fest, daß Jesus den Jüngern nicht Leib, Fleisch und Blut darreicht, sondern daß er sie lehrt, „daß sie seines Leibs Glieder sein, und wie das Brot aus vielen Körnlen zusammengefüget ein Brot worden ist, also auch wir aus viel Menschen, und die wir in viel zerstreuet und geteilt waren, mancherlei Sinn und Meinung hätten, durch den Glauben in eins geführt, ein Pflanz, Gewächs und Leib Christi worden sein, ihm in einem Geist anzuhangen, wie es auch der Herr ihnen noch in einer andern Gleichnus heller fürmalet, da er spricht: , Ich bin der Weinstock, ihr die Reben.' Allhie zeiget er abermals helle und klar an, daß sie mit ihm ein Pflanz, Gewächs, Materi, Substanz und Leib sein."[4] Dasselbe sagt er zum Wein aus, „da aus vielen Körnlen oder Weinbeerlen ein Trank worden ist."[5] In der heute noch gültigen Abendmahlslehr[6] wird der gleiche Gedanke noch einmal ausführlich dargelegt. Jesus will haben, so heißt es da, „daß wir mit einem bekannten, äußerlichen und sichtbaren Zeichen, nämlich mit dem Brot der Gemeinschaft seines Leibes sollen berichtet werden. Nämlich also: Wie die Körnlein zusammen gesammelt werden, also sind wir auch von mancherlei und heidnischer Weise gereinigt und zusammen gebracht. Und wie die zusammen gebrachten Körnlein zermahlen durch den Mühlstein, also beweisen wir hiermit, daß wir auch zerbrochen sind von unsern eigenen Sinn und Willen. Und wie durch den Mühlstein vom Korn alle Grobheiten geschieden wird, also sind wir auch durchs Evangelium gereinigt von aller Befleckung des Fleisches und des Geistes. Und wie durch die Mühle die Spreu oder Kleie vom Mehl, das Unreine von den Reinen abgesondert wird, also ist dieses Abendmahl eine Ausschäumung der groben Kleien, samt aller leichtfertigen Gemüter. Und wie alle Körnlein zu einem Mehl, und mit Wasser und Wein gekneten und durchs Feuer zusammen gebacken sind; also auch wir alle einerlei Meinung worden sind, durch das Wasserbad im Wort gereinigt, und mit dem Wein der Lieblichkeit in unsern Herzen befeuchtet, und mit dem Feuer der göttlichen Liebe zusammen vermengt und gebacken, also daß wir nun

---

4 RR: S. 89 f.

5 RR: S. 91

6 Lehr 63 zu 1.Korinther 11, 23-32, S. 11 f.; S. 29

sind: eines Mutes, eines Sinnes, gleicher Liebe und Gemeinschaft, gleicher Gelassenheit und gleicher Gehorsams. Wo aber ein Körnlein ganz bleibt, bis ins Brot, so wird
es doch ausgestochen. Also werden auch hier in diesen Abendmahl ausgeschieden
alle Unzerbrochene, alle Eigennützige, daß sie in der Gemeine der Gerechten nicht
bestehen können." Weiterführend und zugleich durch Wiederholung verstärkend
heißt es dann an anderer Stelle: „Und wie uns beim Brot die Gemeinschaft des Leibes
Christi wird vorgebildet, also, beim Wein die Gemeinschaft seines gnaden Geistes
uns zu verstehen gegeben wird. ... In Summa: Wir zeigen mit den Trank des Weins
an, daß wir mit Christo und allen Frommen eines Geistes, Muts, Sinnes, Kraft und
Saft geworden sind. Und gleich wie der Trank aus vielen Körnlein unter der Presse
zerdrückt, daß alle Grobheiten davon geschieden, in einen einzigen Trank vereinbart
und in eins gezogen und vermischt sind, also sind wir jetzt aus vielen Menschen und
vielerlei Meinungen zusammen berufen und gesammelt aus Gottes Gnaden." Der
Kerngedanke des hutterischen Abendmahlsverständnisses, der der gemeinschaftlichen Identifikation, wird in diesen Ausführungen vereindeutigt, aber sie sprechen
auch die Möglichkeit des Ausscherens aus der totalen Einheit des Leibes an. Damit
stellt sich dann die Frage nach den Möglichkeiten der Gemeindezucht, durch die ein
Körnlein, das „ganz bleibt, bis ins Brot", ausgestochen wird.

3.2.2 Das Abendmahl als apologetisches Problem:

Ein Hauptteil hutterischer Abendmahlstheologie dient der Auseinandersetzung mit
nichttäuferischen Abendmahlsauffassungen. Die Beweisführungen sind vielfältig. In
ihren Wiederholungen wirken sie auf den heutigen Leser oftmals ermüdend. Walpots
Artikelbuch[7], das über weite Strecken im Stil eines Dialoges mit einem fiktiven Partner geschrieben wurde, macht das Anliegen deutlich, jeden nur denkbar möglichen
Gedankengang für oder gegen die hutterische Abendmahlsauffassung auf einem
vernunftbetonten Niveau zu erörtern. Man gewinnt den Eindruck, daß sich der Autor
getrieben fühlt, den „Gegenstand" durch das Eintauchen in das Bad der Argumente
von allen Seiten unangreifbar, gewissermaßen „wasserdicht" zu machen und gleichzeitig auf dem Wege logischen Einsichtigmachens ein heilspädagogisches Anliegen
zu verwirklichen, nämlich Überzeugungen zu begründen und unverrückbar werden
zu lassen. Dem dient bspw. die Erörterung unterschiedlicher Abendmahlsauffassungen.[8] „Villerley mainung haben die sacramenteesser, die altten und die neuen über ir
sacrament und seindt heuttigstags noch nit ains. Darumb es nur billicher ein zanckh-
herment wirt gehaissen und ist kein grösser zanckh gewesen von anfang der welt
bisher. Einer will dieses, der ander das daraus machen."[9] Walpot unterscheidet zwischen sechzehn verschiedenen Deutungen, deren differenzierte Darlegung sich bis

---

7 WAB: S. 125-174,

8 WAB: S. 164 f./131

9 ibid.

auf Betonungsnuancen beim Sprechen der Einsetzungsworte erstreckt. „Die zwelfften haben nit mögen ains werden, ob der leib Christi da sey, so der priester sagt das erste wort ‚hoc‘, oder das andre ‚est‘, oder das drytte ‚corpus‘, oder das vierdte ‚meum‘, und seindt noch nit eins. Ich geschweig, das sie aus aignem gwalt den worten Christi mit den wörtlen ‚enim‘ und ‚aeterni‘ ein zusatz gethan haben."[10] In den Ausführungen, die „puncten- und argumentweiß verfasset"[11] sind, lassen sich trotz durchgängiger Polemik theologische Schwerpunkte erkennen. Das Motto[12], das den Artikel „Vom Abentmall Christi" einleitet, ist den Psalmen 111,4f. und 116,13f. entnommen und stellt damit den Charakter des Mahles als eines Bundes- und Gedächtnismahles heraus. Beim rechten Empfang des Abendmahles geht es um den rechten Glauben, dessen Definition nach Hebräer 11,1 genutzt wird, um das nichttäuferische Abendmahlsverständnis ad absurdum zu führen. „Die leiblich gegenwerttigkeit im brodt ist dem glauben zuwider. Dan der glaub in Christo ist ein klare offenbarung und gwisse ergreifung der unsichtbaren dingen, nit der sichtbarn, leiblichen gegenwerttigkeit Christi. … Unser schatz, den wir suechen, soll im himel sein und nitt im brodt. Sonst stüendt unser haill und sälligkeit in der creatur des brodts."[13] Darum empfangen die das Brot in rechter Weise, die „glauben in Christum, das er die bezalung unsrer sünden ist durch seinen todt (Mk.10,45), umb des willen eer das fleisch an sich genumen und erlösset hat vom teufel und verdamnus.(1. Joh.3,8) Wer sich daran lasset, der gneust seines fleisches zur sälligkeit, der würckhet ein speis, die nit vergeet. Dan essen ist hie … glauben, vertrauen und pauen in Christum, aufnemen und anziehen, das ist geistliche essen und gniessen, welche heilig und geistlich speiß, auch allein gleiche geistlich leidt (Leute) essen künen."[14] Die Begabung geistlicher Schau wird überhaupt zum Schlüssel rechten Verständnisses, das heißt, das Verstehen als rationales Element wird zu einem Bestandteil der Abendmahlsspiritualität. Von dieser Voraussetzung herkommend, wird *der* die Werke Gottes wirken, dem die Sendung Jesu per Ratio einsichtig geworden ist, der in diesem Sinne „glaubt".(Joh.6,28f) Aus diesem Glauben heraus geschieht Rechtfertigung, erwächst Heil und ewiges Leben, das sich in Jesus, symbolisiert durch das Brot, offenbart.(Joh.6,35)[15] „In Christum, den waren, gecreitzigten gottesson glauben und vertrauen gibt das ewig leben.(Joh.20,31;1. Joh.5,13) Oder aber es wurde das hayl der menschen widerumb an eusserlichen und leiblichen dingen steen und nit allein an der lauttern gnadt gottes. Dan, die (in) Christum gestorben, sind mit Christo von den weltlichen satzungen

---

10 ibid.

11 WAB: S. 125

12 ibid.

13 WAB: S: 137/27

14 WAB: S. 154 f./102

15 ibid.

(freigeworden)."[16] (Kol.2,20) Die Teilnahme am Mahl wird für den Gläubigen zu einer Vergewisserung seines Heils, das Christus für die vielen am Kreuz erworben hat. In diesem Sinne wird es zum Gnadenmittel. Das eine, unwiederholbare Opfer kann nicht in liturgischen Feiern beschworen werden, nicht wiederholt werden in der Darreichung von Brot und Wein, die der Gläubige konsekriert und transsubstantiiert oder realpräsent als Leib und Blut Jesu empfängt. Es ist also nicht so entscheidend, die im aramäischen Text fehlende Copula durch ‚ist' oder ‚bedeutet' zu ersetzen, sondern für die Täufer liegt der Schwerpunkt anders. Die eigentliche Gabe des Sakramentes ist die Jüngergemeinschaft. Es gilt, sie in der Praxis zu bewähren. Dazu muß der Jünger aus dem Glauben heraus tätig werden. Er muß die Bindung an Jesus, den Christus, erneuern, zu ihm *kommen*. „Ich bin das brodt des lebens, wer zu mir kombt, spricht Christus, den wirt nit hungern, und wer an mich glaubt (sych, glaubt), den wirt nimer dürsten. Da geeth *komen* für essen und *glauben* für trinkhen.[17] Der sagt nit: Wer mein fleisch isset und mein bluet trinckhet mit dem Maull; sonder: Wer zu mir kombt und an mich glaubt, den wirt nimer dürsten. Darumb so dürstet den glaubigen nimer nach dem bluet oder wesenlich leib Christi wie die sacramenteesser. Die beweisen, das sy nie zu Christo komen sein und nit in in glauben, wie man soll, sonder wöllens alles mit dem maull außrichten."[18]

3.2.3 Rationale Argumentation:

Nicht immer wird die Diskussion so ernst und humorlos geführt. Wir finden durchaus Argumente, die, ironisch geprägt, den Humor erkennen lassen, mit dem der Verfasser von seinem rationalistischen Standpunkt aus diskutiert. „Christus hat gesagt: Wo ich bin, da soll auch mein diener sein. Wen nun Christus im brodt wer, so müesten auch seine diener darinnen sein, und müesten die pfaffen auch ins sacramentheusel sitzen, weil sie sagen, das sie seine diener sein."[19] „Alle Argumente illustrieren sehr gut den Geist der Zeit und den immanenten Rationalismus der ‚Radikalen Reformation' „[20], wie auch das folgende Zitat zeigt. Christus, der in die Herrrlichkeit aufgenommen ist (1.Tim.3,16), wird durch „antichristliche tollheit" in irdische Unehre und Dienstbarkeit zurückgeholt, um „durchs brodt ein speiß der menschen zu werden. Dan was geessen wirt, das wirt geuneeret. Was wer einem landsherren das für ein eer, wen er

---

[16] WAB: S. 156/108, in den Klammern sinnergänzende Einfügungen des Herausgebers

[17] Den gleichen Gedanken drückt Hans Schlaffer bereits 1528 aus:"Denn kommen geht vor essen und glauben löscht den Durst." in Wiswedel, W.: Bilder und Führergestalten aus dem Täufertum, Bd. II, Kassel 1930, S. 198

[18] WAB: S. 156 f./109

[19] WAB: S. 145/62

[20] Friedmann, Robert (Hg.): Glaubenszeugnisse oberdeutscher Taufgesinnter II, Gütersloh 1967, S. 143, Fn.gg)

von sein bauren leyblich gefressen wurde."[21] Aber diese Ausflüge sind selten, die ausschließlich rationale Argumentationsweise überwiegt. Durch Schlußfolgerungen soll die alleinige Geltungsmöglichkeit hutterischer Deutung einsichtig gemacht werden. Wenn, so „schleust" Walpot, der Person Christi nur ein Leib (Hebr.10,5) bereitet ist und dieser Leib auch nach der Auferstehung personal bestimmt und durch Nägelmale identifizierbar ist[22], dann kann er nach seiner himmlischen Erhöhung nicht „leiblich und wesenlich allenthalben sein"; denn, weil diese Identifizierung auch am verklärten Christus noch möglich war, er somit noch als wahrer Menschenleib erscheint, kann man die Person Christi hinsichtlich ihrer realen Präsenz nicht mit Gott gleichsetzen, weil durch solches Unterfangen „das götlich wesen gelestert were."[23] Christus war, obschon ihn die Jünger, als sie zu ihm nach Galliäa gingen, im Herzen trugen, „nit leiblich bey inen, oder aber sie hetten nit dörffen zu im geen. Als er von den jungern von Emaus verschwandt, mocht er ye nit leiblich meer bey inen sein. Darumb, ob er woll göttlich und geistlich bey allen glaubigen ist, wonende durch den glauben in iren hertzen, so ist er doch leiblich und wesenlich nach seiner waren menschheit nit bey inen oder in inen. Deshalb weder im sacrament noch anderstwo der leib Chrisi meer dan an eim ordt zumall sein mag."[24] Die durchaus logisch erscheinende Erörterung der Ortsgebundenheit der Person Christi zeigt die Sprödigkeit dieser ausschließlich rational geführten Diskussion. Sie läßt kein Gefühl erkennen für die Wesenheiten, die man „Geheimnis des Glaubens" nennt. Andererseits erwachsen aus diesen Argumentationen Impulse, die dem 16. Jahrhundert durchaus fremd waren und die in ihrer Radikalität erst in unserer Zeit praktische Auswirkungen haben. Gibt man, so meint Walpot, das Sakrament „den übelthättern, schelmen, mördern und dieben, welche der henckher hinausfüert; wan sy solche sacrament eessen und annemen, so achten sies darnach für christen und bueßverttige und glaubige. Wo dem also wer, so volget, das er auch nach den worten Pauly mit dem geist Gottes versygelt sein müeste (1.Kor.3,16; 6,19), und das sein leyb auch ein tempel Gottes müeste sein, dieweill der heillig geist in im wonet, nachdem er den leyb Christi geessen hat. Aber was geschicht? Darnach henckhen sie den tempel Gottes hinaus an galgen, unangesehen das Paulus sagt: Wer den tempel Gottes schendet, den wirt Got schenden. Syhe, wie spillen sie mit iren sacramentfressern. Wee des falschen, blinden christenthumbs! Geben sie das sacrament zur vergebung der sünden, warumb vergeben sie inen den nit auch, warumb henckhen sies an liechten galgen und setzen sie aufs schelmenradt?"[25] Hier liefert die hutterische Theologie ein Argument gegen die Todesstrafe, dem es nachzusinnen lohnt. Ein letztes Zitat soll die Grundsätzlichkeit dieser Art kritischen Umganges mit den Texten der Bibel und den zeitgenössischen Lebensfor-

---

21 WAB: S. 143/54

22 Vgl. WAB: S. 146/63

23 ibid.

24 WAB: S. 146/64

25 WAB: S. 166 f./133

men zeigen. Es wird darin eine auch heute noch anzutreffende These vertreten, die davon ausgeht, daß man die Worte der Bibel nicht diskutieren könne. „Sprichstu: Man soll vom glauben solcher gestalt nit dysputieren, sonder den schlichten worten Christi glauben und nit grüblen, wie es zuegange," dann gibt Walpot die „Antwort: Die geister mueß man probieren und sehen, das die wort nit falsch ausgelegt werden, anders dan es gemaint und die apostlen verstanden, also das sie unsrem glauben änlich und gmaß seyen."[26] Aus dieser Grundhaltung entwickelte sich eine prinzipiell antischwärmerische, unsentimentale Glaubensform, die noch heute lebendig ist. Sie wäre am ehesten dem schweizerischen Pietismus zu vergleichen, der aufs Ganze gesehen nüchtern, eminent praktisch, weltklug ist und sich von utopischen, apokalyptischen, mystischen und visionären Einflüssen freihält.[27] Die Beispiele gewähren Einblicke in die Denk- und Argumentationsstrukturen hutterischer Wortführer und vermitteln andeutungsweise Eindrücke von der Art der Überzeugungsarbeit, die, zunächst für apologetische Zwecke gedacht, auch eine Binnenwirkung im Bereich der Gemeinde erzielt und ebenso missionarischen Zwecken wie auch gemeindepädagogischen Zielen dienen konnte, weil die auf diesem Wege erwirkten persönlichen Überzeugungen sich nahezu zwangsläufig in Haltungen und dementsprechende Handlungsweisen umsetzten. Im folgenden Abschnitt soll diese Tendenz weiter verfolgt werden.

3.2.4 Die hutterische Abendmahlslehr:[28]

Die Vorrede: Wie zu jeder Lehr gibt es auch zu dieser eine Vorrede. Sie erläutert 1. den speziellen Zweck der Zusammenkunft, ruft 2. den Seinsstand in das Bewußtsein der Zuhörer, spricht 3. von den Verheißungen Gottes, die 4. in der Gnadentat Jesu ihre Verwirklichung finden. Sie redet 5. von der Geduld Gottes und 6. von der Berufung zum Mahl, auf das man sich 7. durch Absonderung von der Welt würdig vorbereitet. Dafür werden 8. viele biblische Beispiele positiver und negativer Art angeführt, und der letzte Teil der Vorrede ist 9. dem Lohn in Zeit und Ewigkeit gewidmet. Was hier thematisch gegliedert in Kürze aufgeführt wird, ist gemäß dem Prinzip dogmatischer Exegese mit einer Vielzahl biblischer Zitate belegt. Dabei erscheinen alle den Mahlcharakter bestimmenden Gesichtspunkte, die wir bereits in den vorausgehenden Ausführungen fanden: Es ist Gedächtnismahl, Gnadenmahl, Bundesmahl, Fest der Danksagung (Eucharistie), und zudem dient es der Handlungsmotivation; „denn ein jeder Frommer in der Handlung des Herren Gedächtnis, einen neuen Mut und Eifer schöpfen soll, ... Gott zu fürchten und Gott zu dienen und an seiner Wahrheit zu halten die Tage unseres Lebens."(2) Ausgangspunkt aller weiteren Überle-

---

[26] WAB: S. 161/123

[27] Beyreuther, Erich: Pietismus, in: TRT, Bd.4, S. 115

[28] Die Ausführungen dieses Kapitelteils beziehen sich auf die Lehr 63 zu 1.Kor. 11,23-32. Die Seitenangaben erfolgen in Klammern.

gungen ist die aus dem Falle Adams resultierende und sich nach dem Schneeballprinzip fortsetzende Folgewirkung(3f.), die sich in der Abkehr von Gott, in der Hinkehr zu den stummen Götzen und in einer durch heidnische Sünden und Laster beschwerten Diesseitigkeit zeigt.(4) Die Beschreibung des Ist-Zustandes endet mit der Feststellung: „In Summa: Wir waren lebendig tot, und alle unsre Glieder waren begeben der Sünd, zur Waffe der Ungerechtigkeit."(4) Nur die Wiederbringung nach dem Fall durch Christus, den einzigartigen Erlöser, führt zur Aufhebung des menschlichen Sündenstandes.(5) „Wer kann aus Aschen ganze Kohlen machen? Wer kann ein dürres Ast am Baum wieder grünend machen? Wer kann einen Toten in Grab rufen, daß er wieder lebendig heraus komme? Also hat auch niemand unsern Fall und Schaden wiederum zurecht bringen können. Denn allein Christus der Sohn Gottes, der ist selbst unser Erretter, Erlöser und Helfer worden."(6) „Er hat uns gezogen aus den Wust und Verderben dieser Welt ... und uns gebracht ... zu der Gemeine der Erstgeborenen die im Himmel angeschrieben sind."(7) Dieser Gemeinde gilt exklusiv die Ladung zum Mahl, das nun nicht als Medium der Vergebung wirkt, sondern bereits Antizipation des Abendmahls des Herren ist.(8) Die Gemeinde hält sich durch Absonderung in einem Zustand optimaler Reinheit und Heiligkeit; denn „wie von vorigen Israel gesagt ist: Dich hat der Herr dein Gott erwählt, aus allen Völkern die auf Erden sein. Also auch wir ein abgesündert Volk sein sollen, und allen Unrechten müßig gehn. Wie alle Liebhaber Gottes gethan haben."(9) Gewiß kann diesen elitären Gedankengängen widersprochen werden, aber hier soll der Denkhorizont sichtbar gemacht werden, vor dem das eigentliche Abendmahlsritual vollzogen wird. Dazu muß man sagen und akzeptieren, daß diese Aussagen Hand in Hand gehen mit einem ehrlichen Bemühen um gemeinschaftliche und persönliche Aufarbeitung gruppeninterner und -externer Konflikte in der Form „gruppendynamischer" Gesprächsprozesse und seelsorgerlich-therapeutischer Zweiergespräche sowie personenzentrierter Kritik, die der Hinführung zu selbstkritischer Besinnung und zur Veränderung (Buße) dienen. Dabei wird das klare Ziel gestellt: „Ziehet von dannen und rühret nichts unreines an, seid rein die ihr die geschier des Herren traget, und befleckt euch nicht mit der Welt."(Jes.52,11;2.Kor.14,16)(11) Die Nähe der Welt stellt ein nicht zu unterschätzendes Gefahrenpotential dar, das wird den Gläubigen durch eine Reihe plastischer Vergleiche bewußt gemacht. „Gleichwie das Pulver bald angeht so es zu nahe zum Feuer kommt. Also auch der Mensch wird durch der Welt anreizung und bösen Exempel gar bald zum Unrechte angezünd und betrogen."(14) Der Wille zu persönlicher Heiligung wird hier ganz zentral angesprochen, und tatsächlich müssen wir in der Vorbereitung auf das Mahlgeschehen das Zentrum aller sozialen Interaktionsprozesse in der Gemeinde sehen, das, anders als bei der Taufe, durch seine Wiederholbarkeit zu einem ständig wirkenden Regulativ für das Zusammenleben wird. Die Frage „Wann beginnst du persönlich mit der Vorbereitung auf das Abendmahl", eine Frage, die sich viele Christen in Deutschland überhaupt nicht oder aber evtl. am Frühstückstisch vor dem Kirchgang stellen, wurde zur Verblüffung des Interviewers mit „Am Ostersonntag" beantwortet. Dazu muß man wissen, daß das Abendmahl nur einmal jährlich zu Ostern gefeiert wird. Erst eine Nachfrage stellte klar, daß der befragte

Hutterer den Beginn des Vorbereitungstermines auf die nächste Mahlfeier bezog, daß er also den Willen zum Ausdruck brachte, sein Leben ein ganzes Jahr lang unter eine bewußte Selbstdisziplin gemäß dem Lebensstil in der Nachfolge Christi zu stellen. Wer sich so reinigt von der Gesellschaft der Gottlosen, „der wird ein geheiligtes Geschirr sein, zur Ehre im Haus des Herrn, bräuchlich und zu allen Dingen geschickt" und der Herr wird ihn kennen „an jenem Tag."(14f.)

Die Lehr: Damit ist eigentlich alles erklärt, aber in der Lehr wird nach dem Prinzip alternierender Wiederholung vieles noch einsichtiger, eindringlicher, handlungsorientierter gesagt. Es gibt eine Dreiteilung der Predigt, deren erster Teil der Klärung des Abendmahlsverständnisses und der Art seiner Durchführung dient, im zweiten Teil werden Danksagung und Gedächtnis in den Mittelpunkt gestellt, im letzten geht es um die Würdigkeit der Teilnehmer. Von Interesse ist für unser Thema im eigentliche Sinne die Anweisung zur Entritualisierung der Mahlfeier. Jesus dankte und brach das Brot. Die Lehre nimmt Bezug auf das Ursprungsritual, wie es in der Bibel überliefert ist, indem allein Jesu Handeln als vorbildlich angesehen wird. Das schließt alle kirchlichen Formen und Ritualien aus. Das Brot wird nicht geweiht, nicht gesegnet oder das Kreuz darüber gemacht, allein der gesprochene Dank an Gott, den Vater, gilt, dem Lob gesagt wird „für die gegenwärtige Zeit der Gnaden."(7) Es bedarf darum auch keiner besonderen Brotform. „Auch hat er kein Oblate genommen, noch Hostie. Auch nahm er kein Lamm wie in Israel."(6) Das Brechen des Brotes symbolisiert das Leiden und Sterben Jesu, den Empfang des Heils(8f.) und die „Gemeinschaft seines Leibes, die wir als Glieder mit ihm haben, die er uns aber aus Gnaden gegeben hat. Nämlich, daß wir viele jetzt ein Brot, eine Materia, ein Wesen, ein Leib und Glieder desselben worden sind."(10) So besteht die Heilswirkung des Mahles in der Gemeinschaft mit Christus (13), nicht im leiblichen Essen.(14) Gleichzeitig finden wir einen Verweis auf buchstabengerechtes Verstehen der Abendmahlstexte, die vom Brechen des Brotes sprechen, vom Verbleiben in der Apostellehre, in der Gemeinschaft und im Gebet.(Apg.2,4) Diese Dinge werden wortwörtlich verstanden. „Aber vom Sacrament lesen wir gar nichts. Darum sollen wir es auch dabei lassen, wie sie (die Apostel) es gehalten haben."(9) Doch damit ist die Symbolbedeutung der auf ein rituelles Minimum reduzierten Gabe des Brotes nicht erschöpft. Sie wird vielmehr, wiederum in Rückbesinnung auf die Ursprungssituationen der Mahlstiftung und des Glaubens als Teilhabe am Leiden Christi gedeutet, in die der Kommunikant durch die Taufe in den Tod Christi eingebunden wird. Wie er im Taufritus symbolisch das Sterben mit dem Christus zur Auferstehung in ein neues Sein durchlebt, so gibt er in der Teilnahme am Abendmahlsritus mit dem Essen des gebrochenen Brotes ein Zeichen fortdauernder Bereitschaft zu dieser Teilhabe, eine Alternative, die sich in ihrer existenzbedrohenden Ernsthaftigkeit nur wenigen Christen erschließt, in der hutterischen Gemeinde aber heute noch als eine Erfahrungsmöglichkeit lebendig ist. „Wenn wir aber heute das Brot brechen, dann geben wir ein Zeichen von uns, daß wir auch mit Christo leiden wollen und müssen, so wir anders mit zur Herrlichkeit erhoben wollen werden."(9) Die Fülle der Heilsverheißungen, die ewigen Lohn zusagen, mag die Übernahme dieses Aspektes der Abendmahlsgemeinschaft ermöglichen. Tatsächlich erhält das Ritual damit einen problemhaltigen Realitätsbezug, durch den einmal mehr der einzelne Mensch „genötigt (gereizt, aus sich herausgetrieben) wird, als ganze Person zu handeln, tätig zu sein."(Petersen) Das Ritual wird durch die symbolische Einheit des Leibes Christi zu einer Grenzsituation, die den Kommunikanten aus der Konsumentenhaltung herausführt und ihm eine lebensbestimmende Entscheidung abverlangt. In dieser Entscheidung realisiert sich dann Bruderschaft, weil keiner, der ihr ausweicht, teilhat am Leibe, wenn er gleich das Brot ißt. Durch diese Bereitschaft, das Mahl mit allen sich daraus entwickelnden persönlichen Konsequenzen im Gedächtnis Jesu zu feiern, wird es zum Brudermahl. „Darum ist es bei den Alten ein Brudermahl genannt worden und ein Gedächtnis des Herrn."(27) Die weiteren Ausführungen betreffen die Vorbereitung der Tischgenossen.(33ff.)

Die Würdigkeit: Damit ist der Personenkreis angesprochen, der zum Abendmahl des Herrn geladen, oder besser, der durch die Gemeinde zugelassen wird. Dieses Problem, engstens gekoppelt mit dem rechten Mahlverständnis, hat bis in unser Jahrhundert hinein die christlichen Konfessionen voneinander getrennt. Zwar haben sich heute auf evangelischer Seite die Unterschiede verwischt und das evangelische Abendmahl ist weithin für Christen aller Denominationen ein offenes Angebot, aber mit dieser Öffnung wurde auch jegliche Voraussetzungsbedingung aufgegeben. „In Israel hat kein Fremder, kein Unbeschnittener, auch nicht ein jeder Hausgenos, noch Mietling, noch Unreiner vom Osterlamm essen dürfen. Also auch hier soll ein jeder gewarnt sein, daß er nicht eine falsche, sondern eine wahrhafte Beweisung tue in dem Abendmahl des Herrn."(33) Die Hutterer haben die Bedingungen für die Teilnahme unter Berufung auf das alte Israel formuliert (Ex.12,43ff.) und warnen vor jedem unbedachten Gebrauch, weil ein Teilnehmer, der im Zustande der Sünde beharrt, sich „vergreift und versündigt ... an den Tod und Verdienst des Herrn Jesu Christi, dieweil er es mißbraucht."(34) Die unbußfertig zur Mahlgemeinschaft gehen, die kreuzigen „ihn fort hin noch weiter mit ihren Sünden und treiben den Spott aus ihn. Das alles wird ihnen zusammen zu einer Schuld gemessen werden als wie dem Schalksknecht ..."(35) Die Warnung des Paulus (1.Kor.11,27f.) wird von den Hutterern als eine Anzeige gedeutet, „daß dieser Handel nur denen gehört, die durch Christum vom Teufel und den ewigen Tod der Sünden frei, los und ledig geworden sind; und durch seinen Geist zu seinen Kindern gemacht sind."(35) Die Frage der Würdigkeit erhält damit einen Ernstcharakter, der das ganze Leben betreffende Konsequenzen hat. So werden nicht nur die für unwürdig erachtet, die von ihren Haßgefühlen, ihrem ehebrecherischen oder mörderischen Treiben nicht lassen wollen, sondern auch jene, die zwar bekennen, daß sie arme Sünder sind, aber dennoch den alten Gewohnheiten und Lebensformen verhaftet bleiben, ohne je den ernsten Willen zur Umkehr erkennen zu lassen. In bezug auf solche Alltagsschwachheiten wird von den Geistlichen der trügerische Trost gespendet, „es liege daran, daß man sich für einen armen Sünder bekenne, ... und zu sprechen: Ach Herr, ich bin ein armer Sünder. Ich komme deshalb jetzt zu deinem Abendmahl; und will mit dir essen. Und sagen: Zweifle nicht: Du wirst ihn ein angenehmer Gast sein! Ja, wie ein Schwein bei einem Fürstenmahl. Denn das bezeugen die Worte, spricht Luther, daß er nicht Gerechte und heilige Leute, sondern arme Sünder wolle zu diesen Tisch haben."(35) Das zeigt eine deutliche Distanz. Das Abendmahl hat nicht *ent*sühnende Funktion, durch die man „die Sünde auspurgieren" kann.(35) Es hat aber durchaus *ver*söhnende Funktion, weil es den Prozeß zwischenmenschlicher Zurechtbringung durch die Vorbereitung auf das Mahl abschließt und versiegelt. Es werden also die Personen für würdig erachtet, die sich „wohl ersucht haben, und im Spiegel des Worts Gottes beschaut, ob sie noch im Glauben stehn; ob sie noch den Geist Gottes haben, und ob sie nicht etwa mit Haß beladen seien; ob sie nicht mit Unkeuschheit und fleischlichen Gedanken befleckt sind; ob sie nicht mit unwahrhaftigen Nachreden, oder mit Essen und Tinken ihr Herz beschwert haben.(36) Schließlich begegnet uns ein echter Lasterkatalog, der die Begriffe der Unwürdigkeit inhaltlich präzisiert. Da sind Neigung zum Separatismus (41) und zur Aufgeblasenheit zu nennen, Geilheit, Hurerei, Streitsucht, Aufsässigkeit Trunkenheit, die Bereitschaft, wegen materieller Güter vor Gericht zu prozessieren, ein unpassendes Äußeres, kultwidriges Verhalten, Vertreten falscher Glaubenspositionen, bspw. die Verneinung der Auferstehung Christi, und dergleichen mehr. Alle diese Symptome deuten auf eine Krankheit des inneren Menschen hin, die Kraft, Eifer und Mut zum Tun des Guten zerstört. Diese Menschen „können ihr böses Fleisch schier nimmer überwünden, so krank und schwach sind sie. Sie können sich selbst nimmer Gewalt tun."(43) Dieses falsche Verhalten gilt es selbstkritisch zu erkennen, und die Selbsterkenntnis muß dann das beichtähnliche Bekenntnis aller Defizite nach sich ziehen, „wie die Männer vor Mose ihre Unreinheit bekannten."(36) Nur durch die Offenlegung des Zweifels, der Gedanken und Emotionen, also durch das bewußte Aussprechen wird allen Negativanteilen die explosive Kraft genommen, die sie in der Selbstbewältigung durch Vergessen und Verdrängen aufbauen und in der Form von Komplexen und Blockaden sichtbar machen können. Im gegenseitigen brüderlichen Bekennen von „Unreinigkeit" nehmen die Brüder eine Funktion wahr, die sich nicht aus Hierarchie und Amt begründet, sondern Autorität und Würde aus dem allgemeinen Priestertum empfängt, zu dem jeder als Glied am Leibe Christi berufen ist und das er in der absoluten Offenheit eines unter der gleichen Gnade Stehenden ausübt. Das enge Abhängigkeitsverhältnis innerhalb eines Bruderhofes läßt dabei wiederum die Frage tatsächlicher Transparenz entstehen. Inwieweit sie sich im Bereich psychischer Prozesse realisieren läßt, mag in letzter Konsequenz unauslotbar bleiben, doch geht die Lehr auch auf diese Frage ein, daß niemand „eine falsche, sondern eine wahrhafte Beweisung tue in dem Abendmahl des Herrn."(34) Wer „sich für ein Glied am Leibe Christi ausgibt", in Wirklichkeit aber „ein lasterhafter Mensch, ein Hurer, ein Geiler, ein Unreiner, ein Saufer, ein Flucher, ein Schelter, ein Dieb, ein Geiziger, ein Lügner, ein Ananias, der sich ein Gemeinschafter rühmt, und aber eigens Geld hinter sich sammelt, oder der sonst Tücke und Greuel auf sich hat, der nach der Taufe in Laster gefallen, seinen Bund gebrochen, oder nach der Schwemme sich wieder in Kot gelegt hat", wer also vortäuscht, eines frommen Herzens und Gewissens zu sein, der „versündigt sich an den Tod und Verdienst des Herrn Jesu Christi, dieweil er es mißbraucht."(34,vgl.38-40) Mit dieser Ermahnung ist ein grundsätzliches Problem angesprochen, das sich im Versagen kollektiver Systeme zeigt, in denen das Prinzip der Kontrolle vor innerweltlichem Horizont praktiziert wird. Es gehört zu den Kuriosa in der jüngeren Geschichte der Hutterer, daß wiederholt Gruppen sowjetischer Kolchosfunktionäre die Kolonien aufsuchten, um Organisation und Funktion der Produktionsprozesse zu studieren und gleichzeitig das Geheimnis des Unsicherheitsfaktors „kollektiver Mensch" zu entschlüsseln. Die Frage der Besucher nach dem Warum wurde seitens der Hutterer stets mit einem Verweis auf das Außen, den Deus absconditus, beantwortet, der in der Realpräsenz Christi, in der Gemeinde, zu einem Deus revelatus wird, dem sich jeder Einzelne in seinem Handeln und Denken voll verantwortlich weiß. In der Auseinandersetzung mit der Abendmahlslehr erkennen wir die ganze Bandbreite sittlichen Versagens, das gemeinschaftsrelevant wirksam werden kann. Es korrespondiert in dem Verhältnis von Wirkung und Ursache mit Unsicherheiten des Glaubens. Beides muß zur Sprache kommen und Korrektur erfahren. So wird im Dialog ein *priesterlich-therapeutischer* Dienst geleistet, wo es um die Gesundheit der Seele geht, ein *pädagogischer* Dienst, wo es das Verhalten in der Gemeinschaft betrifft.

Selbsterziehung: Alle Maßnahmen brüderlicher Hilfe enden jedoch vor der Kompetenz, mit der jeder Mensch selber seine Veränderung und Anpassung an die Normen der Gemeinschaft betreibt. Wo Menschen ihre eigene Entwicklung versäumen, „hat sie der böse Feind schon an sein Strück gefesselt, weil sie geschlafen haben, und faul, kalt, träge, und nachlässig im Werk des Herrn sind gewesen."(44) Wo Versagen sichtbar wird, muß man mit sich selber ins Gericht gehen; „denn so wir uns selber richten, so würden wir nicht gerichtet."(1.Kor.11,31) Diese Aussage bietet all denen Trost, die unermüdlich an ihrer Vervollkommnung arbeiten. Das geschieht durch allabendliche systematische Selbstkontrolle, durch die alle Aktionen und Reaktionen, Außenwirkungen, aber auch die psychischen Akte überprüft werden. Wenn von den „verzagten, gottesfürchtigen, frommen Herzen" die Rede ist, „die ohne Unterlaß mit ihnen selbst in Zank und Hader stehen, keine Ruhe haben Tag und Nacht"(44f.), dann erkennen wir unschwer die Wirkungen einer Gewissensinstanz, die mittels verinnerlichter kollektiver und individueller Normen kontrolliert, straft und korrigiert. Da wird überprüft, was im Laufe eines Tages gesprochen wurde „mit dem Mund, daß er da und dort geredt hat, daß nicht besserlich ist. Die Füß sind da und dort hingegangen und haben den Leib hingetragen wo er ist geärgert worden. Die Hände haben sich auch zu viel in unnützen Dingen bemüht. Die Augen haben sich zu viel gesehen; die Ohren zu viel unnützes Wesen gehört. Die Seele klagt Abend über den Leib; des Morgens mehrmals über die bösen Gedanken und Trachtungen, die im Traume vor gehn. Da stehen Leib und Seele ohne Unterlaß vor Gottes Angesicht, und vor dem Richter der Lebendigen und der Toten."(45) Weil aber die Seele nicht den Zorn Gottes erwarten will, geht sie mit sich selber ins Gericht, versteckt sich nicht vor Gott, sondern tut die verhüllenden Feigenblätter weg, kommt „mit Adam und Eva von unter den Bäumen hervor"(45) und stellt sich unter das richtende Gotteswort. Sie lernt, sich von „innerliche Schande", von allen „Lüsten und Schalkheit" zu befreien. Wo man aber die Gedanken in Unrecht und Lust spielen läßt, da erwächst aus dem Gedankenspiel die Tat.(Jak.1,14f.) Wieder sind es Bilder des Alltags, die den Wahrheitsgehalt der Ermahnung veranschaulichen: „Wenn der Wolf den Köder, die Maus den Speck nicht so begierlich nachgingen, so würden sie nicht in die Gruben oder Falle kommen, die ihnen der Fanger mit Fleiß zugerichtet hat."(46) Als Grundprinzip brüderlichen Umganges mit Verfehlungen gilt: „Strafe dich zuvor selbst, ehe du andere richtest ..."(46) Dieses Prinzip trägt, weitergedacht, dafür Sorge, daß es zu keiner Identitätskrise im Leibe Christi kommt. Es hat also insofern gemeinschaftsbewahrende Funktion. Wo Einsicht, aus dem Worte Gottes gewonnen, einen Menschen zur Buße, Umkehr, Wiedergutmachung führt, da „kann er sich wohl verzeihen. ... Das bleibt ins Geheim, und wird schnell vergessen. So es aber andere tun, wie gut sie es auch meinen, so gebiert doch oft ein Unglück das andere, und kommt große Schande hernach."(46) Selbstkorrektur geht also vor Fremdkorrektur, und Selbstbestrafung rangiert vor Fremdstrafe. Schließlich bleibt noch die Korrektur, die ein Mensch durch Gott unmittelbar erfährt, sofern er Züchtigung als Gnaden- und Liebeshandeln Gottes annimmt.(47) Selbst der Wiederholungstäter darf Gnade erhoffen; „denn ein Gerechter fällt sieben Mal, und steht wieder auf."(Sprüche24,16) Es ist wichtig, daß man Strafe annimmt und sich um wirkliche Lebensveränderung bemüht. Dafür gibt es dann wieder viele biblische Beispiele, die die Möglichkeit solchen Unterfangens demonstrieren sollen: David, Manasse, Josaphat, Petrus u.a. .(47) Noch einmal verweist die Lehr mit Nachdruck auf die Bedeutung von Beichte und Buße, und nach einem Ausblick auf die nahende Verdammnis der Welt folgen „der eigentliche Rat und Willen Gottes", sich von der lasterhaften Welt nicht verführen zu lassen.(52)

Lehre will stets Lernprozesse in Gang setzen, die auf bestimmte Ziele ausgerichtet sind. Welche pädagogisch relevanten Gedankengänge finden wir in der Abendmahlslehr? Nach Kenntnisnahme verschiedener komplexer Lehrschriften ist festzustellen, daß es Zielstellungen gibt, die uns in unterschiedlichen Wiederholungen begegnen. Wir wollen hier nur *die* Zielstellungen herausstellen, die explizit durch die Abendmahlslehr angesprochen werden. Diese besonderen Akzente betreffen die Hinführung zu methodischer Selbstprüfung, verbunden mit der Offenlegung erkannter Defizite, die Frage nach der persönlichen Würdigkeit für die Teilnahme am Abendmahl, die Anregung verschiedener Identifikationsprozesse. Da die Lehr jedoch der eigentlichen Feier unmittelbar vorausgeht, leitet sie diese Prozesse nicht ein, sondern stellt gewissermaßen eine Bilanzierung dar, durch die rückblickend Ausgleich von Spannungsverhältnissen, die Harmonisierung unterschiedlicher Polaritäten konstatiert und damit die Möglichkeit zu erneuter Identifizierung untereinander und als Glieder am Leibe Christi vorbereitet werden. Daß in dieser Gruppe jeder Einzelne um größtmögliche Seinsidentität bemüht sein wird, zeigte die Aussage, die von ganzjähriger indvidueller Vorbereitung auf das Mahl handelte.

3.2.5 Die Phase der Vorbereitung—Fußwaschung und Osterbrief:

Es gibt eine Zeit gemeinschaftlicher Vorbereitung, die etwa dem Zeitraum der Passionszeit entspricht, in den letzten Wochen aber eine gewisse Intensität erreicht. Das ist eine relativ stille Zeit in den Bruderhöfen. Sie dient persönlicher Begegnung. Man hat nur ungern Gäste oder Fremde in den Gemeinden. Dabei wird auch den Anforderungen der Gemeindezucht gesteigerte Aufmerksamkeit gewidmet, aber, da Gemeindezucht immer aktuell ist, wo sich menschliches Fehlverhalten zeigt, gehört sie zwar in den Prozeß der Vorbereitung auf das Abendmahl, ist aber nicht ausschließlich auf ihn bezogen. Zum direkten Vorbereitungsinstrumentarium gehören hingegen die Fußwaschungslehr und der Osterbrief.

Die Fußwaschungslehr: Sie wird am Sonntag Judica gehalten. Im Gottesdienst wird traditionsgemäß darauf verwiesen, daß am Abend beim Gebet der Osterbrief verlesen wird. Nach dem Gottesdienst verlassen alle Frauen und Ungetauften den Versammlungsraum, und dann beginnt die „Erklärung". Auf diese Prozedur werden wir nach dem Kennenlernen der Lehr eingehen. Die Fußwaschungslehr deutet das Ritual der Fußwaschung, das bei den Hutterern nur in der Form der Lehre nachvollzogen wird, dahingehend aus, daß der Gedanke der Reinigung und der Reinheit durch das Wasser des Gnadengeistes(18f.)[29] neu begründet wird. Die Fußwaschungslehr beinhaltet eine Warnung vor potentieller Unreinheit, potentiellem Ungehorsam, der einem Verrat an Jesus gleichkäme. Darum soll sich keiner weigern, Jesu Handeln an sich geschehen zu lassen, das „göttliche Schulrecht"(22) durch das Wirken des heiligen Geistes zu erlernen. Die Reinigung der Jünger erfolgte zeichenhaft durch die Fußwaschung, aber darüber hinaus mußten sie dennoch lernen, die Zuchtrute Gottes zu ertragen, um sich zur Teilhabe am Reiche Gottes bereiten zu lassen. „Die sich nicht haben waschen lassen, die haben ihr Heil verscherzt. Kurz, wer sich nicht warnen, strafen und anreden läßt, hat keinen Teil am Reiche Gottes."(30) Der Gesichtspunkt korrektiven Handelns wird als Hintergrund der Handlung in den Mittelpunkt gestellt. Es geht um das Zurechtbringen jeglicher Fehlentwicklung, Die Jünger, die im Abendmahl die Gemeinschaft des Leibes feiern und Wirklichkeit werden lassen, müssen durch einen Akt der Selbstkontrolle und der gegenseitigen „Erklärung" die dafür erforderliche kultische Reinheit, Unversehrtheit erlangen. Warnung, Anrede (Ermahnung), Strafe sind die angemessenen Erziehungsmittel. Sie beugen vor, korrigieren und stellen ein gestörtes Rechtsverhältnis wieder her. Die Strafe, wir erwähnten das bereits, ist darüber hinaus ein Vorgriff auf künftiges Gerichtshandeln Gottes. In der Strafe zeigt sich aber auch väterliches Handeln, in der bereitwilligen Annahme der Erziehungsmaßnahmen die rechte kindliche Gesinnung. „Seid ihr aber ohne Züchtigung, welcher sie alle (die biblischen Vorbilder) sind theilhaftig worden; so seid ihr Bastarde, und nicht Ehekinder."(29) In der Schule kann nicht der Schüler den Schulmeister führen.(24) Die Diskussion um der Diskussion willen zieht Schaden nach sich (26), statt ständiger Widerrede müssen Jesu Nachfolger das Schweigen lernen, das fraglose Handeln. Sie können „mit Beten nicht so viel erlangen, als sie mit Schwätzen und ungesundem

---

[29] Die Ausführungen dieses Kapitelteils beziehen sich auf die Lehr 105 zu Joh. 13,1-38, White Rock Bruderhof, Rosholt, So. Dak.,1981. Die Seitenangaben erfolgen in Klammern.

Reden verscherzen und verlieren weren"(24); denn, „die alles verfechten, alles bereden und widersprechen, zeigen ihren großen Unverstand und Thorheit an, und das solche von Gott wenig wissen."(27) Biblisches Fundament hat diese Predigt, „Paulus sagt: Spricht auch ein Werk zu seinem Meister: Warum machst du mich also?"(Röm.9,20; vgl.auch Jes.45,9) Wer dieses Handeln Gottes *nicht* fraglos hinnimmt, ist nicht auf dem Wege Jesu: „Werde ich dich nicht waschen, so hast du keinen Theil an mir."(27f.) So begegnet uns immer wieder neu der Gedanke wesentlicher Teilhabe an der Gemeinschaft der Jesusjünger, am Leibe Christi, die nur durch persönliche Reinheit, d.h. durch Selbstaufgabe und Neuanfang zu erreichen ist. Über weite Strecken folgt die Lehr diesem Gedanken (33-36), dabei werden Fußwaschung und Taufe in Beziehung gesetzt.(Apg.22,16) Zwar hat das Lamm die Geliebten Gottes mit seinem Blut reingewaschen und zu Königen und Priestern gemacht (Off.1,5), doch von diesem Vollendungsziel sieht Jesus ab, wenn er seinen Jüngern befiehlt (Joh.13,14), einander die Füße zu waschen. Aber er verzichtet nicht darauf, die möglichen Veränderungen in Gang zu setzen. Die Feststellung, daß wir uns nicht an den zehn Geboten versündigen, „Stehlen, Mörden und Ehebrechen" kann nicht genügen, es „steckt aber in unsern täglichen Wandel viel Irrsal, das durch die Lehr Christi und brüderlichen Rath soll und muß gebessert werden …"(34) Das geschieht nicht nach dem Grundsatz „Alles oder Nichts", sondern die erforderliche Selbstkorrektur erfolgt nach dem Prinzip der kleinen Schritte. Wer kleinen Sünden nicht widersteht, „der kommt in die großen."(35) Der Veranschaulichung dieses Sachverhaltes dient das Beispiel eines Schiffes, bei dem man durch ständiges „zustopfen und ausschöpfen" das Eindringen des Wassers verhindert. Darum ist keiner zu fromm (36), als daß er nicht erneuter Vergewisserung der Teilhabe an der Mahlgemeinschaft bedürfe. Dann folgt die Anweisung zu tun, wie Jesus tat. Sein Vorbild ist nicht nur im gegebenen Falle bedeutsam, sondern er hat „viel edler, köstlicher Vorbild gegeben, und sonderlich hie der großen Liebe. Zum andern, der Demuth, die heißt er uns von ihm lernen."(Mt.11,29)(41) Ein Hinweis auf Christi „göttliches Wesen"(41) soll klären, daß sein Vorbild nicht in Anspruch genommen werden kann, um einen Weg in die „Freiheit zur Untugend" zu beschreiten(41); vielmehr will er durch seinen Dienst seinen Nachfolgern „noch mehr die Demuth, Sanftmuth und Niedrigkeit einbilden …"(45) Dann wird wieder die Bedeutung der Liebe betont. Sie ist das Wappenzeichen der Christen, „daß man ihn selbst und die Seinen darbei erkennen soll; nämlich bei der Liebe."(66f.) Es sind also nicht die spektakulären Wunderwerke, an denen der Christ erkannt wird, sondern allein an der Liebe.(67) Die Liebe wird zum Medium der Eingottung (1. Joh.4,16) (65); denn sie ist „das Band der Vollkommenheit; eine Krone aller guten Tugenden, eine Mutter und Wurzel des christlichen Glaubens."(67) Wo sie nicht wirksam wird in der Gemeinschaft, „da ist die Kirche Christi nicht."(69) Weil aber das Wappenzeichen in der Welt sichtbar gemacht werden muß, werden hier Konsequenzen gezogen, die auf die Polaritäten Reichtum und Armut zielen.(69f.) Die Machthaber, kirchliche Würdenträger, die Vornehmen der Welt, sie alle sind bemüht, sich durch Entfaltung von unnützem Prunk zu überbieten, während „andere viel mit Weib und Kind in Hunger, Armuth, nackend und in Elend gehn."(70) Ihren Reichtum verwenden sie „auf Rosse, Hunde, Kleidung, Pracht, mit mächtigen Gebäuen, Schlösser, Kirchen, Klöster und Häuser, und sind den Armen, ja ihren Glaubensgenossen wenig beholfen, vor denen sie oft vorüber gehn, reiten und fahren als sähen sie sie nicht, wie der Priester und Levit gethan haben. Wo bleibt das Kennzeichen der Liebe? Hundert Meil ab von ihnen."(70) Nach dieser sozialkritischen Wertung gesellschaftlicher Wirklichkeit, die stets vor dem Hintergrunde einer christlich dominierten Gesellschaft zu sehen ist, einer Gesellschaft, die „die Menige der Armen in Hunger und Kummer, in Mangel und Elend stecken" läßt (70f.), folgt ein appellatives Bekenntnis der hutterischen Kirche zur Caritas als eines Grundzuges der christlichen Liebe. „Das aber sagen wir hiemit, und zeugen wir vor der ganzen Welt, das die Gemein und Kirchen Christi dies Kennzeichen noch hat. Ich sage die Gemein und Kirche, nicht jede faule Rebe. Denn die Hauptsonne geht noch in diesen Geleis. Denn alles Getreid und Brodt langt an alle und jede insonderheit. Wollens und Leinens, Salz und alles, langt an ein jedes insonderheit. Und ob es schon nicht nach der egyptischen Kuchel, nicht in Pracht, Hoffart und in aller Völle ist, so ist es doch nach Nothdurft. Und obschon etliche faule Glieder und eigennützige Stöcke, Schoß und Reben in diesem Weinberg funden werden, die täglich wider die Liebe des Nächsten handeln, so ist doch die Gemein und Kirchen noch in ihrem Stand und Grad."(71) Es wird unabweisbar, daß nach diesem gesellschaftskritischen Exkurs die Gemeinschaft der Jünger, ohne die entsprechenden Konsequenzen zu ziehen, zur innergemeindlichen Tagesordnung zurückkehren könnte, aber Heiligung hat, das besagt die Lehr, nicht nur mit dem Verhältnis des Einzelnen zu Gott und zur Gemeinschaft zu tun, sondern sie ist auch eine von Gott gesetzte Aufgabe der Gemeinschaft gegenüber der Welt, hat sich in solidarischem Handeln gegenüber der sie umgebenden Not zu bewähren, sofern sie dem Titel einer Kirche und Gemeinde Christi gerecht werden will. Auf diese Weise wird die Fußwaschungslehr nicht nur zu einer Belehrung über persönliche und gemeinschaftliche Heiligung, sondern auch zu einem sozialen Glaubensbekenntnis, das die Gemeinschaft in ihre gesamtgesellschaftliche Verantwortung einbindet und damit soziale Erziehung bewirkt. Während verschiedener Notzeiten ist die Gemeinschaft diesem Auftrag durch Abgabe oder wertgerechtem Verkauf von Nahrungsmitteln nachgekommen, eigene Not war bei diesem Tun kein Hindernis. Da, wo die hutterischen Bruderhöfe in der Nähe städtischer Ballungsgebiete liegen, werden auch heute Lebensmittel verteilt. Allerdings geschieht das eher aus einem gewissen Überfluß heraus, aber es geschieht und wird getan in dem Bewußtsein, für die „Armen, die Witwen und Waislein" Verantwortung zu tragen. Wir kommen jetzt auf die anfangs erwähnte 'Erklärung' zurück, die sich an die Fußwaschungslehr anschließt. „Das ist nun so: Ein jeder Bruder tut dem andern sein Herz entdecken und erklärt, wie ein jeder Bruder steht. Jeder erklärt sein Herz, es ist jemand, der wo einen beleidigt hat, … der kann kommen und es abbitten. Jeder hofft es (das Abendmahl) auch zu halten mit Gottes Hilfe, aber mit viel menschlicher Schwachheit, und so wiederholt sich ein jeder Bruder, steht auf und tut auch sein Bekenntnis und sagt: Ich hoffe das Abendmahl auch zu halten mit der Hilfe Gottes und viel menschlicher Schwachheit. Aber es wird auch ermahnt, daß man nicht der menschlichen Schwachheit zuviel kann zurechnen. Ist es ein Laster oder größere Sünden, die können in diese zwei Wochen zurechtgemacht werden ...“[30] Der Prediger macht dabei den Anfang. Er steht dazu auf, charakterisiert aus seiner Sicht sein Verhältnis zur Gemeinde und erbittet die Vergebung der Brüder für seine eigenen Verfehlungen. Der Haushalter schließt sich an, dann folgen die Zeugbrüder, danach alle anderen getauften Brüder. Hier sei noch einmal auf die unterschiedlichen Methoden der Konfliktbereinigung hingewiesen: das Zweiergespräch, dessen Inhalt im Interesse eines guten Gesamtklimas geheim bleiben kann. Es wird auch in der vorösterlichen Phase der Rechtmachung eine entscheidende Rolle spielen. Das Gespräch vor Zeugen oder die Klärung von Konflikten vor dem Gremium der gesamten Gemeinde. Sie können aus aktuellem Anlaß jederzeit stattfinden. Das Sich-Erklären nach der Fußwaschungslehr stellt dagegen eine ritualisierte Form des Sündenbekenntnisses dar, eine öffentliche Beichte als Teil der Abendmahlsvorbereitung, bei der auch solche „Vergehen“ zur Sprache kommen, für die es keinen Ankläger gibt, weil sie nur im Bewußtsein des „Täters“ existieren, während sie von dem Betroffenen nicht wahrgenommen wurden. Die konkrete Verarbeitung der angesprochenen Probleme erfolgt dann im Rahmen der Gemeindezucht, bei der je nach Schweregrad einer Verfehlung alle Korrektur- und Strafmaßnahmen eingesetzt werden können. Die Erklärung wird damit zu einem hervorragenden Mittel der Selbstzucht, der Gewissensprüfung und der Offenlegung von Verfehlungen, die als Gedankensünden eigentlich unausgesprochen bleiben könnten, aber dennoch Sünden bleiben (Mt.5,21ff.), ja, die sich zu Ursachen konkreten Schuldigwerdens entwickeln können.(Jak.1,14f.) In der Tatsache der Offenlegung zeigt sich die Wirkungsmächtigkeit der Christusbeziehung, die sich nicht nur in einer *Denkbeziehung* zu Gott ausdrückt, sondern auch in der Realbeziehung zur Gemeinde. Wo das geschieht, kann es nicht nur psychische Entlastung geben, es gibt auch konkrete Vergebung durch die Schlüsselgewalt der Gemeinde. Die Frauen der Gemeinde nehmen an dieser Veranstaltung nicht teil. Ihnen bleibt nur die Möglichkeit, sich wegen möglicher Fehlverhalten ihrem Manne als dem priesterlichen Haupt der Familie zu erklären. Hier muß erwähnt werden, daß jede Frau darüber hinaus die Möglichkeit hat, mit ihren persönlichen Problemen zum Prediger zu gehen, um sich ihm zu erklären.

Wir versuchen, zu einer pädagogischen Wertung der verschiedenen Aussagen zu gelangen: Mit der Fußwaschung treten die Jünger in einen symbolträchtigen Raum. Die Fußwaschung dient nicht mehr äußerlicher Reinigung, sondern wird zum Symbol innerer Reinheit, die zur Voraussetzung der Teilhabe am Christus wird. Das ist die Zielsetzung, die durch das Ritual der Waschung erreicht wird. Ziel und Handlung sind aufeinander abgestimmt. Nur in der Teilnahme kann die Teilhabe erreicht werden. Der Handlungsablauf setzt Vertrauen voraus, die Bereitschaft, an sich handeln zu lassen. Der Jünger begibt sich in die Rolle des Zu-Erziehenden, er soll Kind sein wollen, nicht Bastard.(29) Im Zusammenhang mit dem Kinderzuchtlied verwiesen

---

[30] Interview im Mai 1994 in der JVC über Abendmahlsvorbereitungen.

wir auf die Übertragbarkeit erzieherischer Prinzipien auf die Gruppe der Erwachsenen. Das Eltern-Kind-Verhältnis verwirklicht sich einerseits in der erzieherischen Zuwendung, in Ansprache, Warnung, Ermahnung und auch in Strafen, andererseits in der Annahme von Erziehung, die in die Erziehungsgemeinschaft einhaust, Teilhabe garantiert. Das Vertrauen des Zöglings zum Erzieher läßt den Zögling zu einer fraglosen Haltung heranreifen, die die Autorität des Erziehenden akzeptiert. Wo auf ein Ziel hin erzogen, Veränderung erreicht werden soll, müssen Erziehungsprozesse durch besondere Impulse initiiert werden, sie entwickeln sich nicht im Selbstlauf. Dabei geht es unter methodischem Gesichtspunkt nicht um Augenblicksaktionen, sondern um eine Entwicklung nach dem Prinzip der kleinen Schritte bzw. der kleinen Vermeidungen. Es gilt, kleinste Erfolge zu honorieren und kleinste Fehler zu korrigieren. Alle Verhaltensweisen, die aus Vorbildwirkungen übernommen werden können, bleiben auf Dauer gesehen wirkungslos, wenn sie nicht verinnerlicht, „eingebildet" und damit zu seinsbestimmenden Konstanten der Persönlichkeit werden. Erst in diesem Entwicklungsstadium von Identifikation mit dem Vorbild wird aus einer Kontrolle punktuell erbrachter Leistung eine Leistungskontrolle, die sich an der dauerhaften Veränderung einer Person ablesen läßt. Signum dieser veränderten Grundhaltung ist die Liebe, die sich im mitmenschlichen Engagement zeigt. So hat die Fußwaschungslehr verschiedene große Ziele im Visier: Sie verlangt von jedem einzelnen die Bereitschaft zur Korrektur offenkundigen Fehlverhaltens, sie reizt ihn zur Bewußtmachung und Aussprache auch geheimster, verborgenster psychischer Strebungen. Der Binnenbereich persönlichen Seins bis hin zu den Erlebnisqualitäten des Innen wird damit gegenüber Gott als dem transzendenten Außen geöffnet. Die so entstehende tabula rasa bildet die Voraussetzung für individuellen und gemeinschaftlichen Neuanfang. Damit dient die Fußwaschungslehr erneuter Festigung einer Gemeinschaft, die sowohl nach innen als auch nach außen die Prinzipien mitmenschlicher Liebe wirksam werden läßt.

Der Osterbrief[31]*:* Durch ihn erfolgt „Meldung vor der Gemeinde wie man sich zum Abendmahl des Herrn bereiten soll." Er stellt insofern eine Weiterführung des mit der Fußwaschungslehr begonnenen Rituals der Reinigung dar, als nun neue Ziele individueller und gemeinschaftlicher Art definiert werden, positive Füllungen des entstandenen Vakuums. In den verbleibenden vierzehn Tagen können Dinge zurechtgebracht werden, und sie ermöglichen in schwierigen Fällen auch den Einsatz von Kirchenstrafen in Anwendung der Gemeindezucht. Er wird alljährlich am Abend nach der Fußwaschungslehr verlesen. Nach Einleitungsformel und Ausschluß aller „Unreinen und Sünder" folgt die besondere Ermahnung an jeden, sich recht zu richten und vorzubereiten, „damit es ein würdiger Tischgenoss sein möchte."(3) Die Kontrolle, die Abendmahls- und Fußwaschungslehr retrospektiv ausgeübt haben, ob einer „nicht

---

31 Die Ausführungen dieses Kapitelteils beziehen sich auf den Osterbrief in der Kopie B 14 der privaten Predigtsammlung von Rev. John Hofer, James Valley Colony, Man., 20 Doppelseiten (Seitenangaben in Klammern)

etwa Sünd und Greuel auf sich geladen, das er darnach vor Gott, und seinen lieben Sohn Jesum Christum, und vor allen heiligen Engeln möchte zu Schanden werden ..."; wird hier prospektiv angesprochen, um die letzten Feinheiten persönlicher Korrektur hin zum Leitbild der Gemeinschaft vornehmen zu können. Dann folgt die klare Aufforderung, jedwege Verfehlung, „es sei gleich welcherlei Sünde es wölle", zu offenbaren, nicht länger bei sich zu behalten, sondern sie abzulegen, „alles was ihm bedrücket, auch die anklebischen Sünden."(3) Die im Folgenden genannten Möglichkeiten betreffen das Schuldigwerden am Bruder, an der Schwester, weil alle diese Schuldverhältnisse den Leib treffen, seine Ganzheit infrage stellen, die Identität des Ganzen und seiner Teile zerstören. Das Zeichen, das Jesus den Jüngern gab, wird diese Gemeinschaft nur in dem Maße konstituieren und in ihrer Seinsidentität sichern, wie die Glieder untereinander sich durch gegenseitige Vergebung, geschwisterliche Bejahung des anderen und durch weitestgehende Annäherung an das Bild Christi zu neuer Einheit finden. Darum, „hat einer sein Mitglied, Bruder oder Schwester mit einen Wort betrübt, so soll er schnell hin gehn, und einer den andren bitten um Verzeihung, auf das er keine Sünde auf sich lade."(3) Diese Bitte, die gestörte Zweierbeziehungen betrifft und damit unter das Selbstgericht fällt, verlangt den ganzen Mut persönlicher Demütigung und Schuldanerkenntnis, vom Partner die Bereitschaft und den Mut zu tatsächlicher Vergebung. Das ist nicht immer machbar. Wenn also „eines so sehr beschweret (ist), das es seinen Nächsten nicht verzeihen kann, so soll er es nicht auf sich tragen, sondern soll es der Gemein offenbaren, das er kann gerichtet und geschlichtet werden."(3) Offenlegung ist also die Konsequenz mit den möglichen negativen Weiterungen, wie wir sie bereits erwähnten, aber auch mit der Möglichkeit brüderlicher Hilfe. Eine solche Lösung ist besser als die Ablehnung einer Vermittlung oder die eines Schiedsspruches; denn dann wird aus einem persönlichen Mißverhältnis ein Fall für die Gemeindezucht. „Wer sich aber nicht will richten lassen, den soll man von der Gemein absündern, hinaus tun, und für einen Heiden halten, nach dem Worte Christi. Matt.18." Mit diesen einfachen Worten ist das ganze System der Gemeindezucht nach der Regel Christi umrissen, hier allerdings mit der letzten Konsequenz, dem Ausschluß aus der Gemeinde, der nicht nur durch den absoluten Schweregrad einer Verfehlung, in diesem Falle handelt es sich um ein Nichtvergebenkönnen, der Beleidigte wird damit plötzlich in ein Schuldverhältnis gesetzt, sondern um die Bereitschaft, im Interesse der Gemeinschaft, die sich auf ihre Realisation im Mahl ausrichtet, den Friedensspruch zu akzeptieren und im Umgang mit dem „Schuldner" zu bewähren. Die Prozedur dient also der Klärung zwischenmenschlicher Beziehungen und ist damit ein wesentliches Moment der Mahlvorbereitung. Sie besteht nicht darin, „nur die Häuser (zu) zieren, neue Kleider an(zu)legen ... Wenn nur das Herz und Gewissen rein und mit göttlichen Tugenden geziert ist."(4) Nach dieser Einleitung werden Punkt für Punkt -es sind insgesamt 32 Punkte-, die Voraussetzungen angesprochen, die jedes Gemeindemitglied für sich erfüllen soll. Wir wollen versuchen, die wesentlichen Gesichtspunkte darzulegen, müssen dabei aber bemerken, daß gerade in der Art der Ermahnung, ihrer bibelwörtlichen Ausformulierung, in der Form des Vortrages, also von ihrer Performanz-Ebene her ein Effekt erzielt wird, durch den ein besonders starker emotionaler Einfluß ausgeübt wird, dessen Wirkung hinsichtlich individueller Reaktionen wir hier nicht wiedergeben und deshalb nicht nachvollziehen können. Das sich jährlich wiederholende Ritual der Vorbereitung strahlt eine besondere, nicht beschreibbare Eindrücklichkeit aus, die eine hochgradige Bereitschaft zur Aufgabe alter, verhärteter Positionen, den Willen zu echtem Neuanfang hervorruft. Wir nennen zusammenfassend die Schwerpunkte, die der Osterbrief anspricht:

1. Genereller Austausch des Alten durch das Neue, Lauterkeit und Wahrheit statt Bosheit und Unwahrheit.

2. Beachtung äußerer, dem besonderen Anlaß entsprechender Formen (Mt.22: Gäste beim Königsmahl).

3. Konzentration auf das Werk der Versöhnung, Abstand von aller profanen Geschäftigkeit, die nicht in den Tempel des Herrn gehört.

4. Brüderliche Versöhnung, Befriedung aller zwischenmenschlichen Beziehungen als reines Opfer auf dem Altar Gottes.

5. Warnung vor Unversöhnlichkeit und Hochmut, sie verbieten die Mahlgemeinschaft. Das Beispiel der Voreltern wird angeführt, die den Willen zur Versöhnung auch zwischenzeitlich ausgesprochen haben.

6. Distanzierung von den Ungläubigen und Übereinstimmung mit Christus.

7. Die Verachtung heiliger Ordnungen zieht Gottes Strafgericht nach sich.

8. Gemeindeämter dienen nicht persönlicher Ehre, sondern der brüderlichen Fürsorge. Ermahnung zur Treue im Amt.

9. Wissen und Intellekt gewinnen ihre Bedeutung in der Bindung an Gottes Wort. Die Lösung von dieser Voraussetzung führt auf das Niveau der Unmenschlichkeit.

10. Verheißungen von Glück und Heil, sofern die Ordnungen Gottes 'steif' gehalten werden. Vermeidung des Zornes Gottes durch ihre persönliche Beachtung.

11. Persönliches Versagen wird in seiner Auswirkung mit den Folgen körperlicher Erkrankungen und Behinderungen verglichen. Hinweis auf die Heilungsmöglichkeiten durch Christus.

12. Bewußtes, nichtvergebenes Sündigen schließt vom Abendmahl aus. Ein solcher „wird bei diesem Abendmahl des Herren willkommen sein, wie eine besudelte Schwein in einem Juden Haus, oder wie ein Esel den Roßmarkt zieret, mit seinen langen Ohren."

13. Ermahnung, das eigene Sprechen, das gesamte Outfit in seiner Vorbildwirkung auf die Jugend zu bedenken und es der gemeindlichen Ordnung gemäß zu gestalten; Zucht und Ordnung sollen im Hause Gottes gelten, nicht Unzucht und Frechheit.

14. Regeln für den Abendmahlsbesuch, die Zulassung Ungetaufter oder Betrunkener und das Mitbringen von Schoßkindern betreffend; Warnung vor der Gemeinschaft mit Ausgeschlossenen und Ungehorsamen.

15. Erinnerung an das Wächteramt der Brüder, das der Warnung und Ermahnung zur würdigen Abendmahlsteilnahme dient.

16. Ermahnung zur Fürbitte, zum Dank und zum Gotteslob.

Dieses Verfahren hat man im Jahre 1763 in Allwinz in Siebenbürgen begonnen. Dazu heißt es: „Und von obgemelten Jahr an ist sie alle wegen vor Ostern, vor der Gemeinde verleßen worden. Ausgenommen im Jahr 1769 und 1770 hat man wegen der unfriedlichen Kriegszeit müßen die Gedächtnis zu halten unterlaßen."[32] Dann wird die Vermutung geäußert, es hätten weitere Teile zum Osterbrief gehört, doch gibt es auch in parallelen Ausführungen keine eigentlich weiterführenden Gesichtspunkte.

3.3 Die Methoden der Gemeindezucht:

Gemeindezucht kann jederzeit eingesetzt werden, wo es zu persönlichen Verfehlungen eines Bruders, einer Schwester gekommen ist. Aber im Zusammenhang mit den „Erklärungen" innerhalb der Gemeinde als eines Reinigungsrituals bekommt der Einsatz der Gemeindezuchtmittel eine besondere Bedeutung. Das betont auch der entsprechende Passus der Schleitheimer Artikel, dort heißt es: „Der bann sol gebrucht werden mitt allen denen, so sich dem herren ergeben hand nachzuwandlen in synen botten, und mitt allen, die in einen lib Christi touft sind worden, und sich lassen bruder oder schwester nennen, und doch etwan entschlipfen oder fallen in ein fel und sund und onwisselich uberilt ist worden. Die selben (sollen) vermant werden, zu dem andren mal heimlich und zum tritten mal offenlich vor aller gmein gestrafft werden nach dem befelch Christi.. Math.18. Soelichs aber sol geschechen nach ordnung des geistes gottes vor dem brottbrechen, dar mitt wir all ein muettiklich und in einer liebe von einem brott brechen und essen moegen und von einem kelch trinken." Deshalb ist hier der Ort, den Instanzenweg und die Methoden der Gemeindezucht (Mt.18,15-18) zu erörtern und dabei eine Beschreibung verschiedener Strafmaßnahmen zu geben, die dazu dienen sollen, den Sünder zur Besinnung, zur Umkehr zu führen und den ursprünglich spannungsfreien Rechtszustand wiederherzustellen. Dabei ist zu beachten, daß die Liebe zum Bruder und seine Gewinnung für den rechten Weg der einzige Grund aller Zuchtmaßnahmen ist, niemals der Gedanke der Vergeltung oder das persönliche „Rechthabenwollen". Gekränkte Eigenliebe darf nicht die Triebfeder für die Zurechtweisung des Sünders sein. In diesem Zusammenhang ist es bedeutsam, daß sich die Worte „gegen dich"(V.15) nur in der Koine-Handschrift finden, daß also

---

[32] ibid., S. 10

jeder, der die Schuld eines anderen kennt, aufgefordert ist, „nicht stille zu sein, sondern hinzugehen zu ihm und ihm in seelsorgerlichem Dienst zu helfen, sein Unrecht einzusehen."[33] Erst, wenn dieses Mittel versagt, müssen weitere Personen bzw. die ganze Gemeinde eingeschaltet werden.

Strafanlässe: Was gehört zu den Verfehlungen, die Strafen nach sich ziehen? Wir können ganz allgemein sagen: Strafwürdig sind alle Handlungen, die Ungehorsam gegen die Ordnungen der Gemeinde erkennen lassen, also im weitesten Sinne gemeinschaftsstörend wirken. Ordnungen der Gemeinde sind jedoch nicht gleich Gemeindeordnungen wie im bundesdeutschen Gemeinderecht, sondern müssen als ordnende Lebensprinzipien des Leibes Christi verstanden werden. Verstöße gegen diese Ordnungen führen zu Beeinträchtigungen, Verletzungen, Disfunktionen des Leibes. Sie müssen deshalb in Analogie zum menschlichen Körper „behandelt" werden, um Heilung zu bewirken. Damit ist das Ziel der Gemeindezucht umrissen. Im Extremfall könnte die Amputation eines kranken Gliedes erforderlich werden, aber das wäre eine letzte Konsequenz. Vielmehr ist die Lebensordnung der Jüngergemeinde gekennzeichnet durch die von Jesus gegebenen Ordnungen. Wo ein verirrtes Schaf umkehrt, da freut man sich über das eine mehr als über die neunundneunzig, die sich nicht verirrt haben; denn es ist Gottes Wille,„daß auch nicht einer von diesen Kleinen verlorengeht."(Mt.18,13f.) Gemeindezucht dient also nicht in erster Linie der Strafe, sondern als „christliche Bußzucht"(Heidelberger Katechismus) der Zurechtbringung eines Verirrten „ohne menschliche Gewalt, allein durch Gottes Wort."(Conf. August.,Art.28) Wer also in Sünde fällt, den sollen die Brüder nicht verstoßen, sondern zurückzuführen suchen.[34] Das von den Hutterern gebrauchte Wort Strafe scheint deshalb genau so unglücklich gewählt wie der Begriff Gemeindezucht, wenn sie nicht als ein Ziehen hin zu einem Besseren zu verstehen ist. Wie wir sehen werden, handelt es sich überwiegend um verbale Hilfen zur Problembewältigung und zur Rückkehr in den Corpus Christi, die allerdings die Bereitschaft zur Sinnesänderung seitens des Sünders voraussetzt. Wir wollen jetzt einige Anlässe in Erinnerung rufen, die uns bereits begegneten, und im Zusammenhang mit diesen Beispielen das Funktionieren der Gemeindezucht zeigen. Wir stellen sie unter bestimmte Oberbegriffe, weil hier nicht der Ort sein kann, die ganze Bandbreite möglichen menschlichen Fehlverhaltens zu erörtern.

Korrektur- und strafwürdiges Verhalten erwachsen u.a.

aus persönlichen Defiziten: mangelnde Selbstbeherrschung (Völlerei, Zorn, Streitsucht), Abhängigkeiten (Trunksucht, Rauchen), Ungehorsam, fehlende Demut, Unwahrhaftigkeit, Riesenansprüche,

---

[33] Rienecker, Fritz: Das Evangelium des Matthäus, in: Wuppertaler Studienbibel, Wuppertal und Gießen, TB-Sonderausgabe

[34] Wilckens: a.a.O., S. 81

aus Glaubensdifferenzen: offensives Vertreten abweichender Glaubenssätze, Zweifel oder Kritik an den kirchenoffiziellen Lehren, Ablehnung der Taufe etc.,

aus mangelhafter Arbeitsmoral: Unverhältnismäßigkeit von Arbeit und Bedürfnis, Versäumen und Verweigern der Arbeit, schlechte Qualität,

aus familiären Konflikten: unerlaubte Züchtigung von Familienmitgliedern, Konflikte und Differenzen bei der Partnerwahl, falsches Erziehungsverhalten, Vernachlässigung familiärer Pflichten, Generationenkonflikte,

aus der Störung des Gemeinschaftsfriedens: Vergehen gegen den Grundsatz der Gütergemeinschaft (Ungleichbehandlung von Geschwistern, Bevorzugungen, Eigenbesitz, geschäftliche Transaktionen mit persönlichem Vorteil, Verkaufen und Kaufen, Diebstahl von Gemeindeeigentum, üble Nachrede und Verleumdungen etc.), vorehelicher Sexualverkehr, Ehebruch.

Praxis der Gemeindezucht: Wie vollzieht sich Gemeindezucht in der Praxis? Zunächst ist der Schweregrad einer Verfehlung einzuschätzen. Verfehlung und Strafe stehen nicht grundsätzlich in einem festgelegten Verhältnis. Mit Ausnahme der Fälle, die unter die schwersten Strafmaßnahmen fallen, wird die Strafe von den Gegebenheiten abhängen, die das Schuldigwerden verursachten. Dafür ist der Prediger zuständig. Er setzt das Strafmaß für den konkreten Fall fest, z.B. ob es sich um eine Erst- oder Wiederholungstat handelt. Geht es um einen erstmaligen Verstoß gegen das Rauchverbot, kann der Rechtszustand wiederhergestellt werden, indem der Prediger, dem die Tat durch Selbst- oder Fremdanzeige entdeckt wurde, den Sünder unter Ausschluß der Gemeindeöffentlichkeit straft. Strafe heißt in einem solchen Falle: Er wird vermahnt! Die Strafe ist also verbaler Art, sie soll korrigieren, und sie bedeutet zugleich, daß der Täter durch die Ermahnung dahin geführt werden soll, aus eigenem Antrieb den Fehler in Zukunft zu vermeiden. Mit der 'Strafe' ist die Tat gesühnt. Sie wird sich im Wiederholungsfalle verschärfen, desgleichen wenn durch eine Tat ein Schaden entsteht, der die Interessen anderer Koloniebewohner oder die Gemeinschaft als ganze tangiert. Es sollen deshalb die verschiedenen Strafmaßnahmen dargestellt werden, die in einem Bruderhof gegen einen einzelnen oder auch gegen Gruppen zur Anwendung gelangen können.

Gemeindezuchtmaßnahmen:

1. Die Vermahnung durch den Prediger (Mt.18,15)

2. Bei schwereren Vergehen oder da, wo die Ermahnung abgelehnt wird, zieht der Prediger die Zeugbrüder als Zeugen zu Rate. Sie legen gemeinsam das Strafmaß fest. Als Mindestmaß sind die Begleitumstände dieser Zuchtmaßnahme zu sehen: Bekanntgabe der Verfehlung in einem größeren Personenkreis und die Auflage für den Schuldigen, bei den Zeugbrüdern für die Verfehlung Abbitte zu leisten. (Mt.18,16)

3. Der nächste Grad der Gemeindezucht ist erreicht, wenn eine Verfehlung vor dem gesamten Bruderrat erörtert wird und vor diesem Gremium Abbitte geleistet werden muß.

4. Gibt es auf dieser Ebene keine Einigung, keine Bereitschaft, Unrecht einzusehen, oder berührt eine Tat die Interessen der Gesamtgemeinschaft, dann muß der Übeltäter beim nächsten Gebet oder Gottesdienst, also vor der ganzen Gemeinde, nach der Lehr aufstehen und die Gemeinde, der die Sünde des Bruders/der Schwester bekanntgegeben wurde, um Vergebung bitten.(Mt.18,17) Die Verfehlung wurde, ehe sie vor der ganzen Gemeinde zur Sprache kommt, auf allen vorlaufenden Ebenen erörtert und war stets mit der Ermahnung zur Besserung verbunden.

5. Die nächste Maßnahme, sie betrifft ausschließlich schwerere Vergehen, unnachgiebiges Verhalten, Uneinsichtigkeit, Gemeinschaftsschädigung, ist die erste eigentliche Strafmaßnahme, die Versetzung des Sünders in den Unfrieden. Seitens der Gemeinde werden während dieser Zeit alle Beziehungen zu ihm abgebrochen. Der Gestrafte darf an keiner Gemeinschaftsveranstaltung teilnehmen: Gebet, Gottesdienst, Mahlzeiten. Er darf mit keinem der getauften Brüder oder Schwestern sprechen, kein Gruß wird gewechselt, eine gesonderte Arbeit wird ihm zugeteilt, er muß seine Familie verlassen, er erhält eine Schlafstelle in der Schule oder in der Kleinschul (Kindergarten), sein Haus darf er nur betreten, um erforderliche Kleidung zu holen, Essen wird ihm gebracht. Es steht ihm allerdings frei, jederzeit mit einem getauften Glied der Gemeinde ein Gespräch zu führen, das der Lösung seiner Probleme und der Vorbereitung der Buße dient. Die erwartete Selbstkritik kann also in Gesprächen vorbereitet werden. Er muß auf jeden Fall dem Prediger gegenüber seine evtl. Sinnesänderung bekanntgeben. Dann darf er, sofern seitens des Bruderrates die Zustimmung gegeben wird, bei nächster Gelegenheit, das ist meistens das abendliche Gebet am nächsten Tage, in den Gottesdienstraum kommen und Abbitte tun. Das geschieht stehend, er sagt dabei: „Liebe Brüder und Geschwister, ich bitte um Verzeihung, und wünsche mit Gott und allen Frommen wieder in Frieden zu kommen." Der Prediger vermahnt ihn/sie dann noch einmal und sagt danach: „Ich verzeihe es dir gerne, und hoffe, die Brüder werden's dir auch verzeihen. So verkündige ich dir, anstatt der ganzen Gemeinde, wieder den Frieden an; und kannst dich wieder als ein Bruder (Schwester) setzen."[35] Er ist damit wieder in seine vollen Rechte und Pflichten als Gemeindeglied eingesetzt.

6. *Der Bann:* Die letzte und einschneidendste Strafmaßnahme wird in Form des Kirchenbannes vollzogen. In seinen äußeren Wirkungen gleicht der Bann im Wesentlichen dem Unfrieden. Die Zeit der Meidung des Gebannten durch die Gemeinde beträgt im Gegensatz zum Unfrieden, der sieben Tage dauert, zwei Wochen, in denen möglichst eine totale Isolierung erfolgt. Eine Verkürzung der Strafzeit ist möglich, doch muß die Strafdauer mindestens sieben Tage betragen (Num.12,15). Die Maß-

---

35 Handlung beim Aufnehmen (Unfrieden), in: Unterricht, a.a.O., S. 134f

nahme stellt insofern eine Verschärfung dar, als durch den Bann gleichzeitig der Ausschluß aus der Gemeinde Christi erfolgt. Der Gebannte ist abgeschnitten von der Gemeinschaft, er ist exkommuniziert. Die Bannung ist in allen täuferischen Kirchen als Mittel der Gemeindezucht üblich (s.Schleitheimer Bekenntnis). Das zeigen die interpretierenden Titel zweier Schriften von Balthasar Hubmeier[36] aus der Frühzeit des Täufertums. „Von der Briederlichen straff. Wo die nit ist, da ist gewißlich auch khain Kirch, ob schon der Wassertauff vnd das Nachtmal Christij gehaltenn werdent." Der Zusammenhang der Gemeindezucht mit der Taufe und dem Abendmahl wird hier deutlich angesprochen. Spezielle Bezugnahme auf den Bann läßt die zweite Schrift erkennen:"Von dem Christenlichen Bann. Wo der selb nit auffgericht vnd gebraucht wirdt nach dem ordenlichen vnd ernstlichen beuelh Christi, da selbs regiert nichts denn sünd, schand vnd laster." Man kann die Tragweite des Bannes nur unvollkommen in den Horizont unseres Verstehens und Empfindens hinein übertragen. In unserer Gesellschaft würde eine kirchliche Strafmaßnahme dieser Art wirkungslos bleiben, weil sie, sofern der dauernde Entzug der Sakramente nicht als psychische Belastung empfunden würde, keinerlei Konsequenzen im Alltagsleben des Gestraften hätte. Man müßte mittelalterlich empfinden können, wollte man die Auswirkungen des Bannes ermessen. Der hutterische Kirchenbann wird durch einen eingesetzten Prediger im Namen der ganzen Gemeinde verhängt.(Mt.18,17f.) Die Gemeinde allein hat die Vollmacht, den Bann „als Trennung vom Reiche Gottes auszusprechen— ebenso aber auch die Vollmacht, den ausgesprochenen Bann wieder zu lösen!"[37] Sofern, dem Schweregrad einer Sünde entsprechend, durch Verhandlung und Entscheidung durch den Bruderrat sofort auf die Anwendung des Bannes erkannt wird, bleiben alle anderen Stufen und Versuche zur Rückführung in die Gemeinschaft unberücksichtigt. Das Ritual der Bannung sieht vor, daß der Schuldige vor der versammelten Gemeinde um die Strafe bittet. Am Vorabend wird er über den Beschluß des Rates informiert, und bei der nächsten Versammlung begehrt er dann die Strafe. Er muß vor der Kirchentür warten. Die Gemeinde wird vor dem Niederknien zum Gebet darüber informiert, daß der Bruder/die Schwester seinen/ihren Fehler gemeldet und der Gemeindevorstand darüber „in der Furcht Gottes gehandelt" hat. Der Prediger teilt dann der Gemeinde mit: Wir „haben ihm/ihr den apostolischen Bann erkennt, und wollen auch eure Meinung davon wissen, ob ihr mit uns einverstanden seid."[38] Der Text der Agende setzt die fraglose Zustimmung voraus; denn es heißt weiter: „Dann schweigt man ein wenig; und wenn sich dann niemand meldet, so sagt man: ‚So werden wir euer Stillschweigen annehmen, daß ihr mit uns einverstanden seid.'" Man ruft den/die Betroffene(n) herein.

---

36 Westin, Gunnar / Bergsten, Torsten (Hg.): Hubmaier Schriften, a.a.O., S. 337 ff. u. 366 ff.

37 Wilckens: a.a.O., S. 81

38 Texte wurden dem Band "Unterricht", S. 136 entnommen, Spring Prairie Printing, Hawley, Minn. 1987

Er/sie bittet dann um Verzeihung: „Brüder, ich habe gesündigt und bitte um eine Strafe." Der Sünder hat zu diesem Zeitpunkt das Verkehrte seines Handelns bereits eingesehen. Insofern ist der Prozeß der Selbsterkenntnis und der Umkehr eingeleitet, der Zweck des Gemeindezuchtverfahrens eigentlich erfüllt. Der Bann führt also über die Katharsis hinaus, er hat gemäß mittelalterlichen Rechtsdenkens eine echte Straffunktion. Man ermahnt den/die Sünder(in) dann zur Buße und sagt: „Wir haben in der Furcht Gottes über deinen Fall geredet, und konnten nicht geringer handeln, und haben dir (euch) den apostolischen Bann anerkennt." Daran schließt sich dann die eigentliche Bannformel an, die etwas von dem todbringenden Ernst des alten Rituals erahnen läßt. Sie wird verlesen: „So leg ich dir den Ausschluß auf in dem Namen des Herrn und in der Kraft Gottes: Du sollst weder Theil noch Gemeinschaft haben an dem Reich Gottes, sondern Übergib dich dem Teufel, zu verderben das Fleisch, damit der Geist selig werde am Tage des Herrn Jesu; und das so lang, bis daß du etwa ein bußfertiges Herz anzeigest, daß dir Gott wieder gnädig und Barmherzig sei. Und magst also diesmal hingehen und Gott deine Noth klagen."[39] Danach folgt das Gemeindegebet, in dem man auch des Gebannten gedenkt, daß Gott ihm ein bußfertiges Herz geben möge. Diese Vorordnung zeigt einen ersten Schritt zum Schuldanerkenntnis, ein erstes Signal der Bereitschaft zur Sühne. Während der nächsten zwei Wochen hat er dann Gelegenheit, über sein Fehlverhalten und seine Stellung zur Gemeinde nachzudenken. Es steht ihm frei, die Kolonie zu verlassen. „Wenn jemand sich nicht mehr bändigen läßt", wartet er die Entscheidung der Gemeinde nicht ab, sondern geht vorher, „aber das passiert sehr wenig."[40] Das Verlassen der Kolonie hat allerdings seine Schwierigkeiten; denn, sofern der Gebannte verheiratet ist, der Ehepartner aber nicht bereit ist, die Exkommunikation ebenfalls auf sich zu nehmen und damit die bisherige Lebensgrundlage, alle verwandtschaftlichen und freundschaftlichen Beziehungen, den gesamten Erfahrungshorizont eines gelebten Lebens aufzugeben, dann wird der, der sich entschließt, die Kolonie unter Zurücklassung seines Ehepartners und seiner Kinder zu verlassen, statt sich der Gemeindezucht zu unterwerfen, ein Heimatloser, ohne Angehörige, ohne die Möglichkeit, neue familiäre Beziehungen einzugehen. Die Totalität einer solchen Folgesituation beeinflußt gewiß die Entscheidungsfindung. Erschwerend kommt hinzu, daß eines Hutterers gesamtes Weltbild nicht nur von Überlegungen bezüglich der materiellen Sicherung seines Lebens bestimmt wird -sie würde sich aufgrund des hohen beruflichen Qualifikationsniveaus relativ günstig gestalten-, sondern daß die Gottesbeziehung seinsbestimmend ist, daß hier tatsächlich ein Schnitt vorgenommen würde, der als ein Abtrennen vom Ursprung des Lebens, von Christus, empfunden werden muß. Was muß der Gebannte also tun, um in die Gemeinschaft zurückkehren zu können? Während der Zeit des Ausschlusses muß er an mehreren Abenden zum Prediger gehen, sein Schuldigsein bekennen, Besserung geloben und um Wiederaufnahme bitten. Bei diesen Gelegen-

---

39 ibid.: S. 136 f.

40 Interview im Mai 1994 in der JVC über Strafmaßnahmen

heiten „tut der Prediger ihn zum besten vermahnen, und nach dem zweiten Mal sagt er"[41] (der Prediger): „Wir werden es dem Vorstand melden, und wie die Brüder werden meinen, und wenn du wieder kommen wirst, so werden wir dir die Meinung sagen." Der Prediger bespricht die Angelegenheit dann mit den zuständigen Brüdern. Der Gebannte erhält beim nächsten Zusammentreffen mit dem Prediger die Zusage: „Wir haben mit dem Vorstand darüber geredt, und wir sein einverstanden, dir wieder zu Hilfe zu kommen. So mußt du heute im Eingang beim Abendgebet draußen sein, und wir werden es der Gemein melden, und fragen, was sie dazu meint." Die Zeit der Bannung kann verkürzt werden, darf aber nach biblischem Vorbild (4.Mose12,14) den Zeitraum von einer Woche nicht unterschreiten. Die Wiederaufnahme erfolgt bei nächster Gelegenheit vor der Gemeinde.

Das Ritual der Wiederaufnahme: Während der Gottesdienst (Lehr oder Gebet) beginnt, muß der Gebannte im Vorraum warten. Nach dem gemeinsamen Gebet wird die Gemeinde informiert und zu der anstehenden Wiederaufnahme befragt. Sofern keine Einwände erhoben werden, ruft man den/die Betroffene(n) herein. Er tritt in den Mittelgang des Kirchenraumes, kniet dort nieder und bittet mit denselben Worten wie beim Unfrieden um Wiederaufnahme. „Brüder, ich bitte um Verzeihung, und wünsch mit Gott und allen Frommen wieder in Frieden zu kommen." Der Prediger erwidert: „Ja, es ist ja nichts Besseres, als mit Gott und allen Frommen im Frieden zu stehn; siehe nur zu, daß du auch wahre Reu und Leid über deine Sünden hast, und rechte Buß gethan vor Gott, der ein Anschauer des Inwendigen ist, und kein Mensch ihn betügen kann." Die Gemeinde betet dann um Verzeihung für den Sünder, daß Gott „ihn (sie) aus dem Buch des Todes heraus thun, und im Buch des ewigen Lebens wieder einschreiben" möge. „Und wenn die Gemein dann aufsteht vom Gebet, bleibt er(sie) knien, und wird knieend einige Fragen gefragt die er mit ‚ja' beantworten soll; nämlich: (1.) ‚Hast du nun dein Herz gereiniget, also daß du nichts weiters mehr auf dir hast, sondern alles geoffenbaret und licht gemacht, was dir hinderlich sein möchte an der Seligkeit? Gott ist Zuhörer.' (2.) ‚Sind dir auch deine Sünd, die du nach erkannter Wahrheit wider Gott gehandelt hast, von Grund deines Herzens treulich leid?' (3.) ‚Erkennst du auch, daß du die Straf billig getragen hast; und begehrest du dich treulich zu bessern und hinfüro Gott zu fürchten, mit Wissen und Willen nimmermehr wider Gott zu thun, ehe des Todes zu sterben, ehe daß du hinfür wissentlich etwas wider Gott wollest thun?' (4.) ‚Begehrest du dich auf ein neues Gott dem Herrn zu ergeben, dich ihm zu schenken und aufzuopfern, auch in den Gehorsam Christi und seine Gemein dich zu begeben, brüderliche Straf und Anred anzunehmen und zu tragen; dieselbe, wo es noth ist, auch an andern zu brauchen?' (5.) ‚Glaubst du auch, daß dir Gott der Herr durch den Tod Jesu Christi und durch das Fürgebet der Heiligen deine Sünd verziehen und nachgelassen hat?' Antworten: ‚Ja.' Dann wenn das gethan, geht der Prediger zu ihm (ihr), legt ... ihm (ihr) beide Hände auf sein(ihr)

---

41 Das gesamte Ritual der Wiederaufnahme, das hier beschrieben wird, findet sich im Band "Unterricht", a.a.O., S. 138 -143

Haupt und sagt: ‚Dieweil dir Gott der Herr ein bußfertiges Herz geben hat, so leg ich dir die Händ auf zu einem Zeugnis, und verkündige dir anstatt der ganzen Gemein Gottes, im Namen Jesu Christi, Verzeihung und Vergebung deiner Sünde. Gott, der Herr, der dir durch den Tod Christi gnädig und barmherzig worden ist, der wolle dich austilgen aus dem Buch des Todes, und einschreiben in dem Buch des ewigen Lebens, dich fromm und treu erhalten und bewahren bis in deinen Tod. Das wünsch ich dir von Gott durch Jesum Christum, Amen.' Wenn das gethan, sagt der Prediger, nachdem er dem(der) Betroffenen die Hand reicht: ‚Steh auf, mein(e) Bruder (Schwester), und sündige hinfort nicht mehr, auf daß dir nicht etwas Ärgeres widerfahre.'" Die gesamte Handlung ist parallel zur Taufhandlung zu sehen; denn die Lösung aus dem Bann entspricht in ihrer Wirkung der Wirkung der Taufe. Das schwerfällig anmutende Ritual will durch die Identität seiner Handlungen und Formulierungen seine Wirkung sicherstellen. Der Bruch des Taufbündnisses kann nur durch die Erneuerung des Bundesschlusses aufgehoben werden. Das Wasser kommt zwar nicht noch einmal zum Einsatz, aber es werden ähnliche Kräfte wirksam. Die Handauflegung bewirkt Heilung, reaktiviert die Kräfte des neuen Lebens, das in der Taufe seinen Anfang nahm. Nach der Wiedereinsetzung in den ursprünglichen Gnadenstand vollzieht sich das gleiche Begrüßungsritual wie nach der Taufe. Der Gruß „Der Herr stärke dich" und die Antwort des Wiederaufgenommenen „Der Herr sei mit uns" hat nun vor dem Hintergrunde der Erfahrung menschlichen Versagens eine vertiefte Bedeutung erhalten. Er wird in dem Bewußtsein der Notwendigkeit eines ständigen Kraftflusses des heiligen Geistes gesprochen, der ebenso durch das gehörte oder gelesene Wort Gottes wie durch die brüderliche Hilfe seitens der Glieder der Gemeinde Wirklichkeit wird. Der Handgruß bekräftigt schließlich die Wiederaufnahme in die Gemeinde durch jedes Glied der Gemeinde.

Sonderfälle: Es gibt allerdings auch Fälle, in denen die Alternative gewählt wird. Menschen, die mit den Lebensbedingungen in den Bruderhöfen nicht zurechtkommen, werden häufiger in Konflikte verwickelt werden. Sie werden aus einem tiefempfundenen Unbehagen, das aus grundsätzlichen Zweifeln an der Leib-Christi-Funktion der Gemeinde und ebenso aus der Ablehnung des Erziehungshandelns der Gemeinde erwächst, manchmal wohl auch aus Verlustgefühlen oder aus einfacher Neugier auf das so vielgestaltige Leben in der Welt zu Wegläufern. Der Bann ist also nur ein letztes, seltenes Motiv für einen Hutterer, seine Kolonie zu verlassen. Manche kommen nach einiger Zeit zurück und unterziehen sich dann dem Wiederaufnahmeritual.

Wir hatten Gelegenheit, mit Rückkehrern zu sprechen. Entscheidend für die Rückkehr waren nicht unbedingt Glaubensgründe Es war vielmehr die ernüchternde Erkenntnis des grenzenlosen Egoismus und des erbarmungslosen Konkurrenzkampfes selbst unter Nachbarn, „daß jeder Nachbar vor dem andern sein will, der vor dem und der vor dem, und jeder sorgt nur für sich".[42] Einer von ihnen kam zu der Aussage:"Warum soll ich weggehen? Ich habe hier alles, was ich brauche, und außerdem

---

42 Interview im Mai 1994 in der Abbey-Kolonie, Sask., mit Hardy E.

ist immer jemand da, der hilft!" Diese letzte Bemerkung verweist auf ein Motiv, das einem Menschen, der im System der Gütergemeinschaft aufgewachsen ist und zur Gelassenheit erzogen wurde, die Rückkehr in sein Kolonie- und Glaubenssystem und damit auch unter das System der Gemeindezucht, als einzig logische Möglichkeit erscheinen läßt. Dennoch sind nicht alle vor dem Gemeindeforum verhandelten Fälle ohne weiteres einsichtig. Wir wählen den Fall Jörg Zaunrings aus der Frühphase der hutterischen Gemeinden. Er wurde wegen Ehebruchs seiner Frau aus der Gemeinde ausgeschlossen. Das GGB schreibt dazu: „Als nämlich, daß einer mit Namen Thoman Lindl mit des Jörg Zaunrings Weib gehuret und die Eh brochen hat. So haben sie diese zwei in Unfrieden gestellt. Doch hat sich der Jörg die Zeit der Straf seines Weibs geäußert und sich ihrer enthalten. Aber sobald sie, … den Zweien den Frieden und Verzeihung ihrer Sünd verkündigten, nahm sich der Zaunring um sein Weib wie vorher wieder an. Als solches offenbar ward, konnt die Gemein das Laster des Ehbruchs und des Hurenwerks mit so ringer Straf nicht leiden, und das nach dem Wort des Herren: ‚Denn es ist besser einauget oder lahm oder ein Krüppel ins Reich Gottes zu gehn, denn mit verderblichen, ärgerlichen Gliedern in die Höll.‘ Nachdem aber Leonhard Schmerbacher, ein Diener der zeitliche Notdurft, des Jörg Zaunrings Handel der Gemein angezeigt, wie er sich der Huren hab teilhaftig gemacht, da hat die ganze Gemein einhellig erkennt: Weil Christi Glieder nicht Hurenglieder sein sollen, daß sie billig ausgeschlossen und hinausgetan würden. Also hat die Gemein zu dieser Zeit kein Hirten, Lehrer oder Diener des Worts mehr gehabt, sonder um die Wahrheit geeifert, ohn alles Ansehn der Person das Unrecht gestraft."[43] Hier ist von Interesse, daß der Ehebruch an den beiden direkt Beteiligten zunächst mit dem Unfrieden geahndet wurde, der betroffene Ehemann hingegen danach gemeinsam mit seiner Frau von der Gemeinde ausgeschlossen wurde. Warum diese scheinbare Unverhältnismäßigkeit der Mittel? Wir erwähnten, daß ein Beleidigter, wenn er sich der Entschuldigung gegenüber unversöhnlich verhält, in die Rolle des Schuldigen geraten kann. Im Falle Jörg Zaunrings wird ihm gerade die Bereitschaft zur Vergebung zum Verhängnis. Hier müssen die Worte wohl erwogen werden! Wir kennen nicht das wirkliche Motiv seiner Bereitschaft, sich seiner Frau wieder anzunehmen. Sein Handeln könnte ebenso vom Willen zur Vergebung bestimmt sein wie durch sexuelle oder andere Motive. Die Gemeinde mißbilligt jedenfalls sein Verhalten! Welche Denkprozesse liegen der Entscheidung, ihn zu bannen, zugrunde? Verzeihung zwischen Eheleuten ist im Falle von Ehebruch keine Privatangelegenheit. Die Ehebrecherin ist gestraft worden, aber durch das Faktum der Hurerei hat sie sich vom Leibe Christi getrennt. Eine Hure stellt einen Widerpart zum Leibe Christi dar. Christi Glieder können nicht Hurenglieder sein (1.Kor.6,15f.), weil im Verkehr mit einer Hure eine neue leibliche Einheit begründet wird. Diese neue Einheit macht den Leib ungeeignet, ein Tempel Gottes zu sein und schließt die Einwohnung des heiligen Geistes aus (1.Kor.6,17/19). Wenn wir zudem die Dreigliederung der Ehe und ihren Hinweischarakter auf die Einheit mit Christus bedenken, dann wird klar, daß „der Mann, so er nit … seine Ehre

---

43 GGB: S. 72

bewahret und seinem Weibe vorgeht und ein Reizung zu der Gottseligkeit ist", sondern statt dessen seiner Frau nachfolgt, er in den Ehebruch einwilligt und in der Folge auch in allen anderen Graden sündigen wird, indem er sich vom Fleisch überwinden läßt.[44] Vor biblischem Hintergrunde wird Zaunrings Verhalten insofern zur Sünde, als er in eine neue eheliche Gemeinschaft mit einer Ehebrecherin eingewilligt hatte und so selber zum Ehebrecher geworden war.(Mt.5,32;Lk.16,18) Verschärfend wirkte in seinem Falle, daß er Diener des Wortes war und diese Verbindung eingegangen war, ohne den Rat der Gemeinde einzuholen. Es zeigt sich, daß auch der Amtsinhaber keine Sonderrechte für sich beanspruchen kann, sondern daß er prinzipiell den gleichen Zuchtmaßnahmen unterworfen wird, wo er gegen biblische Grundsätze verstößt und die Meinung der Gemeinschaft unberücksichtigt läßt. Wir erkennen, daß Gemeindezucht nicht nur auf unmittelbar einsichtige Schuld-Sühne-Verhältnisse Anwendung findet, sondern daß sie gelegentlich auch komplexeren Vergehen entsprechen muß. Allgemein läßt sich sagen, daß im Instrumentarium der Gemeindezucht den Gemeinden das wesentlichste Erziehungsmittel in die Hand gegeben ist, das da, wo es ohne Vorbehalte und Ausnahmen eingesetzt wird, in erster Linie als brüderliche Hilfe und durch Wiederherstellung eines gestörten Rechtszustandes der Zurechtbringung von Menschen dient, erst danach der Strafe und gelegentlich, das ist eine letzte Konsequenz, der Trennung von Unbelehrbaren. In jedem Falle aber dienen die einzelnen Maßnahmen der Sicherung und Gesunderhaltung des ganzen Gemeindekörpers. Der Wille zum Neuanfang und zum Tun des Guten stehen absolut im Vordergrund.

Wir hatten Gelegenheit an der „Rechtmachung" einer Verfehlung teilzunehmen. Da es sich dabei um eine Angelegenheit handelte, die das Bild der Gemeinde in der Öffentlichkeit zu schädigen geeignet war, mußte vor der ganzen Gemeinde Abbitte geleistet werden. Der junge Mann, Sohn eines Predigers, war mit dem Auto in eine Polizeikontrolle geraten. Dabei war eine angebrochene Flasche mit Schnaps in Reichweite des Fahrers festgestellt worden. In Kanada genügt dieser Sachverhalt für ein Strafmandat in Höhe von $ 90,00. Es spielt keine Rolle, ob der Fahrer tatsächlich Alkohol getrunken hat. Zusätzlich zu der polizeilichen Maßnahme wurde in diesem Falle die Gemeindezucht eingesetzt. Nach dem Abendgebet, in dem der Prediger besonders für die Jugend betete, stand der Betroffene als einziger auf. Augenblicklich spürte man eine angespannte Aufmerksamkeit im Raum. Kaum vernehmbar sagte der Gestrafte: „Ich bitte um Verzeihung." Es war nur eine kurze Bitte, ein unbedeutender Satz, aber es wurde absolut still. Auch das Atmen der Anwesenden war nicht mehr zu hören. Dann folgte die Ermahnung durch den Prediger. Er sagte viel, er sagte es ernst. Er war sichtlich bewegt, ebenso wie die meisten Anwesenden. Die Mehrzahl der jungen Männer saß mit gesenkten Köpfen da, als seien sie persönlich gemeint. Der Betroffene, die Gemeinde wußte um sein Vergehen, stand während der ganzen Ermahnung. Der Prediger schloß mit der bereits erwähnten Formel: „Nun, mein Bruder,

---

44 RR: S. 106 f.

gehe hin, und sündige hinfort nicht mehr, daß dir nicht Ärgeres widerfahre. Du kannst dich wieder auf deinen Platz setzen." Erleichterung war zu spüren, eine Schuld wurde ausgeglichen. Ein weiterer konkreter Fall soll hier Erwähnung finden: Eine Hutterin berichtete über ihr „Vergehen". Sie war in Erinnerung an die Tatsache, daß man sie vor den Rat ihrer Gemeinde gestellt und dort vermahnt hatte, tief bewegt. Der Versuch, sie mit dem Hinweis, daß mit dieser Vermahnung alles bereinigt und vergeben sei, zu beruhigen, löste bei ihr einen Weinkrampf aus, und sie sagte wiederholt: „Aber die Schande, aber die Schande!" Diesen Fall, dem eine relativ geringfügige Verfehlung zugrunde lag, berichten wir, um zu zeigen, wie emotional belastend die Strafmaßnahmen der Gemeindezucht empfunden werden und wie sensibel die Gestraften unter den Bedingungen des gemeinsamen Lebens im Bruderhof reagieren. Die Gemeindezucht zeitigt also in den meisten Fällen die gewünschten Ergebnisse.

3.4 DIE FEIER DES MAHLS

Wir haben eine Reihe von Gesichtpunkten erörtert, die im Zusammenhang mit der Vorbereitung der Mahlfeier zu sehen sind. Jetzt wenden wir uns dem eigentlichen Ritual, der Feier des Mahls zu. Auch hier gilt wieder, daß das rituelle Geschehen in Entsprechung zu urchristlichen Gepflogenheiten auf ein Mindestmaß beschränkt wurde. Die Feier findet am Ostersonntag, oder am Ostermontag statt. Vom Karfreitag bis zum Abendmahlsgottesdienst wird die Zeit zu weiterer intensiver Belehrung genutzt. Eine Lehr behandelt die Bedeutung der alttestamentliche Passahfeier in seiner Hinweisfunktion auf das Opferlamm Christus, eine mehrstündige 'sehr strenge Nachmittagslehr' über 1.Korinther 10 schildert noch einmal das Verhalten der Israeliten in der Wüste als abschreckendes Beispiel für die Christen der Gegenwart und deutet die Heilserfahrungen Israels in ihrer Bedeutung für das Volk des neuen Bundes. Diese Lehr wird als besonders wichtig angesehen. Am nächsten Morgen folgt die Abendmahlslehr. Die Gemeinde ist so weit vorbereitet, wie es der kultische Anlaß fordert. Die Abendmahlsfeier beginnt wie jeder Gottesdienst mit Ansagen und Singen eines Liedes. Das Grußwort „Der Friede des Herrn sei auch wiederum bei uns" leitet über in die Vorrede. Ein Unterschied zu den üblichen Gottesdiensten besteht darin, daß, wie auch bei anderen zeitaufwendigen Lehren, z.B. Taufe und Eheschließung, Vorrede und Lehr, lediglich unterbrochen durch das Verlesen des Textes 1.Korinther 11,23-32, aufeinander folgen, dann schließen sich eine kurze Vermahnung und das Kirchengebet an. Es erfährt eine Veränderung dahingehend, „daß ein jedes Glied soll richtig sein in diesem Bruch des Brotes und Trunk des Weines, wenn auch Sünden sind erkennt worden, daß sie werden weggenommen und vergeben."[45] Dann wird die Abendmahlserklärung verlesen, die ein letztes Statement über die erfolgte Bereinigung aller Schuldverhältnisse und gemeindeinternen Konflikte darstellt. Eine deutliche Ergriffenheit der Anwesenden wird dabei spürbar. Wer in diese Erklärung nicht

---

[45] Abendmahlsinterview am 9.5.1994 mit David H. in der JVC

einbezogen ist, weil er sich nicht erklärt hat, der ist nicht anwesend, wird am Mahl nicht teilnehmen. In einer folgenden kurzen Gebetsstille beten die Abendmahlsteilnehmer traditionsgemäß Teile des Psalms 103. Brot und Wein stehen zum Abendmahl bereit, sie sind zugedeckt. Das Brot befindet sich auf einem einfachen Teller, der Wein in Glaskrügen. Der Prediger steht, er spricht die Einsetzungsworte.(1.Kor.11,23-26) Dabei nimmt er das Brot und bricht es und gibt es an die Zeugbrüder. Jeder bricht sich ein Stück ab und reicht es dann weiter. Der letzte gibt es dem Prediger zurück. Dieser geht mit dem Brot an das Ende des Kirchenraumes und gibt dem ältesten der Brüder und der ältesten Schwester das Brot. Die verfahren wie die Zeugbrüder, brechen ihr Stück vom Brot ab und geben es an ihre(n) Nachbar(i)n weiter bis hin zu den jüngsten Teilnehmern, die gemäß der Ordnung vorn im Kirchenraum sitzen. Mit dem Wein in zwei Glaskrügen wird genauso verfahren. Es werden vom Prediger die Worte „Desgleichen auch den Kelch nach dem Abendmahl …"(Vers 25) gesprochen. Es gibt jedoch keinen Kelch, der Wein wird direkt aus den Glaskrügen getrunken. Der Prediger muß ein 'eingesetzter Prediger' sein, seine Wahl durch die Gemeinde muß also durch eine bischöfliche Einsetzung bestätigt worden sein, das wird in Gesprächen immer wieder betont. Hier zeigt sich, daß auch in dieser bruderschaftlichen Ordnung eine gewisse Hierarchisierung der Ämter im Blick auf die Verwaltung der Abendmahlselemente Platz gegriffen hat. Vom jüngsten Bruder und der jüngsten Schwester nimmt er die Krüge wieder in Empfang und stellt sie auf den Tisch zurück. Dann ist das Abendmahl gehalten. Der Prediger ermahnt jetzt die Gemeinde zur Danksagung mit einem Lobgesang nach biblischem Vorbild: Mose und Miriam (Ex.15), Debora und Barak (Richter 5), Judith (Jud.15), Israels Gotteslob nach der Rückkehr aus der babylonischen Gefangenschaft (Esra 3,10ff), die Makkabäer, David, Maria (Luk.1,46-56). Sie alle erinnern an diese Pflicht, und schließlich Jesus, der mit seinen Jüngern nach dem Mahl den Lobgesang gesprochen hat.(Mt.26,30; Mk.14,26) Der Lobgesang trägt den Titel: „Wir danksagen dir Gott der Ehre"[46], es ist eine Dichtung von Thomas Müntzer, die durch Hans Hut zu den mährischen Täufern gelangte. Nach dem Liede folgt noch eine kurze Vermahnung, dann spricht der Prediger den Aaronschen Segen. Damit endet die Feier des Abendmahls. Sie hat eine ungefähre Dauer von zweieinhalb bis drei Stunden.

Zusammenfassung:

1. Im Verlaufe der Reformation wird im gesamten protestantischen Lager bei sonst unterschiedlichen Positionen der gemeinschaftsbedeutsame Charakter des Abendmahls neu entdeckt. Das zeigt die populäre altkirchliche Parabel von den Getreidekörnern und den Weinbeeren. Die meisten Anhänger der radikalen Reformation, so auch die Hutterer, betonen den Symbolcharakter von Brot und Wein und damit des gesamten Abendmahls.

---

[46] LdHB: S. 38

2. Die hutterische Abensmahlslehre konkretisiert in vielfältiger Form den Gedanken der Einheit des Leibes Christi. Weil dieser Leib Christi, durch die Gemeinde repräsentiert, eine wesentliche Einheit bildet, kann es in ihm weder Krankheit, noch Behinderung, Fehler oder Unreinheit geben.[47] Der Prozeß der Vereinigung dient deshalb zugleich der Reinigung. Alles Unfertige, Eigenwillige, alle Grobheiten müssen ausgesondert werden. Danach erst kann der Leib Christi zu völliger Einheit zusammenwachsen wie die Körner im Mehl zum Brot und die Weinbeeren zum Wein.

3. Die hutterische Abendmahlstheologie ist ihren Entstehungsbedingungen entsprechend apologetisch geprägt. Die Auseinandersetzungen mit den „sacramentessern" sollen aber nicht nur der Rechtfertigung nach außen dienen, sondern auch dem heilspädagogischen Ziel, auf dem Wege logischen Einsichtigmachens Überzeugungen des Glaubens zu begründen und zu festigen. Deshalb ist die Abendmahlslehre der Hutterer weitgehend durch rationale Argumentation bestimmt. Dieser Rationalismus mengt dem Glauben ein Element des Erkennens und Wissens bei, das dazu beiträgt, Glauben durch Werke des Glaubens zu verifizieren. Auf dieser Basis werden Gedanken entwickelt, die weit über ihre Zeit hinausweisen, so die Infragestellung der Todesstrafe.

4. Einmal im Jahr wird in hutterischen Gemeinden das Abendmahl gefeiert. Es dient in seiner Eigenschaft als Brudermahl der Vergewisserung und Sicherung gemeinschaftlicher Identität und der Teilhabe des Einzelnen am Leibe Christi. Weil dieser Leib in allen seinen Gliedern heilig und unverletzt sein soll, gibt es eine Phase intensiver Vorbereitung, in der durch Selbstkritik und Kritik, durch Beichte und Vergebung, durch Gespräche, Korrektur- und Strafmaßnahmen innergemeindlich ein spannungsfreies Handlungsfeld hergestellt wird, in dem ein gemeinsamer Neuanfang möglich wird.

5. Durch verschiedene Lehren und Mahnreden werden die Rahmenbedingungen und Methoden erläutert, die den Prozeß persönlicher und interpersonaler Entlastung einleiten, fördern und zum Ziele bringen sollen. Die Gemeinde soll durch dieses Verfahren nach alttestamentlichem Vorbild einen Zustand optimaler Reinheit erlangen, um so der Vereinigung mit dem Herren der Kirche im Ritual des Abendmahls teilhaftig werden zu können. Teilhabe bedeutet auch Partizipation am Leiden Christi. Durch diesen Aspekt wird der einzelne Kommunikant aus seiner Konsumentenhaltung herausgerufen und in eine ähnlich lebensbestimmende Entscheidung gestellt wie bei der Taufe. Wer diese Teilhabe verweigert, der suspendiert sich vom Christsein.

6. Der Gang zum Abendmahl setzt den Willen voraus, alte Lebensstrukturen zu verlassen, sich zu korrigieren bzw. sich korrigieren zu lassen und in Parallelität zum Taufritual Lebenserneuerung aktiv zu betreiben, um neu als Glied am Leibe des Christus bestätigt zu werden. Dabei wird nicht der Status des „armen Sünders" propagiert,

---

[47] Hier sind keine körperlichen Defizite gemeint!

der den Weg der Heiligung stets neu am Ausgangspunkt beginnt, sondern der Gesichtpunkt des Wachstums hin zu einem Status der Gerechtigkeit und Heiligkeit wird vertreten. Durch Offenlegung persönlicher Verfehlungen, unbrüderlicher Gedanken und Handlungen, durch das Aussprechen von Zweifeln und Emotionen und durch die gegenseitige Vergebung werden diesen auf dem Wege der Bewußtmachung ihre zerstörerischen Kräfte genommen.

9. Im Zusammenhang mit der Abendmahlsvorbereitung ist auch das Problem der Gemeindezucht zu behandeln. Die Gemeindezucht verfährt nach dem Grundsatz: Wo Sünde ist, muß Strafe sein! Strafe ist insofern ein irreführender Begriff, als sich brüderliche Strafe vorrangig als Gespräch gestaltet, das der Zurechtbringung eines Verirrten dient. Wirkliche Strafe kommt nur im Falle ernster, gemeinschaftsschädigender Vergehen und bei absoluter Unbelehrbarkeit eines Kirchengliedes zur Anwendung. Als stärkste Zuchtmaßnahmen sind Unfrieden und Bann zu nennen. Sie ziehen eine Trennung des Gestraften von der Gemeinschaft nach sich und beim Bann auch die Exkommunikation mit dem Ziele, seinen Willen zur Rückkehr zu aktivieren. Doch gibt es Fälle, in denen der Bann die endgültige Trennung der Kirche von einem ihrer Glieder bedeutet. Die durch die Gemeindezucht beabsichtigte Hilfestellung muß angenommen werden. Nur wo die Zuchtmaßnahme auch als göttliche Zucht verstanden wird, bleibt der Gezüchtigte gleichzeitig Kind unter seinem himmlischen Vater.

10. Die Feier des Abendmahls findet während des Osterfestes statt. Das eigentliche Ritual ist aller Elemente entkleidet, die vom Wesen des Gemeinschafts- und Gedächtnismahles ablenken könnten. Alle Formen, Handlungen und Elemente wurden auf ihre Ausgangssituation zurückgeführt und dementsprechend reduziert. Der liturgische Ablauf der Abendmahls ist aber ebenso ritualisiert wie der gesamte Prozeß der Vorbereitung. In der vorbildgetreuen Wiederholung aller Handlungen und Worte liegt die identifikatorische Bedeutung und Kraft des heiligen Mahls.

4. DIE VOLLENDUNGSPHASE—BEWÄHRUNGEN IN GEMEINDE UND WELT

4.1 DER WEG IN DIE WELT

Im kommenden Kapitel soll dem Gedanken der Vollendung auf dem Wege zum Wesen Christi nachgegangen werden. Das 16. Jahrhundert beschert eine Vielzahl menschlicher Schicksale, die äußerlich gesehen in einer Katastrophe enden. Hier ist nicht nur an die Opfer der verschiedensten kriegerischen Auseinandersetzungen zu denken, sondern unser Augenmerk ist auf jene Stillen im Lande zu richten, die auf der Suche nach dem rechten Wege oder aber als Weiser dieses Weges, mit den Autoritäten der Welt in Konflikte gerieten. Diese Wege in die Welt suchten auch die hutterischen Missionare des 16. und des frühen 17. Jahrhunderts, weil sie in Erfüllung des Befehles Jesu dem Rufe erlebter Liebe folgten. Sie taten es mit dem Ziele, möglichst viele Menschen mit der christlichen Alternative eines Lebens in Brüderlichkeit, Gemeinschaft und Frieden bekanntzumachen. In den Huttererhöfen der Gegenwart finden wir auch manche Weltkontakte, aber keinen Weg *in* die Welt. Darin unterscheiden sie sich u.a. von früheren Generationen. Deshalb wollen wir noch einmal auf die Zeit zurückgehen, als hutterische Existenz noch mit Lebensgefahr verbunden war.

Leiden—ein Weg der Heiligung: Zuerst soll Jakob Hutter zitiert werden, der in einem Brief an die Gefangenen in Hohenwart betont[1] , daß den Gläubigen „nichts anderes verheißen oder zugesagt ist hier auf diesem Erdboden, denn Leiden und Sterben, Trübsal und Not, ... Verfolgung, Pein und Marter, Schmach und Schande von allen gottlosen Menschen." Er stellt fest, das sei das rechte Zeichen und Siegel aller frommen Kinder Gottes, das Zeichen Christi, das allem Christenleben in der Welt aufgedrückt werden muß und das zu der Erkenntnis führt, „daß auch ihr geheiliget und Gott gar von Herzen lieb und angenehm seid" ; denn „durch Leiden und Sterben müssen wir eingehen in das Reich Gottes."[2] „Darum macht uns Gott frei und reinigt uns von der Welt und von allen Kreaturen durch solche Trübsal, damit unser Herz davon abgewandt würde."[3] Das Gesetz der Heiligung und seine kathartische Wirkung wird von ihm durch das Petruswort präzisiert: „Wer am Fleisch leidet, der höret auf mit Sündigen, daß er ... dem Willen Gottes lebe."(1.Petr.4,1f.)[4] Mit diesen Worten umschreibt Hutter die grundlegende und verbindende Überzeugung aller Täufergruppen, daß nur aus der Teilhabe am Leiden Christi die Teilhabe an seiner Herrlichkeit erwachsen könne. Leiden wird also zum exklusiven Erziehungsmittel auf dem Wege zur Eingottung. Wir wollen hier noch einmal betonen, daß der Akt der Eingottung nur unter der Voraussetzung der Entwirklichung, also des Überganges aus der Welt der Dinge in die Welt der Wirklichkeit Gottes möglich ist. Ebenso muß noch einmal gesagt werde, daß „Kreuz" nicht an die natürliche Existenz gebundenes Leiden ist, „sondern es ist das Leiden, das uns aus der Bindung an Jesus Christus allein erwächst."[5] Dementsprechend kennt die hutterische Geschichtsschreibung nirgends die Erwähnung privaten, individuellen Leids. Die Überzeugung, die Heiligen Gottes seien in dieser Weltzeit die Verfolgten, hatte sich bereits im Volke des alten Bundes herausgebildet und im Neuen Testament im Kreuze Christi seine Sinngebung gefunden. Paulus hat das „Wort vom Kreuz" (1.Kor.1,18) in seinen Briefen paränetisch übersetzt und die Gemeinden aufgefordert, Kreuz und Sterben Jesu an

---

1 DHE: Vol. I, S. 40 f.

2 DHE: a.a.O., S. 41

3 DHE: a.a.O., S. 67, 5. Epistel J. Hutters an die Gemeinde in Mähren

4 ibid.

5 Bonhoeffer, Dietrich: Nachfolge, Gütersloh 1994, S. 79

ihren Leibern sichtbar werden zu lassen.[6] Die jungen neutestamentlichen Gemeinden erfahren in der Auseinandersetzung mit der Welt die prinzipielle Bedeutung des Kreuzes für das Jüngersein, wo die ‚mimäsis Christu' auf die gottfeindlichen Mächte trifft. Das heißt aber nicht, daß die Bedeutung des Kreuzes Christi auf eine Vorbild-funktion für das Kreuz in der Nachfolge Christi zu reduzieren wäre. Die Jünger neh-men nicht das Kreuz Christi auf sich, sondern *ihr* Kreuz (Mk.8,35), und das Jünger-kreuz ist insofern von anderer Leidensqualität, als Jesus in Gottverlassenheit und Einsamkeit starb, der Jünger hingegen in seiner Gemeinschaft.[7] Während der ersten drei Jahrhunderte ist die „apostolische … Kirche immer auch die leidende Kirche, die Kirche der Märtyrer."[8] Ab Konstantin wird das anders: Das Leidensprinzip wird zum Signum nebenkirchlicher Entwicklungen. Ketzergemeinschaften treten in die Tradi-tionen der wahren und deshalb verfolgten Gemeinde Christi ein und damit in die Leidensnachfolge, aber sie bezeugen das Kreuz Christi nicht nur, sie partizipieren am Leiden Christi und erfüllen es.[9] In dieser Vorgabe finden sich zwei Aspekte, die in der hutterischen Theologie entfaltet werden: die Sukzession und die Identifikation. Der Aspekt der Sukzession nimmt in ihren Schriften einen breiten Raum ein. Die hutterischen Geschichtsbücher, ihre Briefe und Lieder beinhalten umfängliches Mate-rial zur Traditionsgeschichte der Martyrologie und zur Leidensleidenschaft der Gläu-bigen. Das GGB, dessen niederdeutsches Pendant der „Märtyrerspiegel"[10]ist, kenn-zeichnet sich durch seinen Titel im eigentlichen Sinne als Märtyrersummarium und zeigt gleichzeitig an, daß und wo die Hutterer in der Leidenssukzession stehen: „Ge-schicht-Buch und kurzer Durchgang von Anfang der Welt, wie Gott sein Werk in seinem Volk auf Erden angericht, gehandlet und getrieben hat; …" Nach der Vorge-schichte der Gottesgemeinde vom ersten Abel bis zur Gründung der Hutterischen Gemeinde wird die Chronik dann annalistisch fortgeführt unter Beschreibung der Einzelschicksale Hunderter von Glaubenszeugen sowie des Geschickes der ganzen Gemeinde bis zum Jahre 1665. Einen besonderen Hinweis verdient die doppelte Registerführung des Werkes. Im ersten Teil „folgen nacheinander her allerlei Sachen und Händel, was ergangen ist"; der zweite Teil handelt hingegen „von den Ge-schichten derer, die im Gefängnis gelegen und als christliche Helden den Glauben göttlicher Wahrheit mit ihrem Blut bezeugt haben durch Feuer, Wasser und

---

6   Käsemann, E.: Paulinische Perspektiven, 1969, S. 61 ff.; ders.: Der Ruf der Freiheit, 1968, S. 28 ff.

7   Moltmann, Jürgen, Der gekreuzigte Gott, 4. Aufl., München 1981, S. 57

8   Peterson, E., Zeuge der Wahrheit, in: Theolog. Traktate, 1951, S. 173

9   Moltmann, Jürgen, a.a.O., S. 59

10 v. Braght Thielem. J., Der blutige Schauplatz oder Märtyrerspiegel der Taufgesinnten oder Wehrlosen Christen …: Aylmer, Ontario/ La Grange, Indiana 1973

Schwert"[11] So wird das Geschichtsbuch zu einem Dokument des Selbstverständnisses eines leidenden Gottesvolkes im letzten Weltalter. Die Sukzession des Leidens gewinnt Realität im „Märtyrerwege des Gottesvolkes durch die Geschichte."[12] Das Einzelschicksal ist immer in diesem Zusammenhang zu sehen. Die Täufer stehen im Zeitalter der Reformation wiederum am Ende einer Kette, deren Gemeinsamkeit in der Teilhabe am Leiden und an der Herrlichkeit Christi besteht. Innerhalb dieser letzten Zeit finden sich die Hutterer, bedingt durch die Radikalität ihrer Lebensformen, an exponierter Stelle. So wird verständlich, daß das Thema „Leiden mit Christus" in allen frühen Schriften, insbesondere in den Briefen gefangener Hutterer einen breiten Raum einnimmt. Wir verwiesen bereits mehrfach auf die Bedeutsamkeit der Leidensthematik in den Liedern der Brüder. Unter den „Falkensteiner Liedern", um 1539 entstanden[13], findet sich ein Lied, das einen Bogen von Abel bis Christus schlägt und damit auch die alttestamentliche Leidenstradition zur Sprache bringt.(1.Mak.2,49) Andere leidvolle Ereignisse aus der Zeit der Verfolgung der jüdischen Religion -etwa das Martyrium des Eleasar (2.Mak.6 und 7)-, werden auf die Situation der hutterischen Gemeinde übertragen[14] Im „Väterlied"[15] wird der Weg des Gottesvolkes, wiederum beim alten Israel beginnend, in 124 Strophen besungen. Von der Zeit der Reformation an (Strophe 41) werden die Väter der Bruderschaft, an ihrer Spitze Jakob Hutter, chronologisch vorgestellt:

> *„Die G'mein, die christlich Mutter, / Die hat viel Söhn' verlor'n.*
>
> *Bis auf den Jakob Huter, / Den hat Gott auserkor'n,*
>
> *Ein frommer Mann er ware, / Feind allem eignen Nutz,*
>
> *Mit ihm ein kleine Schare, / Doch so war Gott ihr Schutz. "*

Viele von ihnen erleiden Märtyrerschicksale: Verrat, Folter, Erhängen, Schwert- und Feuertod, „Stock, Faulturm und Bande."[16] Aber die Zeugen Christi gehen ihren Weg in dem Bewußtsein der Gleichförmigkeit ihrer Leiden mit der Passio Christi und in dem Gedanken, „daß daher auch die Herrlichkeit Christi dem gewiß ist, der mit Christus gelitten hat"[17], ja, Christus, das Lamm, wird selber nach der Lehre der Schrift in seinen Frommen erwürgt.[18] Die Parabel von den zermahlenen Getreidekör-

11 GGB: S. XXXII; vgl. Stauffer, Ethelbert, Märtyrertheologie und Täuferbewegung, in: Ztschr. f. Kirchengeschichte, Dritte Folge, LII. Band, 1953, S. 560; wir fanden bei Stauffer für die folgenden Ausführungen ähnliche Betrachtungsprinzipien, a.a.O., S. 545-598

12 Stauffer, Ethelbert, a.a.O., S. 560

13 LdHB: S. 98ff.

14 LdHB: S. 237 ff.; weitere alttestamentl. Bezüge S. 365 ff.-Dan.3; 286 ff.-3.Mak.

15 LdHB: 770 ff. und 877 ff.

16 ibid.: S. 777

17 Peterson, E., a.a.O.: S. 187 f., 199

18 LdHB: S. 670, Str.5

nern und Weinbeeren wird wieder in Erinnerung gerufen, wenn das Leiden der Frommen verglichen wird mit der Gabe des gebrochenen Brotes, das ihnen zeigt, „daß sie seinem (Jesu) Tod ähnlich und gleichförmig werden müssen, sollen sie anders seiner Gnade teilhaftig und Erben Gottes werden."(Röm.8,16 f.)[19] Gott will „kein Unflat" in seinem Reich haben, darum will er, daß man auch hie Christo im leiden gleichförmig werden soll."[20] Die Identifikation mit Christus erfaßt in verschiedenen Schriften unterschiedliche Geltungsbereiche -Leben mit Christus stellt in der praktischen Ausführung etwas anderes dar als Leiden und Sterben mit Christus, wenngleich beides demselben Ziele dient-, und erreicht auch unterschiedliche Intensitätsstufen, aber an keiner Stelle wird die Einzigartigkeit des Kreuzesereignisses von Golgatha vergessen, an keiner Stelle der hutterischen Märtyrerliteratur wird eine Vertauschung von Ursache und Wirkung sichtbar: Die Heiligen sind nicht um Christi willen gestorben[21], sondern Christus starb um seiner Auserwählten willen. Er leidet in ihnen, denn sie sind der Christusleib, ihr leibliches Leiden ist immer nur Mit-Leiden. Er geht auf dem Wege voran, wird „Fürst, Hauptmann und Held"[22], „Herzog" der Märtyrerscharen[23], und er führt die Seinen den Weg, den er „durch sein Leiden und sein Sterben am Kreuz ... zur Seligkeit gebahnt und vorgangen" ist.[24] Damit eröffnen sich neue Aspekte des christlichen Leidens: der Sinnstiftung und der Wegführung. Wer vom Leiden betroffen wird, „denen eröffnet sich got Innwendig. Da wirt alsdann Got des menschen mechtig durch sein ergebung mit verlassung des eignen willens. Da kan got würcken im menschen, in zuberaiten durch seinen heiligen geist zu einem tempel in Christo."[25] Das Mittel der Läuterung und der Reinigung ist „trüebsal". Wer sich in ihr bewährt und treu erfunden wird, dem wird auch „die Chron des lebens" zuerkannt werden.[26] So erwächst in der totalen Identifikation mit dem Gottessohn letztlich die Fähigkeit des Leidenkönnens. Die Nachfolger werden erinnert, daß „wir müssen ja mitleiden wollen."[27] Im Leiden-Wollen, also in der bewußten Übernahme des Leidens „erkennen wir, daß wir Gottes Kinder sein und Er unser Vater ist. Und daß wir seind Miterben seiner Herrlichkeit ... Darum leiden wir

---

[19] RR: S. 90

[20] Müller, Lydia, a.a.O.: S. 227; Stadler: Eingang ins Christentum

[21] Vgl. dazu die gegensätzliche Aussage in: Ausbund das ist: etliche schöne Christliche Lieder, ... 13.Aufl., Lancaster County, Pa.,1981, S. 26, Str. 34

[22] LdHB: S. 90

[23] ibid.: S. 106

[24] GGB: S. XXXII

[25] Müller, Lydia, a.a.O.: S. 235 f.

[26] ibid.

[27] DHE: Vol. I, S. 107 f.

solches gern und mit großer Geduld ..."[28] In einem Lied von Georg Grünwald von 1530 stellt sich die Relation zwischen zeitlichem Leid und ewiger Freude so dar:

Ihr aber werd nach dieser Zeit / Mit Christo haben ewig Freud,
Dahin sollt ihr gedenken.
Kein Zungen das aussprechen kann, / Die Glori und den ewigen Lohn,
Den euch der Herr wird schenken.[29]

Leiden in der Nachfolge Christi wird zum exklusiven Erziehungsmittel im Rahmen der göttlichen Heilspädagogik, und es trägt die Verheißung seines Lohnes in sich. Es wäre allerdings eine unzulässige Verkürzung der hutterischen Martyrologie, wollte man dem Lohngedanken den Stellenwert einer allein verursachenden Kraft für die Bereitschaft der Leidensübernahme zuerkennen. Es ist vielmehr die Gewißheit, daß Gottes Gerechtigkeit durch sein Gericht an den Tätern einen Ausgleich aller erlittenen Trübsale herbeiführen wird. Das GGB bringt diese Überzeugung klar zum Ausdruck: „Aber Weh, Weh denen, die unschuldigs Blut vergießen; denn Gott sagt durch seinen Propheten, wann Er alle Sünd nachließe, so wölle Er doch das unschuldig Blut seiner Heiligen nicht ungerochen lassen, sonder erschrecklich heimsuchen und mit ewiger Pein strafen, da sie alsdann wohl sehen werden, in wen sie gestochen haben."[30] Die Märtyrer partizipieren nicht nur am Leiden Christi um ihrer selbst willen, sie erfüllen es auch um der Welt willen. Der Gedanke Pauli, daß das Mitleiden am Leibe Christi eine notwendige Weiterführung des Erlösungswerkes Christi in der Welt und für die Welt sei, stellt den Märtyrer verantwortlich in die endzeitliche Auseinandersetzung zwischen Gottesreich und Teufelsreich. In seiner Zuspitzung wird das Leiden, das durch die geknechtete Schöpfung geht (Röm.8,19), „universal, weil es ein Leiden mit dem Leiden Christi ist, der in diesen Kosmos eingegangen ist..."[31] Dieses universelle Leidensschicksal der Schöpfung macht das erwähnte Lied deutlich:

„All Kreatur bezeugen das, / Was lebt in Wasser, Luft und Gras,
Durch Leiden muß es enden.
Wer dann in Gottes Nam nicht will, / Der muß zuletzt in Teufels Ziel
Mit schwerem Gewissen enden."[32]

So steht der Tod des Märtyrers letztlich als ein öffentliches Zeugnis zwischen Golgatha und dem eschatologischen Ende der Welt[33], und er verliert jeglichen privaten

---

28 GGB: S. 111; Fischer, Hans-Georg: Jakob Huter- sein Leben und Wirken- ..., Wien 1949, (Briefanhang VIII/1)

29 LdHB: S: 48, Str. 15 (1. Str.: Kommt her zu mir spricht Gottes Sohn ...)

30 GGB:S. 536

31 Peterson, E., a.a.O.: S. 187 f.

32 LdHB: S. 47, Str. 5

33 Moltmann, Jürgen, a.a.O.: S. 59

Heilscharakter. In dieser Heiligung um des Nächsten willen, erfüllt sich Selbstentwirklichung und Gleichförmigkeit mit Christus; denn Jesus starb um fremder Schuld willen.[34] Denn das ist die logische Weiterführung der Leidensteilhabe: In der Identifikation mit dem Christus und in der Partizipation an der Gliedschaft seines Leibes (Eph.5,30) realisiert der Märtyrer das Leiden Christi für die Welt, wird Leiden in der Kontinuität seit Golgatha eschatologisches Erlösungsleiden. Damit gewinnt auch die persönliche Heiligung eine neue Qualität (Joh.17,18ff.). Das individualistische Mißverständnis von Heiligung wird zugunsten kollektiver Wirkungsmächtigkeit ausgeschlossen(1.Kor.7,14). So erschließt sich das Hutterwort, daß den Gläubigen auf dieser Erde nichts anderes zugesagt sei als Leiden, Verfolgung, Marter in seiner vollen, sinnstiftenden Bedeutung. Leiden ist nun nicht mehr Gottes Liebe in Frage stellendes, tödliches Verhängnis, es ist vielmehr Zeichen liebender Erwählung - Hutter sagt: „Gott, der uns würdig gemacht hat zu leiden …“-, und der Teilhabe an der Vollendung des Heilsgeschehens. Es ist in hutterischer Deutung „Weg der Vollendung“.

Zusammenfassung:

1. Die hutterische Literatur spricht in vielfältiger Form vom Leiden der Märtyrer. Dabei versteht sich die Hutterische Kirche als das endzeitliche Gottesvolk, das in der Sukzession des Leidens steht, das von Anbeginn der Menschheitsgeschichte den frommen Kindern Gottes zugedacht ist.

2. Leiden ist Teilhabe am Leiden Christi. Es ist exklusives Erziehungsmittel zur Heiligung der auserwählten Kinder Gottes. Wir bestimmen Heiligung in diesem Zusammenhang als ein auf die Vollendung des Menschen ausgerichtetes Entwicklungsgeschehen, an dessen Ende der qualitative Umschlag der auf Christus hin erfolgten Entwicklung in die Selbstentwirklichung der Theosis erfolgt.

3. Der Märtyrer ist auf diesem Wege der Wirklichkeit seines Selbstseins insofern schon entzogen, als seine Teilhabe am Leiden des Leibes Christi als eschatologisches Ereignis erfahren wird und durch diese Teilhabe eine universale Bedeutung erhält, in der dem Märtyrer eine Zeugnisfunktion für den endlichen Sieg Christi über die Mächte der Finsternis und für seine—des Märtyrers—Partizipation an der Herrlichkeit Gottes zukommt.

---

[34] ibid.: S. 576

4.2 DER AUSSENDUNGSGOTTESDIENST

Die hutterische Mission: Mehrfach wurde auf die intensiven Missionsbemühungen der Hutterischen Kirche während des gesamten 16. Jahrhunderts hingewiesen, auf die Versuche, Menschen aus der Welt herauszurufen und sie den mährischen Gemeinden zuzuführen. Wir erwähnten auch die Konsequenzen, die aus dieser missionarischen Gesamtstrategie erwachsen mußten: Die hutterischen Missionare hatten diese Konsequenzen, wo immer sie auftraten, sehr konkret zu tragen. Darum brachten wir auch die Leidensthematik bereits in verschiedenen Ansätzen zur Sprache; denn eine große Zahl der hutterischen Missionare hatte ihren mutigen Einsatz als Sendboten des Evangeliums mit dem Erleiden schärfster Repressalien, Folter, Gefängnis, Tod zu bezahlen. Da aber Gehorsam stets zu den Grundtugenden der Täufer gehörte, versuchten insbesondere die Hutterer den Befehl Jesu(Mt.28,19f.), alle Völker zu lehren und sie zu taufen, immer wieder neu in die Tat umzusetzen. Dieser Dienst stellte hohe Anforderungen an die persönliche Qualifikation des Einzelnen. Nicht jeder konnte ihn tun, er konnte nur solchen Männern übertragen werden, die sich in der Gemeinde als Kenner der Bibel und in ihrem Gehorsam gegen Gottes Wort, in ihrer Glaubensgewißheit, ihrer Standhaftigkeit und Charakterfestigkeit, ihrer Dienstbereitschaft für die Gemeinde und in ihrer täglichen Arbeit immer wieder bewährt hatten. Sie konnten als qualifiziert gelten, als Diener am Wort dieses Wort unter erschwerten Bedingungen in die Welt hinauszutragen. Insofern waren sie zwar den Dienern am Wort gleichgestellt, aber als Apostel, die den gefährlichen und schwierigen Dienst in der Welt zu tun hatten, in ihrer Bedeutung und der Bewertung ihres Dienstes in der Rangleiter der Ämter in der Gemeinde höher einzuordnen. Sie mußten die Gemeinde und ihre Ordnungen bis in die letzten Gegebenheiten kennen und anerkennen. Sie waren gefordert, in psychologisch richtiger Einschätzung der zu missionierenden Personen ein realistisches Bild der Gemeinden in Mähren zu zeichnen und zugleich die Hinwendung zu ihnen um des Glaubens willen als erstrebenswertes Ziel erscheinen zu lassen. In der Ordnung, was „mit den Brüdern wo ins Land ziehen zu reden" sei, werden die Missionare davor gewarnt, irgendwelche Illusionen bezüglich der Lebensbedingungen in den Bruderhöfen zu wecken. „Daß sie den Leuten nicht allein Völle, guten Tagen und friedlicher Zeit predigen"[1], sondern ihnen die Grundbedingungen der Gütergemeinschaft erklären, was letztlich bedeutet, daß niemand privaten Geldbesitz haben kann, „daß sie auch ihnen selbst und ihren Weibern oder Freunden nicht Macht haben, ohne Rat dieses oder jenes zu kaufen, es sei Kleidung, Geschenk oder Werkzeug"[2], daß er sich nicht sein Handwerk oder seinen Arbeitsplatz nach Belieben aussuchen kann. Der Erfolg der Mission war trotz dieser offensichtlichen Beschränkungen beachtlich. Die hutterische Predigt zeigte Tausenden von Menschen neue Lebensmöglichkeiten und ermunterte sie, den Weg dieser neuen Möglichkeiten zu gehen. Es

---

1   Cod.III -198, Estergom von 1640, fol. 5-7; vgl. Peter, Karl und Franziska (Hg.): Der Gemein Ordnungen (1651-1873), … Reardan/Wash. 1980, S. 11

2   ibid.; Peter: a.a..O., S. 12

war zudem ein Weg zum ewigen Leben. Das Streben nach privatem Reichtum und Wohlstand wurde in den Wunsch umgewandelt, ein Leben totaler Hingabe an den Willen Gottes und völliger Teilhabe an der Gemeinschaft der Heiligen zu führen. Daß auch begüterte Bauern ihre Höfe verließen, um sich den Hutterern anzuschließen, war für viele Menschen gleichermaßen wie für die Obrigkeiten unverständlich. Aber für viele war der Weg nach Mähren auch eine Möglichkeit, aus materieller Armut herauszukommen.[3]

Die Botschaft: Alle hutterischen Missionare verkündeten dieselbe Botschaft. Sie beruhte auf der Rechenschaft, die, von Peter Ridemann verfaßt, 1540 und 1565 in zweiter Auflage gedruckt wurde. Die wachsende missionarische Erfahrung und die vielfältige Auswertung der Berichte von Missionaren, die mit staatlichen und kirchlichen Autoritäten in Konflikt geraten waren, führten zudem zu einer Verfeinerung der Missionspredigt. Es wurden spezielle Richtlinien und Anweisungen darüber zusammengestellt, „Wie man mit den ungläubigen Menschen und Völkern (sprechen soll), sie von ihrem Irrtum abzuweisen, und ihnen ihre falschen Hoffnungen abschlagen soll, damit man sie zu einer wahren Buße bringen möchte."[4] Das Dokument beginnt, wie die Mehrzahl hutterischer Schriften mit einer Situationsanalyse des Menschen und dem Angebot der Erlösung. Adam und Christus sind die beiden Pole, die Verlorenheit und Errettung für den Menschen repräsentieren. Weil die Welt die Botschaft Gottes nicht akzeptiert, sondern statt dessen Gottes Boten verfolgt, stehen die wahren Jünger Christi im Konflikt mit der Welt. Obgleich die Welt behauptet, christlich zu sein, beweist sie doch durch ihre Handlungen das Gegenteil. Gott wird deshalb zum richtigen Zeitpunkte sein Strafgericht über alle bösen Menschen kommen lassen. Dann wird die Gottlosigkeit der weltlichen Obrigkeiten erörtert. Seit sich Staat und Kirche verbündet haben, bleibt die wahre Natur des Christentums und seines Friedensweges verborgen, ja, es ist sogar so, daß die falschen Propheten der Obrigkeitskirchen die weltlichen Machthaber durch die Verkehrung der christlichen Wahrheit dazu ermutigen, ihre rechtmäßigen Grenzen zu überschreiten. Dann werden die Menschen aufgerufen, den Weg des Christenlebens zu betreten. Die Welt hat die Vorschriften der Bibel ihres ursprünglichen Sinnes beraubt, das zeigt sich ebenso beim Herrenmahl wie in der Kindertaufe. Wer mit einem unbußfertigen Sünder gemeinsam zum Tische des Herrn geht, der zeigt, daß er nicht zu Gottes heiliger Gemeinde gehört. Wer andererseits die wahre christliche Taufe annimmt und damit seine Kindertaufe für ungültig erklärt, der entzieht sich weitestgehend der Macht des Teufels; denn der „weiß, daß, wenn eine Person sich erlaubt, auf christliche Art getauft zu werden, dann widerruft sie völlig den Dienst für den Teufel."[5] Zusammenfassend kann man sagen, daß die Hutterer davon überzeugt waren, daß die Welt es nicht dulden würde, durch das Wort Gottes Menschen zur Umkehr in ein neues Leben zu führen. Darum

---

3   Clasen, Claus-Peter: Die Wiedertäufer im Herzogtum Württemberg ..., Stuttgart 1965, S. 180-186

4   Cod.III-107, Alba Julia, von 1615

5   ibid, fol. 57 r

mußte der Christ versuchen, sich durch die Welt und ihre Feindschaft nicht überwinden zu lassen. Die Schrift schließt mit einem Appell. Er richtet sich an jene, die in der Welt leben. Sie sollen begreifen, daß ihr Leben in einem klaren Gegensatz zu dem der Frommen steht. Sie können für sich nicht in Anspruch nehmen, was Gott seinen Kindern verheißen hat. In der Welt wünscht man sich zwar der Barmherzigkeit Gottes zu bedienen, um alle Sünde und Schuld zuzudecken, jedoch ohne die Frage zu stellen, wem er eigentlich gnädig sein *will*; denn Sünde verdient nur den Tod, nicht das Erbarmen Gottes. Darum gilt Gottes Gnadenangebot nicht denen, die von ihren Sünden nicht ablassen wollen. Es gilt, Christus nachzufolgen, der gesagt hat: „Wo ich bin, da sollen meine Diener auch sein."(Joh.12,26) Wer Christi Leben der Güte lebt, wird ewiges Leben ererben, wer aber ein Leben der Sünde führt, wird ewige Verdammnis erfahren. Doch diese Gegenüberstellung beinhaltet nicht den Gedanken der Selbsterlösung durch gute Werke, sondern Erlösung ruht allein in der sühnenden Kraft des Opfers Jesu. Dennoch sollten die Jünger auch gute Werke tun, weil Jesus das Vorbild dafür gegeben hat. Sie sollten tun, wie er tat, und sein Wort halten, indem sie einander lieben und damit ein Zeichen ihrer Jüngerschaft geben. Während für den Christen, wenn sein Leben durch den Tod hindurch mit Christus in Gott verborgen ist, am Ende der Sieg steht, wird für den Gottlosen die Qual der Hölle einzige Belohnung sein.[6] Der Christ kann die Wahrheit dieser Botschaft von der Barmherzigkeit Gottes durch die Demonstration eines verwandelten Lebens bekräftigen.

Das Ritual der Aussendung[7]*:* Jedes Jahr, wenn die Zeit der Missionseinsätze gekommen war, gab es für einen oder für mehrere Missionare einen speziellen Aussendungsgottesdienst, den die Gemeinde gestaltete. Das war eine feierliche Angelegenheit, die angesichts der Gefahren, die mit jeder Reise verbunden waren, eine besondere Bedeutung erhielt. Das Ritual der Aussendung ist überschrieben: „Urlaub nehmen / wenn Brüder / ins Land ziehen: wie die Brüder des Wortes, so in die Länder ziehen, vor der Gemeine Urlaub nehmen.—Tut man ihnen eine tröstlich Red: Antwort eines Bruders, der daheim bleibt, an die ausziehenden Brüder."[8] Bei diesem Gottesdienst wurde ein Lied gesungen, das Wolkan zuerst abgedruckt hat[9] und das uns das ganze sich als gebetsträchtige Litanei entwickelnde Ritual erkennen läßt, in dem die Missionare im Dialog mit der Gemeinde Gott feierlich für den Auftrag dankten, der ihnen auferlegt worden war. Wir wollen eine kurze Zusammenfassung dessen versuchen, was sowohl für die Gemeinden als auch für Missionare vielleicht eine unwiederholbare Erfahrung darstellte. Zuerst wird die Aufmerksamkeit auf den ursprünglichen

---

6 ibid., fol.81 v- 94 v

7 Der Codex, der das Aussendungsritual beschreibt, ist der Codex Walch, Cod.III-139, Estergom, von 1628; vgl. auch Loserth, J., Der Communismus der Mährischen Wiedertäufer, in: Archiv f.. Österr. Gesch., Bd.81, 1894, S. 228 ff.

8 Cod.III-139, fol.26 und 27

9 Wolkan, Rudolf, Die Lieder der Wiedertäufer, Osnabrück 1983, S. 206-209; LdHB: S. 650 ff.

Auftrag gelenkt. Gott hat durch das Kommen Christi all denen sein Heil gewährt, die seinen Rat annehmen und seinen Lehren folgen. Darum, wie der Vater den Sohn sandte, so sendet Christus seine Jünger, das Evangelium zu verkünden (Str.1-3). Er sendet auch in der Gegenwart noch seine Boten aus, um den Menschen zu sagen, daß jederman ohne Ausnahme vor Gott erscheinen muß, um Rechenschaft für seine Taten zu geben. Darum gilt es, unnützes Geschwätz zu vermeiden, von Sünden abzustehen, umzukehren und in die Erlösung einzutreten (Str.4-7). Dann folgt eine Erinnerung an die Wirklichkeit göttlicher Strafen. Wann immer Gott die Völker strafen wollte, hat er sie jedesmal zuvor gewarnt und über seinen Willen belehrt. Wo sie sich nicht bekehrten, hat er sein Strafgericht vollzogen. Aber seine Boten sagen den Menschen immer noch, wie sie sich ändern können und „einig werden mit seiner G'mein." Weil die Zeit „nahet sich gen Ende", sollen die Frommen bereit sein, die Auserwählten Gottes seinem Befehl gemäß zu sammeln(Str.8-10). Die Aufmerksamkeit gilt jetzt den Missionaren selber. Sie müssen als Gottes erwählte Sendboten in das „Elend hie auf Erd" ziehen, doch seien sie auch dazu vorgesehen, für Gott und seine Gemeinde edlen Samen auszustreuen und Früchte einzusammeln (Str.11-12). An dieser Stelle antworten die Missionare der versammelten Gemeinde. Sie bestätigen ihre Berufung und bitten die Gemeinde, sie mit ihrer Fürbitte treu zu begleiten, damit Gott ihnen mit seinem Geiste beistehen und sie vor Leid behüten möge. Sie nehmen dann Urlaub von der Gemeinde, umfangen alle Geschwister in der Liebe Christi „mit dem Arm des Herzens" und segnen die Zurückbleibenden in dem Wissen, daß ihr Weg nach dem Willen Gottes ein Weg ohne Rückkehr sein könnte(Str.13-15). Sie segnen dann die ganze Gemeinde, das „Haus des Herrn", beten für sie, daß sie ihrerseits treu bleiben mögen im Blick auf die Ewigkeit, und sie drücken die Hoffnung aus, „daß wir nach diesem Leid mit Freuden einander schauen bis in die Ewigkeit." Das wird „im Reich ewiger Freuden" sein, wo Gott allen Getreuen den Lohn ihrer Treue geben wird; denn von dem Reich des ewigen Friedens, das die Erlösten erwarten, kann sie niemand trennen, und niemand kann ihnen, wenn sie standhaft bleiben, die ewige Krone rauben. Sie beten danach um die Möglichkeit, dieses Ziel erreichen zu können: „O Gott, hilf uns das Ziel erlangen durch Christum, dein lieben Sohn."(Str.16-19) Mit einem Amen fügen sie bekräftigend hinzu: Mögen die Ereignisse sich entwickeln, wie es Gott gefällt, er möge es geben,"daß wir in diesem Leben ihm möchten sein ein Ehr' und Ruhm, ein Trost aller Kindlein sein, der ganzen heiligen G'mein", sie sei Gott von Herzen anbefohlen (Str.20). Dann antwortet wieder die Gemeinde. Sie bestätigt das Treuebekenntnis der Sendboten und bittet Gott, er möge seine Boten leiten und führen, er möge ihnen Wachstum und Frucht geben, sie wie das Manna segnen, „daß euer viel werden", die Gott in Ewigkeit loben (Str.21). Es folgt ein letztes Gebet, von einem Missionar gesprochen, er befiehlt die Aufgabe, sich selber und seine Weggefährten dem Schutz des Herrn, daß er sie möge „heimholen aus dieser Gefährlichkeit", daß er ihnen helfen möge, in rechter Art den Jordan zu durchwaten (Str.22), und sie bitten ihn: „Sei mit uns auf der Fahrt. Wie uns dein Wort tut sagen und wir haben erkannt, daß du bei uns all Tage willst sein bis an das End."

322

Ein Lobpreis des heiligen Gottesnamens durch Jesum Christum beschließt das Wechselgespräch zwischen Gemeinde und Missionaren (Str.23). Das Ritual enthält weitere Dialogelemente, die das gemeindepädagogische Konzept betreffen. Als methodisches Mittel wird auch hier die Paränese eingesetzt; denn es geht fast immer darum, mittels Belehrung und Ermahnung Veränderungen zu bewirken. Ein Missionar tritt während der Feier vor die Gemeinde, nennt sich selber „viel zu gering und ungeschickt" zu dem Werke, zu dem man ihn bestimmt habe. Er aber wolle gehorsam sein und der Gemeinde dienen, wiewohl es ihm nun dem Fleische nach hart und sauer ankomme. Dann ermahnt er die Versammlung, allen Neuankömmlingen, die, sofern Gott ihnen, den Sendboten, Gnade verleihe, Menschenherzen zu erwecken, „Haus und Hof, Vater und Mutter, Weib und Kind verlassen, um zur Gemeinde zu gelangen, ... durch das lebendige Beispiel (zu) beweisen, dass das Leben der Brüder völlig ihrer Lehre entspricht. Nehmet denn solche Leute mit Freuden auf, habt Geduld mit ihnen, seid bescheiden und gelassen; fahrt sie, falls sie ihre Arbeiten nicht sogleich verstehen, nicht hart an, etwa mit den Worten: O du grober Schweizer, du spitzfindiger Rheinströmer, du zorniger Hesse; seid vielmehr demütig gegen Jedermann und bedenkt, wie wohl es Euch war, wenn sich am Anfang Eures Wirkens Jemand Euer mit Gutthat und Freudigkeit annahm. Wie würde es Euer Gewissen drücken, wenn etwa Jemand um Eurer Grobheit willen die Gemeinde verlassen würde. Den Fremdlingen ist ja am Anfange Alles ungewohnt: die Sprache, die Arbeit, selbst das Essen und Trinken."[10] Schließlich werden die Jugendlichen ermahnt, den Alten zu folgen, Straf' und Anred' dankbar anzunehmen, Auch die Alten werden in die Belehrungen einbezogen, die Fürsorge für die Witwen, Waisen und Hilfsbedürftigen wird in Erinnerung gerufen. Er fordert die ganze Gemeinde auf, niemals ihr Vertrauen in die Ältesten schwächen zu lassen. Endlich bittet der Redner alle die um Vergebung, denen er persönlich Beleidigung oder Unrecht zugefügt haben könnte, und er dankt der Gemeinde für alle Liebe, die sie ihm von der Zeit seiner Jugend an erzeigt hat. Die ganze Zeremonie fand ihren Abschluß darin, daß die Gemeinde, apostolischem Brauche folgend, die Missionare zu den Grenzen der Siedlung brachte.[11] Dort, nachdem man die Davonziehenden noch einmal gesegnet hatte, wurde das Abschiednehmen Wirklichkeit. Es führte zu gewisser Bedrängnis, zu wahrscheinlicher Verfolgung, zu möglichem Tod. Wir können in diesem Ritual unterschiedliche Tendenzen erkennen. Wieder begegnet uns eine Ursprungssituation des Glaubens. Da werden Menschen zu radikaler Nachfolge aufgerufen, wie Jesus rief (Mt.10,37;Lk.14,26); sie verlassen, was sie ihr eigen nennen, geben persönlichste Beziehungen zu Eltern, Kindern oder zu Ehepartnern auf, verlassen vertraute Umgebungen, Heimatland, um in eine ungewisse Fremde zu ziehen (Gen.12,1). Sie bringen nur ihre Eigenarten, ihre Sprache, ihre Erinnerungen, ihre beruflichen Kenntnisse und Fertigkeiten mit, Dinge, die in der neuen Verbindung der Gemeinde sich oftmals als unnützer Ballast erwei-

---

10 Loserth, J.: a.a.O., S. 228 f.

11 ibid.

sen. Sie müssen lernen, ihr Leben auf neue Gegebenheiten einzustellen, ihren Willen fremdem Willen unterzuordnen. In dieser kritischen Situation wird die Gemeinde in ihre erzieherische Verantwortung gerufen, ihre Führungsbefähigung ist gefragt, ihre Einfühlsamkeit, ihre Verständnisbereitschaft, ihre Liebesfähigkeit auch dem gegenüber, der vielleicht nicht liebenswert ist. Das alles spricht der Missionar an; denn es kann nicht sein, daß Früchte, die Gott schenkt, die aber auch durch persönliche Opfer erkauft werden, durch Lieblosigkeit, Ungeduld und Überheblichkeit der Gemeinde und dem Reiche Gottes verlorengehen. Die Gemeinde ist also immer wieder gefordert, neu Selbstdisziplin zu üben und im Gehorsam gegen Gottes Wort Theorie und Wirklichkeit zu einer gelebten Einheit zusammenzuführen. Sie muß in der Einheit des Leibes Christi das angefangene Werk fortsetzen und zum guten Ziele führen. Eine andere Tendenz deutet auf die Möglichkeit des Leidens und Sterbens hin, die den Missionaren widerfahren könnte. So ist der Abschied verbunden mit einer Bitte um Vergebung, wie das beim Abendmahl geschieht. Schuld und Vorbehalte müssen ausgeräumt sein, wenn ein Mensch sich auf einen möglichen letzten Weg begibt. Die verschiedenen Ermahnungen entsprechen den letztwilligen Verfügungen eines Menschen, der seine Hinterlassenschaften geordnet haben möchte. Die Missionare demonstrieren auf diese Weise Gehorsamsbereitschaft und den Willen, durch Leiden zur Vollkommenheit zu gelangen und völlig am Auferstehungsleib des Christus teilzuhaben. Sie geben ein Vorbild, dem viele folgen werden. Hans Arbeiter[12], der 1568 im Bistum Speyer gefangen genommen wurde, antwortet auf die Frage, ob er ein Apostel sei, dies Amt sei ihm von der Gemeinde befohlen worden, auch anderen den Weg des Heils zu zeigen, und Klaus Felbinger[13], ein anderer hutterischer Sendbote, bekennt: „Wir ziehen nicht allein in dieses Land, sondern in alle Länder, soweit unsere Sprache reichen mag. Wo Gott uns eine Thür authut, eifrige Herzen zeigt, da ziehen wir hin. Und dazu haben wir göttliche Ursach: Himmel und Erde ist des Herrn, dazu alle Menschen. Wir haben uns ganz Gott ergeben und aufgeopfert, wohin er uns schickt, dahin ziehen wir, unangesehen, was wir darunter leiden müssen."[14] Das waren nicht nur Lippenbekenntnisse, er wurde 1560 zusammen mit seinem Bruder Hans Leutner in Landshut hingerichtet. In der Chronik heißt es dazu: „Nach dem allen sind sie von den Pilatus kinderen zum todt verurtailet / Vnnd dem Brueder Clausen die Zung verbunden / das er auff dem Platz nitt zum volckh reden künndte / Doch ward Ime Zu letzt die Zung souil entlöst / das sie Zwen Brueder dennochh miteinandern reden kundten. Der Brueder Hannß Leütner / da er am ersten dem Hencker vnd das Schwert hingieng / sprach er zum Clausen / Nun Brueder Clauß / wenn du dich ab meinem todt entsetzen solst / so gee du am ersten her / so will ich Zuletzt warten. Der Brueder Clauß aber sprach / O Nit O Nit / Ich entsetz mich nit. Also gabe der Hannß sein halß dar / vnd der Clauß schawet zu vnentsetzt mit gueter

---

12 ÄC.: S. 426-29; ME I: S. 145

13 ÄC.: S. 400 ff. ; ME II: S. 320 f.

14 Loserth, J.: a.a.O., S. 228

schöner farb / Wers nit gwisst / het gemaint / es gieng In nicht an / Darnach trat auch er dar / knieet nider / vnd gab sein haupt her / vmb des glaubens vnd götlicher warhait willen / die sie mannlich mit Irem bluet bezeugten."[15] Die Tatsache, daß man Klaus Felbinger auf dem Wege zur Richtstätte den Mund zuband, zeugt von dem ungebrochenen Mut des Märtyrers und von den Befürchtungen der Behörden, er könne noch in letzter Minute durch sein Glaubenszeugnis auf Beobachter der Hinrichtung Einfluß nehmen. Der letzte Dialog der beiden Todeskandidaten nimmt dann nahezu groteske Züge an, wenn angesichts des unmittelbar bevorstehenden Todes, der eine Verurteilte in seiner Sorge um den Weggefährten die Wirklichkeit, in der sich beide befinden, so weit vergißt, daß er diesem das Entsetzen, das beim Anblick seiner eigenen Hinrichtung und des Blutvergießens entstehen könnte, ersparen möchte. Wir meinen, daß sich hier etwas von dem Verlassen der Eigenwirklichkeit (Binnenwirklichkeit) und dem Eintreten in die Wirklichkeit Gottes (Außenwirklichkeit) abzeichnet. Amtliche Berichte sprechen davon, daß die hutterischen Missionare freudig in den Tod gingen, sie waren von einer großen Leidensleidenschaft durchdrungen. Das Aussendungsritual gehörte gewiß zu den „Gipfelerfahrungen"(Maslow) des Gemeindelebens, das sind außergewöhnliche, das normale Glücksempfinden übersteigende Erfahrungen, die für das Leben eines Menschen oftmals von grundsätzlicher und Zukunft bestimmender Bedeutung sind, in gewissem Sinne den Erfahrungen in Grenzsituationen gleichkommen. Es wurde nur noch übertroffen, von der Heimkehr eines Missionars. Er wurde empfangen, „als ob er der Herr selber wäre". In dieser kleinen Bemerkung spiegelt sich die ganze Größe der Situation in ihrer Wirkung auf alle Beteiligten! Sein Erfolg wurde gelobt, Berichte von anderen Missionaren entgegengenommen, Briefe wurden ausgehändigt, Grüße wurden überbracht, Berichte angefertigt, einige von ihnen fanden ihren Weg in die hutterische Chronik.[16] An gefangene Missionare wurden Briefe gesandt, in denen vom Erfolg der Mission und von der geglückten Rückkehr des Bruders zur Gemeinde berichtet wurde, den Gefangenen zum Trost und zur Ermunterung.

4.3 Das Ritual der Selbstentwirklichung [17]

Die Märtyrerlieder: Singen soll nicht um seiner selbst willen, sondern um der Ehre Gottes willen geschehen „und dem Menschen nutzlich sein", Lieder sollen „Menschen zur Gottseligkeit reizen und bewegen." Das ist jedenfalls die Intention, die

---

[15] ÄC.: S. 402

[16] Cod.III-139, fol. 131r—132 v; Loserth, J.: a.a.O., S. 230

[17] Waldenfels, Bernhard: Der geistesgeschichtliche Hintergrund: Vom Ich zum Wir, in: Heitmann, Claus / Mühlen, Heribert (Hg.): Erfahrung und Theologie des Heiligen Geistes, Kösel 1974, S. 162: Hier wird der Weg der *Ent*wicklung als Gegensatz zur *Ver*wicklung negativ beschrieben als eine Entwicklung in die Isolation.

Ridemann dem hutterischen Gemeindegesang gegeben hat. Neben dem Lob Gottes steht gleichwertig die Erziehung des Menschen. Der Gemeindegesang stellte sich als ein Erziehungsmittel von besonderer Wirksamkeit dar. Wenn wir jetzt noch einmal auf die Gattung der Märtyrerlieder zurückgreifen, dann findet das seine Begründung in der thematischen Gestaltung der Lebensvollendung, die sich unter täuferischem Blickwinkel in der Partizipation am Leiden Christi für die Welt verwirklicht, und in seiner Vorbildwirkung für die Gemeinde und den einzelnen Gläubigen. In diesem Zusammenhang ist es nicht erforderlich, auf den „Aufbau, die Erzählelemente und ihre Darstellungsweise"[18] einzugehen, sie wiederholen sich strukturell in der Mehrzahl der Lieder dieser Gattung, auch nicht dem pauschalierenden Hinweis zu folgen, daß „in fast allen primären Märtyrerliedern der Hutterer ... am Schluß meist längere, explizite Aufforderungen der Autoren an die Zuhörer vorhanden (sind), dem im Lied gefeierten Glaubenszeugen im Hinblick auf seine christlichen Tugenden und seinen Einsatz für das hutterische Bekenntnis nicht nachzustehen."[19] In fast allen Huttererliedern, nicht nur in den Märtyrerliedern, ist die erzieherische Tendenz unübersehbar. Deshalb soll versucht werden, an einem Einzelfall die Vorstellung von der Selbstentwirklichung als dem Lebensziel eines Christen darzustellen und dabei die erziehungsrelevanten Aspekte des Geschehens zu erfassen. Die erzieherische Absicht der Lieder wurde schon zeitig erkannt, und gegen diese Absicht richtete sich der Zorn verschiedener Kritiker der Hutterer. Über ein Lied, das den Tod Andreas Pürchners besingt, er wurde 1584 in Schlanders hingerichtet, sagt ein Geistlicher aus Tirol: „Es ist mir verschiner zeit ein Lidlein zukommen, so die Maeherischen Widertauffer, die sie Huetterische Brueder nennen, sollen (wie es dann jhr Stylus) gemacht haben, in welchem sie meldung tun, jres losen, faulen, vnd von jhnen außgesandten Fischers, mit Namen Andree Buchner, seines Handtwercks ein Ziegler, der muß jhr Fürstl. Durchl.etc. Ertzhertzogen Ferdinandi etc. vnsers genedigsten Landtsfuersten und Herrn, Landen, sonderlichen dero Fuerstlichen Grafschafft Tyrol vil Menschen, Leut vnd Vnderthanen, rauberischer, stiller vnd haimischer weiß, zuuerfuehren vnnd in Maehern zubringen, sich vermessener that etlich mal vnderstanden, wie schon zuuor, auch von jhme albereit, laut seiner vergicht, außsag vnd bekanntnuß beschehen. Weiln nun gedachter Andree Buchner nach Keyserlichen vnnd Fuerstlichen Befelch vnnd Mandaten, wie dann auff solche auffrhuerische, dückische Perssonen gehoert, gestrafft vnd in Vintschgau, hochgemelter Fürstl. Grafschafft Tyrol vom Leben zum Todt ist gericht worden: wolten, wie ich auß dem liderlichen, erstunckenem vnd erdichten Lied vernimb, die Huetterischen Tauffer jn gern für einen Martyrer auffwerffen, ... dann deßwegen sie das Lugenlied hierauff geschickt vnd dasselbig im Land abermals außzubraitten vnderstanden."[20] Pürchner, der hier Buchner genannt wird, gehört zu einer Tiroler Täuferfamilie, deren Mitglieder mehrfach öffentlich in

---

18 Lieseberg, Ursula, a.a.O.: S. 4

19 ibid.: S. 201

20 Zit. n. Wolkan, Rudolf: a.a.O., S. 11

Erscheinung getreten sind. Er wird beschuldigt, als Fluchthelfer fungiert zu haben und erleidet dafür den Tod. Das Lied, das ein hutterischer Autor zum Lobe Gottes, zu Pürchners Gedächtnis und zur Beherzigung durch die Gläubigen gemacht hat, wird als liederlich, erstunken und erdichtet bezeichnet, als ein Lügenlied, dessen Ausbreitung im Lande das Mißfallen der Geistlichkeit erregt. Der Grund für diese Bewertung liegt auf der Hand: Die hutterischen Märtyrerlieder, oft mit populären Weisen unterlegt, wirkten nicht nur erzieherisch in der Gemeinde, sie wirkten auch propagandistisch nach außen. Eine Liedstrophe stellt der Gemeinde den Märtyrer ganz direkt als nachahmenswertes Vorbild vor Augen. Damit wollen wir dann zugleich überleiten zu einem Liedbeispiel, dessen Inhalt mehrfach bekundet ist und an dem wir die Prägnanz des erziehungsrelevanten Inhaltes exemplifizieren wollen.

> *„Ihr Auserwählten insgemein, / Laßt euch das geh'n zu Herzen,*
> *Laßt's euch allzeit ein Vorbild sein, / Dann es ist g'wiß kein Scherze.*
> *Gott stellt uns solche Helden für / Zum Exempel, auf daß auch wir*
> *Ursach' dabei tun nehmen / Der Reinigkeit und auch Steifheit,*
> *Festzuhalten an der Wahrheit, / Dieselb' auch zu bekennen."*[21]

Die Pürchnerlieder: Zwei Lieder aus dem Gesangbuch der Hutterischen Brüder, die auf den Seiten 436 bis 446 abgedruckt sind, dienen diesem Zweck. Die Verfasser sind Siegmund Hassauer und Klaus Felbinger. Das erste Lied ist überschrieben: „Das 1. Lied. Von Hans Pürchner, den man um götlicher Wahrheit willen zu Kortsch, in Schlanders, gericht hat. Von Siegmund Hassauer gemacht."[22]

Wir begeben uns zunächst auf die *Textebene.* Die vierundvierzig Strophen des Liedes weisen folgende Gliederung auf:

1. Prolog (Str. 1-12): Die Wirkung von Vorbild und Nachfolge (1) Ergebung und Bereitschaft (2) Der Gekreuzigte als Vorbild und Identifikationsfigur

(2—4) Leidensbereitschaft des Nachfolgers, der Wille zur Christusförmigkeit

(5) Ausschließlichkeit des Weges der Nachfolge Christi

(6) Gleichsetzung des Jüngers mit dem Christus gemäß Lk.6,40; Joh.13,16; Mt.10,24;

Bezugnahme auf biblische und historische Vorbilder (Mt.5,12; Lk.6, 23 und 26; Apg.7,26) im Leiden (7) Teilhabe am Himmelreich als Lohn für die Teilhabe am Leiden Christi, Wachsen zur Christusförmigkeit

(8) Wiederholung: das Vorbild Christi und vieler Auserwählter

---

[21] LdHB: S. 759, Str. 22; Cod. Hab.14, fol. 124v- 125; Märtyrerlied für Melchior Platzer, 1583 in Rankweil in Tirol hingerichtet

[22] Siegmund Hassauer, auch Hosauer genannt, wurde 1557 zum Diener des Wortes gewählt. Er starb 1564 in Mähren. Der Text seines Liedes befindet sich im Anhang.

(9—12) Die Versuche Satans, die Wahrheit Gottes durch die Ermordung der Frommen zu zerstören

(11) Die Standhaftigkeit der Frommen wirkt als Zeugnis, die Anstrengungen des Satans sind

(12) vergeblich und können Gottes Sieg nicht verhindern.

2. Einleitung (Str. 13—14): Überleitung zum Thema des Liedes, inhaltliche Anbindung an die Aussagen des Prologs

(14) Zeitangabe:1555; Ortsangabe: Kortsch im Gerichtsbezirk Schlanders; Personenangabe: ein Bruder, anonym

3. Festnahme (Str. 15—16): die näheren Umstände, Dialog mit dem Schergen

4. Haft und Verhör (Str. 16—29):

(16—17) Verhör im Richthaus, Verteidigung des Gefangenen; erster Höhepunkt: Wutausbruch des Verhörenden, der versucht, den Gefangenen zu töten; Eingreifen des Stadtknechtes

(18—21) Einsatz der Folter, der Gefangene soll die Namen anderer Taufgesinnter preisgeben, seine verschiedenen Herbergen etc.. Er wird „gestreckt", er bleibt auch bei Verschärfung der Folter standhaft; denn Gott ist sein Beistand und stärkt ihn.

(21—22) Die Widerstandskraft des Gefangenen wirkt provozierend und demoralisierend auf die Folterer. Es kommt zu Affektausbrüchen und im juristischen Sinne zu unzulässigen Handlungen. Der Protokollführer, der Name des Schreibers wird mit Grimm angegeben, übernimmt eigenhändig die Funktionen des Folterknechtes

(23 -24) Fortsetzung und Wiederholung der Folter, über Stunden bleibt der Gefangene aufgehängt, weil er sich weigert, die Namen von Sympathisanten und Konvertiten zu nennen. Die Mitglieder der Untersuchungskommission gehen zwischenzeitlich zum Essen. Schilderung der körperlichen Folgen der Tortur.

(25) Beschreibung des Willens zum Widerstand, die innere Ausrichtung des Märtyrers auf die ewige Heimat

(25—26) Die Erfolglosigkeit der peinlichen Befragung, Fortsetzung der Haft, die Haftbedingungen: sechs Monate Dunkelhaft, mit beiden Beinen im Stock; Pürchners Gottvertrauen

(27 -29) Verschiedene Bekehrungsversuche durch beauftragte Mönche, Priester und Edelleute. Die klerikale Argumentation gerät angesichts der Festigkeit und Leidensbereitschaft des Häftlings in die Defensive. Nach einem Dauerverhör von etwa sechsunddreißig Stunden fällt der Entschluß, Pürchner als Ketzer zu verbrennen.

(30—32) Urteilsspruch: Er wird durch die Geistlichkeit zum Verbrennungstode verurteilt. Als retardierendes Moment entsteht zunächst unter den Geschworenen des Gerichtes Widerspruch gegen das Urteil. Durch Einflußnahme königlicher Behörden unter Druck gesetzt, wandeln sie das Urteil um in Hinrichtung durch das Schwert.

(33—35) Zeugnissituation: Die befreiende Wirkung des Urteils auf die psychische Befindlichkeit des Häftlings wird geschildert.

(34) Die Urgicht, öffentlich verlesen, enthält in der Hauptsache falsche Anschuldigungen. Hans Pürchner findet die Kraft zum Widerspruch.

(35) Den Zuhörern wird klar, daß ein Unschuldiger verurteilt wurde. Selbst der Henker, hier Freimann genannt, bezeugt die Frömmigkeit des Verurteilten.

(36—37) Weg zur Hinrichtungsstätte: Pürchner wird, da er gehunfähig ist, auf einem Pferd zum Richtplatz transportiert. Er predigt dem begleitenden Volke, ruft zur Umkehr vom Unrecht und zur Hinkehr zu Gott, dem Herren des Lebens. Er warnt seine Zuhörer vor dem ewigen Tod.

(38—39) Hinrichtung und begleitende Ereignisse: Der Gefangene ist innerlich auf den Tod vorbereitet, äußerlich bedarf es einer besonderen Vorbereitung: Der Gefangene, durch Folter und monatelange Haft unfähig, sich senkrecht zu halten, müßte liegend hingerichtet werden. Weil der Scharfrichter es ablehnt, die Exekution kniend vorzunehmen, lehnt er den Todeskandidaten an ein Holz und köpft ihn. „Das Volk tät sich umwenden, ging traurig hin darvon."

(40—44) Die Lehre: Um der Wahrheit Gottes willen ist Pürchner geduldig den Weg des Leidens gegangen. Gott hat nicht zugelassen, daß er durch „die Pforten der Hölle" überwunden wurde. Alles Märtyrerblut wird Gott um baldige Rache anrufen. (Offb.6,9f.)

(44) Ausleitung: Angabe des Namens—Hans Pürchner; er ist Gottesheld und Blutzeuge, er hat die Ruhe erlangt.

Die Kontextebene: Siegmund Hassauer, der Verfasser dieses Liedes hinterließ drei weitere Lieder anderer Gattung. Das zweite Lied über das Schicksal Hans Pürchners, „Mit Freuden wollen wir singen / Wie wir's beschlossen haben …", von Klaus Felbinger verfaßt, bestätigt bzw. ergänzt die Textebene des ersten Liedes. Es umfaßt ebenfalls 44 Strophen. Beide Lieder wurden offenbar unmittelbar nach dem Tode Pürchners im Jahre 1555 verfaßt. Als weitere, parallel zu lesende Quellen sind die hutterischen Geschichtsbücher[23], die übereistimmend über sein Martyrium und seinen Tod berichten. Zieglschmidt vermutet in der Ältesten Chronik[24], die oben genannten Lieder „dürften eine Bearbeitung des unten im Chroniktext erwähnten Liedes von Pürchner sein." Da heißt es: „ Also habens In mit Seinem rucken an ein holtz gelainet / vnd In daran enthauptet / denn er kundt nit knien / So jämmerlich hettens In zerreckt / gestreckt vnd gemartert / Wie denn dz liedt So von Im gemacht worden / beZeugt."[25] Die Anmerkung unterstellt, daß Pürchner selber die Umstände seiner

---

23 ÄC.: S. 346 f.; GGB: S. 262 f.

24 ÄC.: S. 346, Fn.1

25 ÄC.: S. 347

Gefangenschaft an die Brüder mitteilen konnte, eine schriftliche Mitteilung kann es, wenn man die Schwere der Haftbedingungen und die Verletzungen seines Körpers berücksichtigt, nicht gewesen sein. Die Berichte anderer hutterischer Gefangener zeigen, daß ihnen unter den einengenden Bedingungen ihrer Haft der Gesang als eine der wenigen Möglichkeiten positiver Lebensäußerung verblieb und daß er, da wo weitere Häftlinge ihre Verliese teilten bzw. in benachbarten Zellen untergebracht waren, als eine Möglichkeit der Kontaktaufnahme genutzt wurde. Eine Anzahl von Liedern entstand auf diese Weise als nichtliterarische Leistung Gefangener, sie wurden dann bei späterer Gelegenheit zu Papier gebracht. „Betend und singend treten die Märtyrer ihren letzten Weg an, oft haben sie selbst im Kerker ihre Leidensgeschichte in Verse gebracht oder ein Lied als Ausdruck ihrer Sehnsucht nach dem Himmel und ihrer Liebe zu Gott gedichtet, als letzten Gruß an ihre Gemeinde, die ihn als teures Vermächtnis schätzt und hütet."[26] Auf diese Weise könnte der gefangene Pürchner die Ereignisse seiner eigenen Gefangenschaft „besungen" haben. Diese vorliterarische Form der Kommunikation spielte wahrscheinlich da, wo sie möglich war, eine entscheidende Rolle bei der Entstehung von Gruppenidentität, die sowohl durch die Kerkerwände hindurch als auch in den Versammlungen der Bruderschaft wirksam wurde. Andererseits berichten die Quellen: „Der pfaffen ainer / So vil mit Im handtieret / vn In gern abgeféert het / mit Namen Leonhardt Dax / ward hernach selbst ein Brueder / Vnd gar ein Diener des worts."[27] Es wäre also denkbar, daß detaillierte Informationen über Verhaftung, Haftbedingungen und Hinrichtung durch Dax zur Bruderschaft gelangten und damit eine quasi-Vorlage für beide Lieder geliefert wurde. Ein Hinweis auf Pürchner findet sich auch im „Märtyrerspiegel".[28] Als Quelle bedeutungslos, weil auf hutterischen Vorgaben fußend, zeigt er aber den Bekanntheitsgrad einzelner Märtyrerschicksale im gesamten deutschen Sprachraum an. Auch „Die Geschichtsbücher der Wiedertäufer in Österreich-Ungarn, 1526-1785"[29], erwähnen den Fall Pürchner und den Namen des Schreibers in einer abweichenden Lesart mit „Grün". Weitere Hintergrundinformationen bieten die Gerichtsakten in den „Quellen zur Geschichte der Täufer".[30] Die beiden oben erwähnten Lieder zeigen in einigen Passagen einen hohen Grad formaler Übereinstimmung: Die Strophen 23 und 24 und 29 bis 34 des ersten Liedes entsprechen inhaltlich und in der Wortwahl den Strophen 16 und 17 und 25 bis 30 im zweiten Lied. Daraus wäre auf eine ge-

---

26 Wolkan, Rudolf: a.a.O., S. 8

27 ÄC.: S. 347; Dax war 15 Jahre lang Priester gewesen, als er sich den Hutterern anschloß. Sechs Jahre später wurde er zum Diener des Wortes gewählt und wurde selber Missionar. Er starb 1574 in Mähren. Vgl. dazu: Mecenseffy, Grete (Hg.), Quellen zur Geschichte der Täufer, Bd. XIV, Österreich III, S. 630 und 652, (QGT); Gingerich, Melvin: Dax, Leonhardt, in: ME, Vol. II, S. 21

28 van Bracht Thielem. J. : Märtyrerspiegel, a.a.O.: Teil 2, S. 120 f.

29 Beck, Josef, GBW: 7. Buch, S. 204 f.

30 QGT, Bd.XIV, Österreich III, Gütersloh 1983

meinsame Vorlage zu schließen, andererseits gibt es einander ergänzende Abweichungen. Fassung 2 nennt den Namen des Schergen mit Walser und gewährt einen Einblick in die Methoden behördlicher Unterwanderung und Verfolgung. Walser wird als ein Spitzel beschrieben, der sich in die Täuferbewegung begibt, „in heuchlerischem Scheine"(Str.4) zu Pürchner Kontakt aufnimmt und ihn gelegentlich einer Zusammenkunft mit anderen Brüdern verhaftet. Einem Gefährten Pürchners, Gilg Federspiel[31], gelingt die Flucht. Beide Lieder betonen, daß es im Verhör zu rechtswidrigen Handlungen kommt. Felbinger berichtet ergänzend von einem Adligen (Str.22-23), der Pürchner besucht, mit ihm redet, ihn dann aber, tief bewegt von der Glaubensüberzeugung, die Pürchner ausstrahlt, verläßt. So bezeugt das Lied, was immer wieder in Zeitberichten anklingt, daß die Märtyrer in der Haft und selbst auf dem Wege zur Richtstätte noch durch ihr Zeugnis eine Gefährdung der Öffentlichkeit darstellten. Felbinger berichtet weitere Begleitumstände. Es kommt zu einem Dialog mit dem Henker, der erklärt hatte, Pürchner sei „frömmer denn wir all" und ihn um Vergebung bittet, was Pürchner mit dem Verweis auf die Gerichtszuständigkeit Gottes ablehnt (Str.32-33). Als eine weitere Besonderheit spricht Felbinger von einem Gotteszeichen: Beim Fallen des enthaupteten Körpers werden Hände, Gesicht und Mantel des Henkers mit dem Blut dieses „frommen Christen" bespritzt.

„Gott tät ein Zeichen geben / An diesem frommen Christ,
Sein Blut das sprang gar eben / Zwischen des Henkers Füß.
Das Blut bald auf tät springen / Wie ein Quell über sich,
Mit ganzer Macht hindringen, / Wohl auf sein Kleid abrinnen
Vons Henkers Angesicht. "(Str.36)

Die Text-Kontext-Darstellungen der Lieder werden auch durch die hutterische Geschichtsschreibung ergänzt. Von Pürchner wird berichtet, daß er aus Saalen stammte, einem Weiler bei Moos im Pustertal. Saalen gehörte zum Gerichtsbezirk Michelsberg. Schon 1529 wurde dort ein Pürchner als Taufgesinnter zusammen mit der Schwester Jakob Hutters verhaftet und nach Brixen gebracht. Er wurde später aber wieder freigelassen und 1532 erneut verhaftet.[32] 1532 wird dann Hans Pürchner aus Saalen aktenkundig. Er sei, so wird berichtet, am 5. Juni zusammen mit seiner Mutter, seiner Schwester und seinem Schwager Jakob Pachmann unter Mitnahme einiger Ziegen und des Barvermögens von 20 bis 30 Gulden aus Saalen weggezogen.[33] Das Ziel waren die hutterischen Gemeinden in Mähren, wo er die von ihm gewünschten Lebensbedingungen fand. Er heiratete die Tochter einer Witwe, die mit ihren Kindern aus dem Gerichtsbezirk Schöneck nach Mähren geflohen war.[34] Um die Jahreswende

---

[31] ÄC.: S. 346
[32] QGT, Bd. XIV, Österreich III, S. 20ff.; QGT, Bd. XIII, Österreich II, Gütersloh 1972, S. 244
[33] ibid. S. 509 f.
[34] ibid. S. 626

1554/55 ging Pürchner dann als Missionar der Bruderschaft nach Südtirol mit dem Ziel, weitere Taufgesinnte für die Auswanderung nach Mähren zu gewinnen. Die Regierung in Innsbruck war bereits seit Anfang Dezember 1554 über diese Aktivitäten im Bereich Schlanders informiert und empfahl dem zuständigen Pfleger, bezahlte Spitzel in die Bewegung einzuschleusen und so die Täuferaktivisten und Sympathisanten zu identifizieren und zu verhaften.[35] Auch über die Verhaftung Pürchners, die um den 9. Juli 1555 erfolgte, liegen Aktenaussagen vor, ebenso über die Folter und die Erfolglosigkeit des Verhörs, worüber Caspar von Montani, der Pfleger von Schlanders, der Regierung in Innsbruck an diesem Tage Bericht erstattete. Bereits am 13. Juli erhielt er seitens der Regierung die Anweisung zu weiterer peinlicher Befragung des Arrestanten im Beisein der Geschworenen. Auch über Verlauf und Inhalt der Befragung berichten die Akten detailliert.[36] Man kann also sagen, daß die Ereignisse, die von Hassauer und auch von Felbinger in ihren Liedern geschildert werden, ein hohes Maß historischer Authentizität spiegeln und damit einen engen Bezug zum Kontext des Geschehens.

Die Systemebene: Die Systemebene spiegelt in der Konsequenz der hutterischen Zwei-Reiche-Lehre das Nebeneinander des Reiches der Vollkommenheit Christi und des Reiches der Welt wider. Beide Systeme koexistieren in antagonistischer Widersprüchlichkeit. Der systembedingte Konflikt entsteht am Problem des jeweiligen Geltungsbereiches. Die Hegemonialansprüche des Staates zielen auf die Ablösung der Theonomie der Hutterergemeinde; denn sie wird als staatsgefährdender Autonomieanspruch gedeutet. Das hutterische Autonomieverständnis bestätigt den Gehorsam gegen die Obrigkeit ausdrücklich unter dem Vorbehalt, daß der Primat göttlichen Willens in jeder Situation gewahrt bleibt. Diese Vorbedingung und die resultierenden, von dem Einzelnen zu tragenden Folgen macht das Lied unmißverständlich deutlich: Der Christ identifiziert sich mit dem Vorbild des Christus. Das ganze Leben wird zur Kreuzesnachfolge; denn nur in der Leidensübernahme realisiert sich rechte Jüngerschaft. Diese in den Huttererliedern immer wiederkehrende Systemgrundlage wirkt (zer)störend auf jede beigeordnete, andere Form menschlichen Lebens und staatlicher Herrschaft. Der so geführte Mensch entzieht sich weltlicher Ordnung. Er wird unverfügbar und insistiert auf Eigenständigkeit der Gottesgemeinde innerhalb des Geltungsbereiches staatlicher Macht. Diese Grundeinstellung ist biblisch begründet: Man gibt dem Kaiser (Mt.22,21), aber man gehorcht Gott mehr als dem Menschen (Apg.5,29), und sie ist Ausdruck einer weltimmanenten Wirksamkeit des Transzendenten. Ihrer eindeutigsten Form begegnet man in der Welt- und Lebensverachtung des Märtyrers. Damit diese weltüberwindende Grundhaltung durchgehalten werden kann, gehört es zum Sicherungssystem der Gemeinde, jedem Inhaftierten im Rahmen gegebener Möglichkeiten mit allen verfügbaren Mitteln Beistand zu gewähren. Das geschieht, durch das intensive Gebet der Gemeinde, das dem Gefangenen

---

35 ibid. S. 623
36 ibid. S. 629 f.

das sichere Bewußtsein des Getragenwerdens gibt und damit seinen Widerstandswillen stärkt. Briefe, von den Vorstehern oder von den leitenden Brüdern geschrieben, dienten, sofern sie ihr Ziel erreichten, der Tröstung, der Stärkung und der Glaubenssicherung. Wo es die Haftbedingungen erlaubten, wurden materielle Hilfen geleistet. Sie bestanden aus hochwertigen Handwerkserzeugnissen (z.B. Messern), die, als Geschenk für die Gefängnisverwaltung gedacht, Verbesserungen der Haftbedingungen erwirken sollten. Die so entwickelte Form geistlicher und materieller Solidarität gab den zahlreichen hutterischen Missionaren ein starkes Gefühl der Sicherheit. Neben der staatlichen Macht tritt auf der Gegenseite als systemstützendes Element die katholische Geistlichkeit auf den Plan. Sie diente damit Plänen Erzherzog Ferdinands, der bestrebt war, nach spanischem Vorbild und in Anlehnung an Entwicklungen in protestantischen Gebieten die Strukturen staatlicher Macht zu stärken und die Kirche dabei in seinen Dienst zu nehmen. Die Pervertierung des Liebesgebotes Jesu wird im Reden und Handeln des ganzen „geschmierten Haufens"[37] der Pfaffen und Mönche sichtbar. Gepaart mit ausgesuchten körperlichen Qualen erfolgen Bekehrungsversuche zum System der ‚Kindstaufer'. Die Widersprüchlichkeit beider Lebensbereiche wird auch in relativ unbedeutenden Regelwidrigkeiten, die sich das Gericht in Schlanders zuschulden kommen läßt, sichtbar. Die Folterung beginnt gleich beim ersten Verhör, ohne daß ein „ordentliches" Verfahren eröffnet worden wäre. Der Erfolgszwang, unter dem das Gericht steht, durch die Bedeutung, die die Regierung dem Falle beimißt, und dem sich die Gerichtspersonen durch ein Gefälligkeitsurteils fügen, zeigt typische Schwachstellen im Ferdinandinischen Herrschaftssystem: fortwährende Angst vor erneuten Unruhen, permanente Fehleinschätzung religiös-sozialer Strömungen, Ausweitung und Mißbrauch der Fürstenmacht als Folgeerscheinung der Reformation und Korruptionsbereitschaft in der nachgeordneten Verwaltung. An dieser Stelle soll die systemanalytische Ebene verlassen werden. Nach der Behandlung von Darbietungsmodalitäten werden wir mit der Betrachtung erziehungsrelevanter Textteile noch einmal zur Systemebene zurückkehren.

Die Performanzebene: Die Performanzebene eines vorliegenden Liedtextes kann nur indirekt erschlossen werden; denn die aktuelle Situation seiner Entstehung bzw. seine aus dieser Situation resultierende unmittelbare Wirkung ist unwiederholbar. Performance bedeutet im Englischen u.a. Ausführung oder Aufführung eines Theaterstükkes oder Liedes, aber „es wäre vielleicht besser, deutsch ‚Akt der Präsentation' zu sagen"[38] und damit die Gesamtheit einer Darbietung in der Art und Dynamik der Sprache und Handlungen, der kulturellen Einbettung, des gesamten personalen und sachlichen Umfeldes zu umschreiben. In der Hutterergesellschaft mit ihrer starken Traditionsbezogenheit kann davon ausgegangen werden, daß sich im Liedgut und in

---

[37] Die abwertende Terminologie in bezug auf die Geistlichkeit findet sich in vielen Märtyrerliedern, vgl.: Schäufele, Wolfgang, Das missionarische Bewußtsein, S. 42 u.a.O.

[38] Toelken, Barre, Zum Begriff der Performanz im dynamischen Kontext der Volksüberlieferung, in: Zeitschrift für Volkskunde 77 (1981), S. 37-50

der Art seiner Präsentation Elemente von Ersterfahrung kristallisiert haben, die in der ritualisierten Handlung hutterischen Gemeinschaftsgesanges „den Inhalt (eines Liedes) im Akt der Performanz in seiner zeitlosen Gültigkeit ... bestätigen."[39] Für diesen Rahmen lebendiger Präsentation stehen für die Vergangenheit außer einigen allgemeinen Informationen keine Erfahrungswerte zur Verfügung, aber es ist richtig, daß es gerade die situative Wirkung ist, die aus dem Zusammenwirken von Melodie und Text, aus der besonderen Zusammensetzung der Sängergruppe, die also aus den Hintergrundbedingungen im weitesten Sinne entsteht, die die Handlungen steuert, Einstellungen und Haltungen beeinflußt, Emotionen freisetzt, Affekte wachruft oder dämpft, kurz, eine ganze Skala von psychischen Prozessen aktiviert, die im Bereiche der Erziehung von Bedeutung sind. Ähnliche Wirkungen sind von den Liedern pietistischer Erweckungsbewegungen, der Arbeiterbewegung, dem NS-Liedgut und der Gattung moderner Anbetungslieder charismatischer Provenienz bekannt. Als einziges Faktum, das in diesem Zusammenhang mit der Ursprungssituation hutterischer Lieder gedeutet werden könnte, ist die Tatsache zu nennen, daß die Lieder „über alle Maßen grell und laut aus der Kehle gepreßt" werden.[40]

Friedmann sieht die Möglichkeit, daß diese Art zu singen in den Bedingungen begründet ist, unter denen die Brüder im 16. Jahrhundert wegen ihres Glaubens inhaftiert waren. Um mit anderen in anderen Räumen gefangenen Brüdern Verbindung aufnehmen zu können, sangen sie mit unnatürlicher Anspannung der Stimmbänder.[41] Diese Aussage findet eine Bestätigung in einem Brief von Jeronimus Knäls an mitgefangene Brüder, er sagt da: „Es gibt dem Teufel fast Zorn, oder tut ihm weh, daß wir einander so lieb haben, und daß wir also zusammen rufen, und auch, daß wir also gegeneinander singen, das macht mich, freudiger gegen euch zu sein im Herrn, und wenn ich in einem fort sollt' singen, so reizt mich der Satan und sagt, ei, sie fürchten sich vor dem Tod. ... Aber, Gott sei Lob und Preis, ich freue mich von ganzem Herzen, wenn ich euch im Herrn singen höre, sonderlich dich, mein lieber Bruder Michel. Wenn du nachts singst, verstehe ich schier alle Worte, wenn ich das Fenster auflasse und du eben beim Fenster sitzest. Ich bitte dich, mein holdseliger, lieber Bruder, wecke mich Schläfrigen öfter auf mit deinem Gesang in dem Herrn Christo Jesu. Ich warte oft, wenn ich schon eher aufwache ... Denn wenn ich eher singe, so singet ihr darnach alle beide, so wollte ich euch gerne ablösen. Denn es ist mir eine Freude, wenn ich in den Reihen Jerusalem singen höre, liebe Brüder; besonders weil es dem Satan so weh tut, ist es ein Zeichen, daß es Gott gefällt. Wenn sie meinen, sie haben uns das Reden verboten, damit wir nicht einander trösten sollen, so laßt uns schreien, daß uns der Hals kracht. Ich hab da zwei Lieder gesungen. Ich hätte sie euch gern gegeben, aber der Teufel ist da so fleißig, daß ich's nicht gemeint hab'. Ich hab's im Herrn gesungen und nicht anders, denn wenn die Gottlosen anheben zu

---

39 Brednich, Rolf Wilh., a.a.O., S. 120
40 KGB.: S. 580 f. (Fn.3)
41 Friedmann, Robert: Die Lieder der Hutterischen Brüder, in: ME, Vol. II, S. 340

lästern und zu schwätzen, dann heb' ich an zu dichten wie eine Taube, damit ich ihre gottlosen Worte nicht höre."[42] Die Formulierung „daß uns der Hals kracht" könnte auf ein Wort im Jesaja (Kap.58,V.1) zurückgehen. Während Luther übersetzt „Rufe getrost, schone nicht und erhebe deine Stimme wie eine Posaune …," findet sich in der Froschauer-Übersetzung, die Prophetenbücher wurden von Denck und Hätzer übersetzt, eine Formulierung, die mehr an den Charakter des Schreiens erinnert: „Und darum so schrey nun du waarer prophet, was du aus dem Hals bringen magst. Laß nit ab: erheb dein stimm als ein pusaunen …"[43] Mehrerlei zeigt die Aussage Knäls: Die Gefangenen nahmen über den Gesang Verbindung auf und trösteten einander. Sie setzten dem „Lästern" und „Schwätzen" gottloser Mitgefangener oder den Bekehrungsversuchen von Besuchern ihren Gesang entgegen, sie ließen in dieser Phase der Entwicklung nicht mehr mit sich reden. Sie brachten die notvollen Erfahrungen ihrer Gefangenschaft in eigenen Dichtungen zum Ausdruck, um damit ein Zeugnis ihres Glaubens zu geben. Bis in den Tod hinein wurde die göttliche Wirklichkeit in das eigene Leben hineingenommen und verwirklicht. Man muß aber auch weniger zweckrationale, unbewußtere Gründe bedenken, die die Genese des Märtyrergesanges mitbestimmen. Nach allgemeinem Verständnis ist der Schrei ein adäquates Mittel des Ausdruckes von Angst, Aggression und Schmerz. Die Bibel erwähnt neben dem Seufzen, dem Bitten, dem Rufen einige hundert Mal das menschliche Schreien als Zeichen höchster persönlicher oder kollektiver Not, in einem Falle, das ist gewiß ebenfalls Funktion des Schreies, auch als Ausdruck der Freude bzw. des Triumphes.(Mt.21,9:ekrazon) So kann im Schrei letztlich die phylogenetische Wurzel des gesungenen Tones bzw. der Musik gesehen werden.[44] Gleichzeitig präsentiert sich in dieser Transformation ein entwicklungsgemäßes Fortschreiten von Instinktäußerungen zu gesteuerten, bewußten Äußerungen eines Menschen. Auf einer späteren Entwicklungsstufe erweist Musik dann ihre Fähigkeit, Ängste in Kreativität umzuwandeln und dadurch Gefahren abzuwehren, die das Ich eines Menschen bedrohen.[45] Sie wirkt als „civilizer of emotions".[46] Hier muß allerdings vor dem Hintergrunde heutiger Deutung die Frage nach den Inhalten des Ich gestellt werden. Sie können nicht an den Werteskalen gegenwärtiger individualistischer Persönlichkeitstheorien und ihrer Autonomiebegríffe festgemacht werden. Das letzte Ziel hutterischer Persönlichkeitsentwicklung ist die Christusförmigkeit mit der Folge der Eingottung. In nüchterner Terminologie ausgedrückt, zielt das auf ein Aufgehen des Ich im Selbst ab, sofern dieses christusbesetzt ist. Hier ist es nötig, auf die Begriffsbestimmung von Heiligung

---

[42] DHE: Vol. II, S. 35

[43] Froschauer-Bibel, 2. Teil, S. 192

[44] Anm.: Auf dieser Voraussetzung wurde in den 70er Jahren die Urschrei-Therapie von Janov (1970) und Casriel (1975) entwickelt.

[45] Racker, H., Psychanalytic considerations on musik and musicians, in: Psychoanalyt. Review 52 (1965), S. 75-94

[46] Haisch, E., Über psychoanalytische Bedeutung der Musik, in: Psyche 7 (1953), S. 81-88

zu verweisen, weil sie eine Wechselwirkung des Außen und Innen und damit auch der psychischen Instanzen voraussetzt. Es wird bei den Identifikationsprozessen nicht so sein, daß das Ich gewissermaßen aufgesaugt wird bzw. daß sich ihm ein fremdes, betont starkes Über-Ich aufsetzt und es damit vernichtet, aber auch der umgekehrte Prozeß ist unmöglich, vielmehr vollzieht sich in dem Wechselspiel von bereiter Öffnung des glaubenden Individuums und liebender Annäherung des christusbesetzten Über-Ichs (Joh.14,23) an das Ich des Märtyrers die tragende identifikatorische Vereinigung der psychischen Instanzen mit dem Ergebnis, daß die Wirklichkeit Gottes und menschliche Wirklichkeit zusammenfließen, die unio mystika. Es leidet nicht mehr der Märtyrer allein, sondern Christus selber leidet in ihm und mit ihm, und in dieser wechselseitigen, mystischen Teilhabe erwächst Gelassenheit, die zum Loslassen der Binnen-Wirklichkeit befähigt. Damit wird, wie das Beispiel Hans Pürchners zeigt, das Gehen des Weges der Nachfolge bis zu seinem Ende möglich.

Der Einfluß des Märtyrerliedes auf die Gemeinde: Wir haben in unterschiedlicher Form versucht, das Geschehen der Selbstentwirklichung zu beschreiben. Wie wirkt nun ein solches Geschehen auf die nachvollziehende Gemeinde und ihre Glieder? Man kann von der heutigen ritualisierten Gesangspraxis, deren Lautstärke in einigen Gemeinden nahezu schmerzverursachend wirkt, folgern, daß sie sich in ihren Anfängen in durchaus ähnlichen Formen äußerte. Hutterischer Gesang erklingt ausschließlich unisono, man ist bemüht, die Lieder als ganze zu singen, was den Inhalten durchaus entspricht. Der Gesang der Gemeinde vollzieht sich im Wechsel von Sprechen und Singen: Die jeweils zu singende Zeile wird angesagt trotz der Tatsache, daß die Lieder von der Gemeinde überwiegend auswendig gekonnt werden. Der Vorsprecher hat damit die sich stets erneuernde Funktion, dem Liedinhalt durch seine Lehr-Kompetenz immer neu die Bedeutung zu verleihen, die die Ursprungssituation mit ihren emotionalen Ladungen reaktiviert und transportiert und so auf den Einzelnen wie auf die Gemeinde einwirkt. Welche Wirkung dem Gesang noch heute beizumessen ist, zeigt das Beispiel einer Hutterin, die als Zeugin vor Gericht geladen, die ungewohnte und nach der Lehrmeinung auch unerwünschte Situation dadurch zu bewältigen suchte, daß sie auf der Fahrt zum Gericht anfing, die alten Lieder zu singen. Sie hoffte, das war jedenfalls ihre Aussage dazu, durch den Gesang ihre dem als unerlaubt empfundenen Tun gegenüber entstandene Unlust abzubauen.[47] Allerdings ist in diesem Zusammenhang an die Forderung Ridemanns zu erinnern, nicht „aus fleischlicher Lust oder um des Wohlklingens willen" zu singen, sondern daß der Gesang „zur Besserung diene". Damit wird unter pädagogischer Zielstellung eine Barriere aufgebaut, die -bewußt oder unbewußt-, jeglicher emotionalen Wirkung im Sinne eines durch Abfuhr von Triebspannung erwachsenen Lustgewinnes entgegenwirkt. Die im gemeinschaftlichen Gesang stärker unbewußt wirkenden Prozesse der Identifikation, der Sozialisation, der Kommunikation und der Kompensation werden in ihrer Bedeutung als „Grundereignis menschlichen In-der-Welt-Seins, menschlicher

---

[47] Dieses Beispiel wurde von dem Fahrer der Hutterin berichtet.

Existenz"[48] nicht gesehen oder gewünscht, wohl aber, „als Austausch zwischen einem Gebenden (sich-mitteilenden Thema) und einem Nehmenden."[49] Dieser auf rationale Steuerung des Verhaltens ausgerichtete Aspekt tritt in den Aussagen Ridemanns ins Blickfeld, wenn in der gesanglichen Kommunikation „sich ein Subjekt (intentional) einem sich gebenden Objekt zuwendet."[50] Der Text wird entsprechend der Intention Ridemanns zum „gebenden Objekt", der Sänger zum nehmenden Subjekt, denkt er „einem jeglichen Wort ... auf das Fleißigste nach, ... ihm selbst und auch anderen zur Besserung und Reizung in die Frommheit."[51] Selbst in diesen vernunftbestimmten, den aus der Eigengesetzlichkeit der Musik heraus wirkenden emotionalen Effekten entgegengesetzten Weisungen wird die sozial wirksame Komponente angesprochen. Das Objekt ,Wort' wird nicht nur singulär wirksam, sondern dient „auch anderen zur Besserung." Eine ähnliche Beobachtung können wir bei Völkern machen, die sich in Phasen gesellschaftlicher Unterdrückung und Repression befinden. Bei ihnen werden Texte von Liedern als Übermittler von Klage und Protest wichtig. Das wird bspw. bei folkloristischen Darbietungen deutlich, bei denen es den Sängern primär um die Inhalte der Lieder, den Hörern hingegen um den musikalischen Genuß geht. Die künstlerisch-musikästhetische Seite der Darbietung wird angesichts der Ridemannschen Regulative völlig bedeutungslos; denn wo ein Lied in „unrechter Weise gebraucht, gesungen und gehöret wird, so sündiget der, so es tut, hart wider Gott, Ps. 50,14 -23."[52]

Das Erreichen des Erziehungszieles—Die Vollendungsgestalt: An dieser Stelle soll noch einmal zur Textebene zurückgeführt werden. Sie spiegelt im Ritual der Selbstentwirklichung die schrittweise physische Zerstörung des Menschen. Gleichzeitig wird in dieser Situation eine neue Wirklichkeit erfahren, die Menschsein in seiner von Gott gewollten Ursprünglichkeit bedeutet und die hinüberführt in die Wirklichkeit Gottes. Der Mensch empfängt auf seinem Wege durch das Martyrium gewissermaßen seine „Wintergestalt", die aller Äußerlichkeiten, Instabilitäten und Zufälligkeiten entkleidet ist. Sein eigentliches, neues, ewigkeitswirksames Sein wird sichtbar. Er gleicht einem Baum in der Zeit winterlicher Ruhe. „Blüten können Schein sein. Laub kann Maske sein; aber ein entlaubter Baum will nicht mehr scheinen, kann keine Maske tragen. Kahlheit, Leere und Schmucklosigkeit sind die Voraussetzungen der wahren Erkenntnisse dieses Baumes aller Bäume. Die Wintergestalt ist die wahre Gestalt. Weder vor dem endgültigen noch vor dem zeitweiligen Tod gibt es irgend-

---

48 Strobel, Wolfgang/Huppmann, Gernot, Musiktherapie, Grundlagen—Formen—Möglichkeiten, Göttingen 1978, S. 53
49 ibid.
50 ibid.
51 RR: S. 132
52 ibid.

welche Ziererei."(Hermann Hiltbrunner)[53] Diese Nacktheit neuer Wirklichkeit entwickelt sich selbst in ihrer Endphase schrittweise, ist kein Verhängnis, das überfällt, sondern erfordert stetige Ausrichtung des Willens auf das Ziel. Viele Märtyrer haben die Erreichung des Zieles herbeigewünscht. Es war nicht Lebensmüdigkeit, Weltverdruß oder Todessehnsucht, deretwegen sie ein baldiges Ende erflehten. Es war das Wissen um die andere Wirklichkeit, in der Gottes Wirklichkeit allein bestimmend wird für das Sein eines Menschen, neben der keine andere Wirklichkeit möglich bleibt, Existenz sich schon unter den Bedingungen der Diesseitigkeit wesentlich, in essentieller Form, im Sein in Gott ausformt, die sie das zeitliche (Mit-)Leiden ertragen läßt. Hans Pürchner ist, als er den Richtplatz betritt, bereits entwirklicht, sein Körper zerstört, er muß senkrecht an einen Pfahl gebunden werden, um dem Scharfrichter sein Werk zu ermöglichen. Dennoch stirbt er, ohne von seinen Überzeugungen abgewichen zu sein, als christlicher Held. Ähnlich ergeht es Hunderten anderer Märtyrer. Jakob Hutter, man hatte ihn gefoltert, einem Wechselbad von eiskaltem Wasser und heißer Luft ausgesetzt, seine Haut zerschnitten, in die Wunden Branntwein gegossen und angezündet, bleibt ungebrochen. Man muß ihm auf dem Wege zur Hinrichtung den Mund zubinden, um ihn am Reden zu hindern. Wir erinnern an die Fürsorge, mit der die Gefangenen einander den letzten psychischen Schmerz erträglich zu machen versuchten. Es zeichnete sich immer wieder die unwirklich-wirkliche Situation ab, in der zerschlagene Menschen sich verhalten, „als die in großen Freuden gewesen. Etliche, so sie zum Tod und der Richtstatt geführet wurden, haben desgleichen, als die auf ein Hochzeit dem Bräutigam entgegen gingen, fröhlich aufgesungen mit erhobener Stimm, daß es erklungen hat. ... Andere haben die zusehenden Menschen und die Menge des Volkes aufs teurest und höchst zur Buß und Besserung ermahnet, andere, die verkürzt waren und den Wassertauf nicht erlanget, eilten darnach zur Taufe des Bluts, sich damit taufen zu lassen, um der Wahrheit Gottes willen, auf ihren lebendigen Glauben. ... Kein Mensch und nichts auf Erden mochts ihnen mehr entnehmen aus ihrem Herzen. Also eifrige Gottesliebhaber waren sie, das Feuer Gottes brann in ihnen, sie wollten lieber des allerbittersten Todes sterben, sie wollten lieber zehen Tod leiden, denn die erkannte Wahrheit verlassen. ...“[54]

Vermittlungsaspekte: Mit diesen Überlegungen ist der Bereich der Vermittlung angesprochen. Der Märtyrer wird zum Erzieher und Mahner für die Bleibenden. Er hat in höchster leiblicher und psychischer Not Tröstung und Stärkung erfahren. Nun bezeugt er die Erfahrung göttlicher Nähe und die Wirklichkeit des Erhofften. Das Stichwort „Mitleiden" eröffnet neben dem universalen Aspekt noch einmal den gemeindepädagogischen Bezug. Der Gesang transportiert emotionale Ladungen, versetzt in Ursprungssituationen. Er wird damit nicht nur individuell bedeutsam, sondern auch als Erziehungsmittel für die Gemeinde. Ihr verantwortliches Handeln im Sinne der Gefangenen wurde bereits angesprochen. Es verwirklichte sich neben dem Ein-

---

53 In: Koch, Karl: Der Baumtest, Berlin und Stuttgart 1967, S. : 39

54 GGB: S. 186

338

satz materieller Hilfen, die eine sächliche Verbesserung der Leidenssituation eines Gefangenen bewirken sollten, in den geistlichen Hilfen. Durch das Lied wurde und wird der priesterliche Dienst der Gemeinde, für andere da zu sein, immer wieder angemahnt. Die Gemeinde lebt „von der Hingabe Christi und in der Hingabe für die Versöhnung der Welt. Es ist eine Frage an die ganze Gemeinschaft, ob in ihr ... die Einsamen die heilende Gemeinschaft Christi und die Gottverlassenen die Brüder Christi finden."[55] Darum ist hutterischer Kirchengesang bis in die Gegenwart hinein von einem großen Ernst geprägt, der sich seiner Verantwortung und seines Ewigkeitsbezuges immer bewußt ist. Es gibt bis heute im Gottesdienst keinen Platz für „weltliche" Lieder. Gemeint sind Lieder, die diesen Ernstcharakter vermissen lassen, wenn sie gleich geistlichen Inhaltes sind. Im Gesang wird dieses Dasein-für-einander deutlich. Aber nicht nur die Gemeinde gedenkt ihrer gefangenen Brüder und Schwestern, oft sind es die Märtyrer selber, die aus ihrer Situation heraus anderen Tröstung und Mut zusprechen. Sie lassen immer wieder erkennen, daß sie das Leiden nicht als Strafe und Verhängnis ansehen, sondern als ein Mittel, zu letztem, auf den Willen Gottes ausgerichteten Gehorsam geführt zu werden. „Darum nehmt alles zum Besten auf, und beweist euch darinnen und in diesem allem, als die Diener Gottes unbeweglich, denn es geschieht uns und euch, die Gott lieb haben, alles zum Guten. Der Herr will und tut uns dadurch das Fleisch helfen zu bewältigen und seine Lust und Zügel nehmen, und wo man's mit Geduld trägt, wird auch Gott dadurch zu Gnaden und Vergeben bewegt, daß man denn heilig und Gott wohlgefällig tut erscheinen ..."[56]

Der Weg wird in Gelassenheit angenommen, egal, ob er in den Tod oder in eine weitere Etappe irdischen Lebens führt. „Sein guter Wille, der geschehe mit mir. Es sei, daß er mich aus dieser sterblichen Hülle und aus diesem Jammertal zu seiner Ruh' nehmen wolle und mich weiteren Kummers und Schmerzens entladen, das mir dann auch ... eine große Freud' wär'; durch seine Hilf das allernützlichste meiner Seelen, oder, daß er mich noch will dieser Zeit zu euch führen, daß ich ihm noch füglicher werde zu seinem Preis und Reich."[57] Sterben wird zum Gewinn[58], aber die Sorge um die Brüder und Schwestern, um die nächsten Angehörigen bleibt bestehen. Davon zeugen Zeilen, die der o.g. Jeronimus Knäls aus der Gefangenschaft an den Vorsteher Hans Amon geschrieben hat. Darin heißt es: „Und grüße mir von meinem ganzen Herzen meine geliebte und auserwählte eheliche Schwester, mein Treindl, und laß sie euch treulich befohlen sein. Ich gebe ihr ein gutes Zeugnis in meinem Herzen. Sie ist mir im Dienst Gottes nie hinderlich gewesen, sondern war allezeit willig, meinen Dienst zu fördern. Der Herr erhalte sie heilig und rein bis auf seinen

55 Moltmann, Jürgen: Kirche in der Kraft des Geistes, München 1975, S. 115
56 DHE: Vol. I, S. 317
57 DHE: Vol. I, S. 318
58 DHE: Vol. I, S. 93

Tag und ewig."[59] Franziskus della Saga, in Venedig inhaftiert und später dort ertränkt, schreibt aus seinem Gefängnis über die Erfahrungen der Gefangenschaft. Er berichtet über einen Bruder, der sein Zellennachbar war. „Er hat allezeit mit Freuden gesungen, hat Gott mit solchem solange gelobt, bis er die Krone eines Märtyrers Christi und getreuen Zeugen der göttlichen Wahrheit davongetragen hat." Er fährt dann fort: „Sobald ich in das Gefängnis kommen bin, habe ich angefangen zum Vater zu beten, und das mit zur Erde gebogenem Knie. ... Als ich mein Gebet vollendet hatte, fing ich an zu schreiben ... damit alle, die es lesen, erkennen und sehen mögen, daß, so man ins Gefängnis kommt, man in aller Einfalt, Lauterkeit und Klarheit von der Wahrheit zeugen muß, als die dem Tode Zugeeigneten sich allein auf Gott vertröstend."[60] Einige dieser Gebete sind uns überliefert, sie zeitigen ein Ergebnis, das als *Aspektwechsel* bezeichnet werden kann. Della Saga schreibt: „O wie unerforschlich sind die Wege des Allmächtigen ... das auch mir widerfahren ist seit der Zeit meines Berufes hier. Denn wenn ich an Speise und Kleidung gedacht, da litt ich Hunger und Kälte. Wenn ich aber bei mir entschlossen war, Hunger und Kälte zu erdulden, so habe ich überflüssig genug gehabt. Wenn ich mir vorgenommen hatte, auf dieser Welt zu leben, so habe ich den Tod gesehen, wenn ich aber beschlossen habe, zu sterben, so hat mir der Allmächtige das Leben gezeigt. Daher ich nicht genugsam den Herrn meinen Gott loben und preisen kann."[61] Man denkt an die paulinische Formel von den Besitzlosen, die doch alles haben, den Gezüchtigten, die doch nicht ertötet sind.(2.Kor.6,8ff.) Die hutterischen Sendboten waren in vergleichbarer Situation: Sie suchten Menschen zu gewinnen und galten deshalb als Verführer, aber sie verführten zur Wahrheit. Sie hatten mit ihrem Leiden und Sterben teil am Christusleiden und trugen das Verlangen nach Christusförmigkeit in sich, wie es Paulus kannte (Phil.3,10), aber sie waren zugleich als Wiedergeborene Teilhaber des ewigen Lebens. Menschen fügten ihnen Schmerzen zu, sie aber erkannten darin die göttliche Zucht, die Heilspädagogik, die der von Paulus gebrauchten Formulierung „hos paideuomenoi" (als gezüchtigt Werdende)[62] entspricht. Sie traten offenen Auges in die letztmögliche Situation ihres Seins ein und erfuhren in der willentlichen Hinwendung auf das Ende als letzte Freiheit das Freisein von sich selber und den Anfang einer anderen Wirklichkeit. „Die Verfolger waren erstaunt über die Standhaftigkeit und Freudigkeit, mit welcher diese Leute in den Tod gingen. Die ‚Geschwistriget' selbst aber fanden solche Freudigkeit ganz natürlich. Gefragt, woher es komme, daß sie so fröhlich dem Tode entgegen gingen, ... antworteten sie: ‚Sie haben vom Wasser, das da fließt aus dem Heiligtum Gottes, ja, aus dem Brunnen des Lebens getrunken und davon ein Herz bekommen, das vom Menschensinn und Verstand nicht vermag be-

---

[59] DHE: Vol.III, S. 118

[60] DHE: Vol. II, S. 153 f.

[61] DHE: Vol. II, S. 156

[62] Anm.: Im Gal. 3,24 benutzt Paulus das Wort "paidagogos", was den Erziehungsaspekt noch deutlicher werden läßt. Luther übersetzt mit "Zuchmeister"

griffen zu werden. Sie haben begriffen, daß Gott ihnen das Kreuz tragen hilft, und haben die Bitterkeit des Todes überwunden. Das Feuer Gottes brannte in ihnen. Sie hatten ihr Zelt nicht hier auf Erden, sondern dort in der Ewigkeit aufgeschlagen, und hatten einen Grund und Sicherheit ihres Glaubens. ... Ihr heilig Gemüt hat die Dinge, so in der Welt vorgehen einem Schatten gleich geachtet, denn sie waren größerer Dinge vergewissert. Sie waren also von Gott erzogen, daß sie überall nichts kannten, nichts suchten, nichts liebten, denn das ewige himmlische Gut allein. Deshalb haben sie mehr Geduld gehabt in ihrem Leiden, als die Feinde in ihrem Peinigen."[63]

Zusammenfassung:

1. Im 16. und im beginnenden 17. Jahrhundert versuchten die Hutterer in vielen Teilen Europas, Menschen für ihren Glaubensweg zu gewinnen. Die Verwirklichung dieses Auftrages war für die Sendboten mit einem hohen persönlichen Risiko verbunden. Aber auch die von ihnen Gerufenen befanden sich, sofern sie dem hutterischen Ruf zu folgen bereit waren, in Gefahr. Mission und Wiedertaufe, auch das Sympathisieren mit täuferischen Ansichten zogen in vielen Fällen Kerkerhaft oder Martyrium nach sich.

2. Entsprechend dem hohen Gefahrenmoment einer Missionsreise, wurde die Leistung der Missionare eingeschätzt. Sie wurden in einem feierlichen Aussendungsgottesdienst durch die ganze Gemeinde verabschiedet. In einem festgelegten Wechselgespräch wurden die Bedingungen des Einsatzes memoriert, Ermutigungen und Ermahnungen wurden ausgesprochen, und die Parallelität der Sendung Christi und seiner Apostel mit dem Auftrag der Missionare wurde betont. Dann erflehte man in gegenseitiger Fürbitte den Segen Gottes für die Hinausziehenden und für die Zurückbleibenden. Rückkehrer wurden „wie der Herr selber" empfangen. Aussendung und Rückkehr gehörten deshalb zu den individuellen und kollektiven Gipfelerfahrungen in der Gemeinde.

3. Viele der Sendboten gerieten durch die konsequente Erfüllung ihres Auftrages in Konflikt mit staatlichen und kirchlichen Obrigkeiten. Man versuchte zunächst, sie durch Diskussionen über Glaubensinhalte, durch das Versprechen von Straffreiheit und in Einzelfällen auch durch das Angebot materieller Vergünstigungen zum Widerruf zu bewegen und sie von der hutterischen Gemeinde wegzuziehen. Blieben diese Versuche erfolglos, dann folgten peinliche Befragung, Gefangenschaft und in vielen Fällen die Todesstrafe.

4. Das Procedere des juristischen Verfahrens vollzog sich in stets ähnlicher Form. Die hutterischen Märtyrerlieder geben in ihrem Aufbau die Struktur dieser Verfahren wieder. Vergleichbar den Aufbaugesetzen des Dramas können wir exponierende Bedingungen, die Konfliktsituation als erregendes Moment, eine steigende Handlung,

---

[63] DHE: Vol.III, S. 724

Höhepunkt und Umkehr und über gelegentlich retardierende Momente die fallende Handlung unterscheiden, die in die Katastrophe einmündet. Im Rahmen dieses Handlungsablaufes sind deutlich rituelle Elemente zu erkennen, die das individuelle Märtyrerschicksal in einen sozialen Bezug stellen, die kollektive Identität und Tradition begründen und das Sterben des Märtyrers zu einer Symbolhandlung werden lassen, die über sich selbst hinausweist auf die transzendente Wirklichkeit.

5. Bei der Analyse der Pürchnerlieder wurde versucht, den Text zu strukturieren und sein Umfeld zu durchleuchten. Auf der Systemebene begegnete uns erneut die Widersprüchlichkeit von Gemeinde und Welt. Die Gemeinde erfüllt zwar die Ansprüche der weltlichen Autoritäten, aber sie tut dies nur im Geltungsbereich göttlicher Gebote. Dem Sytem staatlicher Willkür gegen ihre Sendboten setzt sie das System persönlicher Hilfe in materieller und geistlicher Hinsicht entgegen.

6. Die ursprüngliche Darbietungsform der Märtyrerlieder, die durch die besondere Situation vieler Gefangenen bedingt war, hat die Gesamtheit des hutterischen Kirchengesanges geprägt. Damit werden emotionale Ladungen der Ursprungssituationen reaktiviert und in die Gegenwart übertragen. Die musikästhetische Seite wird gegenüber der inhaltlichen vernachlässigt, man singt nicht, um zu „genießen", sondern um zu „lernen".

7. Auf dem Wege zur Vollendung ist der Mensch gefordert, alles zurückzulassen, was ihn an die Wirklichkeit dieser Welt bindet. Der Märtyrer hat diese Bedingung weitestgehend erfüllt, indem er bewußt sein Selbst-Sein aufgibt und die Grenze zum Nicht-Sein überschreitet. Auf diesem Wege wird er ein Zeuge der Wirklichkeit Gottes. Aber er mahnt zugleich durch sein Zeugnis die Solidarität der Gemeinde mit den Einsamen und Gottverlassenen an.

ERGEBNISSE

Abschließend wollen wir versuchen, einige Ergebnisse unserer Untersuchungen und Beobachtungen zu formulieren.

1. Zuerst geht es um die Frage, inwieweit der Weg des hutterischen Menschen bzw. der hutterischen Gemeinde berechtigterweise als Heiligungsprozeß bestimmt werden kann.

2. Zum andern wollen wir feststellen, ob die von uns beschriebenen gemeindlichen Aktivitäten unter den Begriff „Gemeindepädagogik" zu fassen sind.

3. Im Mittelpunkt eines dritten Fragekreises stehen die erziehenden, steuernden, prägenden Wirkungen des gemeindlichen Erziehungshandelns. Hier geht es um die praktische Seite der Menschenführung.

4. Schließlich sind Ergebnisse zu sichten, die verschiedene gesellschaftliche und ökonomische Alternativen betreffen.

1. ZUM PROBLEM DER HEILIGUNG

1.1 Wir bestimmten Heiligung als Folgewirkung der von Gott in Jesus Christus geschehenen Rechtfertigung des Menschen. Sie ist damit primär Handeln Gottes, der den Menschen in seinem Sein und Handeln gerechtspricht, sekundär, weil Gott keine unerfüllbaren Ansprüche an den Menschen stellt, mögliches Werk des Menschen, das sich in gottgewolltem Tun manifestiert.

1.2: Ausgehend von diesem Heiligungsverständnis wurde das Leben in verschiedenen Phasen beschrieben, ohne damit eine zwingende Reihen- oder Entwicklungsfolge festlegen zu wollen. Geistliches Leben wurde in Entsprechung zur biologischen Reifung des Menschen gesehen. In diesem Zusammenhang werden die gemeindlichen Rituale zu Zäsuren zwischen den einzelnen Lebensabschnitten und zu bestimmenden Charakteristiken jeder individuellen Entwicklung.

Die Entwicklung beginnt mit der Erweckung des Gewissens durch Gottes Wort, das in den Menschen eingeht und durch das Wirken des heiligen Geistes in ihm das Werk des Glaubens beginnt. Es kommt zur Erfahrung persönlicher Heilszueignung durch die von Gott auf den Menschen zukommende Rechtfertigung des Sünders. Die folgende Entwicklung wurde unter dem Gesichtspunkt der individuellen und kollektiven Christusnachfolge beschrieben, deren Ziel in der Erlangung der Christusförmigkeit liegt.

1.3: Wie die hutterische Gemeinde historisch gesehen ein Glied in der Kette der nebenkirchlichen Bewegungen ist, so ist auch ihr Menschenbild im Zusammenhang mit dem *Bild vom Menschen* zu sehen, das in den Auseinandersetzungen häretischer Gruppierungen mit der römisch-katholischen Kirche entwickelt und während des 16. Jahrhunderts durch die Wortführer der verschiedenen Aktionsströme des linken Flügels der Reformation schärfer profiliert wurde.

Ein Merkmal hutterischer Anthropologie, das zu nennen ist, sehen wir in dem Faktum der *Unmittelbarkeit zu Gott*. Durch sie wird der Mensch aus der Bevormundung durch alle institutionellen Vermittler herausgelöst. Während im Verständnis der Spiritualisten eine sich aus dem Denken der mittelalterlichen Mystik hergeleitete Unmittelbarkeit durch eine *Einwohnung* des göttlichen Geistes in der Form des „inneren Lichtes", des „inneren Wortes" und ähnlicher Umschreibungen ergibt, bleibt bei den Hutterern diese Präsenz des Geistes an das Wort der heiligen Schrift und der Predigt gebunden. Andererseits kann das Wort nur dort wirksam werden, wo es durch den Geist verlebendigt wird, sonst bleibt es ‚buchstabisch', d.h. es bleibt ohne Leben. So entsteht eine doppelte Affinität: Der göttliche Same, durch die Verkündigung in das „Herz" des Menschen hineingelegt, bedarf des Wirkens des heiligen Geistes, damit er zum Leben erwachen, wachsen und Frucht bringen kann.

Ein weiteres Merkmal, sehen wir in dem Postulat grundsätzlicher *Willensfreiheit* für den Menschen. Die Fähigkeit, vor einem dualistisch verstandenen Welthintergrund prinzipiell Entscheidungen zum Guten wie zum Bösen treffen und auch in die Tat umsetzen zu können, stellt eine zentrale Voraussetzung dieses Menschenbildes für das Gelingen des menschlichen Anteils auf dem Wege zur Christusförmigkeit dar. Hier liegt der Ansatzpunkt für die Annahme, daß der Mensch zum Guten hin geführt, erzogen werden könne. Damit wird theoretisch die Vorstellung vom perfektiblen Menschen möglich, doch in der Praxis wird dieses Ziel nie formuliert und auch nicht angestrebt.

Die Hutterer (das gilt auch für alle anderen Täufergruppen) machten unter dieser Voraussetzung Ernst mit der Nachfolge Christi. Nachfolge schloß kontemplative Abkehr von der Welt, quietistisches Verharren in mönchischer Askese und blindes Vertrauen auf die sündenvergebende Macht der Sakramente aus. Statt dessen entwickelten sie als Gruppe, die durch Traditionen aktiven Handwerker- und Bauernlebens bestimmt war, neue Formen einer „innerweltlichen Askese", deren Verwirklichung zum Meßwert für die ‚Besserung des Lebens' und damit für das Gelingen der Nachfolge wurde. Das von einem tiefen Verantwortungsgefühl getragene Bemühen um *bewußt sittliches Handeln* zur Realisation gottgefälliger Werke wird damit zu einem weiteren Wesensmerkmal des hutterischen Menschen.

1.4: So stellt sich, wenn wir die hutterischen Autoren richtig interpretieren, Heiligung als ein zweigliedriges Geschehen dar, das, durch Gottes Handeln initiiert und in seiner Gesamtheit gerechtfertigt, von einer radikalen Mitverantwortung des Menschen für das Gelingen des Nachfolgeprozesses ausgeht. Diese Mitverantwortung wird jedoch nicht durch das Wirksamwerden äußerer Gesetzlichkeit erzwungen, sondern sie erwächst aus dem inneren Antrieb, den Glauben an Christus durch sittliches Handeln bewähren zu dürfen. So entsteht das Bild einer Kooperation des Menschen mit

Gott, die im Blick auf das Wachsen in der Heiligung negativ gewertet werden könnte, als ein Tun, aus dem Rechtfertigung erwächst. Diese Kooperation kann aber weder als Partnerschaft noch als ein Konkurrenzverhältnis verstanden werden; denn in ihr könnte es dazu kommen, daß der „eine das Wirken des andern beschränkt, modifiziert und so auch in Frage stellt. ... Gerade darin ist Gott der Alleinwirkende, daß er uns zu einem guten Werk und so zu wahrem Menschsein verhilft."[1] Dem widerspricht auch die Grundintention hutterischen Glaubens, die als Ursache menschlicher Seligkeit allein das Verdienst Christi zu nennen weiß. Dieses Wissen gilt es, lebendige Wirklichkeit werden zu lassen. Das geschieht nicht durch die Nachahmung Christi, nicht durch den Nachvollzug vorgegebener Handlungsmuster auf der Basis unveränderlichen Selbstseins und eigener Handlungskompetenz, sondern durch das selbstverantwortliche Gehen eines am Worte Gottes orientierten Lebensweges unter der Leitung des heiligen Geistes, der im Menschen „wohnt". In diesem Sinne ist es der Geist Gottes, der das Wollen bewirkt, den Willen befreit zur Tat.(Phil.2,12 f.) Diese aber bleibt Aufgabe des Menschen, die er in tragender Verbundenheit mit Brüdern und Schwestern in erstrebter Einheit des Geistes löst.

1.5: Nachfolge wird vollendet in der Kreuzesnachfolge. Im frühen Huttterertum ist die Möglichkeit körperlichen Leidens im Martyrium um der eigenen Glaubensüberzeugung willen eine ständig präsente Gefahr. Sie wird als letzte von Gott gewährte und vom Menschen bejahte Form der Annäherung an den höchsten Grad menschenmöglicher Vollendung verstanden. Durch Leiden wird dem Menschen in besonderer Weise bewußt, daß er geheiligt und Gott angenehm ist. Zugleich wird er aus allen Bindungen an die Welt gelöst und zur völligen Einheit mit Christus geführt. Der Mensch wird in Christo „eingepflanzt", „eingesetzt, eingeleibt und anhängig"(S.73, 79, 227), er wird mit Gott eins und Gott mit ihm, er wird „mitgenössig der göttlichen Natur". Darum ist das Hutterertum (Täufertum) in seiner Frühzeit geprägt vonLeidensbereitschaft, die bis zur Leidensleidenschaft reicht. Doch stellt das Leiden nicht die ausschließliche Form menschlicher Vollendung dar. Auch das Alltagsleben, in treuer Pflichterfüllung gegen Gott und die Gemeinschaft der Heiligen gelebt, wird zum vernünftigen Gottesdienst, der der ‚Besserung des Lebens' und dem Lobe Gottes in der Welt dient.

1.6: Fassen wir alle diese Aspekte zusammen, die das Leben der Gläubigen in der hutterischen Gemeinde bestimmen, dann scheint es uns berechtigt zu sein, den durch das Wirken des Geistes initiierten und vom Menschen realisierten Prozeß des Wachsens hin zu Zielen, die einem Christen durch das Wort Gottes gesetzt sind, als Teil der Heiligung zu werten. Was den Menschen in diesem Entwicklungsprozeß an tatsächlicher Veränderung ihrer Einstellungen, Haltungen und Handlungen in Form von persönlichen und mitmenschlich-gemeinschaftsfähigen Tugenden zuwächst, was an Vertrauen in Gottes Führen in ihnen wirksam wird, hat seine Grundlage in der Erfahrung der Rechtfertigung, die im Glauben angenommen wird, aber sie bleiben das

---

1   Stalder, Kurt: a.a.O., S. 478

Werk von Menschen, die Gott „für sich in Anspruch nimmt, um an ihnen seine eigene Herrlichkeit zu offenbaren."[2] Wir wollen dieses ganze Geschehen als Heiligung bezeichnen.

2. ZUM BEGRIFF DER GEMEINDEPÄDAGOGIK

2.1: Als nächstes gehen wir der Frage nach, inwieweit die Ergebnisse unserer Untersuchung über die *Erziehungswirkungen der Gemeinderituale* unter den Oberbegriff „Gemeindepädagogik" zu fassen sind.

Die hutterische Gemeinde stand von Anfang an vor einer zweifachen Aufgabe: Sie hatte die Menge der Konvertiten in die bestehenden Gemeindestrukturen einzubeziehen, und sie hatte die Kinder der Gemeinde auf das Leben im Kollektiv vorzubereiten. Ihr Erziehungshandeln mußte also „Nachwuchs" im umfassendsten Sinne erreichen.

2.2: Während das Problem der *Kinderzucht* in den gemeindeeigenen Internatsschulen während eines Zeitraumes von ca. 150 Jahren durch eine gezielte religiös-sittliche Unterweisung der Heranwachsenden eine in ihrer Zeit nahezu optimale Lösung erfuhr, blieb der Erfolg der Eingliederung von Menschen im Erwachsenenalter von einer sehr differenzierten Einflußnahme auf den Einzelnen abhängig, seine Herkunft, Sprache, berufliche Qualifikation, sein Lebensniveau betreffend. Für den Erfolg der gemeindlichen Sozialisation der Kinder war bedeutsam, daß die Erziehung bereits in frühester Kindheit einsetzte, sobald „die Mutter das Kind der Brüste entwöhnt" hatte[3], und daß es bis zur Erreichung des Erwachsenenalters in die Grundlagen des christlichen Glaubens eingeführt und auf das Bekenntnis des Glaubens getauft worden war.[4] In der Konstanz der Erziehungsbedingungen, der Verläßlichkeit des Erzieherpersonals, die die Entwicklung menschlichen Vertrauens und die Entfaltung der kindlichen Gewissen förderte, lag eine weitere Bedingung für das Gelingen der Erziehung im Sinne der Gemeinde.

Für den erwachsenen Taufanwärter, der die Schulen der Gemeinde nicht durchlaufen hatte, galt, wie unter 1.2 angedeutet, daß die Wortverkündigung eine erkennbare Lebensveränderung (Reue, Buße ...) eingeleitet und die Bereitschaft, in der Gemeinschaft der Heiligen leben zu wollen, bewirkt hatte. Aber es war nicht nur die Predigt bzw. die Lehre, die in die Gemeinde einführte, es waren auch die zwischenmenschlichen Beziehungen, die seitens der Gemeinde entwickelt und gepflegt wurden. Diesbezügliche Ermahnungen, die Neuankömmlinge nicht zu überfordern, sie nicht durch

---

2 ders.: a.a.O., S. 476

3 RR: S. 140

4 RR: S. 141

lieblosen Umgang mit ihnen und durch autoritäres Verhalten einzelner Gemeindemitglieder zu verprellen, sondern ihnen über die Anfangsschwierigkeiten hinwegzuhelfen, begegneten uns im Aussendungsritual der Missionare.

2.3: Die Hutterer missionierten aus der Minderheitensituation einer religiösen Sondergemeinschaft heraus in einer christianisierten Umwelt. Die christlichen Kirchen der Gegenwart befinden sich in vielen Teilen der Erde in einer ähnlichen Lage. Sie stehen weltweit in einem Konkurrenzverhältnis zu anderen Weltreligionen, zu Neureligionen, Sondergemeinschaften und Sekten. Zudem gibt es immer mehr Menschen in den „christlichen" Ländern, die der christlichen Lehre entfremdet sind oder sie ignorieren. Daraus ergeben sich Aufgaben, die denen der hutterischen Missionstätigkeit während ihrer aktiven Phase gleichen und die als „Begleitung beim Erwerb der Mitgliedschaft"[5] bezeichnet werden können. Welchen Umfang diese Begleitung hat bzw. haben muß, ist dann von den Zielstellungen der Eingliederung abhängig. Sie verbindlich zu formulieren ist ebenfalls Aufgabe gemeindepädagogischen Handelns.

2.4: Die Eingliederung in die Gemeinde kann nicht unter Zwang erfolgen, sondern auf der Grundlage echter Partnerschaft zwischen Führendem und Geführtem beim Lernen und Praktizieren des Glaubens. Daß dabei zeitweilig ein „Gefälle" des Wissens und Glaubens und auch ein „Vorsprung" hinsichtlich der moralischen Qualifikation sichtbar werden können, führt aber nicht zu grundsätzlich unterschiedlicher Wertung von Menschen; denn die Grundlage der Partnerschaft in der hutterischen Gemeinde ist die Annahme prinzipieller Gleichheit aller Menschen vor Gott. Keiner kann sich aufgrund seiner Wissens, seiner Leistungen oder seiner Werke über den anderen erheben, weil jedem gleicher Wert durch das rechtfertigende Gnadenhandeln Gottes zugesprochen wird. Vor diesem gedanklichen Hintergrunde wird ‚brüderliche Vermahnung' in Versagenssituationen möglich, und sie wird zugleich Aufgabe, zu deren Übernahme sich der Gläubige in seinem Taufbekenntnis verpflichtet. Wachsamkeit in der Gemeinde ist also nicht Aufsicht, sie hat keine Kontrollfunktion, sondern weil der hutterische Christ für das Leben in der Gemeinschaft erzogen wurde, hat er auch immer das Funktionieren der Gemeinschaft im Auge. Jeder Bruder, jede Schwester ist Glied am Leibe Christi, und damit ist jeder für jeden verantwortlich. „Keiner kann seines Glaubens leben, ohne der Mitverantwortung für den Glauben anderer Menschen inne zu werden."[6] Neben der persönlichen Verantwortung, die der Einzelne in diesem Entwicklungsprozeß trägt, bleibt es Aufgabe der ganzen Gemeinde, durch gezielte Maßnahmen Fehlentwicklungen zu korrigieren.

2.5: Wo es im Leben eines Gläubigen zu Krisen kommt, erwächst aus dieser Mitverantwortung Hilfe für den Glauben und für das praktische Leben. Die Grenzen zwischen der Glaubens-„Theorie" und der Glaubenspraxis werden in diesem Zusammenhang bedeutungslos. Lebenshilfe wird dann immer auch Glaubenshilfe sein. Gemein-

---

5 Vgl. Rosenboom, Enno: a.a.O., S. 60
6 Rosenboom, Enno: a.a.O., S. 67

de erfährt so eine Veränderung vom bloßen Beziehungsfeld zu einem Bewährungsfeld des Glaubens. Man darf deshalb sagen, daß in den hutterischen Gemeinden Glaubenshilfe sich in der Regel effektiver gestalten kann als da, wo der Lebensschwerpunkt eines Menschen außerhalb einer christlichen Gemeinde liegt und das Leben sich in Verflechtung mit anderen, nichtchristlichen Interessen und Verpflichtungen vollzieht. Die Gemeinde richtet sich „auf den Menschen in seiner Ganzheit in allen Altersstufen und in allen Lebensbezügen" aus. Sie befreit das einzelne Gemeindemitglied von einer Fülle von Alltagsbelastungen und -problemen und stellt es frei für ein Leben zum Lobe Gottes.

2.6: Berücksichtigen wir die in unserer Untersuchung dargestellte Vielfalt gemeindlichen Handelns im Blick auf die Vermittlung und Festigung des Glaubens, die Einhausung in die Gemeindestrukturen, das gemeinschaftliche Gelingen des menschlichen Anteils an der Heiligung, der brüderlichen Hilfe in Krisensituationen, dann kann man feststellen, daß hier das ganze Programm dessen angesprochen ist, was wir einleitend als Aufgabenbereich der Gemeindepädagogik beschrieben. Es sind Lebens- und Handlungsbereiche, die im Wesen des Evangeliums liegen und die darum in Gemeinden, die nach Wegen zur Realisierung einer evangeliumsgemäßen Weltimmanenz suchen, eine vergleichbare Ausprägung finden, unterschiedlich in ihrer Zeitbezogenheit, aber in grundsätzlicher Übereinstimmung, was die Zielstellungen und die Inhalte der Arbeit betrifft. Diese Übereinstimmung gilt für die hutterische Kirche in ihrer Aktivzeit während des 16. Jahrhunderts bis in die Zeit des dreißigjährigen Krieges. Die Hinwendung zum Nächsten, die Verantwortung für die Menschen in der „Welt", die ein Hauptanliegen der frühen Hutterer war, hat in späteren Zeiten keine Weiterentwicklung zu einem ökumenischen Denken gefunden. Was in den Gemeinden als Möglichkeit und Sinngebung christlichen Lebens erprobt und erfahren wurde, wurde nicht als mögliches Verhaltensrepertoire bereitgestellt, um in ökumenischer Gemeinschaft Verwirklichung finden zu können. Es wurde konserviert im Interesse eigener Bewahrung. Die gesellschaftsdiakonische Verantwortung, die sich in den guten Jahren der Gemeinschaft in unterschiedlichen Formen äußerte, ist in der Gegenwart auf gelegentliche Kontakte zu sozial schwachen Personengruppen reduziert. Die Hutterischen Gemeinden waren nie „offene Angebotsgemeinden", die sich unterschiedlichen, dem jeweiligen Zeitgeist entsprechenden Strebungen und Experimenten geöffnet hätten, sondern sie waren stets bemüht, das Leben in den Gemeinden durch klare Vorgaben zu ordnen und auf das Ziel hin auszurichten. Aber sie waren Angebotsgemeinden in dem Sinne, daß sie das Angebot eines Lebens in christlicher Gemeinschaft, wie sie es verstanden, der für sie erreichbaren Welt offerierten. Die Entwicklung ging aber dahin, daß, bedingt durch Verfolgungen und Emigrationen, die Gemeinde zunehmend in primärhaft-familiäre Lebensformen auswich, daß sich auch die Gemeindearbeit diesem Charakter der Gemeinde anpaßte und sich bewußter Weltverantwortung zunehmend entzog. Das heißt aber auch, daß die Konzentration christlicher Verkündigung und christlichen Lebens auf den Binnenbereich der Gemeinde zugleich eine Abgrenzung gegen die übrige Welt bedeutet und damit deren Ausgrenzung aus dem Heilsangebot Gottes.

2.7: Vergleicht man die hutterischen Gemeindeaktivitäten mit dem von Rosenboom genannten Minimalprogramm gemeindepädagogischen Handelns, dann kann man sagen, daß die hutterische Gemeinde ein echtes Konzept der Gemeindepädagogik entwickelt hat, dessen Ziel es ist, das gemeinsame Leben in der Gemeinde in der Verbindung von Lernen, Erziehen, Arbeit, Leben und Glauben zum Kriterium der Bewährung zu machen. Während eines Zeitraumes von mehr als hundert Jahren wurde dieses Konzept in vollem Umfange verwirklicht. In der Zeit des Niederganges der Gemeinde wurden die gemeindepädagogischen Prinzipien gelegentlich nicht beachtet oder, anders gesagt, wenn die gemeindepädagogischen Prinzipien nicht mehr in vollem Umfange beachtet wurden, gab es Verfallserscheinungen in der hutterischen Kirche. Es ist unnötig, zu erwähnen, daß jede Erneuerung der Gemeinde bei der Wiederherstellung der alten Ordnungen und der Restitution ihrer Erziehungsgrundsätze einsetzte. Das gilt auch für die Gegenwart mit der Einschränkung, daß alle Aktivitäten ausschließlich gemeindezentriert wirksam werden, alle Außenwirksamkeit hingegen im Interesse persönlicher und gemeindlicher Bewahrung auf ökonomische Verbindungen und einzelne Privatkontakte reduziert ist. Damit entspricht heutige Gemeindepädagogik in der hutterischen Kirche dem Standard vieler evangelikaler Gemeinschaften. Sie ist nicht ökumenisch orientiert, aber sie muß als Gemeindepädagogik bezeichnet werden.

3. ZUR GEMEINDEPÄDAGOGISCHEN PRAXIS

3.1: Wir wenden uns jetzt dem pädagogischen Bereich im engeren Sinne zu, in dem es um die *Vermittlung von Inhalten* und um die *Formen der Vermittlung* geht. Er soll uns Aussagen über die gemeindepädagogische Praxis ermöglichen.

Alle erziehungsrelevanten Handlungen werden durch die *Idee möglicher Vollendung* bestimmt. Diese Idee basiert auf der Vorstellung einer grundsätzlichen Befreiung des Menschen zur Freiheit vom Zwang der Sünde durch das Erlösungswerk Christi. Weil der Mensch als ganzer von Gott gerechtgesprochen und in seinem möglichen Tun geheiligt ist, fällt auch sein *Wollen* unter das freimachende Wirken Gottes. So wird auf der menschlichen Seite *persönliche Willensfreiheit*, die Fähigkeit, Entscheidungen zum Guten wie zum Bösen treffen zu können, zur Voraussetzung für ein Wachstum des Menschen zur Christusförmigkeit. Sie kann in Annäherung schon im irdischen Leben erreicht werden; denn die Anverwandlung der menschlichen Natur an die Ewigkeitsnatur darf und soll, das ist die andere Seite der Heiligung, von Gott geheiligtes Werk des Menschen sein. Die letzte Stufe der Entwicklung ist die Eingottung des Menschen.[7] Sie zu erreichen liegt nicht in der Hand des Menschen. Aber schon zur Erreichung der Christusförmigkeit bedarf es einer klaren Führung. Deshalb stellt sich für die hutterische Gemeindepädagogik nicht die Alternative „Führen oder

---

7 Cod. Ritualis: S. 70; RR: S. 89 f.

Wachsenlassen" (Litt), sondern Führung und Nachfolge sind die prizipiellen Vermittlungsformen hutterischer Gemeindepädagogik.

3.2: Das *Führungsprinzip* wird durch das Handeln Gottes im Leben von Gemeinschaften und Individuen begründet. In der Annahme des Geführtwerdens entsprechen diese dem Führungsanspruch Gottes. Der offenbart sich als Anruf an ausgewählte Personen (Mose, Jeremia, Paulus u.a.), der die Betroffenen ihre Berufung erkennen und sie dann zu Führern im Auftrage Gottes werden läßt. Jakob Hutters Berufungsverständnis war von dieser Art.[8] Es begründet charismatische Führerschaft und Sukzession, Gemeinschaft und Ordnung, Zielstellung und Nachfolge. Es bedeutete gleichzeitig Legitimation des Führungsprinzips durch den unsichtbaren Gott, dessen Wirklichkeit sich im apostolischen Sendungsbewußtsein seines Beauftragten spiegelt. Nur vor diesem gedanklichen Hintergrund, dieser „in die Immanenz eingreifenden Eigentlichkeit"(Mann) erklärt sich die lange Reihe begnadeter ,Regierer' der Gemeinde, erklärt sich ihre Konstanz in den Widerwärtigkeiten der Welt. Daß die Funktionsträger insbesondere in der Frühzeit der Gemeinde als Beauftragte an Christi statt gesehen wurden, zeigen sowohl das Losverfahren, durch das Prediger als eine Schickung Gottes angenommen werden, als auch die Tatsache, daß Missionare bei geglückter Heimkehr „wie der Herr selber empfangen wurden." Die heute noch wirksame Akzeptanz des Führungsprinzips wird in der Hochschätzung und in gelegentlicher Überschätzung der Vorväter sichtbar, deren Kompetenz in Fragen der Schriftauslegung als unüberbietbar gilt. Daran zeigt sich der hohe Grad persönlicher Autorität, der den Funktionsträgern der Gemeinde zuerkannt wird. Erziehung geschieht also immer durch Menschen, die *vorbildhaft* wirken und handeln. Sie beziehen ihre persönliche *Autorität aus gelebtem Gehorsam*, der seine letzte Begründung in Gottes Heiligkeit, Wahrheit und in seiner Liebe findet.

3.3: Die Gemeinde ist *komplexer Erziehungsort* und in dem von ihr initiierten Erziehungsprozeß zugleich Subjekt und Objekt ihres Lehrens und Lernens. Ihre Funktionsträger realisieren den Auftrag zur Erziehung der Gemeinde und des einzelnen Gemeindegliedes im Sinne des religiösen Systems anhand von Zielen und Inhalten, die durch Leiter der Gemeinschaft formuliert wurden und die bis in die Gegenwart nahezu unverändert blieben. Alle erzieherischen Maßnahmen der Gemeinschaft sind darauf ausgerichtet, die Gemeindemitglieder in diesem Entwicklungsprozeß zu leiten, zu korrigieren und zu stützen, ihre persönlichen Kräfte, ihren Willen zu aktivieren. Indem das Individuum sich durch *Selbsterziehung* dem Leitbild zunehmend anverwandelt, wird zugleich die Gemeinschaft in ihrer Binnenstruktur homogenisiert und damit funktionsfähig erhalten. Aus der theologischen Zielstellung entsteht also durch die sittliche Vervollkommnung des Einzelnen ein sozialisierender Effekt, der *das* Erziehungsziel definiert, das als soziologisches Pendant zur Christusförmigkeit zu nennen ist: Es ist die *Gemeinschaftsfähigkeit*. Beide implizieren eine Reihe von Voraussetzungen, die gewissermaßen als Teil- oder Etappenziele erreicht werden und die Per-

---

8 Vgl. Fischer, Hans-Georg: a.a.O., Briefanhang: S. 48 (VII/I)

sönlichkeit verändern. Neue Verhaltensweisen werden erlernt, Eigenschaften erworben und in den Dienst der Gemeinschaft gestellt. Der Katalog der christlichen Tugenden umfaßt dabei Persönlichkeitsmerkmale von grundsätzlicher Bedeutung wie Gehorsam, Gelassenheit, Vertrauen und Bedürfnislosigkeit, aus denen sich dann die Eigenschaften herleiten, die das Leben in der Gütergemeinschaft ermöglichen.

Aber nicht nur die vielfältigen und *absichtsvollen* Bemühungen zur Einbindung der einzelnen Glieder in das Handlungspotential der Gemeinde sind zu berücksichtigen, sondern auch dem *funktionalen Anteil* der hutterischen Gemeindepädagogik gebührt Beachtung. Es ist das ganz alltägliche Leben in den Bruderhöfen, das im Sinne einer pädagogischen Gesamtsituation wirkt. Durch die Transparenz aller menschlichen Beziehungen und aller Aufgabenstellungen wird der Einzelne in Entscheidungen hineingeführt und zu Handlungen angetrieben, die er als „ganze Person" bewältigen muß. Als „ganze Person" heißt in diesem Zusammenhang, er muß vor einer Lebenstotalität agieren, die nicht nur durch die Allgegenwart prinzipiell offener Gemeinde bestimmt ist, sondern er ist genötigt, im Bewußtsein ständiger Gegenwart Gottes zu handeln.

3.4: Die Vermittlung vollzieht sich über umfängliche *Lehr- und Lernprozesse*, durch die Bewußtseinsinhalte begründet, entwickelt und geformt werden. Erziehung geschieht also, soweit sie absichtsvoll betrieben wird, hauptsächlich durch Unterrichtung und Belehrung. Die täglichen biblischen Unterweisungen, die Gebete und Gespräche sind hier entscheidend. Die verschiedenen Lernstoffe werden dafür so aufbereitet, daß sie personen- und gruppenspezifische Einsichten ermöglichen und im lebenslangen Lernprozeß eines Gemeindegliedes wiederholt zum Einsatz gelangen können.. Wir finden bspw. im Codex Ritualis eine religiös-pädagogische Schrift, die ein in sich geschlossenes System der „Weltanschauung" bietet. Sie dient der Vorbereitung auf die Taufe und damit der Erlangung voller Gliedschaft in der hutterischen Kirche. Die Lehrschrift beschreibt Zielgruppe und Lernziele und ist unter didaktischen Gesichtspunkten in thematische Einheiten gegliedert. Als Mittel der Veranschaulichung dient ausschließlich die Sprache, die durch eine Vielzahl bildhafter Vergleiche biblischer und nichtbiblischer Herkunft gekennzeichnet ist. Damit wird in einer bilderlosen Gesellschaft ein imaginierendes Denken entwickelt, das zugleich konkretes, auf Erfahrung und Anschauung beruhendes Denken ist.

Ein früher Prototyp hutterischer Lehrschriften begegnet uns im Kommentar zur Johannes-Apokalypse. Seine ursprünglich endzeitliche Orientierung wurde im Laufe des 16. Jahrhunderts in eine Sammlung moralisch-ethischer Homilien umgewandelt, um die Gemeinde auf die ihr erwachsenden Diesseitsaufgaben vorzubereiten. Dabei wird das *Leben im Kollektiv* als Idealform christlichen Gemeindeseins herausgestellt. Die Wertsetzung eines Menschen geschieht unabhängig von seinen persönlichen Eigenschaften und Befähigungen von Gott bzw. von der Gemeinde her und unter Bezugnahme auf seine Funktion innerhalb des Gemeindecorpus'. Unter der Voraussetzung einer von Gott gewirkten Lebenserneuerung wird die aus der möglichen Beherrschung persönlicher Triebstrukturen erwachsende Fähigkeit zur ‚Besserung des Lebens' angestrebt. Die Erziehungsmaßnahmen der Gemeinde und persönliches Bemühen wirken dabei in einem Umwandlungsprozeß zusammen, an dessen Ende der völlig positiv zu sehende Christusmensch steht.

3.5: Viele pädagogische Impulse begegnen uns in der Form *gemeindlicher Rituale* im Gottesdienst, im täglichen Gebet, in der Sonntagsschule und in den Ritualen, die den Alltag zu einem ständigen Gottesdienst werden lassen. Dabei werden Taufe und Abendmahl zu *Orientierungsgrößen* des gemeindlichen Erziehungsgeschehens. In der Taufe manifestiert sich der Abschluß und das Gelingen des Sozialisierungsprozesses der Gemeindemitglieder. Sie erlangen dadurch den Status voller Gliedschaft und als Männer auch volle Stimmberechtigung im Gemeinderat. Taufe begründet also Gemeinschaft. Anders das Abendmahl: durch die vorlaufenden Rituale der ‚Rechtmachung' werden bestehende Probleme interpersonal oder in Gruppengesprächen bearbeitet und gelöst, und insofern leiten sie neue Entwicklungen in zwischenmenschlichen Bereichen ein, steuern diese Entwicklungen und sichern damit den Bestand der Gemeinschaft. Die aktive Teilnahme an der Vorbereitung auf das Abendmahl wird zum Gradmesser der Bereitschaft, sich mit der Gruppe, ihren Wertsetzungen, ihren Ordnungen, ihren Handlungen zu identifizieren, und im Abendmahl wird diese Bereitschaft bestätigt. Beide Rituale haben also zunächst einen sozialisierenden Effekt. Erst durch die theologische Wertung gewinnen beide religiöse Bedeutung. Sie liegt in dem Wissen um die Eingliederung und in dem in der Gemeinschaft lebendigen Bewußtsein der Identifikation mit dem Leibe Christi, der als Auferstehungsleib einer neuen Wirklichkeit angehört, der heilig ist. Darum ist auch die Gemeinde heilig. Aus diesem Bewußtsein elitärer Teilhabe werden alle ihre Lebens- und Erziehungsfunktionen gespeist. In ihr ist Arbeit Gottesdienst, und darum ist die Erarbeitung materieller Werte, die Erwirtschaftung von Gewinnen ein Dienst der Liebe, durch den Witwen und Waisen, Alte und Arbeitsunfähige mitversorgt und Grundlagen für den Bestand und die Weiterentwicklung der heiligen Gemeinschaft gelegt werden. Daraus erwächst das hohe *Arbeitsethos*, das sich im Willen zu gleichbleibender bzw. steigender Arbeitsleistung ausdrückt. Es bildet überhaupt das Grundmotiv für alle Willensentscheidungen, Verhaltensweisen und Handlungen eines Hutterers. Das gilt auch für Situationen, die, wie zu sehen war, bis in die Selbstentwirklichung führen können.

3.6: Dennoch bleiben selbst da, wo Menschen im Gehorsam gegen Gottes Wort leben, Konfliktpotentiale bestehen, die gelegentlicher oder regelmäßiger Auflösung bedürfen. Für uns stellte sich die Frage nach den *Konfliktlösungsstrategien*, nach Korrekturmaßnahmen und Steuerungsmechanismen. Hier sind neben den Maßnahmen zur Vermittlung rechter Lehre vor allem die Maßnahmen zu nennen, die vorrangig als *helfende Korrektur* zu verstehen sind: die *Anrede*, die *Ermahnung*, die *brüderliche Vermahnung und Strafe*, die *Rechtmachung* und die differenzierten Maßnahmen der Gemeindezucht. Von diesen letzteren stellen eigentlich nur die ‚Versetzung in den Unfrieden' und der Bann, der einem Ausschluß aus der Gemeinde gleichkommt, wirkliche Strafen dar, aber auch sie sollen den Gestraften zur Einsicht in das Unrecht seines Handelns führen. Alle Maßnahmen kommen ebenso bei individuellem Fehlverhalten wie bei Gruppenkonflikten in rituell verfestigter Form zum Einsatz. Grundlage ist die Regel Christi, die wir hier zitieren wollen: „Wenn aber dein Bruder gesündigt hat, so gehe hin und stelle ihn unter vier Augen zur Rede! Hört er auf dich, so hast du deinen Bruder gewonnen. Hört er nicht auf dich, so zieh einen oder zwei andere mit hinzu. Denn: Auf die Aussage zweier oder dreier Zeugen hin soll jede Streitsache geklärt werden. Will er auch auf sie nicht hören, so sag es der Gemeinde. Hört er auch auf die Gemeinde nicht, so soll er dir wie ein Heide und Zöllner gelten. Amen, ich sage euch: Was ihr auf Erden binden werdet, soll auch im Himmel als gebunden gelten; und was ihr auf Erden lösen werdet, soll auch im Himmel als gelöst gelten.“(Mt.18,15-18) Diesem Worte Jesu folgend werden die Maßnahmen der Gemeindezucht durchgeführt (die im Bann ihre schärfste Ausprägung erfahren haben). Das brüderliche Gespräch, in Vertraulichkeit geführt, bildet stets den Ausgangspunkt einer Konfliktlösung und führt zugleich, weil streng dem brüderlichen Prinzip folgend, oft schon zur Lösung bestehender Widersprüche. Die Einfachheit und Funktionsfähigkeit der Maßnahme setzt voraus, daß Menschen, die sie handhaben bzw. die sich in die Situation der Ermahnung hineinbegeben, dies tun in grundsätzlicher Anerkennung fremdgesetzter Werte. Die Menschen in der Gemeinde erleben diese Aktionen durch persönliches Betroffensein, in deren Folge sie sich selber in ihrem Verhalten zu korrigieren suchen. Weiterführend erwachsen aus solchen Korrekturen dauerhafte Persönlichkeitsveränderungen auf dem Wege zu einer durch die hutterische Theologie definierten und in der Gemeinschaft fortschreitend zu bewährenden „Endform“. Hierbei sind Theologie und Gemeindepraxis wechselseitig wirkende Korrektive. Wo hingegen das Selbstwertbewußtsein zum Maßstab aller Wertvorstellungen geworden ist, multiplizieren sich die Werte und Werteskalen zum Pluralismus selbstgesetzter Werte und führen zugleich in den allgemeinen Werteverlust pluralistischer Gesellschaften. Die Hutterer, denen die Ergebnisse der europäischen Aufklärung ebenso unbekannt geblieben sind wie der Orientierungswechsel, der sich nach dem 2.Weltkrieg vollzog, sind der Entwicklung des Individuums zum Individualismus nicht gefolgt, haben vielmehr ihr Selbstsein und damit mögliche Selbstverwirklichung als Verwirklichung des Leibes Christi in dem norm- und wertsetzenden Organismus der Gemeinde gefunden. Daß Werte nicht temporär von individualistischen oder gesellschaftlichen Zweckbestimmungen her definiert werden können, sondern in Ausrichtung auf zeitlos-konstante Prinzipien, daß Erziehung immer ein Ziehen hin zu Zielen sein sollte, die in diesem Sinne wertbestimmt sind, daß Ziehen Grenzziehung beinhaltet und als Zucht auch Konfrontation mit der Möglichkeit der Züchtigung erfordert, weil es dem Wesen des Menschen entspricht, Grenzerfahrungen machen und sich in ihnen bewähren zu müssen, das könnte ein Ergebnis hutterischen Erziehungsdenkens sein, das, in die Gegenwart zu übertragen, sich lohnt.

3.7: Die ständige Forderung, der Lehre entsprechend zu leben oder aber Korrekturen des Lebensstils vorzunehmen, führt zu einem Bemühen um ‚Besserung des Lebens‘. Je nach der Perspektive, aus der dieses Geschehen gesehen wird, kann es als *Erziehung* oder als *Bildung* beschrieben werden. Wir setzten wiederholt den Begriff

der ‚Nachfolge‘ an die Stelle eigenen Bemühens um Veränderung auf das gemeinschaftliche Ziel hin, gebrauchten auch wiederholt den Begriff der ‚Selbstzucht‘ und
versuchten dadurch, den Prozeß *persönlicher* Entwicklung, in dem ein Mensch sich
auf das ihm innewohnende Ziel hin entwickelt, als Bildung zu beschreiben. Bildung
ereignet sich überall da, wo es um die Formung persönlicher Eigenschaften, um Verzicht auf eigene Vorteile und den Einsatz persönlicher Überlegenheit, um Schulung
des Gehorsams und um die Ausrichtung des eigenen Willens auf das Wollen der
Gemeinschaft geht.

3.8: Erziehung findet ihre intensivste Ausprägung im Leiden um Christi willen, das
nicht negativ, sondern als Handeln zum Heil gewertet wird. Es wird sowohl individuell als auch gemeinschaftlich erfahren. Aber auch persönliches Leiden wird als
Zuchtrute Gottes gesehen. Es kann im heilspädagogischen und im forensischen Sinne
gedeutet werden, aber es entspringt stets ursächlich der Liebe Gottes zu seinem Kind.
Die Leidensthematik, die in der frühen hutterischen Gemeinde allgegenwärtig war,
findet ihren deutlichsten Niederschlag in Briefen gefangener Hutterer und in den
Märtyrerliedern der Gemeinde. Sie dienen in ihrem Aufbau und im Einsatz ihrer
Erzählelemente primär der Erziehung der Gemeindeglieder. Zugleich geben sie
Zeugnis von der Bereitschaft konkreter Personen, den Weg Christi in der Leidensnachfolge zu gehen und so zu einer letzten Identität mit Christus zu gelangen. In
diesem Zusammenhang sollen auch die Verheißung himmlischen Lohnes und die
Androhung ewiger Strafen, die in der Liedliteratur eine Rolle spielen, als Erzie-
hungsmittel genannt werden.

3.9: Ein weiteres Erziehungsmittel, durch das Gruppenkonformität herbeigeführt
wird, finden wir im Arbeitseinsatz aller Gemeindeglieder in den gemeindeeigenen
Produktionsstätten. Die Geschichtsbücher nennen zwar die unterschiedlichsten beruflichen Spezialisierungen, aber sie deuten auch an, daß schon in den Anfangsjahren
der Gemeinschaft Menschen nicht immer nach bestehenden Qualifikationen, sondern
nach Bedarf eingesetzt wurden, in manchen Fällen deshalb, um sie überhaupt das
Arbeiten zu lehren. Das hatte zur Folge, daß sich die Gemeinschaftspopulation in
ihrer Gesamtheit durch *polytechnische Kompetenz* auszeichnete. Vielseitige Ver-
wendbarkeit im Produktionsprozeß war also bereits in historischer Zeit eine er-
wünschte Eigenschaft und ist es auch noch in der Gegenwart. Daneben gab es stets
das Bemühen, in technischer Hinsicht die Leistungsspitze zu halten. Dem dienten
bspw. Entsendungen von Fachleuten in verschiedene europäische Länder, um Inno-
vationen einzelner Produktionsbereiche zu ermöglichen. Die entwickelte *Bereitschaft
zu technischer Innovation* ist ein weiteres Merkmal der hutterischen Gemeinschaft,
das insbesondere für Betriebseinheiten kleinerer und mittlerer Größe bedeutsam ist.
Arbeit zeigt aber neben ihren egalisierenden auch ganz allgemein disziplinierende
Wirkungen im Blick auf produktionsrelevante persönliche Tugenden wie Genauigkeit, Pünktlichkeit, Ausdauer und Wertbewußtsein.

3.10: Wenn man die Maßnahmen der hutterischen Gemeindepädagogik zusammenfassend betrachtet, dann wird deutlich, daß sie als Einzelmaßnahmen der Persönlich-

keitsentwicklung und der Verhaltenssteuerung des Individuums dienen, in ihrer Systembezogenheit jedoch auf die Schaffung und Erhaltung der Gemeinschaft ausgerichtet sind. Der Weg führt also von der Erziehung des Einzelnen und durch diese zur Formung und Erziehung der ganzen Gemeinschaft. Entscheidend für das Gelingen des Gesamtprozesses ist nach hutterischer Überzeugung die Zerbrechung des ‚Eigenwillens' bzw. die erfolgreiche Unterordnung des eigenen Wollens unter den Willen Christi. Was die Gehorsamsforderung betrifft, kann man Vergleiche ziehen zu der zeitgleich mit den Hutterern entstandenen und agierenden „Gesellschaft Jesu", nicht nur, was die Absolutheit der Gehorsamsforderung angeht, sondern auch in bezug auf die Möglichkeit kritischer Rezeption durch die Umwelt.[9] Hutterischer Gehorsam ist nicht Ergebnis autoritären Zwanges von außen, er äußert sich nicht mechanisch und willenlos, es ist vielmehr der Gehorsam Christi, der im wiedergeborenen Gläubigen wirkt und doch *eigener, individueller* und *freiwilliger* Gehorsam bleibt. Der Wille Christi wird in der Gemeinde Christi lebendig. Deshalb gilt Gehorsam innerhalb der Gemeinde immer *Christus durch die Gemeinde.*[10] Damit ist der Kollektivaspekt noch einmal angesprochen, dem in der Darstellung sozialer Utopien besondere Bedeutung zukommt. Erziehung stellt sich in diesem Zusammenhang immer als Kollektiverziehung mit den durch kollektive Bedürfnisse bestimmten vorzüglichen Ergebnissen dar. Wo es aber gilt, den konkreten Menschen für ein Leben im Kollektiv zu erziehen, das zeigten auch die Ergebnisse, die aus der Arbeit Makarenkos resultierten, muß Kollektiverziehung versagen; denn sie kann letztlich nur, von individuellen Voraussetzungen ausgehend, formale Anpassung und äußerliche Gleichheiten produzieren, muß ansonsten aber zu individuell unterschiedlichen Ergebnissen gelangen. Darum ist hutterische Erziehung trotz verschiedentlich in der Literatur erkennbarer kollektivistischer Tendenzen keine Kollektivpädagogik, sondern *Gemeinschaftserziehung.* Das Bild vom Leibe Christi, in dem alle Glieder in ihrer je eigenen Funktion zum Wohle des Ganzen zusammenarbeiten, ist das Leitmodell hutterischen Erziehungshandelns.

4. GESELLSCHAFTLICHE UND ÖKONOMISCHE ALTERNATIVEN

4.1: In der letzten Zusammenfassung sollen einige Nebenergebnisse erwähnt werden, die wegen ihrer Gegenwartsbedeutung verdienten, eingehender bearbeitet zu werden.

Als Glaubens- und Produktionsgemeinschaft gehören die Hutterer quasi als „Schnittmengengesellschaft" zu zwei verschiedenen Lebenswelten. Das hat nicht nur topologische Relevanz, es hat auch einen zeitlichen Aspekt. Der stellt sich einerseits

---

9 Vgl. dazu Lundberg, Mabel: Jesuitische Anthropologie und Erziehungslehre in der Frühzeit des Ordens (ca.1540—ca, 1650), Upsala 1966, S. 333 ff.

10 Lundberg, Mabel: a.a.O., S. 335

retrospektiv in restitutiv-tradierender Form dar, andererseits prospektiv als progressiv-evolutionäre Komponente des Systems. Wir können diese Zweiteilung grundsätzlich verschiedenen Inhalten zuordnen: dem Kultus und der Technik. Die dabei sichtbar werdende Diskrepanz zweier autonom wirkender Bereiche bei einem ansonsten ganzheitlichen Lebensverständnis gehört nach unserer Meinung zu den gegenwartsbedeutsamen Phänomenen des Hutterertums. Denn wenn wir von der Voraussetzung ausgehen, daß bei dem gegebenen Ganzheitsverständnis nicht nur vom „Binnen" her zum „Außen" eine kultisch-rituelle Beziehung aufgebaut wird, sondern daß auch die Binnenbereiche, das ist die Welt der dinglichen Erscheinungen (Draußen) und die Sphäre der bewußten psychischen Akte (Drinnen) eine bestimmte, zeitentsprechende Beziehung eingehen, Sein und Bewußtsein also korrelativ verbunden sind, dann wird die These von der bewußtseinsbestimmenden Wirkung ökonomischen Seins durch die Realitäten in dieser „kommunistischen" Gemeinschaft relativiert, vielleicht sogar widerlegt, weil sich der Abstand zwischen ökonomischer Basis und religiösem Überbau kontinuierlich vergrößert. Während die Kultgemeinschaft der Vergangenheit verpflichtet ist und stagniert, ist die Produktionsgemeinschaft mit ihrem technischen Entwicklungsstand völlig auf Gegenwartsniveau und auf die Zukunft hin orientiert. Zwischen diesen beiden Tendenzen gibt es Grauzonen, Mischformen und Überschneidungen im Alltag, die in Abhängigkeit vom Liberalismus oder Konservativismus einer Kolonie unterschiedlich stark ausgeprägt sind. Zwar ist das Täufertum in seiner Gesamtheit restitutiv ausgerichtet, aber es war die Besonderheit der Hutterer, daß sie im 16. Jahrhundert die Gütergemeinschaft nicht durch die Rückkehr zu archaischen Produktionsverhältnissen verwirklichen wollten, sondern indem sie durch die Herauslösung des Handwerks aus zünftlerischen Beengungen, die Schaffung manufktureller Arbeitsbedingungen und den Einsatz modernster Arbeits- und Produktionsverfahren ein frühkapitalistisches Wirtschaftssystem aufbauten, das vorwiegend marktorientiert arbeitete. Daneben gab es den agrarischen Sektor, aber er dominierte nicht. Das änderte sich erst, als durch den Zuzug der Kärntner Transmigranten die bäuerliche Population in der Gemeinschaft bestimmend wurde. Heute ist auch dieser traditionell konservative Produktionssektor aus herkömmlichen Produktionsweisen gelöst und auf zeitgemäßes Niveau umgestellt.

4.2: Bis in die Gegenwart hinein blieben eine weite Fächerung der Produktionsskala und die unbedingte Marktorientiertheit erhalten. Wir finden heute den Einsatz modernster Technik: Großmaschinen für den Agrarbereich, Massentierhaltung mit allen Vor- und Nachteilen, Melkanlagen, computergesteuerte Fütterung, Sterilzucht, Schlacht- und Verpackungsanlagen, Betriebseinheiten für Serienproduktion, außerdem traditionelle Handwerksbetriebe: mechanische Werkstätten, Schmieden, Tischlerei und Glaserei, Druckerei, Buchbinder- und Schuhmacherwerkstatt und manche an kurzfristiger Bedarfsdeckung orientierte Auftragsproduktion. Wenn wir also einen zweiten Gesichtspunkt nennen wollen, der uns gegenwartsbedeutsam zu sein scheint, dann sehen wir ihn in der bedarfsbezogenen Produktionsflexibilität, die kleinste Marktlücken erkennt und ausnutzt. Es gehört zu den Merkmalen hutterischer Ökonomie, daß man bei Handelsgeschäften, immer unter Berücksichtigung des Ridemannschen Prinzips, daß ausschließlich Eigenprodukte ohne Zugewinne aus Handelsspannen verkauft werden dürfen, grundsätzlich vom Gesichtspunkt flexibler Preisgestaltung ausgeht.

4.3: Man muß auch den Gesichtspunkt flexibler „Lohngestaltung" erwähnen, der zwar in den Bereich der Ökonomie gehört, der aber nur unter bestimmten gesellschaftspolitischen Gegebenheiten machbar ist. Eine dieser Gegebenheiten ist die „kommunistische" Wirtschaftsform, die wir als christokratisch und zugleich als bruderschaftsdemokratisch definierten. Dieser christokratische Gesichtspunkt, der bruderschaftlich realisiert wird, ermöglicht die Verwirklichung eines angepaßten Ausgleichs zwischen Produktion und Konsumtion durch Konsumsteuerung und Konsumaskese. In der Praxis bedeutet das, daß auf bestimmte, als überflüssig oder schädlich eingestufte Gebrauchsgüter, Luxus- und Trendartikel grundsätzlich verzichtet wird. In Jahren mit guter Ertragslage kann eine Koloniepopulation, -hier muß erwähnt werden, daß jede Kolonie als Wirtschafts- und Finanzeinheit autonom ist-, nach Abzug notwendiger Investitionsmittel besser versorgt werden. Der „Lohn" liegt also höher als in ertragsschwachen Jahren. Jeder wird unter diesen Voraussetzungen nach seinen Bedürfnissen versorgt. Allerdings gilt auch, daß er mit gleichbleibend hoher Leistungswilligkeit nach seinen Fähigkeiten arbeitet. Die hutterische Geschichte kennt Notzeiten, in denen Bedürfnisse personen- oder gruppenbezogen in Anpassung an die wirtschaftliche Situation umdefiniert werden mußten.

4.4: In den Industrienationen gewinnt das Generationenproblem eine steigende Brisanz. Der Kapitalismus hat in diesem Jahrhundert destruktive Elemente entwickelt, die nicht nur Materialien aller Art und die natürlichen Ressourcen der Erde einem beschleunigten Verschleiß und Verbrauch unterwerfen, sondern auch den Menschen. In früheren Jahrhunderten war das Ausscheiden aus dem Produktionsprozeß durch die z.T. unmenschlichen Produktionsverhältnisse in der Phase des Früh- und Industriekapitalismus durch Verschleiß und Alterung bedingt. In agrarischen Strukturen hingegen blieben auch nach offiziellem Abschied aus dem Arbeitsleben die Alten bedingt mittätig, und sowohl ihr berufliches Wissen als auch ihr Lebenswissen waren gefragt. Das Tempo der technischen Entwicklung und die Standortmobilität der Produktion haben die Verwendbarkeitsgrenze des Menschen in diesem Jahrhundert so weit herabgesetzt, daß es heute eine Vielzahl von Berufsfeldern gibt, in denen ein Mensch schon in seiner Lebensmitte als untauglich erscheint. Parallel zur Entwertung des technischen Wissens läuft die Entwertung des Lebenswissens, sofern es überhaupt erworben werden konnte. Die Überflußgesellschaft erweist sich auch im Blick auf das menschliche Potential als Wegwerfgesellschaft. Die Hutterer kennen das Bild des „überflüssigen" Menschen nicht! Weil innerhalb der Gemeinschaft Konkurrenz- und Profitmechanismen ausgeschaltet sind, bleibt der ältere Mensch mit seinem Lebenswissen für die Gemeinschaft wertvoll, und er bleibt auch seinem Arbeitswillen und seiner körperlichen Befindlichkeit entsprechend in allen Bereichen der Produktion einsatzfähig. Die Länge seiner Arbeitszeit richtet sich nicht nach Rentabilitätserwägungen, sondern nach der individuellen Leistungsfähigkeit. Job-sharing ist dabei ebenso selbstverständlich wie Teilzeitarbeit. Mancher findet neue Einsatzmöglichkeiten in verschiedenen Werkstätten oder am Computer. Viele Frauen begeben sich in die Großmutterrolle, umsorgen als ‚Angela' den Nachwuchs, stricken, nähen und versorgen ihren Haushalt. Gleichzeitig erfüllen sie einen wesentlichen Teil des Generationenvertrages, indem sie den Pflegedienst an Kranken und Pflegebedürftigen übernehmen. Wenngleich der arbeitsintensivste Teil der Produktion von der jüngeren Generation der Höfe getragen wird, so bleibt die ältere doch in das Ganze des Lebens einbeschlossen.

4.5: Diese Integration und Wertschätzung der Alten hängt mit einer anderen Erscheinung zusammen, über die es nachzudenken lohnt. Gemeint sind der Wissensfundus der Vorfahren, der in der Gegenwart der Gemeinde seinen festen Platz hat, und das Festhalten an Traditionen. Neben praktisch verwertbarem Restwissen aus früheren Zeiten handelt es sich hier um Erfahrungen, die aus der Verwirklichung eines biblischen Lebensstils erwachsen sind. Gottes Wort ist nicht relativierbar, seine Gebote stehen niemals zur Diskussion, der Väter Erkenntnisse gelten auch unter veränderten Bedingungen, ja, sie werden zu Garanten der gemeinschaftlichen Zukunft. Was wir in Europa nach dem 2.Weltkrieg in der Abkehr von Fremdbestimmung als Orientierungswechsel erfahren haben, als Protest gegen Normenzwänge, sinnentleerte Traditionen, Leistungspostulate und Gruppendruck, was sich als Hinwendung zu angeblichem Selbst-geleitet-Sein, zu neuer Freiheit und Autonomie des Individuums proklamierte, das hat in der Hutterischen Gemeinschaft keinen Niederschlag gefunden. Die Wertvorstellungen früherer Jahrhunderte haben Konstanz bewiesen. Sie haben auch Erziehungsgrundsätze praktisch weiterwirken lassen, die außerhalb der Gemeinschaft weitestgehend verloren gingen, und diese Grundsätze haben umgekehrt auf die Erhaltung des Wertesystems zurückgewirkt. Ideologische Trends konnten das hutterische Denken deshalb nur in Ausnahmefällen beeinflussen. Fremdbestimmung wurde nicht in einem Akt von Selbstbefreiung verworfen, sondern als *Modifikation von Selbstbestimmung* gelebt; denn die Gemeinde, deren Teil der einzelne Hutterer seinem ganzen Wesen nach ist, bestimmt sich selbst in der Identifikation mit dem Christus. Für den Beobachter bringt der Überblick über die hutterische Geschichte die Erkenntnis, daß die Gemeinde, die unter den Bedingungen permanenter Ausgrenzung und Verfolgung eschatologische Orientierung erkennen ließ, in der die Dimension der Hoffnung auf eine universale Zukunft der Welt lebte und die aus dieser Hoffnung auch ihre missionarische Sendung verstand, einerseits durch die Härte der Verfolgungen, andererseits durch die Einhausung in die Besitzstrukturen der Welt diese eschatologische Dimension eingebüßt hat. An die Stelle des Willens zum missionarischen Dienst trat die *apokalyptische Selbstbewahrung* der Gemeinde.[11] Erste Hinweise auf diese Tendenz finden sich bereits gegen Ende des 16. Jahrhunderts in der Bearbeitung des Kommentars der Offenbarung Johannes des Theologen, in der das erregende

---

11 Vgl. dazu Moltmann, Jürgen: Theologie der Hoffnung, München 1964, 11.Aufl. (1980), S. 73

Moment des Chiliasmus ersetzt wurde durch eine Langzeitethik. Heute müssen wir Einbrüche nichthutterischer Vorstellungen in das Wertesystem der Hutterer registrieren. So gibt es in neuester Zeit Fälle, wo Hutterer vor staatliche Gerichte gingen, um innergemeindliche Streitfälle entscheiden zu lassen. Zu den Wertvorstellungen der Hutterer gehört u.a. die Überzeugung, daß der Herrschaftsbereich Christi nicht weltlicher Rechtssprechung ausgesetzt werden soll.(1.Kor.6,1-8/Schleitheimer Art.) Doch für die große Mehrheit der Gemeinden kann man feststellen, daß sie an den überkommenen Wertsetzungen festhalten und daß diese Werte, soweit sie vom Geiste des Evangeliums bestimmt werden, geeignet sind, die Lebensfähigkeit menschlicher Gemeinschaften überhaupt zu sichern.

4.6: Bereits im 16. Jahrhundert haben die Hutterer gemeinsam mit anderen Gruppen des deutschen Täufertums versucht, ein neues Verhältnis zu den Obrigkeiten zu finden und die mit Konstantin eingeleitete Fehlentwicklung der christlichen Kirchen zu revidieren. Gemeint ist die Trennung von Staat und Kirche und die Schaffung unabhängiger kirchlicher Gemeinschaften auf Freiwilligkeitsbasis. Wir haben die Problematik dieser Forderung erörtert und wollen an dieser Stelle nur die aus dieser Forderung erwachsenden Weiterungen erwähnen, die zeigen, daß die Independenzstrebungen der Hutterer, um deretwillen die Gemeinde immer wieder ihre Siedlungsgebiete verlassen mußte, auch heute noch nicht völlig erfüllt sind. Wir sehen an dieser Stelle die Weigerung, Kriegssteuern zu zahlen. Da Kriegssteuern im 16. Jahrhundert noch in Form von Sondersteuern erhoben wurden, war eine Verweigerung ihrer Zahlung technisch möglich. Auch die Verweigerung unmittelbarer Kriegsdienste ist als eine im Ergebnis der Nachfolge Christi aus dem Täufer-/Huttertum erwachsene Idee zu werten. Den Hutterern kommt das Verdienst zu, die Ablehnung soldatischer Pflichten trotz aller auf die Person ausgerichteten Gegenmaßnahmen bis in die Gegenwart hinein konsequent durchgehalten zu haben. In diesem Zusammenhang verwiesen wir auf den letzten großen Exodus der Gemeinden in den Jahren 1918-19. Der hutterische Friedensdienst erfaßte in der Vergangenheit auch weiterreichende Aktivitäten wie Nahrungsmittelhilfen und seelsorgerliche Betreuung von Soldaten, die solche Dienste wünschten. In letzter Zeit hat es Teilnahmen einer Gruppe an öffentlichen Demonstrationen gegen Abtreibungsgesetze und Todesstrafe gegeben.[12] Aber diese Aktionen werden von der großen Mehrheit der Hutterer nicht gutgeheißen. Das Bewußtsein prinzipieller Unvereinbarkeit der Geltungsbereiche von Gemeinde und Welt ist so stark ausgeprägt, daß die Notwendigkeit und der Zeugnischarakter solidarischer Aktionen nicht gesehen werden. Die zahlreichen Prozesse gegen Hutterer in früheren Jahrhunderten zeigen aber eine grundsätzliche Bereitschaft zu zivilem Ungehorsam und passivem Widerstand, aber man muß dabei erkennen, daß dieser Widerstand nicht zivilen Ursprungs ist, sondern aus dem Bewußtsein „schlechthinniger Abhängigkeit" erwächst: Man muß Gott mehr gehorchen als den Menschen.

---

[12] Diese Gruppe hat sich zwischenzeitlich von der hutterischen Gemeinschaft getrennt.

4.7: Als letztes soll die „Regierungsform" der Gemeinde und die Rolle der Frauen in ihr angesprochen werden. Die Hutterer verwirklichten bereits während der ersten Hälfte des 16. Jahrhunderts in einem überwiegend monarchisch und absolutistisch regierten Europa eine Bruderschaftsdemokratie. Sie ist formal mit anderen unmittelbaren Demokratien zu vergleichen, am ehesten mit den Vorbildern der griechischen Antike. In diesen Demokratien regierten die Vollbürger direkt. Bei der Ämterbesetzung gab es insofern für jeden reale Chancen, als sie durch das Lossystem entschieden wurde. In dem Begriff „Vollbürger" lag zugleich die Einschränkung: Frauen, Kinder und Sklaven galten nicht als Vollbürger und waren deshalb von der Mitbestimmung ausgeschlossen. Die Vergleichbarkeit findet jedoch ihre Grenze an der letztendlichen Bestimmungsgewalt weltlicher Machtstrukturen. Ihnen haben sich die Hutterer immer wieder zu entziehen gesucht, und statt dessen betont, daß die Gemeinde nicht sich selber lebt, sondern der Herrschaft Christi unterstellt ist und für ihn lebt.(Röm.14,7f.) Die innergemeindliche Demokratie funktioniert also unter christokratischem Vorzeichen. Dieser Wurzel, genauer: der paulinischen Weisung, das Weib habe zu schweigen in der Gemeinde (1.Kor.14,34f.), entspringt die offizielle Ungleichberechtigung der Frauen. Während die Männer durch das Taufritual zu „Vollbürgern" werden, bleibt den Frauen auch nach ihrer Taufe das Recht der Mitbestimmung in den gemeindlichen Entscheidungsgremien versagt. Dennoch möchten wir die Hutterin als emanzipiert bezeichnen, als „hierarchisch emanzipiert". Was besagt diese Wortverbindung? In Hierarchien gibt es Abhängigkeiten, und wo Hierarchien ihrer etymologischen Bedeutung nach gottgeweihte Herrschaften, heilige Rangordnungen repräsentieren, sind diese Ordnungen unaufhebbar. Eine Frau kann sich also nicht emanzipieren, weil die Ordnung heilig ist und es keinen Lebensbereich außerhalb dieser Ordnung gibt. Unsere Beobachtungen aber haben uns gelehrt und die Ausführungen der hutterischen Theoretiker lassen das erkennen, daß in der Beziehungsgleichung Christus : Gemeinde = Mann : Frau die Hierarchie relativiert wird und die (Ehe-)Frau auf einer partnerschaftlichen Ebene einen mitbestimmenden Einfluß auf die Entscheidungsprozesse im Rat der Männer gewinnt. Zudem zeigen hutterische Frauen ein von Minderwertigkeitsgefühlen und Emanzipationsdefiziten freies, in einer großen persönlichen Sicherheit ruhendes Selbstwertbewußtsein, das dem allgemeinen Gefühl von Geborgenheit und persönlicher Anerkennung in einem Bruderhof entspricht. Die feste, unaufhebbare Einbindung in die Hierarchie macht den Kampf um Emanzipation, der in der Welt durch die faktische Entrechtung und Ungleichbehandlung vieler Frauen bedingt ist, hier überflüssig.

4.8: Abschließend stellen wir fest: „Die Geschichte der Menscheit bringt eindrucksvolle Beispiele dafür, daß -aller Wahrscheinlichkeit zum Trotz- Grundsätze kleinerer Gruppen letzten Endes siegreich waren, sofern diese Minderheiten mit Leib und Seele für diese Grundsätze einstanden und bereit waren, wenn nötig, dafür zu leiden. Immer wieder hat das Märtyrertum sich als mächtiger bewiesen, als die physische

360

Gewalt der Obrigkeit."[13] Manches von dem, was die Hutterer vom Beginn ihrer Geschichte an proklamierten und praktizierten, wurde außerhalb der Gemeinde erst Jahrhunderte später als natürlicher Teil gesellschaftlicher Ordnungen erkannt, in die Wirklichkeit umgesetzt und auch als normal empfunden. Hier ist die Idee des Freikirchentums und der Religionsfreiheit ebenso zu nennen wie der Versuch rationaler Dogmenkritik, der Gedanke aktiven Friedensdienstes und allgemeiner und gleicher Bildung und Erziehung. Wenn wir aber nach dem fragen, was zukunftsbedeutsam sein könnte, dann müssen wir von der großen Vision des Jakob Hutter vom gemeinsamen Leben der Menschen sprechen, die die Hutterische Gemeinde tagtäglich mit einem gewissen Erfolg antizipatorisch verwirklicht.

---

13 Toynbee, Arnold: Experiences, New York/London 1969, S. 210 f.

TEXTANHANG

FRAGEN AN DIE TÄUFLINGE BEI DER TAUFLEHR—FRAGEN AN DIE TÄUFLINGE VOR DEM GEBET

Erkennt ihr nun solche Lehr, die euch bisher vorgehalten für die Wahrheit und den rechten Grund zur Seligkeit? Antwort: Ja.

Glaubt ihr auch und stimmet überein mit den 12 Artikeln des Christlichen Glaubens, und erzählt dieselben mit Fleiß? Antwort: Ja (Zusammen sagen die Täuflinge dieses Bekenntnis auf.)

Begehrt ihr auch das Fürgebet der Frommen, daß euch Gott die Sünd, so in Unwissenheit geschehen, wolle verzeihen? Antwort: Ja.

Begehrt ihr euch also Gott dem Herrn Im Bund des christlichen Taufs zu ergeben und aufzuopfern? Antwort: Ja.

Hierauf folgt das Gebet

(Nach dem Gebet bleiben die Täuflinge auf ihren Knien und beantworten folgende 6 Fragen.)

Hast du nun aus dem Wort des Herrn genug verstanden und erkennst du es auch als den Weg zur Seligkeit? Antwort: Ja.

Sind dir auch deine Sünden, die du in der Unwissenheit wider Gott getan von Herzen leid, und begehrst du hinfort Gott zu fürchten, nimmer wider Gott zu sündigen, eher den Tod zu leiden als mutwillig etwas wider Gott zu tun? Antwort: Ja.

Glaubst du auch, daß dir Gott durch den Tod Christi und durch das Fürgebet seines Volkes deine Sünden verziehen und nachgelassen hat? Antwort: Ja.

Begehrst du auch, brüderliche Strafe und Anred anzunehmen; dieselbe auch an andere, wo es Not ist, zu brauchen? Antwort: Ja.

Begehrst du dich also, dem Herrn im Himmel zu schenken und aufzuopfern mit Leib und Seel und allem was du hast; auch im Gehorsam Christo und seiner Gemein dich zu begeben? Antwort: Ja.

Begehrst du nun also einen Bund mit Gott und allen Frommen aufzurichten, und auf deinen bekannten Glauben getauft zu werden? Antwort: Ja.

Gebetstext

O Herr, allmächtiger Gott, Du heiliger und himmlischer Vater, der du ewig und allein gewaltig bist im Himmel und auf Erden, lebest und regierest und herrschest von Ewigkeit zu Ewigkeit, in deinen Gewalt und Händen unser Leben allein steht; denn du allein hast die Unsterblichkeit. Darum kommen wir vor dir in dem Namen Jesus mit gebogenen Knieen und heben auf die Händ' unseres Gemüts, dich zu loben und preisen und von dir zu bitten und zu begehren, dieweil wir erkennen, daß du ein allmächtiger Gott bist und ein überlaufender Brunnen voller Liebe, Gnad' und Barmherzigkeit, dessen Güte und Treue in Ewigkeit wäret; denn du, allmächtiger Gott und Vater, kannst mit keinem Mund noch Zunge genugsam gelobet und gepriesen werden; denn du hast uns viel mehr begabet als alle anderen Kreaturen und Geschöpfe. Da wir tot in Sünden und deiner nicht wert waren, hast du dich unser erbarmt und nicht verschont deines eingeborenen Sohnes und hast ihn für uns in den Tod gegeben. Er hat sein heiliges, teures, rosenfarbenes Blut für uns am Stamm des Kreuzes vergossen, ist um unserer Sünden willen gestorben, um uns dadurch gerecht zu machen. Er ist von den Toten auferstanden und gegen Himmel gefahren. Er hat uns zu seiner heiligen Gemeinschaft berufen und uns zu Kindern und Erben seines himmlischen Reiches gemacht. Dafür wir uns billig für Schuldner erkennen, dich zu loben und zu preisen, aber, o Gott, wir sein dazu nicht genugsam geschickt, würdig und tauglich, deinen heiligen Namen anzurufen, zu loben und zu preisen, wie du es wohl würdig und wert bist. Darum gib uns zuhilf deinen heiligen Geist, denn du bis ein heiliger Gott. Die Erde muß voll werden deiner Barmherzigkeit, daß es alle Menschen sehen und erkennen müssen. Barmherziger Vater, du wollest dich auch gnädiglich über die erbarmen, die du zu Hirten und Lehrern in deine Gemeinde gesetzt hast. Ach Gott, überschütte sie mit Weisheit und Verstand und gib ihnen Mund und Zunge, daß sie uns dein göttliches Wort verkünden und fürtragen können. Uns aber, dein Volk, wollest du die Herzen aufschließen, daß der Same deines heiligen Wortes möge tief einfallen und Früchte tragen, die da bleiben bis ins ewige Leben. Ach Gott, sei auch gnädig und barmherzig all denen, die dich und uns hassen, verfolgen und beleidigen. Rechne ihnen unserhalber keine Schuld zu, sondern gib ihnen zu erkennen, auf daß sie vor dir erschrecken und sich bessern und die ewige Seligkeit erlangen möchten. Wir bitten dich auch im Namen Jesu Christi, haben wir uns wider dich versündiget aus Schwachheit oder Übereilung in Worten, Werken, Sinnen oder Gedanken, das wollest du uns verzeihen, schenken und nachlassen und wollest nicht mit uns schwachen und gebrechlichen Menschen ins Gericht gehen nach unseren Werken und Verdiensten, sondern nach deiner großen Gnade und Barmherzigkeit. Also bitten wir dich auch für die Alten und Schwachen, Witwen und Waisen, für die, so in Bekümmernis und Kleinmütigkeiten seien, tröste sie mit deinem heiligen Geiste und gib ihnen deine göttliche Geduld, deine gnädige Hilf' zu erwarten. Ach Vater, straf' uns nicht in deinem Zorn und züchtige uns nicht in deinem Grimm; denn das erkennen und wissen wir, so du mit uns ins Gericht gingest, so könnten wir vor dir nicht bestehen und dir auch auf tausendmal tausend Wort nicht eines antworten. Darum bitten wir dich, du wollest uns gnädig und barmherzig sein und unsere Sünd' und Übertretungen verzeihen, schenken und nachlassen. Barmherziger Vater, wir bitten dich auch für unsere liebe Jugend und unmündigen Kinder, die du uns auf der Seite gestellt hast. Du wollest uns mit Weisheit und Verstand erfüllen, daß wir sie nach deinem göttlichen Willen und in deiner Furcht auferziehen, auf daß du von ihnen ein herrliches Lob möchtest empfangen und durch sie dein kleines Häuflein erhalten und gebauet werde. Also bitten wir dich auch für alle Obrigkeit, vornehmlich unter deren Schutz und Schirm wir uns befinden, und die noch das beste für uns reden und handeln. Derer Bezahler wollest Du, o Gott, selber sein, gib es ihnen zu erkennen, warum sie von dir geschaffen und verordnet seien, wollest ihre Herzen in Liebe, Fried' und Einigkeit zusammenführen, daß sie des Landes Wohlstand, und den edlen Frieden betrachten, damit den Gewalt, den sie von dir empfangen, möchten brauchen den Frommen zum Schutz und den Bösen zum Straf'. Uns aber, o Gott, mögest du verleihen, ein stilles, gottseliges Leben zu führen in aller Redlichkeit und Ehrbarkeit, wie es sich unserem Beruf gebühret. Barmherziger Vater, du wollest uns deinen heiligen und guten Engel schicken und senden, der uns möcht' behüten und bewahren vor dem bösen Feind und Satan, welcher keinem Menschen die Seligkeit gönnet. Wir bitten dich, hüte und wache selber ob uns, deinen Kindlein, sei selbst um uns her, behüt' uns, daß wir nimmermehr von dir abweichen, sondern die kurze Zeit unseres Lebens in wahrer Frömmigkeit zubringen und beschließen. Barmherziger Vater, wir sagen dir von Herzen Lob, Ehr, Preis und Dank für alles Liebes und Gutes, für alle geistlichen und zeitlichen Gaben. Wir danken dir auch für die Gesundheit an Leib und Seel' für Speis' und Trank, für Haus, Hof und Herberg', für Ruh' und Frieden, für Leben und Atem, auch für diese gegenwärtige Stunde, die du uns so gnädiglich hast erleben lassen, bitten dich auch noch für die Zeit, die wir hier noch zu leben haben. Du wollest uns in derselben gnädiglich behüten und bewahren vor Unglück und Gefahr, vor Herzenleid und Traurigkeit, vor Feuer, Wasser, Wetter und Wind, vor einem bösen und schnellen und unbereiten Tod, auch vor Sünd' und Schand' wollest du uns gnädiglich behüten und bewahren, daß wir reines Herzens bleiben bis in den Tod und wollest unser einfältiges Gebet in deinem heiligen Himmel erhören. Setze es dir zum Lob und Preis und unserer dürftigen Seele zum Trost und Heil. Solches alles wünschen und begehren wir die Gnad' von dir, o Gott, durch Jesum Christum Amen

(Gemeinde und Prediger knieen während des Gebetes).

LIEDTEXT: LOB DER RUTEN

(zu Seite 222 ff.)

Ein schen Liedt von der tugendt vnd Crafft der ruetten, zur

Warnung der Eltern, die ieren Kindern den Zaum so lang

lassen, vnd sy in irer Jugendt nit strafen.

(Im thon: Ich stuendt an ainem Morgen:).

Ein liedlein will ich Dichten
  Zu lob der rueten guet.
Vil guets tuet sie anrichten
  bey allen Jungen bluet:
Wo sie reichlich wirt mitgetailt
Ale unzucht sie abstellet, vnd vil gebrechen hailt.

Grüeß dich, du edels Reiße,
  Dein Frucht ist goldes werth,
Der Jungen Kinder speiße,
  Du machst sie fromb vnd gelert:
brichst iren Jungen stoltzen mueth,
Nicht bessers holz wirt gefunden, erfarung lernen thuet.

Für andern Baum gepflantzet,
  ein birck mit weißer rindt,
im walt' von gott gepflantzet,
  Zur straff der bößen kindt,
das er halt sie in gueter huet,
Vil vnfall mag erretten, haillet vil böße sucht.

Kain jugent mag gerathen,
  wo man die rueten spart,
es volgen bösse thaten,
  wo man nit straffet hart.
ein bider man in seinen hauss
Des brots vijl lieber mag manglen, dan das die rueten sey daraus.

O Vatter will tu wainen;
    so laß deim kindt sein mueth
lacht es so muestu greunen,
    Gott hat dich im zu guett
Zum Zuchtmaister gegeben hie,
Daß dus in Forcht auffziehest, sonst kombstu sampt im in mieh.

Dan alles Fleisch ist böße
    Wo mans im Zaum nit reit,
so füert's ein gottloß leben,
    Darum wer bey gueter Zeit
Ee es dir holsstärrig werdt,
wo man der Jugendt schonet, verdirbts an weiß vnd Gebert.

Das Kindt hat sonst kain tugendt,
    Dan was im die rueten macht
verschonest seiner Jugent,
    kaines gueten Ding hat es acht.
Die eltern kendt man bey dem kindt,
wie kan der sein zu loben, der nicht wol Zeucht sein gsindt.

Sein Kindt will ieder Ziehen,
    auf diße arge welt,
so mans doch billich fliehen,
    vund Gott auffziehen sollt
Die schwert, spilt saufft sich voll,
wen sie der welt gleich werden, so gfalts den eltern wol.

Es spricht Gott Zue dem sinder,
    Ezechiel schreibets Clar,
Du Nimbst mir meine kinder,
    Die mir geboren zwar,
Dem Satan opfferst, der es verzuckht,
Der Welt werdens auffzogen, in todt und Hell verschluckht.

Der ain wirt balt ein krieger,
    stilt, raubt vnd schlegt zu todt,
Der ander ein betrieger,

mit kauffmannslüst vmbgath,
Der drit zu besser Gesellschaft gbradt
in fleischlicher vnzuchte, ligt wie ein Saw im kott

Nun liegen schweeren, Prassen,
*   ist alles der Jugent Arth;*
Niemandt wills Zu hertzen fassen,
*   Daß gott wirt straffen hart,*
Allhie vnd dort an leib vnd seel,
es will gott niemandts ferchten, Als ob dort sey kain hell.

In Heilliger schrifft wir fünden,
*   welcher die Rueten sparth,*
Der sey feindt seinen kindern,
*   wer sie strafft, der liebt sie forth,*
Dan von der Ruetten kain kindt nit stirbt,
wer streicht der mag erreten, das sein seel nit verdirbt.

Nun hört was Gott selbs leeret,
*   Der soll daß leben han,*
Der Vatter vnd Muetter Eeret,
*   Das Erb soll nehmen ein,*
Also auch das Neu geistlich kindt,
Daß Gott dem Vatter folget, daß Himmelreich es findt.

Dargegen Gott auffsetzet
*   mit schrecklichem Gericht,*
wer Vatter vnd Muetter letzet,
*   vndt will inen volgen nicht,*
Der soll verurtlet sein zum todt,
verstainigt soll er werden, hie vnd dort leiden noth.

Ceyam war ein Sun verachtet,
*   am Vatter sich verschuldt;*
Drumb wardt er von im verfluechet,
*   Verlor auch gottes huldt.*
solches mueß geschehen allen gleich,
Die Cristum nit vereeren in seines Vatern reich.

Den Elli thet gott straffe,
  Daß er seine Sün nit zah,
sie waren böße Pfaffen,
  stiften vil vngemach,
Darauff im folget der hechste Fahl,
Daß gantze landt gieng zu grundte, gott straffet Vich und stahl.

Dauid seins sons verschonet.
  Den Apsolon genandt,
Darumb hat er in gelonet
  mit höchsten spot vndt schandt,
Nam aber darauff ein bößes endt,
blib ann der aichen hangen, mit spießen wardt er durchrendt

Ein ieder wells bedencken,
  Der Handl ist nit klain;
das kindt wirt dich noch krengen
  wiltu verschonen sein,
ie greßer's kindt, je greßer angst,
Zu spat wirstu es begeren, daß do gestraffet hetest lengst. Amen.

LIEDTEXT: EIN SCHÖNES LIED DER JUGEND ZUM EXEMPEL GEMACHT

(zu Seite 226)

Ein schönes Lied. Der Jugend zu einem Exempel gemacht. Aus Quelle No. 3

Im Ton: Nun höret zu, ihr Christenleut.

Mel. 12.

1.

Ein schöner Spiegel, der ist fein,
Wie man den Elern soll gehorsam sein,
Sich vor Unglück hüten ingemein
Und vor wohl tun leben,
Glück und Segen tut geben.

2.

Joseph, der Sohn Jakob gerecht,
Von Abraham und Isaak Geschlecht,
Von Gott ward er geliebet recht,
Seinem Vater gehorsam dermaßen,
Alle Bosheit tät er hassen.

3.

Des liebet ihn sein Vater sehr
Und war mit ihm Gott der Herr,
In seiner Angst und Not, Gefahr
Ein Auskommen ihm tät machen,
Sein Trauern verkehrt in Lachen.

4.

Macht ihn zum König bald zuhand
Ueber das ganz Egyptenland,
Behütet ihn auch vor Sünd und Schand,
Königliche Ehr ihm tät geben,
So lang er auf Erden tät leben.

5.

Wie Samuel der Fromme schon,
ward dem Eli ein gehorsamer Sohn,
Sich untertänig beflissen schon,
Den hat Gott wohl erhalten,
Im Priestertum unzerspalten.

6.

Also auch David, des Herren Knecht,
In Niedrigkeit vor Saul gerecht,
Ob er gleich litte viel Unrecht,
Ließ er sich nicht bewegen,
Sein Hand an Saul zu legen.

7.

Weil er Gesalbter des Herren war,
Demütigt er sich ganz und gar,
Wollt ihm nur nicht krimpfen ein Haar,
Den Thron des Reichs erlanget,
Dran das ewig Leben hanget.

8.

Solches sieht man an Tobias auch
Sein' Vater gehorsam nach rechtem Brauch,
Es ging ihm gleich lind oder rauch,
Von Gott geliebet sehre,
Ihm viel Glück und Heil bescherte.

9.

Sprach: Ach, herzliebster Vater mein,
Dir will ich gern gehorsam sein,
Allen Geboten und Lehren dein,
Will alles fleißig halten,
Mit gutem Willen dergestalte.

10.

Darauf er ward vom Engel geführt,
Von ungeheurem Fisch bewahrt wird,
Auf der Reis die Hilf Gottes gespürt,
Das Gespenst ward auch vertrieben,

Bis ans End glückhaft geblieben.

11.

Im Gegenteil sieht man gar schon,
Wie Gott der Herre hat strafen tun,
Die seinem Willen widerstehn,
Ihre Eltern betrüben.
Viel Unglück ihnen zufügen.

12.

Zum Exempel steht uns vor Augen
Assa, der ihm zu wohl tät trauen,
Die Arch rührt an und sie tät schauen,
Ohn Buß mußt er schnell sterben,
Kein Gnad mehr möcht erwerben.

13.

Desgleichen Ham, das gottlos Kind,
Seines Vaters Unehr saget geschwind,
Welches ihm denn gar nicht geziemt,
Verfluchet mußt er werden,
Kein Glück hat er auf Erden.

14.

Ein Knecht der Knechten mußt er sein,
Straf und Verachtung nehmen ein,
Unglück mußt auch sein eigen sein,
Um seiner Bosheit wegen
Tät ihm solches begegnen.

15.

Wie auch Esau, ein gottloser Sohn,
Sein' Eltern nicht wollt folgen tun,
Groß Leid und Trauern mußt er han,
Die Buß mit Tränen sucht sehre,
Erlangt sie nimmermehre.

16.

Also find man desgleichen mehr,
Mirjam die versündigt sich sehr,
Ob sie gleich Moses Schwester wär',
Gott tät sie nicht ungestraft lassen,
Weil er solches sehr tut hassen.

17.

Wider Mosi red Schmachwort in Eil,
Der Aussatz ward ihr gewisser Teil,
Ohn Buß nicht mehr möchte werden heil,
Aus der Gemeine bald verstoßen,
Moses Gebet hat sie genossen.

18.

Wie auch Korah mit seiner Rott
Mose zured mit Schmach und Spott,
Gestrafet waren mit Angst und Not
Denselben Tag gar schnelle,
Lebendig hinab fuhren zur Hölle.

19.

Mit großem Jammer und Geschrei
Unter ihnen riß die Erd entzwei,
Sahen, daß da kein Scherz nicht sei,
Die Erd tät sie zudecken
Mit Jammer, Angst und Schrecken.

20.

Das sieht man auch an Absalon,
Seinem Vater viel Leid hat getan,
Ein ungehorsamer, gottloser Sohn,
Blieb an der Eichen hangen,
Ward ihm dran angst und bange.

21.

Ein schrecklichen Tod hört man von ihm,
Joab rennt, sprang daher mit Grimm,
Ihn schnell und bald zu richten hin,
Sein Herz und Leib durchstochen,
Mit drei Spieß seine Bosheit grochen.

22.

Noch mehr kann ich nicht unterlan,
Solch Strafen zu erzählen tun,
Die solcher Gestalt gesündigt han,
Ihr Urteil nicht lang ausblieben,
Sondern sind bald aufgerieben.

23.

Viel unnütz Knaben spotteten
Elisa, dem frommen Propheten,
Kein Zucht noch Furcht gar nicht mehr
hätten,
Mit Schmach einen Kahlkopf hießen.
Das tät ihn sehr verdrießen.

24.

Fluchet ihnen im Namen des Herrn,
Da sprangen aus dem Wald dahere
Zwei grausam grimmig wilde Bären,
Zwei und vierzig zu Tod gebissen
Und gar zu Stücken gerissen.

25.

Also ward ihnen ihr Spotten bezahlt,
Noch in der ganzen Welt erschallt,
Wenig aber kehren sich dran dergstalt,
Bis sie auch an der Reihen müssen,
In der tiefen Höllen büßen.

26.

Im Gesetz war das Gebot des Herrn:
Wer ungehorsam ist seinen Eltern,
Der sollt ohn Gnad versteinigt werden,
Schnell und bald sollt er sterben,
Mit Schmach und Schand verderben.

27.

Die Weisheit Gottes red noch mehr,
Wer veracht seiner Eltern Lehr,
Da geht Hoffart vor dem Fall her,

Der muß mit Schanden kommen,
In alles Unglück unter die Sonnen.

28.

Also hört man weiter Salomon
In seiner Weisheit reden tun:
Wer seine Eltern nicht tut in Ehren han,
Den sollen die Adler zerreißen,
Die Raben die Augen ausbeißen.

29.

Vielfältig ist nun das geschehen,
Mit Augen hat man's oft gesehen,
Daß die ihre Eltern in Bosheit schmä-
hen,
Ein Teil am Strick sind gekommen
Oder sonst ein bös End hat genommen.

30.

Ihr Frommen alle insgemein,
Laßt euch solches zum Vorbild sein
Und haltet euch in Demut fein,
Eure Eltern in Ehren,
So wird euch Gott sein Reich besche-
ren.

31.

Solches wollt ich euch geraten han,
Ungehorsam hat nie kein Guts getan,
Denn Gott tut ihnen widerstahn
Und tut solche verblenden,
Das nimmt kein gutes Ende.

Liedtext: Nun merket eben auf mit Fleiß

(zu Seite 246 ff.) Das 30. Lied von Peter Riedemann. In Hessen gemacht. Eine Ermahnung zu einem gottseligen Leben und zu steifer Behattung in der Lehr von der Gottseligkeit bis an das End.

Im Ton: Ewiger Vater im Himmelreich

Mel. 31

1.

Nun merket eben auf mit Fleiß,
Was Christus uns hat für ein Weis
In seinem Wort angeben.
Uns durch dasselb berichtet wohl,
In des Vaters Will man wandeln soll
Und sich darein ergeben.
Weil jetzund ist die Gnadenzeit,
Da sich Gott will erbarmen,
Die Finsternis vertreibet weit,
Das Licht lan scheinen den Armen,
Daß sie nicht fallen in Todesstrick,
In der Gruben verderben,
Verlieren das Leben nicht.

2.

Denn zween Weg sind uns fürgelegt,
Sein einander entgegen schlecht,
Nur einer geht zum Leben.
Der ander ins Verderben trägt
Den jetzund viel wöllen wandeln schlecht,
Die ihn' die Sünd erwählen.
Die herkommt aus der Schlangen Rat,
Den Menschen zu verderben,
Daran das Fleisch seine Lust hat,
Uns der Gnad zu enterben.
Drum merk ein jeder eben auf,
Wie er das Fleisch mag dämpfen,
Daß er dem Tod entlauf.

3.

Der uns nachschleicht zu aller Stund
Und sperrt gegen uns auf sein Schlund,
Ob er uns mit möcht fachen.
Denn der, durch den er worden ist,
Erregt die Sünd in uns mit List,
Tut sie durch Gott ausschlagen.
Daß euch die nicht beherrschen tu
Und nicht überhand nehme,
Dann wo das Fleisch jetzt führet zu,
Da müssen wir uns schämen,
Weil uns das Licht aufgangen ist
Leicht wie der Morgensterne
Der Tag anbrochen ist.

4.

So wandelt nun am Tage fein
Ihr all, die Gott ergeben sein,
In ein' redlichen Leben.
Auf daß euch nicht die Nacht erschleich,
Der Erkenntnis Licht von euch weich,
und werd als dürre Reben.
Die werden der Verbrennung zuteil,
Wie uns Christus tut sagen,
Darum sucht mit Fleiß euer Heil,
Darin Gott in den Tagen,
Euch durch Christum gepflanzet hat,
Angenommen für sein Kinde
Ist worden euer Gott.

5.

Darum laßt uns aufmerken wohl,
Wie man vor ihm recht wandeln soll,
Er ist ein Gott des Heiles.
In ihm ist keine Betrug noch List,
Der Elenden Erlöser ist,
Nimmt sich an seines Teiles.
Mit Gerechtigkeit gehet er um
Auf dem Umkreis der Erden,
All, die sich drein ergeben tun,
Von ihm geliebet werden.
Die Frommen hält er in seiner Hut
Und die in Bußheit leben
Von ihm verwerfen tut.

6.

Sein Hand er treulich reichen will
Den, so sich jetzt in solichen Ziel
Von Sünd zu ihm bekehren.
Auf daß Sie ihm vertrauen wohl,
Dieweil er wie ein Vater soll
Sein Kind im Glauben nähren.
Mit seinem Schatz will füllen sie,
Ihn' sein Erkenntnis geben,
Will er mit Fleiß wahrnehmen wie
der ganz fruchtbaren Reben.
Sein Fleiß, den will er sparen nicht
An dem, der ihm sein Glieder
Mit Fleiß zum Werkzeug gibt.

7.

Drum will, daß erst der Anfang sein,
Welcher mit Gott will werden ein
Und sein Verheißung erben.
Daß er sich ihm von Herzen gar
Mit seiner auserwählten Schar
Gar mit Christo zu sterben,
Der Sünd und was ihm zuwider ist,
So will er ihn erheben
Mit Jesu, der erstanden ist
Zu einem neuen Leben.

Dasselb in ihn will heben an
Und durch sein Geist vollendenn,
Sein Werk wird für sich gahn.

8.

Sobald der Herr mit seinem Sohn
In uns zu wohnen hebet an,
So zeigt er uns seine Stärke,
Dadurch die Sünd in uns verdammt
und pflanzt mit seiner rechten Hand
Für sie des Glaubens Werke.
Lieb, Fleiß, göttliche Einigkeit,
Langmut, Geduld und Treue,
Mitleiden, Sanftmut, Billigkeit,
macht so den Menschen neue,
Auf daß wir werden seiner Art
Als seine lieben Kinder,
Die er geboren hat.

9.

Denn darum sandt er seinen Sohn,
Daß wir werden von Sünden fromm
Und seines Reiches Erben.
So wir denselben nehmen an,
Mit ihm wandeln auf rechter Bahn,
Daß wir nicht ewig sterben.
So nehmt ihr nun zu Herzen das,
Dann Gott ist es kein Scherzen,
Damit keiner den Weg verlaß,
Soll in ewigen Schmerzen.
Wer mich, mein Wort und Geist veracht,
Spricht Gott, den will ich strafen,
Sei ein jeder drauf bedacht.

10.

Wer nun die Wahrheit hat erkennt,
Bewahr sein Herz, daß sich nicht trennt
Von angebot'nem Heile.
Die Zeit ist g'fährlich, der Trübsal groß,
Lug, daß sich keiner daran stoß,

Es gewährt ein kleine Weile.
Darnach kommt wieder Freude groß,
Die vor Gott wird behalten
Und vergolten wird in die Schoß
Dem, der hie fest wird halten
Am Wort und Gottes Namen gut,
Sich von dem nicht laßt treiben,
Der erbt das ewige Gut.

11.

Darum, ihr lieben Brüder mein,
Fliehet den Schatten der Welt und
Schein,
Laßt euch den nicht gefallen.
Ob er schon gleich dem Fleisch gefällt,
Hat er doch nichts in sein Behält,
Denn Gift und bittre Gallen.
Darum ist in ihr kein Bestand,
Aller Pracht wird verwelken,
Das Leben steht in Gottes Hand
Und auch die Straf der Schälken.
Er töt und macht lebendig wen er will,

doch wer sich sein steif haltet,
Er nicht verderben will.

12.

Zur Warnung will ich singen das
Allen, die auf des Herren Straß
Sich begeben zu wandeln.
Daß sich keiner mehr such denn Gott,
Daß er nicht komm in des Todes Not,
Dann er wird gar streng handeln
Mit den so in ein' falschen Schein
Sich tun der Lieb' annehmen,
In fremden nun sich mengen ein,
Wird er in sein Zorn trennen.
Von seinem Volk sie werfen hin,
Aber die seinen reinigen
Nach seinem Sinn und Will.   Amen.

374

TEXTE DER PÜRCHNERLIEDER

Im Ton: Herr, du erfreuest von Herzen. Mel. 10

1.

Fröhlich wollen wir singen
Jetzt und in Gottes Nam',
Gott geb's uns zu verbringen,
Zum Trost uns allesam,
Die wir sein Gott ergeben
In unserm ganzen Leben,
Ihm nachzufolgen schon.

2.

Wie wir zum Vorbild haben
Den Herren Jesum Christ,
Der sein Kreuz aufgehoben
Und uns vorgangen ist.
Daß wir nun gleichermaßen
Auch geh'n dieselbig Straßen
Und allzeit sein gerüst.

3.

Das Kreuz willig zu tragen,
Trübsal zu nehmen ein,
Darinnen nicht verzagen,
Ob wir gleich leiden Pein.
Um Gottes Wahrheit wegen
Das Leben gar ablegen
Und rechte Jünger sein.

4.

Die nicht allein in Freuden
Dem Herren hängen an,
Sondern in allen Leiden
Sich an ihn halten schon.
Denn wer dort will mit erben,
Muß hie mit Christo sterben,
Sich nichts abscheiden lan.

5.

Es ist doch sonst zum Leben
Und zu der Seelen Heil
Kein andrer Weg nicht geben,
Willst anders haben Teil
Ewig mit allen Frommen,
Mußt Christi dich nicht schämen,
Den Leib nur tragen feil.

6.

Und dich nicht besser achten,
Denn dein Meister gerecht.
Darzu auch wohl beachten,
Durchrechnen alle Geschlecht.
So findet man, daß alle,
Die je Gott haben gefallen,
Sind worden hie verschmächt.

7.

Durch viel Trübsal und Leiden
Kommen ins Himmelreich,
Zu den ewigen Freuden,
Sind Christo worden gleich,
In Kreuz, Leiden und Sterben,
Nun werden sie auch erben
Mit ihm des Vaters Reich.

8.

Gleich wie's Christo ist gangen
Vielen Auserwählten auch,
Also tät jetzt gelangen
Viel großer Trübsal rauch
Noch heut´über allen Frommen,
Verfolgung tut ihn' kommen,
Recht nach vorigem Brauch.

9.
Der Satan mag nicht leiden
Die Wahrheit Gottes recht,
Er tut uns hart drum neiden,
Hetzt täglich an sein Knecht,
Dieselben zu verstören,
Wiewohl er's nicht kann wehren,
Die Wahrheit steht aufrecht.

10.
Wie viel er auch der Frommen
Zu dieser letzten Zeit
Ermörd', das Leben g'nommen,
Durch seinen Haß und Neid.
Noch tut die Wahrheit schallen,
Macht ihren Anschlag hallen,
Ihr Blut das red' und schreit.

11.
Und tut nur mehr bewegen
Solchem zu denken nach,
Daß sie zu Herzen legen
Solchen Unbill und Schmach,
Die hie die Frommen leiden.
Drum daß sie Unrecht meiden,
Folgen dem Guten nach.

12.
Es tut den Satan zoren,
Daß all sein Müh und Fleiß
Umsonst ist und verloren,
Versucht all Weg und Weis,
Tut seine Kinder antreiben,
Viel Frommer zu entleiben,
Zu hindern Gottes Preis.

13.
Wie unlängst ist ergangen,
Der Teufel gar entrüst,
Zu wüten angefangen
Und fast ergrimmet ist,
Weil ihn etlich' entzogen,

Kann er es nicht ertragen,
Tobt, wüt' zu aller Frist.

14.
Wir können nicht unterlassen
Und müssen solche G'schicht
Erzählen allermaßen,
Wie's hat verloffen sich.
Im fünfundfünfzigsten Jahre
Ein Bruder g'fangen ware
Zu Kurtsch in Schlanders Gericht.

15.
Als ihn der Scherg gefunden
Und überfallen tät,
Hätt er ihn zu Hand gebunden,
Der Bruder ihm zured:
Gott wird es an dir rächen,
Der Scherg tät wiederum sprechen,
Wollt nicht nehmen groß Geld.

16.
Daß ich dich geh'n sollt lassen,
Führt hin den Bruder wert
Ins Richthaus gfangnermaßen,
Der Pfleger ihn verhört.
Der tät bald zu ihm sagen:
tu ich dich einmal haben,
Du verführischer Prophet.

17.
Der Bruder sprach ohn Zagen:
Pfleger, red nicht also,
Ein Frommen tut ihr haben,
Da schlug er ihn darzu,
Mocht sich nicht gnugsam rächen,
Wollt den Bruder erstechen,
Der Stadtknecht wehret ab.

18.
Der Teufel hat besessen
Den grausamen Tyrann,
Er handelt ganz vermessen,

Führt ihn alsbald hinan
Wohl zu der strengen Fragen,
Daselbst sollt er ansagen,
Wo er Herbrig tät han.

19.

Der Fromm war wohl gestärket
In Gott dem Herren schon,
Kein Zagheit an ihm merket
Der gottlos frech Tyrann.
Er tät ihm nichts bekennen,
Da täten sie ihn nehmen,
Warfen ihn ans Seil hinan.

20.

Und täten ihn anziehen
Den ersten Tag zuhand,
Zum Herren tät er fliehen,
Der war auch sein Beistand.
Er tät ihn nicht verlassen
In dieser Marter große,
Sein Hilf er wohl empfand.

21.

Sie mochten ihn nicht zwingen
Mit ihrer strengen Pein,
Es wollt ihn' nicht gelingen,
Er blieb beständig fein.
Ihr Marter war verloren,
Das tut ihn grausam zoren,
Möchten zersprungen sein.

22.

Der Schreiber vor ihn' allen,
Mit sein' Zunam der Grimm,
Tät den Bruder anfallen,
Der Teufel war in ihm.
Er tät das Seil anstecken,
Den Bruder selber recken,
Das nur ein' Henker ziemt.

23.

Man hat ihn aufgezogen

Gar hart zum öftern mal,
Sie mußten doch verzagen
An ihm alle zumal.
Ließen ihn am Seil hangen
Ein etlich Stunden lange,
Bis daß sie gessen all.

24.

Sie haben ihn zerrissen,
Daß er von ihm selbst nicht
Hätt mögen auf den Füßen,
Nur für sich geh'n ein Tritt,
Noch mit den Händ' zum Munde
Das Essen tragen konnte,
Hätt gar kein Ruh noch Fried.

25.

Er ließ sich gar nicht kränken,
Wie man ihm immer tu,
Sein Herz tät er nur lenken
Nach der ewigen Ruh'.
Als sie nun solchermaßen
Nichts richt'ten, han's ihn lassen
In einem Stock darzu

26.

Mit beiden Füßen schlagen,
Darin verschlossen war,
Beraubt das Licht der Tagen
Mehr denn ein halbes Jahr.
Gar härtiglich gefangen,
Mit Geduld und großem Zwange,
Verließ sich auf Gott zwar.

27.

Groß Fleiß täten's anlegen,
Brachten g'lehrt Leut' zu ihm,
Ob sie ihn möchten bewegen,
Bringen auf ihren Sinn.
Edelleut', Mönch und Pfaffen
Gaben ihm viel zu schaffen,
Eh man dann richtet ihn.

28.
Die b'schorne Rott der Pfaffen,
Mönich und aller Tand,
Der ganz geschmierte Haufen
Ward g'macht durch ihn zuschand.
Er red' freudig ohn' Schrecken,
Sein Leib wollt er darstrecken
Durch Hilf des Herren Hand.

29.
Als nun nichts mochten schaffen
Zwei Tag ein ganze Nacht,
Mit ihren List die Pfaffen,
Haben sie sich bedacht
Ein' Ketzer ihn zu nennen,
Mit Feuer zu verbrennen,
Des Lebens nicht wert geacht'.

30.
Das Urteil täten's sprechen,
Erkannten ihn zum Tod,
Gott wird es noch wohl rächen,
O weh, du blinde Rott.
Die G'schwornen in dem G'richte
Wollen verhelfen nichte
Zu den Unschuldigen Blut.

31.
Doch als man sie tät dringen,
Hätten sie kein Kraft nicht,
Sondern ließen sich zwingen,
Daß möchten haben Fried.
Eh dann sie übergaben,
Des Königs Huld zu haben,
Stimmten sie gleich damit.

32.
Wie nun zusammenkamen
Die falschen Herodesknecht,
Die Geschwor'nen all mit Namen
Führten ein falsches Recht.
Ein Urteil täten's sagen,

Das Haupt soll man abschlagen
Dem frommen Gottesknecht.

33.
Da ihm solche war kunde,
Preist er von Herzen Gott,
Daß kommen war die Stunde,
Ein End der großen Not.
Er danket Gott von Herzen,
Der ihm von diesen Schmerzen
Wollt helfen durch den Tod.

34.
Die Urgicht tät man lesen
Mit Lug und Lästrung viel,
Ist viel Volk darbei gewesen,
Der Bruder schwieg nicht still.
Tät's männlich widersprechen,
Den Stab täten sie brechen,
Das Volk hat ein Unwill.

35.
Sein Unschuld täten's merken
Und sahen sein Geduld,
Daß er mit seinen Werken
Den Tod gar nicht verschuld.
Der Freimann sprach zumale:
Ist frömmer denn wir alle.
Sag ich was es mir gilt.

36.
Als man ihn tät ausführen
Zur Freistatt auf ein Roß,
Hat er zum Volk geschrien
Aus seinem Eifer groß.
Wollte gern zweimal sterben,
Wann dadurch vom Verderben
Ein Mensch möchte werden los.

37.
Tut Buß, tut euch bekehren,
Sprach der fromm Gottesknecht,
Und wendet euch zum Herren,

Verlasset das Unrecht,
Daß ihr's Leben mögt erben,
Nicht ewig müsset sterben,
Bei Zeiten euch fürseht.

38.

Also ward er hingeben
Dem Henker in sein G'walt,
Daß er ihn sollt vom Leben
Zum Tod bringen gar bald.
Er richtet sich mit Freuden,
Dahin den Tod zu leiden.
Der Henker tät's derg'stalt.

39.

Lehnt ihn mit seinem Rücken
Recht an ein Holz hinan,
Die Knie möchte er nicht bücken,
Hat ihn enthaupt daran.
Und macht also ein Ende,
Das Volk tät sich umwenden,
Ging traurig hin darvon.

40.

Bedenkt hiebei ihr Frommen,
Wie dieser männlich Held
Ein redlich End' genommen,
Tapfer behalten das Feld.
Hat sein Leben zu lassen
Nicht teuer g'schätzt dermaßen,
Sein Glieder dargestellt.

41.

Um Gottes Wahrheit willen
Den Schergen ring geacht,

Hat darnach uns und vielen
Ein gut Gedächtnis gemacht
Seiner Geduld und Leiden,
Er hat mit allen Freuden
Nur aus der Welt getracht.

42.

Gott hat ihm Hilf bewiesen,
Hat nicht aus seiner Hand
Mögen werden gerissen
Durch List und Menschentand.
Auch die Pforten der Höllen
Möchten ihn nicht abfällen,
Wurden an ihm zu schand.

43.

Sein Blut und aller Frommen,
Das je vergossen ward,
Wird noch ans Licht wohl kommen
Und auch gerochen hart.
Es ruft jetzt mit Verlangen,
O Gott verzeuchst so lang,
Mach dich schier auf die Fahrt.

44.

Er hat ritterlich gestritten
Für Gottes Wahrheit gut
Und all's geduldig g'litten,
Bezeugt mit seinem Blut.
Gott hat ihn hingenommen,
Hans Pürchner war sein Name,
Hat nun erlangt die Ruh'. Amen.

Das zweite Lied. Von unserem lieben Bruder Hans Pürchner,
den man ums Glaubens willen zu Kortsch in Schlanders
gericht hat.

Nach Wolkan: Von Claus Felbinger gemacht. Im Ton: Ein Blümlein auf
der Heiden. Mel. 5

1.

Mit Freuden wollen wir singen,
Wie wir's beschlossen han,
Von neu gescheh'nen Dingen, ·
Die jetzt sind auf dem Plan.
Sich haben zugetragen
Zu Krotsch im Schlanders G'richt,
Als wir vernommen haben
In diesen letzten Tagen,
Merkt fleißig die Geschicht'.

2.

Im tausend und fünfhundert
Fünfundfünfzigsten Jahr
ist g'schehen dieses Wunder
Und worden offenbar,
Und haben uns berichtet
Die es gesehen han,
Und nicht selber erdichtet,
Das auch wurd gelten nichte,
Drum sollt ihr's glauben tun.

3.

Hans Pürchner fromm mit Namen
Ein Bruder Christi recht,
Des derft er sich nicht schamen,
Der als ein treuer Knecht
Im Dienst Gottes gewesen
Mit allen Frommen schon,
Der ist gefangen worden
Am obgemelten Orte,
Wie ihr werd' hören nun.

4.

Ein Scherg' wohnt zu Schlanders,

Mit Namen Walser hieß,
Der oft zum Pürchner kame
Und mit ihm redet süß.
In ein heuchlerischem Scheine
Seinen Schalk bergen tät,
Hans Pürchner tät's nicht meinen,
Daß er sein Feind wurd seine,
Wie ihm hernach geschah.

5.

Es tät sich nun begeben,
Daß beieinander waren
Hans Pürchner, merket eben,
Zween Brüder offenbar,
In einem Haus gesammelt
In Gottesfurcht allein,
Der Scherg das hat verstanden,
Daß sie waren vorhanden,
Macht sich bald auf die Bahn.

6.

Auf einen Tag tät kommen
Der ihm gelegen war,
Heimzusuchen die Frommen,
Mit falschem Herzen zwar.
Das er lang hat verborgen,
Als vor gemeldet ist.
Der Pürchner tät's nicht sorgen,
Er gät sich sonst verborgen,
Hört zu, wie's gangen ist.

7.

Er tät also erwischen
Den Hans mit einer Hand,
Den Gülg bei einem Zipfel

Wohl mit der andern Hand.
Ein Mauer war gar eben,
Darauf der eine sprang,
Ergreift eine Weinreben,
Die tät er halten eben,
Bis daß er auch zersprang.

8.

Der dritt der stund nicht fere
Von diesen zweien recht,
Und tät den Handel hören,
Den sie bewiesen schlecht.
Der Scherg dafür tät gahne,
Daß er ihn nicht erkannt,
Den Pürchner nahm er ane,
Mit ihn' bald auf die Bahne,
Der Scherg von Gott verblend.

9.

Hans Pürchner tät er fassen
Und binden zu der Fahrt,
Aus seiner Hand nicht lassen,
Sonder führet ihn drat
Wohl zum Richthaus mit Eile,
Nach seines Herzens Gier,
Gott wird es an dir rächen,
Tät der Hans zu ihm sprechen
Wohl an dem jüngsten G'richt.

10.

Der Scherg antwortet balde:
Ich wollt nicht nehmen groß Geld,
Daß ich dich geh'n sollt lassen,
Mir es also gefällt.
Zum Pfleger mit ihm eilet,
Daß er ihn brächt in Not,
Der Pfleger ihn verhöret,
Welches sein Herz begehret,
Ihn zu führen in Tod.

11.

Sprach zu ihm mit Verlangen:

Hab ich dich nun einmal,
Und bist mir nicht entgangen,
Verführischer Prophet.
Der Bruder tät zu ihm sprechen:
Pfleger, red nicht also,
Da wollt er ihn erstechen,
Daß er sich gnug möchte rächen,
Der Stadtknecht wehret ab.

12.

Noch konnt sein Herz nicht rasten
Und bergen seinen Haß,
Sonder je mehr antasten,
Je länger und je baß.
Wohl an die strenge Frage
Führt er ihn zu der Stund',
Da sollt er ihm ansagen,
Wo er Herbrig tät haben,
Wollt's hören aus seinem Mund.

13.

Er wollt's ihm nicht bekennen,
Wie hart er auf ihn drang,
Da tät er ihn hernehmen
Mit G'walt und großem Zwang.
Tät ihn am Seil aufziehen
Den ersten Tag zuhand,
Hans tät zu Gott nur fliehen,
Der tät sich zu ihm nahen,
Löst ihn aus aller Schand.

14.

Sie möchten nichts gewinnen
An diesem frommen Mann,
Von seinem Gott nicht dringen,
Männlich tät er bestahn,
Ritterlich tät er streiten
Durch Gottes Hilf allein,
Suchet auf allen Seiten,
Gott woll ihn zubereiten
Ihm zu ein Opfer schon.

15.

Der Schreiber in sein Zoren
Vor allen offenbar,
Die da gesammelt waren
Von der gottlosen Schar,
Tät den Bruder anfallen
In seinem großen Grimm,
Tät zu der Marter hintreten,
Den Bruder selber recken,
Das nur ein' Henker ziemt.

16.

Man hat ihn aufgezogen
Gar hart zum öftern mal,
Sie mußten doch verzagen
Am Frommen überall.
Daß sie nicht möchten g'langen,
Ihn bringen zu ein Fall,
Da ließen sie ihn hangen
Ein etlich Stunden lange,
Bis daß sie aßen all.

17.

Sie haben ihn zerrissen,
Daß er von ihm selbst nicht
Hätt mögen auf sein Füßen
Nur für sich geh'n ein Tritt,
Noch mit den Händ' zum Munde
Das Essen tragen konnt,
Noch lobt er alle Stunde,
Mit Herzen und mit Munde
Nach recht christlicher Sitt'

18.

Den Gott im Himmelsthrone
Um sein Hilf und Genad',
Die er an ihm hat tane,
Reichlich empfunden hat.
Dadurch er ward gestärket
In seinen Aengsten groß,
Darauf er fleißig merket,

Sein Herz auch nicht beflecket,
Hielt sich von Sünden los.

19.

Er tät auch nicht verzagen
Jetzund zu aller Fahrt,
Da täten sie ihn schlagen
In einen Stock so hart.
Mit beiden Füßen zwingen,
Recht nach der bösen Art,
Davon ich euch muß singen,
Die Füß in die Löcher eindringen,
Drin er behalten ward.

20.

Im G'fängnis ist er g'legen
Mehr denn ein halbes Jahr,
Des Lichtes sich verwegen,
Im Finstern ganz und gar.
Sein' Zeit mußt er vollbringen
Mit Schmerz und Leiden groß,
Sein Kummer tät Gott wenden,
Die Hilf' vom Himmel senden,
Wie Christo auch geschah.

21.

Viel Fleiß täten's anlegen
Mit ihrer falschen List,
Den Frommen zu bewegen,
Als ihr Gewohnheit ist.
Mit Trutzen und Hantieren
Zum Pürchner kommen's hin,
Münich und Pfaffen schiere,
Nach ihres Herzens Giere,
Des hatten's kein Gewinn.

22.

Weiter hat sich begeben
In seiner G'fängnis schwer,
Daß zu ihm kam gar eben
Ob dem geritten ein Herr,
Mit einer goldnen Ketten

An seinem Halse schon,
Hans Pürchner mit ihm redet,
Daß er ihn ganz beweget
Durch Gottes Wort so rein.

23.

Zuhand nahm er die Ketten,
Die ihm war angehängt,
Möchte sich nicht länger retten,
Hätt's in die Taschen gesenkt.
Ganz traurig von ihm ginge,
Sein Schmach folget ihm nach,
Zu spotten sein anfingen
An diesen fremden Dingen,
Wiewohl er pranget hoch.

24.

Die b'schorne Rott der Pfaffen,
Münich und aller Tand,
Der ganz geschmierte Haufen
Ward g'macht durch ihn zuschand.
Er redet frei ohn' Schrecken,
Von Gott gezündet an,
Tät seinen Leib hinstrecken,
Ob man ihn hart tät recken,
Blieb ganz beständig schon.

25.

Als nun nichts möchten schaffen
Zween Tag ein ganze Nacht,
Mit ihrer List die Pfaffen
Haben sie sich bedacht.
In ihrem Recht erkennet,
Mit falschem Rat erdicht
Ein Ketzer ihn zu nennen
Und mit Feuer verbrennen
Den frommen Gottesknecht.

26.

Das Urteil täten's sprechen,
Erkennten ihn zum Tod,
Gott wird es wohl noch rächen

An dieser falschen Rott.
Die G'schwornen in dem G'richte
Verlieren ihren Mut,
In dem strengen Gerichte
Wollten's verhelfen nichte,
Ueber unschuldigs Blut.

27.

Doch als man sie tät dringen,
Hätten sie kein Kraft nicht,
Sondern ließen sich zwingen,
Auf daß sie Ruh' und Fried'
Mit der Welt möchten haben
Und nicht kommen zu Spott,
Den sie doch müssen tragen
Wohl an dem jüngsten Tagen
Und leiden große Not.

28.

Da sie wieder zusammen
Kamen in ihrer Weis'!
Haben sie angefangen,
Versucht mit ganzem Fleiß.
Das Urteil täten's sagen,
Es sei krumm oder schlecht,
Wie sie's fürg'nommen haben,
Das Haupt soll man abschlagen
Dem frommen Gottesknecht.

29.

Da ihm solches ward kunde
Preist er von Herzen Gott,
Daß kommen war die Stunde,
Ein End' der großen Not.
Er danket Gott von Herzen,
Der ihn von solchem Drang
Und jämmerlichen Schmerzen
Erlösen wollt von Herzen,
Wohl durch des Todes Drang.

30.

Die Urgicht täten's lesen

Mit Lug und Läst'rung viel,
Ist viel Volk darbei gewesen,
Der Bruder schwieg nicht still.
Tät's männlich widersprechen
Und gab ihn' Antwort drauf,
Auch etlichen zusprechen,
Den Stab täten sie brechen,
Nach der Gottlosen Brauch.

31.
Den Eifrigen ohn' Laugnen,
Die dazumal darbei,
Waren mit nassen Augen
Und sahen also frei
Sein standhaftig's Gemüte
Und sein Unschuld ohn' Zahl,
Der Henker sprach mit Sitten
Nach allem ihren Wüten:
Ist frömmer denn wir all.

32.
Als man ihn tät beleiten
Wohl zu der Richtstatt hin,
Auf einem Roß tät reiten,
Dann er nicht möchte geh'n.
Das volk um sich ansahe
Frei mit lachendem Mund,
Der Henker noch hertrate
Und den Hans Pürchner bate,
Vergib mir zu der Stund.

33.
Denn was ich tu vollbringen
An dir zu dieser Frist,
Darzu tut man mich dringen,
Ob' mir zuwider ist.
Hans Pürchner antwort balde:
Kein Ausred giltet nicht,
Ob man schon solcher G'stalte
Kommt für Gottes Gewalte,
So wird es helfen nicht.

34.
Hans Pürchner ward hingeben
Dem Henker in sein G'walt,
Daß er ihn sollt vom Leben
Bringen zum Tod gar bald.
Er richtet sich mit Freuden
Sein Herz, G'müt und auch Sinn,
Dahin den Tod zu leiden,
Von dannen wollt er scheiden,
Daß er bei Gott möcht sein.

35.
Da er tät niederknieen,
Fiel um zum andern mal,
Ein Holz tät man herziehen,
Darauf er sitzen soll,
wie ein Backscheit ganz dicke,
Daran er lanet recht,
Der Henker sein Schwert zucket,
Wohl an das Haupt hin rucket
Und hieb's ihm ab so schlecht.

36.
Gott tät ein Zeichen geben
An diesem frommen Christ,
Sein Blut das sprang gar eben
Zwischen des Henkers Füß.
Das Blut bald auf tät springen
Wie ein Quell über sich,
Mit ganzer Macht hindringen,
Wohl auf sein Kleid abrinnen
Vons Henkers Angesicht.

37.
Auf das Richten ich sorget,
Sprach der Henker gar bald,
Daß ich jetzt mit Gefährden
Hab tun schrecklicher G'stalt.
Ganz grimmig ward mit Schelten,
Daß ihm besudelt ward,
Sein grünes Kleid tät gelten

Und konnt ihm niemand helfen
Wohl zu derselben Fahrt.

38.

Also tät man vollenden
den Handel zu der Frist,
Das Volk tät sich umwenden,
Heim zu gegangen ist
Mit ganz traurigem Herzen,
Auch Leid und Kummer groß,
Daß man so großen Schmerzen
Und Pein ohn' allen Scherzen
Anlegt dem Gottesg'noß.

39.

Der so mit großen Freuden
Zu Gott dem Vater rief,
Da er jetzt wollt abscheiden,
Sein Gemüt eilet und lief
Aus diesem Jammertale
Zu der ewigen Ruh,
Da dann die Frommen alle
Liegen unterm Altare,
Mit Harren schreien nun.

40.

Herr, wie lang tust du warten
Und richtst nicht unser Blut,
das man jetzt tut vergießen
Auf Erd' mit schnellem Mut.
Ein Antwort ward ihn' geben,
Daß sollen harren schon,
Bis ihre Mitknecht eben,
Die noch haben das Leben,
Auch nachher kommen tun.

41.

Also tät hindurchdringen
Der standhaftige Held,
Hat sich nichts lassen zwingen
Gar nichts auf dieser Welt.
Sein Leben ring geachtet,

Das nur vergänglich war,
Das ewig Wort betrachtet
Und alle Schmach verachtet,
Das ihn nicht hindert zwar.

42.

Sein Geist tät er befehlen
Dem Herren ganz und gar.
Das best ihn' auserwählet,
Gleich wie auch Maria.
Der ihm nicht ward genommen
Durch keine Tyrannei,
Die leiden alle Frommen,
Bis daß sie hindurch kommen,
Werden von Banden frei.

43.

Und dann in Freuden springen
In dem ewigen Reich,
Das Liedlein Mose singen
Und sein den Engeln gleich.
Vor Gott auf Stühlen sitzen,
Richten die G'schlecht Israel.
Hinfür wird sie nicht stechen
Die Sonn' noch gar kein Hitze
Und weichen alle Quäl.

44.

Preis, Lob sei Gott dem Herren,
Glorie und aller Ruhm,
Von jetzt und immer mehre
Durch Christum seinen Sohn,
Der in sein schwachen G'fäßen
Durch sein heiligen Geist
Seine Kraft tut beweisen
Jetzt in den letzten Zeiten,
Ihm sei ewig der Preis. Amen.

QUELLEN UND LITERATURVERZEICHNIS

1 QUELLEN

1.1 UNVERÖFFENTLICHTE QUELLEN

1.1.1 Alba Julia (Karlsburg), Rumänien

Bibliothek des Batthyaneums

Codex III—96   (1596)   „Codex Braidl"
Codex III—107   (1615)
Codex III—187   (o. J.)

1.1.2 Bratislava, Slowakei

Stadtarchiv (Bratislava B)

Codex 305   (1618)
Codex 388   (1577)
Codex Habanus 5   (1571)
Codex Habanus 16 (1655)   „Codex Dreller"
Codex Habanus 17 (1657)

Bibliothek der Slowakischen Wissenschaften (Bratislava C)

Codex 213   (1599)   „Codex Ritualis"

1.1.3 Estergom (Gran), Ungarn

Fürstbischöfliche Diözesanbibliothek

Codex III—124   (1574)   „Graner Codex"
Codex III—198   (1640/45)
Codex III—139   (1628)   „Codex Walch"

386

Codex III—155   (1637)
Codex II—243   (1593)   „Kodex Wipf"
Codex III—137   (1650)

1.1.4 Olomouc (Ölmütz), Tschechien

Universitätsbibliothek

Codex 180   (1582)   „Ölmützer Codex"
Codex 365   (Nach 1568)

1.1.5 Reg.Arch. Innsbruck: Kopialbuch Causa Domini II und III,

1.2 VERÖFFENTLICHTE QELLEN

Beck, Josef:
Die Geschichtsbücher der Wiedertäufer in Österreich-Ungarn ..., in: Fontes Rerum Austriacarum (Diplomataria et Acta XLIII. Band) Wien 1883

Bossert, Gustav:
Quellen zur Geschichte der Wiedertäufer, Bd.I, Herzogtum Württemberg; Quellen und Forschungen zur Reformationgeschichte, Bd.XIII, Leipzig 1930

Erhard, Christoff:
Gründliche kurz verfaste Historia. Von Münsterischen Widertauffern vnd wie die Hutterischen Brüder so auch billich Widertauffer genennt werden im Löblichen Marggraffthumh Märhern/ deren vber die siebentzehen tausend sein sollen /gedachten Münsterischen in vilen änhlich/gleichformig vnd mit zustimmet sein. München MDLXXXVIIII

Fischer, Christoph Andreas:
Vier vnd funffzig Erhebliche Vrsachen/Warumb die Widertauffer nicht sein im Land zu leyden. Ingolstadt MDCVII

derselbe:
Der Hutterischen Wiedertauffer Taubenkobel: In welchem all ihr Wüst/ Mist/ Kott vnnd Vnflat/ dasist/ ihrfalsche/ stinckende/ vnflätig vnd abscheuliche Lehrn/was sie nemblich von Gott/von Christo/ von den H. Sacramenten vnd

andern Artickeln deß Christlichen Glaubens halten / werden erzählt ..., Ingolstadt MDCVII

Franck, Sebastian: Chronika-Zeitbuch unnd Geschichtbibell von anbegyn bis in dis gegenwertig MDXXXVI iar ..., 1536, S.193ff. „VonWidertäuffern oder Täuffern", Reprographischer Nachdruck der Originalausgabe von Ulm 1536, Darstadt 1969

Hutter, Jakob: Anschlag und fürwenden der blinden und verkehrten welt und aller gottlosen gegen den fromen, in: Müller, Lydia, Glaubenszeugnisse oberdeutscher Taufgesinnter, Leipzig 1938

derselbe: Briefe, in: Fischer, Hans-Georg, Jakob Huter— Sein Leben und Wirken—Ein Zeugnis evangelischer Frömmigkeit im 16. Jahrhundert, (unveröff. Dissertation) Wien 1949, Briefanhang

Jenny, Beatrice: Das Schleitheimer Täuferbekenntnis 1527, Thayngen 1951,

Franz, Günter: Wiedertäuferakten 1527—1626, Urkundliche Quellen zur Reformationsgeschichte Bd. 4, Marburg 1951

Friedmann, Robert: Die Briefe der österreichischen Täufer, Leipzig 1929

derselbe: Glaubenszeugnisse oberdeutscher Taufgesinnter II, in: Quellen zur Geschichte der Täufer, XII. Bd., Gütersloh 1967

Kirchmaier: Fontes Rerum Austriacarum, Bd. I

Mais, Adolf: Gefängnis und Tod der in Wien hingerichteten Wiedertäufer, in: Jahrbuch des Vereins für Geschichte der Stadt Wien, Bd. 19/20, Jg. 1963/64

derselbe: Das Hausbuch von Neumühl 1558—1610, das älteste Grundbuch der huterischen Brüder, in: Jahrbuch der Gesellschaft für die Geschichte des Protestantismus in Österreich, 1964

Mecenseffy, Grete: Quellen zur Geschichte der Täufer, Bd. XIII, Österreich II, Gütersloh 1972

dieselbe: Quellen zur Geschichte der Täufer, Bd. XIV, Österreich III, Gütersloh 1983

388

Müller, Dr. Lydia (Hg.):	Glaubenszeugnisse oberdeutscher Taufgesinnter I, in: Quellen und Forschungen zur Reformationsgeschichte, Leipzig 1938
Ridemann, Peter:	Rechenschaft unserer Religion, Lehr und Glaubens, von den Brüdern, so man die Hutterischen nennt, ausgangen 1565, Nachdruck v. 1938
Saliger, W.:	Peter Scherers (Schörers) Rede, welche er mit anderen Eltesten den Schulmeistern zu Niemtschitz in Mähren am 15. November 1568 gehalten hat, und die Schulordnung von 1578, in: Mitteilungen der Gesellschaft für deutsche Erziehung und Schulgeschichte, Jg. XI, Berlin 1901
Schlafer, Hans:	Kurzer Underricht zum Anfang Eines Recht Christlichen Lebens, 1577; in Müller, Lydia, a.a.O. (Cod. 388 B, 1577)
Stadler, Ulrich:	Eingang ins Christentum, um 1536; in: ARG, Bd.XLVI, 1955
Walpot, Peter:	Das Grosse Artikelbuch, Neumühl, Mähren, 1577, in: Friedmann, Robert, Glaubenszeugnisse oberdeutscherTaufgesinnter II, Gütersloh 1967
Westin, G./Bergsten, T.(Hg.):	Balthasar Hubmaier Schriften, in: Quellen und Forschungen zur Reformationsgeschichte, Bd. XXIX, Gütersloh 1962
Wolkan, Rudolf (Hg.):	Das Große Geschichtbuch der Hutterischen Brüder, Cayley, Alberta 1974
Zieglschmid, A. J.F.:	Die älteste Chronik der Hutterischen Brüder, New York 1943
derselbe:	Das Klein-Geschichtsbuch der Hutterischen Brüder, Philadelphia 1947

1.3 HUTTERISCHE VERÖFFENTLICHUNGEN UND ABSCHRIFTEN VON QUELLENSCHRIFTEN:

Bruckmaier, Jerg:	Ein schönes Artikel des Christlichen Tauf, Samt Bekenntnis und Rechenschaft, 1577/1980 Vanguard, Sask.

Bible Stories Explanation	Bassano, Alb., 1971, 4. Aufl.
Ehrenpreis, Andreas:	Ein Sendbrief Anno 1653, Neuausgabe 1988
derselbe:	Kurze Antwort an Daniel Zwicker, in: Die Hutterischen Epistel 1527—1763, Elie 1988, Vol. III
Hofer, John:	Private Predigtsammlung, JVC; Elie, Man., o. J.: 1. Vermahnung an denen, die sich verwilliget haben im Stand der heiligen Ehe zu treten. (Signatur B5) 2. Osterbrief, Meldung vor der Gemeinde wie man sich zum Abendmahl des Herrn bereiten soll (Signatur B14)
Die Hutterischen Brüder (Hg.):	Die Lieder der Hutterischen Brüder, Cayley, Alb., 1974
Die Hutterischen Brüder (Hg.):	Gesangbüchlein. Lieder für Schule und häuslichen Gebrauch, Cayley/Alberta 1974
Die Hutterischen Brüder (Hg.):	Die hutterischen Epistel 1527—1767, Vol. I, Elie, Man. 1986
Die Hutterischen Brüder (Hg.):	Die hutterischen Epistel 1525—1767, Vol. II, Elie, Man. 1987
Die Hutterischen Brüder (Hg.):	Die Hutterischen Epistel 1525—1767, Vol.III, Elie, Man., 1988
Die Hutterischen Brüder (Hg.):	Einige Fragen und ihre Beantwortung für die reifere Jugend, Revised Edition, Hawley, Min. 1990
Die Hutterischen Brüder (Hg.):	Unterricht, Hawley, Min., 1987
Schlafer, Hans:	Grund und Ursach der Taufe, Starland Gemein 1975
Walpot, Peter:	Handbüchlein wider den Prozeß, der zu Worms am Rhein, wider die Brüder, so man die Hutterischen nennt, ausgangen ist im Jahr: Anno 1557, Kopie einer Abschrift von 1758, Spokane (Wash.), Espanola Colony
Wipf, Johannes B.:	Erklärung der Offenbarung Johannes des Theologen, „Kodex Wipf", McMillan Colony, Alberta 1953 (Abschrift)

1.4 LEHRSCHRIFTEN (PREDIGTEN):

Lehr-Nr.	Bibelstelle	Predigtthema	Abschreiber	Ort, Jahrgang
Lehr 6:	Eph. 5, 22-3	Ehestand	Joseph Wipf	Rosholt1981
Lehr 16:	5.Mose 17	Erwählung Johannes	K. Wipf	Hanna, Alb.1965
Lehr 17:	Mt. 3, 7 –17	----	Susanna Teichröb	o. A., 1970
Lehr 63:	1.Kor., 23—32	Gedächtnis des Herrn	-------	o. J. mit liturg. Anhang
Lehr 67:	Joh. 3, 1—15	Nicodemus-Lehr	Elias E. Wipf	--------- 1975
Lehr 75:	Gal. 5, 22—24	Frucht des Geistes	George Entz	Rosholt 1980
Lehr 86:	Röm. 6, 1—8	Tauflehr	Geoge Entz	Rosholt 1980
Lehr 100:	Phil. 2, 1—11	Eintracht	Joseph Wipf	Rosholt 1981
Lehr 105:	Joh. 13, 1—38	Fußwaschung	----------	Rosholt 1981
Vorrede:	1.Tim. 3,1—13	Ermahnung die als Vorrede oder Einleitung gebraucht werden mag bei Bestätigung der Diener des Worts (20 Doppelseiten, ohne Angaben)		

2 BIBELAUSGABEN

Die Bibel	oder die ganze Heilige Schrift des Alten und Neuen Testaments nach der deutschen Überset-zung Martin Luthers, Stuttgart 1963
Die Bibel	Einheitsübersetzung der Heiligen Schrift, Altes und Neues Testament 1.Aufl., Aschaffenburg 1980
Dietzfelbinger, Ernst (Übers.):	Das Neue Testament. Interlinearübersetzung Griechisch—Deutsch Neuhausen—Stuttgart 1986 (Griech. Text nach Nestle-Aland)
Froschouer, Christoffel (Drucker):	Die gantze Bibel, das ist alle bücher allts vnnd neuws Testaments / den vrsprünglichen spraa-chen nach, auffs aller treuwlichest verteutschet. Getruckt zu Zürich bey Christoffel Froschauer, im Jar als man zalt M.D.XXXVI. Original-nachdruck: Denver, Pa. 1975
Wilckens, Ulrich:	Das Neue Testament, Zürich/Einsiedeln/Köln 1980
De Boor, Werner / Pohl, Adolf (Hg.):	Wuppertaler Studienbibel, Wuppertal/Gießen 1983

3 LEXIKALISCHE WERKE

Fahlbusch, Erwin (Hg.):	Taschenlexikon Religion und Theologie, Göttingen 1983 (TRT)
Götze, Alfred (Hg.):	Trübners Deutsches Wörterbuch, Berlin 1939, Bd. 3
Gunkel, Hermann und Zscharnack, Leopold (Hg.):	Die Religion in Geschichte und Gegenwart, Handwörterbuch für Theologie und Religionswissenschaft, 2.Aufl.,Tübingen 1928 (RGG)
Krahn, Cornelius u.a. (Hg.):	The Mennonite Encyclopedia, A Coprehensive Reference Work on the Anabaptist-Mennonite Movement, Fourth Printing, Scottdale, Pa., 1982 (ME)
Lexer, Matthias :	Mittelhochdeutsches Taschenwörterbuch, 28. Aufl., Leipzig 1956
Müller, Gerhard (Hg.):	Theologische Realsenzyklopädie, Berlin/New York 1985 (TRE)
Rienecker, Fritz (Hg.):	Lexikon zur Bibel, Wuppertal 1978
derselbe:	Sprachlicher Schlüssel zum Griechischen Neuen Testament, Gießen/Basel 1977 (15.Aufl.)
Schlatter, Walter (Hg.):	Calwer Bibellexikon, Stuttgart 1971

4 SONSTIGE LITERATUR

Allport, Gordon W.:	Attitudes, in: A Handbook of Social Psychology, Worcester 1935
Alker, Hugo (Hg.):	Ulrich Stadler, Eingang ins Christentum, in: ARG, Bd. XLVI, 1955
Amische Gemeinden (Hg.):	Ausbund das ist: Etliche schöne christliche Lieder, … 13.Aufl. Lancaster County, Pa.1981
Bayerisches Nationalmuseum (Hg.):	Die Hutterischen Täufer—Geschichtlicher Hintergrund und Handwerkliche Leistung, Weierhof 1985
Bender, Harold S.:	Walking in the Resurrection—The Anabaptist Doctrine of Regeneration and Discipleship, in: MQR XXXV (1961)
derselbe:	Sanctification in: ME Vol. IV

392

derselbe: A Hutterian Schooldiscipline of 1578, in: MQR
                                    V, 1931

Benz, Ernst: Ecclesia spiritualis, Kirchenidee und Ge-
                                    schichtstheologie der franziskanischen Reform,
                                    Stuttgart 1934

Bizer, Christoph: Die Religion des evangelischen Christentums
                                    und der Umgang mit den Grenzen ihrer Lehr-
                                    barkeit, in: -Dokumentation—Kolloquium für
                                    Absolventen und Dozenten des Fernstudiums
                                    Evangelische Theologie, September 1993

Blanke, Fritz: Brüder in Christo. Die Geschichte der ältesten
                                    Täufergemeinde, Zürich 1955

Bonhoeffer, Dietrich: Nachfolge, Gütersloh 1994

von Braght, Tielemann J.:   Der blutige Schauplatz oder Märtyrer-Spiegel
                                    der Taufgesinnten oder Wehrlosen Christen,
                                    die um des Zeugnisses Jesu, ihres Seligma-
                                    chers, willen gelitten haben und getötet worden
                                    sind, von Christi Zeit an bis auf das Jahr 1600.
                                    Aylmer/La Grange 1973

Brandsma, Jan Anke: Menno Simons von Witmarsum, Marxdorf
                                    1983

Brant, Sebastian: Das Narrenschiff, Stuttgart 1980

Brednich, Rolf Wilh.:   Erziehung durch Gesang. Zur Funktion von
                                    Zeitungsliedern bei den Hutterern, in: Jahrbuch
                                    für Volksliedforschung 27./28. Jg., Berlin 1982

Bucher, Anton: Symbol-Symbolbildung-Symbolerziehung:
                                    Philosophische und entwicklungspsycho-
                                    logische Grundlagen, St.Ottilien 1990

Buchinger, Erich: Die Geschichte der Kärntner Hutterischen Brü-
                                    der in Siebenbürgen und in der Walachei
                                    (1755-1770), in Rußland und in Amerika, Kla-
                                    genfurt 1982

Clasen, Claus-Peter: Die Wiedertäufer im Herzogtum Württemberg
                                    und in benachbarten Herrschaften—Ausbrei-
                                    tung, Geisteswelt, Soziologie, Stuttgart 1965

Classen, L.:	Die ‚Übung mit den drei Seelenkräften' im Ganzen der Exerzitien, in: Wulf, Friedrich (Hg.): Ignatius von Loyola. Seine geistliche Gestalt und sein Vermächtnis 1556—1956, Würzburg 1956
Cullmann, Oscar:	Die Tauflehre des Neuen Testamentes, Zürich 1948
Dedic, Paul:	The Social Background of the Austrian Anabaptists, in: MQR XIII, 1939
Deets, Lee Emerson:	The Hutterites, Gettysburry 1939
Deppermann, Klaus:	Melchior Hofmann. Soziale Unruhen und apokalyptische Visionen im Zeitalter der Reformation, Göttingen 1979
Deutsche Bischofskonferenz (Hg.):	Die Feier der Kindertaufe, Freiburg und Salzburg 1971
Döpmann, Hans-Dieter:	Othodoxe Kirchen des Ostens, in: TRL, Bd. 4, Göttingen 1987
van Dülmen, Richard:	Reformation als Revolution. Soziale Bewegung und religiöser Radikalismus in der deutschen Reformation, München 1977
Epp, David H.:	Johann Cornies—Züge aus seinem Leben und Wirken Sask./Man. o. Jg.
Erikson, Erik:	Die Ontogenese der Ritualisierung, in: Psyche 11, 1968
Eysenck, Hans Jürgen:	Psychology of Politics, London 1957
Fast, Heinold:	Der linke Flügel der Reformation, Sammlung Dietrich, Bd.269, Bremen 1962
Fischer, Hans-Georg:	Jakob Huter—Sein Leben und Wirken—Ein Zeugnis evangelischer Frömmigkeit im 16. Jahrhundert, (unveröff. Diss. d. theol. Fak.) Wien 1949
Freud, Sigmund:	Zwangshandlungen und Religionsübungen, in: Ges. Werke, Bd. 7 Frankfurt/Main 1977
Friedmann, Robert:	Die Schriften der Hutterischen Täufergemeinschaften, Wien 1965
derselbe:	Hutterite Missionärs, in: ME Vol. II
derselbe:	Tessalonica, in: ME Vol. IV

394

Geiser, S.H.:	Die taufgesinnten Gemeinden im Rahmen der allgemeinen Kirchengeschichte, Cournegay 1971
Goertz, Hans-Jürgen:	Umstrittenes Täufertum 1525-1975, Göttingen 1975
derselbe:	Radikale Reformatoren, München 1978
derselbe:	Die Täufer. Geschichte und Deutung, München 1980
derselbe:	Alles gehört allen. Des Experiment Gütergemeinschaft vom 16. Jahrhundert bis heute, München 1984
Gingerich, Melvin:	Dax, Leonhardt, in: ME, Vol. II
Goffmann, Erving:	Interaktionsrituale—über das Verhalten in direkter Kommunikation, Frankfurt/Main 1973
Grieser, Dale J.:	Seducers of the simple Folk: The Polemical War against Anabaptism (1525—1540), Cambridge/Mass. 1993
Gross, Leonard:	The Golden Years of the Hutterites, Scottdale/Ontario 1980
Grundmann, Herbert:	Ketzergeschichte des Mittelalters, Göttingen 1953
Haendler, Gert:	Die abendländische Kirche in der Zeit der Völkerwanderung, Berlin 1983
Haisch, E.:	Über psychoanalytische Bedeutung der Musik, in: Psyche 7(1953)
Halm, Christoph Ulrich:	Geschichte der Ketzer im Mittelalter, Bd. I und II, Stuttgart 1847
Heßler, Eva:	Zeitgemäße Gedanken über das Verhältnis von Theologie und Pädagogik, (unveröff. Manuskript) 1974
Heimann, Franz:	Die Lehre von der Kirche und Gemeinschaft in der huterischen Täufergemeinde, (unveröff. Diss. d. phil. Fak.) Wien o. Jg.
Hershberger, Guy F.:	Das Täufertum, Erbe und Verpflichtung. Stuttgart 1963

von Hentig, Hans:	Die Strafe, Frühformen und kulturgeschichtliche Zusammenhänge, Band.1, Berlin/Göttingen/Heidelberg 1954
Hildebrand, Bodo:	Erziehung zur Gemeinschaft, Geschichte und Gegenwart des Erziehungswesens der Hutterer, Pfaffenweiler 1993
Hillerbrand, Hans J.:	Die Reformation: A Narrative History Related by Contemporary Observers and Participants, New York 1964
Hofer, John:	The History of the Hutterites, Rivised Edition, Altona (Man.)1988
Holzach, Michael:	Das vergessene Volk. Ein Jahr bei den deutschen Hutterern in Kanada (2.Aufl.) München 1983
Horsch, John:	The Hutterian Brethren, a Story of Loyalty and Martyrdom, in: MQR, Januar 1947, XXXI
Horst, Irvin B.:	Menno Simons. Der neue Mensch in der Gemeinschaft, in: Goertz, H.-J. (Hg.). Radikale Reformatoren, München 1978
Hostetler, John A.:	Hutterite Society, John Hopkins University Press, Baltimore 1974
Hruby, Franz:	Die Wiedertäufer in Mähren, Sonderdruck aus dem Arch. für Ref. Gesch, Leipzig 1935
Hübner, Hans:	Rechtfertigung und Heiligung in Luthers Römerbriefvorlesung, Witten 1965
Jetter, Werner:	Symbol und Ritual, Göttingen 1978
Jossutis, Manfred:	Ritus und Kult. In: TRT Bd.4, Göttingen 1983
Jung, C.G.:	Seelenprobleme der Gegenwart, Zürich/Stuttgart 1969
Kalweit:	Heiligung, in: RGG, Bd. 2, Tübingen 1928
Kammer der EKD für Bildung und Erziehung:	Der Zusammenhang von Leben, Glauben und Lernen—Empfehlungen zur Gemeindepädagogik, Gütersloh 1982
Käsemann, Ernst:	Der Ruf der Freiheit, 4.Aufl., Tübingen 1968
derselbe:	Paulinische Perspektiven, Tübingen 1969

396

Keck, Rudolf W.:	Kategoriale Bildung, in: Wörterbuch Schulpädagogik (Hg. Keck, Rudolf W./ Sandfuchs, Uwe) Bad Heilbrunn 1994
Kelbert, Heinz:	Die fortschrittlich-demokratische Erziehung und Berufsbildung in den Gemeinschaften der Wiedertäufer im Mittelalter, Berlin 1954
von Kempen, Thomas:	Nachfolge Christi, Zürich, Einsiedeln, Köln 1982
Klaiber, Walter:	Rechtfertigung und Gemeinde, Göttingen 1982
derselbe:	Wo Leben noch Leben ist, Stuttgart 1984
derselbe:	Schriftgemäße Heiligung, in: Heiligung aus biblischer und evangelisch-methodistischer Sicht, Beiträge zur Geschichte der Evangelisch-methodistischen Kirche, Stuttgart 1987
Klima, Helmut:	Das Verhalten der Wiener Regierung unter Maria Theresia gegen die Siebenbürger Wiedertäufer und Herrnhuter. Ein Beitrag zur Theresianischen Religionspolitik, in: Südostforschungen, Bd. VII, 1942
Klusch, Horst:	Siebenbürgische Töpferkunst, Bukarest 1980
Köhler, Walter:	Flugschriften aus den ersten Jahren der Reformation, 1903, Bd. 2, Heft 3
Kratzert, Hans/Aschenbrenner,Dieter u.a. (Hg.):	Leben und Erziehen durch Glauben´, Güterloh 1978
Kreck, Walter:	Grundfragen der Ecclesiologie, München 1981
Langer, Susanne K.:	Philosophie auf neuem Wege—das Symbol im Denken, im Ritus und in der Kunst, Havard 1942 (Deutsch: S.Fischer Verlag 1965)
Lasser, Manfred:	Die Sehnsucht nach dem Himmel, Lieder der Heiligungsbewegung im Spiegel der literarischen Epochengeschichte, in: Mitteilungen der Studiengemeinschaft für Geschichte der Evangelisch- Methodistischen Kirche, März 1992, Reutlingen
Lauster, Peter:	Wege zur Gelassenheit, rororo-Sachbuch Nr. 7961
van der Leeuw, Gerardus:	Phänomenologie der Religion, Tübingen 1956

Lieseberg, Ursula: Studien zum Märtyrerlied der Täufer im 16. Jahrhundert, Frankfurt a. M. 1991

Lindner, Herbert: Kirche am Ort. Eine Gemeindetheorie, Stuttgart 1994

Lindsey, Hal/ Carlson, Carole C.: Alter PLanet Erde wohin? Wetzlar 1975

Loesche, Georg (Hg.): Tirolensia. Täufertum und Protestantismus, Wien-Leipzig 1926

Lorenz, Konrad: Das sogenannte Böse, Wien 1963

Loserth, Johann: Der Anabaptismus in Tirol, Wien 1981

derselbe: Der Communismus der mährischen Wiedertäufer im 16. und 17. Jahrhundert, in: Arch.f.Österr.Gesch, Bd. 81, Wien 1895

Lubahn, Erich: Licht an einem dunklen Ort—Biblische Endzeitorientierung, Stuttgart 1976

Lundberg, Mabel: Jesuitischen Anthropologie und Erziehungslehre in der Frühzeit des Ordens (ca. 1540—ca. 1650) Upsala 1966

Luther, D.Martin: Ausgewählte Schriften, Frankfurt a.M. 1983 (2.Aufl.)

Mann, Ulrich: Einführung in die Religionsphilosophie, 2.unveränd.Auflage, Darmstadt 1988

derselbe: Theogonische Tage—Die Entwicklungsphasen des Gottesbewußtseins in der altorientalischen und biblischen Religion, Stuttgart 1970

Marxsen, Willi: Einleitung in des Neue Testament, Gütersloh 1978 (4.Aufl.)

Meyer-Blanck, Michael: Vom Symbol zum Zeichen, Symboldidaktik und Semiotik, Hannover 1995

Möbus, Gerhard: Psychagogie und Pädagogik des Kommunismus, Köln und Opladen 1959

Möller, Christian: Lehre vom Gemeindeaufbau, Bd. I, Göttingen 1987

Molnar, Amadeo: Die Waldenser, Berlin 1973

Moltmann, Jürgen: Der Gekreuzigte Gott , (4.Aufl.) München 1981

398

Moser, Dietz-Rüdiger:	Verkündigung durch Volksgesang—Studien zur Liedpropaganda und -katechese der Gegenreformation, Berlin 1981
Mühlmann, W.E.:	Ritus, in: RGG, Bd. 5, Tübingen 1961
Müller, Dr. Lydia:	Der Kommunismus der mährischen Wiedertäufer, in: Schriften des Vereins für Reformationsgeschichte, Jg. 45, Heft 1, 1926-28, Leipzig 1927
von Muralt, Leonard:	Glaube und Lehre der schweizerischen Wiedertäufer in der Reformationszeit, 1938
Neumann, Erich:	Kulturentwicklung und Religion, Zürich 1953
Neumann, Gerhard:	„Rechtfertigung" und „Person Christi" als dogmatische Glaubensfrage bei den Täufern der Reformationszeit, in: Zeitschrift für Kirchengeschichte, LXX (1959)
Ostrowski, Nikolaij A.:	Wie der Stahl gehärtet wurde, 10. Aufl., Berlin 1948
Packull, Werner O.:	Der Hutterische Kommentar der Offenbarung des Johannes. Eine Untersuchung seines täuferischen Ursprungs, in: Bayerisches Nationalmuseum, (Hg.), Weierhof 1985
derselbe:	Zwietracht in der 'Gemeinde Gottes'. Die hutterischen Spaltungen von 1531 und 1533, in: MGB, 51. Jahrgang 1994
Paulsen, Friedrich:	Geschichtes des gelehrten Unterrichts auf den deutschen Schulen und Universitäten vom Ausgang des Mittelalters bis zur Gegenwart. Leipzig 1919
Peachy, Paul:	The Social Background of the Austrian Anabaptist, in:MQR XIII,1939
derselbe:	Die soziale Herkunft der schweizer Täufer der Reformationszeit, Karlsruhe 1954
derselbe:	Die gegenwärtige Wiedergewinnung des täuferischen Leitbildes, in: Hershberger, Guy F.: Das Täufertum, Erbe und Verpflichtung, Stuttgart 1963
Peschke, Erhard:	Kirche und Welt in der Theologie der Böhmischen Brüder, Berlin 1981

Peter, Karl und Franziska (Hg.): — Der Gemein Ordnungen (1651—1873), Jährliche Warnung an die vertrauten Brüder, Reardan/Wash. 1980

Petersen, Peter: — Führungslehre des Unterrichts, Braunschweig 1950

Peterson, Erik: — Zeuge der Wahrheit, in: Theolog. Traktate, 1951

Plümper, Hans-Dieter: — Die Gütergemeinschaft bei den Täufern des 16. Jahrhunderts, Göppinger Akademische Beiträge Nr. 62, Göppingen 1972

Pohl, Adolf: — Die Offenbarung des Johannes, 2.Teil, in: Wuppertaler Studienbibel,Wuppertal 1983

Portmann, Adolf: — Riten der Tiere, in: Eranos-Jahrbuch XIX, 1950

von Pulikowski, Julian: — Geschichte des Begriffes Volkslied im musikalischen Schrifttum, Heidelberg 1933

Racker, H.: — Psychanalytic considerations on musik and musicians, in: Psychoanalyt. Review 52 (1968)

Riches, John: — Heiligung, in: TRE, Bd. XIV,

Rosenboom, Enno: — Gemeindeaufbau durch Konfirmandenunterricht, Gütersloh 1962

derselbe: — Gemeindepädagogik—Eine Herausforderung für die Kirche in: Leben und Erziehen durch Glauben (Hg.: Kratzert/Aschenbrenner) Gütersloh 1978

Rössler, R.: — Grundriß der praktischen Theologie, Berlin/New York 1986

Sauer, Erich: — Das Morgenrot der Welterlösung, Wuppertal/Basel 1985

Schäufele, Wolfgang: — Das missionarische Bewußtsein und Wirken der Täufer, Beiträge zur Geschichte und Lehre der Reformierten Kirche. Bd.21, Neukirchen-Vluyn 1966

Schelsky, Helmut: — Einführung in: Riesmann, David, Die einsame Masse, Rowolth 1961

Schlatter, Walter (Hg.): — Calwer Bibellexikon, Stuttgart 1971

400

Schmidt, Wilhelm:	Die Stiftung des katholischen Theresianischen Waisenhauses zu Hermannstadt, gelegentlich der ersten Säcularfeier desselben, actenmäßig dargestellt, 1869 (Selbstverlag)
Schrage, Wolfgang:	Ethik des Neuen Testamentes, Berlin 1985
Scribner; Robert. W.:	Die Täufer und der vormoderne Kommunismus, in: MGB, 50. Jg. 1993
Seibt, Ferdinand:	Utopica—Modelle totaler Sozialplanung, Düsseldorf 1972
Simons, Menno:	Vollständige Werke, Zweiter Pfad Weg Ausgabe 1971
Stadler, Ulrich:	Schriften, in: Müller, Lydia, Glaubenszeugnisse …
Staeck, Frank/Welsch,Caroline:	Ketzer, Täufer, Utopisten, Pfaffenweiler 1991
Stalder, Kurt:	Das Werk des Geistes in der Heiligung bei Paulus, Zürich (Bern) 1962
Stauffer, Ethelbert:	Märtyrertheologie und Täuferbewegung, in: Ztschr. f. Kirchengeschichte, Dritte Folge, LII Bd. 1953
Stayer, James M.:	The German Peasants War and Anabaptist Community of Goods, Montreal/Kingston 1991
Stayer, James M., Pakull, Werner O., Deppermann, Klaus:	From Monogenesis to Polygenesis. The Historical Discussion of Anabaptists Origins, In: MQR 1975
Strobel, Wolfgang/Huppmann, Gernot:	Musiktherapie, Grundlagen-Formen-Möglichkeiten, Göttingen 1978
Strunck, Rainer:	Nachfolge Christi, Erinnerung an eine evangelische Provokation, München 1982 (2.Aufl.)
Stupperich, Robert:	Die Schriften B. Rothmanns, Münster 1970
Tillich, Paul:	Wesen und Wandel des Glaubens, 1961, TB-Ausg. 1975
Toelken, Barre:	Zum Begriff der Performanz im dynamischen Kontext der Volksüberlieferung, in: Zeitschr. für Volkskunde 77 , 1981

Uhlig, Gottfried: Von der neuen Wandlung eines christlichen Lebens. Pädagogische Gedanken in einer „aufrührerischen" Utopie der Reformationszeit, in: Jahrbuch für Erziehungs- und Schulgeschichte, Jg. 23, Berlin 1983

Vogler, Günter: Das Täuferreich in Münster als Problem der Politik im Reich. Beobachtungen anhand reichsständischer Korrespondenzen der Jahre 1534/35, in: MGB, 42. Jg., 1985

Vontobel, Klara: Das Arbeitsethos der deutschen Protestanten von der reformatorischen Zeit bis zur Aufklärung, Bern 1946

Waldenfels. Bernhard: Der geistesgeschichtliche Hintergrund: Vom Ich zum Wir, in: Heitmann, Claus/Mühlen, Heribert (Hg.):Erfahrung und Theologie des Heiligen Geistes, Kösel 1974

Waltner, Gary James: The Educational System Of The Hutterian Anabaptists And Their Schulordnungen Of The 16th And 17th Centuries, University of South Dacota, 1975 (unveröff. Magisterarbeit)

Wenger, John (Hg.):   Two Kinds of Obedience—An Anabaptist Tract on Christian Freedom, in: MQR, Januar 1947, XXI

derselbe: Der Biblizismus der Täufer, in: Hershberger, Guy F. (Hg.): Das Täufertum, Erbe und Verpflichtung, Stuttgart 1963

Werner, Ernst: Pauperes Christi, Studien zu sozialreligiösen Bewegungen im Zeitalter des Reformpapsttums, Leipzig 1956

Wesley, John: The Works, Vol III, 3.Ed., London 1831/repr.1984

Westin, Gunnar: Der Weg der freien christlichen Gemeinden durch die Jahrhunderte, Kassel 1956

Wiswedel, Wilhelm: Das Schulwesen der Hutterischen Brüder in Mähren, in: ARG, Bd. XXXVIII, 1940

derselbe: Bilder und Führergestalten aus dem Täufertum, Bd. 2, Kassel 1930

Wolkan, Rudolf: Die Hutterer, 1918

402

derselbe:	Die Lieder der Wiedertäufer, Osnabrück 1983
Wurm, Shalom:	Das Leben in den historischen Kommunen, Köln 1977
Yoder, John H.:	Täufertum und Reformation im Gespräch, Zürich 1968
Zenan, J. J.:	Historical Topographie of Moravian Anabatism, Repr. from MQR, Vol. XL, pp. 266-278, Vol. XLI, pp. 40-78, 116-160 8
van der Zijpp, N:	Original Sin, in: ME Vol. IV
Zschäbitz, Gerhard:	Zur mitteldeutschen Wiedertäuferbewegung nach dem großen Bauernkrieg, Berlin, 1958

Autoren- und Herausgeberverzeichnis

L

M

N

O

Z

ABKÜRZUNGEN

Historisch-vergleichende Studien zum internationalen Bildungsdialog

herausgegeben von
Prof. Dr. Reinhard Golz (Universität Magdeburg)
und Prof. Dr. Rudolf W. Keck
(Universität Hildesheim)

Rudolf W. Keck; Peter Müller (Hrsg.)
Didaktik im Kontext (post-)moderner Pädagogik und Konzeption zur Humanisierung der Bildung
Theoretische und praktische Aspekte des Paradigmenwechsels in Ost und West. Internationales Symposion und Arbeitstagung vom 07. bis 11. September 1998 in Hildesheim
In diesem Tagungsband geht es um den Aspekt der demokratischen Modernisierung in der westlichen Sicht der Didaktik. Im Mittelpunkt stehen die Gesellschaftsumbrüche und ihre Konsequenzen für pädagogische Reformansätze. Dabei geht es um die Frage, welche Folgerungen für didaktische Entwürfe im Dienste der Humanisation aus diesen Umbrüchen zu ziehen sind und welche konkreten Umsetzungsmöglichkeiten für die Schulpraxis sich daraus ergeben. Dies wird an Beispielen reformpädagogischer und reformdidaktischer Praxis erörtert.
Bd. 1, 1999, 300 S., 49,80 DM*, br., ISBN 3-8258-4054-9

Texte zur Theorie und Geschichte der Bildung

herausgegeben von Dr. Friedhelm Brüggen
(Westfälische Wilhelms-Universität Münster)
und Dr. Karl-Franz Göstemeyer
(Humboldt Universität Berlin)

Petra Korte
Projekt Mensch – "ein Fragment aus der Zukunft"
Friedrich Schlegels Bildungstheorie
Das Erkenntnisinteresse der vorliegenden Studie richtet sich darauf, Friedrich Schlegel (1772–1829) als einen neuzeitlichen Bildungstheoretiker in den Diskurs der Erziehungswissenschaft und die Geschichte der Pädagogik neu einzuführen. Die Arbeit weist nach, daß Schlegel an der Wende vom 18. zum 19. Jahrhundert eine bis heute kaum beachtete Bildungstheorie entwickelt, die interdisziplinäre Offenheit kennzeichnet, alle Gegenstände der geistigen Reflexion des Menschen enzyklopädisch einbezieht und die Bildungsbegriff die Suche nach dem Fragmentarischen und Projekthaften menschlichen Denkens und Handelns formuliert.
Bd. 1, 2., überarb. Aufl. 1995, 280 S., 68,80 DM*, gb., ISBN 3-89473-537-6

Friedhelm Brüggen
Schleiermachers Pädagogik
Eine Einführung
Schleiermachers pädagogische Vorlesungen aus dem Jahre 1826, die einen der bedeutendsten Beiträge zur pädagogischen Theorie aus der Zeit der sogenannten Deutschen Klassik darstellen, bereiten dem Leser nicht geringe Interpretationsschwierigkeiten. Die Publikation, die sich insbesondere an Studentinnen und Studenten der Erziehungswissenschaft wendet, unternimmt den Versuch einer Deutung, der nah genug am Text bleibt, um dem Leser eine selbständige Erarbeitung zu ermöglichen. Zugleich führt sie, über den Text hinausgehend, in die zeitgeschichtlichen und theoriegeschichtlichen Zusammenhänge ein, in welchen Schleiermachers pädagogisches Denken erwächst und über die es hinausführt.
Der systematische Schwerpunkt liegt auf der Interpretation der pädagogischen Grundgedanken Schleiermachers, deren Aktualität darin begründet ist, daß sie die geschichtliche und gesellschaftliche (Mit-)Bedingtheit der Subjekte, die erziehen und erzogen werden, ebenso reflektieren wie sie deren innovative Fähigkeiten herausstellen, von denen der humane Fortschritt in einer offenen Gesellschaft abhängig ist.
Bd. 2, 1998, 200 S., 48,80 DM*, gb., ISBN 3-8258-2232-x

Conrad Gründer; Andreas Gruschka; Meinert A. Meyer (Hrsg.)
Philosophie für die europäische Jugend
Auf der Suche nach Elementen des europäischen Philosophieunterrichts
Zum ersten Mal werden in dieser Studie Zielvorstellungen, Inhalte und Methoden des Philosophieunterrichts in sechzehn repräsentativ ausgewählten europäischen Ländern unter der Fragestellung untersucht, ob es gemeinsame Elemente des Philosophieunterrichts gibt.
Mehr als dreißig Fachleute sind an dem Projekt beteiligt. "Länderberichte" informieren im ersten Teil über den Stand und die Entwicklungsperspektiven des Philosophieunterrichts in den sechzehn Ländern, "Spotlights" beleuchten in einem zweiten Teil verbindende Teilaspekte wie beispielsweise die Frage eines gemeinsamen Lehrbuchs und dokumentieren Beispiele von Philosophieunterricht in den Niederlanden und Deutschland. Der dritte Teil des Bandes, "Philosophie und Bildung", ist der Erörterung grundsätzlicher und übergreifender Fragen gewidmet wie z. B. nach der Lehr- und Lernbarkeit der Philosophie, nach ihrem Bildungssinn, nach der Möglichkeit des Philosophierens mit Kindern u. s. f.
Bei allen Unterschieden und bei aller Vielfalt werden gemeinsame Grundüberzeugungen sichtbar, ein europäisches Fundament, das produktive Auseinandersetzung und Austausch zum Nutzen für die

LIT Verlag Münster–Hamburg–London
Bestellungen über: Grevener Str. 179 48159 Münster Tel.: 0251–23 50 91 Fax: 0251–23 19 72
* unverbindliche Preisempfehlung

europäische Jugend ermöglicht.
Bd. 3, 1997, 500 S., 78,80 DM*, br., ISBN 3-8258-2313-X

Ursula Reitemeyer
Perfektibilität gegen Perfektion
Rousseaus Theorie gesellschaftlicher Praxis
Die vorliegende Studie über Rousseaus Theorie der
Perfektibilität stellt in den Mittelpunkt den Perspektivenwechsel des Ideals der *perfectio* zu der
Idee der *perfectibilité*. Dieser in der Renaissance
durch neuzeitliche Wissenschaft eingeleitete er-
kenntnistheoretische Perspektivenwechsel erfordert
in der Periode der Aufklärung eine geschichtsphi-
losophische Interpretation, durch die der Mensch
als Subjekt der Geschichte auf den Weltplan tritt.
Rousseaus Entwurf einer zukünftigen Geschichte
der Menschheit ist der vielleicht erste bildungs-
theoretisch vermittelte Versuch, die Geschichte der
Menschheit als Naturgeschichte der menschlichen
Freiheit zu deuten und als Bildungsgeschichte
exemplarisch zu realisieren.
Bd. 4, 1996, 232 S., 58,80 DM*, br., ISBN 3-8258-2643-0

Lothar Böttcher; Reinhard Golz (Hrsg.)
**Reformpädagogik und pädagogische
Reformen in Mittel- und Osteuropa**
Der vorliegende Band beinhaltet Beiträge zu hi-
storischen und aktuellen Problemen der Pädagogik
in ausgewählten Ländern Mittel- und Osteuropas.
Erziehungswissenschaftler aus Estland, Lettland, Polen, Rußland, Tschechien und Deutschland vermitteln Einblicke in Entwicklungen der
"Pädagogik zwischen Tradition und Wandel in
Zeiten gesellschaftlicher Umbrüche des 19. und
20. Jahrhunderts".
So lautet auch das Thema einer internationalen Diskussion, die im November 1994 an der
Universität Magdeburg begonnen wurde und weitergeführt wird. Mit dem vorliegenden Band wird
eine Zwischenbilanz dieser Diskussion gezogen,
in der – bei aller Heterogenität der Ansätze – die
Reformpädagogik und ihre Renaissance im Kontext aktueller pädagogischer Reformen auffallend
häufig problematisiert wird.
Die Autoren und Herausgeber wollen insbesondere
zu einem tiefen Verständnis pädagogischer Entwicklungen in östlich von Deutschland gelegenen
Ländern beitragen, einer Region mit den gravie-
rendsten Umbrüchen unserer Zeit.
Bd. 5, 1995, 320 S., 48,80 DM*, gb., ISBN 3-8258-2518-3

Hans-Eckehard Landwehr
**Bildung – Sprache – altsprachlicher
Unterricht**
Eine Studie zur sprachtheoretischen Grundlegung pädagogischen Handelns bei Wilhelm
von Humboldt
Ziel dieser Studie ist es, die Grundlegung pädagogischen Handelns bei Wilhelm von Humboldt
aufzuklären. Im Zentrum der Rekonstruktion

steht Humboldts Verständnis der "Sprache" als
anthropologisch zentraler "Schwierigkeit der Bezeichnung" sowie der "Bildung" als "Fähigkeit
ihrer Überwindung". Entscheidend für den alt-
sprachlichen Unterricht in der Gegenwart – aber
nicht nur für ihn – ist diese bislang unentdeckt
gebliebene Konzeption allgemeiner Bildung, weil
sie eine gleichermaßen theoretisch konsistente,
bildungspolitisch tragfähige wie schulpädagogisch
einlösbare Grundlage für dessen Legitimation *und*
Gestaltung bereitstellt.
Bd. 6, 1996, 376 S., 68,80 DM*, gb., ISBN 3-8258-2811-5

Wolfgang Eichler
**Bürgerliche Konzepte Allgemeiner
Pädagogik**
Theoriegeschichtliche Studien und Überblicke
Diese Arbeit wurde im Mai 1989 als Disser-
tation B an der Akademie der Pädagogischen
Wissenschaften der DDR verteidigt. In analytisch-
deskriptiven Studien zu Heinrich Gräfe, G. W. F.
Hegel, Wilhelm Rein, Wilhelm Dilthey, Hermann
Nohl, Rudolf Lochner und Hans-Jochen Gamm
machte sie wesentliche Denkrichtungen in der
Theorieentwicklung der Allgemeinen Pädagogik
seit dem "Ausgang der klassischen bürgerlichen
Pädagogik" für die seinerzeitigen Entwicklungsprobleme dieser Disziplin in der DDR verfügbar.
Die Arbeit wertete dabei die bürgerliche Pädagogik in diesem Zeitraum keineswegs als ein Abstieg
von den "klassischen Höhen", sondern vielmehr
als ein mit Erweiterung des Gegenstandsverständ-
nisses und Vertiefung des Problembewußtseins
verbundenes Bestreben zur Erfassung der Komplexität des Erziehungsgeschehens. In diesem Sinne
faßte sie die bürgerliche Pädagogik auch nicht
ausschließlich als Gegenstand ideologiebestimmter
Polemik auf, sondern bezog sie als konkrete Herausforderung und heuristische Anregung auf die
Entwicklungsprobleme der Allgemeinen Pädagogik in der DDR, die sich zwar dem bestehenden
Gesellschaftssytem und der marxistischen Grundlegung verpflichtet sah, aber dennoch den Anspruch
erhob, eine eigenständige und allgemeinen Wissen-
schaftskriterien genügende Disziplin zu sein. 1994
wurde diese Schrift von der Humboldt-Universität
zu Berlin als habilitationsadäquate Leistung bestätigt. In diesem Verfahren ist ihr zugebilligt
worden, "zu einer Erweiterung der Fragestellungen
systematischer Pädagogik (nicht nur) in der DDR
beigetragen" (Benner) zu haben und "Ergebnisse
und Einsichten" zu enthalten, "die im Rahmen
der bundesdeutschen Diskussion als weiterführend
betrachtet werden können" (Zedler).
Bd. 7, 1997, 384 S., 58,80 DM*, br., ISBN 3-8258-2997-9

LIT Verlag Münster – Hamburg – London
Bestellungen über: Grevener Str. 179 48159 Münster Tel.: 0251 – 23 50 91 Fax: 0251 – 23 19 72
* unverbindliche Preisempfehlung

Reinhard Golz; Wolfgang Mayrhofer (Hrsg.)
Luther und Melanchthon im
Bildungsdenken Mittel- und Osteuropas
Die Beiträge des vorliegenden Bandes behandeln
Einflüsse der Reformatoren und der Reformation
insgesamt auf zeitgenössische und nachfolgende
geistig-kulturelle und speziell pädagogische Entwicklungen in ausgewählten Ländern Mittel- und
Osteuropas. Hinterfragt und problematisiert wird,
auf welchem Weg sich pädagogische Ideen der
Reformation international ausgebreitet haben und
welche Personen dabei eine Rolle spielten. Es wird
untersucht, was aus protestantischen Bildungs-
einrichtungen, Stiftungen usw. heute geworden
ist und ob Traditionslinien bis in die Gründerzeit
zurückreichen oder vielleicht in den letzten Jahren wiederbelebt worden sind. Zudem geht es um
Aspekte der Luther- und Melanchthon-Rezeption
in der internationalen pädagogischen Historiogra-
phie. Eingebettet sind die Beiträge der 30 Autoren
aus Lettland, Litauen, Polen, Tschechien, Rußland,
Ungarn und der BRD in die Diskussion über das
Verhältnis von Tradition und Innovation in Zeiten
gesellschaftlicher Transformationen.
Bd. 8, 1997, 392 S., 49,80 DM*, br., ISBN 3-8258-3280-5

Günter Dresselhaus
Das deutsche Bildungswesen zwischen
Tradition und Fortschritt – Analyse eines
Sonderwegs
Das deutsche Bildungswesen ist wieder ins Gespräch gekommen. Im Zuge intensiver und um-
fangreicher europäischer Harmonisierungsbestre-
bungen gerät es insbesondere durch seine weit-
gehende Beibehaltung des tradierten gegliederten
Schulsystems unter wachsendem Veränderungs-
druck. Durch eine Überbetonung der Geschicht-
lichkeit entsteht die Gefahr, Traditionen ungeprüft
fortzuführen, mithin den status quo zu idealisieren.
So gesehen sind Reformen unverzichtbar. Gleichwohl müssen diese harmonisch in das bestehende
System integriert werden, wenn sie auf Dauer
Bestand haben sollen. Von dieser Problematik
deutscher Schulreform handelt das vorliegende
Buch, indem es nach einer eingehenden Analyse
der Ausgangslage deutscher Schulpolitik nach
1945 einen sozial- und kulturhistorischen Er-
klärungsversuch für die besondere Entwicklung
deutscher Bildungspolitik liefert. Dabei wird die
geopolitische Lage Deutschlands als ein wichtiger
Ursprung des deutschen Sonderwegs in Kultur und
Politik gesehen.
Nicht zuletzt wird der Blick auf mögliche unerwünschte Folgen gerichtet, die im Zuge einer
europäischen Angleichung bzw. Harmonisierung
von Bildungssystemen durch eine vorschnelle
und radikale, d.h. kulturhistorische Rahmenbedingungen vernachlässigende Umsetzung von

Reformplanungen sehr leicht entstehen können.
Bd. 9, 1997, 512 S., 69,80 DM*, br., ISBN 3-8258-3356-9

Reinhard Golz; Wolfgang Mayrhofer (ed.)
Luther and Melanchthon in the
Educational Thought of Central and
Eastern Europe
The contributions in this volume deal with
influences of Reformators and of the Reformation
as a whole on the contemporary and following
intellectual-cultural and especially pedagogical
developments in selected countries in Central
and Eastern Europe. The issues of which way
pedagogical ideas of the Reformation spread
internationally are questioned and problematised,
and the people who played a role in this process
are addressed. It also investigates which Protestant
educational institutions, foundations, etc. exist
today, and whether lines of tradition go back to
the origins, or were re-animated in the last years.
Additionally, it deals with aspects of the reception
of Luther and Melanchthon in international
pedagogical historiography. The contributions
of the **30 authors from Latvia, Lithuania,**
Poland, the Czech Republic, Russia, Hungary,
and Germany are connected to the discussion
of the relationship of tradition and innovation in
times of social upheaval.
Bd. 10, 1998, 232 S., 48,80 DM*, br., ISBN 3-8258-3490-5

Bernd Weber
Zwischen Gemütsbildung und Mündigkeit
1690 bis 1990
300 Jahre Annette von Droste-Hülshoff-
Gymnasium Münster
'Das Buch ist weit mehr als eine institutionell
eng begrenzte Schulgeschichte aus Anlaß einer
Jahrhundertfeier. Die Untersuchung faßt vielmehr
die Geschichte dieser Bildungsanstalt im wei-
ten Kontext sozial- und bildungsgeschichtlicher
Zusammenhänge auf (..). So entsteht ein facetten-
reiches Bild, das sowohl lokalgeschichtlich wie
auch – als Exempel – nationalgeschichtlich die
Geschichte der Annette-Schule als einen Schnittpunkt von pädagogischen und bildungspolitischen
Initiativen deutlich werden läßt (..).
Die Quellen des Schularchivs, des Bistums-, Stadt-
und Staatsarchivs geben der Untersuchung ihr
Fundament: Zeitzeugen wurden für die jüngere
Vergangenheit befragt. Die Bildungsgeschichte
des Bistums, Preußens und des Reichs sowie der
Forschungsstand sind dem Verfasser gegenwärtig.
So entstand eine Monographie, die weit über das
lokalgeschichtliche Interesse hinaus als eine Berei-
cherung der historischen Bildungsforschung gelten
muß.'
Prof. Dr. K.-E. Jeismann, in: Historische Zeit-
schrift (HZ, Bd. 257) 1993
Bd. 11, 1998, 440 S., 49,80 DM*, br., ISBN 3-8258-3866-8

LIT Verlag Münster – Hamburg – London
Bestellungen über: Grevener Str. 179 48159 Münster Tel.: 0251 – 23 50 91 Fax: 0251 – 23 19 72
* unverbindliche Preisempfehlung

Dietmar Engfer
Werteerziehung im öffentlichen Schulwesen?
Zwischen Ideologie und Desorientierung
Einfluß zu nehmen auf die Entwicklung von jungen Menschen, ihnen dadurch einen *wert*vollen Auftakt in die Freiheit der Selbstverantwortung zu ermöglichen, das ist sicher unbestritten das Ziel einer Erziehung in Elternhaus und Schule. Der Weg dazu wird immer häufiger mit dem schillernden Begriff der Werteerziehung beschrieben, der jedoch über Festreden, Richtlinien und Lehrpläne hinaus bald in den Erziehungsnebel der Praxis eines öffentlichen Schulwesens führt. Demgegenüber untersucht der Verfasser drei erfolgreiche inhomogene Schulerziehungskonzepte, die in die Lebensentwürfe ihrer Schülerinnen und Schüler eingingen. Dazu zählt die auf die marxistisch-leninistische Weltanschauung gegründete öffentliche Schule der DDR, die mit dem Untergang ihres ideologischen Staates ins Dunkel der Geschichte gestellt wurde, ohne ihre wertebezogene Erziehung vorurteilslos zu beleuchten. Ebenso blieb bisher der Erziehungserfolg der weltweiten anthroposophisch fundierten Waldorfschulbewegung zwischen pädagogischer Bewunderung und ständigem Indoktrinationsverdacht ungeklärt. Auch die auf christlicher Basis stehenden Schulen werden in einer pluralistischen Gesellschaft, die im Kruzifix nicht mehr ihre Grundlage symbolisiert sieht und im Religionsunterricht ein Relikt ausmacht, zunehmend kritisiert. Das hier vorgetragene wissenschaftliche Plädoyer gilt einer weltanschaulich pluralen Edukation, die nicht länger die Erziehungskongruenz der öffentlichen Schulen zum Ziel hat, für die aber dennoch ein kulturbezogener Konsens im unaufgebbaren gesellschaftlichen Dissens grundlegend ist.
Bd. 12, 1999, 432 S., 69,80 DM*, br., ISBN 3-8258-4157-x

Pädagogische Beiträge zur sozialen und kulturellen Entwicklung
herausgegeben von
Prof. Dr. Renate Girmes (Universität Magdeburg),
Prof. Dr. Winfried Baudisch
(Universität Magdeburg)
und Prof. Dr. Arnulf Bojanowski (FH Merseburg)

Winfried Baudisch (Hrsg.)
Brennpunkte sozialer und beruflicher Rehabilitation
Kolloquium vom 8. 10. 1996 an der Otto-von-Guericke-Universität Magdeburg
Die Reihe "Pädagogische Beiträge zur sozialen und kulturellen Entwicklung" soll in relativer thematischer Breite wesentliche Fragen und Probleme der Sozialisation und Kulturation unter den aktuellen Bedingungen aufgreifen. So wird sie unter anderem schultheoretisch-curriculare Bereiche ebenso präsentieren wie ausgewählte Felder sozialpädagogischer und rehabilitationswissenschaftlicher Arbeit. Mit dem ersten Band sind Aspekte der sozialen und beruflichen Rehabilitation ins Zentrum der Betrachtung gerückt. Hilfe zur Selbsthilfe, Überwindung isolierender Lebensbedingungen, Erhalt und Verbesserung von Möglichkeiten einer beruflichen Ausbildung und Integration für Menschen mit Behinderungen sowie die bewußte Veränderung von institutionellen Angeboten der Rehabilitation hin zu Orten möglichst selbstbestimmter Gestaltung von Zielen und Wegen können als Brennpunkte dieses Geschehens herausgehoben werden, zumal sie durch veränderte Sozial- und Arbeitsmarktpolitik in ihrer Realisierung durchaus gefährdet sind. Die Beiträge dieses Bandes versuchen, nicht nur die aktuellen Problemlagen zu beschreiben sondern veränderte Gestaltungsspielräume zu erschließen. Dabei kommt sowohl die wissenschaftliche Betrachtungsweise rehabilitativer und sozialpädagogischer Gegenstände zum Tragen als auch die Sicht auf die Prozesse aus der Position der praktischen und arbeitsmarktpolitischen Verantwortung. In einer Reihe von Aufsätzen besteht ein deutlicher Bezug zu den rehabilitativen und bildungspolitischen Arbeitsbedingungen im Bundesland Sachsen-Anhalt. Das ist aus dem empirischen Bezug auf diese Region und dem Bemühen um ihre weitere Entwicklung erklärt. Dennoch wird sich die Schriftenreihe nicht auf eine landesspezifische Reflexion von sozialer und kultureller Entwicklung beschränken.
Bd. 1, 1997, 256 S., 49,80 DM*, br., ISBN 3-8258-3006-3

Renate Girmes (Hrsg.)
Modernisierungsdruck als Bildungschance?
Zu diesem Buch: Es gibt zahlreiche gesellschaftliche Veränderungen, die ein Überdenken und Neuorganisieren bestehender sozialer und pädagogischer Strukturen und Einrichtungen erforderlich machen: Die Schulen verändern ihr Gesicht, der Unterricht sucht neue Formen, die ökologische Frage hat sich in der Bildungsarbeit verschiedener Institutionen an Gewicht gewonnen, gesellschaftliche Veränderungen schaffen Modernisierungsverlierer, provozieren Lebenskrisen und machen neue Orientierungs- und Aktionsformen erforderlich. Die Beiträge dieses Buches widmen sich der Gestaltung von Bildungsprozessen in den genannten Bereichen und zeigen auf verschiedene Weise, daß Bildung dann zur Chance wird, wenn man Offenheit und Aufgeschlossenheit für Neues als Voraussetzung jeden Sich-Bildens den anderen und sich selbst zugestehen und auch instituionell einräumen kann. Themen: Bildungschancen sehen lernen und nutzen wollen

LIT Verlag Münster – Hamburg – London
Bestellungen über: Grevener Str. 179 48159 Münster Tel.: 0251 – 23 50 91 Fax: 0251 – 23 19 72
* unverbindliche Preisempfehlung

Schulen als Bildungschance gestalten – Probleme
und Wege
Unterricht neu denken? Chancen und Risiken einer
zeitgerechten Methodik und Didaktik
Ökologischer Modernisierungsdruck als Ausgangs-
punkt verneutzten Denkens und Arbeitens
Gesellschaftlich-ökonomischer Modernisierungs-
druck als Anlaß für die Individualisierung von
Lernangeboten und Lernformen
Bd. 2, 1997, 280 S., 39,80 DM*, br., ISBN 3-8258-3159-0

Winfried Baudisch; Thomas Claus;
Karin Haug (Hrsg.)
**Wege aus der Isolation – zur Praxis der
Enthospitalisierung**
Bd. 3, 1999, 304 S., 39,80 DM*, br., ISBN 3-8258-3829-3

Pädagogik und Zeitgeschehen
Erziehungswissenschaftliche Beiträge
herausgegeben von Prof. Dr. Kurt-Ingo Flessau
(Universität Dortmund)

Peter Ferrari-Demski
**Zur Entwicklung der achtklassigen
allgemeinbildenden Einheitsschule in der
SBZ bzw. in der DDR in den Jahren 1945
bis etwa 1951/52**
Peter Ferrari-Demski nimmt, bildlich gesprochen, pädagogik-geschichtliches Neuland unter
den Pflug, indem er die Schulentwicklung in der
SBZ bzw. DDR in den Jahren 1944/45 bis 1952
bearbeitet. Wer Sinn für Zeitgeschichte, Politik
und Pädagogik, zumal für ihre wechselseitigen
Bezüge und Verflechtungen hat, wird in diesem
gut geschriebenen Buch vieles Neues finden, viel
Anregendes, ja Anrührendes. Vielleicht gar wird
er entdecken: Die politischen Wege, Verfahren und
Finten der Machtbesessenen und der Usurpatoren,
gerade in ihrer Auseinandersetzung mit denen,
die der Sache, der Pädagogik, verpflichtet waren,
sind oft weit spannender als eine gute Kriminalge-
schichte. *Prof. Dr. Kurt-Ingo Flessau*
Bd. 2, 1999, 184 S., 49,80 DM*, br., ISBN 3-8258-4042-5

Texte zur Theorie und Praxis von
Bildungsgängen:
Grundlagen – Pläne – Erfahrungen
herausgegeben von
Hagen Kordes und Meinert Meyer

Hagen Kordes
Entwicklungsaufgabe und Bildungsgang
Beantwortung der Fragen: Was ist ein Bil-
dungsgang? Was ist eine Entwicklungsaufga-
be? Was ist Bildungsdidaktik? Was bedeutet
Bildungsdidaktik in der Praxis? In welchem
Verhältnis steht Bildungsdidaktik zu momen-
tan gelehrten didaktischen Modellen und zu
augenblicklich hochgewerteten Unterrichts-
konzepten?
Der vorliegende zweite Band der Reihe "Texte zur
Theorie und Praxis von Bildungsgängen" ist von
Studierenden und Lehrenden eingefordert worden.
Sie wollten und 'Definitionen' und 'Klarheit':
Was ist ein Bildungsgang? Was ist eine Entwicklungsaufgabe? Was ist Bildungsgangdidaktik? Was
bedeutet Bildungsgangdidaktik in der Praxis? Dem
Wunsch nach Definitionen haben wir uns mit einiger Mühe zu entziehen gesucht; dem Wunsch
nach Klärung suchten wir dagegen gerecht zu
werden. Definitionen verwandeln eine lebendige
pädagogische Praxis, die wir mit Bildungsgang
und Bildungsgangdidaktik beschreiben und betreiben, allzu leicht in tote Abstraktionen: gut für die
Examenskultur, aber schlecht für die eigene pädagogische Tätigkeit. Aufklärung, als permanente
Bemühung um Selbstvergewisserung und Verge-
genwärtigung des Gedachten und Erreichten, steht
dagegen im Zentrum jeder Bildungsgangarbeit.
Daß Bildung Entfaltung menschlicher Kräfte und
Verantwortlichkeit bedeutet, ist nicht die Frage.
Wie Entfaltung zustande kommt oder Ohnmacht
wird, wie Menschen ihre Lebensgeschichte übernehmen oder selbstzerstörerisch 'end-wickeln', wie
Menschen ihren Ausgang aus Unverantwortlichkeit
gestalten oder sich in ihr verstricken – das ist die
Frage der Bildungsgangforschung schlechthin. Zur
Beantwortung dieser Frage stellt sich die Bildungsgangforschung zu den wirklichen Bildungsgängen
lebendiger Menschen und Menschengruppen.
Ihnen sucht sie zu begegnen und sie dann zu begleiten und zu beraten. Bei der Verfolgung des
Gangs fremder und eigener Bildung stellen sich
dann zwangsläufig Rückfragen nach dem Begriff
und dem Charakter, den eine 'Bildung' in konkreten historischen Epochen und biographischen
Perioden nimmt.
Bd. 3, 1996, 144 S., 34,– DM*, br., ISBN 3-8258-2860-3

LIT Verlag Münster – Hamburg – London
Bestellungen über: Grevener Str. 179 48159 Münster Tel.: 0251 – 23 50 91 Fax: 0251 – 23 19 72
* unverbindliche Preisempfehlung